AF272721

Mutterleib-Dilemma

Kre Arthur

novum 📖 pro

Dieses Buch ist auch als
e-book
erhältlich.

www.novumverlag.com

Bibliografische Information
der Deutschen Nationalbibliothek:

Die Deutsche Nationalbibliothek
verzeichnet diese Publikation in
der Deutschen Nationalbibliografie.
Detaillierte bibliografische Daten
sind im Internet über
http://www.d-nb.de abrufbar.

© 2015 novum Verlag

ISBN 978-3-99048-121-9
Lektorat: Pia Euteneuer, MA
Umschlagfoto: Kre Arthur
Umschlaggestaltung, Layout & Satz:
novum Verlag

Gedruckt in der Europäischen Union
auf umweltfreundlichem, chlor- und
säurefrei gebleichtem Papier.

www.novumverlag.com

Am Anfang eines Buches
steht nicht der einsame Autor,
sondern der universelle Drang des Inhalts

1

Ist dir ein Unrecht widerfahren,
suche dein Rechtmäßiges nicht bei den Nicht-Ahnenden
Zitat des Rechtspalters

Einiges gegen den Cyber-Terror: Können wir unsere Träume vereinigen? Alles findest du, wonach dein Konsumherz sabbert. Die Angstvollen, der Abschaum; sie finden ihre Liebe unter dürftiger Zuwendung; im Hassgeleit stehen sie abgeschoben auf ihrer Scholle; die Erfolgreichen –; das Wechselspiel des Wertesystems stammt aus ihrer Schmiede, jonglieren mit lauter guten, kleinen Stachelbällen, und man glaubt ihnen, dass sie nie fallen werden. Zum Austoben haben all jene das weltweite Netz, denn dort findet das neue wahre Leben statt. Warum? Das Bildschirmgeflimmer, das Piepen, das Gebimmel, sie sind Gemeingut, und doch nutzt es jeder nach seiner Façon. Nach ihren Gebern frage ich. Wahrlich ist das Netz keine Offenbarung, keine neue Religion, doch hat jenes mit dieser gemeinsam, nämlich die Forderung nach Gehorsam, Unterwerfung. Verwirfst du denn technischen Fortschritt? Im Nacken sitzt dir schon schmähliche Verwunderung, du seist krank, wie soll man dich da überwachen, wie kontaktieren können, wie wissen, wer du bist, aber am Wichtigsten, wie dir Angebote unterbreiten, dass du den Anschluss nach draußen nicht verlörest, wie arm nur, hatten wir doch oben festgestellt, dass jeder sich in diesem bunten Zirkus ein Plätzchen ergattern kann, vorausgesetzt, er hat ein Ticket gekauft. Kehren wir auf diesem beschwerlichen Wege zur Einheit der Träume? Willst du das? Ich frage *dich*, Unverstandener. Dein Eigenes, gedenkst du es zu schematisieren, den Zerrern und Vergewaltigern zu Gesichte vor der Brust tragen, dass sie es dir wegnehmen? Lange braucht man freilich, um zu begreifen, wie der Alltag im Zusammenhang mit höheren Entscheidungen steht, dass hier Harmonie, oder sei es nur Partnerschaft, abgewürgt in die Köpfe ihrer Träumer flieht. Teile dich mit, lautet der Wahlspruch moderner kommunikativer Zeiten, um die Unkommunikativen zum Kommunizieren einzuladen – falsch, zu zwingen –, mögen Tausende von Kommunikationszentren entstehen als Anreiz für die komischen Unkommunikativen (und naiv, wie ich bin, glaube ich, dass ich der alleinige Vertreter dieses Typus bin – ein Prototyp wenigstens), bald aber ist das Rezept ausgetüftelt, vermöge dessen jeder Menschentyp von klein bis groß, arm und reich, krank und ›gesund‹ am Haken zappelt.

Und wehe, die Welt würde kleiner und die Menschen mehr und mehr …

Dein Schutz, du Ignorierter, dein Obdach ist im Zerbrechen begriffen, Mitlaufen ekelt dir, ein neues Heim, so wie du es (im Traum) besaßest, wirst du nirgends finden, denn dieses Land liegt verwüstet, schwelt in der unbarmherzig heißer werdenden Sonne. Ich frage dich noch mal zur Gewissensprüfung: Willst du deine Träume teilen? Denn dieses fehlt ihrem digitalen Imperium; doch wie lange wird es dauern, wenn heute schon, wo wir erst ein paar Schritte an der Schwelle in dieses hochelektrisierte Zeitalter hinter uns gebracht haben, Meinungen und gleiche Gesinnungen ineinanderfließen, Tag für Tag Technologien sich entfalten, dass nur die Agilsten sie rechtzeitig wahrnehmen können, da kein Wille zur Bremse den Mund auftut, aus Mündern, die vollgestopft sind mit Überfluss, da nicht einer ahnt den Überdruss. Du zitterst? Recht so, mein unbekannter Bruder. Lasse deine Gefühle nicht zeigen auf Leinwänden, Bildschirmen und versperre dich gegen Seelenspione, solange wir noch auf dem Scheideweg weilen. Dies letzte Wort selbst, das ich gebrauchte – Seele – ist so gut als abgeschafft im rationalen Verständnis, da sie nicht bewiesen werden konnte, und während Religionskriege unentwegt ihr zackiges Schwert in das Herz der Welt rammen, arbeiten Neurobiologen emsig an der Entzauberung geistiger Intimität, Psychologen kämpfen für ihre Bewahrung und Pflege, aber wer sagt, gegenseitige Aushöhlung würde hierdurch absterben. Erkenne, da ich kein Zwinglehrer bin, dieses globale Treiben als Mischwerk sowohl kranker als auch gesunder Nuancen, ihre Unentwirrbarkeit liegt auf der Hand, manche sehen dies als Idealzustand zur Bildung zeitgemäßer Interessengruppen, sei aber gewarnt, denn kaum einer wird dir dabei deine eigenen Interessen behalten lassen, wenn das Feuer der Überzeugung hochschlägt, hinterlässt der flammende Stolz nur Asche. ›Schließ dich uns an – oder stirb!‹ Wirst du genügend oft hören, willst du da behaupten, du lebest in Frieden? Enge Beziehungen seien dir ein warmes Bett, lass die Kälte nicht unter deine Decke schlüpfen, denn ja, auf diesem Lande lauern gleichwohl Übeltäter. Noch kann niemand in deine Seele sehen – ich gebrauche das Wort forthin, es ist keine Schande, selbst für einen Rationalisten –, aber bald, und es hält nichts diese Lokomotive auf, die Übles wie Angenehmes geladen hat, geht es zu Ende mit deiner Beschauung, deine Gedanken werden rasend, Gefühle überwerfen sich, dein Leib wird zum Chemieabfall; man lässt dir keine Wahl. Der Zug ist gekommen. Wirst du einsteigen …?

Dieser mein Monolog wird keiner Routinediskussion den Boden bereiten. Erzähle ich etwa nie Gehörtes, ist mein Berichten ein Wiedererscheinen? Wollte je einer den andern reden hören? Hab ich das Nötige gehört, um hier Stellung zu beziehen. Das Wort, das Sehnsüchte erzeugt und untaugliche Verfestigungen im Geiste austilgt, das ist mein Bestreben, damit meine Vorrede hängen bleibt.

Kein flüchtiges Überfliegen. Sobald du liest, wirst du eingewickelt. Wenn noch nie Geschriebenes die Zeiten überdauert … die Anleitung zur Arbeit an der Seele … Weltseele; wie steht man dem Narrator gegenüber? Ist er nicht auch nur ein Vermittler mit mangelhafter Überzeugungskraft? Öffnet er in dir mit einem Satze ein Tor, das den Staub der Vergangenheit hinausjagt, aus deinen schlafenden Hirnzellen, so weißt du, dass er gelitten hat, was du gelitten hast; ein Stück dogmatische Schöpfungsgeschichte wohne meiner Einleitung inne, die, wenn sie nach langwierigem Ablauf zivilisatorischer Zeit wiedergefunden werde, seinem Finder sprachlose Ehrfurcht und forschende Angst abringe. Der Keim neuen Unheils? Stößt ein degenerierter Verstand auf tiefe, überwindungsträchtige Weisheit Kündendes, wirft er sich dem Knechte gleich nieder, aber um die Sache abzurunden, bedarf es eines Leitherrn. Stell ich diesen bereits vor? Keineswegs – bei mir ist alles offen. Denke ich nur dran, meine Niederschriften von verzerrendem Schleim bespuckt zu sehen, überkommt mich schlimmste Übelkeit, wird doch nahezu jede fern ihrem Ursprung liegende Schöpfung bis ins Groteske entstellt. Dies zu bedenken, lege ich allen künftigen Lesern ans Herz; vorausgesetzt sie tragen die Summe der Fehlschläge ihrer Vorfahren hinter entschlossener Brust, auf dass diese zu frischer Tatkraft umgetauft werden. Und dennoch sehe ich betrübten Gemütes der Zukunft – nah oder fern, mir einerlei – entgegen, im Wissen darüber, wie viele Opfer nötig waren und sein werden, bis eine Koexistenz verschiedenartiger Antriebe und Bedürfnisse sich aus dem heutigen Sumpf herauskristallisiert, bis der kränkelnde und zweifelnde Urvater seiner Visionen überdrüssig, entspannt und zurückgelehnt im Stuhle seines Ruhestandes sitzt, der ihm das Gefühl der Sicherheit gibt, die Aussichten auf kommende Tage endlich gelichtet zu sehen, denn das ist, ob wohlmeinend oder bösartig gewollt, der Grundstein desjenigen, der handelt. Solch einer, wie verlautet, bin ich nicht. Ich handle nicht.

Prognosedramatik des Cyber-Terrors: Gemeinsam sind die Menschen nicht stark; mit vereinten Kräften steht der Kluge hinter dem Tumult der Wilden zurück.

Die Zahl gibt ihnen Macht, ihre Hirne sind tot – was führte sie also zusammen? Immer rührt eine neue Hexe den Brei, und die, die darin fröhlich plätschern, achten nicht der Flammen unterm Kessel.

～⚬～

Wer möchte schon wissen, wer ich bin! Ist das von Belang? Wohlan, es könnte eure Neugierde erwecken, da wir uns alle gerne vom Rätselhaften beeindrucken lassen, obwohl ich es zum Wohle aller vorzöge, diese Beschwichtigung zur Unterhaltung anderweitig zu suchen. Aber so sei es: Mein Leben fand Anfang in der Bewusstlosigkeit des Irrationalen, in den unverwüstlichen und fassungslosen Tiefen menschlichen Wissens, jawohl, genau dort, wo sich das Vertraute mit seinem Masken tragenden Bruder dem Unbekannten vereint.

Nur, wie unterscheidet man die beiden? Ist nicht zu jeder Zeit etwas Unbekanntes in uns, das uns leitet und führt, irgendwohin, vielleicht gerade dahin, wo wir niemals sein wollen. Wie definiert man das Bewusste?

Soll mir immer und jederzeit klar vor Augen stehen, was ich tue, denke oder fühle, untermauert von den Richtlinien der Gesellschaft, die es fraglos einzuhalten gilt? Ja, diese Frage zerbrach mir oft den Kopf, wessen Wesen dergestalt fehlerfrei und unbefleckt von Vorurteilen in die Welt steigen und mit seinen Seinsgenossen so verkehren kann, dass jedweder Hintergedanke zum Herausfinden der Umstände, ob analysebedürftig oder schlicht verwerflich, auch *sein* innigstes Herzurteil garantiert.

In früheren Epochen ging es wesentlich leichter zu: Alles, was dem Wohlempfinden zuwiderlief, galt es in jedem Fall zu meiden.

Gab es je eine Zeit, in der es keine Ausläufer gab, dem System trotzende Andersdenker, die nicht in das Schema des ›Ganzen‹ passten, sich einfügen wollten oder konnten, da ihnen u.a. die Absichten, der Zweck und die haarfeinen Interpretationen der Gemeinfunktion verwehrt worden waren?

Wahrlich, ich zähle mich zu solchen – das muss ich! Die Normalität meines Verstandes schwankt kritisch zwischen Überheblichkeit und milden Wahnideen; des Öfteren erkenne ich sie nicht als solche, bis meine Umwelt mich verstehen lässt, sie verstößen gegen die ›Norm‹.

Nein, dieser kurze Bericht über mich, oder vielmehr über dieses ›kurios Menschliche‹, dient nichts und niemandem. Möge man es nicht meinem abhandengekommenen Verstande zuschreiben, aber ich bin mir nicht mal mehr sicher, aus welcher Zeit ich dies berichte; hoffentlich ist diese Gedächtnislücke die positive Folge meiner diffusen Vergangenheit, sie soll dem Kommenden Licht und Erlöser sein.

Ob ich es mir wünsche? Nun, was verstehe einer unter Mitmenschlichkeit oder Nächstenliebe, wenn er nicht mal sich selbst zu kennen vermag! Und hat mir die Vorsehung schon eine Antwort gegeben, kann ich sie nicht begreifen, sie wartet möglicherweise in einem fernen Garten des Künftigen lächelnd auf mich –, gleich, wie mein Leben zu erklären wäre, für mich war und bleibt es Marter.

Ich wähne mich als Träumer, als Spaziergänger auf dem Gehsteig einer Straße voller Menschen, die für jeden anderen unscheinbar herlaufen, für mich aber mit jedem Schritt Feinde sind, da sie mich mittels ihrer Missgunst aus dem Uhrwerk bannen wollen, das eigentlich für uns alle gleichwertig laufen sollte.

Je länger ich darüber nachdenke, umso schwindliger wird mir. Es ist an der Zeit, mich zur Ruhe zu betten …

Für heut' nenne ich mich
SCHMERZ-SPIEGEL

2

Worum wir uns selber nicht werden besorgen können,
wird Vater Kosmos für uns tun.
Doch was wäre das für ein jähes,langweiliges ENDE!

Aus der „Komik der Zukunftskinder"

CHRONIK EINES VERGRABENEN ABSEITIGEN
Das frühe Lied der Herzstürme

»Essen fassen, Würmchen!« Sie klang wie immer abstoßend und bitterböse, als hätte sie einen Grund dazu gehabt. Der Geruch des Schweinebratens und der Rahmsoße mit schleimigem Kartoffelpüree, die jeden Mittwoch auf dem Teller warteten, stieg träge die Treppe nach oben, dort wo im Hause der Fellwers in der entlegensten Ecke das Zimmer des Geängstigten lag: meines, Alexander.

Die Sonne lächelte draußen, ich wollte sie sehen, ihre wärmende Liebe erleben, doch ehe ich mich in harmonischen Gedankenflüssen verlieren konnte, erscholl die grausige Stimme meiner Mutter zum zweiten Mal. Ich tat gut daran, ihrem Rufe diesmal Folge zu leisten.

»Du weißt, dass die Henkels heute Abend zu Besuch kommen; ich will hinsichtlich deiner Haltung Besuchern gegenüber nicht enttäuscht werden.«

»Sicher nicht.« Ein Knurren war in einem solchen Falle das Einzige, das ich aus mir herauswürgen konnte. Der Esstisch war übertrieben schön gedeckt, obwohl ich zu dieser Zeit alleine speisen sollte; die Henkels würden gegen neunzehn Uhr eintreffen, dazwischen hätte sie genug Zeit gefunden, die sonst so verruchte Küche für eine nichtige kleine Feier herzurichten.

Ich war zu jung und ängstlich, um es ihr vor die Nase zu halten, aber für mich war im Augenblick das zubereitete Mahl wichtiger. Wenn sie bei der Spüle stand und ich damit beschäftigt, den qualmenden Braten unbeholfen mit viel zu stumpfem Messer zu zerlegen, nur um die halbwegs schmackhaften Stellen zu finden, dann rechnete ich damit, sie würde bald ein bestimmtes Thema anschneiden.

»Herr Keppelton hat gestern angerufen. Er sagte, du würdest seinem Sohn in der Mittagspause sein Taschengeld stehlen.« Sie hatte sich mittlerweile an mich gewandt und präsentierte mir ein Dutzend verdreckte Münzen.

»Es gibt eine Stelle beim Lehrerparkplatz; angeblich vergräbt er sein Geld dort unter dem Dornbusch, weil er Angst vor solchen wie mir hat, die ihn ausrauben würden. Er weiß, dass das Blödsinn ist!« Ich sprach wie vom Geisterdirigent geführt, was für mein konzentriertes, langsames Denkwesen sehr ungewöhnlich war. Aber ich musste mich aus dieser böswilligen Unterstellung befreien.

»Es ist meine Pflicht«, begann sie mit verärgerter Miene, »dich vor Schwierigkeiten zu bewahren. Andererseits wird von mir als Vorstand im Elternrat erwartet, eine Gleichberechtigung unter den Schülern aufrechtzuerhalten, und das mag heißen, selbst meinen eigenen Sohn wie alle anderen zu behandeln.«

Natürlich, dachte ich. Wenn es um die Ziele der Gemeinschaft geht, ist der Einzelne unwichtig. Hat er zudem noch Eltern, die auf dieses fragliche Ziel, das es aus welchen Gründen auch immer zu erreichen gilt, hinarbeiten, dann haben sie ihr eigenes Kind notfalls aufzuopfern.

»Wie … warum?« Ich war weggetreten; ihre Aura verschlang mein kümmerliches Anwesen. Das Geld hatte sie in meiner Schublade gefunden, zwischen den Feuerwerkskörpern und den Pokerkarten, den pornografischen Karten, die mir Konstantin ausgeliehen hatte. In diesem Alter wollten die Jungs ihren Freunden, waren sie im Besitz solch interessanter Schätze, diese nicht vorenthalten.

Sie hatte das Schandgut weggeworfen, wahrscheinlich nahm sie an, ich würde daraus die Konsequenz ziehen, mein Verhalten ändern, aber was sollte ich tun, wenn mir Vater und Mutter nicht die Geheimnisse der sexuellen Reife enthüllten.

Tränen füllten meine einsamen Augen, ich vermochte nicht, sie zurückzuhalten – wieder begann die schmerzliche Heim-

suchung des gefangenen Mannes im Jungkörper. Eine Gemüts-
erregung so wuchtig, dass ich ihr nur Einhalt gebieten konnte,
indem ich auf mein Zimmer rannte und mich still in meinem
Bette ausweinte.

Der Appetit war dahingeflogen; konnte ich denn so weiter-
machen! Bei jeder freien Gelegenheit meiner Abgeschiedenheit
überlegte ich widerwillig, ob meine Klassenkameraden ähnliche
Situationen erlebt hatten, sie danach zu fragen war für mich nie
infrage gekommen.

Gegen Abend, als die letzten goldenen Sonnenstrahlen sich durch
die transparenten Vorhänge in mein königlich geschundenes
Zimmer stahlen, ich zerknirscht an meinem Arbeitstisch saß und
über die durch Mutter so sittenscheinlich vorgetragenen Vorfälle
intensiv nachdachte, ob sie denn recht hatte, trafen die Henkels ein.

Oh gewiss, ich habe ihren Wagen vorfahren sehen, den ich sofort
erkannt hätte, wären sie nicht bei jedem Besuch mit einem anderen
hergekommen. Mein unstillbares Verlangen nach Gästespähung
war aufgrund Vorenthaltung derselben, mit Ausnahme von heute,
allzu verständlich.

Vater würde auch bald von der Arbeit heimkehren, meine
beiden Schwestern, Leonie und Petra, hätten die Rolle guter
Ammen für mich spielen können, wären sie nur fähig gewesen,
meine inneren Zustände zu erraten.

Leonie war zu dieser Zeit einundzwanzig, sie hatte bereits
ihr eigenes Leben geführt und ich habe sie bei weniger als vier
Gelegenheiten gesehen, wenn das Fotosammeln in ihrer blassen
Heimat sie hergelockt hatte.

Mit Petra teilte ich mein Dasein im Elternhaus; sieben Jahre
hatte sie mir voraus. Wenn ich zurückdenke an die durchstandene
Pubertät, mir vor Augen halte, dass die Anforderungen und Be-
dürfnisse ihres Geschlechts den meinen entgegengesetzt waren,
gelange ich unweigerlich zu der Frage, wie es gewesen wäre,
wenn ich einen Bruder gehabt hätte.

Womöglich hätte ich die Chance erhalten, vielen Schwierig-
keiten zur damaligen Zeit Hand in Hand, Herz an Herz die Stirn

zu bieten, nur, was wäre dann aus mir heute geworden? Sollten die Unterschiede der Geschlechter für eine gesunde Entwicklung wirklich entscheidend sein, oder sollten sie zumindest für jeden Einzelnen felsenfest vorbestimmt sein, ob es einem nun gefiele oder nicht?

Petra telefonierte gerade, ein Gespräch, das länger dauern sollte, somit konnte sie geschickt die Begrüßung der Henkels umgehen – wenn ich doch auch so trickreich gewesen wäre! Das Mäuseloch, wie meine Schwester mein Zimmer zu nennen pflegte, bot mir keinen Schutz, mich den Henkelskindern zu entziehen, die ich jedes Mal stundenlang unterhalten musste.

Am heutigen Abend war nur Felix da, der jüngere der beiden Sprösslinge, das war für mich allerdings nicht minder belastend. Man erwartete von mir, dass ich einen Sechsjährigen betreute; warum ich? Hatten sie denn vergessen, dass meine Freizeit in meinem verschmähten und durch die Eltern regelmäßig inspizierten Mausloch die genussreichste Phase meiner von Demütigungen geprägten Kindheit war. Dort erhielt ich vorläufige Ruhe und Erholung, aber wer vermochte das schon zu ergründen.

Also wartete ich in feindlicher Gesinnung auf das Poltern an meiner Tür, schließlich das Eintreten des blonden Buben, der einen Kopf kleiner war als ich. Sein Bruder hatte im Vergleich zu ihm einen Humor, den ich amüsierend empfand, vorausgesetzt wir waren zu dritt, aber wie sollte ich mit Felix umgehen, der mir stumm wie ein Mordzeuge gegenüberstand.

»Spiel ruhig mit dem Gerät, ich muss kurz fort.« Der Vorwand war vonnöten, denn ich fühlte mich schlecht. Ich hoffte, er würde die Spielkonsole einschalten und sich seinem Alter gemäß vor dem Bildschirm beschäftigen, während ich mir verzweifelt eine Fluchtalternative überlegte.

Freitag, neunzehn Uhr, der Abend würde lang werden. Petra hatte ihr Telefonat beendet, ohne Rücksicht auf ihren hilfebedürftigen Bruder genommen zu haben, verabredete sie sich gleich noch mit ihren partyliebenden Freunden; es war vorhersehbar, da dies stets an solchen Abenden passierte.

16

Zusammenhalt der Geschwister « Diesen sinnentleerten Predigten war schwerlich Aufmerksamkeit zu schenken, ich war genötigt, mich allein durch die misslichen Lagen zu schlagen – ob sie mir späteren Nutzen brächten, daran habe ich nie geglaubt.

Ja, ein gut Ding wäre mir's gewesen, hätte ich auch meine Freunde angerufen und wir als seelenstarke, unerschütterliche Gruppe dem Pfad unserer Jugend gefolgt wären ... wenn es sie denn gegeben hätte.

⤜

»Und er hat es dir wirklich anvertraut?«

»Ja, in allen Einzelheiten. Es sieht so aus, als würde er mit niemandem sonst so offen reden wie mit mir.« Jemand, der an der Oberfläche des Seelenwesens eines anderen kratzt, wird darüber sehr erfreut sein, wenn er einen Dritten gefunden hat und dieser bereitwillig die Intimitäten des Verschlossenen preisgibt.

Wer würde so etwas tun! Mein eigen Fleisch und Blut; so geschah es, und der Fluss meiner Hoffnungen mündete nicht länger im strahlend warmen Licht des Himmels, er sank in den schwärzesten Abgrund, der da hieß Verzweiflung.

»Denk' aber nicht, ich würde es aus reiner Boshaftigkeit tun. Ich kann nur so weit sehen, dass ich glaube, wir sollten bei seiner Erziehung neue, strengere Saiten aufziehen.«

»Die Information war sehr hilfreich«, Mutter warf ihr einen gleichgültigen Blick zu, er sollte meiner Schwester verdeutlichen, dass sie selbst noch unter der Zucht der Vormundschaft stand. »Ich werde noch mal mit ihm reden. Vielleicht gibt es einige Aspekte, die schwerwiegend sind.« Petra war Folterknechtin.

»Nein«, Mutter Kerkermeisterin.

»Das überlässt du mir, er soll von mir selbst erfahren, inwieweit sein Tun und Lassen schädigend für ihn ist. Er muss lernen, mit Erwachsenen zu kommunizieren und ihre Autorität an erster Stelle zu schätzen wissen. Er lässt sich mit verzogenen Kindern ein, wenn er ihr negatives Verhalten annimmt, tut er ihm völlig unangemessene Dinge; es ist die natürlichste Aufgabe der Eltern, besonders in dieser komplizierten Entwicklungsphase, das Kind auf den richtigen Weg zu führen.«

Sie ahnten beide nicht, dass ich sie belauscht hatte; die geschlossene Küchentür und das Brutzeln in den Kochtöpfen waren meiner Spionage hold, aber bei jeder Mahlzeit wollte mir der widerliche Gedanke nicht entweichen, dass ich Speisen aus den Händen von Teufeln erhielt.

An diesem Nachmittag sollte ich von einigen Leuten aus dem Pfadfinder-Verein abgeholt werden, eine Aktivität, die mir aufgezwungen worden war. Es hätte die zwei Lästerer in der Küche bestimmt nicht verwundert, wenn ich schon im Flur meine Schuhe anzog; ihr Gespräch war trotz allem geheim zu halten.

»Was machst du hier?« Die Küchendüfte bliesen beim Öffnen der Tür in den engen Flur. Petra war ihrer Intelligenz gerecht geworden, obwohl sie genau wusste, dass ich seit gut vier Wochen regelmäßig zum Verein ging. »Dann sag ihm einen schönen Gruß von mir.« Mutter kam dazu mit ihrer fettbefleckten Schürze und katapultierte die unerwartete Begegnung mit mir auf das Standard-Ausgeh-Niveau meiner Schwester.

»Ach ja, gut, dann komm ich gegen einundzwanzig Uhr wieder, falls sein Wagen nicht mehr in der Werkstatt ist. Mach's gut, Alex.« Sie gab mir einen flüchtigen Kuss auf die Wange, der so künstlich aus ihrem zarten Munde fiel, dass mein junges, liebesbedürftiges Herz in einem Schwall von Täuschungen zu ersticken drohte.

Wir wussten alle drei zu gut, sie würde heute gar nicht ihren Freund treffen, das war nur die notwendige Einebnung der kürzlich geführten Unterhaltung und meines Auftauchens im Flur, dessen Atmosphäre mir Unbehagen bereitete.

Warum musste ich denn fort! Mein Inneres verweigerte die Mitgliedschaft in einem wie auch immer gearteten Bund, doch mich dagegen augenscheinlich zu sträuben entsprach nicht meinem Charakter – ach, Flüche! Die Klingel läutete, es war so weit.

Gerne hätte ich noch das fingierte Benehmen meiner Schwester erlebt, wie sie vor der Garage auf den Bus wartete, der sie nach Haganfeld bringen würde, und mein Spott geriet ihr wohl, denn mir war nur allzu klar, dass sie an diesem Tag daheimbliebe – sie glaubte, ich würde es nicht merken, wenn ich an ihrer Zimmertür vorüberging und die leise summende Musik meiner Einbildung entspringen sollte?!

～

Die Zeit war bedeutungslos während meiner jungen Lebensjahre. Jedes Ereignis, gleich ob negativ oder positiv, erstreckte sich wie ein endloser Traum, der symbolisch an meinen Nerven rieb; aus heutiger Betrachtung scheint mir mein vergangenes Leben ewig angedauert zu haben.

Wenn ich unter meinesgleichen weilte, während oder nach der Schule, durchströmten die seltsamsten Bilder meinen Kopf. Wer half mir, sie zu deuten! Wahrscheinlich musste ich erst den Abschluss schaffen, eine Ausbildung anfangen oder eine Familie gründen, um auf die wahrlich gewichtigen Fragen eingehen zu können.

Als wären sie erst im späten Alter von herausragender Bedeutung! Nun denn, der Vater eines Vereinsmitglieds hatte mich nach Hause gefahren, mein freudloses Gesicht während der abendlichen Fahrt war für ihn höchst befremdend. Ich bedankte mich für die Heimfahrt und blieb vor der Haustüre stehen, eine kalte Brise schlich die Straße rauf und drang in meinen herbstlich abgepolsterten Nacken.

Ich durfte damals noch keinen eigenen Schlüssel nehmen, man wollte sichergehen, ich käme um jeden Preis während der Anwesenheit meiner Vormunde nach Hause; wo sollte ich auch sonst hingehen.

Nach meinem Klingeln öffnete sich knarrend die Türe und im finsteren Schein der antiken Tischlampe sah ich meinen schlafenden Vater im Wandspiegel, der erste Gegenstand, den man sah, wenn man im Hause der Fellwers Eintritt erlangt hatte.

Seine Arbeit nahm ihn erschöpfend in Anspruch, er würde so spät am Abend nicht mit mir reden wollen, der kribbelnde Verdacht auf eine den Tag abschließende Konfrontation ließ mich dennoch nicht in Ruhe. Flott schlüpfte ich aus meinen Schuhen, die Sporttasche ließ ich im Flur, da die verschwitzten Turnkleider für nächste Woche gleich in die Wäsche gingen.

Ich ging die Treppe rauf ins Badezimmer, ich sah Licht in Petras Zimmer brennen. Instinktiv schlug ich die Richtung zu ihr ein, ohne feste Absicht, aber ich fühlte den Antrieb, es tun zu müssen. »Kannst du nicht anklopfen!«, fauchte sie hinter ihrem mit Make-up und Parfüm übersäten Schönheitsaltar.

»Ich hab' zu tun, also verschwinde.« Alles brach über mich herein, ich durfte mich in dieser Situation nicht gepeinigt fühlen, aber sie hatte es mir so verdeutlicht. »Du bist nicht weg gewesen!« Die Haarspray-Dose hielt sie fest umschlossen, ihre Miene vergrämte zur dämonisch drohenden Fratze; wen wunderte es – es war ihre mir unverständliche Angewohnheit, ihr Gesicht und den Rest ihres schmalen weiblichen Körpers der Metamorphose zum künstlichen Engel umzuformen.

Ob ich ihre Schönheit je frei von den Stoffen sah, die sie maßlos auf ihre Haut auftrug? Was mein Befinden hinsichtlich ihrer Unzufriedenheit mit sich selbst anging, gab es einen Körperschmuck, der sie geschwisterlich an mich band: der Rosenring, den ich ihr später zum zwanzigsten Geburtstag schenken sollte.

»Der Bus ist nicht gekommen.« Beiläufig fielen ihr die lügnerischen Worte aus dem Mund. »Warum lügst du mich an?« Ihre Finger gruben sich in das Lotionstäschchen, als wäre sie um Ablenkung bemüht.

»Was meinst du, bitte?«

»Ich weiß genau, dass du heute keine Verabredung hattest. Du kannst es ruhig zugeben.« Eigentlich sehnte ich mich nach der Wahrheit, ich wollte sie schuldbewusst aus ihrer störrischen Zunge fließen hören. Ihr Mobiltelefon dudelte eine trendige Melodie; mein Instinkt ließ sich nicht über diese Ablenkungsmaßnahme irreführen, sie musste den Timer eingestellt haben, da sie ahnte, ich würde sie um ihr fälschliches Gebaren ersuchen.

Enttäuscht schloss ich die Zimmertür, ihr Seitenblick verriet mir ihren Sieg über mich, die seichten Worte, die sie in das Gerät sprach, waren von verzweifelter Wichtigtuerei; für heute war mir ein Teil meiner reinen Nächstenliebe gestorben.

Zwei Tage darauf, es war Sonntag, schlief ich wie ein Kind in der Wiege der Erschöpfung; ich wollte nie mehr hinausgehen. Verschiedene Stimmen waren hörbar, sie drangen durch die schmalen Wände, nahmen Platz in meinen Ohren und zwangen meinen Verstand, den Inhalt der wirren Gespräche zu deuten.

Muss ich denn erwähnen, dass sie von mir handelten! ›Er ist so … – denn er muss es lernen … Verhalten intolerant … geändert werden!‹ Hass, Hass, Hass! Oh wenn ich doch geträumt hätte, dann wären die Spieler dieser Tragödie mein Geisteskonstrukt gewesen, ich wäre befähigt gewesen, ihr Handeln zwar als schattig und feindlich gesinnt einzustufen, der Trost des baldigen Aufwachens aber hätte sie allesamt weggefegt, schmerzloser als ein Gottesgericht es täte.

Sollte ich irre gegangen sein? Gut, das Wahrhaftige amüsiert seine Protagonisten selbst in verschmitzter Weise, wer darob lachen kann, der würde meines Angriffs Zielscheibe werden, dass er, wenn auch in den kleinsten Abriss meines Gemüts, Einsicht erhalten möge.

Kann denn ein Narr noch lachen, ist er in einen ernsthaften Kummertopf gefallen! Komm zu mir, verblendeter Menschenzauberer, deine vorgeführten Stücke geraten mir recht! Hier ein Teil des Schlimmsten unter ihnen, hier ein Teil des Reinlichsten – füge die Unvereinbaren zusammen und erhalte das Werk eines Genies, der niemals gelebt hat, und, ach Herr, NIE leben wird.

Gerade wie mein Traum, der mich eben besuchte. Der schönste weltliche Garten prägte sich in meinen dösenden Kopf, die Freude, die Unbeschwertheit, fern das Leiden mit seinen Giftspeiern, die das wertvollste Geschöpf in ein Gerüst des Zerfalls und maßloser Peinigungen verwandeln.

Alles fort! Vater sprach mit Petra; eine dritte Stimme, die ich keiner Person zuordnen konnte, mischte sich in stressgeplagtes Wortgefecht. Mein Name war Nebensache geworden, vielmehr konzentrierten sie sich jetzt auf den Ablauf der kommenden Woche; mich sollte sie nicht beschäftigen.

Die Tür öffnete sich weit, hereinbrach die verächtliche Aura aus der Sphäre der Schreienden, ihr Opfer war ich, da ich in jeder Silbe ihrer Laute den Untergang meines Selbst fürchtete.

»Du bist wach.« Ob es eine Frage war oder nicht, Vater wusste seinem Tonfall keineswegs Reue zu verleihen. »Was ist?« Der Halbschlummer übernahm das Sprechen für mich. »Ein Kollege hat die Familie zum Abendessen eingeladen, ich meine, uns alle. Wie ich dich kenne, hast du deine Schularbeiten bis heute aufgeschoben, stimmt's? Du hast Zeit bis heut' Nachmittag.« Die Tür fiel ins Schloss. Keine Einfühlsamkeit, keine Frage nach einem vorgefassten Tagesplan – du musst, du musst!

Das für diesen Tag abgemachte Treffen mit Konstantin war unabdinglich, wir hatten den Hinterhof der Kirche als Treffpunkt vereinbart. Nach dem allmorgendlichen Frühstück, Auge in Auge mit meinen Missgönnern, tat ich fleißig genug, um den Eindruck des sorgfältigen Schuljungen aufrechterhalten zu können, obwohl die gewissenhaftesten unter ihnen die Heimarbeiten sicher bereits freitags erledigt hätten.

Der Wind blies stürmisch die Kieferstraße herauf, es waren noch etwa zwei Stunden, bis ich wieder ins Elternhaus hätte zurückkehren müssen und wir gemeinsam zu den uns erwartenden Gastgebern gefahren wären.

Welche Schande war über mich hereingebrochen, dass ich es gewagt hatte, unangekündigt aus meinem Zimmer zu fliehen! Die bevorstehende Verabredung hätten sie mir versagt, sobald ein Wort darob zur Äußerung gebracht worden wäre.

Der Herbstsonntag war kalt und bunt, seine Formen und Farben boten die eine oder andere seelische Vergnügung. Wir herumtollenden Kinder legten nie besonderen Wert auf Wettervorhersagen, viel lieber geriet es uns, wenn unsere spaßig orientierten Vorhaben zu einer überraschenden Wende umsegelten, das bereitete unseren unreifen Herzchen manische Beglückungen.

Ich trug einen einfachen, nicht zu fülligen Pullover, Sportschuhe und gegelte Haare, wie es ja die meisten auch taten. Ich sah alte Zeichnungen von der hiesigen Kieferstraße, die wir in der Schulbibliothek begutachten durften, vermutlich stammten sie aus dem vorletzten Jahrhundert, zu einer Zeit, da das Aufblühen von Gerüchten und Sagen, insbesondere in meiner Gemeinde, in Hochkonjunktur standen.

Die äußerst raren Zeichnungsstücke verrieten so viel mehr Mystisches, als es unser Jahrhundert vermochte, das es mit seinen Technologien abgelöst hatte. Und doch, was einmal zum Schaudern erregt, das würde sich durch nichts auf der Welt seiner höchsten Kunst berauben lassen.

Die größten kiefernbesetzten Grundstücke hatte man gerodet, auf der linken Seite des abschüssigen Fußwegs war der versiegelte Brunnen, hinter ihm umfasste die morsche Mauer das kleine Pfarrhaus nebst Spielplatz, welcher seit Jahren gesperrt seine schattige Existenz erfüllte.

Die Wohnhäuser hatte ich bereits hinter mir gelassen, die Messe war vorbei, und endlich erhob sich das einsame Bild der Silhouette der Barockkirchenzinne vor meinen windbespienen Augen.

Sonne, sie war entschwunden – warum sollte sie auch zu dieser Jahreszeit den Menschen ihre Liebe spenden! Im Frohsinn musste ich mich üben, denn mein Befinden war erzwungener Schlechtwetterfreude sehr fern gewesen. Ich näherte mich dem Hofe, ohne Umzäunung, frei betretbar für verirrte Dorfschlenderer, Veranstalter für kleine Religionsfestlichkeiten oder Genießer der Friedhofstille, dessen sanftes Anwesen gleich hinter der Mauer ruhte.

Während meines frostigen, aber in keiner Hinsicht unbehaglichen Wartens auf Konstantin, nahm ich Platz auf dem Klappstuhl, der seit Langem unter den Ästen versteckt gewesen war.

Die Kirchenglocke läutete fünfzehn Uhr, die Steigerung des ohrenbetäubenden, mir stets rätselhaft erschienenen Signals für die gläubigen Anhänger, war für Konstantin der ersehnte Augenblick, da er mich unbemerkt von hinten in den Schwitzkasten nahm und mich damit lächerlicherweise begrüßte.

～⋊～

Er war ein Jahr älter als ich. Seine schlanke Gestalt war agiler, sportlicher im Vergleich zu meiner, wenn es aber um Raufereien ging, durfte ich mich überwiegend als Sieger wähnen.

Ach Konstantin, hätte ich ihn Freund nennen können, so wäre mir heute sehr viel Schmerz ein simples Jucken im Nacken, ich bräuchte nicht die Einzelheiten des zwiespältigen Zusammenseins aufzählen, noch die dabei tief stechenden Empfindungen.

Meine Beziehung zu ihm bleibt nicht ohne Erwähnung, sie lastet schließlich schwer auf mir, wenn es vonnöten ist, werde ich ihn als engsten Freund beschreiben, um meine Geschichte menschennah erzählen zu können.

Wir trafen uns heute, weil wir von Neugier getrieben worden waren, vielleicht weil es zum Aufwachsen gehörte, Verbotenes zu tun, das verführte jeden Jungen zu den ungeheuerlichsten Taten. Nein, ich habe niemals übertrieben, ich dachte bloß an die immer bestehende Möglichkeit, dass meine Eltern von meinem unsittlichen Verhalten erführen, das hinderte mich vor mancher Versuchung.

»Tut mir leid, aber ich muss um spätestens halb fünf wieder zu Hause sein –, Einladung eines Kollegen meines Vaters, du verstehst.«

»Klar«, seine Laune war für mich nur teilweise eine Beruhigung. »Gehen wir besser gleich, es sieht so aus, als würde es bald regnen.«

»Wovor hast du Angst?«, hob er verständnislos an, mein Befinden richtig erahnend. »Das ist eine einmalige Chance, dagegen ist alles andere zweitrangig. Glaubst du, ich würde dem Wort meiner Eltern jedes Mal Folge leisten! Ich habe letzte Woche die Mülltüte mit den Prüfungsvorlagen aus dem Reservelager gestohlen, die lagen schon eine ganze Weile da drinnen.

Du weißt ja, sie verwenden immer dieselben Fragen, und damit sie leichtere Arbeit beim Korrigieren haben, gibt es Niederschriften für sie zum Abschauen. Nachdem ich den Schlüssel des Hausmeisters gestohlen habe, blieb die Kammer übers Wochenende offen, somit wird sich niemand wundern, wenn die Tüte verschwunden ist.«

»Aber nach der Prüfung werden sie sich wundern, warum wir auf jede Frage eine präzise Antwort geben konnten.«

Er rollte die Augen. »So gut wie jeder hat ein Auge auf diese Vorlagen geworfen, warum sollte man gerade uns verdächtigen? Abgesehen davon ist es ohnehin ratsam, einige Fragen falsch oder unbeantwortet zu lassen, damit bewahren wir unsere Glaubwürdigkeit.«

Ich folgte ihm durch den Spalt in der Mauer, wir wühlten das nasse Laub auf, während wir besonnen zum Friedhof schlurften.

Hier der aufschreiende Eintritt in eine andere Sphäre, dachte ich ganz bei mir, Konstantin, dessen Gedanken lediglich das Versteck fixierten, erfuhr nichts von der inneren Berührung, die mich beim Vorbeischleichen der Gräber so in Faszination riss.

Die Kälte wurde bitterer. Nach etwa drei Minuten waren wir am Hinterausgang des Pfarrhauses angekommen, im Schatten der kahlen Dornbüsche, des streng wachsamen Kirchenturms und den unterschwelligen Botschaften desselben.

»Warum hast du die Tüte ausgerechnet hier versteckt?« Es sprach der bigott katholisch erzogene Junge, seine Furcht vor den Allmächten überwog zur damaligen prekären Entwicklungsphase den Großteil seines Gewissens.

Konstantin hastete zu den Tonnen, die bis auf eine leer standen, aber die hatte er unter den Abfällen aus dem sakrosanktem Quartier versteckt, unter denen, wie ich meinte, der eine oder andere interessante Gegenstand zu ergattern wäre, bis schließlich die innere Ehrfurcht über meine Versuchung siegte.

»Nutzloses Zeug, aber warum tust du so scheu?«, fragte er. Er war bekenntnislos, seine Eltern hatten ihn anti-religiös erzogen, was an seinem Charakter unverkennbar gewesen war. »Hast du vielleicht Angst, dass er da oben dich kritisch beobachtet und du auf dem Heimweg aus Vergeltung vom Bus angefahren wirst?«

Während er meine an sich verständlichen Besorgnisse verschmähte, hatte er die ersehnte Ware aus der schmutzigen Tüte befreit.

»Das ist noch nicht alles.« Großer, unendlicher Himmel über mir! Tatsächlich gedachte er, mir seine jüngsten Verdorbenheiten in Form von Süßigkeiten aufzuschwatzen; ein Liebespaar – in einer vielsagenden Verschmelzung! Sehr appetitlich. Wie soll ich erklären, was Derartiges für mich bedeutete!

Für den fragenträchtigen Heranwachsenden war solches gewiss notwendig gewesen, aber wer, der meinem Alter gleichwohnte, wollte denn solch Sonderbarkeit im Nu verspeisen und sich eine Woche später an den flüchtigen Genuss entsinnen, wenn er die Verpackung im Abfallkorb wiedersah.

So hatte ich auf der Kippe gestanden, auf der Seite eines bewährten Fügsamen, wie Eltern ihre Kinder gerne sähen, in beständiger Gefahr in den Schoß des Unreinlichen, Verhassten, und, tja, Praktischen zu fallen. Ganz recht, ich hatte die Sündhaftigkeiten angenommen und empfand es notwendig, sie zu meinem Vergnügen im Zimmer aufzubewahren.

»Ich habe noch mehr.« Auf dem Grund der Tüte schimmerte etwas Rotes. Konstantin zauderte keine Sekunde, die auf uns, oder eigentlich nur auf mich, wartende Seltsamkeit zutage zu heben. »Blut?«

»Das hier solltest du auch mal gesehen haben, es ist verblüffend.« Das rot verschmierte Papier – ich betete, es wäre kein Blut – enthielt handgeschriebene Verse; die dunklen, festgesessenen Flecken bestärkten meine als falsch erhoffte Annahme nunmehr.

»Leg es weg, bitte! Ich fühle mich nicht gut dabei.« Keine Anzeichen von Mitgefühl; heute hatte ich etwas gesehen, das in seiner Vielfältigkeit und Extrem eine Heimlichkeit in mir aufbaute, Stück für Stück fraß es sich in mein Unterbewusstsein.

»Konstantin, was in Gottes Namen ist das!« Unter den stinkenden, verwesungsstarken Abfällen drang etwas Hautfarbiges hervor, gerade berührte das fahle Licht der wolkenumtanzten Sonne den Inhalt der geschundenen Tonne.

Konstantin war ungerührt, er wollte, dass wir es beide sehen, kurz bevor wir wegrannten, um beherrscht den Alltagsspielereien unseres Alters gerecht zu werden. »Die Nase, das Kinn … und das verkümmerte Tapshändchen! Jemand hat es schändlicherweise entsorgt.«

Was wurde von wem entsorgt, fragte ich mich, und niemanden sonst fragte ich. Auf gesegnetem Boden fanden wir das Unerklärliche, das wir nie aufzuklären gedachten; trotz des Erschütterlichen vermochte Konstantin nicht davon abzulassen, das zerknitterte Papierstück einzustecken.

Vielleicht war das meine Strafe: Ich war im Begriff, Betrug zu begehen, dafür sollte ich das Antlitz des Schreckens sehen, vieldeutig, grauenhaft und ... belehrend?

❧

Spät trat ich über die Schwelle ins Haus, als Mutter mit strenger Miene mich erwartete, kein Wort über meine Unpünktlichkeit verlierend; sie erwartete mein Geständnis. Wer vermag mir zu deuten, auf welche Weise der Mensch in die Seele seines Nächsten spicken und sein verborgenes Wesen aufdecken kann!

Eine bedenkliche Naturkunst, die mich noch lange beschäftigen sollte, aber im Grunde genommen banal ist und für die allermeisten ein Gebiet, welches sie blinden Fußes beschreiten, beiläufig bemerken, bis dessen Sinngehalt im Nebel der Alltagshast und ihrer geistigen Trägheit verschwunden ist.

Siehst du in mich hinein, Schwester, Mutter, Vater? Wen kümmerte es schon, wenn diese Fähigkeit mir selbst zu eigen gewesen wäre, hätte ich denn dadurch die Welt ändern, mir begreiflicher machen können! Mutters eisiges Antlitz bohrte sich noch immer durch mein fragiles Gemüt, um das sagenhafte, metaphysische Ätherwesen, genannt Seele, nachdrücklich zu verurteilen.

Es kam ein Mann hinzu, zwischen vierzig und fünfundvierzig, schwarzes Kraushaar unter einer roten Markenkappe und Jogginghose; wer war dieser Fremde? Das durch die Luft wirkende Gefühl einer bevorstehenden Strafe ließ sich für einen dritten Beobachter nicht leugnen, hätte er bei mir im Flur gestanden.

Aber — wie ginge es sonst — dieser imaginäre Beobachter hätte wahrlich mein Empfindungsvermögen borgen müssen, wollte er den Sachverhalt verstehen lernen. »Das ist Herr Graflod, dein Vereinsleiter.

Er hat sich freundlicherweise die Zeit genommen, um persönlich hier zu erscheinen und eure kontrahierenden Meinungen durch einen Kompromiss zu schließen.«

»Ja, Alexander.« Er ergriff das Wort, um Taktgefühl bemüht und die korrekten Ausdrucksformen setzend. »Wie du selbst am besten weißt, steht bei einer Mannschaft der Teamgeist an erster Stelle. Seit du bei uns angefangen hast, haben wir diese wichtige Grundlage aller tätigen Zusammenschlüsse bei allen Teilnehmern zu fördern versucht, leider muss ich sagen, dass du auf der Strecke geblieben bist.

Ich bin sicher, du verstehst meine Offenheit richtig, immerhin haben wir deine Motivationen vergeblich gesucht, du weigerst dich beharrlich.« Seine Erklärung, oder treffender, seine Kündigungsrede überraschte mich keineswegs – im Gegenteil, ich durfte sie zumindest als Teilerfolg ansehen, mich aus dem Zwingnetz der elterlichen Ideale vorläufig herausgerissen zu haben.

Das war lediglich der Anfang gewesen, denn nun war der Punkt erreicht, da das widerspenstige Kind in die Mangel genommen werden musste, um ihn auf einen Weg zu weisen, einen der für uns alle so gleichfarbig erscheint.

Graflod, welcher sich meine mangelnden Mitgliedschaftsambitionen von meinem Trainer angehört hatte, war so freundlich und hatte mir im Namen des Vereins einen kleinen zierlichen Geschenkkorb mitgebracht; zum Abschiede aus einer Zeit, die auch für später reiche, unbehagliche Ernte in meinem Innern hielt.

Das Unwohlsein war mir mit abschließender Sympathie begegnet, als der Mann von Vater und Mutter begleitet zur Türe hinausging, war ich mit dem Gram derselben allein geblieben – die anstehende Strafe fraß schon an meinen labilen Nerven.

Für heute war ich in mein Zimmer gebannt und sollte über mich selbst nachdenken – ja, du innerlich sitzender Zwielichtswurm, ich werde noch viel über mich nachdenken! Dies träumerische Kitzeln, das mir besonders nächtens wirre Bezeigungen machte … – ich war wohl zu jung zum Verstehen ihrer Botschaften.

Die folgenden zwei Wochen stellten eine Art Verhaltens-Arrest für mich dar, bei dem ich, ohne Unterhaltungsgegenstände, im Zimmer bleiben musste, diverse Rechenaufgaben mich beschäftigten und meinen Verstand vollends in Anspruch nahmen.

Wer dabei an Gefangenschaft denkt, läuft auf rechten Wegen, zweimal am Tage bekam ich Mahlzeit, stets nur, wenn ich die Aufgaben richtig gelöst hatte. Das Leid fraß sich tief in mich hinein, doch nichts flüsterte mir, es sei etwas Verkehrtes am Bestrafungsmuster meiner Eltern. Gedachten sie, mich vernünftig zu erziehen? Wie hätte ich ihre Schädel aufdecken und die schwerfüßigen Einfälle menschlicher Sittlichkeit begutachten können; ein Kind bleibt Kind, bis zum Tage einer großen Wende.

Und dieser Wandel würde jeden in das vage Bildnis des Erwachsenseins stoßen, wo man lernen wird, mit den anderen zu gehen, irgendwohin, wo Nebel die Sicht selbst für den Scharfsinnigsten noch betrüben; mein Wunsch war immer, diesen Geistespfad mit jedem Schritt zu kennen, wer hätte gedacht, dass nicht mal ihre großschnäuzigsten Beschreiter es tun!

～

Mein mächtiger Hehl gegenüber der Außenwelt wurde von vielen Missbilligern gewittert. Meine Nächststehenden hatten die haltbarsten Beweise dafür erbracht, wenn man mir dies glauben möchte. Ich erflehe mir euren Glauben!

Das elterliche Streben nach erfolgreicher Erziehung ... – es war ein undurchschaubares Spiel. Nach einem regulären Schultage fand ich mich selbstverständlich in meinem ›Mauseloch‹ wieder, niemand rief mich, niemand störte meinen träumerischen Geisteszustand.

Eine Hausarbeit in Erdkunde – wir sollten den höchsten Berg der Erde bestimmen und seine Eigenschaften sowie Geschichte beschreiben – verschlang mein Bewusstsein, ich wusste bei der Beantwortung dieser eigenartig prägnanten Frage nicht, ob diese Ironie des Schicksals war oder eine spirituelle Aufforderung, mein Vergangenes links liegen zu lassen, und ich zu einem Ort aufbrechen sollte, der meinen Bedürfnissen gerecht werden mochte.

Vor mir lag das Arbeitsheft: Welches ist die höchste Erhebung über dem Meeresspiegel? Frage zwei lautete ähnlich: Der größte Berg der Erde ist wie hoch …? Wahrlich, auf der höchsten Erhebung würde ich allzu gerne mein Dasein fristen, ungestört und fern meiner Peiniger, wäre da nicht das Problem der fortschreitenden Globalisierung – und die befürchtete Erderwärmung, um nur zwei Themenschlager zu nennen, die so schnell aus der Mode fielen, wie sie gekommen waren.

Die Polarkappen schmelzen, der ach so mächtige Berg tut seine unfreiwillige Verwandlung, denn so wollten es seine Eroberer. Mount Kea, dessen erbarmungswürdige Größe seinen Anfang im Meeresboden nimmt, sein Untergrund böte sich als Zuflucht meiner erniedrigten Person wohl am ehesten.

Alsdann in dunkelster Tiefe oder unerklimmbarer Höhe – das wäre mir gleich, nur dass ich von Euch gebannt wäre! Träume, träume …

Ich legte die Wange auf die verschränkten Arme, darunter das Heft, das bald ein zerknautschtes Bündel war, hoffnungsversprechende Bilder speisten das fruchtlose Gedankenloch des einsamen Kindes.

Als mein versonnener Blick aus dem Fenster fiel, waren die Dächer mit Schnee bedeckt. Ich hatte wohl geschlafen. Die Winterkälte hatte für dieses Jahr ihren Anfang genommen, die Zeit des Nachdenkens und der Verwelkung; denn sie holt uns alle ein, früher oder später.

Damit begann eine der letzten Phasen meines jungen Lebens, die Konzentration auf meine inneren Schätze – oder Abgründe. Es gab vieles zu verbergen, oh meine schamlosen Feinde, wer würde es denn tolerieren, wenn ein Unbefugter an der Schale des Gewissens herumstocherte!

Solche Neugierhalunken gilt es abzuwimmeln, wenn nicht anders, dann mit des Zorns Vergeltungsarsenal, sollen sie unseren Frieden doch tanzen lassen. Verdammt sei meine Erinnerung! Wieder übermannt mich ungehemmte Wut.

Das Fünkchen Glück – aber lieber nenne ich's die kurze Abwesenheit des Molochs – verdanke ich der Gesellschaft eines besonderen Menschen; der eingetroffene Winter führte mich zum ersten Mal zu ihm.

Da die weiße Pracht des Himmels ihre üppige Starrheit über dem Lande ausdehnte, Verkehr und Mensch in ihren Bewegungen erklecklich einschränkte, entschied der Mathelehrer, den Unterricht am Freitagvormittag frühzeitig abzubrechen, zu unser aller Freude, versteht sich.

Während Erwachsene über die Eindämmung der für ihre Welt typische Mobilität und Geschäftstermineinhaltung durch den hartnäckigen Schnee klagten, hatten wir kleinen Burschen seine Vorzüge ausgenutzt. Schlittenfahrt auf dem Nordacker war angesagt.

Zusammen mit Konstantin und zwei anderen Jungs, die zwei Klassen höher waren als wir, verabredeten wir uns am Kreuzweg, dem abgelegensten Gebiet im Dorfe, denn es war für diese Zeit die geeignetste Stelle für unsere Spaßbefriedigungen.

Karl, ein pfundiger Kerl mit viel Sinn für Humor und gleichwohl die Angewohnheit besitzend, gewisse Situationen und Sachverhalte melodramatisch zu überspitzen, schien durch seine Eigenschaften einem wie mir der beste Lehrer, um auf ein charakterliches Gebiet vorzustoßen, dessen Erforschung man mir konsequent beschnitten hatte.

Der zweite Junge hieß Hendrik, mit Größe 1,80 m einer der Jungs, vor denen wir Zwerge uns gern fürchteten, helle, eiskalte Augen – in den schneeverwehten Landschaften machte er auf andere keinen besonders freundlichen Eindruck, es schien ihn zu belustigen, seine innere und physische Starrheit auf unsere ängstlichen Gemüter wirken zu lassen.

Die erste Stunde lernten Konstantin und ich von unseren Begleitern, wie man unseresgleichen hänselt, ihnen gemeine Streiche spielt, bis sie, falls man es zu weit trieb, weinend nach Hause liefen, um ihren Eltern von den bösen Älteren zu berichten, die längst einen gewissen Ruf im Schulkreise genossen.

Die beiden Attentäter, so nannten wir die beiden, liefen vorneweg, sie hatten bloß einen Schlitten, Konstantin und ich jeweils einen. Wir kamen abseits des hauptsächlich genutzten Ackerlandes. Wo wir jetzt waren, tat sich dem Auge nicht eine Schlittenfurche im dicker werdenden Schnee auf.

»Hier fahren wir um die Wette!«Jung gegen Alt, lautete die Abmachung, die ersten Konkurrenten waren Konstantin und Karl. Letzterer hatte aufgrund seines enormen Körpergewichts einen Vorteil, er ließ meinen Freund rasch hinter sich. Bald waren sie dem Abhang entflohen.

Ich blieb allein mit Hendrik. Seine geisterhafte Art machte mich nervös, nicht zuletzt, da wir warten sollten, bis die beiden zur Anhöhe zurückkämen.

Zeit verstrich. Die Dämmerung kündete ihre Niederkunft, am Horizont ging die ihrer Kräfte beraubte feurige Sonne ihrem Untergang entgegen, die weiße, glitzernde Decke vor uns wurde von ihren Abschied nehmenden goldenen Strahlen gespeist.

Nach einer Weile sagte Hendrik in heiserem Ton: »Gehen wir nachschauen, wo sie abgeblieben sind!« Obwohl mir unbehaglich war, folgte ich seinem Vorschlag, in der Kälte wirkte er wie ein starr gefrorener Leichnam, nichtsdestotrotz glaubte ich, er wisse, wo unsere Kameraden auffindbar seien.

Wir hatten uns von den oberen Häuserreihen entfernt, die Laternen gaben nur noch ein mattes Glimmen frei.

Wir stiegen tiefer und tiefer.

Meine Intuition hielt mich mehr und mehr unbeirrt darob, dass Hendrik mich absichtlich fortgeführt hatte, welchen Zweck er damit verfolgte, konnte ich mir nicht ausrechnen – der Verführer, er tritt ein ins Leben und deckt neue, unerforschte Ängste in uns auf. Wird er dir damit helfen, oder hältst du ihn für sündhaft, für gemein, feindlich und gefühlsmissachtend, so wie diese unsere Erde großzügig ihre Täuflinge rekrutiert!

Es roch verbrannt. Hendrik sprach kein Wort zu mir, ich fühlte, wie er mich beobachtete, doch ich wagte nicht, in seine Augen zu sehen. Bei solch befremdlichen Begebenheiten sprach der innere Wurm zu mir; der Strang zwischen ursprünglicher Entscheidung und bevorstehendem Situationsausgang – nur habe ich immer selbst entschieden und waren scheinbar boshafte Handlungen meiner Umwelt pädagogischer Natur, auch wenn sie selbst es nicht als solche beabsichtigten?

Man wird sagen, ja, ich war jung und zu Missverständnissen und rückblickend zu Überbewertungen neigend, gerade wie jene, mit denen ich damals verkehrte, aber dieses gefräßige Untier in mir, das hielt bis ins späte Alter seinen souveränen Platz in mir. Denn welches Entsetzen drängt sich in uns Emporkömmlingen auf, wenn wir später entdecken, dass die mit den Zügeln in den Händen in letzter Wahrheit dem verworrenen, rückradlosen Konstrukt, das sie stolz funktionales System nennen, ohne weitere Hinterfragungen huldigen!

Aus dem schütteren Wald, der uns mit wenigen Schritten aufnehmen würde, erscholl ein Schrei. Mein Schrecken war rechtens: Konstantin! Entkräftet kam er hinter Karl herangetaumelt, welcher ihm seinen Schlitten abgenommen hatte. Die ›Attentäter‹ teilten gemeinsam ein höhnisches Grinsen, worunter wir nun zu leiden hatten.

»Ihr tut mir wirklich leid. Genau an dieser Stelle ist vor einem Jahr die fliegende Untertasse gelandet. Ihr könnt noch das verkohlte Kinderfleisch riechen, dass sie jeden Winter verspeisen, wenn jemand sich hierhin verirrt.«

»Wir werden euren Verbliebenen vom tragischen Verlust Bericht erstatten. Macht's gut.« Sie jagten davon, nicht weit auf einer seitlichen Landstraße fuhr ein Wagen vor, in den sie einstiegen und damit in Windeseile zwischen weißen Hügeln und dürren Baumwipfeln verschwanden.

Das Heulen der Wölfe, das Gurren der starren, auf Ästen ruhenden Märcheneulen, darunter die Angst zweier Kinder, die inmitten der frostigen Dunkelheit dem makabren Schauspiele, herbeigeführt von zwei Sadisten, zum Opfer fielen – und die Rolle der Angstbefallenen geradezu meisterhaft vollführten.

Aber wo war das Publikum? Sollten verspielte Jungs wie wir an solch einem kargen Ort verenden, war unser Leben nicht noch vor uns; es wären uns sicher viele Gründe zum Weiterleben eingefallen, wer aber außer den Wächtern der Nacht vermochte sie zu hören! »Lauf!« Je eher wir liefen, umso zügiger kämen wir aus dem schneeverhüllten Wald, also setzten wir uns in Bewegung. Konstantin, du guter Freund! Er holte mich ein, gerade als wir der Steigung entgegensputeten, der Zufallswille ließ mich ohne Gnade im Stich. »Komm weiter!« Die Kraft hatte mich verlassen, war es die Kälte, war es die Lage oder mein instabiles Gemüt – ich versank im klammen Schnee. Mühsam kroch ich weiter, um zu sehen, wie mein flinker Freund als vager Fleck sich immer weiter entfernte, sein Ziel sollten die kümmerlichen Giebel sein, irgendwo dort lag die Stätte meiner feindlichen Erzieher, auf deren Wiedersehen ich gern verzichtet hätte.

Ich sagte bereits: Zeit war für mich im zarten Alter ohne große Bedeutung. Was die Zukunft anging, war ich desinteressiert, wen kümmerte es! Doch eben dieses Kommen nutzten die ausgewachsenen Weltherrscher als Grundgerüst ihrer Zucht.

Wie lange hatte ich dort im kalten Grab gelegen! Rückblickend muss ich doch, selbst wenn's mich betrübt, zugestehen, es wäre für mich begrüßend gewesen, wenn ich hier mein Ende gefunden hätte. Der Gequälte ist, wenn er dahinscheidet, kein Verlust für den Rest der Lebenden, das hatte ich früh gelernt, nebst der umsorgenden Heuchelei, die ihm bei äußerer Verfallserscheinung gern zugestanden wird; Sklaventätigkeit im neuen Gewand; warum bis zum Zusammenbruch warten und den Schlappen auswechseln, wenn der einzelne Frondienstleister bei Verpflegung länger durchhält.

Ein Schatten bedeckte mich; meine bewusste Auffassungsgabe sank dahin. Als die Funktionen meiner Sinne wiederkehrten, durfte ich mich in einem nach Zimt duftenden, rustikalen Zimmer glücklich erwacht fühlen.

Mein Gastgeber? Eine gekrümmte Gestalt, mit Geheimnis hütend verzerrter Miene, hinter seiner Werkbank sitzend und vor mir – ich erwachte auf einer Klappliege – die dampfende Tasse, aus der sich der Geruch heißer Schokolade mit denen der Kräuter an den Wänden mischte.

Als sich meine benommene Sicht geschärft hatte, war mir das Gesicht der Person deutlicher geworden. Der Mann musste Ende fünfzig sein, sein Werkeln, ich konnte nicht erkennen, was es er tat, führte er mit seelenruhig präzisen Bewegungen aus.

»Du musst noch erschöpft sein«, sagte er lächelnd. Ich blieb stumm, unweigerlich schlugen mir die Warnungen der Schullehrer ins Gedächtnis, ihre unermüdlichen disziplinarischen Belehrungen und Zurechtweisungen, insbesondere die Schutzmaßnahmen vor Fremden.

Für mich schien es zu spät. Obwohl jeder in solch einer Lage von unerklärlichen Ängsten geplagt würde, empfand ich eine geringe, wenn auch spürbar beruhigende Gesellschaft. Ich sah die Tür und rannte auf sie zu, ohne viel über mein Vorhaben nachgedacht zu haben.

»Vorsichtig! Der Eingang ist sehr glatt.« Ehe ich seine Worte registrieren konnte, rutschte ich an der Schwelle aus und schlug hart auf. Der Fremde erhob sich vom Stuhl, in helfender Eile befreite er mich aus meinem schmerzlichen Liegen.

»Du musst etwas trinken.« Er ging hinüber zur Kommode und nahm behutsam die heiße Tasse, die er mir väterlich vorhielt. Mein Hunger, mein Durst und, so ungern ich es auch zugebe, der Wunsch, in meinem verhassten Heime zu sein, das brach wie ein verwirrender Donner über mich herein – und ich entschied, für wenigstens eine kurze Weile bei meinem Retter aus dem Kältetod zu bleiben.

Er sprach nicht viel zu mir, doch wenn er es tat, meinte ich, er sei der Messias aus längst vergessenen Geschichten, der eigenkräftig handelnde Fischer, der Verlorene wie mich aus dem Sumpfe der Schmach herauszieht.

Erschrocken hatte es mich, als er sagte, er fand mich auf der vereisten Oberfläche des Leichenteichs, ein kleiner Waldsee, eher noch ein anstrebender Tümpel, um den sich allerlei mystische Erzählungen rankten und dessen abschreckender Name zum Thema der Umbenennung in der Gemeinde geworden war.

Also hatte mich der Retter bewahrt vor einem elendigen Schicksal, einem, das ich schon gar nicht als junger Knabe bereit war einzugehen. – Es ist schon seltsam, wie die Jugendblüte trotz ihrer hässlichen Bestäubungen am Leben hängt. Du herzhafter Retter, dein Hiersein auf dieser Erde ist ein großer Segen für mich gewesen!

Erst als er sicher war, dass meine Gesundheit durch die nächtliche Unterkühlung gefährdet worden war, und sich dessen anhand meines erfrischten Strahlens vergewissern konnte, fuhr er mich heim.

Nicht lange war ich bewusstlos gewesen, er fand mich bald, eingesunken im weiß glitzernden Reich des schlafenden Tümpels. Die schwarze Nacht hatte ihre dunkelste Stunde erreicht, das bedeutete für mich, die Zeit, in der ich zu Hause sein musste, war weit überschritten worden.

Wem galt diesmal mein Fluch? Konstantin, mein einziger Vertrauter, der Verständnisvolle und Hilfsbereite ließ mich in barbarischer Verfinsterung zurück, auf dem kalten Acker, der für einsame Kinder in einer Winternacht das Symbol alles Bösen auf diesem Planeten war.

Und doch, hätte ich mit ihm zusammen aus den Klauen des Frostes und seinen gesichtslosen Schrecken fliehen können, wäre mir dann der neu gewonnene Gefährte ins Leben getreten? In der Nacht der eisigen Ummantelung, körperlich wie seelischer, wo niemand sein Heim finden möchte, wurde mein Leben gewendet, ob zum Guten oder Schlechten, kann ich bis heute nicht sagen.

Der elterliche Empfang ... – lasst mich drüber hinwegsehen! Prügelstrafen, gepaart mit wutverzerrten Mienen, in denen der Zorn aufflammt – und hat der Ungehorsame seine Lektion gelernt, wenn der Mutter Geborgenheit und des Vaters schützende Stärke scheinbar ihrer Naturpflichten zu müde, ihrer Aufgaben und tugendstarker Ziele unfähig, ungewachsen oder ... zu primitiv waren?

Weinte ich in mich, verwirrt hierüber, hinein oder war es der Ausdruck der körperlichen Qualen? Ob so oder so, sie zerschlugen Nerven genauso wie meine Hoffnungen auf baldige Beendigung der entfremdenden Maßnahmen, selbst wenn es sich ewig angefühlt hätte. Wenn du auf das Ende einer Sache zufrieden, da du weißt, dass es dich ereilt, warten kannst, wird dich dein Glaube mächtig machen.

Und heute? War meine Hoffnung berechtigt, dieses in schwammiger Ferne schlummernde Gebilde aus Wunschvorstellungen und zermürbenden Moralgesetzen? Sie schränken unseren Geist ein, längst nicht mehr kann eine Entscheidung nur für dich alleine fallen, willst du leben, dann lebst du auf dem Grund gebündelter Menschentorheit.

Niemand soll mich fragen, was ich zu verändern gedächte, mir oder andern zuliebe, wer auf Fragen solcher Gewichtigkeit eine ehrbare Antwort erwartet, dem müsse ein anderes Seelentor geöffnet werden, das da heißt: träumendes Leid! – denn ich war ein Leidträumer. Die Welt als Ganzes ist unabänderbar, auch dies lernte ich früh. Wer anders denkt, befindet sich auf einer Zwischenschiene, sie verläuft zwischen unschönen Wahrheiten und perfekt scheinenden Idealen; doch vermag dieses ätherische Gespenst einst Form und Fleisch anzunehmen?

Wie oft hörte ich, und ihr bestimmt auch, dass wir uns den Tatsachen anpassen müssen, sie akzeptieren; dieses bedingungslose Starren in die Zukunft, voller Sorgen, Ungewissheit, Schmerz und Ignoranz, wo könnte es sonst so vielfach vorhanden sein als unter unserem stolzen Menschengeschlecht!

Nun, neben der Strenge meiner die frühen Jahre leitenden Weltgenossen lernte ich jenen Sonderling kennen, sein gütiges, beinahe vollkommenes Herz, das aus himmlischem Gold geschmiedet schien, schnappte mein verstoßenes, erbärmliches Seelchen; man darf nicht denken, ich würde ihn als Beseitiger *meines* Leidens bezeichnen, für ein derartiges individuelles Denken sind unsere Sorgen hier auf Erden doch viel zu gleichförmig, als dass der Einzelne über die Handvoll seinesgleichen sonst nirgendwo Vorkommendes berichten könnte – dies aber lernte ich erst spät.

Jenseits der Strukturen praktischen Menschseins schweben insgeheim Wünsche sowie stete Besserungserwartungen, Innovationen; ich frage euch: Welchem Zweck dienen sie?

Der in sich Verkrochene erntet in seinem Geiste die fantasievollsten Mutmaßungen, er zerstört seine und die übrige Welt hinter der Stirn, setzt sie neu zusammen; nur wenn er starken Willen besitzt, wird er durch sein Leben finden, die Methoden, die er dabei zur Ausübung findet, dürften nach einem von Leid gezeichneten Leben den Idealen altgedienter Moralisten äußerst ferne liegen.

Wenn die Schicksalsmächte wenigstens zeitweise mit unserem Volke Mitleid haben, schicken sie jemanden zu uns, er ist wie ein Ebenbild unseres Ichs, ergänzend, einfühlsam und hat immer ein offenes Ohr, egal, worum es sich handelt.

Oh Schrecklichkeit in Menschengestalt! Wer nicht Meister der Vollkommenheit ist, die Stücke seiner Erfahrung demjenigen, der sie wahrlich benötigt, abwerfend, der wird mir immer Feind sein. Das leidige Berechnen meiner jungen Jahre rekrutierte mich für diese müßige Suche. Selig sei der, welcher seinem Feinde verzeihen kann, heißt es. Doch ist mein Hass im kritischen Übermaß vorhanden, oh vergebt mir ihr Übermächte, dann lasse ich meine Wut in ihre Adern sinken – mögen sie wissen, dass ich seit jeher ihr nach totem Blute geifernder Verächter war!

»Schön, die Gewissheit zu haben, dass man nicht alleine ist.« Als ich älter geworden war, besuchte ich ihn regelmäßig; sein Mitgefühl und regelrechter Blick in meine tiefsten Bedrückungen faszinierten mich bei jedem Male aufs Neue.

Aber nach der Reihe: Mein Kindesgeist trug die Bürde der Vernunftmörder, die sich gleichsam als ihre Prediger ausgeben, denen alles auf Erden gehört; ich sollte ihre Tradition fortführen, aber wie sollte ich das mit dem angezüchteten Widerstreben, das in mir fest verankert saß!

»Du wirst noch viele antreffen, die dich an deinem Ziele hindern wollen. Begreifst du dich selbst als Außenstehender, kannst du mit deinen Vorstellungen andere beeinflussen; du und ich sind rar auf dieser Welt, viele suchen uns in ihrer Verzweiflung; haben sie uns gefunden, wissen sie unsere Tugenden nicht zu schätzen.

Es ist unwahrscheinlich, dass wir die Dinge baldigst nach unserem Geschmack verändert sehen werden, aber der Trost der Ewigkeit verspricht uns einen Sieg.«

»Ewigkeit!?« Mich schauderte der Gedanke, meine Knochen verloren ihre Härte und ich sank zusammen, ehe ich mutig zur Gegenwehr griff: »Ewiges Leben bedeutet ewiges Leiden!« Wenig Erfahrung besitzend, aber trotzdem genug Verstand, um erkennen zu können, dass das Leben als brennendes Geschwür unheilbare Geisteskrankheit mit sich ziehen muss. »Wie gedenkst du, oh Freund, endloses Dasein tugendhaft oder gar vollkommenen Willens zu durchstehen? Du sagtest doch eben: Viele werden mich an meinem Glück hindern.«

»Ja, die Blindheit der Mehrheit ist gewaltig, aber nicht mächtig. Sollte die Absicht dieser Welt von dem abgeleitet worden sein, was wir allgemein als gut bezeichnen, dann sind unseresgleichen wahrlich Fehlgeburten. Das soll aber kein Grund sein, unseren Platz unter den Massen als minderwertig aufzufassen.

Dein junger Verstand wird Entwicklungen durchlaufen, die meinem überlegener sein werden, da ich an eine spirituelle Verbundenheit glaube, etwa ein übersinnlicher Stammbaum.«

»Eine Verbundenheit zwischen wenigen Fehlgeleiteten«, merkte ich an. Er versuchte mich nie von dem abzuführen, was mir eigentlich am meisten zusetzte; eine Wahrheit, die ich wohl aus Angst vor Verlust bis zum bitteren Ende verschlossen hielt.

Wer einmal begriffen hat, dass es eine scheinbar unauslöschbare Plage gibt, wird auch niemanden sonst finden, der sich ihrer brüderlich anzufechten bemüht, soll sich doch der Schmachtende dem Ruf des Kummers anpassen. Ich hasse euch Hinnehmer!

Der Grund der Massenverblendung seid ihr! Gäbe es da draußen Sinn für Wahrhaftigkeit, wir würden die Falschheiten in einem Zuge durch willensstarke Harmonie ersetzen, eine Frage bliebe dennoch: Wäre der Gewinn allgemeingültig?

So verbrachte ich geheime Nachmittage, die beste Tageszeit für edle Entschlüsse, bei Hamohn, dem selbsternannten Irrläufer. Gewiss, seine überaus lehrreichen Reden, die meiner Jugend geholfen hatten, in eine zeitweise annehmbare Blüte zu gelangen, stellten Gegensätze für die restlichen Beziehungen meines Umfeldes dar.

Eines Nachts, die Winterstille ließ die Nachbarschaft durch ihre Eiseskälte versklaven – wer sich hinauswagte, wurde unbarmherzig von ihr begrüßt –, war der Zeitpunkt gekommen, da meine orthodoxen Eltern von meinen Heimlichkeiten erfahren hatten.

Vorsicht zu wahren war schwierig, war ich außer Haus, gelangten sie in mein Zimmer und ersuchten anhand verräterischer Materialien und ähnlicher Güter die Gewissheit über ihren Verdacht als relativ Rechtschaffende. Brisante Funde, entsetzliche Einsichten in den Geist eines Kindes, das sich besser entwickelt hätte, wenn nur der Instinkt des Vater- und Mutterherzens befolgt worden wäre. Hat denn das Kind kein Recht, sich von ihnen ein Idealbild zu schaffen!

Der Raum, in dem mein eingesunkenes Ich brütete, meine Schätze und Wertsachen, deren Nutzen ich in allen Formen und Möglichkeiten herauszufinden gedachte, die von Schulkameraden getauschten, für die Erziehung nutzlosen Gegenstände dösten in ihrer Leblosigkeit vor sich hin, lachten voller Hohn, sobald sie gefunden worden waren.

»Was sollen wir mit ihm tun!« Wie ein Ausdruck letzter Verzweiflung, der es einem nicht vergönnt, jemals einem anderen helfen zu können. »Wir wollen das Beste für dich, du musst die Regeln einhalten, oder du wirst in der großen, weiten Welt höchste Schwierigkeiten bekommen.«

Was ich dazu denke? Oh ihr Großen und Kleinen, ihr Eindringlinge kindlicher Unschuld und selbst geschmiedeter Glückseligkeit! Wie denkt das Kind?

Vermag ein kleiner Irrläufer Fuß zu fassen in dem bizarren Machwerk der närrisch und im Namen des Herrn handelnden Richter –, der Herr des Himmelreichs hat mich auf eine seltsame Art auf den Weg der Verantwortungstragenden geleitet.

Aber wollte ich denn immer ein Kind bleiben? Hätten die Störungen meines Wohlseins bei solch irrationalem Wunsche je ein Ende gefunden? Die Herrschenden werden ihre Arbeit nie in die Flammen des Überflusses werfen, nie wird die Eingebung beschwichtigender Sanftlebigkeit an die Pforte des mit Härte und Starrheit versiegelten Herzes der Vormundschaft klopfen.

Sie hatten Hilfe angefordert, sie benötigten die Professionalität eines jener Wenigen, die glauben, der Mensch könne die Kammer der Seele durch allerhand feine Werkzeuge aufschließen und die dahinterliegenden Verborgenheiten in das Licht der Klarheit stellen.

Der erste hatte versagt. Später, ich konnte bereits den Joch der früheren Jahre mittels Verstand beurteilen, konsultierten sie einen zweiten, bei welchem ich länger geblieben war, doch auch dieser kam zu falschen Interpretationen, schließlich konnte ich mich vorübergehend dem Verdacht entziehen, mein Leben sei eine Laune der Allmächte, des Zufalls.

Eine anhaltende Tortur, also gebar mein gesunder Verstand eine kuriose Weltanschauung, sie durfte nie ans Tageslicht gelangen, nie die Neugier der giftigen Gemüter berühren, und was, wenn ich es selbst darauf ankommen ließ?

Gäbe es tatsächlich ein Heilverfahren für Vom-Wege-Abgekommene, so müsste das Uhrwerk der Menschenmaschinerie nach dem Plan des Machers erfolgen, er würde das kleine Rädchen selbst reparieren und zweckdienlich seiner Funktion neu anpassen.

Welch schelmischer Gedanke! Auf den süßen Wiesen des blühenden Lebens, den schäumenden, verschlafenen Meeren und stillen Tälern der Einsamkeit fände ich sehr wohl einen Bewunderer dieser irdischen Schönheiten.

In dem lieblosen, Hass versprühenden Gedränge der Städte, ich nenne sie zivilisiertes Götzentum, ach, wo vermag der sanfte Sinn des Naturliebhabers da noch Mächte von erlösend bezweckten Aufgaben zu finden!

3

Der Hochsicherheitstrakt sei das Mekka
für jeden Seelenforscher.
Wer sich menschliche Abgründe zum Beruf macht,
darf nicht am Klippenrand verharren.

Schmelzbund der Kunst und Wissenschaft

Verzeiht mir meinen unverbesserlichen Verdruss ob der Plagen des
stattfindenden Alltages, welche dort draußen toben, wo immer
auch der Blick des Verlassenen hinfällt. Doch wie könnte ich
anders denken als ich selbst, ich als ignorierter, beiseitegeschobener
Hampelmann.

Und wahrlich, selbst das verächtliche, schier nutzloseste Wicht-
lein, das seinen stummen Teil unter dem Getümmel der Narren –
oder nennen wir sie einfach die große, verwegene Masse – er-
füllen soll, ja, auch ihm kommt Ehre zugute, er darf sie gegen
Gesindel verteidigen.

Aber höret mein Flehen, oh ihr überirdischen Richter: Wenn
diese aller Übersicht und reiner Freuden entglittene Welt je den
Pfad zur Quelle ewiger Segnung finden soll, sagt mir ehrlich,
wird demnach jeder einzelne Erdbewohner auf eurer Liste stehen?

Verdiene dein Glück, du von Gottes Gnaden Ausgeschlossener.
Noch einmal, Verzeihung, ihr willige und des Zufalls Leser!
Meine Mühen, das Ertragene der Vergangenheit so einleuchtend
wie möglich darzutun, scheitert, sobald ich die verzerrten, leid-
gedürsteten Bilder mir ins Gedächtnis rufe.

Um dem Leitfaden meiner inneren Entwicklung mehr Farbe
zu verleihen, steige ich bei meiner Erzählung nun in das Alter
ein, in welchem man die weltfremde Hülle der lebensbejahenden
Kindheit abgelegt und der relative Erkennende sich zu den aus-
gewachsenen menschlichen Wesen zählen darf.

Nach einem längeren Urlaub, Erholung von meinem wider-
sprüchlichen Tagewerk, kehrte ich in das Institut am Stadtrand
zurück. Lange dachte ich, bei ausreichender Ruhephase würden

selbst die entlegensten Vergrabungen vergangener Schmerzen zu ihrer letzten Salbung finden; angesichts meines düsteren Berufslebens, fand mein Geist nicht genug Muße, Derartiges endgültig in die Schranken zu weisen.

»Willkommen zurück in der Wohnstätte der Melancholie.« Albert, der immer frohe, einfühlsam auf die Leute einredende Bestattungsangestellte, begrüßte mich gleichwohl auf seine eigentümliche, reizende Art. »Erwartest du von mir, dass ich sage, die Freude wäre ganz meinerseits?«

Mein Blick schweifte in der mir überaus vertrauten Räumlichkeit umher, bis die Gestalten meiner seit langem ferngebliebenen Kollegen meine träumerische Seele ernüchterten.

»Wir haben viel Arbeit, nicht wahr«, sagte der junge Praktikant erwartungsvoll, der in Anbetracht seines Totenkopfshirts, das provokant unterm Firmenanzug schimmerte, und den gleichfalls schwarzmalerischen Symbolen auf seinen alle zehn Finger zierenden Ringen, den wahren Anspruch unserer Arbeit keineswegs zu würdigen verstand.

Albert führte ihn fort; wie immer rücksichtsvoll von ihm, mich am ersten Tage nicht ungewohnten Aufgaben und Variationen auszusetzen. Der Vormittag verlief ruhig, ich goss die Topfpflanzen auf dem Hof, der heitere Vogelgesang aus dem Schattenleben des Waldfriedhofs dürfte zu dieser Stunde selbst den gedankenschwersten Trauernden ins, wenn auch kurzlebige Licht der Mittagsfreude befördert haben.

Was mich betraf, so war das Ambiente meiner Arbeitsstätte Spiegelbild meiner Seele, es sollte etwas ausgleichen, das man nicht erklären kann und trotzdem stets vorhanden ist: Abscheu, Unmut – oder vielleicht bodenlose Angst.

Davon abgesehen brauche ich, so denke ich, nicht erklären, weshalb der Pfad meiner Vergangenheit mich ausgerechnet in diesen Bereich der Wirtschaftsakteure gedrängt hatte, um mein täglich Brot auf Erden zu verdienen.

Als Laie auf den Gebieten zur Ergründung verschiedener Seinsstufen schreibe ich meinen Schicksalsweg der Ironie desselben zu. Spät war ich heimgekehrt in die schäbige Wohnung nahe der Autobahnbrücke; ein anmutiger Reiz, so viele Male ich auch die Kathedrale in ihrer mächtigen Erscheinung auf der gegenüberliegenden Seite des dahinströmenden Domflusses sah, wer fantasievoll genug war, übersah die Gift rauchenden Schlote im Hintergrund und versuchte die naturfeindlichen Bauten aus der Sicht zu drängen.

Entspannt lag mein Körper im preisreduzierten Sofa, Ruhe war ihm gewiss gewährt, mein Verstand hingegen benötigte so viel mehr Entkoppelung von den Anforderungen des Alltags.

Es gab nie eine Phase, die mein Gemüt vollends stabilisiert hätte, täglich tat ich das, was meine Pflicht erforderte, die Abende nutzte ich zum Rückzug, als Aufrüstung gegen eine zu erwartende Konfrontation, die ich in ihrer Form nicht zu beschreiben vermochte, ehe sie nicht eingetroffen war.

Am nächsten Morgen spürte ich das Verhängnis in meiner Brust beben. Albert und die anderen waren ihren Beistandspflichten bereits nachgekommen, auf mich wirkte die hemmungslos am Eingang trauernde Witwe für den Augenblick vielmehr geschäftsmäßig als mitleiderregend.

Im Zuge der Diskretion hielt ich ihr zwei frische Rosen vor, ohne ihr Gesicht gesehen zu haben. Ich hatte sie Marie, meiner Liebe, schenken wollen, ehe ich ahnen konnte, dass jener Tag, den ich als Zeichen meiner Liebesoffenbarung zu weihen hoffte, mir bewiesen hatte, dass selbst ergebenste Gefühlsverträge nur kurz funkelnde Sterne sind.

»Der Schmerz lehrt uns, welchen Platz wir wirklich auf dieser Welt einnehmen.« Ich starrte durchdringend auf ihren finsteren Schleier, erwartete, sie würde ihren Kopf heben und ihr tränenglitzerndes Antlitz dem meinen entgegenstellen.

Sie tat es. Ein flüchtiges Lächeln bedankte sich für meine kleine Geste, die nicht gerade selbstverständlich, für mich aber unentbehrlicher Bestandteil meiner Betreuung war.

»Ich trauere nicht so, wie Sie denken.« Die Worte zu finden fiel ihr nicht sonderlich schwer, während sie die feuchten Wangen abtupfte. »Seien Sie doch so freundlich«, sie heftete ihre Augen kurz auf mein Geschenk, »ich suche schwarze Rosen.«

»Nun, seltsamerweise genießen sie in letzter Zeit eine hohe Nachfrage. Kommen Sie doch mit mir, der Blumenstand ist gleich da vorne.« Sie ließ sich von mir sanft unter den Arm greifen und ich geleitete sie zu Ben, dem jungen Praktikanten, den Albert zum Blumenverkauf verdonnert hatte.

»Lieben Sie denn Ihren Beruf?«, fragte sie schniefend. Auf eine solche Frage zu antworten, das verlangt Redlichkeit. »Betrachten Sie mein Hiersein als Ermutigung. Es ist für uns eine ehrbare Aufgabe, *vielleicht* sogar Gotteswille, den verlustbeladenen Ankömmlingen dieses entlegenen Ortes Trost zu spenden.«

»So wie Sie habe ich noch niemanden über Bestattungsfunktionen sprechen hören, Ihre Stellungnahme ist spekulativ und einfühlsam zugleich.

Möchten Sie das Grab meines Mannes sehen? Ich habe Angst, mich den schrecklichen Berg alleine hochquälen und die erinnerungsreiche Stelle ohne Begleiter aufsuchen zu müssen.«

»Sehr gerne.« Sie kaufte ein Dutzend schwarzer Rosen, unser knapper Dialog wirkte auf sie äußerst beruhigend. Danach folgten wir dem Pfad hinauf zur älteren nördlichen Anlage.

Wenn der Schalk sich bei uns Angestellten eingeschlichen hatte, scherzten wir über den Mythos dieser Anlage, die uns den Eindruck vermittelte, sie beherberge eine ungewohnte Sorte Verblichener.

Ich schenkte den Gesprächen nie Gehör, an diesem Tage hatte ich es auch nicht nötig – ich erfuhr es. Wir blieben stehen vor einer Doppelgrabstelle, niemand sonst war zugegen, der leise Morgenwind blies ahnungsvoll über die Buchen ringsum hinweg, schuf ein feierliches Rauschen.

»Warum interessiert Sie fremdes Leiden?« Ich sah sie verwirrt an, erhoffte von ihr, sich klarer auszudrücken. »Sind wir denn nicht zu empfindsam, um die Schrecken des Lebens bis zu dem Tage zu erdulden, an dem Mutter Natur sich für endgültige Gnade entscheidet.«

»Vielleicht hilft uns dabei folgendes Motto: ›Nach vorne sehen und tapfer sein!‹« Mit einem Schlag fing die Witwe zu lachen an, ob es Mangel an Taktgefühl war, hielt ich für ausgeschlossen, dem Tonfall wohnte zweifelsfrei Boshaftigkeit inne.

»Für sie beide ist es so einfacher und für mich auch, da Sie nun Zeuge meines auf ewig gebannten Kummers geworden sind. Zwei von Krankheit geplagte Männer finden zu ihrer letzten Ruhe, wie könnte ich als Angehörige nicht froh darüber sein, wenn ich genau wüsste, dass es andersherum schlimmer wäre?«

Unter den Namen der beiden Verblichenen war feinsäuberlich ein Vers eingemeißelt: ›Zeitig schiedet ihr von uns, ihr Braven. Im Herzen der liebenden Ehefrau und Mutter das Hoffen sich festigt, bis zu endlosen Tagen im Himmel unverblendet es uns nie belästigt.‹

Ein infames Gefühl stieg in meine Brust; die sardonische Witwe hütete ein dunkles Geheimnis, warum weihte sie mich nur ein! »Benötigen Sie denn Trauerbeistand oder leben Sie in Selbstgefälligkeit angesichts Ihres Verlustes?«

»Wer unfähig ist zu trauern, erntet Missverständnis. Nicht dass Sie das Gegenteil denken, schließlich sahen Sie mich so. Es war die natürliche Reaktion meines gebrechlichen weiblichen Geschlechts, ich empfinde weder Hoffnung noch Belastung, wenn jemand aus meinem Leben trat, wusste ich darob zu lachen.

Sehen Sie dem Sterben nicht anders ins Auge, auch Sie werde ich von den Herrlichkeiten des Ablebens überzeugen.« Kichernd trottete sie davon, warf die übrigen Rosen in den Abfallkorb neben ihr, von denen sie die Hälfte auf das Grab ihres Mannes und Sohnes gelegt hatte.

Wie war mir zumute? Starr stand ich vor dem fremden Grab, verlassen von der Witwe, die bereits unter den Schatten der mächtigen Buchen verschwunden war. Alles war still geworden, ich meinte, die Toten würden auferstehen und mich ob meiner Dummheit auslachen, die ich nicht als solche erkannt hatte, ehe mir Zeit zum Nachdenken gegeben war.

Aus wirren Gedanken wurde ich herausgerissen, als der Wind das wiederkehrende bösartige Gelächter der Witwe zu mir herübertrug und über das Elend meines Daseins Spottlieder sang.

Tage später, gegen neunzehn Uhr, als der Abend dämmerte, zog ich mich in die Hip-Fruits-Bar am Ufer, nicht weit von den Häuserblocks meiner kargen Wohnstätte, zurück.

Giuseppe, Barspender und menschenfreundlicher Gesprächspartner, hatte mich durch den Eingang schleppen sehen, schweren Fußes und ein Blick so tief und niedergeschlagen, dass sein italienisches Temperament keine Sekunde zögerte, mich aus der innewohnenden Misere zu locken.

»Alex, mein Freund. Warum machst du so ein Gesicht? Ah, ich weiß, du hast herausgefunden, dass das belegte Studienfach deiner Schwester Prostitution ist.«

Bei meiner seelischen Verwachsenheit hätte kein anderer Humor lockernd in mich greifen können. Jemand musste mir den inne sitzenden Knoten lösen, aber das vermochte weder ein gutmütiger Barspender noch die ambitionsschwachen Psychiater meiner Kindheit.

Giuseppe hatte bereits angefangen, mir einen Wodka zu mischen. Sooft ich auch das kleine, verschlafene Lokal aufsuchte, ich hatte mich auf nicht mehr als drei Getränke festgelegt. Mein kippeliges Leben benötigte verlässliche Planung; von morgens bis abends sollte der Gemütsschwache Rituale befolgen, die ihm Halt und Schutz versprechen.

Und das durch verhängnisvollen Alkohol? Ich war bei Weitem nicht der erste Berufstätige gewesen, dessen schwarz blühende, bis aufs Innerste durchfressene und bis in die dunklen Anfänge der Geburtsumstände zurückreichende Absorbierungen die gesamte eigenlebige Mentalität in Anspruch nahm.

Wie damit vernünftig umgehen, wenn umgeben von Gleichgeschalteten du bist, ihnen du zu nichtsnutzig erscheinst und das Gesetz des Eigentriumphes dich vermisst!

In meinem benommenen Kopf flogen wirre Reime umher; ich brauchte sie zu meiner Beruhigung. Giuseppe grinste mich stets an, während er den anderen wenigen Gästen an der Bar ihre Bestellungen ausgab oder kassierte.

»Whiskey pur, drei Würfel Eis.« Der gleichmäßige Tonfall verriet gepflegte Gewohnheit.

Aus den Augenwinkeln musterte ich den neben mir Platz Nehmenden. Ich sah etwas wie Abgespanntheit, doch er schien jemand, der seine grundsitzenden Empfindungen gekonnt hinter stoischer Miene verbergen konnte – das fiel mir sofort auf.

»Einen schweren Tag gehabt?« Dass er mit mir sprach, war kaum vorstellbar; wer sprach in dieser verhärmt gehässigen Stadt schon mit einem anderen, wenn er nicht gerade für ihn arbeitete, zur Familie gehörte oder nur um ihm ein dünnes Abonnement in den helleren Straßenzügen oder dubiose Angebote aufzuschwatzen, wer tiefer in das Nest der Stadtsünden tauchte.

»Hat sich der Himmel draußen verdunkelt? Dann führe ich das richtige Leben hier.« Ich nippte an meinem zweiten zur Hälfte geleerten Glas, die murmelnde Menge im Hintergrund half mir, nicht einzunicken; aber ich saß immer an der Bar, ich kehrte dem Rest der Anwesenden den Rücken, so wie ich es am liebsten mit allen getan hätte.

»Machen Sie sich keine Vorwürfe.« Er entzündete eine Zigarette; der Glimmstängel verlieh ihm Autorität, wie eine persönliche, übermächtige Waffe hob sie ihn von der Umgebung ab. »Man erlebt hier Tag für Tag die verrücktesten Dinge. Und hofft man darauf, woanders etwas Besseres vorzufinden, schlägt die bittere Chronik der Realität auf einen ein.

Hab ich nicht recht!« Ich spürte den leichten Stoß seines Ellenbogens auf meinem Oberarm; der Verdacht, dieser Mann suche nach einem Gesprächspartner, setzte sich allmählich in mir fest, ich zögerte lange, bis ich mich auf seine aufdringliche Freundlichkeit einließ.

»Tja, es ist überall dasselbe.« Giuseppe hatte ihm einen Aschenbecher gebracht, er nickte ihm dankend zu. »Wann schlafen die Toten selig?«, kam es aus mir heraus.

»Verzeihung, was sagten Sie?«

»Sollte der Tod etwas Erlösendes sein, dann hat er doch die eine oder andere Bedingung.«

»Meinen Sie für den Toten? Oder seine Hinterbliebenen?«

»Eigentlich für beide, aber besonders für den Toten. Führte er ein unbescholtenes Leben, dann muss er sich keine weiteren

Sorgen machen. Gehen ihm jedoch diverse Verleumdungen oder Verbrechen zu Lasten, wird sein Name, sofern er nicht vergessen wird, mit denselben in Verbindung gebracht.«

»Ein Sprichwort sagt: ›Man soll nicht schlecht über die Toten sprechen.‹ Dennoch, ich finde es überaus interessant, dass Sie dieses heikle Thema ansprechen.« Die Lokalbesucher mehrten sich, mit ihnen stieg der Geräuschpegel. Mein Sitznachbar öffnete die Aktentasche neben ihm auf dem Hocker; im nächsten Moment klatschte er die aktuelle Tageszeitung auf den Tresen, sodass sie für uns beide ersichtlich war.

»Eine gewissenlose Mörderin, hier, in dieser kulturreichen Stadt. Jetzt frage ich Sie: Ist das eine Glorifizierung der Niederträchtigkeit? Ist das die schlimmste Nachricht, die einen friedliebenden Bürger aus der Ruhe bringt? Wahrscheinlich werden die meisten Leser darüber hinwegsehen, bleibt dennoch offen, ob es eine Frage der Zeit ist, bis in eine zerrüttete Gemeinschaft der Hauch des Unheils eintritt und dadurch die Gemüter erregt werden oder selbst ein anormaler Zwischenfall den Gang des Stadtlebens weitererhält.«

»Bitte! Sagen Sie mir, es gibt keine Mörderin.« Ich stammelte, meine dunkle Ahnung nahm Gestalt an, der Zufall ihres Zustandekommens reizte meine ruhenden Nervenkitzler auf.

Ich wollte nicht, dass er den beklommenen Ausdruck in meinem Antlitz sah, so kindlich es auch schien, schirmte ich also mein Gesicht ab, das über tausendfältige Ängste sprach.

Im Spiegel an der Barwand sah ich ihn, wie er die Augen schloss und nachdenklich mit dem Finger auf der Zeitung herumtippte. Ich öffnete bloß einen Spalt zwischen meinen feigen Fingern, um gleichwohl feige in meine Umgebung und ihr Schwarz-Weiß-Reich ohne Kontraste spähen zu können.

Das reflektierte Bild von dem Mann … Die rasche Rückkehr in die Vergangenheit. In dieser ermüdenden Sitzlage, die Hand auf dem zuletzt verwendeten Gegenstand, die herabhängenden Mundwinkel – Vater Fellwer, das Familienoberhaupt.

Wie oft erwartete mich seine wachende Gestalt im Wandspiegel an den Abenden, an denen ich zurückkehrte aus dem unnachgiebigen Fangnetz der Außenweltler. Und suchte ich mein Bedürfnis der Ruhe durch unreife Kenntnisse zu rechtfertigen, verschlang da schon die nächste Anordnung, die gegen meinen Frieden gerichtet war, die Gesundheit meines aufstrebenden Geistes.

»Verzeihen Sie, wenn ich Sie bedrängt haben sollte. Das widerspricht völlig meiner Gewohnheit. Bitte –«, ich sah ihn ein weißes, quadratisches Stück Karton herüberschieben, »Verstehen Sie es nicht als Aufdringlichkeit, es ist aus reiner Sorge um das Wohlergehen, nicht speziell über Ihres, aber wenn Sie mir die Bemerkung gestatten:

Wer in Ihrer Nähe ist, empfindet es sicher auch so, Sie versprühen eine ungeheure positive Aura. Angesichts der anhäufenden Miseren in so vielen Lebensbereichen halte ich es für empfehlenswert, wenn Betroffene jemanden haben, an den sie sich vertrauensvoll wenden können. Jemand, den sie in erster Linie rein menschlich kennenlernen.«

Mittlerweile hatte ich mich aus meiner Beschämungsmaßnahme gelöst, gefälligkeitshalber ergriff ich die Visitenkarte.

›Richard Maharesk, Psychotherapeut‹

Wie war mir denn? Da treffe einer, knapp den täglichen Schädigungen, verursacht durch das sardonisch lachende Leben selbst, auf Genossen von scheinbar einfühlsamer Menschennatur, wird auf die Schwelle zweier Entscheidungen gesetzt, die eine so ungewiss wie die andere, und es flüstert eine hohle Stimme:

Du weißt, dein Weg ist zwiegespalten! Der Weg, den du betrittst, wird für dich Merkmal bleiben. Ein Weg aber wird stets unbetreten bleiben! Kann denn der Wanderer später erkennen, ob der andere ihm besser geraten wäre?

Wird es ihm je jemand sagen? Zurückkehren kannst du nicht, es gibt nur das Vorwärts; gerade wie der anrüchig Verstorbene, welcher sein Vergangenes nicht abzuändern vermag, für sich, für seine Freunde oder für die Welt, auf dass alles besser würde.

Die beiden Männer, sie ruhten sanft in weicher Erde, genossen mein stilles Bedauern, für sie hatten alle Sorgen ein Ende gefunden. Die Witwe, die verderblichem Boden entsprungen war, oh wahrlich, den Tod brachte dieselbe Hand, derselbe Verstand zustande, gleichwohl beweint und geküsst von derselben wehmütigen Seele.

Hätte ich das Motiv des Weibes erfahren, hätte ich mein verhängnisvolles Tagewerk wieder aufnehmen können! »Kommen Sie doch im Laufe der Woche in meine Praxis. Unverbindlich, machen wir einen Termin aus. Sie werden es bestimmt nicht bereuen.«

Der Hocker war leer geworden, er hatte sich erhoben und gedachte, das Lokal zu verlassen, ehe ihn die psychologisch notwendigen Manieren daran erinnerten, sich handgebend zu verabschieden.

»Alexander Fellwer.« Die Münzen für die Bezahlung seines Getränks rollten in Kreisen, ehe sie umfielen und Giuseppe sie kassiert hatte. Der Mann hatte vergessen die Zeitung einzupacken, allerdings vermutete ich dahinter eine Absicht, die mich dazu bewegen sollte, den mysteriösen Artikel zu lesen.

Bevor der Abend seine finstersten Stunden erreicht hatte, verschlug es mich an die Ufer des Sees, Sterne betrachtend mühte ich, die jüngsten Ereignisse den Mächten des Himmels zu übergeben; was kümmerte sie schon solch eine geringe, sterbliche Abgabe.

Aber nicht allein die letzten Tage und Stunden erschwerten mir die klare Sicht ins freudige Leben, ihre unheilvollen Verbindungen mit längst verirrten Erinnerungen – kamen sie wieder, um mich über das Künftige zu belehren?

Sodann ich über die sonnenbefleckten Straßen der Altstadt schlenderte, hundert Fragen meine Gedanken erschwerten, war mir insbesondere ein Vorhaben gewiss; niemand unter meinen Freunden hätte diesen Plan hören wollen.

Ach, wie rede ich denn! Über jeden, dem es bestimmt worden ist, allein auf Erden zu wandeln, denken die Mächte des Universums wohl: Seht ihn an, der dort gesenkten Blickes im Leben irrt! So viel andere Frohgesinnte grenzen sich augenscheinlich von ihm ab, er weiß unsere schönsten Geschenke nicht zu schätzen. Also lasset ihn allein weiter irren!

Heute aber, ihr Über-alles-Wachenden, trat ich durch die Pforte des Zuhörers; seine Weisheit war ein Orakel, es schlummerte Ewigkeiten im Menschenwald, bis es vom Verlassensten gefunden worden war.

»Herr Fellwer. Ich freue mich außerordentlich über Ihren Besuch. Nehmen Sie bitte Platz.« Nun trat ich ein in, wie ich sie wehmütig nenne, die Phase des Erkennens und der seelischen Ausgrabung.

Das Behandlungszimmer schien mir schauerlich. Hinter dem mächtigen Arbeitstisch aus Kirschholz fielen die Sonnenstrahlen äußerst bescheiden durch die heruntergelassenen Jalousien, eine Liege in der rechten Ecke, gleich vor dem antiken Bücherregal und den Eindruck erweckenden, analytischen Lehrtafeln; sie prangten vorwiegend zu beiden Seiten des Eingangsbereichs.

»Bevor wir ins Gespräch kommen, sollte ich Ihnen vorweg mitteilen, dass sich meine therapeutischen Methoden im sogenannten Untergrund auf diesem medizinischen Gebiet bewegen. Für mich ist es wichtig«, er räusperte sich, »den Problemkern meiner Patienten so anzusprechen, dass weder Passivität noch Misstrauen erweckt werden.«

Eigentlich darf man bereits vor dem Eintritt in eine therapeutische Praxis von allzumal auf Vertraulichkeit hin orientierten Absichten seitens des Behandelnden ausgehen, warum gäbe es denn sonst die lebenswichtigen Branchen, deren leidenschaftliches Ziel darin besteht, Kranken zu helfen. Leidenschaftlich?

Ein Aspekt, den ich bedächtig auszuloten gedachte. »Verzeihen Sie, doch es scheint mir unumgänglich, bei diesem Thema zu beginnen. Gut, Sie sind Spezialist auf dem Gebiet der Psychoanalyse, darüber hinaus sind Sie, nehme ich an, bemüht, die geistige Gesundheit Ihrer Patienten unter allen Umständen wiederherzustellen.«

Er beobachtete mich scharf, doch brachte ich nicht den Mut auf, ihm in die Augen zu sehen. Ärztezimmer wirkten seit meinen jungen Jahren unheilvoll auf mich; die plastischen Gerüche, die sterilen Wände und das Warten auf den großen, weißkittligen Mann, hinter dessen geübtem Lächeln eiskalte Planmäßigkeit steckte.

Hier war es anders. Die räumliche Kälte fand durch einen professionell wirkenden, diskreten Mann einen beruhigenden Ausgleich. »Ich muss Ihnen gestehen, dass unsere überraschende Begegnung vor einigen Wochen viele, aber besonders eine Frage aufwarf: Nach welchen Motiven handeln Sie?«

»Zivilisationsverschuldete Abstumpfung des Geistes; undeutbare Begebenheiten im frühen Alter; ständiges Unwohlsein und Unfähigkeit gesellschaftlichen Anforderungen geregelt nachzukommen.« Seine Miene wurde todernst.

Ich verschluckte meine Angst, an ihre Stelle trat ein gemischtes Gefühl von Begeisterung und Vorsicht; sie waren meine emotionale Ausrüstung. »Sie hätten mich nicht besucht, wenn Sie nicht etwas bedrückte, das ist Fakt. Ich werde mit Ihnen Gespräche führen, auf rein freundschaftlicher Basis werden wir Ihre Ängste, oder welche Emotionen auch immer Ihnen das Leben erschweren, behandeln.

Innerhalb kürzester Zeit werden Sie merken, dass die Aufdeckung vergrabener *Macken*«, er lächelte, »wenn Sie mir den Scherz erlauben, durch vertrauliche Kommunikation eine entspannende Wirkung zur Folge hat.«

Verhohlen suchte ich auf dem Arbeitstisch ein Tonbandgerät. Ich fand keines. »Ich möchte nun, dass Sie mir sämtliche Begriffe langsam und überlegt nennen, die Sie unter die Kategorie des Bösen stellen würden.«

War das eine vorsätzliche Manipulation? Bei jeder anderen Aufgabenstellung hätte ich deren Zweck erfragt, hierbei war ich in kurze Verwirrung versetzt, bevor ich mich entschied, nach anerkannten Maßstäben zu antworten.

»Hass, Zerstörung, Mord, Ehrgeiz, Verleumdung, Krieg … Untreue, Rache … Täuschung, Verachtung, Versuchung … Verrat, Unleidlichkeit … Gott …«

»Stopp.« Bei letzterer Nennung hielt er mit dem Schreiben inne, dabei handelte es sich nicht um jene ersteren Begriffe, die ich genannt hatte, soviel konnte ich erkennen. »Sie halten das metaphysische Wesen Gott für böse. Erklären Sie das bitte.«

»Ob Himmel oder Hölle, Gott, Teufel, Dogma oder Anarchie – es dauerte nicht lange, bis diese irreführenden Begriffe mich zu einer Gleichschaltung bewegten. Ihre absurden Aussagen stiften seit alters her Konflikte, gleich, von welcher Seite ausgehend.«

»Sie sind also zu der Auffassung gelangt, dass es weder das eine noch das andere gibt, Gutes bzw. Böses, und auch keine definierten Exekutivhandlungen, die dem einzelnen Faktor zufielen.«

»Sehen Sie, ich bin in einem streng katholischen Elternhaus aufgewachsen. Jeder gläubige Mensch, der die Ansicht vertritt, seine Spiritualität würde dem Leben eine größere Bedeutung verleihen, wird versuchen, andere von seinem Glücksempfinden zu überzeugen.

Sobald sich die Vorstellung einer höheren Instanz im Kopfe des Glaubenden festgesetzt hat, erblindet er; die Folgen sind Einschränkung des freien Denkens aus Furcht vor Vergeltung, unzählige Dinge, deren Sinngehalt unfassbar ist und doch allseitig zur Forderung steht.«

Es wunderte mich selbst, wie ich derart hemmungslos gesprochen hatte. War ich erst im Element der Entfesselung meiner Anspannungen, vermochte niemand mich an meinen unwiderruflichen Stellungnahmen zu hindern.

»Sie zögerten, als Sie ›Gott‹ genannt haben. Trotz Ihrer negativen Ansicht darüber stellt sich in Ihrem Unterbewusstsein eine Scheu gegenüber herabwürdigenden Gefühlsgemischen und Äußerungen betreffend der Gottesmacht ein. Es fing an in jungen Jahren, die frommen Eltern auf der einen, der katholische Unterricht der Schule auf der anderen Seite.

Natürlich ist der freie Glaube ein Grundrecht unserer Gesellschaft, aber insbesondere bei Heranwachsenden ist es nicht zu missachten, dass die in heutiger Zeit leider enorm und weitestgehend unbeachtete Einengung durch mythologische Spekulationen, im ständigen Kampf mit der rationalen Weltanschauung, zur unkontrollierbaren Verwirrung führt. Nicht selten wird dabei der Grundstock einer psychischen Desorientierung gelegt.«

Er schob seine jüngsten Notizen beiseite. Er schien überaus zufrieden, was mir unerklärlich vorkam. »Ich bin froh, dass Sie so offen in das Gespräch eingestiegen sind, dazu mit dieser für den weiteren Verlauf der Therapie wertvollen Betrachtungsweise glaubensbezogener Missstände.

Wir werden später mit diesem Thema fortfahren, es bildet sozusagen den Unterbau unserer Untersuchung. Was Ihre Beziehung zum Vergangenen angeht –«

»Ich wünschte, ich könnte zurückkehren«, fuhr ich dazwischen.

»Eine überaus zweckmäßige Enttäuschung weitete sich in meinem Begreifen aus, die Leere und die Idiotie des Erwachsenseins. Abgesehen von den Erziehungsmethoden ist ein Kind von Natur aus weltliebender, sie empfinden freilich Hass und Zerstörungsgefühle, dennoch sind ihnen Depressionen, der Sinn von Kriegen oder Beziehungsproblemen fremd.

Stellen Sie sich ein Kind vor, welches die Welt ohne pädagogische Einmischung und ohne das Empfangen äußerlicher Irrlehren erforschen könnte. Die Dimensionen zwischen Kind und Erwachsenem sind zu krass, Ersteres hat infolgedessen keine Erfolgsaussichten auf eine gesunde Entwicklung.«

»Sehr richtig.« Emsig setzte er seine Notizen fort; oh Angst, ich offenbarte einem Fremden meine giftigen Betrachtungsweisen, wie hätte jeder andere diese mit seinem törichten Verstande aufnehmen können, ohne feindlichen Abstand zu mir zu halten.

»Es wird dem Unreifen viel erzählt, verschiedenste erzieherische Variationen decken nie den Bedarf dessen, was uns die am schwierigsten, wenn nicht unmöglich zu beantwortende Frage auferlegt.« Seine Augen trafen die meinen; ein Kontakt, der gegenseitige Ehrlichkeit verlangte.

»Unbefriedigte Erwartungen, Enttäuschungen aus dem engsten Verwandtenkreis«, er schrieb weiter; ich bemerkte seine vollkommen entspannte Einlassung auf meine Schilderungen. Wie er sagte, sollte zwischen zu Behandelndem und Behandler vollständige Offenheit herrschen – allzumal eine anerkannt therapeutische Pflicht.

Die erste Sitzung, die zur Eindruckgewinnung diente, beflügelte mich erstmalig in meinem ganzen Leben in der Annahme, dass die innere Spannung endlich ihre Auflösung fände, ich jemanden hätte, dem ich mit Vertrauen begegnen könnte.

Obwohl mir stets die trickreichen Methoden dieser helfenden Menschen klar waren, wollte ich nichts für mich behalten, es hätte mich geschädigt und meine Genesung in allen Richtungen behindert, daran glaubte ich.

Bevor wir voneinander Abschied nahmen, gab er mir eine Broschüre. Sie behandelte eigentümlich die Kunst des Therapierens, ihre Erfolge, Beurteilungen und Innovationen. Dankend, die Hand meines Helfers schüttelnd, verließ ich das mir zuerst unbehaglich erschienene Zimmer, wo, so dachte ich, bereits viele Kranke von ihrer Last befreit wurden und seelenruhig in die Welt und ihren Anstrengungen zurückkehren konnten.

Vor dem Gebäude blieb ich stehen und atmete tief die Luft der vorläufigen Erleichterung ein. Die Fußgänger um mich her wurden nicht Teil meiner Hoffnungen, für sie verliefen die grauen Weichen des Lebens gleichwohl bedrückend wie jene vergangenen und die noch kommenden.

Meine offenen Schilderungen über die Einschätzung frühkindlicher Schädigungen hatten mich Tage lang gequält. Da saß ich nun am nächtlichen See, verfolgte starr die dahindümpelnden Schiffe, verwandelte sie im Geiste zu kühnen Odyssee-Schiffen, wünschte, ich könnte mitreisen.

Die vom Wind herübergetragene Barmusik auf der anderen Seite des Ufers riss mich jäh aus verdienten Träumereien. Alsdann ergötzte ich mich am Sternenhimmel, denn sobald die gebrechlichen Naturbilder der Erde durch ihre eigenen, geistreichsten Bewohner verschandelt waren, würde der enttäuschte Außenseiter seine innigsten Wünsche und Hoffnungen allein in die Unendlichkeit des Kosmos setzen.

Hört mich denn niemand! Gab es einen Gott für die Menschen, dann sollten alle seine Gläubigen in gleicher Weise an ihn und seine Güte glauben. Und hätten denn nicht auch die Ungläubigen das Recht zu leben, Gnade zu erfahren?

Wer wirklichkeitsverzerrende Entzückungen im Laufe seines Lebens einbüßt oder ihm niemand die Möglichkeiten eröffnete, ob ihrer beruhigenden Aura zu jauchzen, wessen anschließende

Empörung endgültiger Sinnlosigkeit in die Arme fällt, wahrlich, der allein wird mich verstehen.

Und doch, ich betete unaufhörlich auf die Knie gesunken, den verdammten Boden unter den Füßen küssend, der Herr, der tausendfach mächtiger sei als jeder Irrgänger auf von Mond und Sonne verlachten Erden, möge den Verzweifelten aus dem von Menschenhand entzündeten Fegefeuer befreien.

Viel Unsägliches taten jene, mit denen ich hier die verseucht stinkenden Gassen einer absurden Welt begehen muss, wer glaubt mir, dass es dieselben sind, die das schönste natürliche Erscheinen durch ergeben schwärmerische Liebeserklärung zu verehren wissen.

So tat ich es denn auch, doch siehe und hüte dich vor den Werken des modernen Menschleins: Am Abend ruhen die Vögel, als was würde meine allein Mutter Natur dienende Seele dies flackernd feurige Licht zwischen Venus und Sichelmond benennen?

Es brummt verängstigt, rast in Windeseile, obgleich seine Geschwindigkeit vom Boden aus gemächlich scheint, und da, noch eins! Aber dies ist nicht das einzig neu herrschende, herzlose Wesen auf Erdens alterndem Antlitz. Für die Bändiger der Naturkräfte – oh Bedauern, mich haben sie auch geschlagen – reichte nicht die niedrig gelegene Hütte am See, unterm Berge, von bunten Vögeln begehrt und besungen, das sanfte Rauschen der naheliegenden Wasserfälle, um die Melodien des heiteren Lebens nie untergehen zu lassen.

Oh nein, zerstören müsst ihr, was aus Liebe euch geschenkt worden ist, das Meer und all seine Bewohner mit Feuern der Hölle aufkochen, fruchtende Felder überwalzen und hart fordern: Vorbei die Zeit des einfachen Hirten, hier sitzt nun der Meister der alten Narren – seine Pläne der neuen Welt unterschrieb er mit dem Teufel, denn sie sind Blutsbrüder.

Der Mensch erbaute sein Heim gen Himmel hoch, denn er wollte nicht länger der Götter Sklave sein. Ein Streben, welches ich zu schätzen wüsste, wäre der Übermut meiner Artgenossen eine zarte, herb duftende Blüte im milden Sommerwind; aber nein, sie wird von Sturmgetöse barbarisch abgerissen und auf dem Fels meiner Vernunft zerstoben, also dass ich an ihrem Schicksal teilhabe.

Wer mich für verrückt hält, dem kann ich es nicht verübeln – die Welt, wie ich sie im eigenen Geisteswunsch und in paradiesischer Herrlichkeit aus den Herzen längst verstorbener Edelmütiger singen hörte, sie höhnisch fingerzeigend in unbegreiflicher Sphäre tanzte, ja gewiss, dieses seltsame Gestirn, das für seine erlösungshungrigen Kinder nur lasterhafte Geschwister gebiert, ward leider geschmiedet von den vertriebenen, erzürnt unbelohnten Handwerkern des Himmelreichs.

Solle man es Erbsünde nennen, vielleicht pures Unglück oder … – Hass unter ungleichen Weltgästen!»… und Sie denken, es existiert eine alternative Persönlichkeitsstruktur, ein besserer Kanal als Gegenpol Ihres jetzigen lastvollen Lebens?«

»Es ist so! Warum die Menschen, Landschaften und pestverseuchte Industriegebiete – an deren Stelle einst noch kristallklare Bäche unter der Behütung der Sonne flirrten – so unselige Schatten auf mich werfen, ist für mich der Beweis eines fehlgeratenen, verirrten Leitfadens nie erlangter Harmonie.«

»Erklären Sie das bitte ausführlich.«

»Ich spreche vom Verhängnis der Reinkarnation. Das Identifikationsphänomen ist kein Zufall, davon zeugen geheimnisvolle, zukunftsdeutende Träume, sowie das Spüren seiner selbst in der Wiege der Unendlichkeit …«

Richard war von meinen spirituellen Reden kein bisschen überrascht, noch ließen seine kalten Züge auch die geringste Verspottung erkennen. Genau so verhielten sich diese Leute, schworen einst ihre Schweigepflicht, denn würden ihre Zungen in öffentlichen Kreisen die Intimdecke ihrer Patienten wegziehen, wäre womöglich eine Wahrheit offenbart, die nicht jedermanns Ohren zu besingen wüsste.

»Wir haben Wünsche, Sehnsüchte, Sorgen aller Art und nicht ein Lichtblick am Ende des schwarzen Tunnels verspricht uns, diese Bedürfnisse dauerhaft zu besänftigen. Ist das nicht ein Zeichen von Verdammung, ein ständiges Mühen, etwas Besseres, Glücklicheres zu gewinnen?

In welchen ahnungslosen Gewässern treibt das Schiff der Unvernunft, können wir denn die Herren unserer Sinne bleiben?

Selbst den tödlichsten Stürmen zum Trotze müssen wir irgendwann am Festland anlegen; es ist unsere Pflicht, eigenhändig zu steuern, wenn wir das Spiel durchschauen wollen.«

»Beeindruckend Ihre Haltung.« Langsam spürte ich, wie seine berufliche Neutralität zu einem bescheidenen Teil privater Begierde überschlug. Auch wenn er mir in gewisser Weise zugetan war, er hätte nie mein Innerstes begreifen können.

»Hier werden wir die Therapie effizienter weiterführen können.«
»Es spricht mir in jeder Weise zu. Danke für diesen netten Zug.«
Der strahlende Mai erquickte nicht nur die blasse, winterzermürbte Haut, am wichtigsten war, sie loderte die versteckten Schätze der Seele auf, die bis zur bunten Entfaltung kahler Wälder und zum Wiederkehren süßer Singvögel in der eisigen Kammer des Herzens fröstelten.

Richard nannte ich ihn fortan; seine Behandlungsmethoden sollten auf enger Vertrauensbasis fußen, entsann ich mich und mir waren dabei die fleischfressenden Ängste vorübergehend gebändigt.

Er war überzeugt, dass er meine Lebenspeiniger würde schlagen können, ach, wie sehr ich ihm dies glaubte. Um den Schlüssel zu meinem Zwielichtswurm erringen zu können, bedurfte es jedoch völliger Ruhe, Abgeschiedenheit, jenseits der modernen Errungenschaften der Menschenbestie.

»Jene Ortschaften, die Sie liebten und noch immer lieben; hier werden Sie entspannt sein, mitten im Herzen der edlen Natur.«
»Gewiss«, erwiderte ich. »Wenn mich meinesgleichen bedrängten, ich ihrer mir zu viel aufgeladen hatte, zog ich hinfort, dorthin, woher jeder von uns kommt … und, so hoffe ich, zurückgehen wird.«

Nachdem ich meine Lungen mit Blütenfrische gefüllt hatte, wir einige gemütliche Schritte an der Böschung des alten Fahrradweges gemacht hatten, vereinbarten wir als Fortsetzung des Heilgesprächs die efeuumwucherte Sitzbank am Steinbruch.

Kaum nahmen wir Platz auf der wackeligen, alten Bank, suchte Richard unversehens die Gruben meiner Innenwelt auf. Gönnerhafterweise überließ er mir den ersten Schritt in die fragenumwitterte Burg des Ichs.

»Wo sterben Vögel?« Eine Amselschar zog über uns hinweg, glücklich, zielsicher und in ihren Trieben unveränderlich. »Luftverschmutzung oder gezieltes Jagen – der Eingriff des Menschen, meinen Sie das?«

»Sollten sie sterben, ohne unabwägbare Eingriffe, dann sterben sie, wo sie wollen; sie suchen sich ihre Begräbnisstätte im Reich der Grenzenlosigkeit. Eines vergangenen Tages, als alle Kinder draußen spielten, während ich am Fenster auf die leere Straße starrte und die seelenfreudigen Rufe meiner Mitschüler um die Ecke hörte, sah ich eine Taube aus der Gartenhecke humpeln.

Ehe ich in Anbetracht ihrer Behinderung Mitleid schöpfen konnte, schnitt ein rasender Wagen die nächstgelegene Kurve in schändlicher Absicht, und, ich wagte den Blick nur zaudernd zurück, ließ das armselige Geschöpf hinter sich – mit blutfarbigen Reifen, die des Opfers Federn herumwirbelten, wenn sie nicht an ihnen festklebten.

Fortan sinnierte ich unweigerlich über das Sterbeschicksal ihresgleichen, auch über alle anderen Arten, die dem herrischen Handwerk der Menschen ausgesetzt sind. Sie hätte ruhig dahinscheiden können, eigentlich war ihr Neuzeittod schmerzlos im Vergleich zu einem altmodischen Rad, etwa aus Holz.

Allesamt sind sie von uns heimgesucht, ihr Lebenswandel so eingleisig, doch sinnerfüllt, dass mein Selbst nicht selten eine Identifizierung an ihnen erkennt; insbesondere verhalten sich die gewichtigsten Fragen mit ihrem Verstande schonend, frage sie nicht warum, wie sie leben oder es besser täten – sie tun es einfach.«

»Dem Mensch die Wirren der Völkerschaften, dem Tier der Instinkt.« Eine überraschende Zusammenfassung entfuhr seinem Munde, er hatte mich genauestens verstanden. Der milde Blütenduft, der aus jedem Winkel des Waldes sich unseren Sinnen bot, machte mich frei, die dankesschuldige Leichtigkeit half dem Entfliehen meiner Seele aus den verruchten Fängen des Stadtlebens, das ich nachhaltig verflucht hatte.

Die Worte tanzten aus meinem Munde, und obwohl ich wissentlich über meine Belastungen, Klarwerdungen und Zukunftsaussichten sprach, so tat ich dies stets mit einem kleinen Anteil an Misstrauen gegenüber meinem *Freund*.

Kam es zu einem erzählerischen Intervall, bei dem ich in seiner Miene gebannte Aufmerksamkeit ersehen wollte, so war ich nie eines Schlechteren belehrt worden; die umfangreichen Therapiezeiten, die er mir anbot, ließen mich der absurden Vermutung nähern, ich sei sein einziger Patient – höchst lachhaft, mein Verdacht jedoch wohl kalkuliert, doch von meiner Seite aus erhob sich nie eine dahin gehende, persönliche Frage.

Später schlenderten wir an den großen Eichen vorbei, die Sonne hatte sich bereits etwas gesenkt, entzückt lauschte ich dem Gesang der Lerchen – mein Begleiter legte im Schatten des seelenbalsamierenden Waldes und ihren Schöngeistern wenig Begeisterung zutage.

Der Fuß des Abhanges war erreicht, hinter uns in dunkel agierender Verschlafenheit die Bäume, in ihren fülligen Kronen die kleinen, heiligen Geschöpfe, die sich zeitgemäß von den spärlich herumirrenden Wanderern mit wogenden Gesängen verabschiedeten.

Die Glut der Sonne streckte ihre Feuerstrahlen über den mit Labkraut bewachsenen Rasen aus, meine gewohnt ergebene Haltung ob der nächtlichen Dämmerung ward durch eine schlimme Vorahnung gestört. Irgendwas sagte mir: Deiner eigenen Absicht Blindheit gebiert die Furcht!

Wurde ich meiner Sinne müde, hatte ich nicht den feuchten Boden, das Unkraut, die splittrigen Äste über mir erkannt, die ihren Schatten unbarmherziger ausdehnten, je näher ich ihrem todängstigenden Antlitz begegnete?

Du, der Leichentümpel, meines jungen Schicksals Wegspalter, ich erschrak nach so vielen Jahren gleich stark wie an jenem Abend, da du mich vernichten wolltest. »Was haben Sie, mein Freund?« Denn es war nicht zu verhehlen, wie mein Gesicht erbleichte, meine Lippen keiner Silbe die Form zu verleihen befähigt waren.

»Erinnerungen, … Erinnerungen! Kein anderer als der grausame Gräber, dem es gelüstet, selbst vernichtete Wunden wieder aufzureißen.«

»Sie verzeihen hoffentlich«, er krauste die Stirn und blickte derart verlegen, dass ich seinen bisherigen Beistand vom Raunen einer ironischen Verräterstimme berichtigt glaubte, »dass Ihr Unterbewusstsein das entscheidende Ziel unseres Heilverfahrens darstellt. Unsere Gegenwart hier ist notwendig, gehen Sie in sich und … was sehen Sie?« Da lag er nun, der finstere Tümpel! In jener Nacht, die zu einer Wende meines Lebens geführt hatte, hielt er mich fest umschlossen, denn er dachte wohl: Das traurige Kind weint, findet keine Freuden – befreie ich ihn also, denn nie, und dreifach nie, wird die Welt um ihn weinen.

Doch vergaß ich unter keinen Umständen meinen engen Vertrauten, den Retter aus meinem vorzeitigen Tod: wo war er, Hamohn, dessen Großmut und Redlichkeit mein unfertiges Dasein über Jahre hinweg geprägt hatten.

Heute weilte ich hier mit einem anderen Menschen, gleichsam ein Helfender, aber jetzt war ich gezwungen worden, einige zwischenmenschliche Nebelhaftigkeiten zu bereinigen.

»Hier lernte ich den Wert der Freundschaft kennen. Sowohl ihre dunklen, als auch die schönen Seiten.« Tief in mir sprach die Rückbesinnung zu dem, was tausend Wege geht und nie ein Ziel erreicht. Etwa der Mensch überhaupt?

»Ich erzählte Ihnen von den Orten meiner Vergangenheit – Sie brachten mich her, ohne dass ich etwas Schlimmes dabei geahnt hätte. Und nun schäumen die versteckten Gewissenswürmer in mir über.«

»Es ist mir klar, dass Sie kein Mitgefühl erwarten, obgleich ich genau weiß, wie Sie sich fühlen. Diese Umgebung mit ihren unsichtbaren Kräften vermag als einziges Licht in die verfinsterten Gruben Ihres Menschenhasses zu werfen; Ihre Verbundenheit mit dem guten Freund dient als Erklärungsbasis, das ist der Widerspruch Ihres Bedürfnisses nach Zurückgezogenheit.«

»Offenbar verstehen Sie eines nicht«, ich sprach wie einer, der sich durch nichts von seiner Kriegserklärung abhalten ließ,

»meine überaus stichhaltige Widmung der Anthropologie ist unerbittlich, das habe ich Ihnen früh genug beigebracht. Ich kann nicht zu denen gehören!« Richard starrte mich entsetzt an, bevor er an der trüben Tümpeloberfläche gramlose Erholung schöpfte. Ein Gleichnis unserer beider Gesinnung, undurchsichtig, durch Altern geschwärzt und ein Rätsel für alle Zeitgenossen.

»Sie sind unnachgiebig«, stieß er in gewohntem Sachton hervor. »Vielleicht wirkt es auf Sie beruhigender, wenn Sie das hier sehen.« Er schritt voran in weicher Erde, ich folgte ihm voller Argwohn, der mich in der nunmehr zweijährigen *Freundschaft* zu ihm zum ersten Mal anschaulich verfeindete.

Als hätte ich in den obskuren Plan seiner Finte schauen können, dann wäre es nicht so weit gekommen … so plötzlich und unerwartet. Nichtsdestoweniger erkannte ich seine Galanterie, die vollführenden Taten eines Genies, der anderen um jeden Preis helfen würde − im Gegensatz zu früheren, weniger geschulten Auf-gut-Glück-Psychiatern, ohne den geringsten Sinn für die Sensibilität ihrer Patienten, bei deren noch so unscheinbar falschem Umgang nicht nur das Vertrauen, auch die Garantie zur Lösung des Leidzirkels getilgt wäre.

Und welches Empfinden quälte nun mich, unter den unzähligen schüchternen Klagerufen einer in jeder Hinsicht heuchlerischen Gefühl negierenden, stets auf Ökonomie und skrupelloser Machtausübung konzentrierten Gesellschaft, wo die Liebe zum Leben an sich für den schöngeistigen Schwärmer zur seelischen Folterkammer wird!

»Nun, ich hoffe, Ihre Befürchtungen finden hierbei Besänftigung.« Die hölzerne Waldlehrtafel hatte wahrlich eine wohltuende Veränderung durchgemacht: ›Der See des Friedens‹. Welch radikal notwendiger Wandel, um die geheimnisvollen Kräfte einer ach so kleinen Schlammgrube in meiner streng bewachten Erinnerungskammer zu neutralisieren.

»Man hat den schauerlichen Namen doch nicht meinetwegen umbenannt«, spottete ich in einem Rückfall zur Gleichgültigkeit, gespannt auf Richards Erwiderung.

»Was denken Sie?« Mit dem Blick eines Lehrers ersuchte er meine inneren Redegeister, diese waren indes stumm geworden. »Sie glauben ernsthaft …«

»Kein Zweifel!«, unterbrach er meinen bürdevollen Denkansatz. »Sie dürfen absolut beruhigt seien, denn die belastende Annahme, Sie seien als einziger dem Wahn der Einsamkeit verfallen, bestätigt sich hier im Gegenteil.

Der Aufsatz, den ich von Ihnen haben wollte, ist in vielen Punkten mit denen früherer Patienten, die ich betreute, identisch.«

»Aber warum glauben Sie –«

»Weil sowohl in Ihrem Unter- als auch in Ihrem normalen Bewusstsein gewisse Begriffe und Namen einen, ich möchte sagen, schädigenden Platz eingenommen haben, da die gute Welt Ihrer Zwiespalttheorie mit der anderen um die Vorherrschaft ringt, entsteht ein ewiger Kampf, den es durch, naja, Verharmlosung zu beseitigen gilt.«

Er gestand es ein, dass die Abwandlung bestimmter, geißelnder Namen in meinem Bewusstsein offensichtliche Verwischungen des realen Schmerzes waren – und doch erzielten sie erfreuliche Wirkung.

4

Vergessen und Verdrängung – was nicht ist,
kann nicht einfach erzeugt werden;
und was ist, kann bis dahin ergründet werden,
dass es für da und nicht-da gehalten wird.

Exposé der Unterbewussten

»Jeder versucht vergeblich die Waage der ungleichen Geschwister ins Gleichgewicht zu bringen.«

»Es gelingt uns nicht, da wir unsere geistige und körperliche Entwicklung in keiner Weise beeinflussen können; wir sind auf Gedeih und Verderb schulischer und elterlicher Willkür ausgeliefert.«

»Wunderbar.« Bisweilen glaubte ich, meine Gespräche mit ihm seien die Begegnung mit dem letzten noch lebenden Weisen gewesen, doch je ärger ich mich von seiner heilenden Hand habe berühren lassen, umso mehr verwässerte mein Bewusstsein für die eigentliche Notwendigkeit ihres Nutzens.

»Dem Handeln dieser Geschwister liegt eine Wechselwirkung zugrunde, dadurch –«

»Das weiß ich doch, ja, bitte, ich ertrage diese ewige Litanei nicht länger. Aber wenn es wirklich so sein sollte, warum gehen dann so viele an der Übermäßigkeit des einen zugrunde! Glück, Liebe – das *Gute*, sie dienen zur Abwechslung, nettes, süßes Entzücken rufen sie in uns hervor, da wir unter der Dominanz ihrer Gegenstücke zusammenbrächen.«

»Damit haben Sie sich selbst widersprochen.« Ehe ich ihm meine redliche Aufmerksamkeit bei diesem Gegenangriff zuteilwerden ließ, suchte ich Ablenkung, ein Bild oder eine Pflanze, die mir das altmodisch eingerichtete Behandlungszimmer angenehmer hätte erscheinen lassen können.

Bisweilen knatterten Jugendliche auf ihren Maschinen am Gebäude vorbei. Auch wenn es noch so eine vom Großteil der vermeintlich gesunden Bürger gemiedene Einrichtung hinter der

Eichenpforte war; meine Feinde drängten mein Gemüt allerorten, die Ruhe wurde ein verloren gegangenes Gut.

»Die Illusion des freien Willens ist ein listiges Produkt der Machtausübung, Alex. Ich habe in meiner Studienzeit eine Arbeit über das Verhältnis zwischen individuellen Wünschen und sozialen Ansprüchen geschrieben, es geht um die bereits von Ihnen vertretene Auffassung des Alleinseinsbedürfnisses.

Theoretisch handelt jeder frei, wenn er einen anderen verletzt, gar tötet, ohne dass ein gewisses Verbot ihn daran hindern würde. Zu diesem Zweck dient die Bestrafung, die Rechte gelten dem ruchlosen Mörder gleichermaßen wie dem Bürger, der ein Leben lang unbescholten war.«

»Wenn dieser Mörder aber seine gesetzeswidrige Tat im abhaltenden Beisein eines Polizisten ausführte, so wäre dessen Pflicht auf ganzer Länge, die Ausführung der Schreckenstat zu unterbinden, also dass der Täter sich im Banne des Grundgesetzes wiedererkennt, das seine triebhaften Handlungen, seien sie nun begründet oder nicht, einschränkt, ihm verdeutlicht, er tue das definitiv Falsche.«

»Sie haben es exakt verstanden. Da dem so ist und ich keine weiteren Beispiele zu nennen brauche, zerren wir sogleich Ihren Fall in den Mittelpunkt. Sie fühlen sich in keiner Weise dazugehörig, behaupten auch felsenfest, wer den Seelenschmerz seines Nächsten heile, würde diesen folglich unter die Massendenker zurückbefördern.

Es entspräche nicht dem Weltbild des Individuums, somit besteht bei ihm eine anti-kulturelle Beharrlichkeit, die insbesondere in Ihrem Fall sehr stichhaltig ist.« An dieser Stelle sollte Richards Drang nach den mir allein vorbehaltenen zwei Erdenmächten und ihren ebenso stummen wie halsschreierischen Einflüssen bescheiden beleuchtet werden.

»Ich möchte es gerne noch mal von Ihnen hören«, er nahm das leicht vergilbte Stück Papier aus der Arbeitsmappe, überflog scharf schauend die handgeschriebenen Zeilen, ehe er im Sessel zurücklehnend auf meine Äußerung wartete.

»Es ist so«, würgte ich nervös, »dass ein schlechtweg unglückliches Leben unter keinen Umständen ohne zwingenden Wunsch nach Besserem bewältigt werden kann. Andernfalls verfiele man dem Wahnsinn, spielte mit Todesgedanken …«

Den Aufsatz hatte er gelesen, worüber er allerdings im Dunkeln gelassen worden war, betraf die Aktualität des Inhalts. Man möchte schließlich dem Doktor nicht die innigsten Schätze des Ichs enthüllen, lieber dem Händler gleichtun, der seine edlen Waren aufs Höchste anpreist, die dann nach Tagen des Verkaufs in den Handflächen des Hintergangenen zu Staub zerbröckeln. Wo also, frage man, bleibt die Garantie zur Genesung!

Niemand durfte mich erraten – nicht einmal er. Einer potenziellen Gefahr geht heute selbst der kühnste Feuerspieler aus dem Wege, denn was kann man sich dabei nicht alles verbrennen: das Vertrauen der netten Nachbarn, die grundlose Liebe der Familie, die rüstige Illusion einer als gesichert erhofften Zukunft … und die Standhaftigkeit deiner selbst.

»Bitte, Alexander«, mein spielerisches Treiben hatte erstmalig Wirkung gezeigt, »entweder wollen Sie nicht, dass ich Ihnen helfe, oder es bereitet Ihnen einen Heidenspaß, meine Nerven zu strapazieren. Die Therapie sollte, besonders in Ihrem Interesse, baldigst beendet werden, schließlich wollen Sie irgendwann wieder …«

»Was will ich irgendwann wieder?«, ich ertappte mich selbst bei ungewöhnlich barscher Intervention – für mich, als auch für ihn, vielmehr eine Ebene der therapeutischen Dringlichkeit, als etwas Bedauerns- oder Entschuldigenswertes.

»Waren Sie es nicht, der mich in der Bar aufgelesen hat? Endlich kommen wir an einen Punkt, der seit jeher hätte als vorrangig gelten müssen. Wer sind Sie eigentlich, Richard Maharesk? Kein Arzt dieser Welt läuft durch kriminell riechende Straßen, sucht ärmlich Aussehende, denen er ein Behandlungsangebot unterbreitet, mit dem bizarren Argument, es gebe in der Bevölkerung seit langem eine sonderbare Form psychischer Krankheit.«

Selten flossen Worte der Rechenschaftsforderung so ungezügelt aus meinem meist verschlossen gehaltenen Mund. »Wer, glauben Sie«, hob er an, »kann Ihnen sonst ungeteilte Aufmerksamkeit schenken! Etwa Ihre Eltern … Freunde … die einsame Buche im

Walde? Es ist wahrlich eine seltene, schmackhafte Tugend, vernachlässigten Seelen in einer von Profitgier, Nächstenverachtung und – schlichtweg – hassstrotzenden Gesellschaft helfend zur Seite zu stehen; dieses Zuvorkommen würde jeder andere fraglos willkommen heißen, aber nicht Sie.«

Er musterte mich taktisch, in sein schwaches Lächeln mischte sich der Hauch einer List aus seiner eisigen Gefühlskammer.

»Sie suchen noch jede Wahrheit hinter der Wahrheit, lassen nicht locker, ehe der Vorhang der Falschspielerei abgerissen ist, das weiß ich doch.«

»Sie sind mir eine Antwort schuldig!« Offenbar hatte mein Drängen ihn erweicht. Bevor ich ihn reden ließ, hielt ich folgendes für angebracht: »Sollten Sie Ihrem Beruf Stolz und Anerkennung beimessen, überlegen Sie sich Ihre Taktik wohl, denn mir sind auch die kleinsten Fehlbarkeiten von euch Quacksalbern bekannt. Sie wissen Bescheid über meine Erfahrungen, handelnd über … Heilung, Wiederherstellung der Öffentlichkeitsbefähigung … und natürlich solch Schmähliches wie Patientenabhakung –« Unbeschworen brodelte Wut in mir.

»Tut mir leid.« Jeder hätte ihm geglaubt, ja selbst ich tat es, doch leider war das Wesen des Alexander Fellwer größtenteils von verunreinigten, unergründbaren Trieben gesättigt. »Erstmals muss ich mich für Ihre Anteilnahme überhaupt bedanken«, wieder sprach der demütige Junge aus mir, »es spielt, wenn ich darüber nachdenke, wirklich eine untergeordnete Rolle, warum Sie mich auserwählt haben, am wichtigsten ist, dass ich Sie gefunden habe, und an die Unwahrscheinlichkeit zu appellieren wagen kann, es gebe unter meinen Mitmenschen noch edelmütige.«

Ich wartete schweißgeplagt, bis er wieder auf meinen Aufsatz zu sprechen käme, wollte diesen Fall um jeden Preis hinauszögern und ihn stattdessen auf die freiwillige Reise in meine Spinnweben verhangene Psyche einladen.

Oh Freunde, wen dürfte man denn an die Pforte des Ichs anklopfen lassen! Ärzte der Seele, möget ihr meinen Kummer heilen, doch hütet euch davor, mich mit meinen irdischen Geschwistern gleichzustellen, wenn das leidfreudige Blut der Güte in uns allen steckt, will ich lieber noch ein verurteilter Verräter des eigenen Geschlechts sein.

»In Ordnung dann … – Sagen Sie mir, basierend auf Ihrem Aufsatz, wie verhält es sich mit Ihrem sozialen Behagen, den Vorurteilen sowie eingehend studierten Charaktertypen Ihrer Bekannten und den Menschen im Allgemeinen?«

»Ich vertrete keine ungetrübte Ansicht mehr, die mich glauben machen wollte, ich sei wie Sie oder irgendein Durchschnittsnarr. Sehen Sie mir in die Augen! Sie wissen es! Nach zahllos erschöpfenden Therapiestunden erhielten Sie das Königsbild der Exzentrik – und sagen Sie mir nicht, Ihr Beruf hätte Ihnen dadurch einen heftigen Schlag versetzt.«

»Nein, nein«, erwiderte er ruhig. »Wie ich bereits öfter sagte, habe ich wie Sie einen leichten Hang zur Esoterik. Aber«, er lachte unverfroren, »Sie reden in solch unermesslicher Leidenschaft über Leben, Tod, Recht und Unrecht, Spiritualität und Selbstsuche, dass ich des Öfteren nur staunend da sitzen und den Ausschweifungen Ihrer Geisteswelten lauschen kann.«

»Der Hund, den ich einst hatte, Berthold, sorgte für ausgewogene Befriedigung hinsichtlich gefühlsmäßiger Bindungen in meinem Leben. Als meine erste feste Liebesbeziehung kläglich scheiterte, schwor ich bei meiner seligen Zukunft, ich werde nie mehr meine inneren Werte und ihre Schwächen offenlegen, sie mit anderen austauschen.

Was sind wir für Einfältige, dass wir darauf bauen, Gegenseitigkeit besäße einen Unsterblichkeitstrunk, etwas derart Gespaltenes in seiner tatsächlichen Form, dass ein jeder, der seinen empfindlichen Teil der inneren Hingabe verschenkt, einem vom teuflischen Verführer Gekauften gleicht, der sein höchstes Versprechen lediglich zum Preis des wertvollen Eigentums, des Pöbels Arglist gebührend, erwirbt.«

›Und was tust du gerade?‹, las ich in seinen Augen und hoffte inbrünstig, ich bildete es mir nur ein. »Der Eigenbrötler geht unter, je mehr Altersfalten das Angesicht dieser Erde trägt. Er erlangt seine ersehnte Ruhe unter keinen Umständen, wird durch die Folgen des Versagens krank und als krank eingestuft.

Das Widersprüchliche dabei ist dieses: Sein Lebensziel ist bescheiden und durchweg von Frieden erfüllt. Es ist eine Tugend, die sich jeder einfache Mensch wünschte, aber gerade die verhängnisvolle Mehrheit missbilligt diesen Pazifismus, die Verkrampften sind von der Minderheit der Sonderlinge entsetzt und begreifen ihre eigene Mitschuld am Schicksal der Leidenden nicht.«

»Die Nicht-Anpassungsfähigen werden rücksichtslos von der Willkür der Masse mitgetrieben, ihr Gewissen, dessen psychologische Übermacht im widerstandslosen Kindesalter gepflanzt wird, verbietet die Revolte, schlimmer noch, der Widerstand gegen die äußerliche Ungerechtigkeit ist nunmehr ein Schuldgefühl geworden, eine vergrabene Feigheit und erwähnungsunwürdige Aggression, die im Teufelskreis des Ichs mit sich selbst ringen muss.«

»Falls die Erziehung«, bemerkte ich, »stets im Rahmen der traditionellen *Vermenschlichung* vollzogen wurde. Die Menschheit benötigt eine Massentherapie, die wenigen Gesunden sind die tugendhaftesten, wie ich erklärt habe, also liegt die Irrationalität klar auf der Hand.«

Seine Miene kreierte gerade neue kulturzentrierte Fragen, dazu benötigte er mannigfache Schilderungen meinerseits, da er sonst meine *Fehlgeburt* auf diesem Planeten nicht eingesehen hätte.

»Aha, Vermenschlichung.« Hier brütete nun eine psychologische Spitzfindigkeit, möge sie, sofern sie rechtschaffen ist, der Mehrheit eines Tages die törichten Gehirne erleuchten. »Für ein organisiertes Zusammenleben wurden Gesetze und Verordnungen geschaffen.

Wir haben diesen Punkt ja kurz angesprochen, dass eine gemeinnützige Verfassung für jedermann dieselben Rechte und Verbote zugedenkt. Anhand dessen ergibt sich die Frage, ob ein eiskalter Mörder, gewissenlos und bestialisch, der im Volksmund als Inbegriff für Verachtung und Unmenschlichkeit steht, an sich dieselbe geistige und körperliche Beschaffenheit hat wie ein Tugendhafter.

Immerhin ist es unleugbar, dass er Mensch ist. Also, was täten Sie, wenn Sie als Angestellter in der Empfangsdiele einen mit Gewehr bewaffneten Fremden träfen, äußerlich adrett und gleichwohl höflich im Umgang, der sich nach dem Aufenthaltsort Ihres Vorgesetzten erkundigt?«

»Er besitzt Großmut und Destruktivität zugleich.« Ich hätte selbst die fiktive Person sein können. »Rechtmäßig ist bloß eine Eigenschaft zur Auslebung freigegeben, aber der Mensch ist von beiden abhängig. Sie wollen also von mir wissen, wie ich mich verhielte.

Ich gehe davon aus, dass er nur meinem Vorgesetzten an den Kragen will, er ist das Ziel seines Tötungsbedürfnisses. Wenn ich ihn selbst hasse —«

»Dieser Aspekt interessiert uns nicht«, unterbrach er abrupt.

»Also gut«, fing ich mich wieder in feierlicher Stimmung, »man kann seinen herzlichen Charakter nicht hinreichend erwidern, das Motiv der Untat fällt in das Ressort der Gesetzeshüter.

Letzten Endes siegt die Verachtung ob des baldigen Täters Bösartigkeit und man rechnet ihm keine Bestrafung zu hart an.«

»Situation Nr. zwei: Sie spazieren als kleiner Junge eines menschenleeren Nachmittags zusammen mit Ihrer Mutter in einer ruhigen Ortschaft. Gerade wollen Sie unter einer Brücke durchlaufen, da sehen Sie einen zerplatzten Leichnam vor sich liegen, blutverschmiert, die Eingeweide in sämtliche Richtungen verstreut.

Erste Fragestellung: Es fehlen Ihnen sowohl die Todes- als auch die Anatomiekenntnisse. Wie ist die Situation zu beurteilen und welche traumatischen Ausmaße finden in Ihrem Unterbewusstsein Platz?«

Wollte man sich erbrechen oder des Doktors schmähliche Kälte bekämpfen? Weder noch, wenn es nach mir ginge — und das tat es ja. Gespannt erwartete ich die zweite Variante. »Zweite Fragestellung: Sie wissen über Tod Bescheid, dazu kommt das Ersuchen der Mutter nach dem Warum. Für das Verstehen der Selbsttötung und deren Motive ist Ihr Verstand nicht reif genug, also bleiben Sie bei der physikalischen Auffassung, der Unglückliche habe sein Ende durch fragliches Herabstürzen der Brücke gefunden.

Der grässliche Anblick des Leichnams erschwert Ihnen freilich das vernünftige Denken, zumal mit Hysterie und tränenreicher Flucht vom Tatort zu rechnen ist.«

»Man würde es wohl als Mord argumentieren.« Jetzt erst spürte ich nagendes Unbehagen in der Brust. Gütiger Gott! Wollte er wirklich darauf hinaus? Ich versuchte ungeschickt Ruhe zu bewahren, jeder Gesichtspunkt musste berücksichtigt werden.

»Kombinieren Sie bitte die unmittelbar einsetzende, kindliche Hysterie mit beiden Varianten, dann auch ohne sie.« Und wenn ich allein den entstellten Leib gefunden hätte – niemand hätte mich geschützt, kein geschwisterlicher oder elterlicher Schoß wäre zum Schutze des Angstdurchschüttelten da gewesen.

»Der Tod ist in allen Facetten erklärt worden«, begann ich vorsichtig, »und ich wäre frühzeitig bei einem Psychologen gelandet, weil die Erziehungsberechtigten mit solch einem Umstand in der Regel überfordert sind. Aber … –«

Was tat Maharesk hier eigentlich? Verlangte er von mir, ich solle mich selbst einer Psychoanalyse unterziehen, zumal anhand eines solch infamen Fallbeispiels? Die Wahrheit geriet ins Wanken, ich spürte, er hatte sie am Schopfe gepackt, aber niemand von uns war der Sprache dieser Wahrheit bemächtigt. Noch nicht.

Die Behandlung wurde durch mich unterbrochen, ich flüchtete auf die Praxistoilette. Der Wasserhahn flutete das gesprungene Becken, meine zitternden Hände empfingen die erfrischende Füllung des Wassers und die erhoffte Befreiung aus dem Krampfzustande enttäuschte mich noch bei der zehnten Gesichtsspülung.

Danach der Blick in den Spiegel. Ich zählte die Tropfen an meiner geröteten Wange, still glitten sie hinab und ein echter Alexander starrte in die Augen eines gelogenen, einem, der lediglich dann erscheint, wenn das Mittel dafür gegeben ist.

Nun, du feiges Abbild meiner Wenigkeit, sprach ich zu ihm, lebst als Vagabund stets auf der Suche nach deinem Ich, hast all seine Bewegungen erlernt und weichst nicht mal in der zornvergiftetsten Stunde seiner Selbstbefragung von eineiiger Gegenüberstellung ab.

Möglicherweise war hier ein Wendepunkt meines neurotischen Lebensverhältnisses. Voller Abscheu von meinem Abbild abgewandt, bemerkte ich die Umrisse einer ehemaligen Tür neben dem Handtrockner. Es fehlten Griff und Schlüsselloch, doch die schmalen Fugen boten gerade noch genug Spekulationen, wozu denn die Tür – wie im Nachhinein unfachmännisch angebracht – hätte dienen können, wohin sie führte – aufgrund ihres schäbigen Alters wäre es spielend leicht gewesen, sie zu zerbrechen. Der erstickte Ruf des Raumes dahinter flehte mich herzlich an, meiner Neugier Genüge zu tun.

So schloss ich die Behandlung unbefriedigt ab, zweifelte an mir und dem seligen Ende meiner, nun ja, mehr oder weniger selbst gewählten Therapie. Wie gelangte ich erst jetzt, da die tristen Betonklötze der Stadt meine entzückenden Geistesspielereien beschatteten, zu der mahnenden Erkenntnis, das Angebot der Behandlung im Martergriff meiner beklemmenden Vergangenheit habe den Wert seines Versprechens eingebüßt!

Seid mir auf ewig verhasst, ihr des Schicksals spöttischen Puppenmeister – nie fand einer den obersten der Oberherrscher, also suche man den Feind in sich und ein jeder solle seinen Teil des gefundenen Hasses in die Welt aussenden – bravo, Gott! Dein Versteck ward vor Menschen gesichert.

～✦

Verehrter Kollege Benkitt,

Ich muss mich demütigst vor Ihren Hypothesen verneigen, ich bereue den kleinsten Zweifel, den ich bei unserer jüngsten Diskussion an den Tag gelegt habe. Es verblüfft mich bis heute, die psychosomatische Wechselwirkung beider Konstitutionen ermöglicht atemberaubende Einblicke in ein Gebiet, das uns Fachleute bisher in aussichtslosen Spekulationen verweilen ließ.
Ihrer Anweisung zufolge habe ich das Verhältnis des freien Subjekts mit dem des vernachlässigten eingehend beobachtet, ich habe die kleinsten Veränderungen, Gepflogenheiten und internen Querelen

notiert, gegliedert und neu verzeichnet (das endgültige Ergebnis werde ich aller Voraussicht nach in zweieinhalb Monaten vorlegen können).

Der müßige Entwicklungsunterschied benötigte freilich viele Jahre, bis er sich handfest zeigte, es ist in der fachlichen Praxis bekannt, dass insbesondere die modernen Einflüsse den zu Behandelnden auf schwierige Schiene stellen – somit stünde für uns unersetzbare Zuhörer, denn solche sind wir durchaus, der erkundungswillige Spielraum zum Eintritt bereit.

Wenn dieser Fall abgeschlossen ist, was ich hoffe, nicht dass ich beunruhigt wäre, sondern weil wir ja gemäß Berechnung die Vermehrung etwaiger X1-Patienten zu erwarten haben, werden die uns allen zu Ehren kommenden, bewahrheiteten Thesen gerade diesen als, sagen wir, Erstaufkommen in überregionalen Fachkreisen rühmen.

Nichtsdestoweniger ist die weitere Einhaltung der Vorschriften notwendig, wie Sie mir beipflichten werden, ein aufsehenerregendes Phänomen wird sich dabei vorerst nicht ergeben können, dafür sind wir noch in einem viel zu frühen Stadium. Es besteht dennoch die Möglichkeit, falls wir bei unserer systematischen Durchführung der Behandlung einen wichtigen Punkt übersehen sollten, dass eine therapeutische Lücke zur Aufdeckung führt; in diesem Fall, versichere ich Ihnen von Fachmann zu Fachmann, würde sie binnen kürzester Zeit überbrückt werden, vorausgesetzt es läge kein Material vor, welches man uns nach sorgfältiger Beendigung anlasten könnte.

Überprüfen Sie selbst noch einmal die Akten und informieren Sie mich, sollte Ihnen ein Aspekt unvollständig oder bearbeitungsbedürftig erscheinen. Ich betone weiterhin die Geheimhaltung des Projekts, die Kollegen Waymer und Maharesk genießen nach wie vor das nötigste Wissen – warum sollten wir es auch nicht dabei belassen?

Hier noch einmal die Zusammenfassung der Konstitution: schwer stillbarer Negativismus – potenzielle Folgen bei unzureichender Behandlung: Misstrauen, totale soziale Abgrenzung, sowohl affektive als auch *vernunft*basierte Ausübung gewisser Straftaten.

Behandlungsvorschlag (zwingend erforderlich): Kindheitsbezogene Orte zum Therapieren wählen, Verdammung beängstigend wirkender Schauplätze und Namen, unbedingte Billigung des Wunsches nach dem Eigenleben des ‚Mutterleib-Komplexes‘. Sodann wünsche ich Ihnen und unserer Erfolg versprechenden Unternehmung einen reibungslosen Ausgang und überhaupt noch einen erholsamen Resturlaub.

Ihr Freund und Kollege
B. Herbetsen
Zustellung durch: Privatboten!

Als Richard mich so bestürzt aus dem Zimmer fliehen sah, sich ernsthaft fragte, was diese heftige Gemütsbewegung ausgelöst haben konnte, lud er mich zu einem Getränk in die Hip-Fruits-Bar, wie damals zur Dämmerstunde der Ich-Ausgrabung, ein.

Wir unterhielten uns lange, durchaus kameradschaftlich wie zwei verlorene Geschwister, deren Wege sich nach Jahren der Verfeindung zu harmonischer Verbrüderung wieder kreuzten. Es war mir gar nicht richtig bewusst geworden, wie viel Zeit ich für ihn investiert hatte, es glich einem regelmäßigen Treffen mit engsten Freunden – wenn man es mit den Gewohnheiten des Durchschnittsmenschen vergleichen möchte.

Das kurzweilige, erholsame Gespräch und dazu die tropisch anmutende Einrichtung – warum wandelte sie sich ständig? – erquickten mich sehr, allen anderweitigen Änderungen der vergangenen zweieinhalb Jahre zum Trotze. Giuseppe bediente nicht mehr, statt seiner schenkte ein stämmiger, kahl geschorener Bursche mit finsterer Tötungsmiene und tätowiertem Hals aus, jemand, der meinem Vorzug für sonnenbeseelte Menschen auf den ersten Blick das Schafott bereitstellte.

Worüber wir doch selbigen Ortes gesprochen hatten, ehedem, vor gar nicht allzu langer Zeit, überlegte ich bei intensiver Musterung der alten Absteige. Gewiss, man hatte, wenn der Besorgte sich seinem Umfelde entziehen wollte, gewohnte Gesichter angetroffen, die üblichen Töne trillerten ihre scheinfreudigen Melodien aus nicht auszumachenden Musikboxen, die handwerklichen Möbel speisten die Sinne des Einsamen mit beflügelnden Vorstellungen einer kleinen, geselligen Arbeiterschaft in der verruchten Stadt.

Lediglich Teil meines unfertigen Wunsches nach Besserem – der mir Gegenübersitzende wusste das, so ahnte ich. Unentwegt hoffte ich wie ein Blinder, der auf die Weisung seines Führers vertraut, es gäbe nette Menschen in meinem Umfeld, in dieser Stadt – auf der Welt!

Und da die Trübsinnswolke abermals den Harmoniehirten auf seinem Paradies bedrohte, war nun, denn so will es seine Pflicht, der Doktor am Zug, seinem *positiven* Heilverfahren die Weichen zu stellen.

Ich bat ihn, seinen Vorschlag zu wiederholen; es hörte sich wie ein verlachter Hammerschlag in meinem Trommelfell an; erachtete er mich nach so langer Bekanntschaft etwa als Betrüger?

Es war ein kühler Mittwochnachmittag, alle sangeskundigen Vögel flohen vor dem androhenden Sturme, der heitere Himmel räumte sein Reich für blitzschwangere Wolken. Weite, marode Wohnblocks beherrschten weitgehend das Panorama aus dem zwölften Stock des Betonklotzes, aus dem ich sehnsüchtig nach den fernen Weizenfeldern hinter dem Wasserturm Ausschau hielt.

In sechs Minuten sollte die Gruppe zu ihrer ersten gemeinsamen Sitzung zusammenkommen; man erwartete nichts Gutes, obgleich man einander nicht kannte. Gerade dieses belastete mich: das zwingende Verhalten meines Vertrauensmannes – ich verwünschte ihn!

»Guten Tag, alle zusammen.« Durch die Glastür, die seitlich der Diele zu drei weiteren unbekannten Räumen führte, trat ein äußerst junger Mensch, mit durchaus freundlichem Gesicht, elegant, aber nicht zu wohlhabend gekleidet, unterm Arm ein Aktenordner und auf der Nase eine Brille, die seinem geschulten Aussehen ihr Übriges gab.

Aus dem Raucherraum und der Diele fanden sich die restlichen fremden Gestalten zum Meeting zusammen – und die Angst vor der Angst durchstürmte meinen kältegeschlagenen Leib. Sieben Personen, mich eingeschlossen, nahmen auf den Plastikklappstühlen Platz, die als Kreis mutwillig aufgestellt worden waren; es war für mich beruhigend anzusehen, dass ich nicht als einziger feindliche Abstinenz an den Tag legte.

Keiner der Eingefundenen machte sich die Mühe, die Runde kurzerhand zu mustern, oh wie ich ihre Gemüter doch erahnte! »Mein Name ist Fabrissen. Aber nennen Sie mich bitte Eduard.« In der Tat vermittelte seine Aussprache und professionell wandlungsfähige Miene Sachkunde, welches Gebiet das auch in meinem (unseren) Fall sein mochte.

»Da es die eine oder andere persönliche Situation ungünstig stimmt, eine ausgedehnte Gruppensitzung abzuhalten, möchte ich Sie alle herzlich bitten, möglichst ehrlich über Ihre Anliegen sowie Sorgen zu sprechen. Natürlich heißt das nicht, dass wir zeitlich bedrängt wären, für jeden von Ihnen die nötige Zeit aufzubringen, die er oder sie«, er blickte flüchtig auf die einzige junge Frau unter uns, die gekrümmt in ihrer Geistesabwesenheit vor sich hinstarrte, »zur Lösung seiner oder ihrer Schwierigkeiten benötigen.«

Um den Leser gleich in den Fluss dieses neuartigen Heilverfahrens einzuknüpfen, halte ich es für belanglos, die übertrieben formelle Einleitung zur Anwendung und Resultaterzielung der Methoden zu schildern.

Der Gruppenleiter Eduard durfte frohen und erleichterten Herzens sein, als nach langwierigem Schweigen die Diskussion eröffnet worden war.

»… weil er diese Absicht zwar besten Verstandes überlegt, aber dennoch kleine, wenn auch wirkungsreiche Zweifel hegt.« Der Mitteljährige im Karohemd knabberte versonnen an seinen Nägeln, während der mit Schreibzeug ausgestattete Mann im Sakko dicht hinter ihm den Kopf in die Runde steckend in groben Zügen die Diagnose des Eingeschüchterten schilderte.

»Mein Tötungstrieb hält sich in Grenzen«, sagte er, unablässig die Nägel zwischen die Zähne gepresst. »Es ist beleidigend, wenn man sich ansieht, wie gefühlskalt und gleichgültig das Tier ermordet wird. Wir wurden alle, schätze ich, im Rahmen hergebrachter Moralitäten erzogen, oder es wurde versucht, uns im Namen des *Besten* auf die Welt vorzubereiten; diese mehr oder minder erfolgreiche Gutgläubigkeit hat sich buchstäblich in mir eingefressen.

Würde ich dich töten«, ironischerweise wählte er mich für sein Beispiel aus, »gäbe es Ohnmacht, Trauer, Hassgefühl – und natürlich die selbstgerechte Frage nach dem Motiv. Aber machen wir uns nichts vor: In den Augen der Klassengrößten und ihrem bizarren Machwerk, in dem wir zu leben verdammt sind, sind solche Erscheinungen nichts, was sie wirklich bedauerten.«

»Soweit er es selbst beurteilt«, sein bis auf den grob gebügelten Sakko schlicht gekleideter Kommentator entpuppte sich als sein Bewährungshelfer, »kann der Mord an einem Tier nicht aus folgenüberlegter, rationaler Entscheidung heraus geschehen, er geschieht durchweg bedenkenlos.

Der gefühlskalte Umgang mit den Menschen unterlegenen Spezies schafft für ihn die so erkannte Rechtfertigung, der Rechenschaftsfordernde müsse den Tiermörder töten, da sein Hass nicht verdrängt werden dürfe.«

»Das mag also heißen«, Eduard erforschte eindringlich die krampfhafte Erscheinung des Mannes, »der Hass ist für Sie edlen Ursprungs. Laut Akte haben Sie Ihre Straftaten niemals ohne Abweichungen dieser Grundauffassung verübt. Wir hoffen, dass wir Ihnen bei Ihrer affektiven Beherrschung helfen können.«

»Mein Name ist Pierre.« Der wie versteinert da sitzende Junge war kaum alt genug, um die unerbittlichen Belastungen des Lebens auch nur ahnen zu können, doch er musste schon seine Ruhe in der Gruppe bezwingen, damit sein Anteil an Kummer, Bedrängnis, Vermeidungswunsch oder Ähnliches in die Ohren der Mitleidenden zu dringen vermochte.

»Das unreife Ich wurde vom modernen, unzufriedenen abgelöst. Einst suchte ich gierig und Frage eifernd nach den Schätzen der Zeit. Aber je älter das Ich wird, umso vergesslicher, uninteressierter wird es, der Unfriede bleibt in ihm stecken, doch er macht keine Anstalten mehr, sie zu ergründen.«

Bis alle verstanden hatten, wovon er redete, vergingen gut fünfzehn Minuten, so lief es auch bei den übrigen Kandidaten der Seelenerratungsstunde. »Fühlen Sie sich in der Lage zu sprechen, Sonja?« Erschreckend vereinsamt und mitleiderregend zog die nicht allzu junge Frau die baffen Blicke der Gruppe auf sich. Hatte sie den Teufel gesehen, so erkundigte sich tatsächlich die mir noch uneingeprägte Stimme eines Genossen aus der Runde, und seltsamerweise musste sich jeder von uns diese Frage stellen.

Ihr zerzaustes Haar schloss zuerst auf Ungepflegtheit, aber man möge mir glauben, dass hinter der Maske der Vernachlässigung ein bezauberndes weibliches Geschöpf schlief. Welche grausamen Entbehrungen sie hinzunehmen gezwungen worden war, ließ den Betrachter Ungefähres errechnen; man spreche stets nur dann von Glück auf Erden, wenn sowohl Leib als auch Seele sich das Gleichgewicht halten – und, ach Schande, wie viele leugnen die Tatkraft wenigstens des einen von beiden!

Oh Teufelskünste, diese anmutende Weiblichkeit hatte ihr erschütterndes Dasein von den herzzersprengenden Seiten kennengelernt, und allerorten dröhnte das Gelächter der schrecklichen Dämonen: »Es gibt etwas Besseres, und du wirst es nie erleben!«

Als sie ihren Teil der Kummerexistenz in das Ganze der Gruppe einfügte, schien niemand außer mir die tatsächliche Aussage der Schmerzensbotschaft verstanden zu haben. Doch nach der Reihe: Wie es die wirtschaftsstrukturelle Grundlage der heutigen Zeit erfordert, beginnt ein jeder die Erzählung seines Lebens mit dem, was er tut, was er *ist*, was ihm verdienstlich aufgetragen wurde und das ihn definiert: dem Beruf!

Wie es ihr Herz verlangte, gab sie sich der Pflege älterer, fragiler Menschen hin, die Großmut, mit der sie gesegnet worden war, verband den übrigen Rest ihrer außerdienstlichen Zeit mit derselben beneidenswerten Schönheit ihrer hingebungsvollen Beschäftigung.

Natürlich musste das Schlimmste geschehen sein, guter, verächtlicher – sardonischer Gott! Wer hier unter uns saß, entsprang nicht aus der Frucht volksgetreuer Bienen und auch nicht aus solchen, die, trotz aller belastenden Umstände, den Tag wie die Nacht zur Erhaltung ihres überaus fraglichen Erdenfristens nutzten.

Nein, wenn wir hinter schalldichten Wänden eingeschlossen, die grau-schwarz-weißen Abläufe unserer Mitbürger, wenn sie dieses Namens denn würdig sind, im Verstande verbildlichten und es fortan am liebsten stets auf diese Weise getan hätten, wahrlich, dann bedeuteten Morde, Betrug, Unbill und alle erdenklichen Fehltritte des Vergangenen – und Künftigen – für unsere Begriffe überfällige Verurteilung.

꒰꒡꒱

Die zweite gemeinsame Sitzung war zeitig festgelegt worden, nachdem die erste nach Meinung aller Anwesenden viel zu bald geendet hatte. Anfangs hatten wir gegenseitige Scheu gezeigt, doch schon bald den Glauben an die Wirkung der Therapie gewonnen.

Die Himmelsmächte der von uns getrennten Sphäre brüllten ihren nächsten Schlachtruf, das letzte Mal stierten die schwarzen Ballen durch die Fenster auf den Kreis der Anpassungsunfähigen, brummten ihre zornerstickten Gewitterlieder und waren uneins darob, zu welcher Stunde sie ihre Kriegssänger zum Geschrei loslösen sollten.

Schließlich prasselte der Regen wie ein steinerner Angriff gegen das Glas und stimmte Nathan, den wir bald den Ungläubigen nannten, während der leidenschaftlichen Erzählung seiner Geschichte unruhig. Es hatte einige Zeit gedauert, bis man miteinander wie Bruder und Schwester umging, die Vielfalt der Charaktere bildete die wesentliche Barriere zu rascher Akzeptanz.

Ich wartete auf den Moment, wenn Sonja an die Reihe käme; ihre sonore Stimme streichelte mein inneres Gefüge aus Ängsten und Wut, einer Zauberfee gleich vermochte sie mit einer einzelnen Silbe das wurmige Geflecht in mir zu lösen.

Frederik, der notgedrungene Mörder, in dieser kleinen reizenden Gesellschaft vielmehr ein gefallener Engel (und warum sollte nicht gerade er im Gegensatz zu den predigenden Machtinhabern rechtschaffen sein?), fiel aus dem Himmel, den niemand gesunder Sinne haben wollte.

Der junge Mann zu seiner Linken, Pierre, zermarterte seinen unreifen Geist über die Entwicklungsgeschichte seiner selbst, die Brücke vom Jüngling zum Greis beinhaltete die rastlosen Überlegungen, meist handelnd über verantwortungslose Resignation. Er blieb für alle das größte Rätsel.

Der nächste Fall von Sonderling entführte mein Gegenwartsbewusstsein quer durch die Gefilde meiner zermürbten Sinne, weder vermochte ich sie zu ordnen noch den Hintergrund meiner merkwürdigen Heimsuchung einzuschätzen.

Wie jeder, den du jenseits deiner Türe antriffst, einer, der zugleich Freund und Feind, betrügerisch – treu, fröhlich – hasserfüllt, gesund und – ich möchte sagen, vom Pfade der Irregeleiteten abgekommen ist, und im Walde, in welchem er nun zurückgelassen verweilt, der nachhaltige Verdammungsruf der Peststimme seiner ehemaligen Weggefährten erklingt: »Du bist von uns gewichen, so lass dich überraschen, was ein Einzelner im Beutel der Erdschätze zu finden vermag – nichts!«

Ach, wer fragt denn den Einsamen nach seiner Lust an modernen Götzenbildern. Sein Name war bislang nicht gefallen, womöglich hatte ich ihn zusammen mit seiner Geschichte während meiner Geistesreisen überhört, doch eines wusste ich vom ersten Anblick an: Die klägliche Suche nach meiner *geschändeten Rasse* gedieh weiterhin gemächlich in Hoffnung.

»Das werde ich nicht!« Die gedämpfte Stimme der wundersamen maskierten Gestalt klang entschlossen und heftig. »Das sollte auch keine direkte Aufforderung dazu sein, ich akzeptiere Ihre Entscheidung.« Eduard räusperte sich verlegen, ehe seine pädagogische Großmacht die Scheuklappen von sich riss – in meiner Therapiegruppe hätte er sich ruhig menschlich schwach gebärden dürfen, niemand würde es ihm missbilligt haben.

»Ich dachte dabei nur an die anderen, vielleicht fühlt sich jemand von Ihnen beschattet, wenn jemand sein … Äußeres verhüllt.« Ein allgemeiner Rundblick aller Anwesenden ließ den naiven Sitzungsleiter die Unnot seiner Floskel erahnen. Warum hatten wir uns nicht alle maskiert?

Das langwierige Kennenlernprozedere hatte sehr wohl einen erfrischenden Effekt erlangt – unsere Gruppe wurde nunmehr durch eine Unglückliche bereichert, Elise. Zunächst gilt unser Augenmerk dem *eitlen* Maskenträger; sein Vergangenes erwarteten wir alle voll Spannung.

Ein wenig beirrend kam es doch vor, dass einer wie wir ein offenbar eigenhändig modifiziertes Schreckensgesicht als Hilfe zur Abschirmung seiner wahren Gestalt verwendete. Bis auf Frederik belastete die Niedertracht des Mordes keine unserer Lebensgeschichten, selbst wenn sie in seinem Fall auf eigentümliche Weise die Schätze tiefster Verantwortung und irdischer Gerechtigkeit thematisierte.

»Wer je behauptete, er wolle nur das Beste für mich, der durfte gleichwohl mein Spott- und Angstgelächter ertragen. Aber es dauerte, bis ich dieses Stadium der Selbstverteidigung erreichte und seine Wirkung begriff.«

Oh fressgierige Schändlichkeit, er hatte doch nicht die Herzen und Erwartungen seiner Lieben zerstört, aufgrund einer natürlichen Zwischenmenschlichkeit, die … – ja, richtig, wohin führt sie denn? Auf erschreckende Weise verbanden seine Redewendungen die niederdrückenden, aber nicht minder tapfer erzählten Leiden der restlichen Charaktere.

Ein Kreis, der sich von selbst erschloss, wenn man so will. Schon bald war Vertrauen in die Gruppe eingekehrt, die Therapiezeiten verlängerten sich und von nun an grollte der Donner der Nicht-Unseresgleichen bei Verlassen des Gebäudes in abgeschwächtem Zorn.

Verbleiben wir bei Nathan, dem Freude ausstrahlenden Verkäufer, dessen Idee der Verwendung von Kosenamen bei allen Billigung erntete. Jeder durfte sich seinen unverhohlenen Namen selbst aussuchen, wobei der Einzelne es zu schätzen wusste, wenn seine Leidgefährten ihr eigenes, ehrbares Urteil um ihn bildeten und damit den Wert seiner schicksalsähnlichen Außenwelt vermittelten.

Wir alle stellten das Leben mit seinen fauligen Früchten in-frage; dies war wohl die notwendige Voraussetzung des Gruppen-organisators gewesen. Nathan berichtete von der Zeit seines makel-losen Aufwachsens, zu Anfang in unerschrockener Sicherheit durch seine Wortwahl und was ihre charakteristische Struktur betraf, später, soweit es mich anging, versüßte der Ausbruch seiner kummerschweren Tränen die Geschichte um das zehn-fache, und mein Gewissen beschuldigte mich ob dieser würde-losen Anwandlung.

Aber sollte es nicht dahin hinauslaufen? Die Bereicherung des eigenen Wohlempfindens, ausgelöst vom mitfühlerregenden Schmerz des anderen, seines Ausdrucks dafür, man habe Gefährten um sich – war denn nicht jeder mal an der Reihe, das Tor zu seinem Leid aufzustoßen, begleitet von den Mut zuflüsternden Worten seiner Mitfühlenden?

Nathan empörte die töricht gelassene Haltung der Menschen in seinem Leben, die ihn für das hielten, was er nicht war, und von ihm das erwarteten, was nicht seinem Wesen entsprach. Zähne-klappernd witterte ich ein in den Sitzungen bereits vorwirkendes Laster, doch ich besann mich rasch, als die schlaffen, entspannten Züge meiner *Geschwister* mich belehrten: Hier bist du frei!

⤙

»Sicher, es ist kein Zufall, dass ich auf die Gruppenmitglieder ge-stoßen bin. Genauso wenig wie in Ihrem Fall – das ist das Auf-regende an meinem Beruf. Aber lassen Sie es mich als Leidenschaft erklären, ich möchte doch, dass Sie mich als uneingeschränkten Gefährten Ihrer düsteren Anschauungen begreifen.«

»Tatsächlich keimt Hoffnung in mir auf.« Mir, dessen soziale Abgrenzungen zur Professionalität geworden waren, hatte der Vorschlag gefällig in seine Sphäre gerissen, mit Vorsicht und freundschaftlichen Absichten gedachte ich mein angefressenes, kränkliches Teilstück zu einem Ganzen zusammenzufügen, wobei jeder dasselbe tun sollte wie ich.

»Gedenken Sie die Einzeltherapie fortzusetzen?«

»Selbstverständlich.« Seine prompte Antwort beschwor die lediglich vorübergehende Planänderung, sein Tonfall bekundete das Fixieren auf mein Wohlergehen, welches er auch weiterhin im Vordergrund behalten wollte.

»Verstehen Sie es als ein erlebnisreiches Intermezzo, das Ihnen genauso Nutzen bringen soll wie den anderen … Kra- … Patienten. Ich habe es Ihnen bereits gesagt, dass Sie sich nicht länger durch Ihre Sorgen, allein und verstoßen zu sein, verunsichern lassen dürfen; Sie haben gesehen und gehört – Sie sind kein Einzelfall.«

In welcher Weise Richard auch meine geistige Genesung im schützenden Auge behielt, es schimmerte die unumstößliche Überzeugung völliger Gesundheit in mir, niemand würde sie mir streitig machen können.

Warum verkehrte ich dann mit diesem Menschen?

»Erklären Sie mir noch mal in frei ergriffenen Worten das Herrühren Ihrer Fix-Idee.« Er drängte mein Gemüt in äußerster Gelassenheit, war dennoch scheinbar aufgebracht ob meines andauernden, rätselhaften Treibens.

Noch im Zweifel über das Loslassen der bissigen Wölfe, die über die geheimsten Räume meines Seelenpalastes wachten, musterte ich mit Entzücken die uns umgebende Herrlichkeit der Marienhold-Gruben. Wenn doch nur ein einzelner Lichtpfeil der Sonne, mannigfach herausströmend aus der Verschwiegenheit der Wolken, darin gemeistert gewesen wäre, meine umwölkten Gedanken befreiend zu erhellen, ach, ich geschlagener Wunschloser, dann wäre mir gewiss der Glaube genaht, das unbekannt Himmlische hege noch Interesse an den Vereinsamten unter den Massen.

Das Nachsinnen vergangener Belastungen und ihrer kettenbeladenen Nachwirkungen ließen mir kaum eine Wahl zwischen der Bewahrung meines verhohlenen Ichs und der Hinwendung zur balsamierenden Hand des sachkundigen Arztes, über dessen Herkunft ich ungeachtet der verstrichenen Jahre unverändert im Irren lag.

Ehe ich zum Sprechen Ansatz genommen hatte, fiel mein argwöhnischer Blick auf seinen Eckspanner mit den Kopien der Phantombriefe. Zu seiner Überraschung deckten sich die Namen der Verfasser weitgehend mit den Krankheitsprofilen meiner Leidensgenossen aus der jüngst zusammengestellten Gruppe.

»Ach, Richard. Würde es Sie denn verwundern, zu hören, dass meine profanen Definitionen aus der Metaphorik universeller Deutungskunst wachsen? Sie selbst sagten ja, ich sei nicht allein. Sie sind nun gefragt, mich und den Rest als krankhaft einzustufen oder aber Sie erlernen die gut gehütete Weisheit, Anomalien im Lichte tief schürfender Verinnerlichung zu hinterfragen. Sind Sie dazu gemacht?«

Er lächelte verlegen, wusste er doch, er könne die gefürchtete Konstitution lediglich im Falle eines Mehrfachvorkommens zu meiner Beruhigung bekunden, denn: Welcher Kranke, abgesehen von seinem definierenden Arzt, möchte schon der erste Fall einer neuen Klassifizierung sein? Dies würde nicht einfach werden, da die Schwelle zum Kranksein bei meinesgleichen nicht als solche eingesehen worden war. »Nathan ist ungläubig, Elise unbeständiger Ansichten usw., aber gestatten Sie mir die Beantwortung meiner verdachtserregenden Mutmaßung, warum dieser Unglückliche Ihr Unbehagen erwecke –«, zwei Fotos lagen plötzlich auf der Vorderseite seines Eckspanners, die Gesichter, die sie zeigten, wühlten in ihrem Altersunterschied mehr Kummer in mir auf, als es ein einzelnes vermocht hätte.

In zitternde Hände genommen, betrachtete ich die Gezeigten eingehender, mein Herz schwoll angstversehrt an. Der eine wie der andere, ihre Züge kontrahierten mit den unwiderruflichen Gesetzen des Alterns, sie sprachen die verschlossenen Kammern meines Gedächtnisses an und tatsächlich gelang es ihnen, Wohlbekanntes im zaudernden Bewusstsein wachzurufen.

»Warum ist mir das nicht am ersten Tag aufgefallen?«, entfuhr es mir in einem Anfall von Selbstvorwurf. »Habe ich die bisherigen Stunden verträumt, etwa übersehen, überhört –«

»Beruhigen Sie sich, Alexander.«, fuhr er behutsam dazwischen, indem er mir die Schulter tätschelte. »Vermutlich werden Sie von alleine auf die Umstände treffen, die Sie im Moment verwirren. Und«, er wandte den Blick ab zu den wilden Himbeersträuchern; es war nur zu offenkundig, dass er sein Taktgefühl suchte.

»Wenn das der Fall ist«, fuhr er sich den Hinterkopf reibend fort, »wird auch, so meine ich, die Hoffnung in Hinsicht auf Klärung der Begebenheiten Ihrer Kindheit geweckt, denn unsere Arbeit trug in dieser Richtung sehr wenig Früchte, da mein Vorbehalt, vorrangig zwischenmenschliche Kontakte zu knüpfen, obgleich ich beruflich handelte, länger wirkte als gedacht.«

»Aber wie ist das möglich?« Nichts vermochte die Zerstreutheit, in der ich als Freiwild herumlief, abzumildern, obgleich ich mich bisweilen als Meister der Selbstregulierung wähnte. Alle Erwartungen und Einschätzungen waren fehlgeschlagen, das Gute erwies sich als böse, der Erlöser, falls es denn einen für Klagegeister gab, war niemand Geringeres als der Henker für Irräufer wie mich.

»Ich bitte Sie, wie gewohnt weiterzumachen. Er wusste es ebenso wenig wie Sie.«

»Das verstehe ich nicht«, seufzte ich seelentief, »wer behandelt ihn denn?« Und wer behandelte *mich*? Eine Frage, deren Zeit schon längst überfällig geworden war, jetzt war mit der Verlegenheit des Befragten zu rechnen.

»Vor gut einem halben Jahr entdeckten meine Kollegen und ich ein psychologisches Phänomen unter bestimmten von uns behandelten Patienten. Selbstverständlich trugen wir diese Berichte in absoluter Anonymität zusammen, lediglich das Krankheitsbild an sich hatte uns dazu verleitet, das neuartige Vorkommen zu examinieren.

Wir waren mit dieser Aufgabe überfordert, da es sich nicht um die erwartete Disposition handelte wie zuerst angenommen. Die Behandlung erwies sich als schwierig – wenn Sie mir die kleine Nebenbemerkung erlauben, bei Ihnen hatte sich diesbezüglich keine Ausnahme ergeben. Um die Ursache besser erforschen zu können und die Schweigepflicht unangetastet zu belassen, schien uns die Gruppentherapie als nutzvollstes Mittel.«

»Auf diese Weise«, versetzte ich ohne eine Spur ernst gemeinter Dankbarkeit, »ermöglichten Sie es, die Probleme der Betroffenen untereinander zu exorzieren. Überaus nachsichtig von Ihnen und –«

Ich bedeutete ihm, mir die Namen zu nennen, die ich zu hören verlangte. Meine seit Anbeginn vertretene Mutmaßung, mein Freund sei freischaffender Therapeut, mündete im wütenden Verdacht, hintergangen worden zu sein.

»Oh ihr dem Teufel dienenden Verräter!« Mein Gesicht – vergraben hinter zur Flucht verhelfenden Händen, hinterm Schädel woben sich Bilder der Enttäuschung und wohlbekannter Marter.

»Es ist eine Hingabe reinster Güte, wenn ich verwundet und wehklagend auf dem Pfade des fremden Wanderers liege, er mein Elend sieht, das er mir kraft seines Mitleids vom Leibe wischt.

In unablässiger Dankbarkeit nun bedeute ich ihm das Werk seiner Herzensgüte, dessen er sich, so denke ich, niemals bewusst war, es sei denn, bis zum Tage, da ihm jemand seine Rechtschaffenheit vor Augen geführt. Gibt es so etwas? Intuitive Barmherzigkeit, quellend aus dem Fels ungepredigter Nächstenliebe?

Oder findet sich ein solches Beispiel nur im weltfremden Märchen, welches nur schulmeistert – und wenn dem so wäre, ist es doch auch von solchen erfunden worden, denen etwas daran lag, seine wahre Aussage über Völker zu spannen und helfend in ihre Herzen zu versenken.«

Mein Blick suchte den seinen; die heischende Waffe des Selbsturteils ward herausgefahren … »Sind Sie ein Von-Grund-aus-Helfender«, fast schon war mir sein Gemüt ein offenes Buch, »oder macht Sie etwas glauben, Sie müssten es tun, es sei Pflicht, dem Verwundeten zu helfen, vielleicht, weil Sie damit Ihr Geld verdienen und jeder Morgen eine neue Unzahl Bedürftiger bringt, die Ihre an sich edle Tätigkeit in eine ergraute Tristesse verzaubern, da sie sich im Laufe der Zeit in das Rad karitativer Mechanik gefügt hat?«

Er verharrte überraschend steif, die Sonne traf seine Stirn. Nein, er war nicht heilig, auch wenn das Durchdringen der Sonne in die dicht bewachsenen Marienhold-Gruben diesen Anschein vermittelte; vielmehr sollte ich ihn auf den geheiligten Stand eines Heilers zurückführen, von dem er gefallen war.

»Erklären Sie mir, wer der ‚Verräter‘ ist«, begann er, als wäre meine biedere Stimme unerwidert in den Hohlräumen seiner Nüchternheit verklungen. Oh Angst, ich war der Fähigkeit des

Hellsehens nicht mächtig, sehr wohl aber ergründete ich mir im Laufe der Zeit die Funktionen jener Charakterzüge, die folglich auch für meinen Lebenspfad ausschlaggebend waren.

»Erzählen Sie mir mehr über Hamohn. Wie viel Gewicht legen Sie seinem Erscheinen in Ihren Kindertagen bei, wie, glauben Sie, hat er Ihre Entwicklung beeinflusst?«

»I…I… Ich … ha…ha… hasse dich!« Verwirrt starrte er mich an, und als ob er mich trotz der Dauer, deren Hilfe wir uns dankbar zeigen durften, da sie uns Muße gab, uns rein menschlich kennenzulernen, gründlich verkannt hätte, wich er vor solch plumper Äußerung sichtlich zurück.

Ja, unsere Gemüter ruhten bei den umschatteten Abhängen der Marienhold-Gruben, schauderhafte Legenden zerrten geifernd an meinem Bewusstsein, wie ich es von etlichen Naturwerken, in welche es mich je verschlug, nur zu gut erfahren hatte.

Der scheidenden Sonne Schein wechselte von meines Sitzpartners Stirn zu der meinen − ich gewahrte ihre närrischen Geheimnisse! »Bleib mir auf ewig fern, du unbeständige Liebhaberin irdischer Bühnenspiele! Mannigfach strömst du durch Wolke und Gewölbe, spendest Mut und Lebenskraft dem Tier, dem Mensch, der Pflanze. Erhältst denn du, so sprich mir wahr, jede Regung, jede Handlung, jede Liebelei gleichwie blutdurstigen Tückenmord unter deines Scheines Bezeugung aufrecht!

Du erhellst düstere Gedanken verlorener Kinder und schweigst dazu! Das Paradies, welches ich heute gewahre, schrumpft zum blinden Traum zusammen, gewiss besucht er mich immerdar im Schlafe, doch wenn ich deiner gedenke, während mich Peitschen der Finsternis geißeln und leidvolle Erlebnisse sich in meine Haut beißen, oh du feuriges Himmelsgemälde der Engel, wie könnte ich da noch deiner Liebe zu mir glauben!«

»Sie sind einsam, ein unzugänglicher Poet«, bezeugte er, wobei er einen der Briefe zurate zog. »Sagen Sie, wie Sie die Dinge sehen. Welche Geheimnisse täuschen uns tagtäglich über das Bewusste hinweg?«

»Kriege, seelische Zerstörungen − unsägliches Leid hat das Menschengeschlecht seit ihrem Hiersein durchlitten, wahr ist aber auch ein hoher Anteil an Eigenverschulden an diesem nie enden wollenden Elend. So erzähl ich's, mein Freund, dass Mutter Erde, um bei schönen Metaphern zu bleiben, einstmals schwanger mit dem, was ich gerne und unkompliziert als die Mehrheit benenne, den Willen nicht abzuneigen vermochte, der kummerschweren Brut ein Geschwisterchen zu gebären.«

»Zur Bewahrung ihrer selbst, da sie durch ihr Erstgeborenes bedroht geworden war«, räumte er nickend ein. »Und es heißt«, er las jetzt von den Zeilen, »eine unstillbare Antipathie gegen die Gebärerin bestärke den ‚Glücksucher' in seiner Ansicht, das Geschenk des Lebens rühre von reiner Verantwortungslosigkeit her, in Anbetracht der persönlichen Leidenswege sowie des Wissens, wenn auch zaghaft erworben, über ihre festbestehende Unabänderlichkeit.«

»Ach, es besteht lediglich der Wunsch. Allein die Hoffnung nach Aufklärung der Dinge, um die verschleierten Gefilde des Innenlebens zu erspähen, aber nicht einmal die Mutter jener Fiebergeburt vermag die Wahrheit in ihrem Schoße zu tragen.«

Wir verließen das milde Klima des abseitsgelegenen Waldlandes, mit dem Abendrote gingen auch meine Rückbesinnungen und geschwätzigen Wesensbekunder zum Schlafe über, Richard aber, in unerbittlicher Aussicht auf das letzte gehütete Geheimnis, geriet zusehends in Ungeduld, welche er nur mühsam hinter seiner äußeren Gelassenheitsfassade verbergen konnte.

Abermals saß das Gespann der Außenseiter in dem dumpfen Gebäude beisammen, das unwirtliche Wetter, es schien nur allzu passend für ihre Gemüter. Mit unmäßiger Anspannung betrachtete ich eingehend das Antlitz des Mannes, der etwa meinem Alter gleichkam, und hoffte in kindlicher Torheit, Richards Offenbarungen seien Einbildung gewesen.

Und doch, er war es: Konstantin, der unerschütterliche, wagemutige und dem Ängstlichen zu allen Zeiten beistehende Begleiter bei unglückslastigen Etappen. Ob sein Arzt ihm von mir erzählt hatte, wie Richard mir von ihm? Wer wusste das? Allerdings, wenn Richard Recht behielt, dann wurden die angst- und *krank-*

*heits*erstickten Unterredungen erstmals heimlich, ohne Wissen des einen vom anderen, eingeleitet, um später, sollte sich die Vertrauensbasis stabilisiert haben, wie die Karten des Magiers aufgedeckt zu werden.

Während Elise – sie war die jüngste dazugewonnene Teilnehmerin – die Einzelheiten einer, wenn es mir recht einfällt, überaus makabren Vergangenheit erzählte, trafen meine erwartungsvollen Blicke die meines ehemaligen Freundes – vielleicht bestand zwischen uns nach wie vor ein Band der Freundschaft, wären mir nicht die verachtungswürdigen, wenn auch nachtragenden Bilder auf so mahnende Weise wachgerufen worden: Dunkelheit – Angst + der Freund = Hoffnung; er lässt dich alleine, fortan meidet er deine Gesellschaft, falls er sein Handeln bereut hat, wird er dafür in Angesicht deines nächstliebenden Urteils um Vergebung bitten.

Die Menschengeneration, welcher ich so missgünstig zugefallen ward, erlernte in ihren jungen Jahren nicht das Edle der Versöhnung, das partnergebundene und zielbestimmte Kämpfen um Platz und sinnvolle Erhaltung in der wahnsinnigen Welt. Also erwartete ich kein Wort der Reue noch der Friedensbitte aus dem Munde jenes Geschöpfes, das ich in jener Zeit als »brüderlich« zu nennen gewagt hatte.

Trotz vorwurfsvoller Bedachtheit ergriff ich anderweitige Erklärungen für sein längst zum Schwund angehobenes Verhalten, ferner rief ich mir im Geiste die akademische Komponente herbei, deren Richterstätten anheimzufallen für Gemütsschwache unvermeidlich ist.

Wie nennt man es noch gleich: Schuldbewusstsein? Und wenn dem so war, was hatte seine Hilfsbereitschaft – und letztlich unsere Freundschaft – gestockt, mir offen wie eh und je den Grund für sein Fernbleiben darzutun? Dachte ich als Kind wirklich schon so weit? Oder war es vielmehr die angezüchtete Heile-Welt-Mentalität des erwachsenen, philiströsen Berufsmenschen und seines Moralkataloges? Musste ich ihm verzeihen von Grund aus oder erst das Gewicht einer dunklen Seelenpein zu erkennen lernen, ehe ich ein Urteil zu fällen begann!

»Seine Erlebnisse sind nicht minder belastend gewesen denn Ihre«, raunte mir Richard an diesem Morgen zu, als ich auf dem Weg zum herabsausenden Fahrstuhl war, von dem ich mir wünschte, er würde mich in höllischer Tiefe absetzen, um mich nie wieder der Anforderung des Lebens stellen zu müssen.

Ja, selbst in den solidarischsten Stunden, da ich diese aufs Schärfste in ihrer Bürgschaft anzweifelte, breitete sich vor mir spöttischer Verdacht und naive Hoffnung gleichermaßen aus. Von meinem persönlichen Therapeuten wünschte ich, er möge für die Zeit der Sitzungen der Gruppe fernbleiben. Dies geschah beim ersten Male, da ich angenommen hatte, alle übrigen würden allein von Eduard geistig *verwaltet* werden, dem der Erstere folglich entgegenhielt: »Jeder hat seinen Vertrauensarzt und dessen Gegenwart während solcher heiklen Selbsthilfekurse ist unverzichtbar, zumal der Ablauf sich bisweilen unvorhersehbar gestaltet.«

Es drang mich danach, überpünktlich zum Termin zu erscheinen, was Richards Verständnis nicht unbedingt gerecht werden konnte, aber wie die Dinge nun mal lagen, war ich der herrschende König – und wahrlich ein kranker und missverstandener zugleich.

So betrachtete ich nun verhohlen die bleiche Gestalt meines ermatteten Wegbegleiters aus Kindertagen, ergrimmte nicht länger vor der Erwägung, dass er bar jeder Reue seine Vorstellungen strickte, während er mich mit Blicken durchbohrte, denn laut Richards Aussagen hatte sich bei ihm die Identifikationsstörung Prosopagnosie entwickelt.

Wer Alexander Fellwer kennt, oder kannte, der bekam von ihm stets nur das Oberflächliche zu sehen, den dem Wind widerstehenden Meeresspiegel, so lässt es sich unschwer erahnen, dass sein Urteilsvermögen in vielfältige Betrachtungsweisen zerfloss, die Sinne nach innen gelenkt, das äußerliche Erscheinungsbild demnach eine enteignete Hülle.

Und so beschrieb der Fürsprecher seiner nach harmonischer Leere und Stille dürstenden Bewusstwerdung die Fülle menschlicher Torheiten, brach sie unterm Druck mühsam bewanderter Füße, ehe er sich darauf besonnen hatte, er und sein windender, gekrümmter Feind könnten vom selben Blute sein.

Alsbald floss der Redestrom in einem fort wieder an, niemand war mehr scheu, jeder schätzte den Nächsten und seine Leiden, behandelte sie bedächtig, gleich wie er wünschte, dass auf dieselbe Weise mit ihm umgegangen werde.

Fast schon eine religiöse Sinnesmacht, die sich da unter uns ausbreitete, für die meisten war es sicherlich des Augenmerks wert, für mich aber suspekt, wenn ich über Konstantins Familie nachsann. Der Unglaube mag durchaus menschlich machen, aus ihm entsteht die Rationalität und die naturwissenschaftliche Orientierung, ob er des ergebenen Gottgläubigen Todfeind ist, ließe sich hypothetisch ergründen, meinte ich, die Mienen meiner *Brüder und Schwestern* musternd. Und zwar genau unter ihnen!

Dennoch wollte mir während der ersten seichten Geschwätzminuten der mögliche Grund für Konstantins Krankheitsursache nicht einfallen; wie konnte man nur annehmen, ein sehr früh die Umfänge des Selbstbewusstseins anwendender Junge könne in das gegen die außerweltlichen Einflüsse abgemauerte Gemüt versinken, solange die Abwehreinheiten die Angriffe erwiderten – oder war der König in der Burg gestürzt? Irgendein arglistiges Mittel, seine Herkunft verschleiert, muss sich in seine Nervenbahnen eingenistet haben.

So versanken zwei Teilnehmer (freiwillige oder nicht?) in grübelndes Schweigen, nicht ohne die argwöhnischen Blicke insbesondere der Psychologen auf sich ziehend, ungestört allerdings während ihres Webens noch unerschlossener Gebiete auf den nach Vollendung strebenden, ungeflüsterten, eigenen Wahrnehmungen.

Waren wir acht denn nun das, was man ›verwandt‹ nennt, im Sinne analoger Schicksale? Wenigstens solange wir in dem gealterten, baufälligen Betonrechteck saßen, säte jeder seine eigenen, freundlich erwiderten Hoffnungen auf dem Acker freier, zwangloser Gruppendynamik; wer wollte denn hier das Schlimmste ahnen und bestürzt erkennen, er habe nur ein weiteres Rätsel in der Spanne seines kurzen Lebens geerntet!

Die Monate verstrichen, als wären sie nie gewesen – warum hätte ich sie zählen sollen? Ich wurde nicht jünger, Falten furchten mein Antlitz – viele Fragen quälten mich und ich fürchtete mich vor den Augen der Zukunft gleichwohl wie vor denen, die bereits erblindet waren und hinter mir lagen. Aber eben die letzteren sind es, die fast schon kindisch mit dem Feuer in den entzündbaren Quellen des Herzens spielen, um die Flammen der Verzweiflung herbeizulocken.

5

Prüfe immerfort, mit wem du dich umgibst –
und von wem du umgeben wirst.

M. Cilencius

Das neue Verfahren hatte alle überrascht, ausgenommen mich: Partnersitzungen in freier Natur!? Wer es wollte oder als nützlich empfand, dem mochte es wie der Schutzengel samt glückseligen Botschaften in den Schoß fallen – ich durfte diesen Vorzug bereits genießen.

Ob es der Zufall vorherbestimmte, dass die Mitglieder der kleinen Selbsthelfer allesamt die Magie des freien Himmels liebten, war nicht einschätzbar aufgrund verschiedenartiger Charaktere, eines jedoch schien eindeutig: An der Flucht vor dem Rest des Weltgeschehens labte sich jeder Einzelne merklich.

Ach, wie treuherzig sie damit umgingen, während der ›Schmerz-Spiegel‹ über Betrügereien sowie Einfältigkeiten grübelte. Aber niemand vermochte die milden Winde an den kränkelnden Wangen noch das Zirpen an den üppigen Waldrändern zu missachten, und wäre dem so gewesen, dann hätten sie den Sinn als auch die Köstlichkeit des natürlichsten Wohlempfindens auf Erden verschlafen.

Nicht zu Unrecht hatten die unbekannten Organisatoren des *Abseits-Gespanns* (dass Richard eine führende Funktion innehatte, daran zweifelte ich nie), die gierigen Bedürfnisse desselben erkannt, nicht minder hatten sie Mittel eingesetzt, um zu erkunden, was immer sie auch erkunden wollten.

In erwartungsvoller Spannung ruhte ich unter dem Kirschbaum, unweit von mir das reizende Mädchen mit den blitzend blauen Augen, die jeder Schwermut zu spotten schienen, wo sie auch nur im Geringsten in ihrem standhaften, anmutenden Herz Raum zu beanspruchen drohte.

Wäre nicht meine alte Schwäche da gewesen, das widerstandslose Nachgeben beim Anblick unschuldiger Gesichter, womöglich hätte mir die Wahrheit dieses unseres naturgegebenen

Ausweises die Nerven gänzlich ausgedorrt, dann hätte ich euch, ihr Leser, das zu Berichtende ersparen können, aber da ich nun mal angesetzt habe, sehe ich keinen Grund, das Heimsuchen des insgeheim uns alle peinigenden Nervenspiels zu unterbrechen. Ihr alle seid den Jägern des Verborgenen anheimgefallen –, habt ihr es denn noch nicht gemerkt! Ach, wie hättet ihr – gerade das ist das Sonderbare an unserem Gemeinleben: Jene unbehelligte Mehrheit der Erdbürger tut das scheinbar Arglose, das Ganz-Normale, weder ihn noch seinen Nachbarn stören die Beweggründe seines Handelns oder seine vom äußeren Eindruck gewinnende *Natürlichkeit*.

Könnte jemand anderer eine vergleichbare Geschichte erzählen, so könnte ich nicht mehr tun, als mich seiner anzuschließen, denn darauf läuft der Sinn meiner Erzählung hinaus, dass das Unbemerkte und über alle Maßen Vernachlässigte dem Siechtum preisgegeben wäre, gäbe es nicht den Hoffnungsschimmer von Analogien mit ähnlichen Sonderlingen.

Obwohl ihr umherschleichender Arzt dabei war, welcher in seinem ganzen Betragen und Habitus an einen gescheiterten Karrieremenschen gemahnte, unwissend, was er tue, wofür er es tue, traf es sich, dass das reizvolle Weilen mit Elise im Schatten der Beobachtung dennoch Gedeihliches für zerriebene Neurotiker zutage fördern konnte.

»Elise«, begann ich in hoher Erwartung, ihre sonore Stimme zu vernehmen, »so erzähl mir, welcher Anlass dich wirklich in die Gruppe gebracht hat. In deinen Augen sehe ich tiefe, verborgene Bewegtheit, und dein Lächeln scheint sie mir bis zur Unkenntlichkeit zu überdecken – mir aber sind solche Abwehrmechanismen bis in die kleinsten Einzelheiten bekannt. Also hab keine Angst, mir von deinem Kummer, deiner Trauer oder Unruhe zu berichten.«

Während ich dergestalt offen meine Vermutung ob ihres Leid verdrängenden Selbstschutzes an den Tag legte, vergaß ich das *bewachte* Alleinsein mit meiner Partnerin und warf ihrem Vertrauensarzt unwillkürlich einen vielsagenden Blick zu. Ob dieser die ihm aufgetragenen Vorschriften uns zuliebe lockern würde, hielt ich trotz seines Laienzustandes für unwahrscheinlich.

Ein wenig kulant, aber befangen wie eh vom Vorschrifts-
denken, das sein einzig verbliebener Lebensantrieb schien, ge-
bärdete er sich, als er, Elise etwas ins Ohr flüsternd, sein Auf-
nahmegerät zwischen uns ins Gras aufstellte, sich abwandte und
zum leise gluckernden Bach am Fuß des Abhangs hinunter-
schlitterte und dort bis zum Abschluss meines schicksalsvollen
Gesprächs verharrte.

Elises Lächeln schwoll an, so sanftmütig, dass man vergessen
wollte, was aus ihrem Munde lautbar geworden war, ferner sich
einem die natürliche Überlegung aufdrängte, wie ein so reizendes
Wesen an die Leinen hässlicher Leidenschaften geklammert werden
konnte.

»Noch nie kannte ich jemanden wie dich«, sagte sie, nachdem,
schwach, wie meine geplagten Erinnerungen sind, wir schon
weit eingestiegen waren, wovon sich nur das Wesentlichste zu-
sammentragen lässt. »Dies soll nun die Zeit sein, wo, in Abwesen-
heit meines Arztes, die gewichtigsten Umstände meines Lebens
hervortreten sollen – das Gerät zeichnet ohnehin jedes unserer
Worte auf, immerhin bleibt uns die Scham erspart, in Gegen-
wart eines Dritten zu sprechen.«

Sehr beruhigend, dachte ich.

»Und ich muss gestehen«, erwiderte ich, von Unsicherheit be-
gleitet, da ich in Anwesenheit eines Dritten (männlichen) der-
gleichen nie zugestanden hätte, »du verkörperst, sofern ich das
beurteilen darf, die vollkommenere Stufe meiner Ex-Verlobte die
mir nur widerwillig, wie vieles andere, in den Sinn kommen will.«

Sie schien mich verständnisvoll zu durchdringen, wobei ihre
Miene eine Art Spiegel geworden war, welches mir die eigene
Errötung vorhielt. Was denkt wohl der andere über mich? Eine
Frage, die gewiss mit Stumpfsinn getadelt werden müsste, wäre der
Betroffene selbst an seiner Gemütsschwäche schuld, was allerdings
den Strukturen der Tiefenpsychologie widerspräche – was ist
schon ›Schuld‹?

Sind wir nicht die Opfer, Instrumente unserer Umwelt, der
Zufälle genetischer und sozialer Chiffren? Lehrte mich das Leben
lachen, so lache ich inbrünstig, ohne Frage; lehrte es mich Schmerz,

so suche ich selbst während meiner fröhlichsten Lustbarkeit hinter deren Kulissen und Hintergründe zu spähen.

Ich lernte letzteres Studienfach und bin zum Gelehrten einer Disziplin geworden, die niemand besolden will.

Sollte jeder denkenden Existenz ein zur Selbstfindung ausgelegter Sinn zugrunde liegen, wehe dir, Schöpfer: So wird der Zweifel auf dem Thron deines Werks sitzen und jeder wäre sich seines Nächsten Fleischwolf und falschbeseelter, dünkelhafter Tugendkrieger zugleich.

Solches Denken riss mich tiefer in die Melancholie, als aber meine schweifenden Sinne die zarte Haut Elises auf der meinen fühlten, ich ihre himmlischen Augen traf, die mir zuriefen wollten: ›Was du auch fühlst: Es ist mir kein Rätsel!‹, verflogen die düsteren Wolken ebenso schnell, wie sie gekommen waren.

Wie es ausgemacht worden war, erlaubte ich ihr ritterlich den Vortritt ihrer Erzählung, und, so begierig ich auch darauf wartete, sie hielt stets inne beim Sprechansatz. Schließlich gewann sie Macht über ihre Scham und begann nüchtern mit dem Vortrag ihres Erlebten: »Meine frühste Erinnerung liegt etwa zwischen meinem sechsten und achten Lebensjahr. Viele glückliche Tage erlebte ich mit meinen Freunden sowie meinen beiden Schwestern, die für mich anbetungswürdige Vorbilder waren. Vater umsorgte die Familie auf Kosten seiner eigenen Gesundheit, meine Mutter erzählte mir oftmals von seiner harten Arbeit in der Gießerei, zu welcher er bisweilen weite Strecken zurücklegen musste, weshalb wir ihn tagelang nicht gesehen hatten.

Man möchte meinen, dass dergestalt entkräftende Umstände, das Stören des Gleichgewichts der Familie, das eigene spielend anfechten konnten – ehrlich gesagt glaubte ich das auch – aber mein Vater war ein viel zu lieblicher Mann, als dass er einen außerfamiliären Frust geerntet und sich seiner unter seinen Lieben nicht hätte bemeistern können.

So fand er denn erstaunlicherweise genug Muße, um mit uns freizeitlichen Beschäftigungen nachzugehen, pädagogisch wertvolle Gesellschaftsspiele zu spielen und zum Abschied des Tages wunderschöne Einschlafgeschichten vorzulesen.

So harmonisch und herzhaft diese väterliche Liebe auch in meinem Herzen verfestigt war, umso zerschmetternder tritt sie auf, wenn ich daran denke, wie abrupt sie zu Ende ging. Eines Tages war er nicht mehr erschienen – das Lied der Geborgenheit sang ihre letzte Strophe! Die Dauer der verschwiegenen Wahrheit fraß sich in mich, Mutter hielt es für wohl taktvoller, dieselbe bis zum Erreichen des begriffsfähigeren Alters abzuwarten, und nahm nicht zur Kenntnis, wie ich und meine Schwestern unter den Verwirrungen litten. Nicht einmal in einer kurzen Phase meines Erwachsens brachte sie so viel Zuneigung auf wie Vater. Wer kann es schon verstehen, weder vor seinem Verschwinden noch danach hatte sie ihrem Nachwuchs jenes unentbehrliche Geschenk vermacht, das so zärtlich Mutterliebe genannt wird.

Es verwundert wohl kaum, dass ich unter dem plötzlichen Joch der mir unbegreiflichen Strenge nicht lange ausharrte, wurde doch die Waage meines Lebens bis dahin von seelischem Frieden gehalten, nun aber erlernte ich schmerzlich sein Gegenstück.

In dem neuen, entfremdenden Ausmaß herber Lieblosigkeit, das widersprüchlich im Elternhaus fruchtete, zerfielen meine Chancen auf Kontaktknüpfungen abrupt, und das hätte nie die Absicht der Vormundschaft sein können, so warf ich mir mein ständiges Versagen selbst vor.

Mein Autismus wuchs, niemand kümmerte es, niemand merkte es, obgleich meine Andersartigkeit aus Sicht der anderen ein verwerfliches, verhasstes, partout unerwünschtes Gut in unvermeidlichen Beziehungen war.

Ach, Alexander. Deine Ruhe spricht mit der Zunge der Verwandtschaft. Wie könntest du aufwühlenden Erlebnissen lauschen, ohne wenigstens einmal den Blick von der Trost erbettelnden Erzählerin abzuwenden, da du in ihnen Parallelen zu deinen eigenen erkennst.«

»Verzeih.« Es schlug mich schamhaft, doch in der Tat hatte sie mein unvermitteltes Zurückweichen erkannt und es mir in sanftem Ton vorgeworfen. Sie betrug sich dergestalt nachsichtig, dass ich darin ein latentes Aufschäumen langwierig gezügelter Fantasien zu erkennen glaubte, ein Kaschieren des Wahrhaftigen.

»Wir sind eins, teurer Freund.« Ihr friedeschließendes Lächeln kehrte zurück, als hätte nie ein nur ähnlicher Ausdruck auf ihren rosigen Lippen Platz gefunden. »Höre dir den Rest meiner tragischen Lebenszeit an, sie soll dir ein Mahnmal und Spiegelbild sein, und wenn es so sein soll, werde ich die verbleibenden Tage und Nächte dieses Menschenkapitels eigenhändig zu ihrem rühmlichen Ende führen …«

Entzückt von Frühlingsdüften, dem schwärmerischen Aufleben kleiner Tierchen und umringt von den tief geneigten Kirschzweigen, die ihrem mütterlichen Baum überdrüssig geworden waren, verfielen wir dem Zauber glücksschwangerer Fantasiewelten. War der Friede ins Herz eingekehrt, so erwies sich der Gast in freier Natur als dankbarer, rechtschaffener Teilnehmer. Ein Teilnehmer, der alles andere als ein freiwilliger ist, oder?

Ist er nicht verblendet von den reizenden Zügen des Diesseits, weil er, infiziert von jenseitigen Hoffnungen, diese als das einzig Wertvolle verehrt! Aber wie könnte ich mich ergötzen an der schenkenden Optik farbenprächtiger Wiesen, an Wäldern mit ihren mannigfachen Bewohnern, arglos oder listig, wenn mein Augenlicht nicht ewig brennt und die mir gewährte Besuchszeit in Naturs wankelmütigen Armen durch das Eindringen der Menschen kürzer und verängstigt scheint.

Wo findet man die Ader *aktiven* Lebens? Ist sie nicht von uns längst mit Füßen getreten und aus dem Regelwerk moderner Gesellschaften geworfen worden, jenseits der Überlebenskünste?

Oh Stolz und Sieg! ‚Wir haben dir die Obhut unserer schaffenden Strebsamkeit dargebracht, haben wir dich denn enttäuscht? Hast du nicht ein Dach, das dich vor Unwettern schützt, Wärme, die dich und deine Wände vor der frostigen Hand des Winters abschirmt, hast du nicht nach allem, sag's ehrlich, die unbestrittene Gewissheit *familiärer* Bindung − sag, willst du dich als undankbar erweisen?‘

Es sind die schlichten Verhältnisse, andauernde, meisterhaft schlecht verübte Handlungen, sie machen mich glauben, ich gehörte an ihre Brust, brauchte ihre Weisheiten, aber hier vor mir saß ein Mädchen, welches das Gift ihrer Lügen vorsorglich geschmeckt hatte, das die meisten wie honigversüßte Milch wegschlürften.

Eine Sonne geht unter, ein Mond geht auf. Sie war mit leiderfüllten Sätzen zurande gekommen, mein Mitleid hatte sie erhalten, für ihre Freunde, falls es von solchen in ihrem Leben wahre gab, war's sicherlich ein Dorn im Auge und ein banges Hoffen bestärkte jene darin, sie würde sie baldigst von ihrer Pein erlösen. Es scheint nämlich, dass der Konflikt zwischen *uns und ihnen* ein ewiglicher ist.

»Vergessen wir nicht unsere Pflichten. Niemand wird uns je darin übertreffen.« Mit einem verstohlenen Blick ging sie sicher, dass ihr Arzt uns nicht beobachtete, dann klappte sie das Deck des altmodischen Geräts auf und tauschte die Kassetten aus. Kurz darauf stieß der kauzige Betreuer hinzu, als Elise in Tränen ausbrach, ihm dergestalt gepeinigt den Eindruck vermittelte, als ertrüge sie die Bürde ihrer unter Schmerzen hervorgerufenen Erinnerungen nicht länger und bedürfe der Hilfe ihrer Vertrauensperson.

Welche Raffinesse, dachte ich. Selbst ich erlag fast dem falschen Glauben, es war beeindruckend, mitzuerleben, wie das grazile Fräulein keinerlei Hemmnis davon abhielt, den Marterungen, die sich fest hinter ihrer Brust einquartiert hatten, den Riegel der Scham vorzuschieben. Und dennoch, nie könnte ein noch so maniriertes Weinen täuschend sein, hat man erst tief genug in die Augen des Schauspielers gesehen.

Elise, du listreiches ... Sie hatte im Voraus ein Band aufgenommen, es enthielt ein von ihr als angemessen erschienenes Zeugnis ihrer Leiden, selbstverständlich ein Monolog, da ich zur Zeit der Aufnahme nicht zugegen war. Ich hatte den Inhalt nie gehört, aber wie sie es mir beschrieb, waren die Sätze, die Ergüsse seelischer Bedrängnis so sehr übersteigert, aber durchweg glaubwürdig, dass, wer immer ihren quälenden Ausführungen lauschte, glauben musste, ich sei in jenem Moment von unmittelbarer, folglich stummer Anteilnahme ergriffen.

Daher würde es auch nicht auffallen, warum ich während der ganzen Zeit im Schweigen verharrte. Wir sympathisierten miteinander, ich war von ihr fasziniert und sie, so dachte ich, ebenso von mir. Da die Mitglieder der Gruppe bald vertrauensvoll miteinander verkehrten, überdies hierin das einzig wahre Mittel zur *Heilung* bestand, entlockte ich wichtige Informationen über den Rest der Gesellschaft von meinem eigenen Arzt.

Zugegeben, er war zögerlich, tat gut daran, seiner Schweigepflicht Genüge zu tun, deshalb erdreistete ich mich voller Eifer zu der Untat, die mich einen Schritt näher zu jenen ominösen Fragen brachte, die ich aus Richards Mund nie zu vernehmen erwartet hatte.

Eines Vormittags, bevor wir uns zur Einzelsitzung in seiner Praxis zusammenfinden sollten, fand ich das Behandlungszimmer leer vor; ich erschien zwar pünktlich, sah jedoch keinen Grund, meine Neugier gewaltsam zu ersticken.

Sowohl die Haupteingangspforte als auch die Treppenhaustür, die umweglos in das Behandlungszimmer führte, waren unverschlossen. Nachbarn hatte ich in diesem Viertel nie direkt wahrgenommen, und irgendwann, neben dem, was ich an diesem Mann schätzte und mich an ihn band, erhärtete sich mir der Verdacht, dass die privaten Aspekte aus Richards Leben, die des unmaskierten Menschen, die seines Berufes um etliches mysteriöser machen mussten.

Als ich die Tür aufschwingen ließ, wähnte ich ihn zunächst hinter seinem Arbeitstisch, flankiert von den stämmigen Bonsai-Bäumen und der viktorianischen Tischplatte, auf dem eine Schachpartie einst begonnen und nie zu Ende gespielt wurde.

Was den Leuten, die er hier behandelt hatte, womöglich nie auffiel, ebenso wenig wie mir, betraf das Ticken einer Uhr, die nirgends zu sehen war. Und wieder die Frage, warum die Einrichtungsgegenstände, das Ambiente überhaupt, stetigem Wechsel unterlag, mit Ausnahme einiger bleibender Dinge, die ich schon benannte.

Umso fraglicher schien, dass er niemand in Anstellung hatte, weder einer Sekretärin noch einer Reinigungskraft wurde ich je ansichtig, die Empfangsdiele führte eine komische Possenexistenz, wenngleich sie keinerlei Spuren der Vernachlässigung aufwies. War dies das gewohnte Arbeitsumfeld dieser Leute? Ich überzeugte mich trotzdem, dass niemand weit und breit in den Gemäuern des Herrenhauses umherirrte, bestenfalls schlenderte eine Katze über den Hof, die Gruppe abgestellter Fahrräder an der Wand erweckte endgültig den Eindruck, in diesem ruhigen, schlossartigen Gebäude, das im gut frequentierten Straßennetz des Stadtteils wie ein welterfahrener Autist sein Dasein fristete, wohne mehr als nur ein einsamer Weiser, der nicht wisse, wofür er seine materiellen und geistigen Güter gebrauchen solle.

Was ich hier tat, entsprach wahrlich nicht den Eigenschaften eines vertrauenswürdigen Geistes. Der kolossale Arbeitstisch besaß randgefüllte Schubladen von nicht geringem Rauminhalt – wagte ich es wirklich?

Richards durchschnittliche Körpergröße verlieh dieser noch mehr Autorität, wenn das Geistdurchleuchten zwischen diesen Wänden durch sein stolzes Amtieren im Ledersessel souveräner wurde. Meine begierigen, nicht minder nervösen Blicke flogen über Akten, Broschüren, Radiergummis und halb gefüllte Schnellhefter, ehe mich das unablässige, penetrante Uhrticken auf den Plan rief, dem Mysterium desselben endlich auf die Spur zu kommen.

Keine fünf Sekunden vergingen, als ich mich schon auf der Praxistoilette befand – aber vielmehr würde ich es einen Waschraum nennen – und die Gefahr, dass Richard auftauchte, begleitete mich weiter. Wie war mein letzter Aufenthalt in demselben von Vergesslichkeit umhüllt, als ich beim Anhören äußerst anstößiger Verhaltensfragen von der Liege auffuhr und zerwühlten Geistes nach der mir angeborenen Abgeschiedenheit trachtete.

Die unscheinbaren Fugen – oder waren es doch fühlbare Risse in der Wand? – glommen geheimnisvoll auf; sollte ich diese ›ehemalige‹ Kammer aufbrechen? Ich presste mein Ohr gegen die, wie es mich verwunderte, neu angestrichene Wand. Ein Verheimlichungsversuch? Ich schloss daraus, dass, als ich jüngst zu meiner Erfrischung den einsamen Hygieneraum aufsuchte, die Angst in Richard aufkam, ich könnte hinter ein Geheimnis kommen, ein wahrlich hütungswertes.

Nach kurzem Nachsinnen ließ ich von meinem Vorhaben ab, vielmehr gierten meine sündhaften Sinne nach Informationen über Richards Behandlungspraktiken. Bevor ich das Licht ausknipste, verharrte ich kurz, und doch im Banne der Ewigkeit, vor mir selbst. Oh Schmerz-Spiegel, welche Fragen quälen dich heute und mit welcher Gesinnung wirst du sie mir vor die Füße werfen!

Er sprach in belehrsamem Ernst zu mir, nur konnte ich mich augenblicklich nicht mit ihm befassen, Richard würde bald zurückkehren. ›Ich komme später auf dich zurück.‹ Enttäuscht wandte er sich ab und schrumpfte zusammen, so flink, dass mir nichts weiter übrig blieb, als den Raum in Dunkelheit zu hüllen und von dessen Verborgenheiten kurzerhand Abschied zu nehmen.

Da lagen sie vor mir: eine Fülle psychopathologischer Verzeichnisse; der gesunde Verstand wäre allein beim Überfliegen beklemmend formulierter Sätze in ein nie gefühltes Reich des Erschauderns geraten. Die Kartei war leicht überschaubar, geordnet nach Jahreszahlen und Krankheiten, in alphabetischer Reihenfolge wurden – ich erstaunte – behandelte oder noch in Behandlung befindliche Personen*gruppen* ersichtlich.

Wie ich Zugang zum verschlossenen Schrank erhalten hatte, war aufgrund jahrelanger Sympathisierung – wenn auch nicht zwingend auf der vertrauensseligsten Basis – mit Richard ein leichtes Unterfangen. Bei den wenigen Gelegenheiten, wenn ich nach hypnotischer Behandlung – aber eher kam es mir wie Teil eines hausgemachten Experiments vor – erstarrt auf der Liege ruhte, wähnte mich Richard in versteinerter Schläfrigkeit, doch zu meinem Glück entsann ich mich oftmals während des Auftauens meiner gelähmten Gelenke an jene Szene, als er unter der Zunge des Chinadrachens den Schlüssel zu seinem ›streng geheimen‹ Aktenschrank hervorholte.

Ein quengelnder Wille schlummerte in meiner Brust, seit der ersten entflammten Stunde meines unseligen Lebens war er mir zu eigen, aber wie es der Gegenwille meiner Nebenbuhler gebot, wich er den feigen Trieben eines Unentschlossenen.

Hier und jetzt vergaß ich seiner und widmete mich dem ersten Ordner. Er behandelte Depressionen. Auf personenbezogene Diagnosen war nur schwerlich zu stoßen, die Berichte waren alle anhand von Gruppenverhalten abgetippt worden.

Doch da blieb mein Blick auf den Namen geheftet, vor überschäumender Neugier knüllte ich leicht das chlorfreie Papier mit festen Halt suchenden Fingern. Laut diesem, ohne Datum versehenen Bericht, litt Konstantin an schweren Depressionen. Die einleitenden Worte genügten mir, um die ganze Wahrheit mir wachzurufen, die Antwort schien nämlich eindeutig: Ich war der Grund!

Sollte das wie eine eitle Illusion klingen? Mitnichten, auch wenn ich nicht der eigentliche Grund seines Gemütswandels zu sein schien, so trug doch jene schicksalhafte Nacht entscheidend zu seiner Persönlichkeitsentwicklung bei.

Ehe ich weiterlesen konnte, sah ich mich gezwungen, mir die Schmerz erfüllenden Bilder abermals zurückzurufen, zu meinem eigenen unvoreingenommenen Urteil. Seltsam, warum Richard es nie geschafft hatte, mich bis zu diesem verhängnisvollen Punkt zu bewegen.

Hätte Konstantin anders gehandelt haben können? Nur mit äußerstem Argwohn – die Heilwirkung der Zeit hatte ihr Meistes dazu beigetragen – akzeptierte ich diese seine mir immerhin günstig erwiesene Entscheidung. Wie wäre ich sonst meinem Mentor, dem ›Irrläufer‹, begegnet?

Der Frost und die im Schnee erstarrte Ackerlandschaft, ihre Bewohner, wahre und eingebildete, verbannten jeden restlichen Erinnerungspfad aus meinen Sinnen, sie waren gealtert von, wie ich traurig zugeben muss, infantilem Rachedurst, aus dem ein rechtschaffener Erwachsener die Moral für seine Weggefährten schöpft.

Ich entsann mich der Lehren und Weisungen Hamohns. Seine Wesensbekundung hatte mir lange Zeit Freude bereitet, insbesondere heute, denn ich konnte nichts Übriges, keinen Menschen, keine Beziehung, weder schlechte noch halbwegs gute, mit ihm in gleichberechtigten Zusammenhang bringen; nicht einmal Richard.

Sein autarker Finger agierte in meinem Unterbewusstsein, er wühlte es auf, ordnete es neu, verwarf diverse Dinge und fügte neue hinzu. Doch Halt! Abermals bin ich in den Strom der Abschweifung geraten – zunächst gedenke ich, die Ursache seines Erscheinens in meinem Leben zu beleuchten. Konstantin hatte sie herbeigeführt.

So glitten meine Blicke erpicht über quacksalberische, denn solange ich es nicht besser wusste, waren sie es für mich, Seelenbeleuchtungen, verblüffend und erschreckend zugleich, wenn ich die aktuelle Charakteristik mit der früheren in Verbindung brachte. Es waren zwei verschiedene Welten.

Laut Gutachten hatte er einen spirituellen Weg eingeschlagen, eine Paradoxie schlechthin, gleichwohl beredtes Zeugnis für die Wandlungsfähigkeit des Menschen, war er mir doch als standhafter Empiriker in Erinnerung geblieben. Aber fassungslos schlugen mich folgende Zeilen, die offenbarten, er habe sich einer Askese verschrieben, vorrangig, um sein Schuldbewusstsein zu bereinigen.

War das der Preis dafür: Furchtsamkeit, Hagerkeit und innere Armut? Wenn er im Kreise der *Komischen* weilte, waren seine Reden reiner Small Talk, unwesentlich wie auch die meinen – zum ersten Mal vermutete ich dahinter die eingeflochtene Taktik der Fädenzieher – ja, irgendwie schienen seine charakteristischen Lebensgeister mit den neu gewonnenen zu ringen, und wir beide verzogen uns im Mummenschanz, indes die *neueren* Kranken über Leiden lamentierten, die wir mit wissendem Nicken quittierten.

Ob er gleich bisweilen jedweden Zusammenhang verlor, sein Bewusstsein nicht mehr als eine runzelige, alte Frucht schien, angebissen, weggeworfen, vor sich hinfaulend und in der Gärung zum Feuerwasser seine ausholenden Widerstandskräfte behauptend, glaubte ich an ebendiese Schattenseite, in welcher der wahre Konstantin verborgen lag. Trotzdem, diese Identifikationsstörung musste seinen Emotionen in beträchtlichem Maße zugesetzt haben.

Infolge dieses Wahrnehmungshandicaps irrte sein Geist in einer leeren Welt ohne spezifische Bedeutungen, zwar vermutend, dass es sie gab, aber unfähig, ihnen den nötigen (Erkennungs-)Wert beizumessen, welche die Gesunden so stolz dünkt.

Schuld und Schwermut waren ihm als inwendige Ratgeber verblieben. Armer Kerl.

Nein, so wollte ich nicht enden, als heimsuchender Scharfrichter eines Feindbildes, das selbst Opfer erhabenerer Wirkungsmächte geworden ist. Jawohl, schonend muss man sie behandeln – ich meine dich, Leser –, denn die Wurzel von Übeln, gleichwie von Freuden, wenn auch letztere in meinem Bericht nur spärlich, unwesentlich vorkamen, wirken unverbrüchlich zusammen, sie geben ihren Trägern das zwiefache Doppelgeleit, lassen sie schmachten in unseligen Schicksalsschlägen und gleichwohl werfen sie die Maßgabe dafür hin, was es heißt, *normal* zu leben.

Und wahrlich, vom Glück übergossen und jeden Tag seines Lebens kost- und dankbar sich an diesem Geschenk zu laben – gab es je solch einen, dem Namen reingeziemenden Glückspilz? Muss man erst krank sein, um dieser Wahrheit teilhaftig zu werden? Die Kopien der Phantombriefe und eventuell die Akten meiner Sitzungsgenossen mussten auch hier liegen, also suchte ich sie unermüdlich, als ich einen Wagen im Hof vorfahren hörte.

Ich vernahm das Zufallen der Wagentür und den Piepton elektromagnetischer Verriegelung, und da ja zweifellos Richard die vermutete Person gewesen sein musste, schob ich die eingehefteten Dokumente in ihre Fächer zurück, verschloss den Schrank und eilte an die vom Morgenwind behauchten Gardinen, hinter denen ich vorsichtig auf den Hof herabblickte.

Als ich Richard unten in seiner haselnussbraunen Lederjacke sah, hatte er sich einer Gestalt genähert, mit der er unverzüglich in ein Gespräch gekommen war. Der dekorative Springbrunnen in der Hofmitte bot mir zusätzlichen Schutz vorm Entdecktwerden, ich meinerseits hatte genug Aussicht auf die beiden Männer, die in einer sich länger ausdehnenden Konversation Beschäftigung fanden.

Diese unvermutete Gunst nutzte ich aus, um mit meinen illegalen Recherchen fortfahren zu können. Diesmal stieß ich auf eine sehr kompliziert verfasste Diagnose, sie berichtete von einem Syndrom, undefiniert, selten und noch im Frühstadium.

Auch hier fehlten individuelle Fixierungen, sämtliche Krankheitserscheinungen beschränkten sich lediglich, mit nur wenigen

Ausnahmen, auf Auswirkungen in sozialen Bereichen. Die Namen bisweilen erwähnter Individuen waren anonymisiert worden, es glich einem Exposé, das einerseits die Geheimhaltung der Betroffenen gewährleistete und andererseits an manchen Stellen überaus skurril formuliert war – zwar kannte ich mich auf diesem Gebiet wenig aus, aber ich gewann mehr und mehr den Eindruck, dass die angelegten Akten die Reflexion von Patienten über ihre Ärzte waren statt umgekehrt.

Warum hatte man ausgerechnet bei Konstantin auf Anonymität verzichtet? Nach raschem, systematischem Durchstöbern fielen mir endlich die mich betreffenden Briefe in die Hände. Oh ja, es handelte sich um den Schmerz-Spiegel mit einem Vermerk von Richard. Ich las folgende, etwa fünfzehn Zeilen in Anspruch nehmende Sätze: ›Aufgrund analysierter und kritischer Umweltbedingungen seitens des Patienten erfolgt die Säkularisierung in minutiöser Besonnenheit und Souveränität, obgleich das ein oder andere ›angeborene‹ Fehlurteil zeitweise für emotionale Blockaden sorgt. Nach nunmehr anderthalb Jahren Behandlungsdauer und kontinuierlicher, auf erklärbare Zusammensetzung sowie auf mögliche Veränderungen ausgerichtete Untersuchungen, die zwingend erforderlich sind, fällt die vorübergehende Diagnose negativ aus.

Die Empfehlung an alle behandelnden Ärzte lautet, die Therapiebedingungen weiterhin einzuhalten, keine eigenen Behandlungsvariationen beziehungsweise Entscheidungen vorzunehmen, sofern diese nicht vom Projektleiter bewilligt und erörtert worden sind. Das Sozialverhalten der Sitzungsmitglieder hat beträchtliche Auswirkungen …‹

Ein Geräusch erscholl. Ich fuhr herum und sah die überrascht blickende Gestalt Richards vor mir. Im selben Moment zuckte ich zusammen, ließ geräuschvoll die Akten fallen und versuchte mich meiner Verwirrung und Scham zu bemeistern, denn immer noch waren die Stimmen unten im Hof zu hören.

»Wie lange sind Sie schon hier?«, fragte er, kaum dass ein Vorwurf mitschwang. »Ich würde sagen, zehn Minuten.«, stammelte ich ehrlich bei dem Bemühen, eine gelassene Position einzunehmen, was mir misslang. Er kam mir zuvor, als ich den Ordner aufheben wollte, und kurz darauf verriegelte er den Schrank, indem er kopfschüttelnd einen knappen Blick aus dem Fenster warf. Den Ordner behielt er unterm Arm. Er räusperte sich mit gesenktem Blick, ließ seinen Schlüsselbund in der Jackentasche zappeln und machte auch sonst einen nervösen Eindruck, was mein beschämtes Gemüt um einiges gemildert hatte.

»Wie viel haben Sie herausbekommen?« Zuerst kam diese Frage wie eine schlimme Vorahnung in meinen Ohren an, doch dann besann ich mich dahin gehend, ihn verwirrt, doch um Präzision bemüht, auf die Tatsache seines Doppelerscheinens aufmerksam zu machen. »Das dürfte in erster Linie keine große Überraschung sein, weder für Sie noch für den Rest jener, mit denen ich je zu tun hatte. Aber sehen Sie es sich doch genauer an.«

Er wies zum Fenster hinaus, ich tat wie mir geheißen und erkannte unten denselben Mann, dessen plötzliche Anwesenheit im Zimmer mir kalt durch die Knochen fuhr; in umgekehrter Weise verblüffte der Untenstehende.

»Mein Zwillingsbruder.« Wie er sagte, sollte diese familiäre Angelegenheit kein besonderer Anlass für berufstechnische Spekulationen sein. Falsch! Wäre man beim Allgemeinmediziner wegen Grippebefall in Behandlung, so scherte es wohl kaum jemand, ob jener einen Zwillingsbruder habe.

Hier ging es indes um zerrüttete Gemüter, um Vertrauensfragen sowie geforderte Offenlegungen, und diese Dinge fruchten wahrlich mehr als vorübergehende Bakterien und Viren, die närrisch den Körper zum Zeitvertreib befallen. Vieles gab es nun zu besprechen, er wirkte sehr niedergeschlagen, nicht zuletzt, da er fürchtete, er müsse, um endlich mehr Klarheit in die rätselhaften Umstände zu bringen, die uns beide seit Anbeginn begleiteten, seine Schweigepflicht rücksichtslos zerbrechen.

»Hören Sie, Alexander«, dämmerte es aus ihm, als werde eine große, verderbliche Wahrheit ans Licht gebracht, »vermutlich denken Sie, ich lüge, wenn ich Ihnen sage, dass meine Lebensgeschichte ähnlich leiddurchtränkt ist wie die Ihre. Aber möge Gott es bezeugen, was ich Menschen an Selbstvertrauen und Mitgefühl entgegenbringe, benötige ich nicht minder als Sie.«

»Das sind ja wohl Kinkerlitzchen. Kommen Sie zur Sache.« Er merkte meine abrupte Entschlossenheit. Nach einem schmerzvollen Seufzer fuhr er fort: »Die Untersuchungen des letzten Jahrzehnts ergaben eine beängstigende Prognose. Eigentlich ist sie weniger eine Prognose im pathologischen Sinne, vielmehr handelt es sich um eine heimliche Wahrheitsbeschreibung, die schlummert und schlummert – bis sie einen verträglichen Zuhörer findet. Es ist so, es stimmt nicht ganz, als ich Ihnen mal sagte, ich sei freischaffender Therapeut. Ich arbeite für einen Expertenkreis, der seit geraumer Zeit für ein Geheimprojekt soziale Analysen durchführt. Dieses Forschungsprojekt erwies sich in den folgenden Jahren als besonders ehrgeizig, doch selbst die theoretische Aufstellung erntete anfänglich Missachtung und Ablehnung bei den angeworbenen Mitarbeitern, man ging davon aus, dass eine Krankheitsbeschreibung mit dem makabren Arbeitstitel ›Fehlgeburt‹ weder in der Fachpresse noch in der Bevölkerung auf fruchtbaren Boden stieße.«

»Aber die Arbeitsgruppe war von ihrer Theorie überzeugt?«

»Mehr als Sie es sich vorstellen. Wie ist mir nur geschehen …? – Also sei es drum. Vor rund zwanzig Jahren zog ich in diese Stadt, allein, jeder Kontakt mit ehemaligen Freunden und Verwandten Stück für Stück willentlich abgebrochen. Mag sein, dass ich aus Sicht Vieler überstürzt gehandelt habe, aber eben dieser und andere Aspekte gehörten zu meiner damaligen Forschungsarbeit.

Gewiss, ich sehnte mich nach Zurückgezogenheit, soziales Desinteresse machte sich breit, auf diese Weise hoffte ich den mich seit langem quälenden Verdacht der fehlerhaften Schule, durch die ich ging, vom Leibe – besser von der Seele – zu weisen. Wenigstens glaubte ich das.

Wie funktioniert unser Geist, welchen neuronalen Befehlen folgt er, wie sehen die Umwelteinflüsse im Einzelnen aus, dass sie sich als Rückgriffmuster für künftige Verhaltensweisen dauerhaft festpflanzen –, diese und ähnliche Fragen beschäftigten mich immer weiter, und da ich niemanden gefunden hatte, mit dem ich meine Interessen teilen konnte – alle ließen sich lieber von aktuellen Wissenschaftspredigten vereinnahmen, akzeptierten alles, ohne zu begreifen, zu wie vielem mehr ihr Verstand fähig wäre, wenn sie nicht dem Geheiß gesellschaftspolitischen Wahnsinns hinterherhechelten – fiel die Entscheidung, ich würde mittels eigener Willenskraft ein Stück Revolution in meinem Metier betreiben, hätte ich auch den Rest der Fachwelt gegen mich.

Wenn Sie sich an unsere außertherapeutischen Gespräche erinnern, werden Sie erkennen, dass ich notgedrungen zu Lügen greifen musste, andernfalls wäre das legitime Bild des professionellen Doktors nie entstanden. Meine freundschaftlichen Ratschläge beruhen seit jeher auf den negativen Komponenten unserer Gesellschaft, persönliche Erfahrungswerte verschärften zudem das Streben nach Aufklärung und Besserung neurotischer Gepflogenheiten.«

»Es hört sich beinahe so an, als wären Sie selbst psychisch labil.« Mehr denn je rang ich mit dem Nagewurm, was ich von meinem *Freundesarzt* halten sollte.

»Während meiner Studienzeit«, fuhr er fort, als er in den Sessel sank, der seine angerostete Autorität auffrischte, »vermochte ich mich meiner krankhaften Hürden zu bemeistern. Die Geschichte weist eine Reihe einleuchtender und nützlicher Hypothesen auf, mit denen sich trefflich die Rätsel des menschlichen Geistes aushandeln lassen. Um mich individuell im Weltgeschehen behaupten zu können, entwickelte ich selbst vielerlei Systeme, Theorien und therapeutische Maßnahmen, zu denen Sie auch einbezogen worden sind.

Eines müssen Sie verstehen: Ihre Sitzungsgenossen entstammen aus derselben Schicht, was nicht heißen soll, dass unsere Vermutungen auf diesem beschränkten Standpunkt stehen blieb. Sie waren ja beileibe nicht die ersten.«

»Wer steckt denn nun hinter diesen *unsere*?« Er massierte sich die Stirn, kreuzte die Beine, ehe er heiser antwortete:»Der heimlich operierende Psychologenkreis der örtlichen Universität. Schande! Alexander, ich erzähle Ihnen das, weil wir uns freundschaftlich nahegekommen sind in den vergangenen Jahren, es wird für mich nicht ohne Konsequenzen bleiben, aber das ist jetzt zweitrangig.

Der Projektleiter ist ein gewisser Professor Benkitt, angesehen – welcher Professor ist das nicht? –, strebsam und ehemaliger Direktor, ich weiß nicht mehr bei welcher Einrichtung. Durch ihn habe ich auch meinen ersten Assistenzjob erhalten, als ich mich in der Stadt niederließ.

Eines kalten Winterabends, als der letzte Patient seine Praxis verließ, bei der er mich angestellt hatte, trat er an mich heran mit seiner ängstigenden Aura und bot mir an, ihn bei einem Forschungsprojekt zu unterstützen, welches, wie er mir versprach, meinen Hunger nach Verbesserung befriedigen würde, wie ich es ihm nicht minder als Ihnen bei unserem Vorstellungsgespräch erläuterte, da ich ihn für verständnisvoll hielt. Von meiner Tauglichkeit überzeugt, räumte er meine Mitsprache für die laufenden Studien ein. So entwickelten wir diverse, unkonventionelle Therapiemaßnahmen mit ansehnlichem Erfolg für uns und, was wichtiger war, für unsere Patienten.«

Nun war mir das Tor verheimlichter Umstände aufgestoßen worden, die Drahtzieher in den Vordergrund gedrängt, aber vieles blieb immer noch von Fragen umhüllt. Mein unvermutetes Erscheinen hatte Richard bis ins Mark verunsichert, daher schien es ausgeschlossen, dass er freimütig ›alles‹ offenbarte.

Für den absolut vertrauensvollen Gefährten hatte ich ihn nie gehalten, dafür betrug er sich allzu schauspielerisch – so viel ahnte ich. Das hatte er nun gründlich unter Beweis gestellt. Und doch erschien er mir in dem Sessel, umgeben von schwacher Reumut und Zweifeln an sich selbst, mitleiderregend; das war wohl wieder die subtile Wirkung äußerer Gegenstände, die einen Menschen umfingen, die er sich bewusst oder unbewusst zunutze macht, um seine Abgeschlagenheit mittels ihrer aufzuwiegen.

Er befreite sich aus der kirren Sitzhaltung, ergriff erneut den Ordner und entnahm ihm bestimmte Schriftstücke, die in Klarsichthüllen gesteckt waren. »Im Augenblick mache ich *Ihre* Phase des Schmerz-Spiegels durch.« Er zog die Lippen ein und suchte nach dem günstigsten Beginn von dem, was er mir sagen wollte. Endlich hatte er sich überwunden, seine angespannten Züge erschlafften, als seien sie von blitzartiger Vernunft glatt gestrichen worden, und ein neues Kapitel der Verschleierung, mehr schlecht als recht, zog seine Bahnen.

»Es heißt, Sie wüssten nicht, aus welcher Zeit Sie von Ihren Erkenntnissen berichten. Ich gebe zu, seit den letzten Wochen vermag ich nicht, mich ähnlicher Ansichten zu erwehren, welche hier geschrieben stehen. Bedenkenlos gab ich mich einem Projekt hin, ich ersehnte den baldigen Erfolg, der auch meine Fragen beantworten würde. Doch nun sehe ich mich meiner Identität beraubt, bin Menschen, denen ich zu helfen vorgab, nicht mehr Hilfe als für mich.«

Obwohl seine Stimme traurig klang, war ihm die innere Bürde nicht im Geringsten anzumerken. »Wann haben Sie den Text verfasst?«, fragte er plötzlich.

»Das weiß ich nicht«, Ehrlichkeit war ich mir selbst gegenüber schuldig, »ich habe über das Zustandekommen, die Existenz dieser Phantombriefe nie nachgedacht – das war wohl auch der Zweck ihrer Niederlegung; sie sollen dem Leser, ist er für die Reise stark genug, zur eigenen Erkenntnis verhelfen.«

»An dieser Stelle wäre es sinnvoll, Ihnen mitzuteilen, wie sich die Obsession innerhalb der Gruppe am Leben erhält. Für mich … sind Sie nicht krank. Der nächste Schritt wäre, die Parallelen zwischen Ihren Fantasien und jenen der anderen zu konstatieren.«

Fingerführend umriss er den Inhalt der Dokumente, als er endlich behauptete, auf eine fiktive Lebensgeschichte von Elise rückschließen zu können. Da wir beide zu Partnergesprächen ausgewählt wurden, jedoch hierbei mehr der Eingebung inniger Wertschätzung gefolgt waren als die Theorien ehrgeiziger Ärzte zu befriedigen, kannte er ihr Profil in- und auswendig.

»… ‚Flucht ist nicht möglich, Freunde, Verwandte, Helfer und Tröster sind nirgends zu sehen; hat der von ihnen gepflanzte Missmut sie verjagt oder meine inwendige Starrheit zu Glücksgefühlen? Hängt der Rauch der Rache über meiner Stirn, so blase ich ihn fort mit neu geschmiedeter Wonne, besinge meine dunkle Vergangenheit, beherzige das Zuvorkommen meiner Nächsten …‘ – Sie beschreibt sehr farbig Ursachen, die zu ihrem Kummer führten, wird andererseits nie müde, zu bekräftigen, sämtliche negativen Emotionen seien über Jahre hinweg durch ihre eigenen Anstrengungen mit Erfolg ausgetilgt worden.

Auch Sie haben Ihre Zweifel insbesondere über religiöse Prägungen mit der Zeit entsprechend zu verarbeiten versucht – hierin liegt der Nachweis«, er wies mit gespreizten Fingern auf das Manuskript, dessen Aussagekraft wahrlich an Bedeutung gewann. Jedes neue Tageslicht, jedes überrundete Jahr erschließt neue Perspektiven, das Auge, das altert, will dem Gewohnten die Fassade fortreißen, um die praktikabelsten Schlüsse, die niemals den Transformationen der Zeit prinzipientreu widerstreben, aus der Fülle irdischer Bühnenspiele ziehen zu können. Bei den Phantombriefen handelte es sich um eine Art Tagebuch. Die Gefühlswelten, die Erlebnisse und Beziehungen zu Dingen und Menschen veranlassten mich immer wieder zu schriftlicher Festhaltung, wie auch der vorliegende Bericht beweist. Ich wies die Autorenschaft der besagten Briefe, trotz meines Besitzes an ihnen, von mir, deren zeitweilige Beschäftigung mir zwar durchaus etwas Tröstendes geben, mit denen ich aber niemals – wer weiß, warum – versöhnende Auseinandersetzungen eingehen konnte. Dutzende Hefte habe ich bis zum heutigen Tag gefüllt, zusammenhanglos, wirr und von – Leid und immer wieder Leid durchwoben.

Richard las Elises Manuskript, teils stumm für sich, teils lautstark belehrend, wenn er glaubte, eine *Parallele* gefunden zu haben; als er damit zurande gekommen war, ordnete ich meine Gefühle und Gedanken neu. Es war ja durchaus denkbar, sie habe ihrer düsteren Vergangenheit lediglich einen künstlerischen Stempel aufgedrückt. Lagen bei mir vielleicht ähnliche Handlungsmuster vor? Die Pointe ließ nicht lange auf sich warten, als Richard sagte, zwischen ihrem *fiktiven* Freisinnstext und meinem *realen* Persönlichkeitsbild gebe es keinerlei Unterschiede, wenigstens keine entscheidenden.

Auch aus meiner Feder hatte er solche assoziativen Erzeugnisse angelegt – hinzu kamen die mysteriösen Phantombriefe. Dass sie ihre Aussagen verfälschte, darunter die Tonbandaufzeichnungen, die sie in meiner Gegenwart vertauschte, schien ihm nicht aufzugehen, und ich hoffte inständig, dass ich es sei, dem gegenüber sie ihre Schmerzensbekundungen mit sensibler

Aufrichtigkeit beschrieb. Indessen ihre archivierten Unterlagen von leichteren Wendungen kündeten, lag der Verdacht nahe, sie hege ihren Ärzten gegenüber ein ähnliches Misstrauen wie ich, soweit es den Wesenskern anbelangte.

～

Es war ein aufwühlender Nachmittag in Richards Praxis. Während wärmende Sonnenstrahlen sich mit kalten Regengüssen abwechselten, die Betriebsamkeit des geschäftigen Stadtlebens meine harmonischen Träume im Garten des Geistes zerschlugen, waren wir mit der Weiterführung an diesem entscheidenden Wendepunkt nur wenig vorangekommen. Was anfangs für mich erfahrenswert gewesen war und nicht zum Ausdruck kam, wollte ich nicht aufgespart sehen, wogegen Richard, so muss ich's wohl gestehen, spielend leicht den Kenntnisschatz seines Berufs anwandte.

Zwei dieser schleichenden Rätsel lagen auf der Hand: Hatte der wahre, also *mein* Richard Maharesk, seinen Platz je mit seinem Zwillingsbruder getauscht? Welche wirkliche Rolle nahm er, oder beide, im trügerischen Zwielicht dieser als gemeinnützig gerechtfertigten Forschungsarbeit ein?

Das Kellergewölbe der Intrigen war zum Bedauern wenig beleuchtet worden und nun war selbst einer ihrer Funktionäre, mein Vertrauensarzt, damit beschäftigt, Gewissen und Pflicht auseinanderzuhalten.

Vielleicht weil ich diese Schwäche an ihm wahrgenommen hatte, blieb ich weiter in seiner *Behandlung*. Da war noch etwas Seltsames. Als ich mich umgedreht hatte, als er mich in seinem Büro überrascht hatte, stand er im Türrahmen zum Waschraum, jener Raum, der meiner stechenden Neugier lange zu kauen gegeben hatte.

Wir beide waren aufgrund der Ausgangslage viel zu aufgestört, um die geplante Sprechstunde normal gestalten zu können, so gingen wir auseinander, die übrige Zeit des Tages damit verbringend, die Teile des Puzzles zu suchen, um das Porträt der Wahrheit zusammenfügen zu können.

Ich lief die regenfeuchte Straße hinab, die Wolken schwebten in mattem Grau über mir, hier und da von herben Sonnenstrahlen durchbrochen, wie um dem Volk zu zeigen, es gebe ein glückseliges Reich, das zu erreichen wir blind – oder unwürdig sind; spöttisch und lockend zugleich.

Nicht selten wurde ich angeschubst, ein Gesicht so fremd und feindlich wie das andere, doch dann blieb mein Blick haften an der seltsamen Gestalt mit der Maske. Gleichwohl hatte sie auch mich fixiert; wir hielten fast zeitgleich inne, während die Passanten und ihr Lärmen sich weiter vermehrten.

»Gabor?«, fragte ich, und es kam mir so vor, als könne ich auf dem überaus grässlichen, zweckdienlichen Antlitz die Züge ehrlicher Freude erkennen. Wir begrüßten einander und zogen uns in eine Nebenstraße zurück, wohin die Störelemente der offenen Straße nur gedämpft eindrangen.

Eine Weile blieben wir stumm, womöglich hasteten wir mehr instinktiv als aus Begegnungsfreude in die dunkle Straßenecke, unverkennbar allerdings für den, der uns gesehen hätte, war die Begehrlichkeit nach Austausch. Endlich bezwang er sich, denn wer hätte mit mir als Eröffner gerechnet, seine monotone, durch die verdeckende Fratze gedämpft und eindringlich fließende Stimme für meine Ohren hörbar zu machen.

»Wie oft wir uns noch treffen werden, weiß ich nicht, deshalb erzähle ich dir, von Armer zu Armer, was mich umtreibt. Eines vorweg, sei die Lehmmasse, mit welcher wir von weiß Gott wem geformt worden sind, noch so dehnbar, für eines bürgt sie sicherlich: die zunehmende Festigkeit im Laufe ihres Alterns.

So höre mir zu, denn das Heute ist die Geburt des Gestern, das Morgen nährt sich von den Säften des Heute, und wenn diese verderben, verfügt noch das Übermorgen über Bitternis. Und doch vergehen wir nicht. Hier ist mein Rätsel für dich, lasse dir Zeit für seine Lösung: Warum nur erbittet der Knabe vom im nächtlichen Fluss schwimmenden Abbild des Mondes dessen Segen und nicht von seiner wahren Gestalt?«

Langsam zog sich alles zu einem undurchdringlichen Urwald zusammen; dennoch verblieb Aussicht auf Hoffn ... – Erklärung!

Dieses Rätsel schwor ich mir einzuprägen, aber Gabor war damit noch längst nicht am Ende. Seine Maske war von versiegendem Rot wie welke Rosen, ein spitzes Hexenkinn, kümmerliche Ohrmuscheln, die eingedrückte Nase und in den Höhlen zwei schimmernde Augen täuschten über jeden guten Eindruck hinweg.

Er sagte mir, er fertige für jede Stimmungslage ein adäquates zweites Gesicht an, meist handele es sich dabei um diabolische oder melancholische Ausdrucksformen. Heute, ich ließ mich darob nicht beirren, litt er an peinigenden Gefühlswallungen, die aktuelle Fratze war am ehesten mit einer besessenen Eule vergleichbar, sie sträubte ihre Federn gegen ihre eigentliche Natur, die zudem menschliche Interpretation – Symbol der Weisheit – ist, und kehrte stattdessen das Widerständige, das, so war es wohl gedacht, ihr wahres Ich verkündete, hervor.

Freilich war das lediglich mein eigenes Erkennen, aber doch erstaunlich, wie solchen Kontrast zu veranschaulichen ihm geglückt war. So verhielt er seine Füße in den zum Gegenschlag gerüsteten Gemäuern seiner Eigenwelt – die Vermutung ließ nicht lange auf sich warten, wie er seine Wohnstatt wohl einrichtete. Ihm muss, sicherlich im Laufe einer von Enttäuschungen besäten Leidenskarriere, klar geworden sein, dass ihn nichts zufriedenstellen konnte, niemand besaß das notwendige Maß Menschlichkeit, dass er sich getraut hätte, sich selbst zu ihnen zu zählen.

»Wer will schon andern helfen, wenn er es nicht ernst damit meint! Das hast du dich sicher auch schon gefragt.« Er hatte recht, das tat ich. Bis zum Tage der großen Befreiung aber würde noch viel Zeit vergehen, und darin schien mir mein Arzt, die Sitzungen überhaupt, ein Buch mit sieben Siegeln.

Zwischen Glück und Unglück liegt eine Schlucht, unerreichbar scheint das andere Ende. Doch wird nicht über jeden Abgrund dereinst eine Brücke geschlagen? Stimmt die Metaphorik, so bleibt zu fragen, wer zu Anfang auf welcher Seite gestanden hat. Wollen die Unglücklichen nicht in Scharen zu den Frohsinnigen hinübereilen, entsteht kein Hass, wird nicht Blut vergossen? Was gibt die Gewissheit, dass nicht gerade das Werk, die Brücke, wenn sie auch Versuch bliebe, das Schönste ist?

Alle Dinge sind zwiegespalten. Das Schicksal wirft uns die Münze zu und wir können nur hoffen, in seine Gunst aufgenommen zu werden. Hinter allem steckt aber letztlich – der Hochmut des Menschen.

Bist du wahrlich der Besitzer deines Hauses, deines Vermögens, deines Weibes, selbst der Unschuld des Kindes, um diese gleich in die hässliche Grube deines Herrenbodens einzubetten! Muss ich mich zu diesen zählen?

Suche zwischen Gleichgesinnten, sprich mit rein gehaltenen Geistern über das Grausen, das Verlorene in der Zeit, höre, und finde dein Ich – denn, ach, ich erzähle euch, Lesern künftiger Epochen, aus einer Zeit, die unheilbar ist. Keine Mutter nimmt dich zärtlich bei der Hand, viele bieten sich mit geschäftsmäßiger Miene als Gefährten an, entlocken dir dein Kosen und deine verborgenen Schätze, für die sie, um sie hernach schändlich zu missbrauchen, dein Vertrauen erschleichen.

Ach, lernt man denn wahrlich aus Leiden – *nur* aus Leiden? Gegen wie viele Seelenritze vermag ich mich noch zu wappnen, bis schließlich die Kraft des Herzens schwindet, die Knie in harte Steine sinken, und allein der schweigsame Mond als Zeuge des erbärmlich gescheiterten Bettlers auftritt? Denn ich bin der Bettler, von Werten, die jeder zu besitzen vorgibt, aber ich erhasche nur ihren Glanz, die ungeheuchelte Seite.

Möchte geschehen was will, die Zukunft muss ich dem Geschicke der Winde überantworten, die jeden Erdling gleichsam umwehen. Die Ahnung eines Vortriumphes kribbelte unter meiner Haut, so entbot ich Gabor alles Gute, trat wieder unter das drängende Volk, während der nächste dunkle Winkel den maskierten Empörer in seinen Schlund aufnahm.

Mein Herz pochte aus irgendeinem Grund, als ich die fahlen Farben des Regenbogens erblickte. Entgegen den gewohnten Nachteilen des Stadtlebens – hierzu zähle ich zuvorderst die zeitgenössische, parasitäre Entfremdung, ein blutdurstiges, auf vielerlei Weise saugendes Tierchen –, verspürte ein ›illusionsversperrter Schwärmer‹, so hatte mich Richard einmal bezeichnet, die kurze Wonne eines herben Daseins.

Kaum huschte die Straßenbahn neben mir vorbei, da lichtete sich das Gedränge vor mir, himmlische Farben strömten auf die Mir-lieb-Mutter-Promenade, die einstmals Henkerspfad getauft wurde, und hinter den frisch frisierten Hecken rings um den alten Feuerwehrübungsplatz trat unmittelbar eine Gestalt hervor, deren tief gebeugte Haltung keineswegs mit dem munteren Lächeln harmonierte.

Wie zuvor bei Gabor überlegte ich nicht lange. »Grüße dich, Frederik.« Betreten nahm er mich wahr. Unter seiner Achsel klemmte eine gerollte Illustrierte, soweit erkennbar, vom örtlichen Tierschutzverein. Dass dieser Mann hier frei herumlief, fand ich äußerst – gefährlich – leichtsinnig? – verantwortungslos? »Bist du allein?« Wie feige ich ihm mit meiner törichten Frage habe erscheinen müssen.

»In fünf Minuten treffe ich mich mit meinem Bewährungshelfer. Er wartet hinter dem Eingang vom Shoppingparadies.«

Das sich abspielende Szenario von stolz daher schreitenden Geschäftsleuten, termingequetschten Paketboten und ähnlichem schloss ich mental aus, um Frederik umso wärmer meine Aufmerksamkeit zu widmen, denn, war er auch ein Schwerverbrecher, so war er immerhin mein Gruppenkollege, was dem Werte einer Schicksalsverwandtschaft sehr nahekam.

»Glaube nicht, ich sei der Einzige unter dem wachsamen Auge einer Übermacht. Du bist es nicht weniger. Hast du schon etwas herausgefunden … ich meine über deine, *unsere* Babysitter?« Eine gekonnt unterdrückte Furcht zeichnete sich auf seinen Zügen ab.

»Hier und da einige verstreute Hinweise. Nichts Konkretes, fürchte ich.«

»Dasselbe wie bei mir.« Hastig warf er einen Blick auf seine Armbanduhr. Dann sagte er, schon viel ruhiger, aber mit bedeutsamer Stimme: »Neulich hatte ich meinen Bewährungshelfer an der Kandare, er gestand mir einige hintergründige Aktionen, die auf ausgesuchte Leute fixiert sind. Er erzählte mir weiter, unter welchen Umständen mein Arzt für die Therapie hinzugezogen wurde; er hatte einen Nervenzusammenbruch erlitten, woran ich nicht minder beteiligt gewesen bin«, er schmunzelte; ich vergönnte ihm die Schadenfreude, »aber das ist unwichtig, jedenfalls hatte er schon lange zuvor einen dieser Ärzte aus privatem Anlass aufgesucht, wurde dann erfolgreich nach wenigen Wochen aus der Behandlung entlassen, da der Befund geringfügig war.

Zu diesem Zeitpunkt hatte man mich ihm bereits überantwortet und eines Morgens klingelte er mich aus dem Bett in der Reha-Siedlung mit dem Angebot, an einer Gruppentherapie teilzunehmen. Ich ging darauf ein.

Wir waren mit seinem Wagen gerade auf dem Weg zum Therapiezentrum, als wir an der Außendienststelle des Hospitals hielten, weil er etwas zu erledigen habe. Merkwürdig war, dass auf dem Rücksitz eine Aktentasche lag, die er, davon war ich überzeugt, keineswegs absichtlich vergessen haben konnte, wenngleich er seinen eigentlichen Aktenkoffer mitnahm. Zehn Minuten genügten mir, um aus den seltsamen Statistiken und Korrespondenzen eine Ahnung …«

Wieder schaute er auf die Uhr, er fuhr dabei herum und sah wie besessen den herausströmenden Kunden aus dem Haupteingang des um diese Tageszeit viel besuchten Shoppingparadieses nach.

Ich wusste mit seinem abgebrochenen Satz nicht viel anzufangen, darum entschied ich mich für etwas, das ihn, so hoffte ich, beruhigen würde.

»Maharesk sagte mir, er sei davon überzeugt, dass ich nicht krank bin. Wenn wir alle Versuchskaninchen einer verschwörerischen Untersuchung sind, und wenn es bereits zwei geschafft haben, berechtigtes Misstrauen gegen die Ärzte aufzubringen, dann sind wir es, die angeblich Kranken, die den Sieg im Falle der Aufdeckung davontragen, richtig?«

»Richtig.« Er nickte übertrieben. »Hatte ich dir je erzählt, dass mein Vater durch Tötung von Tieren seine Familie ernährte? Als ich ihm als kleiner Junge dabei zusehen durfte, war ich angewidert von solch blutigem Handwerk; später, als ich versuchte den Sinn solch einer Arbeit zu begreifen und Vater rächend an meiner, wie er mir vorwarf, ›weibischen‹ Gesinnung jedes Jahr zum Osterfest statt Eiern Fisch- und Karnickelkadaver versteckte, bis ich dieselben abends im Bett fand und ich nirgendwo sonst schlafen durfte, illusionierte ich mir an Tieres statt Menschen, die, wie ich meinte, solch grausigen Tod eher verdienten. Bald ließ ich mich in regelrechte Mordgelüste steigern.

Ironischerweise begann ich mich für östliche Weisheitslehren zu interessieren; aber die gehegten Spekulationen, meine Blutfeinde würden in die Körper von wehrlosem Wild wiedergeboren werden und mir dadurch unschuldig erscheinen, versetzte mich in jahrelange Lethargie. Warum hat jeder Weg so viele Abzweigungen! Ich betrat einen, der sich als gefahrenvoll erwies, hinter jeder Hecke lauerte ein angriffslustiges Getier – ist es meine Schuld, wenn ich mich meiner Haut erwehre? Wollte man mich, den Ex-Sträfling als Ratgeber für Fehlervermeidung einsetzen, so kann ich nur jedem, der wie ich öffentlich gebrandmarkt ist, raten, den Teil seines Ichs hervorzukehren, der als Marionette heuchlerischer Gesetzgebung im sozialen Morast zappelt. Darum ist es wichtig …«

Unauffällig versuchte ich seine Aufmerksamkeit auf den Mann hinter der Glaswand zu lenken, der uns vor einer halben Minute entdeckt hatte.

Es war eindeutig sein ›Herrchen‹. Mit hoffnungsschwangerem Händedruck nahmen wir Abschied und gingen, jeder nach seinem Schlag, mit vielen Gedanken auseinander.

Gegen Abend erreichte ich mein Heim. War es eine Stätte des Stolzes? Nun, im Zuge des Türöffnens blies mir ein Schwall von Vergänglichkeit entgegen. Mein Wellensittich harrte tagelang in seinem Käfig, teils still, teils aufgeregt empfing er mich; ich hatte schon zerknirscht sein Ende befürchtet. Die Wohnung lag im Halbdunkel, ich überschritt die Schwelle, als die Tür krachend ins Schloss fiel, ein doch erbauliches Zeichen für die Abwesenheit der Lärmunholde jenseits der Wohnung. Ermüdet hängte ich den Schlüssel an den Haken im Schlüsselschrank, wo viele weitere seit Jahren unberührt rosteten. Die Filzstiftbezeichnung auf der Lederhülle des einen gab die kuriose Auskunft: ›Gebärerin‹ – unpersönlich wie dieser Name. Aber was sich dahinter verbarg … Als das Holzschränkchen versehentlich durch einen

Stoß vibrierte, schaukelten auch die übrigen. Neben dem Ersatzkellerschlüssel hing jener für die Orangerie bei der Friedhofsgärtnerei, bezeichnet mit einem Totenschädel, daneben … ein Embryo für den Abstellraum der Schule …?

Die matten Restpfeile der verabschiedenden Sonne durchbrachen die Jalousien im Wohnzimmer, unter ihrem Licht schimmerten die Esoterikmagazine, sie lagen verstreut größtenteils auf Sofa und dem Granittisch, ältere Ausgaben sammelten sich ohne jede Ordnung auf dem Fußbodenteppich; sie legten Zeugnis für eine abgeschlossene Phase ab, von der mich endgültig zu lösen nie gelingen wollte.

An den Türrahmen gelehnt, schossen mir, wie es meine Natur verlangte, Selbstbespiegelungen durch den Kopf. Was hatte ich mit Gütern der Mystik bezwecken wollen? Flüchtet der Mensch tatsächlich vor den Anforderungen seines Lebens in das Reich des Unbegreiflichen, steckt nicht Ignoranz, Furcht, Realitätsmüdigkeit dahinter?

Ja, ich glaubte an die mutmaßlichen Wirkungen von RamschSchmuckstücken, die ich zwei Straßen weiter regelmäßig im Salvation-Magic-Shop bei der netten Verkäuferin Hella gekauft hatte. Waren das nicht bloß kapitalistische Machenschaften, um den Naiven für die jüngsten Moden zu gewinnen, seine staubigen Taschen bis auf die letzten Körner auszurauben?

Gesetzt, mittels solcher Mystifizierungen würde ich mein schlechtes Karma aus früheren Leben durch die simple Existenz eines Steins entkräften können, dazu unentbehrlich der Rat des geschulten Hellsehers oder Magiers, welcher keinen Finger zur illusionären Rettung rührte, solange man seine dubiosen Zukunftsbeziehungsweise Rückblicke nicht zum Wucherpreis entgolten hat, so bliebe die Erlösung allein des Geldscheffelns wegen verachtenswerter Hokuspokus.

Glaubt denn der Christ, er würde nicht eher in den Himmel aufgenommen werden, als bis er seinem Heiland seine Besitztümer darbringt?

Wahrlich, die Mode, der außerweltliche Einfluss, ließ ihren Tribut auch an mir ergehen und ich, lange allerlei Veräußerlichkeiten widerstehend, hing im Netz dieser unaufrichtigen Spinne. Also von Selbstvorwürfen geplagt, trat ich näher an das Tandsortiment, bestehend aus unförmigem Saphir, Opal und geschliffenem Smaragd. Einige waren unecht, andere, laut Katalog, höchst selten, denn wie könnten synthetische Heilsgegenstände allein auf fleischlich authentische Menschen Einfluss haben!

Alle Welt schwärmt von den Vorzügen moderner Demokratien, ihrer Sozialstrukturen –, worin aber liegt das *Soziale,* wenn wir das, was ›soziales Engagement‹ genannt wird, als Ehrentätigkeit im Profil umjubelter Prominenten lesen? Liegt da nicht der Verdacht nahe, dass der wirtschaftliche Wohlstand ›aller‹ im Wettbewerbskarussel als Superlativ den Gewandtesten vorbehalten ist, und dass das Sich-um-andere-Sorgen erst Vorrang gewinnt, wenn das eigene Konto gesättigt ist? Trotzdem der kleine Mann und die kleine Frau ihre Krümel vom Kuchen zugeworfen bekommen, immerhin ist der Glaube an das Rechte gefestigt, den Klassenunterschieden ein genügsamer Anstrich von Ehrenstellung zugesprochen, noch dann, wenn der Teller leergefressen ist. Reizende Metapher vom Untergang der Zivilisation.

›Ich will keine Kinder!‹ Dem Wunsch vieler Frauen stand Sonjas Äußerung radikal gegenüber, als sie sagte, sie sähe den Beitrag zur Erschaffung einer irdischen Hölle darin, sich nicht vernunftgemäß fortzupflanzen.

Von uns, den *Komischen,* ging fortwährend eine unbeschreibliche Energie aus, die zwar unsere Ärzte wahrnehmen, aber nur symptomatisch einordnen konnten; das wahre Wesen lag im Kreis ihrer Träger, sie hüteten es wie ein ungeborenes Kind.

Und doch nahm sie bisweilen die Gestalt unseliger Melancholie an, ach, dieser gierigen Raubkatze in reinen Gebärmüttern; sie riss die Seele des ahnungslosesten Kindes in Stücke, ließ es, beraubt an Willen und gesunder Selbsterhaltung, in die grelle Lichtflut hinaussteigen, hinter deren vieler Namen keine Substanz wartet.

Meine Welt, deine Welt – man hat sie uns aufgezwungen! Und als hätten wir die Wahl treffen können, eine *freie* Welt für unser Erdfristen auszuwählen, unterrichtet man uns mit unredlich waltender Geißel in der Pflichterfüllung des Beschenkten,

dem das Glück gewährt wurde, in diesem delirierenden Schauer-
stück der Menschlichkeit gestrandet sein zu dürfen.

Können Eltern, welche die bluttriefende Beschaffenheit ihrer
Umgebung zur Genüge kennen sollten, das Kinderglück – ist es
denn solches? – dahin gehend wollen, dass sie den Nachwuchs in
die düsteren Dimensionen dieses Planeten aussetzen, indem sie
blind waltend ihr Handeln im Rechten wähnen und den Heran-
wachsenden in einer Fülle von Leiden, Irrtümern, Täuschungen
und Vertrauensmissbrauch ringen lassen?

›Ist mein Leben denn wirklich ein Geschenk, das mir Freude,
gar Dankbarkeit entlocken soll?‹ Solchermaßen war eine Suche
fällig, sie hatte allumfassende Rechtfertigung zum Kerngehalt
und forderte, um weit genug hinter die Pforten des Bewusstseins
vorstoßen zu können, akribisches Vorgehen.

Während solcher finsteren Überlegungen rief mich das Blinken
des Anrufbeantworters zurück in die hässliche Realität – hässlich
nur, solange sie mir keinen Raum zur Flucht ließ, die sich meist
mit dem Jammer über sie beschäftigt, aber wenigstens der rechte
Sinn darin Trost gebar. Fünf hinterlassene Nachrichten warteten
auf mich, ich setzte mich auf den Hocker neben dem Gerät und
lauschte dem ersten Versucher. Sorgevoll begann eine allzu ver-
traute Stimme zu stammeln: ›Hier spricht Nathan. Entschuldige,
wenn ich störe, aber meine Bedrängnis betrifft dich ebenso sehr
wie mich. Langsam fühle ich mich nirgends mehr sicher, ich habe
schon versucht mit den anderen zu sprechen, aber Pierre, unser
Nachwuchsnihilist, war der einzige, den ich erreichen konnte;
ich kenne nur seine Telefonnummer.

Da es Freitag ist, hielt ich es für angemessen, meine Bitte für
morgen früh geltend zu machen, sprich, ein Treffen zu arrangieren,
bei dem ich offener und vor allem unbeschatteter sprechen kann.
Bei den ›Lebkuchenlagerhäusern‹ um halb sechs. Bitte sei dort.‹

Viel gab es nicht über die seltsame Bitte nachzudenken; es
warteten vier weitere Botschaften darauf, gehört zu werden. Die
nächste lief schon ab: ›Ja, ähm, Pierre hier. Ich weiß, wir kennen
uns kaum, aber neulich, als wir nach der Sitzung bei der Lotterie
sprachen, sagtest du, deine privaten Interessen hätten seit Langem

an Wirkung verloren. Das würde ich gerne ausführlich besprechen. Am besten morgen früh an der alten Bahnstation, Gleis sieben, kurz vor der Dämmerung. Ich zähle auf dich.‹

Bevor er aufgelegt hatte, ballte sich in mir diese Eindringlichkeit zusammen, die, angekündigt bei Nathan, keinerlei Wahl, sprich Ablehnung zuließ. Die folgende Nachricht war weniger Neugier erweckend, ein Bescheid zur Kündigung bei der Versicherungsgesellschaft, vorgetragen von einer nett klingenden, dem leichten Zittern nach neu angestellten Mitarbeiterin, deren zwischenmenschliche Mechanik ich, wie bei jedem Kundenservice, inbrünstig verfluchte, auch wenn das sprechende Wesen diese meine Gefühlsregung und derartige Verwünschungen an sich nicht verdiente. Aber Beruf und Privatsphäre schneiden nun mal menschliche Verhaltensweisen in zwei scheinbar unversöhnliche Hälften.

Endlich kam der vierte Anrufer. Es war ein Murmeln zu hören, welches danach klang, als wollte es den Versuch unternehmen, ein ernstes Anliegen auszusenden, dann kniff er oder sie im entscheidenden Moment und unterbrach die Verbindung, ohne ein artikuliertes Wort gesprochen zu haben.

Das Display zeigte elf Uhr achtundzwanzig bei letzterem Anrufer.

Zur besagten Tageszeit verweilte ich in Richards Praxis.

Ich erschauderte, als ich mich des außergewöhnlichen Zusammenhangs entsann.

Der Waschraum war ein Schauerwald allein für sich genommen, noch kälter durchlief es mich, als ich, nachdem ich die Gesichtswaschung dort beendete und sinnend mein Spiegelbild betrachtete, hinter jener unzugänglichen Tür ein ähnliches Wispern vernahm, wie es gerade aus dem Anrufbeantworter gedrungen kam.

Ich wusste das, weil jene unsichtbare Uhr, die in Richards Praxis in jedem Raum wie im ewigen Echo tickte, mich veranlasst hatte, die Zeit von meiner Armbanduhr abzulesen.

Als dies vor Ort geschehen war, gab ich mich mit der Erklärung einer Sinnestäuschung zufrieden, nun aber erhärtete sich das Mysterium aufgrund der Parallele in all ihren Einzelheiten.

Nummer fünf, der abschließende Versuch, den Bewohner des Junggesellenquartiers zu erreichen, klang im ersten Moment wie ein Werbeanruf, doch der sprechende Mann stellte sich kurzerhand als soziologischer Forscher vor, der im Auftrag einer regionalen Befragung all jene zur Einfindung in der öffentlichen Bezirkshalle aufrufe, die, und dies war das Seltsame, durch statistische Ermittlungen als *Elitekandidaten* eingestuft worden waren.

Der vorgebliche Wissenschaftler schloss mit Datum und Uhrzeit des Versammlungstermins, fügte hinzu, er hoffe auf zur Kenntnisnahme meinerseits sowie all jener, die ihm und seiner Anhängerschaft ins Netz gingen. Dass der Anruf während meiner Abwesenheit stattfand, stellte sich bei zusammenhängender Betrachtung als vorsätzlich heraus, es war wie ein böswilliger Köder, der über dem ahnungslosen Fisch herabhängt, damit er im guten Glauben danach schnappe und den heimischen Teich nie wieder sieht. Trotzdem der ungewöhnliche Anruf mir positiv zu denken gab, würde ich wohl kaum je solch ein Angebot wahrnehmen. Ich weiß nicht warum, aber unwillkürlich rief das Foto meines einstigen pelzigen Gefährten Berthold, das gerahmt auf der Ablage stand, meine Wehmut herbei, es belehrte mich im Gleichnis, welcher ausschlaggebender Unterschied zwischen seiner Art, die die Umfänge des Leidens anders misst, und der meinen besteht.

Blickst du in diesem Augenblick auf mich nieder, bester Freund, vorwurfsvoll und doch mitleidend, weil ich erstens dich zu meinem Untergebenen schlug, zweitens da du nun verschieden bist und kein Gefühl im Reich des Friedens dich zur Verdammung gegen mich überredet! Deine Betrachtungsweisen sind weniger betrüblich, mögen sie mir, dem schuldbefleckten Gefährten, die Hypothek seiner Geburt abnehmen. Beschwingt war er gewesen, lebensfroh war er um mich gehüpft; nach der Läuterung durch meine Ex-Verlobten hatte ich beschlossen, das jedem Geschöpf anhaftende Bedürfnis nach Zweisamkeit mit dem treuesten Freund des Menschen zu stillen. Seine tierische Energie war aus ihm heraus gequollen, als Husky-Schäferhund-Mischling hatte er kraft seiner unausgesetzten Lebensbejahung den Trauerschleier des Herrchens – welch widersprüchliche Bezeichnung – abzureißen vermocht, an welchem dieser so lange gehangen hatte.

Als gedachte die Schwermut ihren entlaufenen Zögling einzufangen, hatte sich bald wieder die Überzeugung fest gesetzt, ich wäre unfähig für jegliche Beziehungen.

So war Berthold den Bande entronnen, ahnungslos, von Erkundungsdrang allein geleitet, auf die wildbefahrene Straße zustürzend, deren Gefahren für ihn keine gewesen waren, während ich, wahnsinnig vor Angst, den Freund vor dem sicheren Tod zu retten versucht hatte.

Die Heftigkeit des Schmerzes, der meine Knie erfüllt hatte, als diese auf dem harten Asphalt aufgeschlagen waren, waren in jenem Augenblick der Verzweiflung lächerlich gewesen, umso grausamer der Anblick freiliegender innerer Organe in einer Blutlache, die den Pelz höllenrot getränkt hatte, der vor wenigen Sekunden noch mein Hund gewesen sein sollte.

Ob ich es verdrängt hatte, mir nur albtraumhaft einbildete, mag ich nicht beschwören, doch die Qual forderte ihren Ausdruck in wimmernden Lauten, dem Tod so nahe und nichts anderes ersinnend, dem Beiwohner das erbarmungslose Handwerk des Siechtums zu demonstrieren.

So drückte er, der anrüchige Schmerztod, sein gehässiges Wundmal tief in meine Brust; oft hielt mich die Frage in ihrem Bann, ob solche elementaren Drohschatten, die uns alle irgendwann verdüstern, ihren Triumph durch den endgültigen Tod ihrer Heimgesuchten feiern – oder ist es der verlängerte Arm des Hohns über das Leidwesen, dass sie lange genug am Leben blieben?

Ich lief im Wohnzimmer auf und ab, als ich mir Folgendes überlegte: Hatte Hamohn, die, gleichwie Berthold, längst gestaltarme Rolle auf meiner Lebensbühne, hatte er wohl doch die belehrende Omnipotenz der Phantombriefe begründet, sie mir möglicherweise zugeschoben, damit sie mir die schwerste Nacht meiner Erkenntnis erleichterte? Warum war er mir verloren gegangen, wie hatte er es angestellt, eines Tages aus meinem Weltgefüge auszutreten, ohne Abschied, ohne je dem Verbundenen einen Hinweis auf einstige Wiedervereinigung zu geben! Er ließ sich nicht aufspüren, sein Name, wie jene der Phantombriefe, war zeitbedingt und doch wieder zeitlos, ihm wie ihnen wohnte existenzielle Gesamtdeutung inne – und dies hatte ich lange Zeit ignoriert. Solange ich ihn um mich hatte, war ich müßig, wähnte mich in Schutz, ein Adlerjunges, bereit, unterm Wachtflug des Vaters geboren zu werden; und als es endlich schlüpfte, fort der Vater, kroch es feige in die Schale zurück.

Vielleicht war es ein Fehler, Richard die Briefe kopiert zu haben; allerdings, würde ich sie verschwiegen haben, wäre Nathan niemals auf den Gedanken gekommen, den Mitgliedern meiner Gruppe Spitznamen in Anlehnung an dieselben zu geben. Frederik, wir tauften ihn ›Stahl gefiederte Friedenstaube‹, Gabor, der Maskenmann, war ein ›Sturmbändiger‹, Nathan der ›Ungläubige‹, Sonja, wohl mehr aus schrulliger Sympathie als aus Ernst, die ›Verräterin‹, endlich Elise, für die ich allen bitteren Lehren zum Trotz etwas empfand, irrte als ›Glücksucherin‹ in der großen weiten Welt.

Und Konstantin? – Und ich? Nun, da mein unglücklicher Jugendfreund mehr als Hülle denn als Geist am Sitzungsgeschehen teilnahm, daneben ich, der stets Lügen zum Schutze intimer Wahrheit, als Schamvorrichtung, nutzte, waren wir nicht des Vertrauens Erstgeborene, sodass man ihm seinen Namen respektvoll ließ, und mich, meine Schutzvorrichtung – die sie nur ahnen, unmöglich wissen konnten – wohl anerkennend, schlossen sie ebenfalls aus dem Namenspuzzle; möglicherweise aber entzogen wir uns jeder Klassifizierung. Das hieße, wir waren eine Generation, die von jener schriftlich niedergelegten Allmacht unberücksichtigt blieb …?

Ich zweifelte; das Papier der Briefe war alt, stockfleckig, die Schrift ausgeblichen und anachronistisch. Jedenfalls gut die Hälfte. Ich brauchte nur die Kommode neben dem Fenster zu öffnen, um mich zu vergewissern, dass die Fülle loser Dokumente unter dem Stoß staubbenetzter Amtspapiere, wie um vergessen zu werden, mir gleich der Beute einer Zeitreise entgegenfallen würden.

Doch ich unterließ es.

6

Wo mein Verstandestum predigt, lacht meine Intuition.
Wenn meine Intuition überwallt,
wird Verstandestum zum geschickten Berater. –
So sind sie die liebsten Geschwister.

Gros der Vielfältigen

9. Juli: Welch fröhlicher Tag! Eben noch lauschte ich den letzten
Gesängen der Rotkehlchen, herbeigeflattert – und gehetzt aus
dem Park, dieser tückischen Todesfalle für sanfte Geschöpfe, den
Schoß der Natur heuchelnd und vorgaukelnd, wo Schmutz und
Lärm obwalten.

Ungebremst dehnt sich das Menschengeschlecht aus, rottet
Tierarten und deren Lebensraum aus, und das Kind zärtlich bei
der Hand genommen, beschaut die Mutter mit ihm die kümmer-
lichen Relikte unserer irdischen Geschwister, an vieles denkend,
nur nicht an eigene Schuld, inmitten unserer zivilisierten Un-
tugenden.

Werft den Blick aus euren Fenstern – seht ihr's denn nicht? –,
kaum schritt sie im blütenweißen Hochzeitsgewand einher, schon
hatte es sich in schwärzestes Pech verfärbt; übt Vergebung um
der Witwe Tränen willen, die das duftende Behagen ihrer er-
sehnten Wünsche noch im Augenblick des seligen Empfangs der
unerbittlichen Gewalt des maskierten Häschers weichen sieht.

Ein Schicksal, wie so oft gesehen und geschehen. Doch nicht
für mich!

Weigern werde ich mich, bis mich der Herrscher meines
Klagedaseins zum Ableben auffordert, aber wahrscheinlich geht
er auch hierin zögerlich vor, in tausend Gewänder gehüllt, dieser
Verstecksüchtige.

Erst jetzt, im Körper eines erwachsenen Weibes, fühle ich, wie
fern mir das Tor zum Großwerden gestanden hat, wie ich neben
Lust und Spiel die vorwarnenden Lasten der Verantwortung,
richtig ahnend, von mir wies.

Aber bin ich nicht groß, erwachsen, verantwortungstragend, entkindlicht? Ich schaute die Lichter der Zukunft, gewiss waren sie bunt, verlockend und sprühten vor behaglichem Reichtum. Doch je näher ich ihnen zuschritt, umso eher bleichten die eben noch begehrenswerten Wonnemale aus.

Welch verachtungswürdiger Betrug: Du erfährst die Täuschung nicht unmittelbar am Leibe, sie schwebt schemenhaft vor deinen sehnsuchtsglänzenden Augen, sie lacht dich aus, spottet deines planlosen Zugreifens.

Eine schauerliche Stätte großer Selbstständigkeit der ›Großen‹, aus deren Händen tausendfältige Zügel machtgeifern, nennen sie Ehe. – Noch eine Etappe der Verantwortung, dazu eine, die ihr Gesicht gleichsam mit Glückversprechen schminkt.

Es ist schon seltsam: Technische Revolutionen verdrängen prompt den Retrolebenswandel, der Ruf des *Neandertalers* haftet dir an, wenn du dich weigerst, stündlich von Zug in Zug umzusteigen, auf einer Reise immer entfremdend werdender Technologien. Konsequente Familienablehnung, was mein *soziales* Verantwortungsbewusstsein ist, schmeckt ihnen noch bitterer, es schafft nur gering tolerierten Diskussionsraum, unterliegt keinen revolutionären Veränderungen. Die fleischliche Weiterreichung meines Elends scheint für sie natürlich, doch ironischerweise sagt mir ihre eigene Erfindung, die Vernunft, es sei vernünftiger, sich allein durchs Leben zu schlagen.

Höre ich das Hupgeheul der Autokolonnen, die das erworbene ›Glück‹ des vermählten Paares aller Welt kundzutun pflegen, will es mir nicht gelingen, inwieweit meine Erzieher diese, deren Beiklang in aller Munde mitschwingt, erstrebenswerte Lebensstation sorgsam in mein Bewusstsein gepflanzt hätten, dass ich mich ihrer bereit – und stark fühlte.

10. Juli: Ich bin am Ende. Diesen Eintrag werde ich wohl kaum wiederlesen, es sei denn, es käme der große Moment der Erleuchtung, der Preis langwierigen Wartens – worauf auch immer.

Seit ich mich für jene *entbürdende* Therapie auf Raten meines Arztes habe breitschlagen lassen, spüre ich das gezähmte Heulen meiner inneren Kampfhunde; war ich bisher die in die Knie gezwungene Herrin, so hecheln sie nun friedlich und streichelflehend zu meinen Füßen – und ja, ich werde ihr Bedürfnis stillen, ich vermag meinen Widersachern zu vergeben.

Bedauerlicherweise scheint diese Tugend schwer unter meinen neu gewonnenen Freunden auffindbar, sonderlich bei dem einen zwielichtigen Mädchen, der ich meinen Argwohn entbieten muss, solange sie stumm in ihrem Seelenkäfig verharrt; wüsste ich, welches finstere Rätsel ihr innewohnt, so würde ich wohl das übergelaufene Fass ihrer schmerzerduldeten Tage nicht in die Verantwortung ihrer Einmischer übergeben haben, die ihm gewalttätig den Deckel aufsetzen, sondern hätte als einfühlsame Schwester ihrem Kummer gelauscht.

Noch scheint sie nicht zu wissen, worauf sie sich eingelassen hat.

Solange sie in ihrem eigenen Käfig wuselt, muss ich meinen männlichen Gefährten das schenkende Gefühl der Geborgenheit zusprechen; ja, es sind nicht jene, die mir ein regelmäßiges Einkommen nach Hause brächten, hätte ich mit einem derselben eine Liaison, auch nicht solche, die ihre Alltagsschwierigkeiten zwar mutig, aber ohne tiefere Abblicke in ihr Gefüge meistern –, wohl aber sind es jene, die im Stillen tausend Meere umwälzen, die tiefe, dunkle Abgründe in lichterlohe Festlichkeiten weihen. Hier und da höre ich sie sagen, unsere Ärzte seien nicht das, wofür sie sich ausgeben; dem halte ich entgegen, dass ihr Beruf zu den edelsten und – in diesem Punkte mit den anderen, wenn auch anders verstanden, zustimmend – kältesten gehört.

Denn es gibt wohl keine effizienteren Befreier aus der lebensschwächenden Waffengewalt von Krankheitsschergen als die ihre Emotionen abstellenden Männer und Frauen in ›Weiß‹.

Warum sie dies vermögen? Weil die Hilfesuchenden an Zahl überwuchern, und der Heiler seinem *Kunden* nicht mehr Sorge erübrigen kann, als ihm seine maschinelle Tätigkeitzeit gewährt.

Jüngst, nachdem die Sitzung zu Ende ging, kam ich mit Alexander ins Gespräch; er war derjenige, der zur Lichtung dieser meiner dunklen Irrkammer beitrug.

»Siehe her, meine Liebe«, sagte er mit einem erwärmenden Lächeln, »Du kannst der- oder demjenigen Lobeshymnen nachsingen, sobald du aber in leichtfertiger Zuneigung festsitzt, weißt du dich im Gewirr eines end- und anfangslosen Urwaldes. Ich fühle, dass wir zwar auf unbekannten Ufern wandeln, dies soll, wenn wir dem Ruf unserer inneren Stimme folgen, die für unsere fragilen Existenzen notwendigen Schritte zum Segen, Befreiung … ach, nenne es, wie's dir beliebt … es soll neben allen nur erdenklichen Betrüblichkeiten die Schärfung eines abgestumpften Lebenswillens herbeiführen. Und dazu haben sie uns wohl oder übel verholfen, welche Absichten sie auch ausbrüten mögen.« Seine offene Aussprache beruhigte mich sehr. So tat ich, wie er mir geraten, und damit begann der Zuwachs meiner Neugierde, herbeigeführt durch die klugen Worte eines beseelten Mannes – wie war er nur zu solchem Scharfsinn gelangt?

Nach dem Austausch privater Daten konnte ich mich kaum vor Überschwänglichkeit zügeln, den Einblick in sein sicher erlebnisreiches Leben würde jeder als Ehre empfinden, war er doch schwer zugänglich, solange man nicht selbst zum Sprechen in seiner Gesellschaft anhob.

Am frühen Morgen verschlug es mich, wohlbeabsichtigt, in die von den grauschwarzen Wohnblöcken schummrig gehaltene Straße, in der Alexander wohnte. Noch spähte ich nach der Hausnummer, da befand ich mich unter einer Reihe primelüberhangener Balkone, ringsum grünte der knöchelhohe Rasen, und wie ein verspieltes Mädchen nahm ich in langen Schritten die Trittsteine bis zum Haupteingang.

Umsonst trat ich heute vor die Tür, umsonst flanierte ich auf dem morgendlich kalten Gemüsemarkt, das mannigfach Gehwege, aber wenig Verkehrsmittel zum ersuchten Viertel bot. Vergeblich drückte ich die Klingel, harrte des unangekündigten Einlasses; aber was hatte ich denn erwartet?

Mein zweiter Besuch glückte endlich. Im Besitz seiner Telefonnummer nutzte ich diese, der Nachmittag war verstrichen und ich wählte, vor genau zwei Stunden, mit zittrigen Fingern jene Nummer, die zwischen meiner unterdrückten Ängstlichkeit und seiner Empfangsbereitschaft stand.

Ach, mein brausendes Herz! Wer hätte geglaubt, er würde mich zu sich einladen – schon morgen! Er sprach liebevoll wie ein Knabe in den Armen der unabweislichen Mutter, sein inneres Wohlwollen muss ihm selbst nicht weniger zugutekommen als anderen, denn wie könnte, und ich bin Zeugin dieser Großmut geworden, der Ausschank eigener Güte das eigene Herz vergiften!

Gibt es irgendwo auf Erden eine Schwester meiner Seele mit vergleichbarer Tugendhaftigkeit, würde sie mich in meiner Beziehung beglückwünschen; trüge dasselbe Herz indes schwarze, bittere Früchte der Vergangenheit … – so wären meine Hoffnungen erloschen. Die Angst, ich könnte beide seelischen Ausformungen zugleich in mir bergen, war vorerst gebannt. Aber Gegensätzliches, das Beidseitige, das ewig Zweigeteilte – hat nicht gerade dies den rundläufigen Blick, ist er nicht der gewappnete Schutzwall aller Zeiten und Angriffe!

Mein zartes Geschlecht war dem Reiz eines jungen Mannes anheimgefallen, und ich vermochte nicht, Verstand vor Herz zu nutzen. Ist dies eine menschliche Regung, so ist es mein Recht, zu scheitern. Will mir jemand Schwäche unterstellen, muss er mir redlich antworten, ob er denn anders gehandelt hätte, wenn erst das Herzpochen und unerfindliche Leidenschaft sich in ihm öffnen und aus deren Mitte die biederen Worte erklingen: ›Ich, rastloser Liebesuchender, bin Mensch wie du!‹

11. Juli: Neulich sinnierte ich, was aus Alexander geworden wäre, wenn er äußerlich anbetungswürdig, in Wahrheit jedoch voll hässlicher Eigenschaften wäre. Weil er mir solcherlei zu denken gab – ob er wohl von sich sprach? –, musste ich zwangsläufig auch ihn in entsprechende Kritik miteinbeziehen. Doch dies sind eitle Dinge zum Nachdenken, während man sie niederschreibt: in Wahrheit eroberte er meine Liebe im Sturm.

Seine Wohnstatt, verzaubert und geheimnisvoll wie im Märchen, lud jeden zur weiteren Erkundung ein, je tiefer er in ihre Räume eindrang. Fesselnd war seine positive Aura vom

Empfang bis zum Entführen in sein Privatschloss, er selbst bildete einen triumphierenden Kontrast zu allem, was nicht, wie er, fleischlich lebte.

Der Eindruck, er interessiere sich für Spiritismus, veranlasste mich zu einer höflichen, unaufdringlichen Bemerkung; er beschied mich mit einer knappen Antwort – es schien ihm unangenehm. Nach des oberflächlichen Verzeichnens all des Ins-Auge-Fallenden, brühte er uns Kaffee auf, die Vielfalt an Spezialitätskochbüchern fügte noch ein Puzzleteilchen in das unfertige Gefüge, das in meinem Geiste nach Vollkommenheit dürstete. Wir betraten, mit Tasse und Untersetzer, das mich schon vorher in Faszination gerissene Wohnzimmer. Sein ganzes Betragen, seine Art zu sprechen – alles zeugte von ungeschminkter Aufrichtigkeit, wenngleich er, als Schüler der Vorsicht, im Angesicht der Zudringlichen, die ich auch eine für ihn sein musste, den letzten Schleier nicht fallen ließ.

Es lag etwas in der Luft.

Eine eigentümliche Spannung verlangte nach Erleichterung; wie aber sollte sie ohne fachmännische Hilfe bewältigt werden? Flüche! Eben darin lag unser Verdienst. Zu zweien, Seele an Seele, unbeobachtet, frei und … glücklich (?) – allein darin bestand das Himmelsgeschenk des Augenblicks.

Er lächelte wohlwollend, ich tat es ihm nach; ich fühlte, ich sei es ihm schuldig. Nach kurzer Zeit machte ich ein Kompliment über seine pflegliche Blumensammlung. Während er, gleich mir, das Gespräch zu entzünden suchte, schweifte mein Blick über die schönen Nelken und Lilien, die sonnetrinkend unterhalb des Fensters standen.

Dass mich die Vorfreude getäuscht hatte, ging mir erst auf, als er mir, während ich von seinem heimischen Floraparadies weiterschwärmte, eröffnete, sie seien, bis auf die melancholisch geneigten Fingerhüte auf dem Fensterbrett, künstlich.

»Wahr und unwahr? Darf ich das als Gleichnis deiner Lebensschwäche deuten, Alexander?« Er nippte an seiner Tasse, wirkte ruhig und gefasst.

»Meine Liebe«, begann er, noch wärmer lächelnd, schaute diesmal allerdings zu seinem Heimgarten hinüber, »wie du später, vielleicht schon bald, selber erkennen wirst, gibt es eine Reinheit, wahrhaft und unverfälscht, und dann gibt es eine Verschleierung, sie ist feige, betrügerisch, aber gleichwohl besitzt sie den Wert, sich zu verbessern, lernend nachzuahmen.

Hier siehst du das harmloseste Beispiel, das Abbild des Wahren, ähnliche Gestalt wie das Original annehmend, für unruhige Gemüter beruhigendes Wegzeichen, für treu gebliebene Frevel und Verwerflichkeit.«

»Und zu wem gehörst du?« Sein Blick wanderte über meinen Körper, das Lächeln war verschwunden und machte einer forschenden Miene Platz. »Die Suche ist es, der ich augenblicklich angehöre. Wir sind nun mal keine Erfinder, so müssen wir unter Myriaden von Auswahlmöglichkeiten die Nischen finden, in die einzubetten uns am besten ansteht und uns helfen, das Umgebende zu beleuchten; dann können wir unseres eigenen Weges ziehen.«

Er stellte seine Tasse ab. Ein süßliches Pfeifen erklang irgendwo heimlich in dieser prachtvollen Unterkunft.

Schließlich, nach gierigem Suchen, entdeckte ich den rostüberzogenen Käfig, er hing in der Ecke des Zimmers, kaum vom Licht der gnädig scheinenden Sonne berührt. Alexander war aufgestanden und in die Küche gegangen, da er die Knabbereien vergessen hatte; es schien mir der günstigste Moment, das Rätsel – denn der Anblick des Käfigs war ein solches – zu ergründen.

Mich schlug Entsetzen! Ein buntes Tuch, schmal ausgewölbt, daneben ein Lautsprecher, welcher Vogelstimmen aussandte; wo war der echte Sänger mit der lieben Stimme? Ich trat näher heran, wünschte, dass ich mich irrte, und Alexander, postiert neben der Unzahl von, wie ich annahm, Familienabbildungen, starrte mich an, ohne Vorwurf, doch hätte ich ihn um Auskunft ersucht, das schwöre ich, wäre er schamerfüllt fortgelaufen.

Die eigene Verlegenheit kochte mein Gesicht, als ich aber zum Sofa zurückschlurfen wollte, machte er eine pflichtschuldige Geste, die leidige Erklärung bereithaltend, die er loswerden musste.

»Schau her. All diese Gesichter, samt ihrer Ausdrücke, sind nur für sich genommen, nicht was sie in Zusammenhang mit mir bedeuten. So ist es auch mit dem Käfig; er ist eine gewesene Etappe, die ich nicht leugnen kann, wiewohl er mir mehr Gutes tat als die Bilder an der Wand.«

Den Nacken nach hinten geneigt und auf die wolkenbemalte Decke starrend, gönnte ich meinem Gastgeber die lange Zeit, wofür er sie auch immer brauchte.

»Nichts dauert ewig. Das ist keine Klage, es ist Lebenspraxis.« Seine schwer gewordenen Lider senkten sich, ich fühlte, als sei ich in seinen Körper versetzt; wie in Erwartung eines Signals verharrte er, die Schale mit den Knabbereien umschlossen.

Dann ertönte ein Klicken, oh Erinnerung, aus jener symbolträchtigen Zimmerecke. Der kürzlich wunderschöne, taktvoll vorgetragene Vogelgesang war nun rückkehrlos verklungen. Noch immer wehrte ich unliebsame Verknüpfungen ab, die mich von der Zwietracht dieser als falsch entlarvten räumlichen Idylle belehren wollten.

»Er ist gestorben. Er ist gestorben, weil ich ihn vernachlässigt habe. Die einzige Hoffnung, die mir bleibt, ist, damit aufzuhören – für immer.«

Dank gilt dem Herrn, oder wem auch sonst, dass ich kraft meiner weiblichen Einfühlsamkeit Zugang zur tiefsten Seelenkammer dieses Mannes bekommen hatte, als er mir einen Schwank aus seinen Jugendjahren erzählte, wie er schmerzlich, doch auf eigentümliche Weise überlegen, von Bekanntschaften berichtete, und wie er sie zu bewältigen suchte.

»Was ich vorhin mit der Lebenspraxis meinte, nährt sich aus der Restandacht eines alten Freundes. Manchmal schon vergesse ich seinen Namen oder den genauen Tag seines Erscheinens.« Wankend trat er zum Käfig, drehte den Schlüssel, drückte, wie es sich anhörte, die Spultaste eines alten Kassettenrekorders, wobei er mit dem freien, unbeschäftigten Zeigefinger fürsorglich über das gewölbte Tuch strich, das freilich nicht auf dem Querhölzchen saß.

Das folgende Lächeln enthielt nicht das, was es auszudrücken meinte, seltsamerweise aber zählte ich mich zu den Verstehenden. Jeder aus der Gruppe hatte sein Anteiliges, für sich Stehendes, überdies gab es Gemeinsamkeiten, was allein daraus erklärbar wird, dass man uns zusammengeworfen hatte. Also geriet man ins Grübeln, welche Teile des jeweils Einzelnen bei anderen fehlten und umgekehrt.

»Wir sind nur, was die Vorstellung der Außenwelt uns erklärt zu sein.«

»Du sprichst wie ein zeitloser Beobachter. Alexander, du mein männliches Ebenbild! Vertraust du mir dein Wissen an, so tue ich für dich dasselbe. Lass uns das Schwarzweiße dort draußen mit den Farben des Herumquälens und unserer Übergeduld bepinseln, nur lass mich nicht aus den Armen!«

Wie hätte ich anders handeln können, wo Ehrlichkeit und Gewandtheit so unverbrüchlich zusammenwirken! So stürzte ich in – ja, er hielt sie liebesempfangend offen – seine Arme, und als er sie um mich schloss, war ich nicht länger ich, er war nicht er; die zärtliche Verschmelzung zweier Körper, angeleitet vom *zufälligen* Treffen ihrer Seelen, feierte ihren Triumph!

Aber was sollte diese überschwängliche Regung? »Alexander, wir sind moderne Menschen, ja. Wer verstünde das geheime, inwendige Brodeln zweier Gleichgesinnter, die nicht von dieser Welt sind! Ob es die Liebe ist, die zwischen uns verkehrt ... ach, mich kümmert's nicht!« Ich biss in seine harte Schulter, ein Ausdruck noch stärkerer, unerbittlicher Leidenschaft, während seine Hände meine Hüften streichelten, zuweilen fest zupackend, als wollte er Amor zeigen, seine Stärke (und Schwäche) bestehe nur im Besitz meines Körpers.

»Unser Reden ist nicht ihr Reden. Wenn ich von *ihnen* spreche, wird's mir unbehaglich, reden sie von mir, steckt immer ein Urteil dahinter, heimlich, listig oder schmeichlerisch ...« Und wie konnte er diesen gemeinsamen Moment nicht unter dieselben Attribute stellen ...?

»Sind wir nicht grobes Gestein, kommt nicht der arbeitsame Steinmetz, um durch uns fortzubestehen. Verblendung! Jetzt fange ich schon an, ihr Handeln zu rechtfertigen, aber eigentlich ist es der Versuch, sich Trost einzureden, wozu jeder, der unter ihrem Tun verstandesgetrübt verlebt, die Neigung verspüren muss.«

»Du hast recht, schöne Sonja«, sagte er, während er mir die Wange streichelte,»denn wenn wir reden, wetzen sich unsere Ecken und wir werden das Getrübte besser sehen lernen. Von Geburt an müssen wir die Ohren nach ihnen spitzen, ohne Ausweg, haften wir doch an der Wiege, die so breit und offen alles in sich aufnimmt, um üble Wurzel, saures Aufwachsen und Heimatlosigkeit zur Bahre in sich zu einen; fürwahr ein räuberisch erbeutetes Schicksal auf Kosten derer, die des Lebens Früchte nie schmeckten, ohne die Ahnung ihrer Giftzusätze.

Hier sind ihre Namen, wie sie meinem Verständnis begrifflich wurden: Vater, Mutter, Geschwister, Schulkameraden, Lehrer, …«

Seine Lippen berührten mein Ohr.

»Lehrer und Erzieher.« Der Mund, der dies flüsterte, war dabei, an eine gehütete Pforte zu stoßen. War ich auch von plötzlicher Zuneigung für ihn durchflammt, so wusste ich mich in seinen Unterweisungen zwar geehrt und … privilegiert? … zu fühlen, aber ich hatte meine eigenen Vorstellungen und Lehren aus der Männerwelt bezogen; mir konnte niemand, ebenso wenig wie ich ihm als Weib, etwas vormachen, ich rief mein Vorsichtsgespür wach, während ich, wie ich es als Frau zu bewahrheiten imstande bin, seinen zärtlich-festen Liebkosungen erlag, dabei fiel es mir allzu leicht, männliche und weibliche Differenzen zu übersehen. Was bedeuten diese schon im Einklang der Geschlechter; und wenn die Emanzipationsstrohköpfe unsere Sprache mit geschlechtsneutralen Begriffen durchtreiben, was bleibt noch übrig an gegenseitiger Beglückung, wenn unsere natürlichen Merkmale linguistisch abgeleugnet werden? Verkümmert meine entflammte Liebe zum Mann somit nicht zum Irrtum eines überholten Denkmusters?

Denke ich etwa zu weit, wenn die Kleinsten in ›Vater und Mutter‹ keinerlei Unterschiede erkennen *dürfen,* die gesunde Liebe zwischen Prinz und Prinzessin im schönen Märchen bald als patriarchische Dominanz gebrandmarkt in der Mottenkiste der Geschichte verschwindet, ist es ferner nicht bedenklich, einen Umdenkprozess in Gang zu setzen, solange es experimentell gehandhabt wird, während die Rahmenbedingungen, die Vorurteile nicht geschafft, beziehungsweise abgeschafft sind?

16. Juli: Es ist kühler Abend, die Luft ist frisch und für diesen Monat ungewöhnlich windig. Wenn ich hinausblicke – Pflicht für einsame Stundenbüßer –, sehe ich die dunklen Fenster des stillen Landwirten; ist er zu Hause, versäumt er keine Gelegenheit, seinen beiden Hunden Freilauf zu gewähren in dem adretten, großflächigen Obst- und Gemüsegarten. Wer ihn einmal betrat, oder lediglich von der Straße aus einen kurzen Blick hineinwarf, hatte zur Bewunderung der Vielfalt seines Geschmacks und Könnens – denn er war zudem ein geschickter Handwerker und stellte seine Erzeugnisse im Garten aus – nach allen Seiten hin endlose Verfügung.

Weiter oben, entlang des Neubaus, harren die Schlepper der alten Müllverbrennungsanlage, kess gewählt, denn eben hier, in meinem Wohngebiet, singt die Natur noch am unberührtesten; doch seitdem die Zahl zerstörerischer Maschinen von Tag zu Tag wuchs, mache ich mir große Sorgen, wenn ich mich am Anblick der in Bäume geschnitzten Winzerfiguren, die sie beim Ausüben ihrer Tätigkeit darstellen, erfreue, am zarten Schwanken der Zweige Zerstreuung finde, oder mich einfach in den Bewegungen des wohlgestalteten russischen Windhundes und den bisweilen hysterischen Bellkakofonien des Bretonischen Spaniels versenke. – Ist dieses kleine grüne Paradies geschützt vor grausigen Vernichtungsplänen?

Ob er zu Hause ist, der nette Landarbeiter, dieser sein Leben unauffällig verbringende Abgeschlossene, Verschlossene? Ich sehe keine Lichter brennen, auch kein Wimmern seiner zwei Lieben, die schmerzvoll und bange, verborgen in den zahllosen Winkeln, der Heimkehr ihres Herrn harren.

Er mag es als lästig empfunden haben, aber wenn ich ihn mit jemandem sprechen sah, nahe meines Fensters, quoll ein bescheidenes Maß an lebensgeschichtlichen Erkennungszeichen aus seiner Brust, sie verleiten einen dazu, entweder unerhörte Gerüchte aufzustellen oder das einfache, doch edle Herz dieses Menschen zu würdigen.

Ob ich hier sinnlos sinniere? Keineswegs. Die unmittelbare Nähe des ruhigen Nachbarn und seiner Eigenheiten ziehen, während ich in meinen Sinnesreisen schwelge, ihre Parallelen mit meinem neu gewonnenen Freund. Wie ein helles Meer, das seine Tiefe verleugnet, ein Baum, der nach flüchtender Höhe strebt, um zudringlichen Blicken zu entkommen … – vielleicht aber – und dies ziehe ich eher vor – ein Wolfskind mit düsteren Ränken, äußerlich schön und unschuldig wimmernd. Du, mein Tagebuch, weißt, wie meine Empfindungen herumtollen. Sollte ich dich nimmermehr belästigen, deine Leere verachten, die das Grundfest meiner Psyche ist! Du lebst doch von mir!

Also schenkte ich dir ein Leben, erbracht aus Unzufriedenheit und Leiden, doch kennst du kein Bedürfnis nach Besserung deiner Freundin, du horchst keinem Laute von Abstraktionen wie *ewiger* Liebe oder Gerechtigkeitsstreben. Ersteres muss dennoch das tiefere der beiden sein, das Letztere … ein biegsamer Stab auf dem Erkundungspfad des Lebenden, Werdenden, Auszunutzenden.

Hier kommt dein Geist, Alexander, du himmlischer! Die letzten Tage waren ein Lanzenstoß in mein feiges Fristen, du brachtest den verzagten Geiger zum Spielen, dem reißenden Hund meiner eigenen Haut lehrtest du die ertragreiche Jagd in der Fremde –, warum ich mich zu ändern gedenke, das fragst du noch!

Ich habe sie nicht gestohlen, er gab sie mir, freimütig, die Auffassungen menschlicher Leiden, vom ewigen Misstrauen bis zu der gerüsteten Frage: Was könnte werden? – oder der resignierteren, traumlastigen: Was hätte sein können?

Briefe eines Zerstörers!? Den *Normalen* und relativ Sorglosen lehren sie das Schaudern, auch mir, die ich von anderem Schicksal getauft worden bin. Welchem denn? Von dem des ›Verräters‹? Im selben Maß, wie man dem engsten Vertrauten ein Recht auf die eigenen Geheimnisse einräumt, wird der Wandlungswillige seine neuen Tugenden niemandem näherbringen, am wenigsten jenen, die er gut kennt.

Bin ich Rechenschaft schuldig? Ist es denn mein Verbrechen, krank zu sein, die Bezeichnung zu erfüllen, was andere krank heißen! Noch nie spielten Minderheiten eine beachtenswerte Rolle, Fortschiebung, Ignoranz und höhnisches Belächeln waren unsere Erträge von den Großen, Mächtigen und Lenkern.

Himmlische Kategorien! Wie im Himmel, so auf Erden, heißt es doch! Und was soll geschehen, wie hier als auch dort! Mein unfreiwilliges Zustandekommen als Spott aller dies- wie auch jenseitiger Vorgänge, oder darf ich die befriedigende Hoffnung wagen, dass dereinst die mir so erscheinenden Freudehemmnisse zu ihrer Tilgung finden, und die mich heute verzehrenden Würmer schon morgen zu prächtigen, lebensbejahenden Schmetterlingen heranwachsen!

Brecht die Zungen der Feiglinge! – So wird brodeln das Blut, das vorher still vor sich her geflossen ist, wird fliegen der Falke und vergessen sein Mitgefühl für den hungrigen Nachwuchs und die hilflose Feldmaus allein verspeisen. Ich sehe hier Figuren vor halb niedergestürzten Lidern, spüre ihr Wirken und das Nachhallen ihrer charakteristischen Stimmen, und gleichsam stoßen die Finger auf die Tastatur, deren Hilfsbereitschaft mich gewiss nicht unbefriedigt im Kampfe mit abschreckenden Rückblicken zurücklässt, kann ich mich doch eines späteren Interesses erfreuen, gewoben aus hartnäckiger Neugier, wie ein unbefriedigter Forscher, der seiner Leidenschaft im Jenseits noch nacheifert.

Nur – mir bedeutet die Nachwelt nichts. Ich erzähle von meinem Ich, das ich wohlgewählt so heiße, weil ich es, wie mein Arzt, selbst erforschen will. Zerreißen, neu zusammenfügen – wenn es nötig wird. Aber bleibt da nicht eine unberührbare Persönlichkeit, das Freischwebende, geziert mit meinem Namen, dass jeder Kenner und Nichtkenner dieses eine, nebelhaft ausgezeichnete Ich mit mir in zweifellosen Zusammenhang bringen kann?

Wer würde das wollen, wenn der Materialist den gefühlsbeladenen Träumer in seine Welt der Seelen- und Gottlosigkeit entführt, ihm Vergänglichkeit wie sinnloses Bemühen des Fleisches aufzeigt – er tut's wohl in einseitiger Absicht, dennoch gehört seine Lehre zu den Wesentlichsten des Lebens – des Lebens hier unten, der mit humusarmer Erde gefütterte Blumentopf, der seiner Gabe mit der Zeit überdrüssig wird und vor beleidigter Trockenheit zerbirst.

Der Sterblichkeit sind wir alle unterworfen; das akzeptiert derjenige, der mit klaren Augen sieht. Alle anderen rühmen sich ihrer Überlegenheit, ihres stolzgezierten Scharfblicks für die Dinge, die sie glauben macht, auf andere hinabblicken und sie lenken zu können. ›Wem oder was soll ich gehorchen?‹, fragt der Suchende und sucht den Blick seiner Artgenossen jeden Typs, damit die Frage in alle Ohren dringt. ›Gibt es Auserwählte?‹, fragt der Narzisst zur selben Zeit, und seine Zahl ist bedeutend größer als die des Suchenden. ›Wer soll uns diese Fragen beantworten? – Auf welchem Boden gedieh die Lebenskost desjenigen, der seine Stimme für Rechtschaffenheit alltönend erheben darf!‹ Und diese Frage erscholl, von allen ungehört, aus den dunkelsten Winkeln einer Region, wo jene hausen, deren Stimmen getötet wurden.

›Jedem kommt die Stunde der Wahrheit, und wo meine demütigen Gäste zusammenkommen, setze ich keine Unterschiede zwischen ihrer Lebensgestaltung!‹ So ermutigte der Gefragte seine Ratsuchenden; ein Gewimmel aus aller Zeiten, allerorten, und allmählich schämte er sich, vor ihnen Rechenschaft abzulegen.

Im Namen wandelbarer Gesetze halten sich Jahrhunderte voll Zweifel und Ermutigung die Waage, wer Letzteren angehört, spielt nur allzu gern mit den Feuern der Herrschsucht: »Habe ich den Glauben an *mich* manifestiert, ha, dann sind Gott und Schicksal einerlei. Fleisch regiert Fleisch!«

Und jede metaphysische Leier dient auch nur als Profiteinnahme, nicht als ewige Weisheitsquelle, die allen Lebenden Trost spendet. Nein! Menschlein, du erfandst erst leicht verständliche Bilder der dich umgebenden Welt, bald drängte sich dir ein Bewusstsein auf, sie machte dich zu dem, was dich von allen anderen Wesen distanziert: die Spinne im Netz der Vernunft!

Danke, oh Alexander! Es liegt klar vor mir, was ich hätte sein können, was ich werden kann und was ich letztlich sein *muss*! Und wenn mein Müssen unverbrüchlich ist, gibt es keine richtende Hand über mir; der vorgezeichnete Weg entgeht nicht meinen beschwingten Füßen, aber sollte er die Trübsal einladen, bleibt das Ziel niemandem sonst denn mir gefällig.

Was habe ich zu verlieren! Im Folgenden – denn ich weiß nicht zu sagen, ob er mir den Brief bewusst aushändigte – knüpfe ich meine Pläne und Gefühle, unabhängig von zeitlichen Bestimmungen, an die Eigenschaften des ›Verräters‹, in meinem Fall Verrät*in* (schon wieder die Geschlechterfrage. Nun haben die Linguistiker einst ihr Ziel erreicht, wird das Lesen meines Textes in Zukunft ein interessantes Stück fremdsprachiger Wissenschaft werden); was er auch denkt oder fühlt, es gemahnt an meine Persönlichkeit, zerrissen oder zusammengeflickt, ach, wen kümmert es!

Alexanders verführerischer Blick, das zarte Gleiten seiner warmen Hände – mein Herz! Dieser Mann entführte mich in lustbare Gefilde, die mir vorher unbekannt waren.

Oh unendliche Liebe, so mächtig, furchtbar und tadelnd! Vergangene Nacht markierte gewiss einen Wendepunkt in meinem Leben; sein inniges Begehren, das Flüstern seelenzerstreuender Worte ... – lass mich zur Besinnung kommen, Gott der Tor- und Einfachheit!

Zwischen uns stieg also empor, was man, mit Bedacht ausgedrückt, Austausch inniger Wertschätzung heißt, wenngleich dies unsere erste Verabredung war.

Da man Männern zuweilen erheblichen Mangel an Verbindlichkeitsgefühlen unterstellt, schenkte ich ihm – was blieb mir sonst übrig? – einen langen Kuss und hoffte, er würde seine Bedeutung verstehen.

Das Zurückdenken, es ist erst vergangene Nacht geschehen, versetzt mich ins Schwärmen, ob Liebe oder nicht, es war ein eigentümliches Band, welches ein flugbehinderter, seiner Berufung überdrüssiger Amor gebunden haben muss, wenngleich seine Tat dadurch nicht gering zu achten ist. Wie ich wohl durch die anbahnenden Neuigkeiten auf Menschen wirken werde, die mich seit Langem so und so kennen, beschäftigt mich weiter, insbesondere nach Erhalt dieser interessanten Dokumente.

Es ist Abend, und vergangene Nacht ließ mich mäßig ruhig den Schlaf verbringen. Träume spülten mein Hirn durch, ihr Inhalt spielte jene Szenen ab, die mir noch frisch im Geiste leuchten. Wichtig ist's, dass ich alles aufschreibe, denn wer weiß, wie lange mein Leben noch blüht, für Gleichgescholtene sollen meine kummergefüllten Worte aufgehoben werden – ich kenne die Zukunft nicht, doch sollte ich, allen Bedenken zum Trotz, einst ein Kind mit dem Leben beschenken, mein Blut über den Tod hinaus vererben, so darf ich die Hoffnung hegen, dass es, verstärkt durch meine geistige Hinterlassenschaft, die Irrtümer spekulativer Erinnerungen an mich Lügen strafen wird.

18. Juli: Ich schreibe wie nie zuvor. Dass ich viel zu denken bekommen habe in den letzten Tagen, tut meinen entflammten Gefühlen keinen Abbruch. Aber dir, liebes Tagebuch, darf ich den Versuch zumuten, beide Bestürmungen widerspruchsfrei darzutun. Das Zusammentreffen von Mann und Frau scheint selbstverständlich, natürlich – es fordert den Fortbestand des Menschengeschlechts.

Bestimmt wollte Vater eine Tochter nach seinem Willen. Das Unvorhersehbare – Unbedachte! – machte ihm jedoch einen Strich durch die Rechnung, und so ward ein Wesen geboren mit eigenen Wünschen und Bedürfnissen, wobei es diese in hostilem Zusammenhang mit seinen Erziehern sehen musste. Wohl könnt' ich mir mein Grab bestellen, Vater wüsst' nichts davon, ein Grab, das als Emblem für Untauglichkeit des Sklavendaseins, dem unnützen Ergebnis dessen, was Erzieher *ihr* Glück und *ihre* Zukunft heißen, dienen soll.

Wehe der Nachwelt, wenn sie für mich ein Denkmal errichtet, welches von falschen Zeugnissen berichtet! Ja, Vater und Mutter hielten mich fürsorglich in ihren Armen, doch wäre ich noch immer ihr kleines niedliches, von Unschuld geziertes Kindlein, wenn der Verlauf meines wartenden Schicksals Krieg gegen ihre Idealwelten führt, der Nachwuchs den stets missfälligen Widerspruch zwischen Vererber und Erben darlegt?

Wäre ich Arzt, würde ich ihnen wohl nicht gram sein können, aber ich bin nun mal leider eine »Abgeflossene«.

Wer steht schon außerhalb, abseitig, im Areal des Beobachters; für ihn sind Ichfixierung und Zeitlichkeit einerlei. Sehr wohl, Ekel an dich, mein Fürsorger, es war nicht deine Haut, die ich zur Stunde meiner Geburt an der meinigen spürte, mir will scheinen, dass Verzagtheit in allem steckt, tief verkrochen in dir und in deinesgleichen frisst sich das Gewürm der Ahnungslosigkeit.

Will ich mich fortpflanzen, so bereite ich meine Hände zum Empfangen in jenem Winkel, der meinem Kind den Lauf seiner Existenz ebnet, das wollte ich von einem Vater hören, der im wahren Wissen um Verantwortung und Blutsliebe bewandert ist.

Gibt es da auch nicht die kranke Mutter? Das zum Verehren, ob in guten oder schlechten Tagen, symbolisierte Weib – niemals, und das *musst* du glauben, könnte sie den Finger der Unbill schwenken; wie erst gegen das eigene Kind! Als ich vorhin meinen alten Fön in den Keller brachte, stieß ich zufällig auf alte Zeitungsartikel, sie lagen stapelweise in Kisten und warteten darauf, irgendwann von ihrer Sammlerin zum Zeitvertreib, als Reise in vergangene, täglich wiedererscheinende Bestandsaufnahmen menschlicher Lebensweise, gelesen zu werden. Ich sah erschreckende Fotografien aus der schwindenden Fauna der Polargebiete.

Entsetzlich, wie das halb zerrissene Jungtier aus dem Maul der Eisbärmutter hängt, das blutverfärbte Fell lässt die Abbildung sogar als Ergebnis einer unerbittlichen Jagd gleichkommen. Hier wirft man zwei Fakten hoch: das Schmelzen der Polarkappen als Folge globaler Erwärmung, der damit bedrohte Lebensraum vieler Tiere, und …

Hätte eine Menschenmutter dem Säugling ihr eigenes Fleisch dargebracht, verfangen in der Verträglichkeit althergebrachter Sitten, die doch die Sorge um das Wohlergehen der nächsten Generation wenigstens in vernünftigem Licht zeigen? Man stelle es sich vor, die weite Landschaft der Eiswüste, und auf ihrem Antlitz nicht etwa hungernde Eisbären, sondern tatsächlich Menschen.

Ein netter Gedanke, oder? Jahrtausend lange Evolution, die bloßer Zufall irdischer Prozesse war, machte uns zu den großen Vernunftträgern dieser Welt. Wäre die Wahl auf andere Spezies gefallen, stünden sie unserem heutigen Abbild wohl nicht allzu fern. Es gibt eine kritische Instanz, sie tritt besonders scharf zutage, wenn jemand am Verzweifeln ist, etwa inmitten einer Lebenskrise oder auf dem Sterbebett, nichtsdestotrotz ist sie die

Erfindung schwacher, genügsamer Weltkonzeption. Gott sei dein Name, Irrtum deine Taten!

Aber der Mensch wäre nicht Mensch, wollte er seine Macht-instrumente ins Feuer des Vergessens werfen, seine Brüder frei leben lassen, ihnen nur dann auf den Nachbarsgarten treten, wenn dieser ihm Nutzen bringt und beide guten Gewissens die Sonne des kommenden Morgens erwarten dürfen.

So war es einst, so ist es heut'. Aber was ich auch erkannte, wann und warum, nicht die Sorge darum, *dass* es so ist, be-schäftigt mich, es ist vielmehr das Zustandekommen, das *Wie* – ein Totenschädel kann das Spielzeug eines Knaben im Sand-kasten sein, wird ihm aber der Prozess seines Zustandekommens erläutert, steht er prompt im Schatten der kürzlich noch wohl-gefälligen Meinung.

Und zu mancher schweren Stunde gestehe ich mir ein, der ewige Feind müsse besser taugen als der Freund, der nur einer sein kann, wenn der Lebensfunke erlischt, man die gemeinsamen Zeiten Revue passieren lässt – ohne zu bedenken, dass das rein gehaltene Pech-und-Schwefel-Verhältnis keine Garantie dafür hergibt, dass ein Verrat nie hätte stattfinden können …

Hat der Widersacher Gestalt, so kann ich ihn schädigen, ihn richten oder sogar von ihm lernen, während der vermeintlich treue Gefährte sich derweil mit hinterlistigen Gewändern eines Verräters bekleidet haben kann, also dass er die Vertraulichkeiten seines Partners nicht wie seinen eigenen Schatz gehütet hat; er vergewaltigte sie mit Legitimität.

Mag man mich als Vergleich heranziehen, dem trotze ich, nicht unter hartnäckigem Protest, allein durch Redlichkeit und Unschuld. Nun kann ich, nach Vertiefung des Gelernten, sagen, mit Vertraulichkeiten geht es zur Neige und den Peinigern – Spuck! Von ihnen könnt' ich Hymnen komponieren – werde ich ihre Rechnung vorlegen; ganz recht, sie sollen lernen, dass ich sie brauche wie alle andern, und ihr herrschender Fuß auf meinem Nacken ist nur der Druck, um den verrutschten Knochen in seine richtige Stelle wieder einzufügen.

... – 20. November: Mit jedem Augenblick ist Schneeeinbruch zu erwarten. Wie ich schaudere vor dieser kalten, Trost raubenden Jahreszeit; wieder ging das Licht und die Farben des heiteren Sommers zur Neige, und wieder frage ich mich vorwurfsvoll, ob ich genügend meiner Tage unter freiem Himmel beim Lauschen der Vogelgesänge, den üppigen Schneisen und dem lärmfernen Bächlein im Wald genossen habe.

Ist man oft mit sich allein, ist es schwer, nicht an der Hand jene glücklichen Tage abzählen zu wollen, an denen jeglicher Verdruss nur eine Mücke am Nacken schien, die wahrhaft ausbremsenden Erlebnisse dagegen übermächtig daher schreiten, stets ihre Erfüllung finden. Ich unterlasse es, für dieses Jahr eine Glücksbilanz zu erstellen; sie würde mich nur kränken.

Die schmalen Ähren unterm Fenster wiegen noch standhaft im kühlen Wind, vielleicht schon im nächsten Moment werden sie den kältesten in diesem Jahr erfahren, später noch schlimmere – mir ergeht's nicht unähnlich. Mittlerweile, die Tatsache verwundert nicht, lediglich der kurze Zeitabstand, sind viele meiner Lieben dahingegangen, Freunde, Bekannte, Anverwandte, ja sogar Kulli, mein lieber Kater, rufe ich mir dann ins Gedächtnis, wie sorgenfrei sie alle lebten, nie müde wurden, dem zu danken, was sie hatten, und das zu missachten, was ihnen fehlte oder Schaden zuführte, muss ich im Zwange der Ungerechtigkeit diese anfluchen, warum sie denn nicht mich, die so beklagenswert ist, ins Reich des Hades gerissen hat.

Jemand würde jetzt zum Troste sagen: ›Schicksal richtet's, du kannst es nicht beeinflussen.‹ Nette Worte, wirklich, und sollte es stimmen, könnte ich ebenso wohl einen Mord begehen, mich dann auf die Unerklärlichkeit dieses Äthergespinstes berufen und, da sich so viele auf seine Gesetzmäßigkeit verlassen, meinen sofortigen Freispruch lächelnd abwarten.

Ein anderer, den kenn' ich schon besser, würde entgegenhalten: ›Die Würfel des Zufalls sind die einzigen unbeeinflussbaren Herrscher da droben oder wo du sie sonst vermutest. Ferner sind sie freundlicher zu dir und in ihrer Gesetzgebung; denn wo Schicksal ist, ist bitterer Anfang und unabsehbares Ende, ist das

Bedürfnis nach Vorantreiben, Maßregelung, Bestrafung, Fixierung und strenger Ordnung stark; kurz, es regiert die Übersicht von allem, was wir kennen, doch wiederum in kleinere Unübersichtlichkeiten zerfällt, weil er, der große Lenker, einen Widerspruch in seiner Brust birgt, der seine eigene Eitelkeit verkennen lässt. Dieser Widerspruch ist der erbarmungslose Brecher, der dich strafen zu müssen meint, obwohl allein er dein Sein gewollt hat.‹ Meinungsunterschiede könnten so harmlos sein, würden sie auf scherzhafter Ebene ausgetragen, leider aber, so will es des Menschen Natur, steigert sich der eine wie der andere in Feuer fangende Ausbrüche und verwüstet sein vorher noch stilles Umfeld, ehe er richtig in seinen Konvulsionen geifert.

Ich für meinen Teil ergehe mich nicht länger in Zwist und Hader mit solcherlei, der Schmerz-Spiegel unterrichtete mich ausgiebig, ein anderer Brief, der meine Persönlichkeit erschreckend genau nachzeichnet, ist über seine Startlaufbahn hinausgeschossen. Einen dritten, ich las ihn nur kurz, da Alexander ihn, wenn ich darüber nachdenke, aus Leichtsinn liegen ließ, während er jene, die mir zugedacht waren, vielversprechend in die Hände drückte, bevor er mich in jener Nacht unvergesslich küsste, behandle ich vorsorglich behutsam.

Nathan möge als Beispiel für die darin enthaltenen Beschreibungen herhalten. Entschlossen und gegen alle Trugschlüsse gewappnet – so steht er mit beiden Füßen auf hartem Boden, ich sehe ihn als Statue der Nachwelt, die ihm schuldbewusst huldigt, da sie seinen Wert zu Lebzeiten nie erkannt hatte, ihn ignorierte und schließlich für die Torheiten teuer bezahlen musste.

Soviel durfte ich mir von dem, was ich von den anderen wusste, und was mich die Briefe lehrten, zusammenreimen. Chaos oder Ordnung!? Liebe oder Falschmünzerei – ich glaube, bald öffnen sich die Pforten zu den mächtigen, geheim gehaltenen Vorgängen der Institutionen, abgeblättert vom als Fassade dienenden Alltag.

Also habe ich mich in den mysteriösen Schriften wiedergefunden, Nathan ebenso … ich zweifle nicht, dass den anderen der Gruppe gleichfalls ein Ahne der Passion winkt. Doch was ist mit unseren *Helfern*? Die nicht in herzlicher Erwartung ihrer

Kranken (?) die Tür weit öffnen, sondern ihnen Stock und Stein auf den Flur streuen.

Wer braucht sie! Scheuen sollte man den Glanz ihrer Hände, sind sie äußerlich einladend weich, so sind sie in ihrem Werk umso dreckverschmierter und Knochen brechender. Die Ankunft der ersten Flocken habe ich versäumt; zerstreut betrachte ich das harmonische Gestöber; bald schon ballen sich die zarten, weißen Krieger auf dem Vorgarten zusammen – und auf allen Straßen weit und breit. So verbringe ich den Rest des Abends, bis Väterchen Frost mit seinen Heerscharen nicht nur das ganze Land besetzt hat, sondern auch jeden restlichen sommerfrischen Gedanken der Menschen durch seinen eisigen Zepter erstarren lässt.

25. November – von einem Erlebnis, das mein Seelenfeuer schürte: Heute, kurz vor Wochenende, verschlug es mich in die Innenstadt, seit Tagen nämlich reizte mich der Besuch im Mystic Tools, der Laden einer meiner wenigen besten Freundinnen. Die avantgardistischen Schneeverwehungen der letzten Tage schmolzen schnell dahin, und da mein Auto ruiniert worden war – keine Macht der Welt vermag die Zerstörungslust dieser Jugendlichen zu besänftigen –, nahm ich den Bus bis zum Einkaufscenter und von dort aus setzte ich den Rest des Weges mit der ramponierten Straßenbahn fort. Meine Angstzustände wären verlässliche Warnungen, sobald ich daran denke, mich unter das Menschengetümmel zu begeben, nur sind die Vorzüge der Abgeschlossenheit ein verächtlicher Brennpunkt für alle, die sie nicht verstehen.

Ignoranz wäre ein seliges Geschenk für Leute meines Schlages, aber auch wenn sie über mir schwebt, so ist sie nie die, deren versprechende Wirkung ich erwarte; zwar spüre ich dann und wann das Nichtkümmern der Menschen, trotzdem richten sie über mich, versuchen mein Leben ohne Fragen und Bitten zu bestimmen und verdammen mich, als Seelenzerfressene im Bauch der kranken Mutter heranzureifen.

Warum sonst sind alle Blicke da draußen nach mir gerollt, an welche grässliche Regel halten sich meine Sitzgenossen im Bus, auf den Straßen, wenn sie neben mir vorbeimarschieren und mich fixieren, lassen sie's auch sein, spüre ich immer noch ihre latente Unbill, manchmal denke ich, sie hegten ebensolche Überlegungen wie ich, doch der Unterschied zwischen ihnen und mir ist der, dass sie als Lakaien ihre Problemchen, wie groß sie auch sein mögen, unter sich bewahren, dabei bewegen sie sich wie die Ratte im Laufrad.

Ich flanierte auf der Uferstraße des großen Sees, die mich noch etwa dreihundert Meter von Mathildes Laden trennte, heftete den Blick auf den Boden, ließ mich von keinem Fußgänger stören. Wenn aber ich sie störte, was meinen unausgesetzten Befürchtungen entsprach, dann war ich bald verfolgt, zerbrochen seelisch ausgeweidet.

Mein einziger Hirte auf dieser perfiden Hetzjagd war das Erreichen des nicht mehr weit entfernten Zieles. Ringsum brüllten die Motoren sämtlicher Fahrzeuge, beunruhigten mich, wenn sie mich nicht verdrossen, bei den letzten Schritten zu Mystic Tools jedoch konnten sie mir nicht länger suggerieren; ich trat ein und fühlte Sicherheit über mir hereinströmen.

»Sonja! Was für eine Überraschung. Wie geht es dir?« Mathilde begrüßte mich herzlich und schenkte mir ein Lächeln, wie eine Freundin es nur vermag, eines, das ich anderswo umsonst gesucht hätte. Für einen Moment blieb ich stumm, was sie, da sie mich kannte, mir keineswegs vorhielt, dann trat ich näher zur Theke, begrüßte sie etwas verspätet und schlug meine Hände vors Gesicht.

»Haben sie dich verletzt? Sind sie mit dir diesmal zu weit gegangen? Liebste, du kannst dich beruhigen, hier bei mir tut dir niemand ein Leid an.« Sie war wahrlich eine Meisterin im Trösten, es fehlte auch nicht der wärmende Griff nach meinem Arm, nachdem sie Worte gefunden hatte, mit denen sie scharfsinnig den Schmutz aus meinem Inneren wischte.

»Es ist so anders, allein in die Stadt zu fahren als zusammen mit vielen Fremden«, sagte ich, langsam wieder zu mir selbst findend.

»Mit Fremden, die dir, aber du ihnen nicht fremd bist«, ergänzte sie. Eigentlich erwartete ich am Ende ihres Satzes eine höfliche Nachfrage, es wäre taktvoller gewesen, doch ich zürnte ihr nicht darob, schließlich hatte ich sie im Laufe der Zeit über meinen Kummer aufgeklärt, sodass es mich nicht quälte, wenn sie mittlerweile wie ein lebendiger Schattenspiegel zu mir sprach. »Tut mir Leid, aber ich habe bei meiner Eile kein Schild aushängen sehen. Bist du gerade in der Mittagspause?«

»Das bin ich. Da du dich seit Wochen nicht bei mir gemeldet hast, lasse ich die Tür immer offen und erwarte, dass du eintrittst.« Wenn sie von ihrer Verkäufertätigkeit eine Auszeit nahm, nutzte sie die Ruhe nicht wie andere, um sich zu stärken, sie verbrachte lieber ihre Zeit mit dem Sortieren der Astromagazine; obwohl dies ihrem Beruf entsprach, war es mehr eine private als geschäftliche Tätigkeit.

»Wie gefällt dir denn dein Talisman? Ich hoffe, er hat dir schon seine Dienste geleistet; meine Liebe, ich mache mir ernsthafte Sorgen um dich. Du weißt, dass die Sterne momentan für dich in einer ungünstigen Konstellation stehen, darum bin ich bemüht, soviel ich nur kann, für dich zu tun und die negativen Einflüsse mithilfe meiner Schätze zu neutralisieren.«

»Danke, aber irgendwie ist es mir aus dem Kopf gegangen, die Heilkräfte des Talismans zu studieren.« Noch wusste sie nichts von meinem Sinneswandel, selbst mir war er als solcher noch fremd, aber er bereitete schon die nächste Phase meines Lebens vor. Mathilde war eine regelrechte Fanatikerin, eine gute Freundin, in Sachen geistige Weiterentwicklung indes blieb sie stur, mochte sie noch so feinfühlig beim Erkunden meiner Schwierigkeiten sein, ihre Hilfe basierte letztendlich auf nichts Anderem als spirituellen Mummenschanz.

»Lass mich dir von Hagen erzählen …« Ich fuhr zusammen, sie deutete meine Unausgeglichenheit wohl, als ich die Hände vor den Mund schlug und sie jene Vorgänge in mir erahnen konnte, die mich an das gescheiterte Verhältnis zwischen ihr und ihrem Mann erinnerten.

»Ach, Sonja, du ahnst es; wie gern treffe ich auf solche Anteilnahme. Ich erzählte dir damals von unserem schrecklichen Streit. Du weißt, ich übe mich in den Kräften meines Berufes, finde erfüllende Erfrischung bei täglichen Regenerationen, würde auch gerne andern die Fülle des Glücks meiner Trancezustände abgeben, aber wer dem *Höheren* keine Daseinsberechtigung zugesteht, den verweise ich aus meiner Geisterboutique.«

»Wie hat er denn das Gespräch mit dir gesucht?«

Sie schüttelte den Kopf, ihre tannengrünen Augen waren verborgen hinter kräftig schwarzen Strähnen, die einer Haarpracht angehörten, die sie wöchentlich nach eigenen Ideen frisieren ließ; nicht für den Bruchteil einer Sekunde schämte sie sich für die überschäumenden Gefühle aus Zerrissenheit, Wut und Trauer, während sie mutig weiter nach den rechten Worten suchte, um ihre Krise zu schildern.

»Was fragst du! Du kennst ihn gut genug. Sieh das Bild meines lieben Vaters«, sie deutete auf die umrahmte Fotografie, die schon halb im Lagerbereich neben dem Perlenkettenvorhang an der Wand hing. »Einen Mann zu finden ist fürwahr keine Heldenkunst. Bist du indes mit all deinen Gefühlen, Gedanken und Liebesergebenheiten auf den einen fixiert, den einen Wunderbaren, Einzigartigen, Für-dich-Bestimmten, meine Liebe, welcher verheerenden Kurzsinnigkeit bist du dann auf den Lockhonig gegangen! Sie traten in mein Leben, wenige blieben, das Herz, allen zufällig hereinbrechenden Leidenschaften wie eine willige Hündin folgend – oh Verrat! –, frisst jeden in sich hinein, ihm kommt kein Lusterlebnis ungelegen, sodass ich oftmals geneigt bin zu glauben, meine Sinnesorgane hätten sich gegen mich verschworen.«

Zwischen uns herrschte uneingeschränktes Vertrauen. Wir waren Freundinnen fürs Leben, könnte man sagen. Gewiss bin ich nicht die einzige, die sagen würde, sie war die beste Freundin, die man sich wünschen kann – dies pflegt jeder zu sagen, der in die Gnade weltvernebelnden Glücks gefallen ist.

Männliche Gefühle, inwieweit sie von den weiblichen verschieden sind, fanden ihren Platz immer in unseren Konversationen, die natürliche Wechselbeziehung, haben wir auch keinerlei Einfluss auf sie, nimmt an Schädlichkeitswert erheblich ab, wenn sie von zwei Vertretern gleichen Geschlechts ausdiskutiert wird.

Mann versteht nicht, was Frau denkt – sollte es anders sein, so wäre das zu bestellende Feld der Wahrheiten vor der Saat geerntet, Dunkelheit kennte kein Licht, der kleine Bruder sähe den grausamen größeren nur in seinen Albträumen, und alles Leiden – in guten wie in schlechten Absichten – wäre angestaubt wie das Werkzeug Gottes, nur damit seine unbeholfenen Diener in schweißtreibendem Eifer das Herz derer basteln, die in Zukunftshoffnungen gebadet und zum Trocknen im regenfeuchten Garten aufgehangen werden.

Das Bild ihres Vaters – ich wusste, worauf sie hinaus wollte. Sie sprach weiter:»Solange ich versucht hatte, meinen Verstand dem des Mannes anzugleichen, wurde ich von der Unmöglichkeit dieses Unterfangens bitter belehrt; eine Liebe kommt, tausend Enttäuschungen sind ihre Kinder.

Ein Narr, wer glaubt, er könne beide Geschlechtsmerkmale beliebig wechselnd in Gedankenspuren aufnehmen, wo er doch nur einem der beiden angehören kann; trotzdem lastet einem der Sinn auch nach dieser Erkenntnis schwer, da die Welt rings um ihn sich ja nicht von selbst erklärt.«

Mein Blick irrte, während ich ihr zuhörte, zwischen den in Beschauung versenkten Buddhafiguren und den von Räucherstäbchenrauch verschleierten Mosaikbildern umher, wovon eines illusorisch eine weibliche Gestalt inmitten einer trostlosen Heide darstellte, welche, auf Knie gesunken und in dieser Haltung dem finsteren Tal trotzend, die Geste der lammfrommen Gläubigen vermittelte, anhänglich, unbeirrt.

»Sonja, bitte. Es liegt mir am Herzen.« Ich fuhr herum, errötete wahrscheinlich vor Scham, da sie mich gütig anlächelte und erkannt haben musste, dass sie mich nicht aus Geistesabwesenheit aufschreckte, sondern ich in ihrem kleinen Zauberladen, wenngleich ich von dergleichen Humbug allmählich abfiel, mental nach Stärkung suchte. Als ich in ihre Augen sah, ihre zwei Tannen, die wie Wächter eines ewig rauschenden Gefühlswaldes dastanden, der im düstersten Winter noch seine Farbpracht würdig erhält und Verirrten wie mir mütterlichen Schutz bietet, da wurde mir klar, woran ich an dieser Frau war – ich war wieder bereit, an das Gute zu glauben, ausgelöst von einem einzelnen Menschen.

»Du weißt's ja, ich habe nicht von allen diese strenge Meinung. Wie könnte ich auch meinen Vater hassen.« Ich schluckte einen Kloß hinunter, wollte nicht, dass sie den nachdenklichen Ausdruck auf meinem Gesicht sah. »Das leuchtet dir doch ein, oder?«

»Natürlich«, erwiderte ich schnell.

»Aber Hagen«, fuhr sie fort, »nein, ihn scheint es nicht zu kümmern, welcher Begehrensstrom in meinen Adern rauscht, gleichgültig sind ihm selbst unsere Kinder, wenn er spät in der Nacht heimkehrt, volltrunken den Flur entlangtaumelnd ins Schlafzimmer stürzt, die zwei Kleinen rücksichtslos aus ihrem Schlummer reißt, in den ich sie mit aller Mühe und Liebe hineingesungen hab'. An solchen Tagen und Nächten will meine Wunde weiterklaffen, und mein Recht ist es, zu fragen, warum ich mein Leben mit diesem Mann zu teilen verdammt bin.«

»Nenn mich ruhig verrückt, aber sei dir im Klaren darüber, dass, trotzdem ich mein Alleinsein konsequent verteidige und wie du entsprechende Erfahrungen gemacht habe, die Urtriebe in mir auch weiterhin ihr Gewolltes zu erzwingen bemüht sind. In allem Ernst kann ich mich nicht entscheiden, welcher Schicksalsweg der einfachere ist, der einsam entrückte oder der von ständigen Differenzen vergiftete.«

»Beide bedingen einander – mehr oder weniger.« Das Gewühl unter der Theke fand ein Ende, als sie Tarotkarten zwischen uns ausbreitete, dabei blickte sie immer wieder zurück, wohin, war mir zunächst gleich, doch als ihr gewendeter Hals starr blieb, war mir sofort klar, dass die Fotografie an der Wand ihren Geist von körperlichen Aktionen gewissermaßen abhielt.

»Seine Aura ist verschwommen. Verschwommen aber auch sonst schlicht.« Mit geschickten Fingern streifte sie einzelne Karten vom Deck, sie fanden ihren Platz vor mir, ich bestaunte sie mit unverhohlener Neugierde. »Es ist noch nicht viel zu sehen«, murmelte sie. Sie schloss die Augen, eine Weile verging, als ihre Wimpern zu flackern anfingen, sie aus ihren geheimen Sphären kurzzeitig zurückkehrte und mir wider Erwarten einen allzu irdisch vertrauten Sachverhalt schilderte. »Kannst du's dir vorstellen, Liebste.« Ihre Stimme verhärtete sich, es klang unheimlich für einen Moment, fast schon dachte ich, es sei ein Mann, der zu mir spricht.

»Auf eine mir unbegreifliche Weise, die sich meinem Forschen entzieht, beugt er sich über den Kleinen, während dieser ruhig im Bett schläft, wartet, bis sein kalter Atem ihn weckt, umfasst beidhändig seine Schultern und flüstert ihm ins Ohr: ›Was erwartest du von deinem Vater? Welche Aufgaben wünschst du von ihm erfüllt?‹

Der Anblick ließ mich erschaudern. Selten natürlich, bislang war ich dreimal Zeugin solch eigenartiger Taten, dringt mein Junge bis zu seiner Verstandesebene vor, wenn es ihm zu gelingen scheint, windet er sich krampfhaft und weint entsetzlich, was Hagen noch mehr in Aufregung versetzt. Umso eindringlicher redet er auf ihn ein, doch ab diesem Punkt ertrage ich meist kein Wort mehr, das Verfolgen seiner Bewegungen, wie sie dem Kind beschwichtigend durch die Haare fahren, eine andere, das begütigende Niederhalten seines Kopfes auf die Kissen, sein Anstimmen auf ein Wiegenlied …«

Ihr Kinn sank in die Handflächen. Ihre Blicke, vom Zweifel betäubt, schweiften über ein Dutzend Karten.

»Sonja, ich kann nichts tun.« Sie, die spiritistische Meisterin, befand sich in einer Lage, aus der sie nicht herausfand. Ich zweifelte nicht an ihrem Sieg, überdies war ich für sie da, wie sie es hundertmal mehr für mich gewesen war, aber, ich armes Wichtchen, was hätte mich antreiben können, welche menschenfreundliche Begabung oder Liebe, um ihre Hilfen angemessen zu vergelten.

»Du versuchst, dich in ihn −« Sie fuhr dazwischen: »Wie könnt’ ich!«

»Und dein lieber Vater? Die männliche Liebe, die du von ihm erfahren hast, es muss sie auch bei anderen geben, glaube mir.«

»Welche? Mein Vater hat mich geliebt, weil er ein gebrochener Mann war. Nicht etwa alltägliche, weibsbezogene Gründe veranlassten ihn dazu, sich von ihnen zu distanzieren, es waren aufeinanderfolgende Ereignisse, die Krankheit und Tod forderten, mutwillige seelische Verletzungen hingegen blieben dem gütigen Mann erspart, somit wurde es seine Lebensaufgabe, seine einzige Tochter inbrünstig großzuziehen und seine Geschäfte einzuschränken, wenn er Länder mit seinem Transporter befuhr.

Ein Elternbild fürwahr, dem ich mich anglich, die Spuren von charakterlichen Defiziten hafteten nicht an meines Vaters Seele, unerschütterlich liebte ich ihn so wie er mich.

Vielleicht deshalb, weil er mein Erzeuger war? Etwa weil, wer die Verantwortung des Erziehers übernimmt, dem Stolz gerecht zu werden gedenkt, seinen fleischlichen Beitrag für Mutter Erde geleistet zu haben?

Aber diese Sentimentalität meine ich nicht, meine Liebe.« Sie strich mir sanft über den Unterarm, den ich quer über die Karten gelegt hatte. Mittlerweile schienen sie ihr unwichtig. »Die Frage, die mich beschäftigt, ist eine andere: Wie liebt dich dein Gatte …? Wie liebt er eure gemeinsamen Kinder … – unter welchen Vorzeichen bist du mit ihm die Beziehung eingegangen? Und wie musst du ihn lieben, damit ihr beide euch nach Gebühr *Liebende* heißen dürft? Zusammenhängend lass mich dir von einem Traum erzählen, der mich zwei Tage zuvor befiel.

Ich stand in der Küche und hörte schallendes Gepolter. Draußen war es dunkel, ich fühlte im Traum, dass ich müde war, so muss es denn spät in der Nacht gewesen sein. Erst glaubte ich, das Geräusch würde außerhalb stattfinden, dann, das Messer und Gemüse auf dem Schneidebrett liegenlassend, wandte ich mich der Spüle zu, denn es klang immer wahrscheinlicher, dass das Poltern aus deren Nähe komme.

Plötzlich vernahm ich ein Mauzen. Ich kniete nieder und öffnete den Abflussschrank, da stürmte mir eine Katzenschar entgegen, manche beißend und kratzend, andere schlenderten gemächlich an mir vorbei, bis ich zur Besinnung kam und mir, trotz der Eigenarten eines Traumes, die Erklärung zurechtzulegen suchte. Doch den größten Schrecken bildete die schwarze Katzenanführerin mit dem glänzenden Fell. Der Schmerz der Vergessenheit! Du weißt, ich besaß zuerst Kleonar, die weiße Magie, die Zauberkunst der Guten, ich verschrieb mich ihr; Kleonar wurde meine Energiequelle. Vor zwei Jahren starb sie, wie es den Rechtschaffenen oftmals ungerechterweise widerfährt, aber ich wollte meine mentalen Kräfte pfleglich halten, und ehe mir durch ihren Tod ein Verlust meiner Fähigkeiten bevorstand, kaufte ich mir eine neue Katze. Minota.

Doch auch sie verließ mich, riss aus und seitdem fühle ich mich von Würmern der Sehnsucht angefressen. Zurück zum Traum: sie war die Anführerin! Minota trat mir als Herrin von Angesicht zu Angesicht entgegen, meine banale Zunge, statt sie herzumschließend zu umwerben, erkundigte sich bei ihr nach dem Poltern, das weiter lautstark durch die Räume hallte.

Anfangs schien mir … —«, Mathilde genoss meine Aufmerksamkeit, und damit sie nicht den Faden verlöre, zog sie ihr Handy zurate, um gespeicherte Einzelheiten des Traumes nachzulesen. Natürlich führte sie auch ein klassisches Traumtagebuch, ein so kostbares Stück mit Pergamentseiten jedoch hatte in ihrem Geschäft nichts zu suchen.

»Ich sage mit Nachdruck: Sie besaß drei Augen! Smaragdfarben schimmerten sie und erweichten demütig, als Minota eine rasche Kopfbewegung machte und dabei leise quiekte. Sie gab meiner Bitte nach. Das Gefühl der Bedrängnis in meiner eigenen Küche wich jäh dem der Erleichterung, trotzdem schien es offenkundig, dass Minota, obwohl ich ihrer Zuneigung sicher war, die Rolle der Herrscherin weiterhin zu spielen gedachte. Sie versprach mir zu helfen, zog sich mit ihrer Meute in den Abflussschacht zurück und der Traum endete in einer Serie aus Verzweiflung und Selbstvorwürfen.

In der Traumsymbolik verweist das Auge auf Lebenswillen, den Spiegel des Seelenlebens. Es ist verständlich, dass ihr unnatürlich drittes Auge, das großförmig auf ihrer Stirn saß, die höchste Beachtung gefunden hat, überdies musste ich mir nach dem Erwachen eingestehen, sie hielte mir tatsächlich den Spiegel vor, namentlich zu nennen wäre er wohl mit schwarzer Magie oder Lebenskunst.

Die weiße Seite, seit Kleonars Tod anfluchend, war mir nicht länger der Studien wert, also begab ich mich, ohne es dereinst geahnt zu haben, auf das Feld dunkler Täuschungen, verlockend teuflischer Praktiken. Wahrlich, ich musste fortan systematisch vorgehen, wollte ich mein schematisiertes Leben nicht den Abhang hinunterschlittern sehen, denn ob ich nun der einen oder anderen Seite der Zauberkunst angehörte – es machte keinen Unterschied; es macht dich nur begehren nach dem andern, wenn du nur bei einem Heim beziehst.«

»Man möchte es als das von Erfahrung erfüllte Glück einer Verwandelten bezeichnen. Denn bist du damit nicht gegen die Intrigen beider Seiten abgesichert?«

»Gewiss«, erwiderte sie, und wie hübsch sich ihr Gesicht dabei verzog, als sie dies sagte, unter Berücksichtigung ihres Lebensunterhaltes wirkte es buchstäblich magisch. Es möge das männliche Geschlecht verwundern, sobald es beim Anhören tändelnder Phrasen, die zwischen zwei Frauen fließen, den Eindruck homoerotischer Begier gewinnt; vielleicht verwirft es diesen Gedanken rasch, wenn es das Weib auf seine Undurchschaubarkeit reduziert. Dieses Schlussurteil hindert sie darin, weiter in die Rätsel der weiblichen Psyche vordringen zu wollen.

Aber so sind wir Frauen – und ja, ich bekräftige es, Mathilde war wirklich hübsch.

Vielleicht hatte sie die Benutzung von Faltencreme aus selbstbewussten und altersgerechten Gründen überdacht, dem Urteil ihrer Außenwelt, in diesem Fall meiner Wenigkeit, entgingen die geschmeidigen Rundungen ihres Gesichts nicht, wie von Engeln der Gnade geformt, um die Botschaft ewiger, aus ihrem Inneren strömender Schönheit der Welt kundzutun.

Normalerweise rede ich nicht so – wenn man schreibt, geht oft die Fantasie mit einem durch –, und doch ist es eine gewisse Schuldigkeit, die ich für Mathilde empfand.

»Du weißt, ich notiere neben meinen Traumberichten persönliche Bemerkungen. Dabei mache ich es mir zur Gewohnheit, gegenwärtige Tagesabläufe strikt in Assoziation mit dem nächtlich Erlebten zu bringen. Meine Frage an dich …«

»Deine Einstellungen sind *ihm* zuwider«, antwortete ich, noch ehe sie den rechten Gedanken fassen konnte. »Genau das, meine Liebe«, ihr unvermitteltes Lächeln schüttelte all die finsteren Züge ab, »bewundere ich an dir so innig. Ich wäre ziellos umher-

geschweift, verloren zwischen meinen eigenen Lebensmauern, aber du dringst umweglos zum Brennpunkt vor.«
»Deine Freundschaft ist mir wichtig.« Ich ertappte mich bei einem sentimentalen Schnellstart. Oh Bedauern! Solche Ehrlichkeit widersprach meiner Persönlichkeit. Dennoch: So unterschwellig meine Kontakte da draußen auch schlagen, versuche ich sie, sofern sie mir sinnvoll erscheinen, weiterzupflegen. Und meine Bindung zu Mathilde war seit längerer Zeit nun wertschätzend, aufrecht und – hoffnungsvoll. Oder wie sie sagen würde: Die höheren Mächte hätten uns ein Zeichen gesetzt und sich als gnädig erwiesen ...

25. November ... – Fortsetzung –: Ihre nächtlichen Reisen hatte Mathilde, wie ich bereits erwähnte, in ihrem Traumtagebuch verewigt, meiner Angewöhnung nicht unähnlich, dasselbe mit eigenen geistigen Spannungen zu tun. Bevor ich mich anschickte, nach längerem Fernbleiben ihr meinen Abschied zu entbieten, erlitt sie einen schweren Anfall von Kummer.

Fast schon wähnte ich mich als Urheberin – der Wahrheit, liebes Tagebuch, gerecht zu werden, verhält es sich in diesem Moment auch nicht anders –, wäre in jenem erschütternden Augenblick nicht ihr Verständnis so reinlich zur Geltung gekommen, fände ich mich heute wohl verscharrt in den Katakomben meines Schuldbewusstseins.

›Erkannt habe ich mein Los! Ich bin von Dunkelheit umhüllt, das kalte Herz eines Mannes hat mich umschlossen, ich habe ihm Kinder geschenkt! Was soll mein übles Geschick wenden!‹

Stumm wurde ich.

Wie? Mich fragte sie? Niemand sonst war dort gewesen in ihrem beruflichen Refugium, allein stand ich hier, hantierend mit der plötzlichen Schwermut meiner besten, einzig wahren Freundin. Dabei war ich es, die auf ihre tröstende Begabung gebaut hatte, als ich ihren Laden betrat. War die ganze Stadt von einem Fluch belegt?

Mit fremder Trauer umgehen ... ein schwieriges Unterfangen für Sonja, die ›Verräterin‹ – wie würde Alexander mir sein Mitgefühl vorbringen, wenn ich es wäre, die in ihrer Kummerzelle an familiärer Pest erstickt!

Bevor ich, mangels tröstender Erheiterungskraft, aus Magic Tools hinaustrat auf die lärmende Vormittagsstraße, kaufte ich bei Mathilde den Amethyst, dabei folgte ich meiner Intuition, und nicht einmal Mathilde, sonst immer kommentierfreudig, erwähnte ein Wort des Guten oder Schlechten über meine plötzliche Entscheidung.

Dieser etwas ungleiche Abschied, auf beiden Seiten leicht variiert, sie deprimiert, ich mit meinem Erwerb beglückt, schadete unserer Freundschaft nicht – so hoffte ich. Die letzten Sekunden verhielten wir uns wie Käufer und Verkäuferin, ohne jedes Kennzeichen von Bekanntschaft.

Zwanzig Minuten später kam ich an der Grundschule vorbei; ich verspürte die Lust, an meinem freien Tag ziellos durch die Straßen zu ziehen. Sie lag in der Abgrund-Trümmer-Straße, doch nun, welchen Umständen es auch anzurechnen war, trug sie den Namen Lustberger-Genossen. Ob nicht etwa meine Sinne einen Streich spielten oder ob dies wahrlich eine ordnungsgemäße Umbenennung war, wäre leicht ergründbar gewesen, jedes kleinere und größere Geschäftshaus hätte ich nach Auskunft ersuchen oder, noch verlässlicher, im nächsten Telefonbuch nachschlagen können. Ach nein, heute schaut man einfach auf den kleinen Geräten nach, den Taschenweisen.

Aber was würde es schon ändern? Obgleich ich lange nicht in diesem Viertel gewesen war, weckte doch die eine oder andere Fassade und Biegung meine schläfrigen Erinnerungen; die warme, fürsorgliche Hand meiner Mutter haltend, wie wir gemeinsam vom Zirkus auf dem Nachhauseweg den adretten Fußweg für Familien, junge und alte Paare gemächlich entlangspazieren; denn ausgeflippte Jugendliche hätten sich allein der Atmosphäre wegen hier nicht heimisch gefühlt.

Oder die leicht übersehbare Backstube hinter dem Touristeninfostand, eingepfercht in der Mandelgasse, an welcher man gleichgültig vorbeimarschiert, bis einen die frischen Kuchengerüche die gegangenen Schritte zurücklenken, und wer ohne seine Kleinen unterwegs ist, möchte sich schuldig fühlen, wenn er ohne die raren, umfänglich gelobten Naschwerke vor die vor freudiger Erwartung strahlenden Gesichter seiner Lieben tritt.

Das Band schöner Erlebnisse … lauf zurück … bleib stehen und sag mir, was mich zu mich gemacht hat! Für den Moment, die meiste Schuld daran trug der lärmende, menscherfüllte Verkehr, war ich bekümmert, vielleicht – hätte ich meinen Arzt anrufen, ihm mein gegenwärtiges Befinden schildern sollen, seinen Rat abgewartet, nur: Er hatte ja wohl andere Pflichten und Patienten außer mir … oder?

Aber so leicht ist es, heute, wo man zu jederzeit, ob bei Tag oder Nacht, sein mobiles Kommunikationsgerät in die Hand nimmt und nach kurzem Geflitze der Finger seine Bekannten, Verwandten, Kollegen und – eben hierbei hege ich Zweifel – Vertrauensärzte kontaktieren kann.

Und doch gibt es Rufnummern für Notleidende, oft von geistlicher Ausstattung, aber wer offenen Auges durch die Welt marschiert, der weiß, dass wir lediglich Ausfüller, Platzhalter, bestenfalls Komparsen sind, keinesfalls, und das fällt schwer zu akzeptieren, stehe *ich* über den Dingen.

Würde ich, wäre eine solche Nummer in meinem Handy noch gespeichert, dort anrufen und ich wüsste nichts von der Person, mit welcher ich in anvertrauter Verbindung stehe, wäre sie zudem frei von grässlichen Erlebnissen, um nicht an deren tragische Folgeerscheinungen zu denken, dann ist mir als Bedürftige – dies muss ich nach realistischer Überlegung sein – erstens das *blinde* Vertrauen erschüttert, des Weiteren erkenne ich, die nach Ungebühr Behandelte, das wahre Gesicht der hinter Solidarität verkrochenen Schmutzfinke; ihre Maske schufen sie aus Überheblichkeit und Philistertum. – Wer von ihnen versteht deinen Schmerz!

Während also das glücklicherweise überwiegend frohe Szenario der Rückbesinnung in meinem Kopf umhertrieb, riss mich das Kindergeschrei auf dem Schulhof aus meinem verträumten Zustand. Sofort wurde mir klar – dabei vergaß ich an dieser Selbstverständlichkeit des Weges über –, dass Mathildes Liebchen, Eva und Jason, hier eingeschult waren.

Ich blickte durch den Maschendrahtzaun nieder auf kunterbunte Zwerge. Sie hüpften, lachten, wischten selbst mir die düstersten Gedanken von der Stirn. Welch ein Labsal! Selbst für den Genuss der schwächsten Freuden ist man zum Zahlen verpflichtet, niemand würde dein Bedürfnis stillen, könnte er kein ›Geschäft‹ daraus machen. Wen wundert's! Unsere städtischen Massenunterkünfte sind ein Kollektiv, ein Fertigprodukt gleicher Destruktivität, hier entsteht das Ergebnis dessen, was seit Anbeginn der Zeit zusammengeflossen ist. Die Oberhand der Laster, Erdrosselung von dem Bedürfnis nach Ruhe, die Vergewaltigung schlichter Orientierung als Lebensinhalt und Individualität.

Aber hey! Meine kurzatmige Sozialkritik findet auch Unterstützung: Seminare werden täglich abgehalten; so ernsthaft sie auch tun, niemals überschreiten sie Grenzen, wenn damit die heilige Norm geschädigt würde. Also bleibe ich allein im Großstadtwald, wo mir nicht das märchenhafte Glück in den Schoß fällt, einem Weisen zu begegnen, seine großväterlich vorgetragenen Erfahrungen lauschend mit ihm ein Stück zu gehen, ihm anvertrauen, was immer mir einfällt, denn ich weiß, dass menschliches Zusammentreffen in der Abgeschiedenheit die wärmste aller Freundschaften verbürgt.

Hier ist zu viel von allem; suchst du nach Sinn, glaubst nachgerade, ihn gefunden zu haben, so wird er profitabel genutzt, innerlich ausgesaugt – oh Mathilde, von diesem Werteschlund bin ich kurzerhand entlassen worden. Und ich ging nicht mit leeren Händen.

Meine Aufmerksamkeit galt wieder dem Schulhof und seinen wahrlich unschuldigen Spielgeschöpfen. Ein Jauchzen hier, ein Wehgeschrei dort; wenn ich darüber nachdenke, wie ich einst auf demselben Jungkanal mich vorwärtsschob, zudem unter niederquetschenden Lasten, vermag ich kaum Selbstmitleidsanwandlungen zu unterdrücken. Den damals dich Beobachtenden natürlich werden deine Auffassungen vom zarten Alter erst sehr viel später transparent, so sie diese nicht ganz ignorieren, doch als sorgende Frau ist es meine Pflicht, vergleichbar Schreckliches unter der nächstaufblühenden Generation zu verhindern.

Beim Beobachten des Gewühls der kleinen Freudegeister war es einerseits leicht, sich dem Alltag der *gehobenen* Generation, welcher ich zufalle, auf erfrischende Weise zu entziehen, aber man denke daran: In Kinderaugen von herrlich daseinserfüllender Lebendigkeit sehen wir unser unanfechtbares Vorbild spiegeln, wir sehen uns als Herrinnen und Herren und vergessen darob, wie tief wir das Vertrauen unserer Schützlinge bei Missbrauch erschüttern.

Ich sah hier vor mir die Zukunftsknospen von Mutter Erde auf etwa zweihundert Quadratmetern hüpfen, singen und kreischen, sodass mir bald die Ausstöße aus den Lungen der immer frohen Kindlein Zweifel über ihren Ursprung aufgaben; wer vermag schon ausgiebiges Geschrei auf seelischer Ebene zu deuten!

Jetzt waren die Zweifel erloschen … Von links her hörte ich helles Jauchzen als Sinnbild der Wonne, das rechte Lager indes − so muss ich's nennen −, dazu der Machtschatten der groben Mauer, illustrierte mir geradezu ironisch seine Unabhängigkeit von der Ersteren; auf der Rechten erscholl auch das spöttische Hassgeschimpfe sowie Angst- und Schmerzquieken.

Wo war die Hofaufsicht? Quälend suchte ich nach Trägern der Verantwortung, die das Ungleichgewicht junger Seelen auf die leichte Schulter zu nehmen schienen. Aus kleingeistigen Motiven erbauen sie ihr ahnungsloses Reich wie eine schüttere Laubhütte, die vor Unwettern schützen soll! Ihr Versagen aber ist das Versagen ihrer Schützlinge, und haben sie mal Ehrgeiz genug zum Belehren, täte es reichlich Not, sie würden das von ihren abstrakten Schlammschlachten beschmutzte Ferkel in der Scheune lassen, bis sie ausgekämpft haben − ich wüsste nicht, wer solch ein Schlammbad freiwillig in Kauf nehmen würde, es sei denn, dieser jemand wandelt ohnedies schon auf wackeligen Brücken!

Überlagert von den Schatten des Jungseins, außerstande, die Helle desselben vorzuziehen, tat ich einige Schritte über hinderlich daliegende Äste, um so dem Schulhof ein Stück näherzukommen. Die Witterung tat sich schwer bei ihrer Instrumentenwahl, die Sonne spielte Verstecken hinter massigen Wolken, die mehr über sie zu herrschen schienen als andersherum.

Ich bewegte mich langsam vorwärts, ich war entschlossen, die für meine Größe gerade rechte Öffnung im Zaun zu nehmen ... nun, jedenfalls war ich es mehr als die feige Sonne am Himmel. Als mich die ersten Sprösslinge erblickten, verwandelten sich ihre Mienen in Argwohn, manche, sonderlich Mädchen, konnten sich ein leichtes Lächeln abringen, wiederum andere zogen sich auf sichere Entfernung zurück, begleitet von neugierigem Geflüster.

Im Verlaufe meines Einmischens spaßte ich, indem ich auf den sparsam herabfallenden Sonnenklecksen hüpfend zum nächsten sprang, um mir ihr Vertrauen zu erwerben; es gelang mir mäßig. Meine Zuschauer waren nur eine kleine angeschwemmte Gruppe, der große Rest blieb durch das plötzliche, wohl seltene Erscheinen eines ihrer ›Vorbilder‹ unbeirrt, ich glaubte sogar, was gemessen an neuzeitlichen Angewohnheiten verständlich erscheint, sie machten sich über mich lustig und würden mit ihren provokativen Gebärden leichtfertige Absichten verfolgen.

Obgleich meine Beine mich zunehmend unbewusst vorantrieben, suchte ich hier etwas Besonderes, Bestimmtes und Einzigartiges. Was also hatte mich angetrieben?

Die Suche.

Und ein Ahnen?

Die Ahnung neuer Aufschlüsse; wo waren sie leichter zu finden als in der Kinderstube. – Dort, wo der Sämann der Verrücktheit unverfroren zu Werke geht.

Seitwärts erklang folgende Spottrede: »Ich bin älter als du!« Der Ausruf weckte mein Interesse, also fuhr ich den Kopf herum, suchte nach der Quelle der gehässigen Stimme oder nach dem zum Opfer gewordenen – oder werdenden – Jungen. Als ich fündig zu sein meinte, suchte ich den Quälgeist zu ergreifen, bevor er seine Tat würde ausführen können, verharrte dann doch in der Rolle der Beobachterin und erhoffte somit, der Täter würde meiner ansichtig werden und infolge meiner *unfreiwilligen* Autorität sein ungezogenes Vorhaben überdenken.

»Gehorche mir, Wicht!« Ich hörte einen dumpfen Schlag, gefolgt von Gewimmer und Flehen. Ich schloss die Augen, sah die Innenseite meiner Lider vom Licht des kurzen Sonnenintermezzos glutrot, versuchte mich eingreifend umzudrehen, unvermeidlich aber war das Vernehmen weiterer Beleidigungen, die im Chor körperlicher Gewaltschreie ertönten.

Ich sah mich geschlagen.

»Lass mich! Oder du wirst es bereuen.« Aus anderer Richtung dieselbe Gewaltszene, doch nachdem ich mich endlich zur Aktivität überwunden hatte, sah ich mich hier der Möglichkeit gegenüber, wirklich etwas zu tun – oder zu lernen.

Ich erkannte die schulische Verteilung der Opfer und Täter. Wer sich eingekeilt fand von Gleichaltrigen oder Älteren, die Hilflosigkeit förmlich in seinen Poren kribbeln fühlte, erstieg hier den Berg des Widerstandes.

Der Erste bot seinen Peinigern die Stirn, so auch der Zweite. Ich drehte mich zur früher besuchten Ecke des Leidens um und der Kontrast fraß sich in meine Sinne; wie der Schärfe unerfüllter Leidenschaften nachgebend, brausten in mir Zorn und – wie schade, dass ich dies so offen zugeben muss – Erfreulichkeit.

Noch immer fehlte jede Spur des Aufsehers.

Dann, als gäbe meiner verwirrten inneren Stimme der sündige Schulhof nach – was er bei anderen wahrscheinlich nie hätte tun müssen –, vernahm ich aus dem lärmenden Gewühl ringsum maßregelnde Zurufe, erst warnend, folglich, als erste Instanz keine Wirkung zu haben schien, erklang der Autorität Stimme, die sich als weiblich herausstellte, ein drohendes Prinzip, wie wir es alle aus der Kindheit kennen.

Höher als die Übrigen, erhob sich ein goldbrauner Haarschopf, mit den Schritten, die sie in meine Richtung lenkte, denn wahrscheinlich hatte sie mein Treiben heimlich aus den Fenstern mitverfolgt, verscheuchte sie die fröhlich spielenden Zwerge, erfasste mich derart strengen Blickes, dass ich nicht wusste, ob ich erstarrt mich demütig wie die Kleinen ihren Unterweisungen beugen oder wie angestochen den Hof räumen sollte.

Da ihre Mundwinkel langsam erweichten, und ich nicht – oder nicht länger – den Mittelpunkt ihres Interesses zu bilden schien, entschied ich, zwischen den beiden Lagern, Opfern und

Tätern, in teilnahmslose Positur zu gehen, freilich in Erwartung eines Zusammentreffens.

»Sie blicken aber äußerst verwirrt drein.« Ich hob den Kopf, schwieg aber, suchte auch keinerlei Worte, dieses seichte Urteil zu kommentieren. Sie biss in ihren Apfel, zweimal, seit ich sie auftauchen sah, hatte sie dies getan; seelenruhig kaute sie und verfolgte jede meiner Bewegungen.

Das, wie ich bereits erwähnte, herbstlich goldbraune Haar umrahmte schöne Gesichtszüge, auffallend waren die metallischen Federohrringe, die an jedem Ohr jeweils am Ende zweier Diamanten unterschiedlicher Farben hingen.

Über ihre schmalen Schultern war eine türkisfarbene Strickjacke gezogen, darunter war sie mit einem Stoff aus Chinè-Taft bekleidet, die Rosenmotive stachen ungewollt ins Auge; meiner Vermutung, sie trüge Klackschuhe, ließ sich nicht nachgehen, da der altmodische Rock selbst die Füße umhüllte.

Dies alles zusammen, die aufdringlichen, entschlossenen Schritte, dazu die klassische, doch Ehrfurcht eingebende Kleidung, schillerten vor meinen Augen wie die Avantgarde einer fernen Mode und Kultur, deren Meisterin aus der Zukunft gekommen zu sein schien, um sich über die Korrektheit ihres Anfangsstadiums zu überzeugen. Das waren berechtigte Assoziationen – aber noch kannte ich sie gar nicht …

»Zu wem wünschen Sie zu gehen?«

»Sind Eva und Jason Tabion hier im Hof?«, stammelte ich.

»Ach ja, die lieben Geschwisterchen … Sind Sie die Mutter?« Ihre Frage klang kein bisschen misstrauisch, obwohl sie die Antwort kennen musste, wenn sie nicht neu hier war. Jason und Eva besuchten schon lange diese Schule.

»Nein«, erwiderte ich.

»Möchten Sie über ihre Leistungen sprechen?«

»Nein«, sagte ich wiederholt, und diesmal war ich misstrauisch, denn warum hätte ich über ihre Leistungen sprechen wollen, wo ich nicht die Mutter war?

Wir schwiegen, schweiften die Blicke im Hof.

Diese Frau strahlte eine subtile Energie aus, die mir nicht behagte. Hinter den Vogelstickern an den Fenstern des Erdgeschosses war es stockfinster, nur wenige Bastelwerke aus Pappe und Schaumstoff und Ähnlichem sah der Besucher vom Hof aus, auch menschliche Bewegungen blieben aus, egal ob man die geländerlosen Treppen zwischen den Stockwerken auf- und abschweifte oder den Gebäuderücken, vom Hof aus groß genug, absuchte.

Von Mahl- und Bissgeräuschen gedrängt, wollte ich mich aus der eigentümlichen Umklammerung, die uns irgendwie beide festhielt, lösen.

»Sie werden ja ganz blass. Darf ich Ihnen etwas zur Erfrischung bringen?«, raubte sie mir den Einsatz, was mich erleichterte, denn nun gedachte ich, ihre Geduld zu prüfen, indem ich in Stillschweigen verharrte.

»Wissen Sie, es kommt selten jemand auf die Idee, hier einfach aufzukreuzen und inmitten von Kindergeschrei und … Unschuld den Ordnungsruf einer leitenden Stimme abzuwarten.«

»Hallo, Sonja.« Ich spürte, wie jemand an meinem Ärmel zupfte. Mein Herz erweichte, als ich die leise, süße Stimme Evas erkannte – und sie sah. Als ich zu ihr niederschaute, sah sie mich schüchtern an, was mir entgegen ihrer sonst offenen Art seltsam vorkam, dann aber – es war bis zur Spannung fühlbar –, führte ich ihr Unbehagen auf die Anwesenheit der Aufseherin zurück – und behielt recht.

Ich lächelte, um sie aufzumuntern, Eva folgte mir mit großem Eifer, aber nur so lange sie meine Hand halten durfte.

Die Aufseherin schloss sich uns an; ihr von Wohlwollen sprechendes Gesicht verbarg viel mehr, als es auszudrücken bereit war. »Wo ist Jason?«, fragte ich Eva. Sie fuhr herum, worauf die schlanke Frau sich von uns abwandte und der aufkommende, kühle Wind im Einklang mit ihren eleganten Bewegungen an ihrem Rock zupfte. Eva nutzte diese Gunst des Augenblicks und führte mich fort von der Nähe des Angst versprühenden Gebäudeeingangs.

Ein Pulk tobender Knaben stob beiseite, als sie uns kommen sahen, einige schauten ehrfürchtig, andere hatten die Züge teuflischen Triumphes im Antlitz – welcher Anlass zu dieser Mischung führte … es war schrecklich, erregend, aber …

Der kleine Junge kauerte in der Ecke der Seitenwand, in die ihn seine Peiniger gedrängt hatten, er zitterte am ganzen Leib, lediglich die Stirnpartie blieb von den als Tränenfänger dienenden Armen frei, mit dem Wasser der Angst, des Schmerzes und der Trauer (ob sie das alle waren?) hatte er sie sich breitgewischt.

An den weinerlichen Lauten des jungen Bedrängten vermochte ich schwerlich festzustellen, wer unter dieser furchtbaren emotionalen Entladung litt, die mich gleichfalls schmerzlich getroffen hätte, wenn es mein Kind gewesen wäre, das dort im Schatten seiner Mitschüler – und selbst in jenem seiner Betreuerin – vereinsamte.

Dennoch, ich trat zu ihm hin, die schimpfenden Zurufe seiner Mitschüler hallten noch immer hinter mir, ging in die Hocke und suchte seine kraftvoll angepressten Arme von seinem Angesicht zu lösen.

Mein Herz raste wild, als ich Jasons Gesicht, gerötet von seinem erlittenen Martyrium, sah, das umso elementarischer arbeitete, als er nun die Niederlage seines inneren wie äußerlichen Kampfes begriffen hatte – bloßgestellt von einem Erwachsenen … jemandem, den er kannte.

Immerhin hatte seine Schwester mich zum Ort des Leidens geführt, also durfte die Zuversicht sich in seiner Lage stabilisieren, dass, auch wenn er für den Moment alle Hässlichkeiten auf sich zog, die Geschwisterliebe, und mit mir der Schutz der Freundin, triumphieren würden.

»Komm, steh auf, Jason. Ich bringe dich von hier fort.« Zärtlich wie seine eigene Mutter redete ich auf ihn ein, bis wir endlich, nachdem er sich mutig aufrappelte und an meine Seite presste, zu dritt von der Ecke der Demut Abstand nahmen; bisweilen vermeldeten seine Bewährungsinstinkte den Durst auf Rache, würde ich ihn nicht zurückgezogen haben, hätte er sich wieder in den Tumult geworfen.

Wir näherten uns der Aufseherin, ich sagte zu ihr geradeheraus: »Es scheint Sie nicht zu kümmern, wie zügellos die Ihrer Obhut übergebenen Kinder ihre Freizeit gestalten.«

»Hören Sie mir zu und lassen Sie den Jungen, Jason, gehen.« Wo würde er denn diesmal hineingeraten, wenn ich ihn gehen ließe?

»Tun Sie es!«, forderte sie mit Nachdruck. Jason schüttelte heftig den Kopf, ich tat gut daran, ihn zu beschwichtigen, und sagte ihm, er solle nicht zu weit gehen, gerade so weit, dass ich ihn, was immer geschehen würde, sehen und sofort zu Hilfe eilen könnte.

Schließlich gehorchte er.

Abermals standen wir uns gegenüber, die allgemeinen Laute der Kinder nahmen wieder zu. »Erzählen Sie mir, welcher Gedanke Ihnen in diesem Moment durch den Kopf geht. Und bitte seien Sie ehrlich.«

»Ihre Verantwortungslosigkeit macht mich rasend. Sie übernehmen die Erziehung, solange Eltern ihren Kindern fernbleiben. Dies zu missbrauchen ist ein Vergehen, das nicht hart genug bestraft werden ...«

»Nicht hart genug bestraft werden *kann* ... oder wird?« Ihre kräftigen Lippen zogen sich zusammen. »Wie stellen Sie sich denn die Ausmaße dieser Schuld vor? Wo beginnt sie? Wo hört sie auf? Verzeihen Sie, ich vergaß, dass Sie nicht ihre Mutter sind.«

»Vielleicht möchte ich eine werden«, stieß ich bitter hervor.

»Sie besitzen ja auch die Tugenden«, erwiderte sie, »um reinen Gewissens die Aufgabe der für das Heraufdämmern des Menschen wichtigste Station zu erfüllen. Schön, fürsorglich, aber allem voran klug.«

»Was gibt Ihnen die Gewissheit über meine Eigenschaften?«

»Fortdenken.«

»Fortdenken?« Meine Befürchtung, sie triebe es weiterhin wie ein Gespenst im Wald mit der angstgeschüttelten Beute, stieg wieder auf.

»Wenn Sie wirklich wissen möchten, was ich meine, dann folgen Sie mir.« So tat ich's – sie hatte bald den rechten Türflügel des Eingangs geöffnet, von welchem wir uns weit entfernt hatten –, bis wir dort ankamen, von ehrlicher Neugier und der Angst vor etwas Gewaltigem umschlungen, versuchte ich gegen meine oftmals unwillkürlich negative Menschenmeinung anzukämpfen.

Sie wartete auf mich, während sie den Flügel offenhielt, ermahnte mich auch nicht zur Eile. Sie stand dort, als gäbe sie mir alle Zeit, die ich brauchte. Inzwischen hatte sich auch Eva von mir losgemacht, wie einem unhörbaren Befehl gehorchend. »Recht so. Gib Acht auf deinen Bruder«, rief ich ihr nach. Als ich zurückblickte, sah ich nur fremde, wilde, dem Glück sei Dank meiner Bekanntschaft abgewandte Kinder.

Im Inneren des Gebäudes angekommen, ergänzte ich mein frühes Urteil um die Erkenntnis, dass nun die Werke der Kleinen sichtbarer hervorstachen, was den vormals abschreckenden Touch abmilderte. Jetzt auch bestätigten sich die Gehör anziehenden Schritte der Aufseherin; das Klacken sprühte in dem mäßig großen Nebentrakt Ehrfurcht nach allen Seiten hin aus, als kehrte die alleinige Herrin des Schlosses heim und alle Bediensteten verkröchen sich vor ihr.

Die Bastelstücke wurden weniger, an ihre Stelle traten seltsame riesige Grafiken, die eingehende Beschäftigung aber blieb mir verwehrt, denn zwischen meiner Führerin und mir war ein mehr als unduldbarer Abstand entstanden.

Während sie den Raum aufschloss, vor dem die Reise endete, erspähte ich auf den frei ersichtlichen oberen Stockwerken – denn ich fühlte mich beobachtet – gaffende Menschen, ehe ich sie als über das Treppengeländer, das tatsächlich nicht vorhanden war, zum Schein gebeugte Gipsfiguren erkannte; wodurch sie vom Absturz geschützt wurden, konnte ich nicht sehen.

Während ich darüber nachdachte, dass ihre unheimliche Positur, abgesehen von der täuschend echten Gesichtsgestaltung und der Höhe, für eine Grundschuldekoration zu exzentrisch war, fasste mich die Aufseherin am Handgelenk und zog mich langsam in den aufgeschlossenen Raum.

Es duftete nach frischem Obst, ein Fenster war gekippt, zur Linken an der Wand erhob sich die Schiefertafel, unmittelbar davor bildeten die Stühle des Klassenzimmers einen Kreis, das lenkte das nach Bestätigung gierende Auge auf die Bänke, die in Unordnung verrückt worden waren.

Auch hier verhängten Grafiken die Wände, mit dem günstigen Unterschied, sie nunmehr besser beschauen zu können, wozu mir denn auch Zeit gegeben würde.

»Sehen Sie sich zunächst die Plakate an.« So schweifte mein Blick umher – und blieb hängen.

»Seelenmord?« Die Überschrift wirkte wie die Sammelstelle für das gefürchtete Schreckelement, das ich hinter allem vermutete.

Die Aufseherin nahm Stellung vor der Tafel, woneben sich ein dunkelerfüllter Durchgang befand, aus dem eine Schar Kinder herausströmte und sich zum Kreis bei den Stühlen niedersetzend zusammenschloss. Jedem Kind war ein Stirnband umgebunden, das sie nun über ihre Augen schoben.

›Vernichten und Vergessen‹, las ich weiter auf der mit Styroporplatten ausgekleideten Zimmerwand. Die Aufseherin griff nach einem vernähten Scheusal von einer Puppe, die auf dem Pult lag, ging damit zum Kreis der Kinder und gab dem Mädchen, das ihr die Puppe entnahm, offenbar knappe Anweisungen, was sie tun solle, ehe sie sie an ihren Nachbarn weitergab.

Als sie zurückkehrte, erklärte sie's mir: »Da man bei der Erziehung leider nicht ganz auf ideologisch angehauchte Mittel verzichten kann, erfanden wir dieses Spiel. Ein Kind drückt den ›Beelzebub‹, der darauf die unterschiedlichsten Sätze spricht, immer so, dass sie klingen, als hätte man sie einem einfachen, alltäglichen Plausch entnommen. Wenn das Kind, das die Puppe gerade hat, in dem gesprochenen Satz etwas Schlechtes erkennt, sagt es: ›Hinfort, Beelzebub! Ich erkenne dich, böser Bub‹ – und gibt die Puppe an seinen Nachbar weiter.«

»Und was ist der Sinn des Spiels?«, fragte ich.

Sie antwortete einatmend: »Rückschlüsse auf häusliche Verhältnisse zu gewinnen. Zum Spiel gehört eine weitere Mitspielerin, die gute Fee, doch sie ist seit Tagen unauffindbar. Sie sagt Ähnliches wie der Beelzebub, nur mit einem leichten Zug der Reinlichkeit, für den Zweck des Spiels ist sie aber unerheblich, da es gilt, die mitgebrachte Dualität des ›Guten und Bösen‹ zu neutralisieren. Die Pädagogen notieren die zufälligen Aussagen mit den jeweiligen Antworten – ich habe die Kleine dort mit dieser Aufgabe betraut – und können somit, gesondert vom Schulunterricht, die Moralvorstellungen der Eltern abschätzen.«

»Wie das?«

»Sagt die Puppe zum Beispiel: ‚Ich will so schnell als möglich reich werden, dann habe ich das Bestmögliche erreicht‘, und die Antwort hieße, die gute Fee erkannt zu haben, so liegt ganz klar eine egoistisch beschränkte Denkweise vor. Oder sagt sie etwa: ‚Die schönsten Interessen, die man haben kann, sind Autos, Fußball und Computer‘, dann hat man es mit Stereotypen zu tun, die sich bei Kindern mit anderen Interessen als schädigend erweisen, wollte man darin tatsächlich etwas ›Gutes‹ erkennen, was einen allgemeingültigen Stellenwert besitzt. Wir versuchen dadurch die Minderheit vor der Mehrheit zu schützen, oder, wenn Sie so wollen, die Außenseiter vor den Innenseitern.«

»Das sind aber Terms, die unsere Erwachsenenwelt in jeder Faser durchdringen ...«

»Das stimmt. Aber sie repräsentieren auch die ewigen Probleme unseres Sozialwesens. Darin liegt der weitere Sinn des Spiels, nämlich wenn der Beelzebub beispielsweise sagt: ‚Die Ozonschicht kann sich nicht erholen, aber ich brauche mein Auto, um zur Arbeit zu kommen‘, also wenn das Kind vor einer schwierigen Entscheidung steht, denn was einerseits als privates, durchaus berechtigtes Interesse gilt, erscheint andererseits als Glied einer Katastrophenkette. Der Kreis steht als Symbol für die Unentrinnbarkeit des Einzelnen aus dem teils selbst geschaffenen *Teufelskreis* des Lebens.«

»Zetteln Sie etwa mithilfe von Grundschulkindern eine Revolution an?« Sie hatte noch lange nichts von ihrer gebietenden Art verloren, trotzdem sie von humanen Dingen sprach.

»Wir sind keine Grundschule, Verehrteste«, sagte sie mit belehrender Anhebung, »dies ist eine Mischschule verschiedenster Alters- und Reifeklassen. Wir machen Ernst mit der Verpflichtung, Kinder auf das Leben vorzubereiten. Wo wir machtlos sind, wo uns das Gegengewicht häuslicher und anderweitiger Einflüsse erdrückt, geben wir uns mehr oder minder geschlagen ... sofern wir deren Vertreter nicht auf unserer Seite haben.«

»Was meinen Sie damit?«

»Wir erfreuen uns hier und da positiver Resonanz seitens der Eltern, manche Kinder berichten sogar von häuslichen Veränderungen, die eindeutig auf das Resultat ihrer schulischen Erfahrungen zurückzuführen sind. Ferner hat unsere Zusammenarbeit mit zuversichtlichen Verlagshäusern die Herausgabe zweier Kinderlexika hervorgebracht, die ihre Stichwörter nach Art des Beelzebubspiels erklären. Schlagen Sie etwa unter den Stichwörtern ›Industrie‹, ›Regierung‹ oder ›Krieg‹ nach, wird neben der gewöhnlichen Sachbeschreibung auf ein Zusatzkapitel verwiesen, welches ausführt, dies seien Dinge, die der Mensch, in diesem Fall die *Vorbilder*, nicht reiflich durchdacht haben und die auf ihre Selbstzerstörung hinarbeiten.«

Kann so ein sich nach Mutterschaft sehnendes Weib reden? Das zum Gebären auserkorene Geschlecht! – Ich gehöre ihm an seit Anbeginn, seit ich mir dessen noch lange nicht bewusst gewesen bin, über Zeiten der Ängste und Hoffnungen hinfort tanzend, und hier stehe ich heute, man heißt mich nach dem Gehen der vielen Jahre erwachsen, bereit zur Selbstbestimmung, mit fruchtbarem Körper, Freunde wenig besitzend, aber der Trost, den mir mein Schicksal gegeben hat, soll meine Wünsche von Neuem beflügeln.

Wie werde ich mich entscheiden? Ruf ich mir die Unzahl zerrütteter Familien ins Gedächtnis, denke ich an das Elend abertausender Kinder, die, ohne freie Wahl, den Strang der Schande zwangsweise weiterziehen, für sich selbst und ihre Umwelt, und natürlich für den stolzsüchtigen Ruhm der Welt, beginne ich abermals am Sinn der Fortpflanzung zu zweifeln.

Freie Entfaltung gewährt man uns, der Schrei nach Ausbreitung sprengt die Zeilen der Medien, auch für die sogenannten Dummen hebt man die Krippe des Künftigen auf, sei es nur, um sie an der Zerstörung der Welt mitarbeiten zu lassen.

Mir will, so fühle ich, jede Mahlzeit aus dem Magen brechen, verspeiste und künftige – ja, wer meint zu glauben, dass Gutes in unserer Speise steckt, woher kommt sie, welche *Not und Pflicht* erhebt Anspruch auf die hohe Verantwortung, den hunger- und durstgetrockneten Mäulern menschlicher Mitesser das tägliche Brot auf Massentellern zu servieren!

Trifft dasselbe denn nicht auch auf die Elternschaft zu? Das zeugende Motiv, es ist ein roher Trieb, bloß unserer Tage hütet man es ängstlich wie einen berüchtigten Schatz. Es scheint mir so klar: Ich bleibe die einzige Meisterspielerin im Orchester meiner Leidenschaften.

Und Alexander?

Ich liebe ihn – glaube ich. Aber was sollte mich dazu bewegen, ein Mehr an Rückschlägen zu erdulden? Vielleicht wusste diese Pädagogin Antwort darauf – mehr als sie zugab.

»Verstehen Sie unsere Einrichtung als Bewährungsprobe zukünftigen Erziehungswesens. Scheitern wir, so heißt dies, die Entwicklung des Kindes wird zu sehr von außerschulischen Faktoren bestimmt; erkennen wir das, wenden wir keine weiteren Alternativmethoden an. Wir sind ersetzbar; bei den Kleinen ist das undenkbar.

Ich bin für alle da! Wer die Träger des Ungeborenen analysiert, bekommt eine Ahnung von den Wegen, die der Werdende ziehen wird. Die zauberhafte Nacht gehört Ihnen, doch noch ehe der Morgen graut, die Sterne als Wahrzeichen ihres Glanzes wie ausgepustet verblassen, schreit nicht länger der willige Ichtrieb, denn der Nacht Nachruf erklingt traumvernichtend: „Aus deiner Lust steigt ein Menschlein empor, behüte es, denn du bist der Ast dieser Knospe!"

Verstehen Sie mich, Verehrteste? Unsere Sprache selbst ist schon so roh geworden, was hinterlassen wir denn jener Generation, deren Schutzpatrone wir sind?«

Es klang wie eine Klagerede, doch der rasche Irrtum belehrte mich: So sehr Ehrgeiz und Überzeugung bei dieser Frau sich einten, so wenig konnten sie Anwandlungen Platz machen, die Gegensätzliches hervorbrächten.

»Sie nehmen uns zum Vorbild. Dies ist die erste Erkenntnis! Die zweite wirft die Frage auf: Wie ist die Welt um mich beschaffen, und kann ich es verantworten, dass, so lange und wenn ich nicht mehr bin, mein Fleisch hienieden fortgetragen wird.

Während man sich diesen Fragen hingibt, muss man symbiotisch nachdenken, stets mit dem Bewusstsein, dass das eigene Kind zu einem selbstständig denkenden und handelnden Individuum heranwächst und dass, falls das zweite Gebot missachtet wurde, die Pflicht, es ungeachtet der offensichtlichen Verletzung des Gebots weiterhin zu behüten, bestehen bleibt.

Das dritte Gebot folgt den Überlegungen der beiden vorangehenden, es eröffnet einem die Tatsache: Es ist nicht allein mein Kind! Nicht etwa gehört es dem Vater, den Großeltern, ja nicht einmal der Mutter als Trägerin allein. Die Welt und ihr blutsaugendes Gefängnis – sie beherbergt in ihren Zellen ungezählte Totgeweihte, ob sie schon geboren wurden oder nicht – dies düstere Geheimnis ist allein dem Direktor zugänglich, dem Verhüllten, der sich einmal Gott, ein anderes Mal Natur, ein drittes Mal Verfassung, wieder einmal Gesetz, Pflicht oder auch Gemeinschaftsgefühl heißt, und keine Besucher in seinem ekligen Verlies duldet.

Hätten wir unsere Äuglein in den wiegenden Armen der beginnenden Sphäre, die sich über uns gleißend ergoss, aufschlagen *müssen*? Dann fragt man: Kann sich ein Lebewesen selbst erschaffen? Betrachten Sie dazu jene Anschauungstafel dort.«

Ihr Zeigefinger blieb starr auf das Plakat gerichtet.

Es war zunächst nichts Außergewöhnliches, bunte, gemeinschaftliche Malerei wie sie in der Gruppe ausgeführt wurde, auffallend war auch der Eifer und – ganz besonders – die Zwangsfreiheit, mit der die Pinsel- und Wachsmalstriche den süßen kleinen Fingern gehorcht haben mussten.

Obgleich ich mir des Öfteren die künstlerischen Betätigungen Evas und Jasons im Hause Mathildes angeschaut hatte, wurde mir mit einem Mal klar, wie aufschlussreich das einfachste Bild eines kleinen Menschen sein kann, wo doch Träume, Beobachtungen sowie Gefühle jeder Art in das Blatt Papier hineinfließen. Mithin hat es den entscheidenden Vorteil, dass man weniger mit der eher typisch erwachsenen Verstocktheit rechnen muss, die aus dem Archiv der Erfahrungen schon eine uneinnehmbare Festung errichtet haben mag.

Wollte man etwa ein junges Mädchen nach dem furchtbaren Inhalt eines Albtraumes befragen, so wäre ihr blühendes Herz für die Offenlegung jeder Einzelheit bereit, gäbe es da nicht das zerschmetternde innere Leid, das ihr bei der Wiedergabe der einschneidenden Nachterfahrung Tränen aus den Augen presst.

Ich las weiter auf der Wand: ›Unschuld!‹ Jener Begriff, mit dem meist das Wesen des Nachwuchses ausgelegt wird. Fast schon legendär, rührend, wenn nicht beneidenswert, wir ›Späten‹ können nur auf eine nebeldurchzogene Zeit wehmütig zurückblicken, als man uns selbst noch so genannt hatte oder genannt hätte, würde die Zeit nicht wie der Hase vorm emsigen Jäger davonflitzen; wer oder was auch über die Herzschläge unserer Welt waltet, ein müder Wächter ist er, der die Zahnräder seines Wachgutes knirschen hört und durch ihr Versagen das Ende seiner Arbeit herbeisehnt.

Mich bindet vieles an das Leben, doch kenne ich andere Trauergesellen, denen das Glück – das einfache Glück – nicht beschieden ist. Mein Tagebuch, du kennst mindestens einen dieser Namen, mit dir werde ich mich über ihn austauschen, sollten nach Jahren enttäuschender Zweisamkeit nur wir beide übrig bleiben.

»Blasphemie!«, rief ich aus, ganz von meinen Gedanken beherrscht, denn längst verrostete Frömmigkeit, die kreisrunden Bibelstunden bei den Großeltern, forderten plötzlich ihren Tribut. Und doch festigte sich ein anderes Stück geistiger Verantwortlichkeit in mir, ich schaute fort von der Tafel, die von einer fünfzig zu fünfzig Aufteilung kündete, denn sobald die Nachkommen das amtlich erfasste Erbe des Blutes angetreten haben, gehört ihr Leib (und ihre Seele) zur Hälfte den Herrschern des Papiers und der Zahlen.

Oftmals ist es, als ich darüber nachdachte, so, dass die Seele metaphorisch in dieser siechen Zahlenvernetzung verfangen ist, während in den frühen, zarten Jahren Mutter und Vater in ungetrübter Wonne schwelgen, freilich auch bei der Geburtsplanung – falls sie's tun –, oh ja, hier spricht der hirnlose Trieb, der kein Gewissen hält, da die moderne Zivilisation den zufriedenen Sklaven adrette Lumpen geflickt hat ... was bedeuten schon zeitweilige, empörende Gefühlsballungen ... – wann werden wir endlich lernen, lernen, LERNEN!

Die Aufseherin sagte, antwortend auf meinen emotionalen Ausbruch: »Wir begehen nicht die Torheit, ein getauftes Kind im Religionsunterricht indoktrinär in den Mythos der Genesis einzuführen, nur damit es in der folgenden Stunde die Evolutionstheorie und wieder in der nächsten den schamentfesselten Lehrplan der Sexualkunde zu hören bekommt. Dieser Ablauf ist gängige Praxis. Jetzt sagen Sie mir, wer interessiert sich bei solch einer stupiden pädagogischen Konstruktion ernstlich für die gesunde geistige Entwicklung des Kindes? Wie sollte ich mich frei entfalten dürfen, wenn mir die Rahmenbedingungen hierfür auf solch groteske Weise gekappt werden?«

»Ein ungerahmtes Gemälde ist nun mal für den Betrachter nur halb so schön.« Ich wusste, was ich sagte, es reute mich nicht, selbst als ich ihr Gesicht verhärten sah. Plötzlich erklang ein sanftes Klavierstück.

Sie gab den dunklen Durchgang frei, ihr weiter Rock hatte ihn mit der Sorgfalt einer Wächterin versperrt. »Neben dem Sockel, wo Sie die gläsernen Phosphorgefäße aufgereiht sehen, erklingt ein unregelmäßiges Summen. Dort, wo die Kabelschlaufen von der Decke niederhängen, befindet sich die Konsole, jenseits davon … herrscht ›der Gebärer‹.« Der Gebärer? Oder meinte sie die Gebärer*in*? Sie sprach weiter, während ich zaghaft auf der Schwelle verharrte:»Vater und Mutter sind widersprüchliche *Formen*. Was hier drinnen surrt, stöhnt, überprüft und verwaltet, ist Liebesakt, Gebärmutter, Ernährerin und Hebamme zugleich, ist Natur und Technologie, Gott und Mensch, Sünde und Tugend und, schlussendlich, ihr aller Einebnung. Sein Werk − unter ›sein‹ dürfen Sie durchaus die Verschmelzung weiblicher und männlicher Eigenschaften verstehen − umfasst das Nie-für-möglich-Gehaltene, sowie verbotene und feige auftauchende Träume, die unbefriedigt nach Vollendung ihrer Wünsche schreien, da sie stets aufs Neue erwürgt und zerschlagen worden sind.

Sie sind verwirrt? Nun, dann lauschen Sie der Musik, überfliegen Sie die Lehrsätze der Kinder noch einmal, die ihnen weder aufgezwungen noch geraten wurden; lernen ohne Lehrkraft, Zur-Welt-kommen mit Klarheit über Wie und Warum − sagen Sie mir, Verehrteste, ist das nicht der ausgezeichnetste Weg zur Glückfindung!«

Sie sprang zum Pult und kramte mit flotten Bewegungen in den Schubladen. Dann hielt sie mir ein, zwei Blätter laxes Papier hin; ich nahm sie, erkannte sofort das Bunte, Unbeschwerte −

natürlich, es war Kindermalerei. Sie ergänzte: »Es ist uns nicht fremd, dass die Mutter der beiden der Spiritualität nahesteht, wodurch Ähnliches sich in den Fantasiebildern von Eva und Jason widerspiegelt. Heimische Erziehung, die Erfahrung zeigt es, trifft meist auf das krasse Gegenteil dessen, was in der Welt, auf die wir die Kleinen vorbereiten, tatsächlich stattfindet.

Ihr Leben, Ihr Glück, Ihre Freuden, Hoffnungen und Liebschaften sind einzigartig, auch wenn sie ähnlich unter Millionen vorkommen; seien Sie vorausschauend, begreifen Sie die Fragilität aller privaten und offiziellen Einrichtungen, atmen Sie die verwesende Luft des Menschseins ein, seine Fehlerhaftigkeit, seine Unzulänglichkeiten, nicht zuletzt seine barbarischen Fixierungen.

Nehmen Sie Eva und Jason als Beispiel, das Naheliegende ist doch das Anregendste. Gut, Sie sind nicht ihre Mutter, nehmen wir einmal an, Sie wären's, wie nicht selten, werden Sie von Krankheit – oder der Krankheit Leben selbst – ans Sterbebett gefesselt, sie sind jung, frisch, voller Lebenslust und Sie vergehen einfach, ohne Vorankündigung, von der Seite ihrer Kinder gerissen, noch dazu haben Sie sie in einer furchtbaren Ungewissheit gelassen, etwa die berechtigte Frage nach Ihrer wahren Liebe, ungenügende Zeit, die Sie mit ihnen hätten verbringen können ...«

Konnte sie die Zweifel aus meinen Augen herauslesen, die mich beschäftigten? Hinweislich auf die Malereien, die ich in Händen hielt, und die meine Neugier wahrhaftig nicht wecken konnten – obgleich ich dies angesichts Jasons und Evas niemals zugegeben hätte –, entriss die Aufseherin sie mir sogleich und sagte: »Sie verarbeiten das Lebensmuster, dem sie im Elternhaus begegnen. Entweder lenken wir kompensierend ein oder helfen ihnen, das Vorhandene zu stärken. Sie suchen nach Allegorien pädagogischer Widersprüche? So befragen Sie Hellseher, Historiker, Wissenschaftler, es ist gleich, denn sie sind von derselben Brut! Nun, hier endet mein Exkurs, aber vergessen Sie nicht: Die Zeit inhaltloser Lehren ist vorbei. Sie beginnt schon im zarten Kindesalter, wenn nicht schon mit der Massenfrucht, die im Mutterleib das Embryo mit den Giften der kalten Außenwelt durch Nahrungszufuhr aufnimmt!«

Eine der demonstrativen Arbeiten an den Wänden hatte mich schon vorher in ihren Bann gezogen, doch sie bot wenig Aufschluss, da sie bloß eine Überschrift trug … für ein Kinderklassenzimmer war sie reichlich beängstigend.

„Ich werde dem Monarchen den Garaus machen, sobald Zeit und Umstände mein Vorhaben begünstigen", hörte ich die nasale Stimme der Puppe erklingen, die im Kreis umging. Dieser Satz war wie eine Vorwegnahme meiner Gedanken, die Aufseherin – falls sie dieses Namens noch würdig war – garnierte sie, indem sie lächelnd den Blick zwischen dem Plakat und mir wechselte. »Nun ja, der ›Königsmord‹ ist die jüngste Arbeit der Kinder und harrt noch ihrer Vollendung. Er soll den historischen Zusammenhang empörter Bürger erklären; war eine erfolgreiche Revolte in einer geschlossenen, monarchisch regierten Stadt mit wenigen Häuptern noch im Bereich des Denkbaren, so ist sie heutigen Tages ein Ding der Unmöglichkeit. Der Sturz eines Kanzlers oder Präsidenten beispielsweise, sollte er Ihnen gelingen, ist ein bloßer Nadelstich auf der Haut heutiger Staatsformen; rechnen Sie die technologischen Aufspür- und Gegenwehrmöglichkeiten hinzu, die Verselbstständigung nicht allein amtlichen Bewusstseins, sondern auch der Rechtgläubigkeit und Resignationsmechanismen der meisten Bürger, ist Ihre Aussicht auf ›Befreiung der Stadt‹ spottgering.«

Eine Mädchenstimme piepste: »Hinfort, Beelzebub! Ich erkenne dich, böser Bub.«

Ich wartete auf Antwort der Frau. Achselzuckend sagte sie: »Wenn die Eltern es so wollen …«

Wieder auf dem Schulhof angelangt, erstaunte mich der Knabe, der an der Seitenwand angelehnt, die Hände tief in die Hosentaschen vergraben, heiter vor und zurück wippte.

Mir kam folgender, wirrer Gedanke: Sollte ich vielleicht den mit Quadraten und Kreisen drapierten Hofasphalt nach dem Blut seiner Gegner untersuchen und ihn voll Stolz in die Arme schließen?

Bald erschien auch das Mädchen, so riss ich beide an mich, speiste sie mit dem Hinweis ab, mir wäre gestattet worden, mit ihnen einen Ausflug zu unternehmen; in Wirklichkeit hatte ich keine Ahnung, was ich mit ihnen tun sollte, ob ich sie bei Mathilde im Laden ablieferte oder einfach so weit wie nur irgend möglich von der Schule fortbrächte, jedenfalls grauste mich eines enorm: Sie in die Obhut ihres Vaters zu übergeben!

Ich wählte Letzteres und so fanden wir uns bald in den Straßen des lebendigen Nachmittags.

Warum folgende Schilderung mir nicht behagt – sie zu erleben war so bizarr wie, ich gebe es nur ungern zu, einleuchtend. Just als wir unter einer der vielen Brücken bei Verlassen des Zentrums hindurchkamen, versperrte uns eine Gruppe aufgeregter Menschen den Durchpass. Die mittelgroße Menge bildete einen Kreis, mir wurde klar, dass sie sich um einen aufsehenerregenden ›Gegenstand‹ versammelt hatte, ab und an löste sich jemand mit dem Ausdruck der Übelkeit auf dem Gesicht.

Jasons und Evas Körpergröße gestattete ihnen nicht, sich an der Menschenmauer hindurch zu kämpfen, auch mir mit meinem weiblichen Durchschnitt kam nicht die gewünschte Gunst entgegen, als ich hinzutrat, doch im Bruchteil von Sekunden begriff ich genug, als ich den Leichnam inmitten seiner Blutlache sah.

Seltsam an dieser Brückenszene, auch das begriff ich sofort, waren die debattierenden Sanitätsärzte, die mit zornigen Zivilisten aneinandergerieten. Letztere warfen Ersteren vehement vor, sie nähmen ihre Pflicht nicht ernst, ihr Verhalten sei grausam und unmenschlich; die Sanitäter hielten dagegen – ab hier ging mir der eigentliche Inhalt der Auseinandersetzung auf –, man könne von niemand verlangen, gegen sein Gewissen zu handeln, umso weniger, als es die Entscheidung des freien Todes betreffe. Sie vertraten die Ansicht, es sei Zeit- und Energieverschwendung, würden sie den an seinem eigenen Blut würgenden Suizidkandidaten – so umschrieben sie's wörtlich! – von der Schwelle des Todes zurück zu den Lebenden holen.

Was meine Trauer an dem Ganzen erregte – das ausdruckslose Kind auf der mir gegenüberliegenden Seite, das scheinbar mutterlos sich hierher verirrt hatte. Niemand fiel es auf, niemand kümmerte es, aber obwohl mir als Einzige diese Schrecklichkeit des Zusammenhangs aufging, verfiel ich nicht darauf, ihn von hier fortzuschaffen.

Vielleicht, was in seinen Augen lag, es sandte etwas Erhabenes aus, als ich tiefer in sie hineinsah, plötzlich kam ich mir, womöglich jeder, wie jemand vor, der von *seiner* inneren Kälte lernen müsse.

Solcherart mich abfindend, kehrte ich um zu meinen kleinen Lieben, die vor Neugierde nicht stillhielten; ob sie die Lüge von meinen Augen ablesen mochten, als ich ihnen sagte, es sei nur ein verletzter Motorradfahrer gewesen?

Wir zogen weiter.

Überall strahlten Reklametafeln und Säulen potentieller Kundschaft entgegen, nebenher bemerkte ich kleine Infostände, an denen junge Leute im Feuereifer ihre Ideale unter die Menge bringen wollten.

Die SvE-Agentur residierte wieder einmal mit ihrer bunten Auswahl an Fahrgeschäften, Bierstuben und Spielständen in der Stadt, unvermerkt sah ich die strahlenden Gesichter Jasons und Evas, sooft wir an den bis zum Überdruss vorhandenen, farbigen Plakaten vorbeizogen, als mir endlich klar wurde, wie sehr sie sich freuten, würden wir dorthin gehen; schön würde es wahrlich werden, wenn der Funke ihrer einfachen Freuden zu mir überspringen könnte. (Die eigenartige Geschäftsphilosophie, das Volksfest bis tief in den Herbst abzuhalten, hatte die Menschen noch nie verdrossen.)

Links nebenher Eva, mit weiblicher Güte und Freundlichkeit, wie sie in der unbescholtenen Brust eines Mädchens ruhen, zu meiner Rechten ein stürmischer Jason, mit ausgeprägt eigensinnigen Tendenzen, aber stets bereit zu gehorchen, wenn er der Autorität drohenden Schatten nahen sieht.

Ich ließ mich zur Gnade herab, ihnen freien Gang zu gestatten, als wir durch die denkmalbesetzten Parks schlenderten.

Doch im Widerspruch zur Wahrung ihres Wohls ließ ich sie in jenem Moment durch die Finger gleiten, als mein Verstand den altbekannten Trugschmied vorspielte, wenn hinter

Sträuchern vermeintliche Beobachter raschelten, während die besonnenen Regentropfen, immer ein Geheimnis hütend, vom welken Laub hinablispelten, ehe sie warnend kalt meine Stirn trafen; ich kümmerte mich nicht um die therapeutischen Ratschläge, die mir helfen würden, mit meinen Plagen fertig zu werden – ich wollte es selbst tun, vielleicht hatte ich diese neue Beharrlichkeit durch Alexander bekommen, doch wem zu vertrauen sich am dienlichsten erwies, war keine leichte Sache. Wäre jener Betonklotz, in welchem wir unsere Sitzungen abhielten, ein Kloster gewesen, hätte man wohl jeden Einzelnen zur Bußfertigung in eine dumpfe Zelle gebannt, vermutlich hätte die Läuterung sodann die Grenzen, die wahrhaft fühl- und begreifbaren, eigener Stärken und Schwächen aufgezeigt. Aber dies sind Überlegungen fürs Alleinsein, gegenwärtig war ich eine Frau, die Verantwortung zu tragen hatte.

Die visuellen Täuschungen, seien sie auch nur durch das schummrige Tageslicht hervorgerufen worden, nicht ganz verachtend, ließ ich mich auf eine Bank nieder. Die Geschwister, die unter meiner Obhut stehenden Perlen der Schöpfung, sie frohlockten im dürren Gehölze, so taten sie meinem Blick wohl. Die Antlitze steinerner Figuren, die mich ringsum anstarrten, dazu das Gurgeln resignierter Brunnenschächte, erzählten unterschwellig von meinen jüngsten Erlebnissen.

Hier, im Herzen der Ruhe (oder Unruhe), im grünen Atemspender der Stadt – wäre es Sommer gewesen –, ja, hier hatten sie nun Zeit für ihren Nachruf, denn nun war der Park tot, so wie es die Stadt ganzjährig sein muss. Die folgenden Augenblicke wirkten wie eine privilegierte Einsamkeit, bis eine gnomenhafte Stimme nahe meinem linken Ohr etwa diese Worte raunte: »Haben Sie kein Bedenken, dass sie verloren gehen?« Ohne mich nach der Stimme umgewandt zu haben, antwortete ich: »Was soll an diesem segenvollen Ort, wo die Geister dutzender Großgesinnter auf uns hinabblicken, schon geschehen.«

Ich schlug die Beine übereinander, um keinen labilen Eindruck zu machen. Da erklang abermals die Stimme, und diesmal wankte von links her ein schattiger Umriss in mein Blickfeld, menschlich, nicht sehr groß, stoisch und definitiv männlich. »Es ist nicht die rechte Zeit, mit seinen Kindern historische Ablagerungen aufzusuchen, meist sind sie unserem Verstand ohnehin unzugänglich.

Oder darf ich annehmen, dass Sie sich für Geschichte interessieren?«

Ich, die nun mal Konversationen jeglicher Art nicht abhold sein kann, ließ mich auf das oberflächliche Geschwätz ein, und da der heimliche Besucher gemerkt hatte, ich würde den Blickkontakt nicht freiwillig suchen, tat er einige *höfliche* Schritte vor mich, sodass sich seine Physiognomie meinem Prüfsinn in allen Einzelheiten erschloss.

Ein leicht ungepflegter, mit den ebenmäßigen Zügen aber durchaus harmonierender Bart, blitzend blaue Augen wie Edelsteine aus den Tiefen einer Eishöhle schauten meine um Ruhe bemühte Gestalt, unweit darunter breitete sich ein außergewöhnliches Lächeln.

Im Ganzen schien dieser Mann, um die fünfunddreißig, ein tröstender Charmeur, doch blieb noch dies Unpassende, Aufgesetzte –, Fälschliche.

Der Klang seiner Stimme.

Da er offenbar nicht abzutreten gedachte, wartete ich, bis er wieder zum Reden anhöbe. »Darf ich mich setzen?« Und ich hatte recht. Es war, als würde ein Zurückgebliebener reden, den man jahrelang aller sozialen Kontakte beraubte und nun wieder in die alte, freie Welt entließ, eine, die sich zwar seinen Sinnen erschließt, doch deren langer Abstand seine stillen Erfahrungen weniger würdigt als in Zeiten seiner Mitgliedschaft.

War ich es, die ihm solchen Vorwurf machte? Nun, ich gestattete ihm seine Bitte.

»Verzeihen Sie mir, wenn Ihnen mein Auftreten zu aufdringlich vorkommt, doch die nähere Umgebung ist derart leer gefegt von Menschen, dass die Freude, Sie zu treffen, ungeheuer groß ist.« Nach einer Pause sagte er: »Ist das Wetter nicht faszinierend?«

»Ich finde den Sommer schöner«, murrte ich.

Es genügte, dünne Luft zu atmen, die Milde der Vorboten des Winters zu schauen, einatmen und genießen, und prompt reißt sich das von allerlei niedergehaltene Ungestüm namens Seele, Innere, kurz: der Gefühlsknecht von den Zügeln des Schonimmer-Gepflegten los.

Als säße jemand Feindliches an den Schaltern meines Bewusstseins, den ich nie gesehen habe, und doch ist er hier, überall seit der Stunde meiner Geburt; das Leben soll geradlinig sein, eine Zündschnur, deren Feuer und Funken eiserne Entschlossenheit auf dem Wege zur Detonation sind, die die Geburt großer Zukunft verkündet und von der Vergangenheit weniger denn Asche zurücklässt.

Wieder befiel mich, das unzufriedene Weib, das Dogma der Fruchtbarkeit, es schwingt sein Zepter am wildesten bei Rückgang der Geburtenrate; so scheint es sinnvoll.

Aha, Bevölkerungszuwachs schreit nach *Kundschaft*, wenn das, was sie Bruttoinlandprodukt nennen im Vergleich zu früheren Jahren schwach ist, mein Baby, so es kommen mag, könnte das Leben dennoch lieben wie ich und gleichwohl wünschte ich mir aufrichtige Liebe zwischen Mutter und Kind.

Hier, in diesem Loch, atmet mein Kind die Luft der ›Verräter‹, deren Pestgestank mich schon seit Langem zermürbt, menschlich ist ihr Antlitz, sie nennen sich Freunde, oder wie's ihnen nützlich scheint, sie geben vor, meine Bedürfnisse zu kennen – besser als ich es täte.

Unbewusst strich ich mir himmlisch sanft über den Bauch, mir wurde dies erst gewahr, als mein heimlicher Besucher aus den Augenwinkeln die zunehmend nervösen Bewegungen meiner Finger verfolgte.

»Entspannen Sie sich«, riet er mir.

»Welche Spielwiese böte meinem kleinen Engel lang währende Wonne!«, platzte es aus mir heraus. »Was könnte er schon in Gemeinschaft anderer lernen, was ihm seine Gebärerin nicht auch geben könnte. Denn Liebe wird es nicht sein.«

Da er mir offenbar genau zuhörte, riss ich nicht ab:

»Blinde Treue soll ihm initiiert werden. Gerne würde ich ihn heransprießen sehen, befreit von bleiernen Wurzeln, begossen durch Gesänge und Tänze der Freiheit, wie infolge unseliger Erfahrungen die Knospe honiggetränkter Überwindungskraft im Regen des Neulandes wächst und wächst …«

»… bis die jungen Blüten, einst stark und unverwüstlich, die Unberechenbarkeit der Zeit und ihre mächtigste Waffe, das Altern, anerkennen müssen, um schlussendlich im Winde des zeremoniellen Sturmes von ihrer gebrochenen Familie gerissen zu werden.«

Ich war erstaunt – und empört.

Er hielt seine Miene in stoischer Ruhe.

»Wohin sind sie nun?« Ich forderte ihn heraus.

»Bitte?«

Ich seufzte. Er verstand sich selbst nicht – wie würde er dann mich verstehen können. War er ein Grübler? Ein Betrüger, gar Werteräuber, der sich sein Imperium errichtet, das er aus den Früchten Bestohlener und Vergessener zusammensetzt? Plötzlich schaltete sich mein Vorsichtsgespür ein, wie damals, als mich Alexander so unvergesslich in seinen Armen hielt.

»Warum habe ich das Gefühl, jeder würde mich kennen und meine seelischen Kammern durchstöbern! Glauben Sie an das Übernatürliche? Vielleicht begebe ich mich ständig in falsche Gesellschaft, aber womöglich existiert tatsächlich eine Art Verschwörung jenseits des Alltäglichen.«

»Und Sie glauben natürlich, ich hätte etwas damit zu tun, richtig? Woran die Welt der Großstädte, des globalen Parasitentums, einen heute teilhaben lässt, muss für uns zerbrechliche Seelchen in geschlossenen Mauern enden; begraben, unverstanden, vereinsamt!«

Ich horchte auf, als *uns* über seine Lippen kam. Denn das konnte nur eines bedeuten: auch er kannte mich!

»Wir fühlen gleich. Darum gebe ich Ihnen den freundschaftlichen Rat jener Formel: kein Wunschtraum ohne Vorwissen!«

Jason und Eva sah ich ab jetzt nur noch als Schemen, als Rascheln hinter welkem Gesträuch, undeutlich erstickte Laute aus allen Parkrichtungen, ihre Stimmen hatte mein Verstand kreiert, als Vermittler zwischen Sorge und Desinteresse.

Unablässiger Wind säuselte mir ums Haar, und ununterbrochen musste ich die lästigen Strähnen aus dem Gesicht streichen, die sich meinen überreagierenden Sinnen als formfüllende Bedrohungen präsentierten.

Ach, ich brauchte meine Lieben, ja, auch wenn ich sie vernachlässigte im murrenden Musizieren herbstlichen Vorgewitters, war auch dieser Mann neben mir, der Einzige, wie er sagte, den ich weit und breit sehen würde, der das Unbehagen mit seinem Erscheinen herbeiführte und damit – allen Wünschen zum Trotze – die gefährlich brausende Mischung zweier Fremder (?) anheizte.

»Kennen Sie ihn da?« Zögernd folgte ich seinem Blick. Bevor ich ihm Antwort hätte geben können, fuhr er in begeistertem Tonfall fort: »Das ist St. Panttorni, Märtyrer aus dem sechzehnten Jahrhundert, Gründer eines streitbaren Geheimbundes, philosophierender Wanderer und Schöpfer legendärer Antithesen.«

Dem kapuzenüberzogenen Kopf konnte aus unserer Perspektive kein Blick ausweichen, verehrend umgeben von schwankenden Ästen, erhob sich das steinerne Denkmal aus dem Wirrwarr zerbröckelnd floristischer und architektonischer Verflechtungen.

»Historisch interessanter jedoch finde ich ihn da«, und seine Sympathie fand ihren Niederschlag gleichsam im erhobenen Tonfall. »Seine radikalen Schriften wurden noch zu Lebzeiten haufenweise verbrannt, mit der verzaubernden Überzeugungskraft eines Poeten hatte er hunderte Anhänger um sich geschart, lebte dennoch abseits und zurückgezogen ...«

»Und davor, zusammengekauert in der Kategorie der Unscheinbaren, sitzen wir, eine Bettelschale an Affirmationen unter unseren Habseligkeiten.«

»Es sollte keine Beleidigung sein.«

»Aber das war es doch, was Sie sagen wollten, oder nicht? Und Sie haben recht, absolut. Stellen Sie sich das finale Stadium irdischer Abläufe vor, dazu wäre die Summe aller großen Vollbringer notwendig, um diesem Gespenst, unserer Heimat, zu realem Leben zu verhelfen; was gelten schon die minderen ›Schichten‹.«

»Vom einfachen Leben erzählen auch die individuellen Geschichten dieser Damen und Herren. Dank sei selbstredend den Architekten sowie Bildhauern nicht versagt, sonst kämpften unsere Nasen mit Todesgestank in ewigkeitsverbündeter Ausdünstung ... Vermutlich werden Sie sich fragen, warum einige dieser Geister den Titel ›Sankt‹ tragen. Diesen Platz hier umweht ein historisch interessanter Zwiespalt. Sagt Ihnen das Sankt-Florian-Prinzip etwas?« »Nein.«

Die kurz angebundene Antwort diente als vorläufige Ruheerbittung. Aber ich befand mich nun mal zwischen den glorreichen Wellenschlägen dieses ozeanischen Gefühls, es darf ungeniert um Entschuldigung meinerseits gebeten werden, wo mir jedermann uneingeschränkt sein Mitgefühl schenken würde, hat auch ihn der Magnet des Übersinnlichen erst ans verzaubernde Eisenherz geschmiedet. – Es ging um den Dialog, ich armes, tatenloses Subjekt, zeitweilig neckte mich mein Herz mit dem berechtigten Vorwurf emotionaler Hurerei, wenngleich ich doch – so vermutete ich – verliebt war in einen einzigartigen Mann, auf derselben Wellenlänge, wie es so befreiend ... oder bindend heißt.

Aber es stimmt, wie der verkleidungslüsternen Wahrheit seltene Entblößung: Die Frau sehnt sich nach Zweisamkeit – nichts Geringeres stillt ihre Wünsche. Männer können und werden seelischer Isolation vermöge ihrer ureigenen patriarchischen überlegenen Weise Abfuhr verschaffen – zum Beneiden. Ein Schmunzeln.

»Sehen Sie, auch wir Männer hadern mit der verzehrenden Kraft der Einsamkeit.« Was war geschehen? Konnte er meine Gedanken lesen? Gehörte ich vielleicht jener Sorte Frauen an, deren Mimik, Gestik – kurz, ihr ganzes nonverbales Gehabe dem beflissenen Beobachter gleich einem offenen Buch darliegt? Es musste so sein – und ich vermochte nicht einmal dem peinlichen Angriff entgegenzutreten.

»Zerreißen Sie mich!« Unwillkürlich sprang ich auf, stellte mich wütend meinem Sitznachbar entgegen.

»Bitte, bleiben Sie doch ruhig. Zufällig fiel mein Blick auf den Amethyst, den Sie um Ihr Handgelenk gebunden haben. Da Sie an ihm die letzten Minuten unablässig rieben, schloss ich daraus, dass Ihr Sternzeichen Fische ist und Sie überhaupt esoterische Neigungen haben könnten.

Eine plausible Assoziation; gegen innere Unruhe hilft dieser Naturstein besonders den Fischen, überdies habe ich viele Fische-Bekannte – weibliche –, die stereotype Verhaltensmuster aufweisen, sodass ich in Ihnen ein, entschuldigen Sie den etwas abfälligen Ausdruck, Abbild derselben sehe.«

Mein Temperament erscheint mir bei Rückbesinnung wie die gutherzige Tat einer Vogelmutter, die den artfremden Nestling hingebungsvoll pflegt, um sich späterhin ihrer Tugendhaftigkeit betrogen zu sehen, weil das neue Jungtier in der Umgebung verhasst ist und sie es notgedrungen wieder aussetzen muss; aber ebenso wäre es möglich, dass die ersteindrückliche Arglosigkeit des federlosen Kleinen nur seiner List diente, um im Nest der ›neuen‹ Familie in Raub und Mord umzuschlagen ...?

Eingelullt in den Atem herbstlich romantischer Kälte, hätten wohl viele bereits den Weg in ihre warme Stube gesucht, mich aber reizte das Mittendrin, dazu dies übersinnliche Heraufdämmern, das mir das Ausbleiben sporadischer Fußgänger kurzeitig ins Bewusstsein zurückwarf.

Ich marschierte auf die Statuen zu, in dem Wissen, dass mein namenloser Gesprächspartner mich begleiten würde.

Vorbei an zwei gigantischen Felsvorsprüngen, stieg ich die im Verborgenen gelegene Treppe hinab, die mir, hätten nicht zahllose unförmige Steine vorsichtsmahnend den Weg gesäumt, sicherlich zum Verhängnis geworden wäre.

Im Stolpergang tauchte ich in die Tiefe der Vergessenheit.

Neben der graulichten Witterung verdunkelten die kolossalen Bauwerke das wenige Licht, auch das Gewitter kündende Rauschen der Sträucher verstummte; mir kam der Gedanke an den Übergang eines Ritters vom lärmenden Schlachtfeld in heiliges, stilles Terrain.

Während ich zwischen den steinernen Monumenten umhergeisterte, fielen mir Jasons und Evas Verbleib aus dem Verantwortlichkeitsgefühl, dass die Bank aus der Richtung, die ich herkam, leer geworden war, überraschte mich nicht.

Von der abschüssigen Erdmulde aus hatte man zurück auf den Fußweg blicken können, noch uneins darob, wie ich mich entscheiden würde, erklang schon jene grässliche Stimme, so unheimlich wie das erste Mal, als ich sie vernahm:»Ihre Intuition täuscht Sie nicht. Was würden Sie davon halten, hier und heute aktiv mitzuerleben – und mitzugestalten –, was im Verfall begriffen ist, was frischen Wind in den über lange Zeit hinweg stinkenden Episoden von Verlogenheit und Täuschung benötigt. Erinnern Sie sich, was ich Ihnen sagte über …«

Ich wandte mich von ihm ab, als er hinter einer Sockelwand hervorgekommen war. Ich hatte seinen Faden gekappt, als er folgendermaßen fortfuhr, trotzdem er meine Ignoranz ignorierte:»Die Zeitbewahrer dieses Ortes hier sind nicht von der LSKE«– das ist die ‚Landessorge um Kulturerhaltung‘, wenn mich mein Gedächtnis nicht täuscht – »abgesegnet worden. Sie sind also offiziell weder dem Denkmalschutz noch der Aufsichtsbehörde unterstellt.

Lange schon habe ich die historischen Fakten mit der Gegenwart verglichen und auszuwerten versucht; wäre es nicht großartig, das Erbe mutiger Taten anzutreten, das, was Ihnen als Blutwurm hinter der Brust sitzt und ewiglich den Sturm seelischer Freiheit für sich vereinnahmt, ein für alle Mal zu vernichten! Seien Sie meine Mitarbeiterin bei dieser ehrenvollen Aufgabe.«

Dieser Mann nutzte sein schrulliges Charisma, um mich um den Finger zu wickeln. Aber wofür? Was aus Sonja ›vergraben‹ Sonja ›auferstanden‹ herausschuf, legte hier Zeugnis ab – es ruhte bereit zum Aufbruch in seinen Startlöchern.

»Steigen Sie hinab.« Mit einer leichten Schiebbewegung glitt die Sockelwand zurück, das Anhören krachenden, unter Reibung ächzenden Gesteins erschreckte mich.

»Ich bleibe hinter Ihnen«, ermutigte er mich.

Schritt für Schritt – mein Hang zum Mysteriösen hatte seiner Anweisung Vorschub geleistet – eröffnete sich mir die finstere Welt einer Krypta, der Regen vergangener Nacht hatte seinen Weg durch die Spalten gefunden, man hörte jeden einzelnen Tropfen sanft auf den ebenen Steinboden aufschlagen.

»Erinnern Sie sich, was ich über den Todesgestank sagte?« In seiner Stimme lag Witz, wie ich ihn nie zuvor gehört hatte; was er meinte, war der vom wenigen Außenlicht beschienene, eherne Glaskasten, in dem der ›Ausdünster‹ auf einem purpurnen Diwan von Ewigkeit umhüllt lag.

Und doch zierte nichts Feierliches den krustigen Leichnam, es drängte sich mir der Verdacht auf, man habe dem ›Heiligen‹ zu Lebzeiten widerwillig die ›letzte Ehre‹ erwiesen, damit er, seinem Zeitspleen weit voraus, künftigen Bewunderern ein Vorbild sei – auch wenn der vor mir erschimmernde Kümmerhaufen eines einst menschlichen Wesens auf diese Weise nur schwer meine Ehrfurcht erregen mochte. An der Vorderseite des scheinbar nur eben hier transparenten Kastens war ein Täfelchen angebracht. Ich beugte mich nach vorn, las angestrengt folgenden Vers, der ausreichte, um ihn ewigkeitswährend in meine zwiespältige Seele zu versenken: ›Mein Leib machte mich allzu gram. Wie erst die anderen! Als ich noch fußfest auf grober Erde stand, gejagt, verleumdet, endlich getötet, waren die Schätze schönen Lebens tief vergraben, von solchen, die sie nicht duldeten. Mein Hass gegen die Häscher – war er nur natürlich! Mein Leib ging ein, der Feinde Fahnen wehten hinfort. Euch, künftigen Brüdern und Schwestern, möge durch reinere Luft die Lunge erbeben. Ich hinterlasse euch meine Schätze der FREIHEIT!‹

Flugs bestürmte ein postmoderner, smartbürgerlicher Begriff mein Hirn, hier in der Ruhestätte dieser erhaben-düsteren Unterwelt: Karriere. Wie muss der Tote gefühlt haben in *seiner* Zeit – wie fühle ich in der meinen!

Er und ich – war er Angehöriger des Suchertums, der unerschrockenen Verteidigung und Angriffs? Muss man ›Freiheit‹ wirklich erst suchen, um sie wahr werden zu lassen?

Ohne mich für den Bruchteil einer Sekunde umgewandt zu haben, floh ich über die Stufen hinauf in die offene, *freie Welt*. Es war keine überstürzte Tat, oben angelangt, ahmte ich des Mannes kürzlich ausgeführte Bewegung rückwärts nach – die Schließung der dunklen Krypta erfolgte fast von allein, mit einem lebendigen Gefangenen!

Gütiger, Allmächtiger … nein – Befreite! Denn allein um mich drehte sich nun der Lauf der Dinge, und zwar *aller* Dinge. Jeder Einzelne ist sein eigenes kleines Universum, ringsum geht der Atem zu schwer, als dass ich ihre Luft länger nehmen sollte.

Ich fühlte mich bereit, als winziges Rädchen aus dem Treiben des mich umschlingenden Unbehagens auszubrechen; ein wahrhaft erquickliches Waisenschicksal!

Das Brausen des Begehrens darf nicht versiegen, mehr noch, es soll, da es unter Tage sein Dasein zu fristen verdammt wurde, sich in den wachsenden Künsten schäumender Ausbrüche üben.

Menschengattung! Zerfallen unsere Begierden nicht im Materiellen, in der Abhängigkeit, schaffen sie nicht, in kontinuierlicher Erfindung und Produktion, großflächigen Raum für Entfremdung? – Wer setzt dieser einschnürenden Unterwürfigkeit ihre Grenzen! – Ich setze ihr lieber ihren – Tod.

Daneben sprießt, wahrlich zum Bedauern, die Sentimentalität, Bindungen auf emotionaler Fahrt, unergründlich in ihren Schwärmereien.

Romantik ist tot! Wahrheiten sind bekanntlich schmerzhaft, wer von ihnen angenagt wird, dem sei Mut zur Veränderung – sprechender Selbstbefreiung! – gütig ans Herz gelegt. Wer ferner den Ehrgeiz verspürt, an der Krone vollendeter Glückseligkeit seine Finger streifen zu wollen, der hüte sich eindringlich vor eigener Ratlosigkeit, solange er nicht das Schwert besitzt, werde ihm nicht gelingen, den verhängnisvollen Strang zweier widerstreitender Welten entzweizuschneiden.

Zuviel Masse, zu viele Ansichten, zu viele Richtungen – dies alles sei nicht die Bisswunde meines Lebens. – Freilich vermag auch ich nicht bereits vorhandene, von den Misshelligkeiten gesellschaftlichen Zusammenlebens verdunkelte Wunden einfach zu vernarben, wohl aber die Schleuse betreten, in welcher man zu neuer, ermutigender Energie findet. Übrig, nach diesem denkwürdigen Tag, bleibt eine in ihrer Banalität geradezu peinliche Frage: Wie werde ich morgen auf der Pflegestation meinem sozialen Engagement gerecht? …

Verehrter Kollege Benkitt,

anbei erhalten Sie meinen vorläufigen Bericht über Patientin H9.
Folgende Punkte, mit Verweis auf den Text, sind signifikant:
- auf Abfuhr gerichtete Unzufriedenheit
- nicht abweisliche Neigung zur Gewalttat (andernorts gern durch Ironie beschönigt)
- periodische Empathie (siehe Mathilde)
- zyklische Grübelzwänge (man achte auf die Selbstbemitleidung)

Der Rolle eines Leidauslösers und gleichzeitigen Regulierers misst die Kranke erheblichen Wert bei.

Nach meinen Untersuchungen liegt der Verdacht eines anbrechenden ›Liebeswahns‹ nahe, den sie, nach missglückten Bindungen, in den Stand der Heiligkeit erhebt, der ihre Handlungen lenkt und prüft.

Für das laufende Projekt dienen obige Charakteristiken zum Vergleich ähnlicher Fälle, ferner darf ich Ihnen den kompetenten Rat des auswärtigen Kollegen Diedelmann empfehlen, um nicht zu vergessen die aufschlussreichen Resultate aktueller Kurse, die dem Projekt ›Mutterleib‹ in nichts nachzustehen scheinen.

Ich setze meine Untersuchungen fort, bis sich eine Gesamtdiagnose zusammenstellen lässt.

Beste Grüße
Dr. Ludwig Sinnert

Zustellung durch: Privatboten!

7

Hüte die Schätze deiner überwundenen Iche.
Erbarme dich ihrer!
Nutze sie als Bollwerk gegen die fauligen Winde des Kommenden.

Die Zeitzersetzer

Er war unzufrieden mit dem, was er machte, wie er es machte, mit seinem Umfeld, das sich für ihn überwiegend aus Schmähern und verbissenen Besserwissern zusammensetzte. Der Alltag, im Beruf wie im Privaten, war die Schneide seines Messers, der Allzweck, er glaubte fest daran, dass er es in der Hand hielte.

Jedoch, mit der Klinge allgemeiner Zufriedenheit fügte er sich Wunden zu, wobei es ihn stets aufs Neue beschäftigte, ob er denn wirklich sein eigener Peiniger sei … (Abriss aus „Nathans Selbstbeobachtungen", 07. 02.)

An jenem Donnerstagmorgen also erwachte er in seinem Bette, schlug unwillkürlich nach dem Radiowecker, den er seit zwei Wochen besaß, da ihm das jahrelange Piepen seines alten Weckers beinahe den Verstand geraubt hatte. Er lebte allein in seiner Dreizimmerwohnung, verlobt zwar, doch die Frau, die er liebte, war viel auf Reisen, was die Möglichkeit offenließ – und dabei verabscheute er solche Gedankengänge –, sie würde ihre sexuellen Defizite anderweitig ausgleichen, erstens bei jemandem, der ihr nahe war, zweitens wäre dieser jemand vielleicht erfüllender, der ihn schließlich gänzlich ersetzen würde.

Wie suchende Frauen Ende zwanzig eben ihre Liebesabenteuer gestalten, selbstbewusst, selten vom Gewissen betrübt … – und überhaupt viel zu emanzipiert für den Mann.

Zu Anfang hätte er diese Hypothese über seine untreue Verlobte, nachdem er oft genug mit heftigen Kopfschmerzen aufgestanden war, medikamentös bekämpft, doch zu seinem Erstaunen hatte er in jüngster Zeit festgestellt, dass seine geheimen Verleumdungen hilfreichen Trost in seinen stürmischen Empfindungen bewirkten.

Östlich der Stadt standen die Reihen einfacher, aber komfortabler Dreifamilienhäuser, angrenzend am Wald und den mit ihm bildlich unvereinbaren Bauzentren, aus deren zerwühltem Erdreich sich eines Tages entweder eine Lärm versprühende Massenfertigungsanlage erheben wird, wahrscheinlicher allerdings, laut den lokalen Kritiken dieser Theorie, würde auf Kosten unbefleckter Natur nicht diese *eine* Idee verwirklicht werden – sondern viele, viele mehr ...

Hernach hatte man über jene Alternativen nie wieder etwas gehört; es wurde etwas begonnen und nicht fertiggestellt – traf das auch auf *sein* Leben zu?

Inmitten dieser Zersprengungen wohnte Nathan, obgleich die Ortschaft verhältnismäßig lebenswert und nicht ärmlich war, gehörte er zu den wenigen, wenn es außer ihm überhaupt jemanden gab – was mehr als berechtigt war, sah man erst die epidemischen Gesichtszüge der durchweg von Glückseligkeit zeugenden Nachbarschaft –, er war es also, der jede Illusion von Zufriedenheit rundum von sich streifte.

Diese Beobachtung entsprach der gesunden, analytischen Herangehensweise eines Menschen, der in den Mittdreißigern steckte, Enttäuschungen und Schädigungen vielerlei Formen über Jahre hinweg mutig ertragend, sich Barrikaden zu bauen verstand, mithilfe deren er sich in sein Schneckenhaus zurückzog, sobald er fühlte, dass es *brannte*.

›Wer waren die da draußen? Und wen stelle ich dar? Wie steht es um die Wechselbeziehung zwischen uns?‹ Hierfür bedarf es, so meinte er, theoretischer ebenso wie praktischer Modalitäten, die sich dem nicht unmittelbar teilnehmenden Verstand allerdings nur schwer erschließen. Wie besessen arbeitete er an Projekten, von denen niemand etwas verstand, das Leben ging weiter ohne wesentliche Änderungen, aber: Irgendetwas, irgendwer agierte unkontrollierbar im unterschwelligen Bereich, eine Sublimierung, die bald auf Nächststehende übergriff und altbackene Normen auf perfide Weise mitgestaltete.

All das sorgte für seine Befriedigung, blieb aber bedauerlicherweise unverwirklicht, Traum, Wunschvorstellung, und gerade dies war vielleicht die größte aller Gemeinsamkeiten, die er mit seinen anständigen Nachbarn zu teilen verdammt war.

Gab es solche nicht überall, die träumten, fantasierten, vielleicht sogar verboten tiefe Gedankenspiele zutage förderten, dem unbestimmbaren Frust zu formvollendeter Gestalt verhalfen, dass er greifbar, zerstörbar würde?

… Ja, es gab sie. Unbehelligt wie viele Mörder unterm Volk, kauert der stumpfe Wille hinter der Stirn der Geschädigten. Sind sie allein, werden sie möglicherweise untergehen, haben sie Vertraulichkeiten mit den Leidensgenossen ausgetauscht, dürfen sie auf die Macht rächenden Ausbruchs hoffen. In ebendieser Gesellschaft hatte sich Nathan befunden, bei den ›Abseitigen‹, wobei nicht vergessen werden darf, wodurch ihre Zusammenkunft herbeigeführt worden war …

Der Tag hatte Nathan aus dem Haus gerufen, in die Verkaufskabine des Time-Breath-Theaters. Er sprang auf sein Fahrrad, nachdem das allmorgendliche Zur-Arbeit-gehen-Ritual gedankenschwer beendet worden war, die beharrlich wiederkehrende Versenkung darin, welchen Status er auf dieser Welt innehatte.

Die Turmuhr hinterm Marktplatz schlug halb zehn, er war heute spät dran, doch das war gleich, denn er hatte mit seinem Bekannten vom Paketdienst eine Übergabe vereinbart, der ihm ein Päckchen mit brisantem Inhalt übergeben sollte, Recherchen …

Wenig Verkehr beherrschte die Szenerie rings um den Markt, hier und da ein Gemüsestand, überhaupt Warenstände in gewohntem, ruhigen Vorhandensein, Lieferwagen verschiedener Services, stolzierende Tauben auf dem Pflasterstein, rings um sie wirbelten Einkaufstüten durch fortschreitende Gewitterluft, viele weitere Tauben flogen herbei und verschmolzen zu einem Ballen dichter, zuckender Federn, wie im verzweifelten Versuch, die Kälte und den Sturm zu verjagen.

Die hochschießenden Bauten ließen nur wenig Licht in den öffentlichen Platz eindringen, der sich noch den Schlaf aus den Augen rieb.

Als Nathan eintraf, beschäftigte ihn sein Leichtsinn, warum er das Wetter so sehr unterschätzte und keinen Regenschutz mitgenommen hatte. Den Wetterbericht zu hören, hielt er dennoch für ein Unterhaltungsmedium der Massen, was sollte er schon mit ihren oberflächlichen Prophezeiungen.

Als er sein Rad beschleunigte, eher aus Gründen anbrechenden Unbehagens als aus Verspätungsängsten, befuhr er nahezu übergangslos völlige Dunkelheit, er wagte nicht, sich umzuwenden, hatte dann erkennen müssen, dass die Weiterfahrt allein durch das leichte Schimmern des ehernen Pflastersteins, fast wie Phosphor, möglich wurde.

Traumartig sah er, die Dichte der gefüllten Reihen entkräfteten jedoch den Einbildungsglauben, zu beiden Seiten Gestalten in Sitzhaltung, manche mit übereinandergeschlagenen Beinen, andere liegend oder vertieft in eine Zeitung; diese Gemeinsamkeit aber teilten sie alle: Sie wandten ihre Köpfe nach Nathan um, sobald sie ihn vorbeirollen hörten; und etwas sagte ihm, sie behielten ihn schon länger im Auge.

Da das Positurmuster der mysteriösen Gestalten während der Fahrt durch diese Beobachtungspassage gleichblieb, hatte sich seine Vermutung rasch bestätigt.

Er wusste nicht, wie lange er fuhr, es mutete an wie ein eindringlicher Albtraum, ohne zeitliches Wissen des Eintritts, in allumfassender, wiederkehrender Angst. Als die schauerliche Reise schließlich in Licht und Freiheit mündete, war er noch zu sehr von dem Schrecken befangen, dass er auch jetzt nicht, wo alle Gefahren beseitigt schienen, den Mut aufbrachte, den Blick nach dem finsteren Tunnel zu wenden.

Nachdem er das erhaltene Paket fest auf dem Gepäckträger seines Fahrrads verschnürt hatte, war sein weiterer Weg zum Theater erleichtert worden von seinen Ängsten, hin und wieder sah er auf das schlotternde Quadrat vor ihm nieder.

Am Haupteingang des Theaterhauses hatte sich eine Schar Leute angesammelt, in zerfledderter Bekleidung, einige mit Einkaufstüten mageren Inhaltes im schlaffen Griff der Finger, meist bärtig, daneben konnte schon der Nachbar ungewohnt sauber rasiert sein, Männer, Frauen, alt, jung … und reich sowie arm?! Sonderbar diese Überlegung, so lebensprägend für Nathan, der, als er den Andrang um die verglasten Programmplakate zu seiner Verblüffung bemerkt hatte, umgehend die Richtung zur Unterführung einschlug, die ihn durch neondurchflutete Korridore alsbald zum *Geheimeingang* für Angestellte führte.

Wie er doch hier arbeitete, so allein, oberflächlich, nahe den Akteuren der Kunst, im Vergleich zu diesen beschämend, sklavenhaft und ohne Beteiligung am Wesentlichen. Heute aber war einer dieser – leider wenigen – Tage, da man siegesstolz den Erfolg guter Ratschläge von Bekannten, authentisch recherchierter Studien, und, naja, der grell schillernden Wochenzeitschriften für wenig Kies am Kiosk verbuchen möchte, ohne dabei die Mühe zu vergessen, wie viele Tage ungeduldigen Wartens die Zielgerade ihren Strebern aufbürdet.

Wiederum gibt es andere, die weder strenger Disziplin noch radikaler Lebensumstellung bedürfen, tja, solchen trainiert ihr schwertführender Kämpfer direkt vor verbotenen Türen, die zu öffnen, besser aber im Taumel der Gewaltfreude aufzusprengen, ihn niemand wird abbringen können. Wer dann noch Selbstvorwürfen verfällt, ist freilich schwach, gibt er aber seinem neuen, wilden, rücksichtslosen Ich das Geleit, werden die Ruinen seiner Seele leichthin den Glauben an die Zukunft, an die Auferstehung resistenter, unbeugsamer Lebenskräfte gewinnen.

So wird der Blutfleck der Schande mit der Spucke des Spottes ausgewaschen. Woher sie nun rührte, jene befriedigende, lebensbejahende Kraft, wusste Nathan nicht zu erklären, dafür aber eines gewiss: Niemand unter den schnelllebigen Stadtochsen würde gleichzeitig den Mut, die Überzeugung und die Durchsetzungskraft in den einschnürenden Beschränkungen wie Beruf und Familie aufbringen, den Schritt wagen, etwas Erfüllenderes zu ersehnen, denn hierin fand er schon seine Lieblingsherberge.

Das klingt dumm, gestand er sich ein, als er Carlos nahen sah, und er diesen Gedankengang wohl nur unterbrochen hatte und als schändlich empfand, weil dessen kritischer Starrsinn wenig mehr als das jämmerliche Maß kurz angebundener, wettbewerbskranker Geißelung geerntet hätte. Und außerdem … war nun Arbeitszeit.

»Hast du den Andrang draußen gesehen? Da stellt man sich unweigerlich die Frage, welche Leistungen unser Sozialwesen vernachlässigt hat, dass diese bemitleidenswerten Gestalten den Wunsch nach Kultur verspüren.« Carlos grinste, schüttelte den Kopf, die typische Mischung aus Unverständnis und instinktivem Hohn, dachte Nathan.

»Sicher, sicher«, räumte er ein.

»Die zwei Reservierungen für ›Theseus' Schlacht‹ sollen morgen gegen elf abgeholt werden. Warte nicht lange. Wenn bis spätestens Glockenschlag drei viertel zwölf niemand aufkreuzt, gib sie frei, falls ich bis dahin nichts von meiner Cousine höre.«

Nathan passierte die großen Glastüren der Hinterdiele, zog den Schlüssel für die Verkaufskabine, merkte dann, dass die Geste überflüssig war. ›Ich habe ja heute Gesellschaft.‹

»Hast du Wechselgeld nachgefüllt?«, fragte er Carlos fast beiläufig, während er sich in dem bequemen Drehsessel niederließ und die berufsnotwendigen Gegenstände vor sich auf die rechten Stellen rückte. Er merkte gleich, wie überflüssig die Frage war, als er das einleitende und gleichsam respektlose ›Haalloo?!‹ vernahm, vorzugsweise von der Vielzahl derer genutzt, die da glauben, jeder hätte dieselben Gene, dieselben Erzieher gehabt, die gleichen Freunde und synchron all das erlebt, was die Benutzer dieses verächtlich lang gezogenen Hallos bei Wortwechseln ihren falsch Eingeschätzten an die Stirn werfen, als hätte ein geliebtes Idol sich als Schwindler herausgestellt.

War dies – dem Urteil der Gefühle nach – wirklich ein abweichender Tag, so hätte Nathan ihm seine Meinung über diese von den meisten sicher als harmlos empfundene Kleinigkeit vorgetragen.

Und das gewiss nicht in freundschaftlicher Weise. So blieb er denn, im Plane des Aufsparens seiner Gewalten, ruhig in seinem Sessel.

»Warum hast du dich für dieses Berufsfeld entschieden?«, fragte er völlig ohne Vorankündigung den drahtigen, neben ihm stehenden Mann.

»Was?«

»Wer sich durch Verkaufen von Ware seinen Lebensunterhalt sichert, entscheidet sich auch dafür, *was* er verkauft, oder nicht?« Carlos blickte verunsichert. »Man nimmt, was man kriegt.«

»Richtig«, erwiderte Nathan als Anschluss zum nächsten Schritt. »Aber du stammst aus guten Verhältnissen, wenn nicht zu gut, du könntest etwas tun, das nicht so ...«

»... eintönig ist?« Der im Sessel sitzende Mann mit dem leicht buckligen Rücken und der große dunkelhäutige, der wie ein Richter erbarmungslos auf den Angeklagten niederschaute, ergaben rein äußerlich ein ungetrübtes Bild rivalisierender Rollenverteilung. Doch dieses Stück spielte Nathan nicht länger mit, in ihm hatten gewisse Triebe Grenzen eingerissen, jetzt suchten sie nur noch den Weg über die Nervenbahnen zu ihrem Meister.

»Du bist fehl am Platz«, sagte er unvermittelt.

Carlos schwieg.

Seine gerunzelte Stirn zeugte von der Verarbeitung dessen, was er gehört hatte. ›Ob er nun die Botschaft versteht oder nicht, er ist nicht die Sorte Mensch, für die ich Zeit und Energie verbrauchen sollte‹, wusste Nathan sehr wohl.

»Sieh dir die Leute draußen an. Ihr erstes Ziel wird immer die Bekämpfung des Hungers sein, danach folgt alles Weitere. Aber was ich vorhin in ihren Blicken sah ... das Unvermutete ... etwas wie Bereitschaft zur Erweiterung, Steigerung – es war unheimlich. Jede ernst zu nehmende Revolution steht und fällt mit der einvernehmlichen Haltung der Aufständischen, ihr verbrüderter Wille, wenn er seine Kräfte gesammelt hat, gleicht einer plötzlichen Feuerwalze in absoluter Stille. Beschäftigen wir uns nicht damit?

Erarbeiten wir denn nicht fiktionale Lebensläufe, die die Schwächen und Stärken der Menschen aufzeigen, sie in fürchterlicher Demut zeigen, nächstens wieder in heroischer Pose, dann Geschichten, Antworten, Sinnbilder, deren Vertreter sie sind. Manchmal frage ich mich, was Kunst eigentlich will; worin besteht ihre Essenz, das Faszinierende in Ton, Bild und Gefühl ...

Im Moment weiß ich nur eins: Dass ich glücklich bin, an diesem Ort, der Heimatstadt dieses menschlichen Zugs, arbeiten zu dürfen.« Obgleich von entfernter Gesinnung, schloss sich Carlos dem Zwiegespräch an, vielleicht war es die heimliche Sehnsucht vieler, den Austausch vernunftabgewandter Bedürfnisse bei günstigen Gelegenheiten zu beleben, ihre Unentbehrlichkeit im Alltag zu begreifen.

»Ich sehe Gesichter«, sinnierte Nathan weiter, »höre Meinungen, fühle Entrüstung und rieche Unzufriedenheit, von hier bis zum Rande menschlicher Zivilisation. Aber wo nur ein Erkennender ist, ist die Abwehrtaktik der Konvention keines Krieges wert.«

»Sicher gibt es Vorzüge an unserem Job, das bestreite ich keineswegs. Worauf wir Acht geben sollten, ist die klare Grenze zwischen normaler Lebensqualität und Unterhaltung. Vergiss nicht: Unsere Aufgabe besteht in nichts Weiterem als unsere Kundschaft auf dem einladenden Teppich des Gastgebers in seine Freizeitaktivität zu geleiten, dabei fein herausgeputzt, höflich, manchmal auch verwarnend«, mit Letzterem meinte er weniger theaterunerfahrene Besucher, sondern respektlose Kritik, die zuweilen nach einem aufgeführten Stück zu hören war, und zwar unabhängig von Alter und sonstigen Merkmalen, anhand deren Geschmäcker und Neigungen des Besuchers Anhaltspunkte liefern.

»Aha«, entfuhr es Nathan. »Wieder höre ich die vernichtende Schmach, Kunst sei bloße Unterhaltung. Woher rührt diese törichte Einbildung? Auf dem Weg hierher durfte ich ein weiteres Mal Zeuge teilnahmsloser Musikhörer werden, bei Sanierungsarbeiten in leer stehenden Wohnungen dudelt ein kleines Radio, wo weit und breit niemand ist, für den es spielt, aber selbst wenn, so handelt es sich für betroffene Leute um Arbeitszeit, Musik in all ihren wunderbaren Facetten auszukosten steht ihnen nicht an.

Ebenso fragwürdig ist sie, laufe ich an Terrassen und Gartenpartys vorbei; wo Stimmen sich überschneiden, inhaltlich vom Small Talk bis zu erhöhtem anspruchsvollen Gedankengut alles betreiben – obwohl mit Bedacht gewählte Musik Letzterem noch einen verzaubernden Schub leisten dürfte –, ist sie für mich irreal, man fängt an, den Sinn ihres Nutzens, ihres Für-uns-da-seins zu vermissen. Wird sie als Fließbandprodukt gehandelt, fehlt ihren Komponisten der besondere Wert vielfältiger Leidenschaften, worin sie ihre wahre Erfüllung haben mag, wissen dennoch ihre Hörer am besten, ob ruhig in der Stube, beim Wandern, Veranstaltungen, sogar als Meditationshilfe. Überdies kündet jeder Takt, jede Melodie von *ihrer* Ära, wir hingegen bedienen uns vorrangig alter Kompositionen, die mit Recht als klassische verstanden werden.«

Er schaute jetzt zu seinem Kollegen hin, als hoffte er, ihn überzeugt zu haben. Dieser lehnte sich an den Tisch, da merkte er, dass es bequemer wäre, sich halb daraufzusetzen; durch solcherlei körperliche Ablenkungen suchte er seine Unruhe zu verscheuchen. »Und doch bleibt sie Unterhaltung«, gab er hartnäckig zurück. »Auch ich verstehe mich im Genuss ihrer Magie, lasse mich in entsprechender Stimmung von ihr verzaubern, für kurze Zeit spielte ich selbst Cello in einem Amateurclub, und trotzdem enthält sie nichts, was *wirklich* wichtig, worauf die Welt angewiesen wäre.«

Die folgende Stille zeugte unmissverständlich von der negativen Beschäftigung antagonistischer Gedanken. Dann erhob Nathan seine im Sitzen etwas eingepferchte Stimme, wie einer, der im Grunde das Kämpfen nie aufgibt, bei bestimmten Anlässen dann schon in Verkrampfung gerät: »Damit ist für dich der Wert unseres Berufes herabgeschrumpft auf die Bestreitung des Lebensunterhalts, du siehst nicht ins Inhaltliche, verkennst sogar die Betreuung unserer Kundschaft, und wie der Ertrag dessen aussehen muss, findet sich im Auftreten deines Charakters, deinen hohlen Argumenten und zuletzt in deiner Kompromisslosigkeit.«

»Ich bin glücklich, wie ich bin.«

Nathan musterte ihn von oben bis unten, es sah danach aus, als würde er gleichsam die Vergangenheit seines Rivalen prüfen. Schließlich sagte er freundlich: »Das will ich hoffen.«

In diesem Moment bekamen sie Besuch von einem alten Ehepaar, der Mann, ein mittelgroßer, äußerst elegant gekleideter Spätcharmeur, bewehrt mit Lederriemen umschnalltem Hut, Spazierstock, von dem man nicht mit Bestimmung zu sagen vermochte, ob er die Gehschwäche ausgleichen sollte oder zur Schau gestellter Bestandteil seines aristokratischen Äußeren war, führte seine Ehefrau am angewinkelten Arm, den ihre knochigen Finger nach allen Gesetzen der Unruhe ausgenutzt hatten. Ihr Tempo war langsam, aber nicht lahm, es schien zunächst in ihrem Interesse, das Auslageregal mit den jüngsten Programmen aufzusuchen, denn während die kränkliche Frau nach rechts, wo Nathan und Carlos sie mit freundlichen Blicken begrüßten, schaute, trat der hochmütige Mann nach links aus, wobei er seiner Anhängerin einen kurzen stummen Blick zuwarf, der sie in jedem Irrtum zu berichtigen schien und so etwas wie Übereinkunft hergestellt war. Die beiden warteten in der Kabine, ließen nicht von dem kuriosen Paar ab, das ihnen jetzt, einmal mit eisern aufrechtem, einmal mit buckligem Rücken zugewandt, wie die beängstigende Belebung skelettartiger Puppen vorkam, die sie nach Feierstunden im hinteren Fundus zu Dutzenden gesehen hatten. Sie wirkten wie erfroren; wenn sie ihre Köpfe bewegten, war es rein mechanisch, kein Wille oder mit Vorsätzen getränktes Temperament begleitete diese äußerliche Regung, das Alter hatte bei ihnen das übliche Opfer des Schwärmens und der Verbissenheit eingefordert, sie erfüllten nun ihr Dasein im Sinne der Wartezeit endgültiger Erlösung. Und obwohl er sich beim Anblick der zwei klapprigen Gestalten mit ebendiesen letztlich auf Selbsterkennung hinauslaufenden Überlegungen beschäftigte, verspürte Nathan die eigentümliche Würde, die das Ehepaar zu umgeben schien, die Würde sowohl der Resignation, der Abfindung, als auch der mit ihnen einherschreitenden Kümmernissen. Von Letzteren gab es nicht die geringsten Anzeichen, gar jetzt, als sie sich umwandten und endlich die Richtung zu den staunend wartenden Verkäufern einschlugen, bewerkstelligt von denselben gemessenen Schritten vormaligen Eintretens; man mochte meinen, die festgefahrenen körperlichen wie geistigen Besonderheiten hätten alle Muskeln, Nervenstränge und Gelenke in einen geheimnisvoll harmonischen Fatalismus befördert. Je näher sie ihnen zutraten, sie die verbrauchten Gesichter und ihre erloschenen Augen, aus denen jene übermächtige Würde fast drohend sprach, sahen, umso beneidenswerter war für Nathan die Haltung des Ehepaars unter dieser unverstandenen Überwindungskraft, und für Carlos' Einsicht hoffte er, dieselbe würde ihm verstehen helfen, was nötig und vorbereitend ist, um auf einen dergestalt hohen Stand geistiger Überlegenheit zu gelangen. Nathan nutzte eine regional übliche Begrüßungsformel bei älteren Menschen. Nach wenigen Sekunden Schweigens erklang aus dem Mund der Frau fast unhörbar derselbe Gruß. Da sie kein Programmheft mitgenommen hatten, leitete Nathan mit folgender Höflichkeit sein Verkaufsgespräch ein: »Wünschen Sie etwas Bestimmtes zu sehen oder möchten Sie erst unsere künftigen Aufführungen kennenlernen?« Die langen, knochigen Finger fuhren unruhig, fast beschwörend über eine ausgesuchte Fläche des Fracks ihres Begleiters. Bald mochte sich einem der Sklave-Herr-Eindruck einschleichen, und infolge dieser Vermutung richtete Nathan seinen berufsmäßigen Blick auf den Herrn. Doch auch von ihm erhielt er keine Antwort. »Morgen findet eine Exklusivvorführung im Rahmen unseres Schöne-grausame-Welt-Aufgebotes statt, es greift sowohl klassische als auch postmoderne Themen auf. Um neunzehn Uhr beginnt ›Des Krieges Trost‹, ein viel beachtetes Ballettstück mit Dialog; es erzählt episodisch die Geschichte eines Wagnerlehrlings während der Ausdehnung der Industrialisierung bis hin zum Aussterben seiner Branche und damit einer Familientradition und wie seine Nachkommen das Jahrhundert der ›Kriege und Zerstörungen‹ erleben. Mit viel Gefühl und Gesellschaftskritik begleitet man die Protagonisten auf ihren Gratwanderungen zwischen Mut, Verzweiflung, Toleranz und Ignoranz. Aus vorletzter Reihe erhalten Sie den besten, geräumigsten Ausblick, den Sie bei dem sensationellen Einsatz von Lichteffekten und Kulissenreichtum brauchen.« Er wartete geduldig auf Reaktion, andere Vorführungen anzubieten gedachte er noch zurückzuhalten, wer hätte denn sonst so kurzfristig bei geringer Nachfrage die hintersten Reihen belegen können, aber natürlich hatte es seine Wahrheit, dass bei ›Des Krieges Trost‹ nämliche Platzbesetzungen den genussreichsten Blick auf die Bühne boten. »Was haben Sie sonst für Projekte?« Nathan schob unwillkürlich seinen Kopf vor, andernfalls, so merkte er, würde jede Silbe dieser gebrechlichen Dame verloren gehen, noch ehe sie sie selbst vernähme. »Was meinten Sie, bitte?«

»Sie fragte, wann das Stück über wahre und unwahre Lebensverhältnisse zu sehen sein wird. Ich spreche von der Uraufführung.« Sein Kinn klappte runter, weder hatte er so brüsk die Mitteilung des Mannes erwartet noch die verbale Visitenkarte seines Äußeren, und da er also zu sprechen vermochte, in kratzendem, düsteren Ton, könne das Verkaufsgespräch besthin mit ihm fortgeführt werden, wenngleich er nunmehr den Eindruck eines unerbittlichen Steuereintreibers weckte.

»Natürlich. Sie beginnt morgen. Allerdings muss ich Sie auf etwas Wichtiges hinweisen ...« Er geriet ins Stammeln, es gab da eine Sache, die ihm verheimlicht worden war, die er nicht verstand. »Wir verkaufen keine Eintrittskarten für diese Vorstellung.« Um seine letzten Zweifel zu zerstreuen, prüfte er es in der EDV.

Und er hatte sich nicht geirrt.

Der alte Herr neigte sich ein wenig vor, seine Züge tauchten abhängig von der unverhältnismäßigen Dielenbeleuchtung in Schatten, sein Mund öffnete sich und die Stirn zerschmetterte fast das Scheideglas der Kabine. »Das ist mir wohl bewusst, junger Herr«, sagte er in gut artikuliertem Flüsterton.

»Man möchte doch sicherstellen, dass sie sich einer üppigen Besucherzahl erfreuen wird. Dagegen gilt Ihr übriges Programm herzlich wenig, bedenkt man erst den Aufwand und die Investitionen, die langwierige Planung Ihrerseits, dazu das ausgeklügelte Werbeverfahren in der Öffentlichkeit, was recht bedacht gar nicht öffentlich ist. Damit wir uns nicht missverstehen: Wir sind nicht einfachen Kartenkaufs halber hergekommen; ich bin sicher, Sie ahnen bereits, wonach uns der Sinn steht ...«

Ja, er wusste es.

Sollte das nun heißen, er müsse, aller formellen Geschäftlichkeit zuliebe, die Namen des Paars registrieren, ihnen die Einweisung erteilen; dies Vorgehen wäre von der Legalität ungedeckt gewesen, ob es nun lebenserhaltende Geschäftsidee war oder nicht. Da stieg ihm unversehens zu Bewusstsein, was er den ganzen Morgen über empfunden hatte:

die Bereitschaft zum Bruch.

Gleichgültig, was da wohl in der Planung der Belegschaft vor sich ging, griff er nach der verborgen gehaltenen Kiste nahe seiner Füße und schob ihn durch die Luke – man fragte sich ernsthaft, welchem Zweck dieselbe diente, wo doch allgemein nichts weiter als Tickets und … sonstige Kleinigkeiten hinübergereicht werden. »Bleiben Sie passive bis aktive Zuschauer, oder entscheiden Sie sich für *aufgehende* Beteiligung.« Dies Letztere amüsierte ihn in seiner Vorstellung; zwei gebrechliche Akteure im wilden Geschehen des grenzenlosen Schauspielens. Die alte Dame suchte nach dem Seidentuch, das aus der Brusttasche ihres Begleiters hing. Als wäre sie blind oder von Sinnestäuschungen übermannt, kletterten ihre Finger herauf und hinab, von einem Knopf zum nächsten, was den Träger derselben nicht zu stören schien. Widerlich, den Herren erfreut die Abhängigkeit seiner Sklavin, und diese ist sich über ihren elenden Zustand nicht einmal im Klaren.

Altersbedingt kraftlos nahm er die Kiste mit den bunten Narrenfratzen unter den Arm, seine Gemahlin, die einfach niemand in der Vermutung abbringen konnte, sie sei gefährlich weit ihrer Lebenskräfte abgefallen, schmolz an ihn heran, aus Furcht, vielleicht sogar aus dem Instinkt des Bittens heraus, so folgte denn auch ein Tuscheln, während sie auf den Ausgang zu lenkten und gerade in diesem Moment die oben anhängende Lampe ins Flackern geriet; der rechte Abtritt für diese zwei Wesen, dachte Nathan, die im Blitzlicht dem Beobachter wie auf einem Punkte verharrend vorkamen.

Er scherte sich nicht länger drum, nachdem er sich Erdbeerkaugummi in den Mund gesteckt hatte, drehte er sich nach Carlos um, doch dieser war fort. Unbemerkt hatte er das Fortschleichen vollzogen, inmitten ihres vom Zwang des Alltags lösenden Gesprächs, es wäre nicht verwunderlich gewesen, wenn er die Abwesenheit Nathans suchte, wo sie zwar kollegial miteinander verbunden, doch privat wie Himmel und Hölle waren.

Bis vierzehn Uhr hatte niemand das Theaterhaus besucht, mit dem ins Gespräch zu treten notwendig gewesen war, hinter seinem stimmdämpfenden Glas sah Nathan neugierige Gestalten, die sich vor dem Auslageregal tummelten, mal griffen sie nach einem Programmheft, stellten es an die falsche Stelle zurück, andere wiederum bedienten sich freizügig und füllten Taschen wie Hände mit den bunten Heften, dann verließen sie ihren Tatort, warfen dem staunenden Verkäufer noch einen verschmitzten Blick zu, als wüssten sie bestens um ihre Frechheit, erkennten dieselbe aber um keinen Preis als solche an.

›Schmarotzer würde ich sie nennen, wenn es eine normale Arbeitswoche wäre‹, dachte Nathan. Als er Ruhe atmete und die Gewissheit ihn beschwichtigte, er sei nunmehr frei von Kundschaft, mit Ausnahme von Carlos, wo immer dieser auch stecken mochte − der Platzwechsel läutete die nächste Phase ein, und er, der pflichttreue Angestellte, hätte gewiss keine Erinnerung daran nötig gehabt −, war die Zeit günstig, aus der engen Kabine zu flüchten und die Stufen hinter der Kammertür ins Dunkel hinab zu tauchen. Entschlossen führte er den Schlüssel ins Loch, wendete einmal abschließend den Blick und trat über die Schwelle. Ein Summen dröhnte den kargen Korridor entlang, der auf ihn wartete, sobald er die acht gitternen Stufen hinabzusteigen sich überwunden hatte, die Furcht, die mitlief, rührte aus ferner Kindheit, welche er klar zu definieren nicht den Mut aufzubringen wusste. Nachdem er seine Nase in die blecherne Dose gesteckt hatte, fünf Sekunden genügten − der Duft jener exotischen Pflanze vermochte seinen Sinnen das wiedergeben, wonach zivilisierte Menschen in ihrer notdürftigen Existenz vergeblich suchen und nur unbewusst, hartnäckig leugnend hegen im von Termindruck und Schnelllebigkeit abgelösten Gesellschaftsleben, das doch so viel vorteilhafter, um nicht zu vergessen fortschrittlicher ist als der Primat auf den Ästen, dem das Potenzial der Funktionen seines Gehirns verschlossen ist und nur das Überleben kennt −, nach diesem lehrreichen Gedankenflug also schöpfte er dank der Wirkung seiner Importware Mut, zwischen den Abstellregalen durch zu tauchen, bis ihm die nächste Tür bevorstand. Auch wenn er damit schlimme Rückbesinnungen assoziierte, so hatten unterirdische Schächte und Tunnel für ihn ein Gutes, sie harmonierten mit dem Rückzugswunsch, den ihm seine Mitmenschen allseitig aufgeladen hatten − beabsichtigt oder nicht,

jedenfalls ging ein weiterer Schattengeist auf ihr Konto. Tanz-
und Dialogproben aufzusuchen waren nicht jedermann vergönnt,
Nathan war zwar weder Reporter, Ehrengast noch war er sonst
wie privilegiert, die geschlossenen Räume zu betreten. Nichts
sollte so sein wie einst – darauf kam es an.

Bald hörte er halblaute Stimmen, sie entpuppten sich als Arien;
von schleichenden bis stechenden Lauten, waren Turn- und Sprech-
geräusche bald nicht lange auseinanderzuhalten, es klang wie einer
dieser Nerven spielenden Mitschnitte, den man aus der *industrial
music* kennt; die passende Musik für die Neuzeit, ganz den Ver-
lorenen geziemend, die er von Zeit zu Zeit bei den Gleisen der
aufgegebenen Bahnstation herumlungern sah, wenn er seinen
Dealer aufsuchte, und gerade dies Szenario, hart und eindring-
lich, rüttelte sein Bewusstsein zurecht, indem ihm, nicht ohne
an die regelmäßigen Warnungen der Schulzeit zu denken, ein-
leuchtete, dass er denselben Pfad des Missbrauchs eingeschlagen
hatte … Zur Hoffnung war die Zukunft noch geebnet.

Ein dunkles Kapitel, noch nicht lange her; er wollte dem ein
Ende setzen, seine Leidenschaft für zeitweilige Hobbyschau-
spielerei in diversen Kleintheatern nicht den Bach hinunter-
rauschen sehen, doch gleich, wie er es anstellte, es war ihm nicht
gelungen, als ebensolcher das zu tun, was ihm am meisten Freude
bereitete. So schaffte er wenigstens, die Nähe jener Künstler für
sich dauerhaft als Lebensgenuss zu erkiesen. Er gelangte nun in den
Fundus, verschiedene Make-up- und Kostümdüfte schwängerten
die Luft, wahllos waren dieselben samt ihrer Accessoires über die
Schminktische und Böden geworfen.

Schränke und Spinde standen weit offen, mal sah er einer
schauerlichen Fratze, mal der edlen Schönheit eines Engelskostüms
über ihre jeweiligen Profilierungen, damit hatte er nur den Vor-
geschmack dessen verkostet, was weit hinter der Masse erregender
und abstoßender Designerkunst verborgen lag.

Der Zugang zur Bühne war frei, anfängliche Scham verhielt
seine Schritte; war es der Respekt vor den Künstlern, persönliche
Angst – nein, der zerdrückende Selbstvorwurf, sein Leben nicht

zu etwas Besserem gestaltet zu haben, hielt seine Füße davon ab, die Verdienstarena jener Profis zu betreten.

Halt, obwohl er kein aktiver Beteiligter dessen gewesen war, was er inbrünstig werden wollte, so war er immerhin lange genug Bestandteil des Instituts, und, von gewöhnlichen Abläufen abgesehen, wäre dasselbe ohne Erbschaft untergegangen, hätte er gewusst, wie man sich der Hebel ihrer Spielerei bedient.

Ein simples Rachebedürfnis, gegen alle, die individuelle Tendenzen missachten und ihre Welt nach den Vorstellungen ihrer Visionen ausgestalten, da ist kein Platz für aufbegehrende Jugend und selbstsuchende Midlife-Krisler, wer aber denkt, diese wären die einzigen mit berechtigtem Schmachten, der übersieht jene kleinen Geschichten, handelnd über Kinder und Greise – bei allen schneidet das Messer realer – und nur realer – Erkenntnis ins Fleisch des Wohllebens, niemand der außerhalb steht und damit nicht in Kontakt kommt, wird je die Auslese grauenerregender Schicksalsschläge verstehen.

Die Medien berichten, allzu subjektiv, über die abscheuliche Tat einer Mutter, die ihr Neugeborenes nach tagelanger Misshandlung und Vernachlässigung in einen Sack schließt, den weiten Weg zu einem abgelegenen Ort zurücklegt, ohne auch nur für eine Minute von Gewissensbissen befallen zu werden, und ihren unglücklichen Nachwuchs in dunkler Erde verscharrt, die einzige bedeutungsschwere Farbe, die er während seiner beklagenswert kurzen Lebensspanne zu sehen begnadigt war.

Bestialisch, scheußlich, teuflisch … Wir hören das Echo der Massen in einvernehmlichem Ton, vergessen darüber, dass die Form ihres Angeklagten in vielfacher Neuinterpretation wieder und wieder kommen wird. Man hört auch die Quelle der Schuld sogleich sprudeln: Mörderin, Unmensch, Sittenschänderin … – wo ist der Verteidiger, der diese Bestie *aus Liebe* in seinen Schutz nehmen wollte!

Er wird kommen, mithin liegt die Aussicht auf Freispruch der Bestie in seinem Schaffen und dem der Richter und Geschworenen, aber nie in dem des empörten Volkes. Es sind jene, die allmorgendlich ihre Zeitung aufschlagen, angewidert entsetzliche Bilder sehen, Zeilen minutiös beschriebener Tathergänge lesen, ihr Ekel sie aufs Neue ermahnt, solche Monster sollte man erhängen, erschießen, verbrennen, zu Tode quälen … So lange die Vergeltung größer – schmerzlicher – ist als die eigentliche Tat, ist für sie Rechenschaft getan.

Das sind die Ungebildeten, sie sind außenstehend, mithin dünkelhafte Rechtschaffende – schnelle Exekutiven zu spielen: Das ist für sie gerecht, das heißt für sie, im Namen des Volkes zu handeln, vom vermeintlichen Rechtspruch, dem *verblendeten*, wird niemand sie abbringen können, möge die ›Übereinkunft‹ der Verfassungsfragen noch so korrekt verabschiedet worden sein – zu einer Zeit wohl, als den Blick auf die freie Zukunft weniger antihumanistische Umstände verengten.

Denn es bleibt, wie es ehedem war – Mörder morden, Wichtigtuer vollstrecken Urteile; wie der Wolf seine Beute jagen muss, lauert der Meuchelmörder seinem ahnungslosen Opfer in der finsteren Gasse auf, und ebenso kurzsichtig verfügt der Gerechte über das Schicksal des Täters. Will uns damit nicht Folgendes einleuchten: dass beim einen die Handlung natürlich, beim anderen verdammlich, nämlich nach rechtlichen Maßstäben berechnet unsittlich ist? Hat die Wolfsfamilie ihr Mitglied aus dem Rudel ausgeschlossen, weil es den jüngsten Spross gefressen hat, wird man sich mit der Unberechenbarkeit naturaler Abläufe gewiss zufriedengeben, niemand würde ernsthaft mit dem Vorwurf, den ein Vater dem Schlächter seines Kindes macht, fragen, was jemanden zu solch einer grauenvollen Tat getrieben hat, dem Tier gar ins Gewissen reden wollen.

Wie viel anders ist es da beim Menschen; tat ich einmal etwas Schändliches, so bin ich mit eben diesem Titel mein Leben lang gebrandmarkt, Freunde meiden fortan meine Gesellschaft, wo immer ich hingehe, und habe ich nach gesühnter Zeit mein Hemd gewissermaßen ins Reine gewaschen, wird man mir den Blick tief sitzender Verachtung erwidern, endlich muss ich fühlen, ich sei lebensunwürdig.

Aber, es gibt immer und überall mindestens drei Parteien, die ersten beiden sprechen je nach Situation für sich, die dritte allerdings ist weitaus tückischer, unsichtbar, sie besticht durch ihren geheimnisvollen, überlegen erscheinenden Charme.

›Transzendenz‹, dachte Nathan unwillkürlich, als er merkte, dass er in der Seitentür stand, die Probe der Beneideten in vollem Gange ablaufen sah. ›Damit liege ich bestimmt falsch, für meine Begriffe ist es wertlos, niemals würde – oder *werde* – ich Antimaterie in mir dominieren lassen!‹ – Ein mündlicher Schwur, durch den er seinen Mut kräftigen wollte.

In rotes Scheinwerferlicht getränkt, von den Seiten stahlen sich die einen oder anderen Farben technischer Korrekturen herein, erhob sich ein Podest, es war umrankt von künstlichem Efeu, wer genau hinsah, konnte die Täuschung nicht abstreiten, hinter der Wucherung würden zeitweise heimliche Schlitze aufblitzen, zwar erwies die Ausschmückung sich durchaus als begrenzt, aber, und dies ließ Nathan wie angewurzelt stehen, die publikumsgerechte Entfernung von der Bühne hatte dafür gesorgt, dass selbst die kleinste Einzelheit, sei sie noch so oberflächlich, den teilnehmenden Zuschauer in den Bann der Vorführung schlug.

Auf den ersten Blick hätte man meinen können, das Bühnenbild bestehe allein aus Requisiten, sorgfältig ausgewählt, professionell hergestellt, und nun, nachdem die Fantasie Gestalt angenommen hatte, eingesetzt im unermüdlichen Eifer von Entertainern ... Doch ich nenne sie Künstler, dachte Nathan. – Möchten sie in ihren Absichten auch zweideutig sein, mir geht es darum, was sie *tatsächlich* tun – das genügt mir.

Dabei dachte er an die Zeit zurück, und hierbei machte er eine psychische Regression durch – für ihn nichts Außergewöhnliches –, als der ungereifte Verstand die Welt auch *tatsächlich* interpretierte, sah er zum ersten Mal einen Vogel, erfreute seine Sinne die geschmeidige Bewegung, die ihn durch die Lüfte trug, ähnlich die Begierde nach Süßigkeiten. Zwei Aspekte schon, beitragend zu auskostender Lebensgestaltung, später, wenn die Jahre voranschreiten, wird niemand mehr begreifen, welche simplen Befriedigungen genügten, um glücklich zu sein.

Verstand und Verstehen! Wie verträgt sich das mit dem Tatsächlichen? Er machte sich klar, wie er erst spät begriffen hatte –

aber nur, weil es ihm im Laufe der segensreichen Frühjahre so eingeprägt worden war –, dass die Akteure, die er auf Leinwänden und Fernsehschirmen sah, Fälscher und Betrüger waren, dennoch wirkten sie in ihren Verkörperungen überzeugend genug, um einen ungereiften Verstandeshorizont emotional zu bewegen.

Na und, lässt man das im späteren Alter nicht ebenso zu? Wo man doch genau weiß, Herr Schauspieler nimmt das Skript in sich auf und überträgt es in Mimik und Gestik über Kameras auf Fernsehschirme. Schauspielerei ist eine durch und durch populäre Kunstgattung, überlegte er. Für jemanden, der sonst mit den Umgriffen jener schöpferischen Unvernunft nichts anzufangen weiß, wird diese die angenehmste Herberge; suchst du nach Bestätigung deiner düsteren Ahnungen, bist du entnervt von fruchtlosen Zusammenkünften in Beruf und Privatleben, ruft deine innere Stimme, die unhörbare, nach Wahrheiten im Dreck, den wir, sei sie noch so abgenagt von unseren gierigen Zähnen, die Funktion unseres Gemeinschaftslebens heißen – so bist du willkommener Gast.

Du wirst erkennen, es sind keine Wahrheiten … nur Abwechslungen. Was wir als Wahrheit deklarieren, ist substanzlos, sie fand seit jeher in den Köpfen ernannter Führer statt, ja Ekel, sie wucherte zu einem alles verschlingenden Parasit heran.

Soll ich ihr ihre Untat wieder gestatten! Niemals. Nathan flößte allein die Vorstellung früherer, um genau zu sein *primitiver* Siedler tiefste Achtung ein, jedes Mal malte er sich im Geiste den ritualisierten Alltag, den er doch heute, wenn auch in anderer Form, verabscheute, aus, die Nähe zu natürlichen Quellen, die Einheit der Menschen in der Vielfalt der sie umgebenden Welt …

Und gleichzeitig liefen die inhaltlosen Figuren subsumierter Passanten, Routen fahrender Autos, Karrieremenschen und angehimmelter Prominenten vor seinen Augen ab – die unheilvolle Basis moderner Zivilisationszyklen –, und er verstand es nicht einmal … nicht einmal jetzt als – Erwachsener. Vielleicht gerade so viel, dass er bereit war, die Nutzwerte dieser fragilen Basis für sich einzunehmen. Immerhin fand er nach wie vor Gefallen an – ›Betrügern‹.

Langsam nahmen die *fleischlichen* Mitspieler Konturen an, einwandfrei waren sie nicht zu erkennen, die gewohnten visuellen Tricksereien zeigten Wirkung, ob bei Erstlingsbesuchern oder mehr oder weniger eingesessenen Angestellten. Da er sich aber inmitten der Probeaufführung befand, hatte er nicht vor, sich von unfertigen Effekten unterhalten zu lassen, er lief den Seitengang hinunter, blieb kurz hinter dem ersten Sitz der zweiten Reihe stehen, verschränkte die Arme und wartete ... Worauf? Er wusste es nicht.

Nicht weit von ihm saßen drei bis vier Leute, er konnte sie nur an ihrem Schopf erkennen, wenn er richtig sah, waren es drei Männer und eine Frau, ihre Kopfsilhouetten erlaubten keine weiteren Merkmale, wichtiger war der Schutz und die Heimlichkeit, die sein unerwünschtes Eindringen nicht verrieten.

Er genoss das Stück. Wenn er sich recht entsann, hatte er vor einigen Jahren eine Amateuraufführung davon auf den Uferwiesen seiner Geburtsstadt gesehen – als der tragische Anlass des Todesfalls seines alten Schulkameraden ihn nach Jahren der Abgrenzung dorthin zurückführte.

Der augenblicklich dominierende Charakter, Carla, wenn er ihren Rollennamen im Programmheft korrekt behalten hatte, das weibliche Götterbild, Ballettschönheit und damit zum Fürchten schön, bot nicht allein die Professionalität ihres Berufes, was im Zusammenhang damit schrecklicher schien, war, dass man im Zuge ihrer freizügigen Bekleidung ihre Rippen einzeln zählen konnte.

Nur dann werden eifernde Damen eingestellt – ihre Haut muss ein dünnes Netz werden und eine finstere Einheit mit dem Skelett bilden, als wären die Grenzen zwischen Leben und Sterben aufgehoben.

Aber sie wirkte lebhaft; sie sprang, sie wirbelte, sang wenige Zeilen und ... stürzte auf die Matte! Nathan verfolgte abwechselnd die austauschenden Kopfbewegungen der Sonderzuschauer, die mit Spannung den nächsten Akt erwarteten. Weil es ihn langweilte, widmete er sich voll und ganz dem Bühnenbild; darum war er gekommen.

»… Und ich werde den Teufel nach dir schicken, mit welchem du im Bunde. Sehen wirst du, wie er dich betrog, mich betrog, damit seine Rasse im Schoße unserer Unschuld gedeihen konnte. Ich werde meine Seele retten können, du aber …«

Wundervoll. Die Idee entstammte dem ›freiwilligen Bunde selbstverwirklichender Autoren‹, für die Tickets zu vermarkten er vor einiger Zeit die Ehre hatte, bis Time-Breath die Rechte erwarb. Im Mittelpunkt der Geschichte standen die Dirne Carla und der Gutsherr William, zwischen deren grundverschiedener Lebensführung bald eine unheimliche Parallele entstand, die sie schließlich zusammenbrachte und bald die Wahrheit über ihre als Liebe missverstandene Verbundenheit ans Licht brachte …

Sie hatte eine Rahmenhandlung, aber genau vermochte er sich nicht erinnern, doch je intensiver er das Stück mitverfolgte, desto klarer sah er die Beziehungen vor sich. Natürlich, fiel es ihm schließlich ein. Der Teufel, in jeder Lebenssituation mitspielend, lenkte unbewusst die Begierden der beiden, die sich am Ende als Exemplare des sündhaften Molochs erkannten, in dem jeder Sinn und Zweck fehlte, und mithin begreifen mussten, dass das von ihnen immer als das *Gute* verehrte auch nur ein Spielkamerad des Diablos ist.

Irgendwie eine klassische Tragödie. Zumindest so lange, bis man das Stück selbst von Anfang bis Ende erlebt hat; manche Fiktion hat unglaublichen Einfluss auf ihre Konsumenten, sie vollbringt Dinge, im Vergleich zu denen die reale Welt machtlos dasteht. Es fängt an mit der Fähigkeit sich mitzuteilen, geht über Verzerrung der sinnlichen Welt bis zur totalen Identifikation mit dem Erdichteten, dessen Besitz zu sein Nathan willkommen hieß.

Dabei war das beständige Siegesgefühl wichtig, es musste unangetastet bleiben, und um dies zu gewährleisten, hatte er keine Wahl, als sich gegen alles und jeden abzuschirmen, niemand war Vertrauensperson, Feindschaft lauerte überall, man würde ihn aus dem Reich, welches er sich mit Fleiß erarbeitete, herausreißen wollen, mit der Warnung, dies sei der verkehrte Weg.

›Unsinn. Ich kenne die heimlichen Absichten meiner Genossen‹, wusste er. Der Liebesakt war vollzogen, jugendfrei und gemäßigt, William lag ausgestreckt im aufgewühlten Laub, welches das Bettpolster ersetzte, seine Geliebte, dünn bekleidet und in unverändert erotisierender Pose, bürstete ihr wallendes Haar, im Wandspiegel sah sie ihr eigen wohlgeformtes Gesicht, viele Männer verlockte allein der Anblick ihrer königlichen Wangen, und ihrer Berufung entsprechend ließ sie kaum ein enttäuschtes Herz zurück, das sie umwarb.

William, soeben aus schwerem Schlaf erwachend, suchte sich davonzuschieben, wenn ihn nur nicht das raschelnde Laubwerk verraten hätte. So mühte er sich ums Verschwinden aus der Waldruine, weder hatte er Klage über vergangene Nacht aufzustellen – in Wahrheit wäre dieser Sinnesgenuss das letzte gewesen, das er verdammt hätte –, noch fürchtete er um den eindeutigen Schmutz, der nun unweigerlich an ihm haftete. Was war es also?

Ein atemberaubender Effekt verwandelte Carlas Gesicht im Spiegel in eine faulige Fratze, sie war nicht länger das süß duftende Mädchen mit den koketten Rundungen, nein, der Verwesungsgeruch suchte Ausdehnung über der Liebesszenerie sowie dem Zuschauerraum, worin der abscheuliche Wandel der einstigen Liebesgöttin gleichsam für Aufregung sorgte.

Im Betragen Williams meinte man eine seltsame Unentschlossenheit wahrzunehmen, während er fieberhaft um Flucht rang, vermochte er andererseits seinen Blick nicht von dem Mädchen abzuwenden; sie war verschmitzte Meisterin im Eindruckhinterlassen, und er war ihr jüngster Ergebener geworden. Als sie, im wabernden Wechsel zweier Antlitze, eine leise Melodie zu summen begann, entschied William, unter ihren herumliegenden Habseligkeiten stöbernd, nach ihrem Porträt zu greifen, und damit die Brust zudrückend im Aufwallen von Carlas Arien sich von dannen machte.

Jetzt spielte das Philharmonische Orchester im abgegrenzten Unterbau den passenden Abschluss, Musik, die weder Worte noch Bilder fassen konnten, ein Stück Dramatik, ein Fetzen Mitleid mit ominösen Figuren, die diesen letzten Akt dominierten, bis sie wiederkehrten, um die vorgezeichneten Meinungen entweder erbarmungslos zu zerstören oder zu bestätigen.

Über den spröden Haarkranz des Kapellmeisters hinweg-
sehend, in den uneinsehbaren Untergrund, konzentrierte Nathan
seine Sinne hiermit auf die akustischen Künstler; sie wurden
leiser und leiser, was bedeutete, die nächste Phase würde an-
laufen oder aber die Probepause war eingeläutet, überdies hatte
der Kunstnebel das Bühnenbild bereits völlig verschlungen, kein
Scheinwerfer drang mehr zum vorhin noch alles einnehmenden
Szenario, niemand tanzte, schlenderte oder technisierte – das
Stück tat seinen letzten Atemzug.
›Zeit für mich, zu gehen.‹
Und zwar hinter die Bühne. Sein Wunsch war diffus, einerseits
hatte er immer beflissentlich vermieden, mit den Hinter-den-
Kulissen-Vorgängen in irgendeiner Weise in Kontakt zu treten,
aber zur gleichen Zeit wusste er genau, dass, um Werke zu er-
schaffen, die gefühlsbetont ihr Publikum ansprechen, die Arbeit
›getan‹ werden muss. Hierunter verstand man etwa Arbeitszeiten
beziehungsweise Pensum, Disziplin, Teamfähigkeit, abgerundet
durch: Talent und Ehrgeiz.

In ähnlicher Weise verfahren die Gebote aus dem Blick-
winkel der Produzenten, von denen erstere Bedingungen ja ge-
fordert werden, jene aber im Gegensatz zu diesen leicht aus freien
Stücken herbeigeschafft oder abgerichtet werden können. Diese
Forderungen heißen: Gehorsam, stillschweigende Ausführung,
Launenfutter, Unfreiheit … innerhalb freier Betätigung …?

Mich hat nie interessiert, wie dergleichen entstehen, was ge-
tan werden muss, womit man es finanziert, sprechender gesagt:
ihm zur Existenz verhilft –, tut, was euch beliebt, mir genügt
allein das Tatsächliche. Darum ist's mir zu tun, ob hier, als ge-
trennter Teilhaber, oder an jedem anderen Ort.

Das Theaterhaus war in zwei Bereiche zergliedert. Betrat man
es durch den Vordereingang, hatte der Besucher die gläsernen
Türen hinter sich gelassen, und trat der Interessent neugierigen
Blickes endlich vor die Programmtafeln, zerliefen die hoch an-

gelegten Schlängelgänge der fünf Stockwerke fast gebieterisch über den Augen des Stauners; während einen das Rieseln des antiken Springbrunnens in der Lobbymitte aufhorchen ließ, die schillernde Ausstattung des Erdgeschosses und seiner ›Überblicker‹ wirkten imponierend, mochte man kaum daran denken, dass der hintere Gebäudeteil selbst bei klarstem Tageslicht im Halbdunkel lag; wohlerdacht mussten die Bauideen der Architekten gewesen sein, verträglich mit den Plänen der Hausbesitzer.

Während der Hinterbereich für einfache Besucher unzugänglich blieb, allein zum Bestaunen des großen, stummen Tores mangelte es an Zeit, wenn das Unbehagen unerklärlich wuchs, hatten Reporter, einfache Besucher und geladene Gäste je nach Eigenschaft unumschränkte Bewegungsfreiheit in den beiden ersten Stockwerken. Im Foyer freilich tummelten sich meist die Herrschaften, bedient von elegant gekleideten Angestellten, in freundlichem Betragen, ob nun ein Stück gerade anlief, sie sich auf eine Plauderei mit Gästen einließen oder dieselben nach Beendigung der Vorstellung mit wohlerwogenen Abschiedsphrasen auf den Nachhauseweg entließen.

Sobald der dumpfe Gong ertönte, strömten, je nach Zeitplan, die Massen in oder aus den friesbespannten Pforten, die Außenbeleuchtung erlosch bei ersterem Fall, Ruhe kehrte ein, und jedes Stockwerk genoss absolute Abgeschiedenheit.

Die städtisch zentrale Lage des Gebäudes ermöglichte von höheren Bauwerken aus regelmäßige *heimliche* Besichtigungen des inneren Treibens, was meisthin auf unförmige Bewegungen beschränkt blieb, denn diese heimlichen Beiwohner wussten gut genug, dass gerade in diesen Phasen das Zuschauen am lohnendsten war.

Es wäre in die Schublade volkstümlichen Humbugs zu bannen, lauschte man den Erzählungen, die von eigentümlichen Vorgängen innerhalb des Theaterhauses schwatzten, wenn diese Berichte nicht zum größten Teil aus berufsmäßig glaubwürdigen Quellen stammten, wie etwa vom Neurologen aus dem angrenzenden Glaskomplex oder dem Chemielaborant zwei Stöcke darunter, die in ihren nächtlichen Einsamkeiten vielem frönen mochten, aber gewiss hielten sie es mit der Gerüchteküche kurz.

Namhafte Kritiker zögerten in ihrem Urteil über das stadtälteste Theaterhaus mit dem durchaus modernen Namen, obgleich dieser in Sachen Kultur das Zeitgeschehen am umfangreichsten vertrat und aufnahm; der Name sollte Jung und Alt gleichermaßen in den Genuss der vielfältigen Produktionen bringen, gerade um das junge Publikum hatte die Theaterleitung in den vergangenen Jahren vermehrt geworben, mit unvergleichlichem Erfolge, das sonderlich der raffinierten Melange aus Kinoeffekt und konventioneller bis *realistischer* Darbietung zu verdanken war.

Im selben Maße, wie dies wertvolle Kulturstück an Beliebtheit gewann, gesellte sich Unbehagen dazu. Aber warum …? Sicher hielt es sich mit der Konkurrenz die Waage, aber es war etwas Anderes, etwas, das Wertschätzen und Verdruss in zwei unversöhnliche Lager spaltete. Als vom breit gefächerten Dach des Theaters die Wolken des Missmutes über das Antlitz der Stadt wehten, Stimmungslagen gleichwie leblose Gebäude ringsum verdunkelten, waren Journalisten erstmals nach Jahrzehnten der Normalität auf den Plan gerufen, die Nähe zu jenem klassischen Unterhaltungsinstitut zu suchen.

Mit aufrichtiger Freundlichkeit waren diese eingeladen, in den Räumen der Künstler zu weilen, während sie auf ein Gespräch mit dem Direktor warteten, ihnen Speis und Trank serviert wurde, und der stille Verdacht umfassender Schmeichelei dadurch zunichtewurde, dass der Gast die Intensität von Geschmack und Erhabenheit in Natura spürte.

In einheitlicher Kleidung bewegten sich die Bediensteten, männliche trugen weiße Seidenhemden unter grüner Lederweste, ihre weiblichen Kollegen Dekolletés, deren Gewagtheit sie mit kurzärmeligen Blusen kaschierten. Während Altgediente höchste Befugnisse genossen, sich frei bewegen durften und überall ihre Dienste wertgeschätzt wurden, erledigten Neuankömmlinge Arbeiten von einfacher, aber nicht minder wichtiger Anordnung, wie dem stilistischen Anbringen von Kerzen sowie deren zeitgerechtes Entzünden und Löschen, Überreichung von Broschüren, endlich das Servieren von Getränken und kleinen Speisen; manch einer vermutete dahinter zu Recht einen nicht ganz rätselfreien Karrierenutzwert, herausgefordert durch ihre Vorgesetzten, die sie bisweilen wie Narren an der Leine führten, ihnen hierbei lautstark, sodass die Gäste es hören konnten, mit erhobenem Finger Anstandsvorschriften in lyrischer Form vorgelesen wurden, um nach Beendigung dieser Zurechtweisung in einem dunklen Winkel zu verharren und den berufsmäßig freundlichen Blick, der den empfangsbereiten oder entlassenen Gästen zugedacht war, nur hinter einer Augenbinde hindurchsenden zu können. Hierdurch war nicht mehr möglich als ein verkrampftes Lächeln, das vielleicht von dem hoffnungsvollen Blick hätte erhoben werden können, wäre dieser nur frei von dem fragwürdigen Zweckmittel gewesen.

In entsprechender Unruhe erwartete ein junger Zeitungsschreiber den Direktor, man hatte ihn in ein nobles Zimmer gewiesen, die Wartezeit entbehrte Genüsse nicht im Geringsten, begrüßenswert freilich für Karrierebewusste, wenngleich hierbei die Nervosität wuchs und die quälende Besorgnis Einzug hielt, wie man sich korrekt zu verhalten hat, war doch davon auszugehen, dass ein Gespräch mit hohen Repräsentanten bei unzureichender Vorbereitung in Blamage, wenn nicht Kompromittierung enden konnte. Bei seinem Wasserglas, Obstkorb und gemischtem Naschwerk, saß er mit übereinandergeschlagenen Beinen, in spannender Erwartung seines Gastgebers; es gemahnte ihn an junge Tage, als er im Beisein seiner Mutter im Behandlungszimmer des Arztes auf dem Hygienebett saß und allbeherrschende Angst sein Gemüt erfasste – wer hätte sich da nicht wenigstens einmal den Sprung aus dem Fenster zugetraut.

Die Tür ging auf.

Der junge Mann hob höflich den Blick und erhob sich vom Sessel. »Ich hoffe, die Pralinen haben gemundet«, scherzte der untersetzte Herr, der, so flink er den Raum betrat, die Tür in einem beeindruckend schnellen Schwung geschlossen hatte.

»Gewiss«, erwiderte der jüngere, die Hand zum Gruß ausgestreckt. Nach kurzem Austausch von Höflichkeitsphrasen, nahmen beide Platz, der eine nicht mehr bevorteilt als der andere; sich gegenübersitzend, waren alle benötigten journalistischen Gebrauchsgegenstände zwischen ihnen auf dem kreisrunden Tisch aufgestellt, der Gastgeber seinerseits hatte auf alle denkbaren Hilfs- und Unterstützungsmittel Verzicht geleistet, die er etwa zur Ergänzung von Gedächtnislücken, um nicht zuletzt Imagegründen wegen hätte hinzunehmen wollen; stoisch nahm er dieselbe Haltung ein wie sein junger Gast, der im selben Moment, aus herausfordernder Unruhe möglicherweise, die Füße fest gegen den Teppichboden presste.

»Es liegt in meinem Interesse, so objektiv als möglich die Aufmerksamkeit unserer Leser vermehrt auf Ihre Einrichtung zu lenken.«

»Vielleicht sogar als Schlagzeile«, fügte er nach einer kurzen Pause hinzu. »Seien Sie über meine Bereitschaft zur Zusammenarbeit versichert«, begann der Direktor mit rauer Stimme, »es ist nachgerade äußerst beschämend, wenn man bedenkt, dass eine Stadt wie diese, so reich an Kultur, es nicht zustande bringt, ihre vergangenen wie vergessenen Schätze sinngemäß in die Gegenwart einzubetten. Da ist viel auszugraben, viel zu erzählen – und der glückliche Zufall schenkt es uns, dass Männer und Frauen Ihrer Branche das Glück der Wenigen allen zugänglich und erfahrbar zu machen bestrebt sind.«

»Allerdings, das ist auch einer der Gründe, weshalb ich mich für diesen Beruf entschieden habe; die Weitergabe. Aber lassen Sie uns doch ganz von vorne beginnen. Sie sprachen von Schätzen. Hm, diese sind gewiss jeder Region, jeder Bauernprovinz eigen und bleiben unerkannt, so lange niemand mit der Hartnäckigkeit eines Reporters das Gemeingefühl der Einheimischen aufwühlt. Verzeihen Sie unendlich meine Unwissenheit in diesen Belangen, möglich, ich bin privat ein Kunstbanause, doch ich kann mir nicht erklären, so heiß mein Eifer auch brennt, welche großartigen Kulturschätze unserer Region eine herausragende Bedeutung für Museen beziehungsweise Ausstellungseinrichtungen und nicht zuletzt für Theaterwirtschaft hätten. Ja nicht einmal jahrelange Forschung in Zurückgezogenheit trüge den Wert, den man sich sonst davon erhofft, wenn denn die zu untersuchenden Gegenstände hierfür Inhalts genug haben.«

Diese respektlosen Ausführungen mussten einen Vertreter von Kunst und Kultur bis ins Tiefste kränken. Der Journalist gab seinem Tone gewiss bewusst den Klang von Unwissenheit, fast grenzte sie an kindliche Unschuld, doch dazu war die Szene viel zu – erwachsen; sicherlich jung an Jahren, doch scharfen Sinnes und trickreicher Redewendungen befähigt, ließ er es darauf angelegen sein, seinem Gastgeber die Worte im Munde zu verdrehen, so vergeblich man diesem Vorsatz einen Sinn beizumessen mochte.

Die Beute dieses obszönen Spiels, der Direktor, erwiderte jene listigen Anspielungen mit Gleichmut und knappen Formeln, je weiter er das unlautere Interview fortschreiten sah. Gewiss vermochte auch er, sein beruflicher Erfahrungsschatz und die niemals endenden Herausforderungen legten hierfür beredtes Zeugnis ab, charakterlichen Mängeln Tadel aufs Haupt zu setzen, ohne dass ihre Träger es sofort merkten. Unter diesen Begleitumständen entwickelte sich das Interview in eine äußerlich zwar unterhaltsame, wenn auch für ihre Wortführer lappalienträchtige Richtung. Der ehrgeizige, unterschätzende Befrager, ihm gegenüber die Substanz seines Arbeitsprogramms, der kühle, zuweilen belehrsame Mann im Festtagsanzug, ungleich in ihren Anlagen, notwendig ihre Begegnung für die künftige Laufbahn beider.

»Die Hallen des ›Zeit-Schatz-Bewahrers‹ dokumentieren eine Vielzahl angeblich historisch bedeutsamer Güter. Als ich jüngst in Begleitung meiner Frau die Abteilung Gloria besuchte, erhielt ich den Eindruck, den man in Zusammenhang mit Ihrem Theater bringen kann; während dort lediglich eine schemenhafte Ahnung den Besucher beschleicht, er schlechtweg dieses Gefühl folgenden Tages schon wie einen Einwegputzlappen entsorgt, berichten ehemalige und regelmäßige Gäste Ihrer Einrichtung von *bleibenden* Erlebnissen.« Sein Gegenüber sank tiefer in den Sessel, die überschneidenden Beine erhoben sich erhaben zunächst bis zur Brust, bald ragte sein Knie bis über die Stirn, wobei die Präsenz, sowohl Höflichkeit als auch unvoreingenommene Mitteilsamkeit umfassend, keinerlei Schaden ob dieses verschrobenen Sitzens trug, und auch hierbei kein Außenstehender dem Einfall hätte unterliegen können, es handle sich um eine Posse.

Bemerkenswert waren allerdings die ungewöhnlich langen Beine des untersetzten Direktors.

»Sitzen Sie bequem?«, fragte dieser.

»Ja. Danke.«

»Möchten Sie noch etwas essen? Ein Wink und der Diener kehrt zurück, noch bevor Sie auf Ihrer Zunge den Geschmack der zu erwartenden Speise vorgekostet haben.« Er drehte sich um. An der Eingangstür des Zimmers, die der junge Journalist mit Unbehagen passiert hatte, harrte ein Bediensteter, die Hände waren hinter den Rücken gelegt, sein ausdrucksloser Blick stach über die Tischbesetzer hinweg geradeaus zum abgedunkelten Fenster. Der junge Mann vermochte die Erinnerung an diesen dritten Anwesenden beim besten Willen nicht wachzurufen.

Eine weitere dunkle Facette in jenem Kulturgebäude?

Die Finger des Direktors tanzten. Mit halbem Blick war der steinerne Angestellte der Geste gefolgt, man hörte nur noch das leise Zufallen der Tür.

Es verging eine Weile.

Der junge Zeitungsschreiber notierte emsig seine Erfahrungen, er sprach kein Wort zu seinem Gastgeber, wie auch dieser nur lächelnd abwechselnd auf die Zeilen und auf den jungen Mann starrte. »Sprechen Sie es ruhig aus«, sagte er schließlich zu Letzterem.

»Was meinen Sie?« Er stutzte. Der Direktor fuhr fort: »Frei stehen Sie in Raum und Zeit … fühlen Sie's!« Es erscholl ein leises Klaviersolo, bald mischten sich Streicher hinzu, irgendwo aus den Nachbarzimmern, schloss der Journalist.

Er lauschte beeindruckt, kurz darauf überschattete tiefes Nachdenken seine Züge. »Sie meinen …«

Der *Herr der Szene* nickte, dabei wurde sein Lächeln wärmer, bis es sich zu einem undeutbaren Grinsen verzerrte. »Sie ahnen richtig, mein Guter. Lehnen Sie sich zurück und atmen Sie tief ein. So ergeht es allen, die wir als Gäste in unser Haus laden. Pflicht und Vergnügen wagen Sie voneinander zu trennen? Solchen Unfug, als Beschützer dieses Heiligtums und seiner Kinder, darf ich nicht billigen. Atmen wir denn nicht dieselbe Luft, ist unser Hiersein Dienerschaft in willkürlichen Fesseln? Glaube dergleichen nicht, mein junger Sucher. Trittst du aus diesem Hause, so trägt dein Herz die Prägung des zeitlosen Gefüges, in welchem du just deine Seele badest. Tritt aus, wann es dir beliebt. Doch tust du es, sei nicht leichtfertig in deinen Gedanken.«

»Ich verstehe, Herr.« Er war wie paralysiert; in sein Blickfeld tauchte ein Silbertablett, er fand vornehmlich Süßes darauf und bediente sich großzügig und herzlich dankend. Bei wem? Sein Inneres hatte eine Hülle niedergeworfen, samt ihrer war er von anfänglicher Furchtsamkeit befreit, er atmete – freier. Luftzüge, trotz geschlossener Fenster, schleichend beruhigende Musik, deren Herkunftsort mal wie aus nächster Nähe, mal wie aus tiefen, verschlossenen Kellergründen hervorströmend vorkam.

»Können wir morgen noch bestehen?«, sagte er halb zu sich. Sein Herzenströster setzte wieder ein Lächeln auf, diesmal war es zweifelsfrei das eines verständnisvollen Vaters. »Was fragst du so betrübt, lieber Sohn? Ist dein Geist denn nicht wert, aufzublühen in weit gestreckter Trübsal, wird deine Haut nicht die erquickende Brise befreiter Innerlichkeit spüren wollen, die im Genuss selbstfindender Menschen ruht! Und nun, rühre mich, wie ich dich rühre ...«

Es war ein Abschied höchster Glücksbewegtheit. Wohl Routine für den einen, während zweiter im Momente tiefster Anrührigkeit und gleichzeitiger Verwirrung schwer daran tat, die Dinge in gewohntem Maße zu ordnen. Was ging hier wirklich vor?

Hatte er die wichtigen Fragen, die es in Bezug aufs Theater und seine inneren Vorgänge zu stellen galt, ausnahmslos gestellt, möglicherweise etwas übersehen? In der Tat hatte er keine einzige diesbezügliche Frage gestellt.

Als er in seiner Zerstreutheit den Flur entlangschwappte, an unbekannten Türen, höfliche Gesten mühte, wenn er an einer derselben jemand zu sehen glaubte, den zu grüßen er als Pflicht empfand, dieser jedoch ungerührt seiner Stellung treu blieb, begann er zu glauben, er müsse seine ruhende Überlegenheit zum eigenen Schutz verbergen, zumindest solange er Gast des Theaterhauses war.

Draußen würde ich mich nicht schämen müssen, dachte er.

Und wahrlich, als die Glasporte sich hinter ihm schloss, ein junger Bedimsteter eisernen Blickes in die Schatten des Vorraums zurückwich, als wenn er sagen wollte: ›Wehe dir, solltest du daran denken, irgendjemanden auch nur die kleinste Auskunft des heutigen Tages zu geben‹, durchströmte ihn die Erleichterung eben darüber; *warum* sollte er verschweigen?

Auf der Terrasse des Theaterhauses pflegten gewöhnlich keine Passanten zu gehen, obgleich diese fast übergangslos zum Gehsteig gehörte. Dort schlenderten sie, vom Eingangsbereich aus konnten sie, trotz vieler künstlich angelegter Bäume, gut gesehen werden. Hierbei kam den wenigen Stufen zum Erreichen der Terrasse eine besondere Bedeutung zu, nämlich je näher die Passanten an dieselbe herankamen, umso deutlicher waren ihre Köpfe von der Eingangspforte aus zu sehen, aber nur diese.

Um sicherzugehen, dass er die körperlosen *Köpfe* nicht aus den Augen verlöre, unternahm er den Versuch, so schnell als möglich die trennende Stufe vom Gehsteig zu erreichen, dabei würde er auf das Verhalten der Passanten achten.

Stand er hoch hinan nahe der imposanten Pforte, gingen sie ruhiger und steckten, sofern sie in Begleitung waren, zuweilen die Köpfe zusammen. Aber sobald er sich ihnen nahte, wichen sie ihm angsterfüllt aus, als hätte er sich ein Schild umgehängt, auf welchem unerhörte Geheimnisse seines kürzlichen Besuches groß für alle sichtbar zu lesen gewesen wären.

Dies wiederholte der junge Journalist noch einige Male mit den unfreiwilligen Versuchspersonen; doch sie schauten ihn nicht einmal an, während er seine seltsamen Tests mit ihnen ausführte. Als er niedergeschlagen zur Marmormauer an der Rechtsseite des Theaters zurückkehrte, um seine abgelegten Utensilien einzusammeln, begrüßte ihn ein kleines Mädchen, das darauf saß.

Er musterte das zarte Kind; über ihr linkes Ohr hing ein geflochtener, rotblonder Zopf, der ihr vorne über die Schulter fiel, die kleinen Sommersprossen machten aus ihrem lieblichen Gesicht ein Zierdefeld des Entzückens, man hätte sich bei ihrem Anblick wünschen wollen, der Beschützer dieses süßen Wesens zu sein.

Und so auch der Journalist, der, beruflich zureichend bewandert in diesen Dingen, oftmals mit Schmerz in der Seele in seine Wohnung heimkehrte, wenn sein Berufsalltag ihn mit den grauenvollsten Begebenheiten konfrontierte, er darüber nachsann, warum er diesen Beruf denn eigentlich zum Erwerb des Lebensnotwendigen ergriffen hatte – und wie ihn der Gedanke an Familiengründung beschäftigte …

Viele, gar Tausende, geraten unversehens in die Wirtschaftsautomatismen, jungen Leuten wird die Möglichkeit verbaut, ihr Leben nach ihrem eigenen Wunsch zu gestalten, Statistiken müssen konstant gehalten werden, denn wer möchte schon Opfer der Konsequenzen sein, wenn sie ins Bedenkliche abrutschen! Ein drohender Stab dirigiert viele in Lüfte, die ihnen nicht behagen. So erging es vielen, die er kannte.

Hat der Mensch seine Mußestunde, befallen ihn die schaurigsten Vorstellungen, hier wird selbst der Unbarmherzigste Gelegenheit finden, über seine Taten nachzudenken, sie kritisch zu betrachten, und zuletzt, dehnt sich die Ruhezeit weiter aus – zu bereuen. Doch kaum bricht der nächste Morgen an, ist er wieder derselbe Halunke und Betrüger, wie möglich, dass er in der Nacht zuvor die aufopferndsten und hingebungsvollsten Einfälle hegte, flüchtige Liebenswürdigkeiten, die nicht in das Repertoire eines ewigen Glücksspielers gehören.

Ebenso der Journalist.

Wären Tote auf das Konto des Theaterhauses gegangen, er überdies mit der Recherche betraut worden wäre, das seltene Glück ihn dabei begünstigt hätte, etwa den faulenden Leib einer Leiche zu sehen, er hätte im Eifer seines Karrierebewusstseins keine Minute gezögert, diesen Posten auszufüllen – auch wenn in diesem Geschäft dies fast immer bedeutet, das Leiden anderer weiter zu schüren. »Bist du ein Schauspieler?«

Ihr Daumen fuhr um ihren Mund herum, zuweilen kam er zwischen ihre Zähne, während sie neugierig auf den jungen Mann niederblickte, den sie wegen ihrer Höhenlage um drei Köpfe überragte. »Ich, ein Schauspieler? Nein. Meine Aufgabe ist es, herauszufinden, wer oder was diese Schauspieler wirklich sind. Weißt du es vielleicht?«

Das Mädchen schüttelte den Kopf.

Sie hüpfte geschickt von der Mauer, beugte sich nach einer Schachtel, die am Marmor angelehnt war, mit aufmerksamem Blick drückte sie sie an ihr Ohr und lauschte den Inhalt ab; freilich konnte dieser eingebildet gewesen sein, aber da sie eine ganze Weile so verharrte, weckte das die Neugier des Journalisten.

»Was hast du denn in der Schachtel?« Sie entfernte sich einige Schritte von ihm und begann zu summen. Er wollte ihr nachgehen, doch etwas hielt ihn zurück – die Aura des Theaters, die ihn noch immer in ihren Bann schlug –, aber er fühlte instinktiv, dass das Mädchen wiederkommen würde. Sie kam wirklich wieder; diesmal mit Verstärkung an ihrer Seite.

»Das ist einer von ihnen.« Der Junge kicherte und flüsterte dem Mädchen etwas ins Ohr, aus den Augenwinkeln beobachtete er indes den Journalisten; er durfte nichts mitbekommen. »Woher beliebst du zu kommen?«, fragte schließlich die kleine Rotblonde den Mann. Er überlegte kurz, dann sah er ihr fest in die Augen, die keinerlei Scherzhaftigkeit ausdrückten.

»Ich komme von überallher und gehe überall hin.«

»Bist du ein Geist?«

»Nein. Ich suche sie.«

»Dann bist du ein Zauberer.«

»In gewissem Sinne. Diesem Theater jedenfalls möchte ich den Zauber stehlen.« Die Kinder starrten ihn unverwandt an, es dauerte lange; erschreckend, als hätte man in ihrem Beisein ihre Eltern ermordet, die bleichen Gesichter des Mädchens und des Jungen nebeneinander sagten so viel aus, als wenn ihre blühende Zukunft durch diesen letzten Satz verwelkt worden wäre.

»Wer gab dir den Auftrag?«, fragte das Mädchen scharf, ihre Züge wurden wieder zart, gleichsam verlieh sie ihrer Stimme Strenge, was dem Journalisten zunächst lachhaft erschien, aber als er die Entschlossenheit beider gewahrte, wurden ihm die Knie weich.

Er antwortete, ganz im Bewusstsein eines Erwachsenen, Autoritären: »Niemand gibt mir Befehle. Mich ruft es immer dorthin, wo es Seltsamkeiten gibt, dafür habe ich ein Gespür. Mein Beruf ist abenteuerlich und spannend, das können nur wenige von dem ihren behaupten.«

Er schickte sich an zu gehen, doch kaum tat er zwei Schritte, da umhüpften ihn der Junge und das Mädchen spöttisch, für kurze Zeit war ihm, als müsse er seine Sachen den beiden um die Ohren werfen. »Los! Verschwindet!« Sie holten ihn ein, gingen in einiger Entfernung vor ihm nieder und sprachen im Chor:

»Seht, seht den großen Marktwächter!
Sein Leben führt er sorgsam, noch ehrenvoller
scheint uns seine Tätigkeit.
Lasst ihn nicht von seinem Posten ziehen,
verloren wär'n wir ohne ihn;

Glaubt nicht, ihr könnt
auch nur einen Tag verleben mit euch allein,
wer zierte euer Haus
für die gute Meinung des Nachbarn,
wer möchte' schon vergessen sein!

Hört seine Stimme, so voll väterlicher Sorge,
bist du klug, so höre seinen Rat,
schau wie ich nichts von anderen mir borge –,
ist dir aber an dir selbst gelegen,
wird sein Wort – und du! – zu Unrat.«

Der Journalist hielt inne. Er sah vorbei an der pathetischen Postenbeziehung der Kinder, dachte sich ergriffen: Hier geht etwas Seltsames vor sich, und es war so viel anders als jüngst im Besucherzimmer des Theaters. Sein Blick wanderte zum Himmel, notwendig für jemanden, der plötzlich an der Wirklichkeit der Dinge zerbricht und nach Antworten – oder Ablenkung sucht. Hässliche Wolken strichen hinweg, getrieben von kaltem Wind, von hier aus war außer den einengenden Häusern nicht viel vom Straßenzug zu sehen, doch als er den harten Regenaufschlag hörte, rollten seine Augen nach der Kunststoffplane des Neubaus.

Es war eine begonnene Arbeit, die nie beobachtet werden konnte, täglich liefen Dutzende Menschen an dem Gerüst, den Zementsäcken und -mischern, lose herumliegenden Backsteinen und dem nicht wahrgenommenen Firmenlogo vorbei, ja selbst höhere Beamte, in ihrer Position gewöhnlich penibel, ließen nicht das geringste Interesse an diesem Geisterprojekt aufkommen.

Spätestens zur Abendstunde, in der Geselligkeit der wohlvertrauten Spelunke, ließ man sich darüber aus, dann allerdings drehte sich der Zwist vielmehr um die ewig von Kleinbürgern wiederholte Frage nach sinnvoller Anwendung von Steuergeldern.

Immer haben diese Jammerlappen das Lästermaul weit geöffnet, geht es erst um *political correctness*, der eine würde jenes dem anderen vorziehen, der nächste schon meint, sich über beide zu erheben, wenn er wortreich die Haltlosigkeit beider widerlegen kann – allerdings wieder nur als Summe ausschließlich *seiner* Erfahrungen. Und so findet man unter seinen Brüdern und Schwestern großkotzig Kleingeratene, berauschend können ihre Reden wirken, und gerne wünschen wir ihnen, sie mögen für ein politisches Amt kandidieren, damit ihr Ideenreichtum ausreifen könne. Zu schwach für wahre Gemeinsamkeit.

Zu borniert, um erkennen zu können, dass der einzeln Mächtige baldigst den früheren Reiz des Zusammenschlusses völlig verkennt, da sein Leben, seine Karriere jetzt am Drücker sind. Verantwortung in der Politik? Wohl eher muss der Himmel herabbrechen, wird das Erdreich die Toten ausspeien, ehe jemand dieser achtbaren Damen und Herren der Bandbreite seiner Wichtigtuerei inne würde, denn *legitimierter* Verantwortungsmissbrauch ist der *schuldlose* Verderber künftiger Generationen. Falsch sein ist nicht schlimm, sagen sie, hab ich doch meine Vorrechte, bin damit dem Volke überlegen. Fordert es mich heraus, gebärde ich mich ebenso: Weißt du denn nicht, mit wem du sprichst! Soll ich Vater sein, als Vorbild dienen? Ich hab eine Idee und will mit ihr die Menschen verführen. Gelingt mir's nicht bei allen, nun, dann mögen die wenigen wenigstens mitlaufen, wenn sie gesunde Füße haben.

Lassen sie sich ziehen, fein, je mehr auf meinen Wegen wandeln, desto mächtiger wird mein Ego-Herz. Ist dann noch jemand übrig, der nicht begriffen haben wollte, wie sehr mir doch an seinem Wohle liegt, hängen wir ihm ein Schild um, dass jeder sehe, an welcher Stelle in unserem heiligen Acker das Unkraut wächst – natürlich sorgen wir uns auch um euch. Mit Verleumdungen und Schuldsprüchen! Mir gehört ihr alle, ob gut oder schlecht, dienstbar oder unnütz, meinem strengen Auge entgeht nichts und niemand. Dies Wort aber sei dem Miteiferer gesagt, bevor er sich im Guten und Reinen wähnt mit seinem großen, unberührbaren Vater: Deine Natürlichkeit schützt dich nicht vor seiner Strafe! – So sei mir ein Werkzeug durch Leib und Seele … noch bevor du seist.

Diesem Sumpf entstieg auch ich, dachte der Journalist. Noch heute fühlte er sich in unerklärlicher Weise hingezogen zu den Brutstätten früherer Motivationen. Da waren rebellische Tendenzen eines Heranwachsenden, Freunde und Bekannte der Eltern, von denen das spätere Weltbild geprägt wurde – wenn auch unbewusst –, aber weitab von alledem bestand die Halsstarrigkeit, die Scheitermerkmale der Vergangenheit nicht eingestehen zu wollen. Wozu auch, dachte er schließlich, eine stumme Folgerung, die im Schatten seines Ichs verbleiben würde; sie sollte nie sprechen lernen. Was wäre das für ein Desaster, die eigenen Schwächen zugeben zu müssen, wenn die lebenslang erhaltene Schutzvorrichtung unversehens zusammenbräche, alles nur, weil man das Tor zur Seele gegen die Gewohnheit einen Spaltbreit öffnete.

Bleiben die Zweifel heimisch und unveröffentlicht, so seine Überlegung, bewahre ich meinen Stolz und die Anerkennung der anderen. Liege ich bar meiner Kampfmittel darnieder, werde ich ihren Hohn ernten, gerate zur Zielscheibe ihrer gnadenlosen Entwaffnung. Dennoch kann ich lernen, lernen nicht gerade von dieser verblassten, verleugneten Frühwelt, dafür umso mehr von jener neuen, die hier vor mir liegt, die mir tausend Rätsel auferlegt. Woher stammen sie, was machte sie zu dem, was sie sind? Wenn ich zu jenen gehöre, und ich weiß, dass die Gegenteiligen ganz und gar keine Minderheit bilden, die ihren Wunschberuf ausüben, werde ich dann erfahren dürfen, was andere in ihrer Entscheidung beeinflusst hat, sie inwendig begleitete? Dies nämlich gehört zu meinem Terrain. Wer fragt aber die Hoffnungslosen und Verlustbedrängten? Kann es im Interesse der Genügsamen liegen, herauszufinden, warum jemand dort hineingeraten ist, woran wir ihn erkennen? Wo und was du bist, das bist und bleibst du – es sei denn, du willst uns vom Gegenteil überzeugen. – Will ich das? – Er überschritt die karg befahrene Straße, hinüber zu dem Lokal, das äußerlich über die Jahre wenige Veränderungen davongetragen hatte, dafür die Erinnerung umso vager besetzte. Er holte tief Luft und öffnete die Eichenholztür.

Die Durchsetzung rauchfreier Gaststätten mochte für viele ein Erfolg gewesen sein. Warum muss ich mich dem Giftatem so vieler Pestratten aussetzen, ich verbuche ihre erzwungene Zurückhaltung dem Sieg meiner Überzeugungen für dieses junge Jahrtausend. So sind sie nicht allein die meinigen.

Er besuchte selten jene Spelunken, seine Mitgliedschaft im Medienreich erlaubte ihm Zutritt zu viel nobleren Gesellschaften, lebhafte Anteilnahme an den bunten Vorgängen verbot ihm jedoch eine innere Stimme. Und das Rauchen mochte seine beliebteste Zeit schon gehabt haben, wer in der High Society wandelt, darf sich mehr gestatten als ein lumpiger Mittelschichtler, der seine Nahrung ist, und, selbstverständlich, auch umgekehrt.

Steckt sich ein Vierzehnjähriger die Zigarette an – baff –, wer mag ihn wohl dazu verleitet haben? Er selbst? Unfug … *prominence elegance* –‚so will ich auch sein‘. Willkommen bei den Höheren. Hierin liegt dein Wert, der unser Selbstnutzen ist. Ja, ja. Ich sehe also schon mal einen, Zigarettenautomaten, gehe ich weiter durch die Diele, erreiche ich den Hauptraum, und tatsächlich: Im Vergleich zu einst hängt nicht der Qualm vorrangig in der Luft, nein, es sind Schweißgeruch und achtundvierzig Stunden überlebender Deodorant, wenn er unter den dunstenden, breiten Leibern genug Kraft findet, er allein gibt die Chance dazu, wenigstens vorübergehend gestanksneutralen Atem einzuziehen, wenn man nicht schon vorher auf dem nasskalten Steinboden Herz und Lunge zerkeucht.

Sofort hatte der Journalist ein Flashback. Vor finsteren Gestalten hatten ihn seine Eltern früher bereits gewarnt, er solle ihnen möglichst fernbleiben, und doch traf es sich, dass sie mit ihm oftmals die örtliche Kneipenszene aufsuchen mussten, sein Großvater, der zu jener Zeit an einem prekären Alkoholproblem krankte, hielt sich vornehmlich in der Kellerbar des Mehrstockhauses auf, in dem sie für zwei Jahre zusammen gewohnt hatten. Dort, betrieben von einem ehemaligen Fleischer, sanken vielerlei Halbgespenster und Verwegene in ihre eingesessenen Polstersitze, warfen die Arme über den Kopf, um am Bier- und Zigarettengeruch vollgesogenen Dünnhaar zu ziehen, während die von den Gläsern verhängnisvollen Inhalts geschwächten Zellen mit Restkräften aufwarten und in dumpfe Räume hinausrufen: ›Bin ich tot?‹

Ihn schauderte. Bernsteinfarbenes Fensterglas, das fand ich schon damals höchst aufregend. Dazu die kreisförmigen Muster, weder hinein noch hinaus gelangt der Blick, und falls das Kapital noch die Einstellung einer Reinigungsdame toleriert, sieht man an den Fensterbrettern die eine oder andere geschmackvolle Zierde.‹

Irgendwo im Dunkeln summt ein Fernsehgerät, es wird kaum von den *Real*sprechenden überlagert, es ist sogar so, dass alle Hocker- und Eckenbelagerer überaus ruhig sind. Etwa Einbildung? Er ging auf die Bar zu, der Ausschenker war ihm mit dem Rücken zugekehrt, seine Ellenbogen zuckten hin und wieder, es hatte ausgesehen, als vibrierte in ihm eine Maschine, die vor lauter notgedrungener Ruhe auszubrechen trachtet.

Was sich hinter ihm zutrug, darauf legte er keinen Wert, es hätten Meuchler ihre finsteren Einfälle ausbrüten und ihn anvisieren können, für Reporter ein doch einfältiger Fehler, der die Einsicht des Opfers baldigst einfordern müsste, nachdem er seiner innegeworden ist.

Er überlegte kurz, bevor er zum Sprechen anhob, durch das Spiegelglas hinter den Regalen glaubte er mit dem Ausschenker Blickkontakt bekommen zu haben, für kurze Zeit, dann aber war er wieder mit seiner Tätigkeit beschäftigt, die der Journalist bis jetzt nicht verstanden hatte. Als hätte ein Gedankenaustausch stattgefunden, schüttelte ein Mann von etwa fünfzig Jahren zwei Hocker neben ihm den Kopf, bevor er sich wieder seinem Glas, offenbar Bier, das er langsam leerte, widmete.

Der Journalist wich zurück. Es war gewiss keine Geste des Unmuts oder stillen Nachdenkens, bei der man sich ein Bild vom Gegenüber machte, sondern ein, dies stand fest, eindeutiges Antworten, nur wie war die Frage, die er gestellt hatte oder zu stellen vorhatte? Da er durstig war, vermochte er nicht lange auf nichts zu warten, also bemächtigte er sich eines festen, aber nicht unwirschen Tonfalls, der dem schmalschultrigen Mann hinter der Bar galt.

Als er gesprochen hatte, hielt dieser eine Zeit lang mit seiner Geheimbeschäftigung inne, sein Hals fuhr langsam hoch, dann, als hätten diese Unterbrechungen lediglich als Warnung gedient, setzte er seine gewohnte Tätigkeit fort.

Der Journalist fixierte ihn, er verfolgte sein Betragen nun viel aufmerksamer. Während eines kurzen Momentes der Widmung seiner Umwelt merkte er, dass der ungepflegte Mann neben ihm seinen Hocker geräumt hatte; von der Theke aus endete jedes Umherblicken, sofern es dem schnellen Überblickverschaffen galt, in verschlingender Dunkelheit.

Plötzlich hörte er eine Stimme – sie sprach ruhig und gleichmäßig: »Wer hier Fragen stellt, muss aus der Fremde kommen. Wo sich die Leute kennen, was hätten sie sich gegenseitig abzufragen?«

Der Journalist rutschte vom am Kunstlederüberzug aufgerissenen Hocker, er wollte sicheren Boden unter den Füßen haben, denn er fürchtete Schlimmeres.

»Kann ich vielleicht etwas zu trinken bekommen?« Hatte er das schon vorher gefragt? Man bekam den Eindruck, als wäre das Fernsehgerät lauter gestellt worden, aber von der Bar aus hatte sich keine Bewegung ereignet, auch wird sich niemand hineingeschlichen haben, Schabernack zu treiben, um … – ja, um was zu tun?

Die Stimme, offenbar ein Moderator, suggerierte dem Fernsehpublikum in untypischer Tonlage, die nachfolgende Sendung nicht zu verpassen, sie handle von den Charts der ›beunruhigensten Geburtsjahren‹, man hörte gerade so viel heraus, dass die dort vorzustellenden Statistiken errechnet hätten, wie viel abweichendes und kriminelles Potenzial dieses und jenes Jahr beherberge. Die Rede endete mit einem lockenden ›Sind Sie oder Ihre Kinder auch betroffen? Finden Sie's raus …‹

»Wenn Sie schon vom Fragen nicht ablassen können, dann wiederholen Sie lieber noch Ihre erste Frage.« Die Stimme des Barmanns klang unverändert ruhig. Ohne viel nachzudenken, lag dem Journalist der Satz, den er anfangs verwendete, auf der Zunge, doch er sah nicht ein, was es für einen Sinn hätte, denselben zu wiederholen, nur um das eigentümliche Verhalten dieses Barmannes zu befriedigen.

Ich muss der Stärkere sein!

Er hörte jetzt ein kehliges Räuspern, es wollte sagen: ›Du solltest dich beeilen.‹ So geriet er in die Zwickmühle, also dass er dem Bitten, das eigentlich als Aufforderung gehandelt werden musste, nachgab, indem er den Satz erneut aussprach, diesmal ein Stück persönlicher, weit weg von Neutralität.

»Stör' ich Sie etwa?« Wieder fuhr der Hals hinauf, jetzt war sogar ein Blick auf den Mund des Ausschenkers im Spiegelglas frei geworden, auf dem ein Lächeln spielte. Er drehte sich um, fast zu langsam, als dass man hätte meinen wollen, er würde es vollenden, und doch bot sich nun die Vorderansicht, unverdeckt und – mit Rücksicht auf die Schummrigkeit der angebrachten Lampen – klar erkennbar. Die massierenden Bewegungen am unteren Brustbereich – sie hatten den Zweck … wie entsetzlich! Der Körper des Mannes war ebenda entblößt, damit er leichteren Zugriff bekam, wo er seine Bewegungsabläufe wiederholte. Geronnenes Blut an den Hüften bis hin zum hochgesteckten Ansatz des Hemdes, darunter, drei Fingerbreit über dem Nabel, ging eine Vertiefung ins Körperinnere, an den Seiten war das Fleisch von schaumstoffartigem Material eingefasst, das einen trichterförmigen Kanal bildete.

Die Mitte sank ins Schwarze … wohin?

»Deine Neugierde soll hungern.« Der zartstimmige Ruf, von befehlsmäßigem Bemühen, erklang vom Eingang.

Da sah er sie wieder.

Der Junge und das Mädchen; sie waren zurückgekehrt, um ihn zu narren. Langsam traten sie zur Bar, auf dem Weg dorthin griffen sie großzügig in Balsaschalen voll Knabbereien, die auf die Tische gestellt waren, niemand zürnte ihnen darob, wo jemand gesessen hatte, nickte dieser, wobei sein Gesicht sich entweder unnatürlich verfärbte und bald so etwas wie Ehrfurcht emporstieg, der eine Träne nachfloss. Am Ziel angekommen, hievte sich der Junge am Hocker neben dem Journalist hoch, das Mädchen, rückwärtsgewandt, verschränkte die Arme, sie wollte um jeden Preis das Lokalleben im ›Inneren‹ verfolgen.

Unser Journalist, allmählich verzweifelnd an seiner vagen Entscheidung, hierhergekommen zu sein, haderte damit, wem er nun seine Aufmerksamkeit zuwenden sollte, den anhänglichen Kindern, dem bizarren Barmann oder doch, was er bislang außen vor gelassen hatte, den *Hintergründen*, bei denen das Mädchen, das denselben bereits viele Minuten gewidmet hatte, Freude zu haben schien.

Er drehte sich um, ohne Trinkglas, und starrte in die Dunkelheit. Der Junge neben ihm aber, mit dem strengen Blick eines Lehrers, ergriff ihn am Unterarm; wie hatte er den Mut aufgebracht? »Glaub' nicht, wir wüssten nicht, was du vorhast, uns anzutun. Berichterstattung, wie? Ausgelebte Meinungsfreiheit … tägliches Informieren … Unterhaltungsbereitschaft; ein Lachen zwingt's uns ab. Du bist schwach, Altersgenosse meiner Erzieher!«

Wie zum schelmischen Beweis seiner Altersrechtfertigung, sammelte er hörbar den Speichel im Munde, das Ausspeien vollzog er dann doch nicht – war es Respekt? Oder vielmehr Hohn? Was für junge Seelen, dachte der Journalist planmäßig, sie müssten schweigen, wenn sie nicht so klug wären.

Erst jetzt hatte er an der Brusttasche des Jungen die eingesteckte Rose bemerkt, aus der hinteren Hosentasche hingen die Finger von Glacéhandschuhen, als verbärge er darin einen Geist. Doch dann wollte er prüfen, ob am Mädchen unterdessen auch eine Veränderung vorgegangen sei.

Wahrlich, seine Vermutung gewann Fülle: ein bleiches, knöchellanges Brautkleid unter schwarzem, windfesten Blouson, Schuhe mit hohem Absatz und ihre Haare – ihr ehemals frei hängender Zopf ruhte nestförmig auf ihrem Haupt, der Journalist erstaunte und fragte sich, ob er draußen ein anderes Mädchen gesehen haben könnte.

Sie schien es doch zu sein.

Eleganz strahlten beide Kinder aus, ja, wie die parodierende Imitation eines Hochzeitspaares lungerten sie diesen Ortes herum, ganz im Widerspruch zur eigentlichen Szenerie. Wohin war doch das Niedere, der Geruch – nein – Gestank des Moorigen, der diesen Ort zum Sumpf gesellschaftlichen Zusammenkommens machte? Er fand sehr wohl hier statt – aber wo war der teilnahmsvolle Blick, die Aufmerksamkeit, die diesen ausgeschlachteten Seelen die nötige Hinwendung gibt, ihnen auf halbem Wege aus goldenen Schächten des Glückes entgegenzutreten gedenkt, wäre nicht eben ihr Gestank, das Faulige … Unzugehörige! Man muss sie schon adrett waschen lassen, hält man es für geboten, seine reinen Finger bei diesem doch sehr fraglichen Vorgang nicht schmutzig machen zu wollen.

Diese Kinder, sofern ihm die Ahnung hierfür aufging, hatten ihm etwas viel Gewichtigeres zu sagen, so sie denn die Mühe des Sprechens für notwendig hielten.

Mehr, als tausend Worte zu sagen vermögen – dies zeigte sich zu jener Stunde ganz und gar, doch sprechen muss der Mensch, will er nicht für Tier gehalten werden. Aber Tier muss er notwendig im Blute sein und zur Jagd freigegeben. Riecht man denn nicht den Angstschweiß, hört man nicht das heisere Keuchen in der Vorahnung, sie erzählen, es werde bald das eigene Blut sich dazu mischen …

»Viel gibt es für uns nicht zu lernen, nur dieses: Hart sein im Herzen gegen die Schwachen, so wir aus ihnen hervorgegangen sind und in ihnen bis zum Untergang feststecken.«

Eine Bewegung ereignete sich in den dunklen Winkeln des Lokals, während der Junge dies sprach, und der Journalist dachte viel zu spät daran, sein Aufnahmegerät unauffällig einzuschalten. Dafür war es allerhöchste Zeit! Hin- und Hergeschleiche, fast lautloses Gehusche von einer Lokalseite zur anderen – und all das unterstützt vom konfusen Gerede des selbstbewusst gebärdenden Jungen.

»Willst du mich auf die Probe stellen, Kleiner?«Sofort als diese Frage über seine Lippen lief, brach der, dem sie gegolten hatte, in schallendes Gelächter aus, so herzhaft, dass man unmöglich einordnen konnte, von welcher Emotion es ausgelöst wurde.

Sein sanftes, bübisches Gesicht nahm teuflische Züge an, das Mädchen, vom bisher Vorgefallenen wenig Kenntnis nehmend, glitt wie auf ein Zeichen hin die Theke entlang, bis sie, nicht den geringsten Verdacht schöpfend, in die Obhut eines Gastes aufgenommen wurde, der eigens für dies angebrochene Schauspiel aus einem Winkel hervorgeschlichen war; so wenig er auch von dem, was geschah, noch von dem, was kommen würde begriff: Seine Demutsbereitschaft war ihm eindeutig abzulesen.

Düstere Stille kehrte ein.

Der Barmann hantierte am Getränkeregal mit seinem freien, fleckenübersäten Arm, während die dunklen Schatten im Raum allmählich lichter wurden. Der Junge zog etwas Flaches aus seiner Hosentasche, nachdem er die Glacéhandschuhe bereits übergestreift hatte. Offenbar war es ein Foto. An den Journalist gewandt, foppte er:

»Wenn du wüsstest, was hierauf gezeigt wird – hm, wie würdest du vorgehen? Ah, ich weiß es. Sicher würdest du mich zu meinen Eltern bringen wollen und mir zuliebe psychiatrische Betreuung anraten. Aber – Zeit und Geduld aufbringen und eingehend betrachten, was das Bild zeigt, ja, das ist die Vorbedingung, ehe du den zweiten Schritt, den du zuerst nehmen zu müssen meinst, tust.«

Nun, die Grenze zu überschreiten, jene, die das Tabu hinterdrein lässt und tapferen Fußes ins Verbotene hineinmarschiert, wo viele, sonderlich gebrechliche Traditionalisten schon an der neuen, allzu frischen Luft in Ohnmacht fallen, das ist in gewisser Weise ein einträgliches Tagesgeschäft, dachte der Journalist. Aber tue ich dieses Werk wirklich mit Keckheit und nicht vielmehr als – Erweiterer der Lebensqualität!

So ist es, fuhr es ihm in den Sinn. Ich, der Decken wegzieht, der verkrochenes Leid aus jeder einsam jammernden Seele ans

Licht bringt, der Verschmitzte, Unverschämte, Wortfechter zu allen Anlässen – ich werde mich jedem Neuerscheinen stellen, sei es noch so delikat. Denn unter menschlichen Berufen darf auch das Verwegene nicht fehlen, sonst wäre das Menschliche an ihnen unzureichend, oder?

»Also gut. Zeig mir das Foto.« Empfangsbereit hielt er seine Hand hin. Die Geste verdross den Jungen dergestalt, dass er um die eigene Achse wirbelte und erst stehen blieb, als er alle Ärgernisse, die er bislang stillschweigend toleriert hatte, zusammenraufte, damit er seinen Gegenüber von Neuem beurteilen konnte.

Er kochte innerlich.

Indes, der Barmann war verschwunden.

Wie zu Anfang sank der Junge zur Nebensache herab, als nach einem geräuschvollen Zittern der Spirituosenregale, dem Herabfallen einiger Flaschen, die Spiegelwand hinter den Regalen mechanisch freigelegt wurde.

Nichts erinnerte mehr an einen Ausschank. Des Journalisten Neugier erreichte ihren Höhepunkt, überdies war nun die Möglichkeit geebnet, die verborgensten Winkel der Spelunke einzusehen, wobei er seine anfänglichen Befürchtungen, jemand könnte ihm solcher Orten auflauern, einerseits entkräftet sah durch den Instinkt seines Berufes, andererseits hatte er sich nicht mehr umdrehen müssen, wollte er wissen, was hinter ihm vorging. Aber der Blick in den Spiegel bot ihm plötzlich eine Leinwand, die zwischen zwei Säulen gespannt war und viele kleine Bildausschnitte zeigte.

Es genügt oft schon die Verschwärzung der Sicht für wenige Sekunden, ein Filmriss, der unmittelbare Kontakt zu einem Menschen, dazu die Wiederkehr verdrängter Bilder im Kopf … und man ist nicht länger Berufstätiger, Ehemann, Steuerzahler … Bürger *konkreter* Verhältnisse. Wie eine Endlosgeisterbahnfahrt voller fantasievoller Kreaturen, die nicht im Geringsten an ihren Schauderkünsten sparen, stürzten die Mosaikquadrate auf ihn ein, fraßen an seinen Nerven, warfen sein Hirn hin und her. Setzten sie sich zu etwas Größerem, noch Schrecklicherem zusammen?

Er suchte Antwort bei dem Jungen.

Dieser trommelte beschwingt auf der Theke, als beeindrucke ihn all das gar nicht, als würde er dem Vorgang zum unzähligen Male beiwohnen. Der Journalist ergriff ihn grob an der Schulter und fauchte: »Halte mich nicht zum Narren, verstehst du?«

In diesem Moment quoll eine Schar Kinder aus der Dunkelheit seitlich der veränderten Bar hervor, im Gleichschritt bewegend, wie aus dem Spiegelreich herbeigezaubert. Das Geräusch ihrer leicht aufschlagenden Füße vermengte zu einem Crescendo unerträglich schöner Körpermusik, hinzu kamen ihre flüssigen Wendungen, kreisende Hüften, schlängelnde Verrenkungen, Hand in Hand, Schulter an Schulter.

Erstaunt starrte der Journalist in den Jungen/Mädchenchor, wollte die Gesichter sehen, ihre Beweggründe erfassen, Antworten erbitten, nach denen seine Verwirrung durstete. Er ließ den Jungen los, ohne davon Notiz zu nehmen, und hätte er gemerkt, wie dieser ihn fixierte, hätte er seine Gedanken kosten können, die ihn überschatteten – sein mickriges Herz wäre im selben Moment verdorrt und ihm wäre sonnenhell aufgegangen: ›Ich stehe unter ihnen allen.‹ Wie vermochte der Samen des Lebens solch ein Bekenntnis dem ausgewachsenen Menschen abzwingen? Heißt es nicht: ›Wir sind die Erzieher‹? Nach ihren Ansprüchen rechtens, nun aber hielt die Reihe der Knaben und Mädchen inne, allein stand der Mann, zurückgedrängt an die Säule, linke Trägerin der Leinwand mit den schauerlichen Bildchen und erste einer langen Reihe von subdimensionalen Arkaden, die ins unendlich Dunkel zu flüchten schienen.

Da begannen die Kindlein im Chor zu intonieren: ›Töte ihn, der dich bedrängt. Schau doch, er rührt nicht mehr. Dein Widersacher liegt in Todes Fähre. Niemals mehr wird er dich kränken. Schände ruhig seinen Leib; spüren wird er ohnedies nichts. Ergreife deine letzte Chance, deinem Zorne Luft zu machen. Und ja – hast du Glück, so sieht er deinem Treiben auf seiner dornzerreißenden Reise ins Verderben verbittert zu.‹

Woher kamen diese Kinder mit den stolzen Allüren? Wer ließ sie herein – in die Heimat der Aufgegebenen? Hatte der Journalist noch bei dem Mädchen und dem Jungen das Gefühl, sie schritten dieserorten wie heranwachsende Heilige durch ein

Getto, auf wehmütige Weise von den Stubenhockern daran erinnert, sie würden ihr Schicksal dereinst teilen, ob sie sich nun hier aufhielten oder fern dergleichen, so machte ihn der Ansturm jener bodenständig anmutenden Kinder dafür empfänglich, er habe es mit Frühreife zu tun, und zwar die spielerischste, dreisteste; von simplem Respektmangel konnte hier keine Rede sein, die Präsenz war geradezu theatralisch intellektuell. Den Schöpfern überlegen, so ließ es sich wohl etwas mythisch, aber durchaus treffend formulieren. Mit einem Ausdruck auf dem Gesicht, wie ein Hausmeister, der den verschmitzten Schulschwänzer in seinem Versteck gefunden hat, griff der Journalist wahllos in die vor ihm aufgereihte Menge, dann jedoch, als ihn selbst die eigene Neigung des *Überdenkens* anfiel, löste sich eines der Kinder aus der akkuraten ›Angriffsspitze‹, so murmelten sie ihre Front fast unhörbar wie bange Rehe, die hinter Jägers Versäumnis die Chance übers Feld zu huschen wittern.

»Bin ich dazu berufen, dich zu ersetzen!«, erklang die Stimme des Losgelösten. Ein Mädchen trat hinzu, starrte, wie ihr ›Angriffsnachbar‹, hinauf in das fahl gewordene Antlitz des Journalisten.

»Werde ich Mutter, Ehefrau, Frauenrechtlerin … Hure gar?« Er sah sich jetzt nicht im Spiegel, aber dem Angesprochenen war, als würden alle erdenkbaren Farben auf seinem Gesicht wechseln; beim Antritt, nach der Toilette zu sputen, warf er die Metalllaterne an der gestreiften Säule um, lose aufgehängt, mehr zur plumpen Dekoration als zum Lichtspenden da, und tatsächlich änderte es nichts an den Lichtverhältnissen, als sie aufprallte und die höhnisch-zarten Mienen der Kinder wie automatisiert in eine einheitliche Fratze des Jammers übergingen.

Endlich auf dem Herren-WC angekommen, um die Ecke der Theke gelegen, drehte er den Wasserhahn bis zum Anschlag auf, was Wunder, dass solcher Orten rote Flecken am Waschbecken erkennbar werden, gesprungene Spiegel − und dass er nach den jüngsten Vorfällen statt Erholung weitere Gesellschaft genießen musste, am anderen Ende der Beckenreihe, gekrümmt in der Ecke, fast wie um den herausgefallenen Zahn zu suchen, der sich, wie auch immer dies geschehen möchte, Lockerung zuzog.

In Wahrheit war ihm die Anwesenheit willkommen, hatte er sie auch bis jetzt lediglich aus dem Augenwinkel gesehen, denn wenigstens, und das war abgesehen vom Barmann schon Erleichterung genug, hatte er es mit einem Erwachsenen zu tun, soviel verriet ihm die Größe der Gestalt im Voraus. Zunächst ließ er das kalte Wasser ein wenig auf die Gesichtshaut wirken, dann hob er zum Reden an: »Haben Sie gesehen, was da draußen vor sich geht?« Der Angesprochene reagierte nicht, er war ganz von den Schönheitskorrekturen an seinem Kopf eingenommen. Das hintergründig wirkende Licht begann zu flackern, ob weitere Gäste die Toilette beherbergten, das würde sich nun herausstellen, denn bei unausreichender Beleuchtung würden die Kabinen im Nu aufgerissen werden.

Aber nichts und niemand rührte sich.

Der entfernte Beckennachbar murmelte etwas vor sich hin, klanglich angenehm, man wollte fast dazu dem Schlummer verfallen; dann aber siegte die berufsmäßige Vernunft im Journalisten. »Ich frage mich, warum jemand wie Sie an diesem Ort ist. Ist das nicht eine Kinderanstalt mit einer morbiden Aufenthaltsgenehmigung für Erwachsene? Hey, hören Sie mir zu?«

Er erhielt keine Antwort. Jetzt nahm er den Mann am anderen Ende der Beckenreihe voll in Betracht, wenngleich das Geflacker die Einzelheitenschau erschwerte. Ende vierzig, Stoppelbart, helle Jeans, überlappt von einem olivgrünen Hemd, über die Schultern war ein halb verschlossener Anorak gezogen, aber trotz dieser durchschnittlichen Erscheinung strahlte er etwas Höhergelegenes aus, das über diesen Ort erhaben war. »Sie wollen wissen, wo Sie hier sind? Aber das wissen Sie doch.« Er nahm eine kleine Dose aus seiner Anoraktasche, schüttete ein halbes Dutzend – schwer zu sagen, was es war – auf die Handfläche und beförderte es mit einem Schwung in den Mund, half mit Wasser nach.

Anfangs zaghaft, dann bestimmter, lenkte der Journalist auf ihn zu, er dachte: Bin ich in seiner unmittelbaren Nähe, und schließe mich ungezwungen seinen Toilettenriten an, könnte die Hemmschwelle gebrochen werden.

Weitere Lichter fielen aus. Allein zwei mittelgroße Röhren verblieben hinter ihnen, nur eines leuchtete dauerhaft, allerdings dem Ende nah. Während das Wasser leise lief, der Journalist sich dem Erfrischungsvorgang des Mannes, der jetzt auf Tuchfühlung neben ihm in vornübergebeugter Haltung stand, anschloss, wandte ihm dieser sein Gesicht zur Hälfte zu.

Er grinste über beide Wangen.

Sein Mund entblößte einen goldenen Schneidezahn, die übrigen schimmerten blass, eine optische Täuschung ist jedoch in diesem Fall nicht auszuschließen, denn es mischten sich kurzerhand rötlich-blaue Farben in den Raum.

Der Wasserlauf erstarb. Die Gestalt am Nachbarbecken richtete sich auf, spuckte frivol in dasselbe, ohne die Armatur zu betätigen. »Sie sind wohl nicht von hier, oder?« Seine Zunge fuhr in der Mundhöhle herum, wodurch seine Stimme jünger klang, fast kindisch unbekümmert. Aus einem Instinkt heraus gedachte der Journalist sich wegzurühren, er wollte nicht partout das WC verlassen, aber die fehlende Behaglichkeit verunsicherte ihn, wie schon zuvor die Atmosphäre an der Bar.

»Warten Sie!«, hörte er fast beschwörend.

»Sollte mein Reden Sie abgeschreckt haben, werde ich ab sofort in Ihrer Sprache sagen, was Sie gern hören würden … Aber bevor wir anfangen – sind Sie Reporter?« Die Augen des Angeredeten blitzten – natürlich war die Frage zu bejahen.

Sofort besann er sich auf den flachen Gegenstand an der Vorderseite seines Gürtels – den Presseausweis.

Er war verraten. Das Stück Plastik, das ihm uneingeschränkten Zugang in Domizile, Institutionen aller Art gestattete, doch hier und heute, wehmütig war daran zu denken, sich als nutzlos erwiesen hatte. Frei sichtbar hüpfte es auf und ab, eine abgelaufene Halbvollmacht, und hier war sie noch weniger als das.

»Sie müssen wissen, in den letzten Jahren hat sich vieles geändert. Man rechnet nicht damit, Besuch von Geschichtensammlern zu bekommen, gemäß der Vorurteile und Erfahrungen werden sie rasch abgewimmelt, trifft es sich allerdings, dass man auf die vorübergehende Wohlgefälligkeit der hier Ansässigen stößt, wird man seinen Fuß länger als wenige Minuten hier halten dürfen.« Sein Gesicht erhellte sich, es steckte nichts Leutseliges dahinter, vielmehr schien es, er erfülle administrative Aufgaben. Rein äußerlich – denn Fremden sollte man sich zuvorderst äußerlich zuwenden – sah man sich auf mythische Weise in die Rollen des Schülers und Lehrers versetzt, mit den kurios-wertvollen Begleitumständen: dem Hunger nach dem Schatz hinter der Lakonie, ihm gegenüber die treffsichere Gelehrsamkeit. Wird ein Lehrstück gegeben, hat es nie personellen Nutzwert, so lange es an Gleichgeschaltete gerichtet ist. Wer prüft und nachdenkt, findet leicht, dass keine Hochgeborenen vonnöten sind, es bedarf nur des richtigen Vorgeschmacks auf die sich ergebenden Erzählbausteine, wenn Seelen ergänzend ineinandergreifen und das gewöhnlich Stumpfsinnige außerhalb der Erfindungswelt schmachtet.

Der Mann öffnete die nächststehende Kabinentür, seiner Aufforderung, sich niederzulassen, war der Journalist zaghaft gefolgt, als er merkte, dass der erwartete Toilettensitz durch eine gewöhnliche Stuhleinrichtung ersetzt war.

»Man spricht allgemein von *unserer* Zukunft, es sind die Erben des Heute, aber wer denkt schon weit genug voraus? Gibt es nicht zu viele Bequemlichkeiten, die dem Mensch von heute eigen sind? Zur Anschaulichkeit greife ich zwei Beispiele auf, an denen Sie sehen werden, dass sie keinen völkischen oder sagenhaften Einlullungen ähneln, vielmehr sind sie realitätsnahe Begebenheiten mit hohem Identifikationspotenzial.

Der erste Part erzählt von Smart Philip. Er lebte hier vor nicht allzu langer Zeit. Seine Aktivitäten, sofern man hiermit das Anpassungsvermögen im bürgerlichen Sinne meint, blieben steril und trugen herzlich wenig zu der Anerkennung bei, die ihm bald auf legendäre Weise zuströmte.

Aufgewachsen in bescheidenen Verhältnissen, tat er sich in früher Jugend als passiver Rebell hervor, in quälender Melancholie hinsichtlich elterlicher und schulischer Einschränkungen, andererseits kultivierte er gerade durch jene negativen Prägungen das beispiellose Emporwachsen aus den Scharen pädagogischer Einrichtungen, die in seiner Heimat so bitterlich versagten.

Noch heute wird der Nachwuchs getrimmt auf überindividuelle Ziele, leider fällt dieses Prinzip dabei in den Herzen der Nachstrebenden mehrheitlich auf fruchtbaren Boden. Lässt man ihnen wirklich eine *Wahl*? Generationen sich frei fühlender Mitläufer, ›mehrheitlich‹ betrachtet, wälzen ihre vorgeölten Maschinenkörper auf dem vielversprechenden Ackerland, aus dem mannigfaltig hervorsprießt, was das Leben in all seinen Facetten erkunden will – wo aber die Masse wallt, und sie wallt überall, dieser nimmersatte Gierschlund, bleibt nur noch Staub.

Natürlich werden Sie von ihm kein Denkmal finden, die Quintessenz solcher Persönlichkeiten liegt am ehesten in den Herzen derjenigen, die den Kult bewahren, der sie umgab. All dies beachtend, hätten Sie recht zu glauben, es handle sich um einen Mythos, nicht wert, auch nur einen Gedanken daran zu verschwenden. Aber Sie sind Reporter, Sie können nicht anders. Schon bald wird man Sie schelten, nicht informiert, noch aufgeklärt zu haben, ich sage Ihnen das, weil es wirklich lange her ist mit Ihresgleichen, und ungeachtet der landläufigen Meinung, spielen sich die wichtigen Dinge *hier* ab. Wenigstens findet man hier die vielsagenden Wurzeln.«

Nachdenkliche Falten furchten die Stirn des Journalisten. In seinem Beruf hatte längst, nicht zuletzt dank rapiden technologischen Fortschritts, die Funktion des Abhörers, sanften Ausquetschers, Spitzels und neugierigen Schnüfflers Einzug gehalten, gleich der Kehrseite staatlicher Privilegien, ihn selbst hatte das nicht gestört, denn meist gelangt man zu solcher Einsicht erst, wenn die Muße des Alters den überlegenen Blick auf den Alltagstumult gestattet; allerdings hatte er nie ernstlich daran gezweifelt, er tue durch seine Berichterstattung den Menschen Gutes.

Trage das, was die Welt bewegt hinaus vor ihre Augen und Ohren. Erhalte und gib zurück, lass' sie nicht verkommen in Isolation und Stillstand. Doch sein herzlos lächelnder Gesprächsgast – war nicht vielmehr *er* der Gast? – unterbrach seinen Gedankengang. Es schälte sich immer merklicher heraus, die Monotonie seines Vortragens zeugte davon, dass er *gedingt* worden war, auch wenn er diesen Gedanken weiterhin niederzukämpfen bestrebt war, und tatsächlich gab es Momente, da er annehmen durfte, dieser Toilettenwächter habe im Laufe seiner Anekdotenkarriere dieselben einverleiben, ihren Sinn leben lernen dürfen. Wer solches erreicht, zu wie viel mehr mag er imstande sein? »Die zweite Geschichte, die ich anführen möchte, ist um vieles lebendiger, greifbarer. Wieder steht im Mittelpunkt ein kleiner Junge, sein Name ist nicht zweifelsfrei überliefert, ein Pseudonym hat sich dafür im Laufe der Jahre etabliert, wozu ich anmerken möchte, dass diese bisweilen den Charakter und die Lebensgeschichte eines Menschen schärfer erfassen als es die *zugewiesenen* Namen je vermöchten.

Ausgehend von der Ungnade der Obhut, musste er früh lernen, seinen Mitmenschen, Erwachsenen gleichwie Gleichaltrigen, mit Misstrauen zu begegnen, ähnlich wie Smart Philip. Ein schwieriges Werk, sonderlich wenn das zarte Alter noch im Lieben- und Respektlernen begriffen ist, aber vielleicht trug gerade dies, wie wir's ja von Smart Philip wissen, zu einer nicht zu unterschätzenden Erhärtung von Herz und Seele bei.

Ist nicht das Zusammenspiel beider im Sozialverkehr das Erste und Ehrlichste? Nun, dieser Knabe musste es wissen, begann er doch schon im Spielalter die Furcht herauszufordern, dreist und neugierig. Der berühmteste Abschnitt seiner Geschichte ist jene Nacht, in der er seine irrationalen Ängste besiegte, noch bevor sie ihre finstere Wirkung auf sein junges Gemüt hätten ausüben können. Es mag unwahr klingen, Zweifel ob dieser Begebenheiten genießen durchaus ihre Berechtigung, doch es ist ebenso wahr, dass hierin eine legendäre Energie zu finden ist, die künftigen Generationen misshandelter Kinder nicht allein Trost, sondern, was wichtig ist, Perspektive in hohem Maße gespendet hat, man siehe sich nur die Leidenswege des Jungen an, Parallelen zu seinen eigenen wird jedes Kind leicht darin finden, sie gewinnen klare Vorstellungen von *ihrem* Gemeinschaftsideal, fuße es auch auf bitteren Erfahrungen. Ab welchem Lebensjahr sie nun gerüstet sein mögen, sie *sind* es, ihre Macht wächst forthin, haben sie nun die Geschichte des ›nimmerschwachen‹ Michael zum Leitbild oder nicht. Und sooft sie sich in dunkelster Nacht im tiefsten Walde verirrten, sie hatten Mannesmut, dem Jäger gleich, der seine Bestimmung kennt und im Stolze pflegt, also folgten die Kinder diesem Ideal, denn sie konnten nicht anders und hätten sie anders gekonnt, so fehlte ihnen das *reife* Idol; den erwachsenen Willen freilich kannten sie noch nicht, denn der schlummerte hinter weicher Brust, ohne Gesicht und Sprache, sodass ihn niemand hätte wahrnehmen können.

Also sog Michael alles in sich auf, das Gute und Schlechte, und erlernte die Kunst der Waffenschmiede gegen die Widrigkeiten des Lebens. Er setzte sich über seine schwachen Lehrer hinweg. Symbolische Ängste fanden ihr Ende, wovor andere, *normale* Kinder sich fürchten, ist für ihn genommene Hürde – schließlich hatte er sich mit Ernsterem abzugeben! Wer glaubt, er würde in der Spielstube auf den einfachen Erkundungsdrang seines Kameraden treffen, wird baldigst einzusehen gezwungen: ›Ich bin über euch hinausgewachsen. Nur mein Körper ist mir noch ein Gefängnis.‹

Und sind die ›Nimmerschwachen‹ einst körperlich ausgereift, werden sie dann nicht selbst die besseren, gefeiten Vorbilder abgeben, an denen Emporkömmlinge sich zu messen trachten? Ab hier aber, dies sei nicht ganz ohne Bedauern gesagt, sind Gefahren mitgebracht, Gefahren für sich und andere, die zwar nicht zwingend sind, jedoch stets eine treibende, natürliche Alternative bilden, deren Samen in den fernen, verblassten Tagen gelegt wurde.«

Vor sich hinstarrend, wog der Journalist jeden Satz in Gedanken, suchte für sich nach Erklärungen und Zusammenhängen, sofern der Sinn ihm nicht sofort einleuchtete.

Der Mann sprach weiter, wie als Eingriff in seine beruflich-privaten Gedanken: »Was wäre wichtiger als die Autonomie, so fragen die Statistikfeinde. Möchte nicht jedermann sich in Larven des Narzissmus einwickeln, wählbar zwischen Eigenbeschönigung und fremder Ausschmückung. Aber was bedeutet schon der Name eines kleinen, unscheinbaren Bürgers wie der des ›nimmerschwachen‹ Jungen im Vergleich zu den Trägern des ›öffentlichen Lebens‹. Öffentlich! Hierzu zähle man getrost all jene Helden, welche du von klein auf kanntest und bis heute in ergebener Andacht im Herzen verwahrst; weitaus schlimmere Zeitgenossen freilich lauern in Computer- und Fernsehschirmen – der Welt in der Welt –, denn der mündige Konsument ist ja noch ein Nachfunken des lebenshungrigen Kindes, das die Welt verkosten wollte. Wenn Smart Philip und –« Schrilles Fiepen erfüllte den Raum, die Handflächen des Journalisten pressten wie befohlen gegen die Ohren, mit qualverzerrtem Gesicht schaute er hinauf zu dem Mann, der, statt es ihm gleichzutun, mit einer Geste der Beschwichtigung antwortete.

Und tatsächlich – das Nerven sprengende Fiepen erstarb. Wer kannte schon Sinn und – Sinnschmied? Die zwei übrigen Röhren waren zerborsten statt ihrer flutete giftgrüner Schein die Fliesen des Toilettenraumes, man mochte meinen, es dringe, bewerkstelligt durch einen raffinierten Mechanismus, aus dem Wandspiegel.

»Ich erzähle Ihnen von wahren Begebenheiten, nun ja, mit mythischem Wert zugegebenermaßen. Welche Lehre Sie daraus ziehen, ist Ihnen allein vorbehalten. Allerdings, sollte es dahin kommen, dass Sie vor lauter Fehltritten Ihre Füße verrenken, werden Sie's bedauern, nicht nach gutem Rat gefragt zu haben. Also, hören Sie dies eine:

Aus dunklem Torf
erwächst dir Sonnenblume.
Hast das Leben du bitter geschmeckt
Zweites Mal sie dir nicht verreckt.«

Der Regen war mächtiger geworden, als er aus dem hinteren Ausgang ins Freie trat. Wolkenverhängnis, kalt brausende Winde, verstummter Vogelgesang – erstorbene Seligkeiten. Das war die treffende Symbolik für das Innere des niemals zuvor derart aufgewühlten Journalisten. Hatte er die Absicht, nach Hause zu gehen?

Wir können das nicht verstehen, freilich war es nicht dieselbe Erfahrung, wenn jemand gerade seinem Henker entronnen ist, oder in selbstvergessener Tobsucht der Arm des Totschlägers auf den Gehassten niederfällt, wenn also jene Gefühlszustände, die man nicht gerne oft erleben mag, plötzlich den groben Rest kraftloser Wahrnehmungen ausblenden und uns sagen: dies ist der Zenit meines Lebens, hier stehe ich als eherner Bewältiger (oder erniedrigter Furchtbeutel) über jeden Zug meines Lebens; aber dies bleibt für den Naiven lediglich krampfhafte Erfahrung bisher ignorierter Urkräfte, während der Frühgestählte unter den vielen schwirrenden Zufälligkeiten sorgsame Auslese betreibt. Beide trennt die Linie des Unverständnisses – schwungvoll-überheblich der eine, vorsichtig und Verdacht witternd der andere. Finden diese beiden Wesenszüge zueinander, möge durch die Geschenke, die jener diesem und umgekehrt geben kann, ein erhabenes Geschlecht gedeihen, doch es steht die Befürchtung im Raum, dass solcherlei Zusammenkünfte auf den kleinsten der kleinen Männer beschränkt bleiben, und zwar im träumenden Schädel des Nie-Beachteten. – Ist dem so, denn hierhin gelangt nicht der Atem des kalt hauchenden Statistikers, sind Namenverzier- und -verzerrungen, mythisch-legendäre Gute-Nacht-Geschichten und ihr Überlebensnektar der mögliche Nährboden für das Fortbestehen seelenabgründiger Slums – ein Begriff wahrlich, der nur gewählt wurde, um das Extrem zu zeigen, zu der allein das menschliche Fühlen ausgerüstet ist. Will man Krieg auf emotionaler, sozioapokalyptischer Ebene, das Fühlende im Menschen auskehren, austreiben und zerschmetternde Worte, vernichtende Blicke und todesträchtige Versprechen zu Waffenführern erheben? Schwerlich vermag der Mensch sich Schlimmeres auszudenken.

Hochgeschätzter Kollege Benkitt,

mein Arbeitsmaterial beschränkt sich bislang auf gesprächstherapeutische Ergebnisse. Der beigefügte (Augenzeugen-)Bericht enthält den entscheidenden Hinweis auf den Arbeitsplatz meines Patienten, doch es bleiben Zweifel, ob er der veritable Narrator dieses in seiner Tektonik äußerst skurrilen Fragments sei; davon zeugen u.a. die auktoriale Omnipotenz, die nicht selten in die Sinnenwelt der Figuren taucht und diese sprechen, fühlen und handeln lässt.

Ferner bleibt überhaupt offen, ob besagte Realerlebnisse mehr sind als Fiktion. Die Schweigepflicht untersagt mir die Art des Erwerbs beiliegender Schrift, da ich aber von meinem Patienten noch keine verbürgte Lebensgeschichte erhalten habe, sah ich keinen Grund, weshalb ich Ihnen eine analoge Komponente hinsichtlich des Projekts vorenthalten sollte.

Und der Kranke selber? Nun, bisherige Erkenntnisse verdichten sich zu einer früh erworbenen Profilierungsneurose, welche sich dahin gehend äußert, dass der Kranke in all seinem Handeln, früher oder später, von Schuld und Versagensängsten gepeinigt wird. Auf mein Anraten hin, seine Blockaden durch Gedankenaufwertung zu lockern, reagierte er zunächst verwirrt, obwohl es im Raum steht, dass er meinem Rat Folge leisten wird. Bis dahin wird das praktische Material sukzessive dokumentiert und ausgewertet.

Beste Grüße

Dr. P. G. Nak

Zustellung durch: Privatboten!

8

Wozu Trübsal blasen über verlorenen Rechtstreit?
In einer menschverwehten Zeit verfallen alle Urheberrechte.

Komik der Zukunftskinder

Die therapeutische Notwendigkeit gebietet es, den Geist zu stabilisieren. Darum schreibe ich meine – nein, Geschichte kann ich's nicht nennen, aber … ja, das trifft es eher – Passion nieder. Ich lade niemanden dazu ein, doch der Drang, der mancher Tage unendlich scheinende Schmerz, zwingt mich dazu, heimlich zu hoffen, dass meine Worte, die freilich Gedanken sind, aber solche, die der Leser nur zur Hälfte, wenn überhaupt, zu verstehen imstande ist, generationsübergreifend entweder das Leidwesen weitertragen – denn vererbt werden sie ohnedies –, oder dank der Fortschrittlichkeit des menschlichen Geistes, die Beflissenen, glorreicher Lösung befähigt, dem schwarzen Reich der Sinne die heiß ersehnte Sonne zu schenken.

Will mich also niemand begleiten? Jeder hat seine Wehleidigkeit … irgendwann – und meine ist großartig! Kann ich bloß von einer sprechen, nun, gewiss nicht, die Pointe ist doch, zu lernen, die Geißel zu vernichten, und wer dessen nicht fähig ist, muss sich mit ihr verbünden. Verbünden. Lange wusste ich selbst nicht, wie das gehen sollte, wie den Albtraum bändigen, dessen schauerliche Berührung in uns jene Vorstellungen von Hass und Unversöhnlichkeit erweckt, die wir allzu gern im Gefäß des Kampfgeistes verwahren möchten.

Glaubt mir, ferne Geschwister oder baldige Nachfolger, ich fand die begehrte Lösung. Aber eigentlich, denn ich gedenke nicht, euch zu verführen, fand ich *meine* Lösung. Von allen Seiten prasseln Empfindungen herab, leidige und verunsichernde, heute, da im Mannesalter stehend, erscheinen viele von ihnen verkümmert im Laufe eines viel erlebten Werdegangs, vor Neuankömmlingen indes: Wie will ich mich vor ihnen schützen? Zunächst, was meine ich mit ›Werdegang‹? Meinen Lebenslauf, den für berufliche Zwecke geforderten? Meinen Bildungsweg, einschließlich Qualifikationen, Leistungen und ihre gesteckten Ziele? Nichts davon.

Es ist von jenem Phänomen die Rede, die jeder Taxonomie spottet, es ist das Innewohnende, der Verzerrer des Objektiven, der hohnlachende Narr im tiefsten Sitz der Seele, der, obgleich Teil deiner selbst, keinerlei Furcht kennt, keinen Angriff scheut, ein Teufel, welcher noch dann, wenn man seinen letzten Atem tut, den Körper verachtet und sich heimlich wegstiehlt aus seinem verschütteten Verlies, um von draußen erstmalig seinen Triumph zu bestaunen.

Wem wäre er nicht eigen. Manchen weniger, den andern mehr – gewiss, ich gehöre sicherlich zu Letzteren, und dennoch, ich wiederhole es, mir ist die zeitweilige Zähmung des inneren Unruhestifters gelungen.

Überlege ich's mir recht, so will ich niemand daran teilhaben lassen, was brächte es, eine Schule zu gründen, die meine Lehren, die genau betrachtet keine sind und auch keine sein *dürfen*, verbreitet, es gibt bis heute mannigfaltige Angebote im Bereich der Lebenspraxis, von schlichter Selbsterfahrung über Heil- und Meditationskurse bis hin zu Sektenmitgliedschaften. Und ist die Welt als Ganzes dadurch besser geworden? Wohl aber lichtet Erstgenannte den Wald der Irrungen und Wirrungen, doch sich selbst erfahren muss heißen, will man den Berggipfel nicht für immer von unten bestaunen, sondern ihn bezwingen und den zurückliegenden Abforderungen und Anstrengungen mit Überlegenheit sein Triumphlachen hinabsenden, es muss also heißen, keine Rücksichten auf andere zu nehmen, und wenn doch, dann mit – Ironie.

Lasst mich also erzählen …

Mein Name ist Gabor, ich wohne … ha, ihr habt wohl geglaubt, ich würde hier einen technischen Lebenslauf zum Besten geben … Schreibe ich eine Bewerbung? Unsinn. Was ich aufzähle, soll als Leitfaden dienen, ich verzichte auf rein Faktisches. Wer klug ist, wird merken, was ich meine. Ich wohne also seit ich denken kann in dieser Stadt – den Namen zu nennen wäre unnütz, da sein *faktischer* Name eben nur Faktenfreaks helfen würde –, bin mit Ach und Krach den Regeln des Heranwachsens gefolgt, bis ich zu dem wurde, der ich heute bin. Und wer bin ich? Nur schwerlich vermag ich meine Emotionen bei solchen Fragen kurzzuhalten, man hört sie allerorten, von Verwandten, Freunden, künftigen Arbeitgebern … Aber sei es drum; ich möchte nur, dass das, was ich tue, womit ich mein Geld verdiene, nicht als etwas Alltägliches missverstanden wird, dessen ich leidenschaftlich – oder notgedrungen – unterworfen bin. Obwohl ich sagen muss, dass es zum Teil wahr ist, ›dass‹ es notgedrungen stattfindet. Egal, meine Beschäftigung ist die eines Maskenbildners. Seit dem Zuwachs kultureller Interessen in meiner Heimat hat sich mein Brotberuf als äußerst zukunftssicher erwiesen. Anfangs noch im Kleinbetrieb des Onkels eines Bekannten entwickelte ich meine Fähigkeiten im Laufe der Zeit im Privaten so weit, dass meine Referenzen stetig größer wurden.

Gerade im Häuslichen aber hatte ich nie das Glück das Richtige zu finden. Dies ist nun das zweite volle Jahr, seit ich geschieden bin, die Liebe, sie war ein sinnverwirrender Lockruf, um nicht zu sagen ein Hindernis, bei allem, was ich unternahm und noch zu unternehmen gedachte. Reiht sich Enttäuschung an Enttäuschung, wird man allmählich resistent gegen die Gewohnheiten des Privatmannes, und es tut sich der Verdacht auf, die andern wollten dich nur in die Grube stürzen sehen, dass sie dir die Namen des Glückes benannten und wie du sie erreichen kannst.

Glücklich derjenige, der ihre Absicht frühzeitig erkennt. Mir blieb also der Beruf, das Private erschöpfte sich im Üblichen, keine besonderen Hobbys oder Leidenschaften, bisweilen ein Besuch bei Veranstaltungen mit lang vergessenen Schulkameraden oder Wandern im Gebirge. Und wahrlich, mein Heim ist zur Ausstellung geworden, aus jedem Winkel schielt, starrt oder funkelt die Kreation meiner Hände Arbeit, denn ich sehe meine Befriedigung darin, mich mit dem zu umgeben, was ich unter allen denkbaren Stimmungen erschuf. Wäre ich Familienvater, liefen kleine Quälgeister um mich her, die zu entfernen sich gar nicht als einfach herausstellte, wenn ich ihre Fratzen nicht länger ertrüge. So aber lässt sich bedenkenlos Auslese betreiben, das soll allerdings nicht bedeuten, mir fiele es leicht, mich von einem meiner Werke zu trennen. Tatsächlich habe ich es nie getan. Wie es sich nun zutrug in jenen Monaten, da ich in ernstlicher Kreationskrise steckte und noch nichts davon mitbekommen hatte oder hautnah erfuhr, wie sich das Künstlerische langsam aus dem grauen Sumpf emporhob, eröffnete dies den Blick auf fruchtbare Zeiten, vorausgesetzt, man war Mutes genug, dem Ruf zu folgen.

Es war Januar, der Winter hatte sich verspätet und man kämpfte viel mit Frost, wobei der Schnee meist ausblieb. Zu dieser Zeit arbeitete ich für das Demon-Love-Varieté, ein angesehenes Privattheater in den Verschlingungen der Innenstadt, es entwickelte viele Projekte im vorangegangenen Quartal, worunter bei einem ich die Ehre hatte mitzuwirken. Besonders junge Leute mochten die Produktionen ihres Gruselgehaltes wegen, eine Bezeichnung, die, wenn man im Geschäft überleben will, vom klassischen Begriff des Grusels her natürlich bald dem Ultra-Grotesken weichen musste. Nette Mitarbeiter und Kollegen waren um mich in bester Atmosphäre, und während die Vorbereitungen auf Hochtouren liefen, ich mich in die Arbeit stürzte, den Rest meiner Sorgen ausblendete, bekam ich den Eindruck, ich würde helfen, dieses kleine unterirdisch gelegene Kulturquartier in eine blühende Zukunft zu tragen; ich war beileibe nicht der Erste, den solche Gedanken beflügelten, es tat die Stimmung durch und durch, die ungebrochen heiter, hilfsbereit und doch ernst und zielorientiert wirkte. Während ich an einer Halbmaske für zwei der Schauspieler, die ich bis dahin nicht kannte, werkelte, machte ich Bekanntschaft mit Josef. Wie alle übrigen des Teams war auch er jemand, mit dem man gerne außergeschäftlich noch ein bis zwei Sätze wechselte. Sein einnehmendes Wesen und die teilnahmsvollen Blicke, die einzustellen er nie müde wurde, ließen nur wenig Raum für andere, denen man leicht ähnliche Charakterzüge unterzuschieben unternahm. So ging es mir, denn je länger ich mit ihm zusammenarbeitete, umso tiefer nistete er sich in mein Herz, und ich kann nicht einmal sagen, ob solch eine Beziehung – denn ich dachte immerzu an mein Erlebtes –, sei sie nun gedanklich kurzgehalten oder offen austauschend, Gutes verheißen mochte.

Er war seit acht Jahren geschieden und hatte einen Sohn, der ihm an diesem Wendepunkt seines Lebens geboren wurde. Das Sorgerecht fiel ihm zu, er hatte hierfür alles in seiner Macht Stehende getan, seine schauspielerischen Fähigkeiten bewährten sich bei der Überzeugung des Richters; sicherlich war ihm diese irreale Komponente seines Handelns am wenigsten bewusst, trotzdem die Liebe zu seinem eigen Fleisch und Blut keine Heuchelei gewesen war. Nun war er ein fieberhafter Künstler, Tag und Nacht verbrachte er auf und hinter der Bühne, traf Produzenten aus Film und Rundfunk, gab regionale Interviews, schrieb eigene Stücke, während er unter diesem straffen Arbeitsprogramm nie seinen Sohnes vergaß, er nahm ihn überallhin mit, ließ es seinem Ein und Alles an nichts mangeln.

Bei einer dieser Gelegenheiten trafen wir uns auf einen Kaffee in der Strauchlerstraße. Ich nahm meinen Platz neben dem Fenster ein, der mir Aussicht auf die Domspitze bot, ihren Pausbackengeln und den einstweiligen Nylonkarikaturen, die dreiste Jungliberale per Segeleinheiten ihnen umzuhängen keine Scham hatten.

So sah ich hinauf zu dem imponierenden Geschichtsträger, und an der Stelle, wo sich den träumerischen Blicken die anmutenden Figuren hätten eröffnen sollen, waren dieselben in frech bestickte Decken gehüllt.

Josef kam herein, sofort erhellte mein Erblicken sein Gesicht, neben ihm her trottete sein Junge.

Wir unterhielten uns lange. Soweit ich mich erinnere, war dies das erste Mal, dass unsere Themen mehr als nur das Geschäftliche behandelten, er sprach über seine Probleme, ich über die meinen, ich gab seinem Sohn einige Bonbons, die seit Jahren in meinen Taschen gegammelt haben mussten, mir fiel dies ein, als ich ihn jene schon begierig aufmampfen sah.

»Hör zu, Gabe. Wer sich Tempel baut, wird in ihnen begraben, auch wenn das Heiligtum längst zerstört ist. Ich habe sie geheiratet, weil sie es für richtig hielt, ich habe mit ihr keinen Kompromiss gemacht. Als ich mein Studium beendete, fing sie an, pausenlos zu nörgeln, ich hatte meinen grandiosen Job, versprach mir viel davon; aber sie, obwohl ich sie liebte, legte ihre eigenen Schienen in mein Leben, denen ich nun folgte.«

Seine Stimmung blieb heiter, trotzdem seine Stimme abgeklungen war und ich so etwas wie uneingestandenen Hass herausfilterte. Nichtsdestotrotz verstand ich ihn.

»Wenn Niklas nicht wäre, ich ihn mir nicht *erkämpft* hätte, würde ich mich wahrscheinlich längst erhängt haben.« Ich glaubte seinen Worten, obwohl Versagensgefühle anders tönen, in Sonderheit, wenn sie fiktional sind. Während er mir weiter lamentierte, was bei ihm, zu meiner Freude, Rat gebende Züge aufwies, beobachtete ich seinen Sohn eingehender. Ich weiß nicht, was mich dazu bewog, aber etwas in mir war einer Warnung gefolgt, die ernst zu nehmen ich nicht verpassen wollte. Er schien unbefangen, kroch unter den Tisch, versäumte es, diesen Spaß mit andern Buben und Mädchen zu teilen, die mit ihren kurz besuchenden Eltern gekommen waren. Mochte sein, er war lieber allein, trieb sich ungern mit fremden Spielkameraden rum, Erwägungen, die ich augenblicklich verwarf, da sie das Gegenteil des Vaters involvierten.

Da war ein Mann, Schauspieler, der in seinem Leben auf etwas bauen konnte.

Dieses Etwas war sein Sohn.

Und obwohl er in keiner Existenzkrise festsaß, wurde man von seiner Ehrlichkeit eingenommen, deren ich persönlich teilhaftig wurde, je besser ich ihn kannte, und gerade an diesem Punkt erschien mir ein greller Widerspruch im Verhalten seines Sohnes. Zugegebenermaßen hatte ich mir nie wirklich Gedanken über Kindererziehung gemacht, doch, so plump es auch klingen mag, sie ist und bleibt Idealbildung.

Freilich war Niklas jung und in voller Entwicklungsblüte, aber die bunte Vielfalt an Möglichkeiten, die sich ihm bot, um sich zu beschäftigen, die verbalen Angebote sogar anderer Mütter und Väter – und ihrer Kinder –, ließen mich nicht los zu glauben, hier liege ein Fehlverhalten vor, während der Mensch, der dies richtigzustellen die Pflicht übernahm, mir von fernliegenden

Dingen vorschwatzte und sich zuweilen rätselhaften Gesten hingab, die Niklas fast wörtlich an seine Beine banden; und wenn er entweichen wollte, er ihn mit leichten Tritten bearbeitete, zog er es schließlich vor, zu gehorchen.

Natürlich schwieg ich hierüber; jeder kennt die Antwort, die man solchen Falls erhält: ›Sag mir nicht, wie ich mein Kind erziehen soll!‹

Das Merkwürdige war dennoch, dass mir nichts Falsches in dem Sinne einfiel, womit ich ihm seine ganze Philosophie hätte zum Überdenken vorwerfen können, in Wahrheit nämlich hatte er mich um den kleinen Finger gewickelt, ich war hin- und hergerissen von seinen Ansichten über das Leben als Bohemien, seit er mit den Alltagssorgen des gescheiterten Ehemannes geendet hatte. Aber wo war die Rolle des Vaters?

Irgendwann rollte mein Blick über meine Uhr; wir hatten gute anderthalb Stunden verplaudert. Als er aufstand, um sich zu verabschieden, sah er nach Niklas, der unter dem Tisch verkrochen lag. Er rief ihn, doch bevor er gehorchte, klammerte er sich an mein Bein, nicht flehend oder fliehend, sondern als wollte er im letzten Moment einen dringenden Wunsch an mich richten.

Sein Vater schnappte ihn am Arm, riss ihn weg von mir, zum Abschiedswink hatte es noch gereicht.

Ich hatte mich nicht geirrt. Der Junge steckte mir in seiner inszenierten Not etwas in die Tasche, ein Stück Papier, zusammengedrückt, handbeschrieben. Folgende Worte las ich zu meinem Erstaunen: ›Er ist böse. Wirst du mich retten?‹ Darunter stand eine Adresse mit dem Hinweis, ich solle dort am folgenden Tage erscheinen. Es war verdächtig, und doch, um der unmittelbaren Eingebung Genüge zu tun, gedachte ich nicht den altbackenen Fehler zu begehen, dem viele allzu leichtfertig anheimfallen, dass sie Kindern nur mit *halbem Ohre* zuhören.

Im Morgengrauen erwachte ich aus schwerem Schlafe; es war Samstag und ich hatte meinen Wecker um ganze zwei Stunden geschlagen, da sich die Nervosität in Erwartung des anstehenden Tages auf meinen Geist niedergelegt hatte. Ich machte mich also fertig für einen Tag, der sich aller vernünftigen Planung entzog, der Bitte eines Kindes folgend, ließ ich meine sonst grüblerischen Gewohnheiten außen vor, denn ich rechnete beim besten Willen nicht mit … wie sagt man … Katastrophen!? Schwerer Regen donnerte auf den Asphalt, Autos rauschten durch die Pfützen, deren Spritzer auf dem schmalen Gehsteig, den ich zu nehmen gezwungen war, um zur besagten Adresse zu kommen, jeden Fußgänger treffen mussten; glücklicherweise war es keine *feine* Verabredung, also dass ich mich meiner triefenden Klamotten nicht schämen brauchte. Obwohl ich entgegen meiner Erfahrung zu jenen Männern gehöre, die sogar zwei Schirme besitzen und davon mindestens einen immer mitführen, verstieß ich heute gegen diese Selbstverständlichkeit; weiß der Herr warum. Um ehrlich zu sein, stolperte ich gern durch den kalten Regen, ich fühlte mich auf eine unerklärliche Weise den übrigen Passanten überlegen, die ängstlich unter ihrem Spanngewölbe Schutz suchten. Das Stadtleben entblößt hierdurch seine mannigfaltigen Gesichter, es kann gesellig bis mechanisch, deprimierend bis trostlos sein, wenn der Himmel grau seine Unendlichkeit über Hochhäuser, Brücken, pendelnde Köpfe und Autos ausbreitet, ist das Bedürfnis groß, Unterschlupf zu suchen; sei es im eigenen Heim, an der Tankstelle, bei Prostituierten … oder im … Club …? Die Adresse stimmte. Ich hatte von diesem Club durch Hörensagen erfahren, persönlich aber war ich noch nie hier unterwegs gewesen, die Sache schien mysteriös, da ich wusste, dass der Club ›Schwankult‹ vor knapp einem halben Jahr dicht gemacht hatte. Es bedarf wohl keiner Erwähnung, dass ich geradewegs die Hintertür aufsuchte, um meinen Besuch im Geheimen zu halten – fragte sich nur, wie lange. Die schmierigen Wände, die alten, zerfledderten Plakate mischten sich mit dem passenden Geruch von Urin und baulicher Verwahrlosung, ich stieg zehn bis fünfzehn Stufen hinab ins Dunkel, das mir mit hoher Wahrscheinlichkeit die verschlossene Tür darbieten würde.

Ich machte mir keine Sorgen um Nachbarn oder andere unerwünschte Neugierspechte, der Block, der mich umgab, entschwand rasch den Blicken und die Fenster waren allesamt verdunkelt, ich möchte nicht sagen – versiegelt und verbrettert.

Tatsächlich erspähte ich an einem derselben eine Gestalt, es war etwa der vierte oder fünfte Stock, ein Mann in Polyesterjacke, hin und wieder die Hand an den Mund führend; oh ja, er rauchte. Diese allzu typische Szene erregte bei mir keinerlei Überraschung, doch fand ich solche Fensterbewohner als Kind sehr seltsam, bis sie mir zum baren Ärgernis wurden.

Anfangs die Angst, die sich ergibt, wenn sich die Blicke kreuzen, in solch einem Fall bekam ich die elterliche Mahnung, ich solle Fremde nicht anstarren, worin diese ihrerseits nie ein Gebot erkannt zu haben scheinen.

Darüber denke ich nach, und je länger ich es tue, umso fürchterlicher wird mir der Gegenstand, als ich es je als Kind empfand. Ich glaubte, dass er mich entdeckt hatte, ließ mich dadurch nicht verunsichern, ich wandte mich der Tür zu, als ich mit der Stirn etwas anstieß. Ein Schlüssel schwebte frei, an eine Schnur gebunden, in der Luft. Ich riss ihn ab, steckte ihn ohne viel darüber nachgedacht zu haben ins Schlüsselloch der Tür, die vor mir darauf wartete, geöffnet zu werden.

Mit einem kurzlebigen Aufquietschen schwang sie auf, und ich trat ein. Als Erstes nahm ich das schummrige Licht wahr, zu beiden Seiten verliefen Gänge, die jeweils in Zimmer mündeten. Dessen ungeachtet schritt ich vorwärts, unbehaglich und vorsichtig, damit sich mir mehr erschlösse.

An kleinen Tischen vorbei, die mehr Werkbänken ähnelten, hielt ich eine Zeit lang inne, suchte nach etwas, das ich nicht verstand. Denn während mein Gehör aus dem Inneren des Kellergeschosses von süßen Klängen, die zuweilen dekadent auftönten, besummt wurde, wühlte ich in allerlei Material herum, vorahnend – wie mir eigen – und der Gefahr trotzend.

Ich schlug ein Fotoalbum auf, blätterte es bis nach hinten durch, doch erst beim zweiten Angehen reagierte ich erregt. Die eingeklebten Bilder, das höchste an Perversion und Verkommenheit offenlegend, waren periodisch gegliedert, wie eine Entwicklungsgeschichte. Viel zu sehr von anderen Gegenständen abgelenkt, hatte ich sie nicht ganz durchgesehen, nur so viel weiß ich noch, dass sie anfangs leicht witzig, dann höhnisch steigernd und später immer mehr ins Morbide absinkend den Werdegang eines Abgeordneten erzählten. Geburt, Leben, Tod – so einfach war es natürlich nicht dargestellt; auf lapidar-geniale Weise entnahm man den Abbildungen – ob sie authentisch waren oder nicht, vermag ich beim besten Willen nicht zu sagen – den Aufstieg und Niedergang (den beruflichen wie natürlichen), wie sie wohl für ein Jüngstes Gericht ausgewertet würden. Dabei spielte es keine Rolle, auf welche Art, legal oder illegal, die Fotos geschossen wurden, sie ließen, wenn Bilder wahrlich mehr als tausend Worte sprechen, wahrheitsgemäße Einblicke in die ›Hauptfigur‹ gewähren.

Es fanden sich weitere Alben.

Sie waren mehr oder minder nach demselben Konzept gestaltet, bislang hatte ich es allerdings versäumt, wenngleich naheliegend, nach den Projektnamen an der Vorderseite zu schauen. Das erste Album fesselte mich auf ungewöhnliche Weise, daher schnappte ich es erneut, schlug es willkürlich auf und, meine ursprüngliche Absicht vernachlässigend, blieb mit den Augen und übrigen Sinnen an einer Abbildung hängen. Es war eine Nachbildung des berühmten Kniefalls von Willy Brandt, daneben eine kleine Anmerkung. Im Gegensatz zu den übrigen Fotos war dieses zweifelsohne montiert worden, das Gesicht des ›Protagonisten‹ ersetzte das Original.

Ich las den Text.

›Symbolische Gesten, langatmige Predigten über Mitgefühl, Menschlichkeit, mahnende Reden … Inwieweit zeitigen sie eine Unterbindung des Vergangenen in der Zukunft? Es ist ein treffend Wort hierfür, das die Synthese zwischen beiden erläutert, zu suchen, denn ›Gegenwart‹ allein involviert aus dieser Perspektive rein gar nichts.‹ Und weiter: ›Sicherlich will niemand von ihnen die Rückkehr von Internierungslagern. In ihrem Bemühen um Menschlichkeit jedoch scheint ihnen das Extrem das einfachste Leitstück für schmierige Politik zu sein …‹ Es war ein gedruckter Text.

So rasch fand ich keinen zweiten im ganzen Album. Nach einem passenden Wort wurde gefragt, die Synthese zwischen Vergangenheit und Zukunft … oder Aufstieg und Niedergang! Ich überlegte, was es sein könnte, dabei fiel mir schlagartig ein: Es musste der Name des Projekts – so es denn eins war – sein. Das Album zuschlagend, las ich auf der Vorderseite in handschriftlichen Lettern, auf einem mit Tesastreifen festgeklebten Notizblatt: ›Friedensüberschuss‹.

»Ich hab' auf dich gewartet.« Ich fuhr erschrocken herum – im Türrahmen zu den Hinterzimmern, wie ich vermutete, stand aufrecht die untersetzte Gestalt Niklas'. Unauffällig ließ ich von allem ab, womit ich beschäftigt war, einschließlich meiner Gedanken; ich widmete mich nun dem Jungen.

»Wo ist er?«, fragte ich leise mit suchenden Sicherheitsblicken.

»Im Umkleideraum.« Er schien gefasst, wenn auch gedankengetrübt. Ich trat näher zu ihm hin, doch es machte ihm offensichtlich Angst, also unterließ ich es und nahm das abgehackte Gespräch wieder auf. »Was willst du mir hier zeigen?« Mit einem flüchtigen Blick auf die Werkbank gedachte ich ihm die Antwort zu erleichtern; und so kam es.

Er ließ ein Leuchtjojo nach unten rollen, das er nach sich zog, während er nun, etwas mutiger, auf mich zuschritt. Fast auf Tuchfühlung mit mir, blieb er stehen, nahm den silbernen Schlüssel, den ich dort abgelegt hatte, von der Bank und öffnete damit eine Schublade unterhalb derselben. Er entnahm ihr diverse lose Papiere, auch Mappen und Alben wie die, die ich bereits gesehen hatte, suchte eine heraus und übergab sie mir, indem er knapp sagte: »Du musst sie dir genau ansehen.« Wie mir geheißen, machte ich mich an die Begutachtung des mir Übergebenen, dabei hin und wieder vorsichtig nach den Türen wendend.

Das Album zeigte Fotos aus Josefs privatem und beruflichem Leben. Ich schaute genau. Besuche bei den Großeltern, erster Schultag, Abschlussfeier, Hochzeit … Bislang alles normal, der durchschnittliche Lebenslauf eines ›glücklichen‹ Menschen. Als ich weiter vordrang, stieß ich auf das Kapitel, das jenen ›Durchschnittsglücklichen‹ die nächste Wonne ins Boot legt. Die Fotos zeigten ihn, gelegentlich seine Exfrau, bei der Geburt seines Sohnes, aber … er war mit verzerrtem Gesicht abgebildet, die Ablichtungen wirkten zusehends gefälschter, wie eine fiktive

Geschichte erzählend. Während Bilder auf der Entbindungsstation durchaus authentisch schienen, reihten sich darunter halb reale, halb verfremdete Quadrate und Rechtecke, die einen verzweifelten Teufel zum Inhalt hatten. Anmerkungen waren wieder nebenangefügt, an deren Bedeutung ich mich nicht erinnern kann – oder will.

Weiter fand ich die darauf folgenden bildlichen Festungen jungen Familienglücks; der Mittelpunkt, sein Sohn, war das fehlende Glied gewesen. Strahlender Vater, glückliche Mutter – und in den Armen hielten sie … nichts. Bisweilen, wenn die Mienen es gestatteten, trat anstelle des Sohnes eine dämonisch hässliche Kreatur auf; auch fehlten dazu die Begleittexte nicht. Ich war entsetzt. Der Junge neben mir schien, wie anfangs auch, völlig ungerührt, weder von den die ihn beschäftigenden Dinge noch von meiner Reaktion auf die Einsicht in das – nun, schwierige Frage – folgenlose oder folgenschwere Familienalbum.

Dennoch hielt ich es, für den Moment immerhin, für geraten, ihm Unbesorgtheit zuzusprechen. Ich legte das Album ab und las den Titel: ›Ungeborene Heimsuchung‹

Mit einem Satz war ich in den Nebenräumen, an der Decke schwebten Kreationen, meinem Handwerk nicht unähnlich, also modern und antik, denn so schockiert man heute am besten. Langsam ging mir auf, dass das ehemalige Clubhaus in ein Theaterhaus umfunktioniert worden war, Kunstblutgefäße nebst Gliedmaßen harrten geduldig ihres Einsatzes, befleckte Spiegel wiedergaben mein besorgtes Gesicht, worin, irgendwo auf der Lauer, der merkwürdige Junge, wenngleich sein Vater um vieles merkwürdiger sein musste als er, meine gehemmten Bewegungen verfolgte.

Die Spiegel der Zimmer waren angelegt worden wie ein Antennenkabel, ihre Länge war enorm und übertrieben, man hatte sie zu einer raumübergreifenden Schlange aneinandergereiht, so folgte ich dieser, hielt mich immer zu ihr gewendet, da ich hoffte, somit am meisten mitzubekommen, was hinter mir geschah – sicherlich spielte auch meine Angst eine wesentliche Rolle.

Bald wurde ich Zeuge des neuen Aufkommens kollegialer Diskrepanz, ich schaute Plakate, die (noch) nicht für die Öffentlichkeit bestimmt waren, sie handelten einmal über Komödiantisches, dann über Dramatisches, ein bisschen Action, um die dekadente Jugend zu gewinnen, und so weiter … Was mich aber am meisten eingenommen hatte, war das Stück mit dem Titel ›Erinnerungen des letzten glücklichen Menschen‹, hier als Aquarellbild vermutlich für die Presse gelagert. Es handelte sich um eine Revue, die sich großer Nachfrage erfreute, es wurden uns sogar Kooperationen mit anderen namhaften Produktionsgesellschaften angeboten. Ich gewann die Vermutung, dass Josef sein eigenes Theater im Begriff war zu eröffnen, mit der Crew nicht zufrieden war, er sich abkoppelte, um seinen Horizont zu erweitern.

Es darf nicht fehlen, dass das besagte Stück zu jenen merkwürdigen Produktionen gehörte, die an die Gesamtbevölkerung appellierte, ungeachtet des nötigen Talentes mitzuwirken, eigene Ideen einzubringen und dem Stück hierdurch seinen Realitätsanspruch zu ermöglichen. Ein damals wahrlich revolutionärer, wenn auch geschäftsneutraler Einfall.

Denn jede Geschichte, welchen Zweck sie auch verfolgen mag, hat ihren Ersinner, den subjektiven Initiator; dies ließ natürlich die Furcht gedeihen, das Programm würde hinter den Erwartungen zurückbleiben. Zurückblickend aber, und dafür gibt es der Garantien genug, trug das Vorhaben nicht unwesentlich zu dem bei, was sich ein verantwortungsvoller Künstler wünscht, gehört zu werden und dem Mitgeteilten seine persönliche Note zu geben.

Josef nun hatte die Eigenart, seine Begabung voranzustellen, während das *wahre* Leben zurückstehen musste. Ich fand mich vor einer provisorischen Bühne wieder, inmitten einer Probevorführung, hinter den Kulissen ertönten Qualschreie von Menschen und Tieren, ein Teil des Parketts und der Bühne war verglast, darunter quoll eine zähflüssige Masse, vermutlich Blut, hin und wieder tauchten Gliedmaße ebenderselben Wesen hervor, um gleich wieder von dem dunkelroten Element verschluckt zu werden.

Eine maschinentönige Arie leitete die Eröffnung ein, mir schauderte davor, denn ich war machtlos und konnte nicht intervenieren, das Schlimmste aber, Niklas stand hier gefangen zwischen schrecklichen Wänden, in welche sein Vater ihn eingepfercht hatte.

Sein Hilferuf ergab langsam einen Sinn für mich.

Als Erstes taumelte ein Bettler auf die Bühne. Die abgezehrte Gestalt und die traurige Begleitmusik vermittelten das Niveau des Laientums. Wie viele mochten zugegen gewesen sein, um Josefs Gruseleien zu unterstützen? »Wer hört mich in meiner verzweifeltesten Stunde, wer teilt meinen Schmerz!« Verzerrte Fratzen schwammen auf der Leinwand hinter ihm. »Mein sündenvoller Wandel bewog mich letztlich zur Besinnung; ich will geben statt nehmen, mein Leben für ein anderes geben.«

Es trat ein *Edelmann* auf, sein Äußeres wies Merkmale von Entbehrung auf, seine Physiognomie sprach die Sprache des Niedergangs. »Elend, Zufall, Gott … Alles besaß ich. Das Glück, von den meisten begehrt – ich lebte es. Materieller Wohlstand, natürliche Überheblichkeit, Respekt vor unteren Schichten unbekannt, der Bilderbuch-Yuppie vom Dienst. Wo stehe ich nun? Das Geld, der Bürger Begehrtestes, floss dahin, Prestige klebt als schmieriger Fleck an meinem zerfetzten Sakko. Die Brücke ist mein Hausdach … oder meine Sprunghilfe.«

Den Auftritt des Heiligen leiteten melancholisch tönende Orgelakkorde ein; sie sollten das kommende Drama untermalen. Schlicht bekleidet, gewohntes einundzwanzigstes Jahrhundert, dennoch *traditionelles* Heiligenkonterfei zum Vorbild. Der Kommentator ergänzte nüchtern: »Woher er kommt ist unwichtig, niemand fragt nach seinen Hintergedanken, er lädt ein zum Glauben. Seinen Stand, oh gewiss, den möchte man wissen. Sind die Zeiten finster und egoistisch, fangen wir ihn auf mit offenen Armen; sein Geschenk ist Gnade und Mitleid durchaus; nach ihm hat sich die Welt gesehnt; ein Opfer für Milliarden … Wer aber *heute* lebt, an den stirbt des einen Erinnerung nimmermehr: des Digitalarchivars!«

Der Neo-Heilige sprach so: »Lasst mich sehen, wie zwei meiner Kinder den Frieden finden. Sie sollen mir nicht begegnen. Der Arme soll durch den Armen genesen.«

Also legte er eine Kassette mit Gaben nieder und zog sich zurück. Es folgte ein Black. In kürzester Zeit wurde eine endzeitliche Kulisse hergerichtet. Die Leinwand zeigte eine untergegangene Stadt, zum anderen Ufer, an der Publikumsseite gelegen, führte eine geborstene Hängebrücke, das Wasser versiegt, tote Flussbewohner und Industrieabfälle teilten den ausgedorrten Grund miteinander.

Der Bettler erschien, wie zu Anfang. Suchend, mit reinen Absichten, schritt er daher, sein kommendes (Un-)Glück kaum ahnend. Die linke Ecke der Bühne wurde erhellt, daselbst kauerte der gescheiterte Oligarch, jammervoll an einem halb verwesten Eichhörnchenkadaver knabbernd. Als der Bettler ihn erblickte, war er entzückt: »Oh Herr, ist es möglich? Kann ich noch Gutes vollbringen nach all dem langen Suchen?« Vor ihm zu Füßen lag die Kassette, die er neugierig aufhob. Im Zweifel über seine eigenen Fähigkeiten, gedachte er mittels derselben seine Unzulänglichkeit wettzumachen; er übergab sie dem zerlumpten Alt-Reichen, der in ihm nie gekanntes Mitgefühl erweckte. Dieser öffnete das Geschenk, zunächst überschwänglich den beglückenden Inhalt herausnehmend, doch dann, unvermittelt eintretend, sah er von den Gaben zum Geber abwechselnd auf.

»Ich kenne ihn und seinesgleichen. Es gab eine Zeit, da waren wir unüberbrückbar voneinander getrennt, wesensverschieden wie Himmel und Hölle. Hass und Neid bewarfen sich und tobten zwischen uns; mein Glaube ist dem seinen Todfeind. Und nun bietet er mir Versöhnung an, meint, ich würde ihn nicht erkennen, oder ahnt er gar nicht, dass wir alte Feinde sind? Nur die Fleißigen erlangen Macht, fleißig war und bin ich. Ich werde die Flaute überstehen, die jetzt so gnadenlos über mir schwebt. Die alte Welt mag am Abgrund stehen, meinesgleichen haben sie erschaffen, wir sorgen für ihre Neuerrichtung. Ich warte meine zweite Chance ab. Er kann sich zum Teufel scheren.«

So ging er seines Weges, blind hoffend auf den Tag seines Aufstieges, der ihm seine alten Privilegien zurückbringen würde.

Er starb Hungers.

Unterdessen wanderte der Bettler weiter, er gab die Hoffnung nicht auf, seine Mission zu erfüllen. Bald traf er auf einen Ausgehungerten, ähnlich seinem Vorgänger, doch diesen an Elend weit übertreffend. Auch diesem überreichte er den Gabenbehälter. Der Beschenkte zögerte keinen Augenblick, sich über die Speisen herzumachen, dabei dankte er seinem Retter und versprach ihm einen tugendtreuen Lebenswandel.

Kurz darauf verkrampfte er, würgte grauenvoll, schlug wild um sich und starb. Der Bettler war entsetzt, verdächtigte sofort seine Erlöserkassette, deren er sich sogleich entledigen wollte. Doch die Erfahrung mit dem ersten Verarmten machte ihn plötzlich nachdenklich, und er entschied, seine Suche nach ihnen fortzusetzen und ihre Eitelkeit zu testen.

Je ausgehungerter sie waren, umso empfangsseliger griffen sie nach den Speisen. Manche von ihnen starben wie der Zweite, andere blieben unversehrt, ihrem Geber tausenderlei Lobpreisungen huldigend, wieder andere lehnten seine Gaben rigoros ab gleich dem Ersten. Je länger der Friedensmissionar seine Wohltat unter den Elendigen ausbreitete, umso mehr trübte sich sein Glaube an das Gute, dem er einst sein Leben weihte. Er sah dem rapiden Neuaufbau der Gesellschaftsordnung zu, unter dem Diktat jener, die den kompromisslosen Geschäftssinn der alten Welt ererbt hatten, und zu deren Gesundung er beträchtlich beitrug.

Tag für Tag verwarf er sein einstmaliges Vorhaben, aus dem Untergang der Zivilisation gelernt zu haben, um trennungslos an einem neuen Menschenalter zu arbeiten. Das Letzte, was er tat, war, seinesgleichen zu ermahnen, nie auf den Besserungswillen derer hereinzufallen, die vormals ein machtvolles Amt bekleideten, oder solche, die in ebendiese Position gelangen könnten (meinte er damit auch seine Schicksalsgenossen?). Seine letzten Gedanken und Worte galten der Verwünschung seiner *verretteten* Beschenkten, ihres Starrsinns und Egoismus.

Aus seiner gefundenen Kassette, die ihm zum Verhängnis wurde, nahm er einen Keks, wohl wissend, dass er sein Ende bedeutete.

Black. Die Bühne war bedeckt mit toten Körpern, Gleichgesinnten und Gegnern, in der Mitte der edle Bettler, im Hintergrund das allmähliche Erblühen der neu-alten Welt. Der Neo-Heilige trat auf, auf den Lippen ein undeutbares Lächeln, er mischte sich unter die Leichenwiese. »Meine Aufgabe war erfüllt, bevor sie begonnen hatte. War sie Erleuchtung? Vernichtung und Aufbau? Gruppenbeschränktheit und Glaubenstreue? Verehrung meiner Person und Taten? Wer glaubt heute noch? Kann Heiligensamen überhaupt gepflanzt werden in verstandesmäßigem Denken? Es gab der Heiligen genug, jeder möge sich seinen Liebling aussuchen, wozu tauge ich da noch? Zuletzt, was ist heilig? Wollte ich Unantastbarkeit und Götzentum, wäre jetzt die rechte Zeit zum Handeln; es keimt der Mensch, ich holte dieses Kind aus dem kranken Leib.

Nichts liegt mir ferner.

Ein unsichtbares Auge wacht über jeden meiner Schritte, das Gehirn dazu ist unermesslich, allerorten vermag es meine Taten, Schickungen, endlich meine Eingeweide und intimsten Gedanken einzusehen. Es ist der voyeuristische Schutzengel des neuen Zeitalters, unabweislicher Begleiter des kleinsten Bürgers. Was will man verklären, da alles tatgerecht festgehalten ist, wie den Zauber des Frommen bewahren, der nicht in seine Träume flüchten kann? Wunderglaube adieu, die Kluft zwischen uns ist zeitgleich überbrückt.

Genug dass ich der Menschen Schickungen und Eigenarten kannte und den naheliegendsten Weg des am Ekel Würgenden wählte: die nüchterne Beobachtung, gemäß dem Vorbild Gevatter Digitalarchivars. Dies die fruchtbarste Tat für die eigene Gesundheit und die der Nachkommenschaft … so sie es geben wird.«

Ein Spot umfing ihn, seine Gestalt schrumpfte zusammen, projiziert auf die Leinwand, zwischen skelettierten Wolkenkratzern kurz verharrend, um von dort in den rötlich-aschgrauen Himmel hinaufzufahren. Black.

Die Vorführung endete. Schummriges Licht tötete das vormalige Dunkel, aus den Boxen summte ein leises Instrumentalstück, ich am Rande des Schauplatzes in der Erwartung, dass die Akteure sich zeigen würden; nicht mal das obligatorische Verbeugungsprozedere folgte – nur die Einsamkeit des Zuschauers.

Auf der Leinwand erschien jetzt ein Viereck in gut erkennbaren Abmessungen, sowohl was den Körper selbst betraf, als auch was es enthielt. Es zeigte statistisch die Häufigkeit des Verhaltens der Beschenkten, wie oft sie ihren Nothelfer mit Wohlwollen empfingen und ablehnten. Es entbehrte freilich nicht einer gewissen Komik, da die prozentuale Errechnung, später auch diagrammatisch, durch den Heiligen herausgegeben worden war, unterstützt vom ›Digitalarchivar‹, der Zuschauer also abermals veranlasst wurde, seine Stellung als Retter der Menschheit nebst Eingriffsenthaltsamkeit in Zweifel zu ziehen.

Indes machte ihn wiederum gerade dies zum Sympathieträger, der Heilige, der unter uns, wie wir, nur hundertmal spitzfindiger und gewiefter, sein Werk tut, Zeichen setzt, bis er allein übrig bleibt und von ironischer Vollendung durchdrungen die Zeiten überblickt.

Mein unterhaltenes Gemüt vergessend, stürzte ich hinaus auf den Flur, denn mir lag Niklas' Wohl mehr als die Inszenierung dieser morbiden Probe auf dem Herzen, wenngleich ich doch ähnliche Neigungen hegte – aber was mir höher, und deshalb jenseits aller künstlerischer Ader liegend wichtiger vorkam, war das Vater-Sohn-Verhältnis, und ich begann mir Flüche gegen die Stirn zu werfen, als ich Niklas zwei Räume weiter in Dunkelheit vorfand; er wankte auf seinem Stuhl, starrte auf den Computerschirm. Nacktes Fleisch, kakofonisches Gestöhne, Sequenzen voll Begier und Lustversklavtheit; das Entsetzlichste: Sein Vater agierte als Hauptfigur. Ich stürmte zum Gerät, knipste es aus, während Niklas den Platz wechselte, hinüber zum Sofa, um sich dort mit eigentümlich besonnener Miene niederzulassen.

Über dem Computerschirm waren Regale voller CDs, Skripte und Filmapparate angenagelt. Projektmappen, die ich knapp besah, kündeten von Werken schundiger bis geistreicher Intention. Ich ließ von allem ab, widmete mich dem Jungen. Er schien keineswegs verstört, ließ sogar zu, dass ich ihn am Knie berührte. Ich hörte ihn brummen: »Glaubst du mir jetzt, dass er böse ist?«

»Er ist nicht böse. Er hat dich sehr lieb.«

Er wandte sich ab. »Aber er tut, was man nicht tun darf. Gott ist den Guten mild, die Bösen straft er, das hat er mir immer gesagt. Der Beelzebub hat mich davor gewarnt, als er neulich sagte, Ehe und Familie seien Lügengefängnisse, denen ich nicht trauen dürfe.«

Was er erzählte, klang merkwürdig. Dann zeigte er auf das höchstgelegene Regal, auf dem eine Stofffigur mit dämonischen Zügen saß und sagte, dass er nicht verstehe, weshalb er auch einen ›Beelzebub‹ besitze.

Oh Elend. Hätte ich mir ein Kind gewünscht, wie hätte ich es mir zu vernachlässigen gestattet, die winkelverzogenste Facette des Heranwachsens zu berücksichtigen, sind doch die Wege des Elternhauses jenen vor der Tür gegenläufig. Es ist wahr, denn der heimische Schutz der klassischen Familie ist dem globalen Irresein gewichen, es ist eine Informations- und Angebotsflut, die das zarte Kind überschwemmt. Wie hätte ich ihm antworten sollen?

Es folgt das unwissende Kind dem Naturprinzip, das da sagt: Alle Wege, die du gehst, sind mir entsprungen. Folglich gibt es keine ›richtigen und falschen‹. Dafür gibt es ihrer ›gesunde und kranke‹.

Niklas war auf letzterem unterwegs.

Religiöse Weltbilder stagnieren im Laufe gesunder Entwicklung, sie tun es bewusst, denn sie wollen à tout prix Kind bleiben und als Kind wollen sie regieren – wir wissen, dass dies ein zweischneidiges Schwert ist –, viele, die Ja sagen, aber entgegengesetzt leben und handeln.

»Niemand ist perfekt, Niklas. Und wer seine Fehler einsieht, sie ihm leidtun, dem wird verziehen. Aber eins vergiss nie: Dein Vater liebt dich – jeder tut das.«

War ich ein Schandmaul? Jedoch, ich war nicht des Jungen Vormund, folglich trüge ich für seine seelischen Verformungen keinerlei Verantwortung. Aber vor Gott? Oder, um moderner zu reden, vor dem Lehrstuhl der Ethik? Ich schauderte, als ich mir ausmalte, womit dieser Junge aufzuwachsen gezwungen war, der beruflich aufsteigende Vater, vorgebend, seinen einzigen Sohn zu lieben, schien keinen Gedanken an ihn zu verschwenden, während er von Inbrunst verblendet, nur seinem Erfolg nachstrebte.

Mich neigt es zur Ausdehnung der Verantwortlichkeit. Wenn ich die Häuser und ihre Bewohner überschauen könnte, die schwindenden und wieder wuchernden Massen, muss ich dann nicht der Einsicht Recht geben, dass nicht ein Einzelfall vorherrscht? Ohne sorgfältig die Folgen bedacht zu haben, ergriff ich Niklas am Arm und stürmte, ihn unwillig hinter mir herzerrend, durch die finsteren Räume die Treppe hinauf ans nicht weniger trübe Tageslicht.

Als ich mich, den zitternden Jungen an meiner Seite, von riesigen plumpen Klötzen eingeschlossen vorfand, verfluchte ich mich für mein andächtiges Einfühlen in die Menschen, die mich nichts angingen, die in ihren Wohnräumen Ähnliches, vielleicht Schlimmeres verübten als der Teufel im Keller, dem ich gerade entfloh.

Sehr geehrter Kollege Benkitt,

Nach gründlichem Studium der Krankenakte teile ich die Meinung des Teams, nämlich dass es zur Herausbildung eklatanter Parallelen gekommen ist, obgleich bislang keine direkte Verbindung zu Patient KP-9 nachgewiesen werden konnte. Derselbe, nicht unbedingt introvertiert zu bezeichnen, legt der Isolation dennoch große Bedeutung bei, seine Krankengeschichte ist damit stellvertretend für ähnliche bereits bearbeitete Fälle.

Ferner möchte ich hiermit bestätigen, dass das anormale Kunstinteresse in zunehmendem Maße weite Teile der Bevölkerung umfasst; ein Umstand, dem ich insofern bedenklich gegenübertrete, als unsere Untersuchungen einer terminologischen Klassifizierung ermangeln, und da man die unterschiedlichsten Resonanzen aus dem betroffenen Material erhält, ist anzunehmen, dass erstens die Beschäftigenden mit der neuen Lage (noch) nicht umzugehen wissen, und zweitens, was hiermit zusammenhängt, die Sonderung zwischen krank und gesund zur Zerreißprobe werden dürfte.

Ich muss weiter betonen, dass wir es hier keinesfalls mit therapeutischer Routine zu tun haben, indem der Patient auf seiner Suche nach dem ihm zuträglichsten Stand im Berufsleben und im Privaten schrittweise begleitet wird, ist der Psychologe doch letztlich auch nur *ein* Rädchen in der großen Maschine, es gleicht vielmehr einer Wucherung im Bauch, die alles Missgünstige und Unverdaute erbricht, damit ihre Krankheit Genesung schafft, für sich und den Rest.

Sollte ich meinen Part in diesem Projekt missverstanden haben, bitte ich um Verzeihung, doch die Neuartigkeit sucht ihresgleichen, und ich werde, unter Berufung der oben genannten These, meine medizinische Hilfestellung einstellen – die, wie mir zu Anfang mitgeteilt, oberste Priorität einnimmt – und Patient KP-9 freies Betätigungsfeld gewähren, egal, was passieren mag.

Nochmals möchte ich darauf hinweisen, dass das augenfälligste Moment bei der Auswertung einer außergewöhnlichen Lebensgeschichte, in Kombination mit kollektiver Begeisterung, nicht die Beschäftigung mit dem Vorhandenen, Faktischen ist, der *Reiz* liegt vielmehr im (noch) Unerforschten, nicht Ergründbaren; das ist Esoterik und gehört somit nicht zu meinem Fachbereich.

Einen psychologisch-rationalen Aspekt hat es dennoch: Nicht das sticht hervor, was der Kranke sagt, sondern das, was er nicht sagt. Jeder redet, Reden ist üblich, notwendig und kommerziell. Wenn jemand gerade an dieser Normalität *erkrankt* und selbstanalytisch sein Leben fortsetzt, wird Schweigen wahrhaftig zu Gold, denn der Small Talk wird zur Empörung und durch wohlbedachte Erwägungen ersetzt.

Folglich sind wir mit dem, was wir haben, nur im Besitz der halben Wahrheit, und wenn wir den Erkrankten verlieren, ehe uns das ganze Reich seines Innenlebens erschlossen ist, sind wir mit unserer Mission gescheitert.

Dem entgegenzuwirken, habe ich ihn gebeten, seine Geschichte niederzuschreiben, deren ich harre. Wie mir andere Kollegen mitteilten, sind die Patienten emsig bei der Niederlegung ihrer Gedanken, wobei der Verdacht der Konfabulation sehr naheliegt.

Im Folgenden sind nochmals die charakteristischen Einzelheiten aufgeführt, Aktenzeichen Z-1e:

neurotisch depressive Zustände; das Scheitern der Beziehungen und deren gewollte Herbeiführung ist nicht als Gefühlskälte zu verstehen, sie ist erfolgreiche Bewältigung überfürsorglicher Verwöhnung in der Kindheit (die Scheu des Kranken, hierüber zu berichten, liegt im kontinuierlichen Minderwertigkeits- und Schuldgefühl, das durch seine Tätigkeit zwar überbrückt, aber nicht vollständig kompensiert wird).

Unvorhersehbare Reizbarkeit beziehungsweise kriminelle Entladung ist nicht auszuschließen, und ich nehme zur Kenntnis, dass die Projektleitung bei rechtlichen Schritten die Verantwortlichkeit aufschieben und nivellieren kann – und wird.

Freundliche Grüße

Dr. L. Waymer

Zustellung durch: Privatboten!

9

Wächst der Schüler über den Meister hinaus,
verheißt dies Gutes oder Schlechtes?
Letzterer Fall bedeutete Traditionsbruch,
der Schüler ein Abtrünniger,
der Meister verletzlicher Sturkopf.
Und du? – Wessen Mitstreiter willst du sein?

Aufbruchwahlspruch der höheren Sonderschüler

Mein Name ist Frederik. Mich kennt niemand. Die von mir Gekannten sind morsche Äste, die ich zertrete. Warum ich hier in Freiheit bin, liegt im Kern der Torheit meiner ›Wächter‹, denn sie sagen, ich dürfe gar nicht ›draußen‹ sein unter ihrer ›filigranen Porzellanausstellung‹. Ich will euch von einer Zeit erzählen, in der die Sorge um meinen Nächsten der Erwähnung wert gewesen war, längst hat sie nihilistischer Ernüchterung die Hand gereicht. Ein Gefangener war ich – bin ich –, dem, würde er nach Beliebtheit trachten, in den einsamen Mauern bis zu seinem Ende zu verweilen besser anstünde.

Die Welt der ›Freien‹ ist mir Rätsel und Gräuel. Viele der Eingeschlossenen, in kurzen, zweifelsfreien Prozessen abgeurteilt, fragen rhetorisch: Was sollen wir draußen! – und hier sagt man: Eine Schande, wenn man drinnen sitzt. Und ich bin solch ein Belehrter geworden, der sagt: was soll ich unter ihnen! Der Grund, warum ich *drinnen* war, hat damit zu tun, wer mich versteht und wer nicht; wessen Lektionen ich lernen musste, und er die meinen; wer meine Ansichten und Beweggründe resigniert anerkannte und wer sie bis zuletzt bekämpfte.

Ich traf nie Gleichgesinnte, die Wenigen, mit denen ich auf dem Abstellgleis darbte, herrschten über ihre eigenen Dimensionen der Abnorm, deshalb waren sie mir zwar Begleitschiffe auf dem gemeinsam befahrenen Gegenstrom, doch waren sie keine Brüder, die bis aufs letzte Blut mit mir für eine Sache fochten.

So blieb ich allein auf dem Spielplatz der Übungen, die mich zu einem besseren Bürger machen sollten, einem, der ich *nie ge-*

wesen war. Soll man etwas sein, das man nicht sein *kann?* Tausend Appelle ergehen an einen, Maßregeln und Bestrafungen; um welchen Preis soll man zu dem werden, der nicht zu sein einem vorgezeichnet ist?

Die Knospe meiner Menschenliebe war nie zur Blüte gekommen, ich schaute auf die Hilflosigkeit unserer *kleinen Geschwister,* wie gnadenlos mit ihnen umgegangen wurde, ich erkannte die Anmaßung meiner Rasse in allen Belangen irdischen Lebens, die dreiste Zerstörungslust, die keiner Entschuldigung bedarf, und besann mich auf meine Wurzeln, nämlich die tierischen Begleiter meiner jungen Jahre (nichts und niemand hätte ihren Platz an meiner Seite ersetzen können).

Hierzu gehört eine besondere Episode, als ich unlängst volljährig war. Ich kam gerade auf dem Heimweg von der Bank, die Sonne versank hinter den kleinen Waldstücken, wenige Autos warfen ihren Lärm von der angrenzenden Landstraße herüber, doch das störte mich nicht, denn die Bäume fingen das meiste ab, sodass ich mich an den letzten rötlichen Strahlen erfreuen konnte – jawohl, so romantisch bin ich gewesen.

Während ich den Feldweg entlangstolperte, bemerkte ich, mehr aus Zufall als Absicht, wie eine graue, schwarz gestreifte Katze auf dem Wegrand im Gras neben dem Weizen lag. Ich hatte sie schon auf dem Hinweg gesehen, damals sehr scheu und rasch verschwunden, zur Einheit mit ihrer Umwelt verschmolzen.

Diesmal, zu meiner großen Freude, war sie reichlich zahm, wälzte ihren pelzigen Körper für mich und knickte dabei unverfroren die Weizenähren. Gelegentlich fuhr sie ihre Krallen aus, auch ihre scharfen Zähne setzte sie ein, wenn sie Gefahr witterte, und obwohl ich erst dafür keine Erklärung fand, ließ ich es geschehen, waren jene Aussetzer ja nur zarte Warnungen, ich solle mich mit meinen Streicheleien nicht überheben.

Solchergestalt verbrachte ich ungefähr eine halbe Stunde mit ihr, vergaß an der Zeit, wohin hätte sie mich auch gelenkt, ich hätte nur schlapp auf dem heimischen Sofa gelegen und meine kostbare Lebenszeit wie den Sand in der Uhr herabrieseln sehen. Dies die vergeudende Leidenschaft – glücklicherweise meiner

Bestätigung zugunsten! – reichhaltiger Erscheinungsformen des konsumgetrimmten Angestellten.

Tags darauf hatte das Jugendzentrum eine Fete veranstaltet, Zelte waren aufgebaut, Service-Autos säumten die Wege zum alten Sportplatz, Scheinwerfer, Lichterkugel und die große Bühne für ausschweifende Gebärden waren bestellt und in Vorbereitung, mich hatte der Anblick, mehr noch die Ahnung des Bevorstehenden weggerissen, erstens der stille Vorwurf an mich, nie Anschluss finden zu können, der andere, der mir als ungesunde Nebenwirkung des ersteren nicht gefallen wollte, den Spaßgenießern ihre Freuden zu vergällen. In der Nacht hörte ich die wilden Schreie und die laute Musik, es grauste mich bei den vorausgehenden Gedanken, da ich nun im Bette lag und mich krümmte, zählte ich mir alles Beunruhigende zusammen; es verdichtete sich mir zur Leidensnacht.

Des Morgens war ich ausgeruht, aber lange nicht fröhlich. Etwa Zufall? Mein Tagesplan führte mich wieder über den harten Feldweg. Vorbei an zerbrochenen Flaschen, in der Luft der abgestandene Geruch von Alkohol und Ausschweifung, schritt ich angewidert daher, der Platz ausschließender Freuden stach mir ins Herz, bis zu den Landwirtschaftsmaschinen, die nahe der ersten Baumgruppen seitlich ruhten, erstreckten sich die Überbleibsel der wilden Orgie.

Ich stieß mit der Fußspitze eben eine halb eingedrückte Plastikflasche vor mir her, als ich daneben eine rote Spur gewahrte. Ihr folgend, zeichnete mein Hirn bereits die schlimmsten Dinge aus, ich hasste mich dafür, denn ich schien Ahnungen, die niemand sonst für schlecht hielt, heraufzubeschwören, bis sie ihren Nistplatz in meinem Pessimismus gefunden hatten.

Ich sah den gespaltenen Körper einer Katze, ein Anblick, dessen Art ich bislang beharrlich ausgewichen war, musste an ihr vorüber, doch einfach en passant mich damit abfertigen, nicht genau hingeschaut zu haben, fasste ich als Warnung karitativer Pflicht (welch unzureichender Ausdruck!), ich kniete mich also nieder, um meine Befürchtungen zu bestätigen.

Sie war es, da bestand kein Zweifel. Ein Wesen, das einen Tag zuvor mir noch am wichtigsten von allen anderen erschienen war, lag tot vor mir, einem Blitzschlag gleich erfror meine grüblerische Tätigkeit, ich fühlte Betäubung am ganzen Körper, meine Gedanken lahmten zwischen unaussprechlicher Verzweiflung und Trauer.

Ich muss fast so lange über den zerfetzten Leib gebeugt auf den Knien verweilt haben, wie tags davor ich mit demselben noch zeitlose Zerstreuung genossen hatte.

Mir wurde übel, der Magen schrumpfte, wiederholt hatte mir die Welt ihre Abart bewiesen, die Respektlosigkeit vor den in sich ruhenden Gefühlen und Regungen, die hochempfindlich auf den kleinsten Angriff reagieren, zu schüchtern aber zur Gegenwehr.

Diesmal verschwor ich mich ihrem Gegenteil. Ein Wandel hatte sich vollzogen, fürchterlicher als jede Mutation des Schönen. Man braucht nicht die Fälle addieren, die Not tun, edle Empfindungen zu massakrieren, ich übersprang diese Etappe, den Narren hatte ich lange genug gespielt. Häuslicher Friede, Recht auf Ausbeutung, Ausgebeutetwerden – solches (und noch vieles mehr) trat ich unter meine Füße, ich schuf mir meine eigenen Regeln.

Absurd wie die Vorstellung, der fernöstliche Guru könne den hoch technisierten Körperschaften westlicher Lebensführung einen Sinn im Sinn geben, der schon da, auf dessen Qualität man nur je nach Bedürfnis abzurichten sei, so widerlich ist auch die Anmaßung unserer ›Großstadtweisen‹ und ihres technokratischen Kodex, worin sich beide Ideale verheddern, denn so sehr man auch vom andern zu lernen gewillt ist, es ist attraktiver, wenn sich daraus ein Milliardengeschäft machen lässt; welcher armselige Platz kommt da noch dem Tierschutz zu?

In den ausdruckslosen Augen meines ermordeten Freundes las ich: ›Lass es nicht zu! Wer außer dir kann es tun!‹ Auf viele Fragen gibt es keine Antworten, vieles wird von einem erwartet, ohne dass er Gründe höre. Der unablässigen Forderung, aus sich *etwas* zu machen, antworte ich mit der Entschlusskraft einer vernichtenden Lawine, so wie ich hinweggerissen wurde, chancenlos zur Eigensuche, so greife ich zu denselben Mitteln und kenne weder Scham noch Reue, gewiss liegt eine Prüfung darin, doch dass ich mich zur Meisterstufe hinaufschwinge, ist mir Pflicht und niemand wird mir die Pfeiler dieses Sieges abgraben. Laut und leise handhabt ihr eure Taten, die mir ins Gesicht schlagen, laut und leise hole ich zum Gegenschlag aus, wobei ich meinen eigenen Stil pflege, mich blind eures Werkzeugkastens zu bedienen, liegt mir fern, ich schleiche unerkannt in der Nacht umher, bin ein anderer am Tag, lege Feuer und gewinne doppelt, während das Dorf hysterisch flieht. Ich bin der Gelegenheitsräuber, der im Schlaf tötet.

Es war ein ruhiger Herbsttag. Jedenfalls ruhig unter der Betrachtung des Dorfbewohners, der, wenn ihn notwendige Geschäfte in die bebende Stadt führen, in jeder Minute sehnend seinen Heimatboden herbeiwünscht. Ich hatte einen Nebenjob im Lager eines Fotoshops angenommen, arbeitete dort zweimal wöchentlich, wenn ich überdies kleine *städtische* Dinge benötigte, ergriff ich sofort die Gelegenheit, früher widerstand ich spielend leicht dem Ruf des zivilisatorischen Symbols, kam ihm ein- bis zweimal vierteljährlich nach, aber jetzt, da er mich überlebenstechnisch band und der machtvolle Beton nicht aufhörte, sein Reich zu vergrößern, musste ich mich dem Unvermeidlichen fügen.

Als ich mit dem Einkauf im Zentrum geendet hatte, fuhr ich nordöstlich auf der Schnellstraße an den Bürogebäuden vorbei, bis ich die Ausfahrt zur Schneiderei nahm. Die Strecke dauerte bei mäßigem Verkehr fünfzehn Minuten, doch da ich unbedingt jetzt, denn nach der Arbeit würde er geschlossen sein, neue Sägeblätter im Baumarkt kaufen wollte, belief sich die benötigte Zeit auf das Doppelte; aber wer schaut schon so genau, wenn er gerade in Kauflaune ist.

Trotzdem war Pünktlichkeit eine meiner Tugenden, so leicht, dass ich nie begreifen wollte, warum andere sich mit ihr so schwer tun, und sie sollte mir niemals vorgehalten werden. Im Laden endlich angekommen, er lag in einem Viertel, das der Innenstadt wie aus dem Betonherz geschnitten war, derselbe Reichtum, bis auf die Tatsache, dass weniger als ein Drittel der dort täglich wabernden Menschen hier die Straßen regelmäßig bevölkerten –

solche Zahlenspiele sind natürlich Schätzungen meiner bescheidenen Beobachtungsgabe –, tat ich nach der Begrüßung Adrianes eine Bemerkung über ebendiese Ähnlichkeit, sie lachte, weil sie mir recht gab, was ich zugegebenermaßen an ihrem hyänenhaften Lachen nicht immer einwandfrei deuten konnte.

Wenn sie abwesend war, hatte Gely das Sagen, waren beide zugegen, hatte sie ebenfalls die Befehlsgewalt, so furchtbar aber will ich es gar nicht darstellen, wenn auch meine Phobie vor dem Stadtgewühl ein schwieriger Gegner war, so fühlte ich mich an diesem Orte wohl, der von weiblicher Zuwendung erfüllt war.

Sie waren also beide meine Vorgesetzten, mir, dem Aushilfen gegenüber. Gely hatte den Laden von ihrer Mutter geerbt, als diese gestorben war, danach suchte sie Gehilfen, um die Auftragslage, die zum Wohlstand kaum, zur sicheren Existenz leidlich ausreichte, zu bewältigen. Ihre Gestalt war massig, nicht abstoßend, aber von grober Ausstrahlung; das Unvereinbare ihrer beiden Wesensmerkmale, Freundlichkeit und Reizbarkeit, schien mir oft Anlass zum Spott, den ich dann meist den ganzen Tag in meinem Kopf trug und mich nicht entscheiden konnte, ob ich sie nun mochte oder hasste. Einmal hatte ich mich fast dazu hinreißen lassen, eine unwirsche Bemerkung über ihre hinkende Gangart zu machen, sie muss es an meiner Physiognomie abgelesen haben, scharfsinnig war sie zweifelsohne, denn ich wurde das Gefühl nicht los, dass sie ihre körperliche Einschränkung seitdem provozierend zur Schau stellte.

Ich mag es ihr nicht übel nehmen, sie war eine Frau von gerissenem, ironischem Einfallsreichtum und sie nutzte ihn für ihre souveränen Erhebungen, die keinen Zweifel an ihrer überirdischen Stellung in der Welt duldeten; und so gefiel sie mir am besten.

Adriane dagegen war die Mischung aus Schüchternheit und eifriger Studentin. Wie ich kam sie vom Land, hatte aber den Charme des landbehauchten Mädchens abgestreift zugunsten zeitgemäßerer Agilität, hin und wieder jedoch, wenn ich sie aus der Kammer beobachtete, mit ihr sprach, nahm ich an ihr die rustikalen Instinkte wahr, die sich nicht so recht dem Geschmack mobilen Wandels unterordnen wollten.

Wie es aber für den Mann schwer ist, edle Elemente aus der Frau zu locken, da er sie, die doch heftiger als er mit Romantik liebäugelt, häufiger und viel gedankenloser als bei Kerlen der Fall, im Bann digitaler Käfige sieht, insbesondere im jungen Alter, so ist es für ihn umso reizvoller, wenn er sie im Kampfe mit denselben beobachten darf.

Sie ließ keine Gelegenheit aus, bei freien Minuten ihr Handy – man nennt es Smartphone, was für mich dasselbe ist – aus der Tasche zu ziehen und mit dem Daumen darauf herumzufahren. Ungeachtet der Vorteile und Erleichterungen durch technischen Fortschritt, findet man kaum jemanden, der Nachteile, die an der Zahl wahrlich ewig während sind, aus demselben schöpfend, Bedenklichkeiten ausmacht, wohl bleibt ein solches Nachsinnen bloß Gedankenspiel unter Mitnutzern, die hiervon nichts wissen wollen – oder können, und leider bestätigt es die Erfahrung, dass die weiblichen unter ihnen dies am allerwenigsten tun. Bitte, liebe Frauen, ich verehre euch für euer Geschlecht, meine Erfahrungen sind statistisch unbedeutend, aber stellt euch bitte selbst auf die Probe – ich weiß, dass ihr es vermögt –, beweist dieser eurer Zeit, die euch den Männern ebenbürtig macht, dass ihr es mit ihnen nicht nur im alltäglichen Tagewerk aufnehmen könnt, sondern gleichwohl in der Kraft des Tiefsinns.

Adriane, sie war mir solch ein Beweis. Wenngleich mir ihr Innerstes verborgen blieb, wiewohl jedem Manne es so ergeht, gelang es mir, an ihrer Seele zu rühren, an deren geworfener Stücke wahrer Verständigkeit satt zu werden mir vergönnt war. Ich genoss es, ihre schlanke Figur zu bewundern, auch sparte ich hierbei unanständige Fantasien nicht aus, etwas, das niemand peinlich anmuten muss, da das Frauenvolk selbst wesentlich dazu beiträgt, fragte sie ab und an nach ihrem Privatleben, ich trachtete nämlich brennend nach ihrer Gunst, denn obgleich ich mir sicher bin, dass jeder Mensch seinen Partner findet, wenn er nur beständig sucht, so hatte ich bei dieser Frau die Eingebung des ›gewissen Etwas‹.

Mit ihren achtundzwanzig Jahren schien sie überaus intelligent, die hemmende Schüchternheit wollte ich durchbrechen, ich war nämlich von der Abträglichkeit derselben mehr als überzeugt.

Als rechtmäßiges Gut anerkennend, ließ ich ihr ihre Eigenarten, suchte geschickt die Gründe für einen Verdacht, sie kritisieren zu wollen, zu umgehen, und als die Vertrauensbasis somit geschaffen war, sind wir freundschaftlich – aber nie mehr – miteinander umgegangen.

Solcherart verhielten wir uns allerdings nur dann, wenn wir alleine im Laden waren, bei Gelys Gegenwart musste ich mich strengerer, aber keineswegs schädlicher Geschäftspolitik fügen, ich widmete mich ernsthaft meiner Arbeit und fügte mich ebenso dem Plausch beider Frauen, wenn es das Klima und die Zeit erlaubten.

An jenem Tag, etwa zehn Minuten vor Ladenschluss, trat ein Mann herein, ordentlich gekleidet, gepflegte Frisur und Gesicht, kam an den Mustermodellen vorbei geradewegs zur Theke und lächelte freundlich. Zwar war ich in diesem Moment beschäftigt mit dem Sortieren der Bilderrahmen in den oberen Fächern, doch ich bekam die Szene mit, da ich gerade von der Leiter stieg und einen freien Blick in den Laden werfen konnte.

Adriane hatte den Kunden nach seinem Wunsch gefragt, dieser trug unterm Arm ein Kästchen, dessen Inhalt er zwischen ihnen auspackte. Während ich das Rascheln der Verpackung hörte und mich von der Szene gleichgültig abwandte, hörte ich ein ›Huch‹, das meine Aufmerksamkeit zum Teil wieder auf das Gespräch vorne lenkte, mich aber in meiner Arbeit, die ich nun fortsetzte, nicht unterbrechen ließ. Es war Routine, Adriane klang leicht betreten, der Kunde durchweg nett und erklärte seine Vorstellung, wie er seine Fotos eingerahmt haben möchte. Bald schon war er wieder gegangen. Als ich mir sicher war, dass Adriane und ich allein waren, kam ich hinaus und erkundigte mich nach ihrem leichten Schreck, den ich vorhin gehört hatte.

Mein Gedächtnis ist bei Wiedergabe von Dialogen nicht das Beste, dennoch unternehme ich den Versuch – das Wesentliche ist unbestritten.

»Warum bist du vorhin erschrocken?« Ihr Blick war auf die Fotos geheftet, die vor ihr ausgebreitet lagen. »Das ist doch krank. Schau dir diese Fotos mal an.« Ich kam ganz nah zu ihr herüber, hielt mich mit meinen wohlwollenden Berührungen ihres Armes, die ihr stets gefielen, diesmal zurück und folgte ihrer Aufforderung. Ich wurde bleich beim Ansehen der Fotos.

»Verstehst du das?«, fragte sie. »Die sind bestimmt inszeniert worden. Oder glaubst du wirklich, dass sie echt sind? Ich meine, wer würde sie einrahmen lassen, wenn sie echt wären?« Ich glaubte mir selber nur zur Hälfte, denn was die Fotos zeigten, schien grausig echt, der Auftrag, sie einzurahmen, umso morbider. »Du hast doch bestimmt von den Projekten des Time-Breath-Theaters gehört, die produzieren allerlei Verrücktheiten. Die Medien gehen gar nicht mehr darauf ein und die Leute sind, naja, du weißt es ja, teils begeistert, teils entrüstet.

Allerdings muss ich zugeben, dass mich der Anteil der älteren Bevölkerung, der sich von dieser Welle mitreißen lässt, überrascht, indem er selbst daran mitwirkt. Ich wüsste gern, warum.« Adriane, ihren Kopf noch immer in der Senke, schüttelte denselben ungläubig, als sie sagte: »Nein. Das Time-Breath hat trotzdem einen Ruf zu verlieren. Könnte ich es überhaupt glauben, würde ich es eher den Kleinen zuschieben, die, wie erzählt wird, im Untergrund blühen sollen, ihre Projekte haben nämlich schon die eine oder andere Razzia zur Folge gehabt.«

Sie stemmte ihren Ellbogen auf die Theke, formte grüblerisch ihr Kinn zwischen Zeigefinger und Daumen. Es waren dies ihre tiefsinnigen Momente, denen beizuwohnen ich liebte. »Nein. Es ist nicht möglich.«

»Er will sie alle eingerahmt haben?« Sie nickte.

»In verschiedenen Ausführungen. Soweit ich verstand, sollen Farbe und Qualität dem Brutalitätsgrad der Fotos angepasst sein.«

»Dem Brutalitätsgrad?« Ich glaubte, ich hörte nicht recht. »Will er damit eine perverse Befriedigung erzielen, womöglich nach getaner Arbeit in sein Wohnzimmer kehren, die Bilder, die in Reihe vor ihm der Scheußlichkeit nach ansteigend an der Wand hängen, einzeln betrachten und vermutlich dabei –«

»Es reicht«, fuhr sie dazwischen. »Ich mag das nicht hören. Woher nimmst du die Gabe, dich derart in die Vorstellungswelt eines Perversen einzufühlen?«

»Nennt man Einfühlungsvermögen«, gab ich schlicht zurück.
»Aber du hast recht. Es ist sehr sonderbar. Was willst du jetzt tun?«

»Tun?« Sie richtete sich auf, wie neu belebt, machte eine
Wendung zum Fach, in dem aktuelle Aufträge lagen, und sagte:
»Ich werde sie einrahmen.«

Schon waren die Fotos verschwunden und harrten ihrer Be-
arbeitung. Ich lehnte mich an die Theke und verschränkte die
Arme, während ich ihren Bewegungen zum Suchen des Auf-
tragsbuches nachsah. »Du hältst sie für echt?«, fragte ich heraus-
fordernd. »Unwichtig«, erwiderte sie kühl. »Es gehört nicht zu
meinem Job, so was wissen zu wollen.«

»Aber insgeheim willst du es wissen, stimmt's?« Es fielen kleine
Sägeblätter, Cuttermesser und Klebestift aus einer der Schachteln,
die sie aus dem Regal gestoßen hatte. »Warum liegt dieses ver-
dammte Buch so weit hinten«, murmelte sie halb zu sich selbst.

»Lenkst du ab?« Sie holte das schwarzlederne Auftragsbuch aus
der Tiefe der Wand, es muss bewusst dort versteckt worden sein.
Ich erlaubte mir die Bemerkung, dass ich annahm, das Auftrags-
buch liege unterm Ladentisch, worauf sie mich darüber unter-
richtete, sie habe oft gesehen, wie Gely bei bestimmten Kunden-
wünschen in jenes Geheimfach greife und die Aufträge gesondert
aufschrieb, sie konnte aber bislang keine Erklärung hierfür finden,
so dachte sie, nun sei der Moment günstig.

»Im Computer dürften sämtliche Aufträge und Kunden ge-
speichert sein.« – »Sicher. Aber die sind alle verschlüsselt. Gely
lässt mich nicht an sie ran.« – »Merkwürdig. Hast du dir was zu
Schulden kommen lassen? Sie hat doch Respekt vor dir. Und dann
vertraut sie dir nicht?« – »Das verstehst du nicht.« Sie ging Seite
für Seite durch, fuhr mit dem Finger über die Zeilen, blätterte
wahllos weiter, überschlug dabei Dutzende Seiten, um bei den
ersten Buchseiten neu anzufangen.

»Möglich. Weil ich ein Mann bin?« Sie warf mir einen vor-
wurfsvollen Seitenblick zu. Dann begann sie mit belehrender
Stimme: »Seit ich die Stelle hier bekommen habe, ist sie wie
eine Mutter zu mir gewesen. Sie redet mit mir, wie in ständiger
Sorge um mein Wohlergehen, als spürte sie, wie wichtig das

für unsere Zusammenarbeit ist. Es ist schwer zu glauben, dass sie Geheimnisse vor mir oder irgendwem, der ihr gewogen ist, hat, aber manchmal benimmt sie sich gegensätzlich, ich merke es, wenn ich, wie du heute, hinten bin, es ist, als ob sie den Zeitpunkt akribisch vorausgesehen und geplant hätte, da betrit irgendwer den Laden, sie hat das Auftragsbuch im selben Moment schon aus dem Fach gefischt, unterhält sich mal ernst, mal ausgelassen, trägt die Instruktionen ein und ich erkenne im Betragen dieser speziellen Kundschaft mal nervöse, mal erzwungen ruhige Stimmung.« Geradeso kam sie mir auch vor, die Nase in das dicke Buch gesteckt. »Hast du von dem Stück ›Erinnerungen des letzten glücklichen Menschen‹ gehört?« Jeder Passant auf den Straßen kannte es, die Werbeplakate waren unübersehbar, ihre Frage hätte als rhetorisch gegolten, wäre sie sicher gewesen, dass ich kein Landei bin. »Die Hauptfigur stellt den Überdruss der *daily news* in radikaler Weise dar; es ist herrlich mit seinen Augen die Sonne aufgehen, die Nacht anbrechen zu sehen, egal, welche Nachrichten in der Welt umgehen mögen, er genießt jeden seiner Tage ungetrübt von Korrespondenzen.

Die Ignoranz der Fremd-Ereignis-Versorgung eröffnet ihm den Blick auf das Spontane, Unberechnete und ihre Akzeptanz – oder Gleichgültigkeit. Der Höhepunkt des Stücks liegt darin, dass er gegen Ende, als es ihm endlich gelungen war, eine Gemeinde Gleichgesinnter zu gründen, die Frage aufwirft, welche Relation er noch zur übrigen Welt habe, da das *Hauptband* zerrissen ist. Letztlich fällt es ihm schwer, seinem einstigen Vorsatz Treue zu halten, dennoch hat er das Wichtigste nie vergessen, nämlich dies die Frage, ob der Mensch allein durch den regelmäßigen Konsum der Nachrichten als *gebildet* gilt.«

Manchmal wusste ich nicht, ob es banale Ablenkung oder Raffinesse war, aber eines wusste ich, dieses Mädchen war überdurchschnittlich undurchschaubar.

Es war schauerlich. Sie biss sich auf die Lippen, sie schien eine Stelle gefunden zu haben, die sie interessant dünkte, mit verengten Augen las sie im Buch. Es muss jenes Interesse gewesen sein, das sowohl reizt als auch beängstigt, deshalb vermutete ich auch ihre plötzliche Abschweifung vom Thema, sie war nun mehr oder minder gefesselt von einer Eintragung, der ich mich nicht, jedenfalls noch nicht, nähern wollte, ich wartete, ob sie mit ihren Parallelen, so es welche waren, fortfahren, etwas völlig Abweichendes sagen oder sich still dem Buch widmen würde. Ihre Neugier war auch die meine, doch ihre war dringlicher, wie sie mir bewies, als sie jetzt ihr Handy herausholte, und ich, indem ich eine Weile zusah, um ganz gewiss zu sein, begriff, dass sie Eintragungen abtippte. Mit einem Satz war ich bei ihr und drängte sie ein wenig beiseite, wobei dies mehr aus ihrem eigenen Antrieb geschah. »Wollen wir etwa spionieren?«, sagte ich väterlich. »Ich wüsste nicht, was daran verkehrt sein soll. Sieh's dir selbst an, da taucht ein Name auf über fünfzig Seiten wiederholt auf, jeweils mit Erkennungsnummer, was aber am auffälligsten ist, sind die Termine. Der heutige ist durchgestrichen.« Meinem Respekt vor der Privatsphäre anderer blieb ich treu, auch wenn in diesem Fall die Versuchung groß war. Ich bat sie, das Buch wieder an seinen Platz zurückzustellen. Das geschah weniger auf mein Bitten hin als vielmehr auf das plötzliche Auftauchen Gelys hinter den Ladenfenstern. In übereilten Bewegungen räumten wir die Theke, Adriane schlug das Buch zu, dass meine Ohren schmerzten, und rauschte damit zum Regal, ich tat das Übrige, um jedes verdächtige Material fortzuschaffen. In dieser Notlage musste ich mir eingestehen, auch wenn ich den Gedanken daran schon mehrmals verworfen hatte, dass Gelys Beeinträchtigung nun zu meinen Gunsten arbeitete. Hätte sie ein normales Tempo gehabt, ungeachtet ihrer einundfünfzig Jahren, hätte sie schon in der Tür gestanden. Wir nahmen eine ruhige Stellung ein, wie es Kollegen kurz vor Feierabend tun. Und da war sie schon. »Na, ihr zwei.« – »Hallo, Gely. Das ist ja eine Überraschung. Ist dir dein freier Tag nicht bekommen?« Normalerweise rührte Adrianes trockener Humor von einer süßen Natürlichkeit her, diesmal aber war ihr die Aufregung anzuerkennen. Gely, in ihrer Begabung, andere zu durchleuchten, bevor ihnen ein Hauch über die Lippen kommt, schien müde, was für das Abflauen ihrer Energie sprach, aber noch lange nicht hieß, sie sei unkonzentriert.

»Wie du weißt, Liebchen, ergeht es mir nur wohl, wenn Geschäft und Privatleben unter einem Hut sitzen.« Sie kam näher zu uns heran, legte den Ladenschlüssel auf die Theke. Sie fuhr fort: »Was soll ich neben all den Terminen zu Hause – fernsehen? Ach, da fällt mir ein, hab ich dir nicht gesagt, du sollst deine Begrüßungsfloskeln abändern? Frohsinn braucht Begründung, das haben wir von dem jungen Mann hier gelernt, nicht?« Sie lächelte. Nett fand ich ihre Schmeichelei, besonders dass sie mich jung hieß, der ich vom Alter schon seit den Mittzwanzigern gezeichnet war, obgleich ich den Hauch der Jugend wie ein Heiligtum zu schützen trachtete. Allein diesen Willen hatte man mir möglicherweise angesehen.

»Wie wärst du zusammengefahren, wenn ich dir erzählt hätte, man wäre bei mir eingebrochen, ich wäre in der U-Bahn angefallen worden, meine Lebensversicherungen würden nicht ausbezahlt, meine letzten lebenden Verwandten wären gestorben, und, damit es illustrativ abgerundet erscheint, du in mir eine verhärmte alte Frau wiedererkennst, die all dieses nicht verdient hat und im Tod den einzigen Ausweg aus dem festgekrallten Elend sieht.«

Adriane errötete. Wir alle schwiegen.

Dann begann Gely, nicht minder zynisch: »Sagst du zu mir ›Hi, wie geht's‹ und du erhältst Erläuterungen wie gerade eben, meinst du, ich sei die Böse, dabei bedarf es lediglich einiger verständigender Blicke und dein Gegenüber wird es dir danken, dass du ihn nicht ansprachst. Denn verfinsterte Seelen brauchen Zeit für sich allein, um im Unkraut ihrer Empfindungen einen Verständigungspunkt zu finden. Hast du zu ebendiesem keine Anknüpfungsmöglichkeit, steht es dir besser an zu schweigen.«

»Soll ich also, wenn jemand den Blick gesenkt hält, fragen, ich sehe ihn betrübt und sein Wohl liege mir am Herzen?«

»So wünsche ich es mir.«

»Aber das Grüßen –«

»Erwarte keine Erwiderung.«

»Will jemand mit mir sprechen –«

»So grüßt du ihn.«

»Unter der Voraussetzung, ich habe eine Ahnung seines Gefühlszustandes bekommen.«

»Du hast es verstanden.«

Ich hörte dem belehrenden Dialog geduldig zu, suchte nach persönlichem Sinn, fand darin zwar genugtuende Weisheit, ich dachte nur an das triste Stadtleben, aber für großräumige Ausdehnung war Gelys Standpunkt allzu sehr kleinbürgerlichem Auffassungsvermögen entsprungen, so mutmaßte ich.

»Routine stumpft ab. Langweilige, x-mal wiederholte Formeln und Floskeln mögen manchem Halt geben, die wenigsten zerbeißen sich an ihnen. Ich bin über den Kummer der letzten Jahre hinweggekommen, *weil* ich diesem Grundsatz gefolgt bin. Versteht ihr, es öffnete sich mir ein Licht von prächtigem Glanz, so wie man die ersten Frühlingsstrahlen der Sonne nach langem Winter genießt. Ich bin die Rebellin mit dem Sinn für das Schöne.«

Sie trat hinter uns, ihre mannigfach wiederholten Bewegungen, die förmlichen, wenn sie geschäftlich oder sei es, um eine Schokoriegelverpackung im Mülleimer loszuwerden, hinter der Theke tätig war, heuchelten ihre Ausführungen, in ihren Zügen schien hiervon keine Spur des Wissens.

Ich hatte wissen wollen, wie all dieses auf Adriane gewirkt hatte, so starrte ich ungeniert darüber, ob sie mein Interesse für sie merken und es mir bitter vorhalten würde – an ihrem Vertrauen lag mir viel –, auf sie, achtete nicht weiter auf die seltsame Frau im Hintergrund, deren Worte, sobald sie einmal geäußert waren, jeden Gedanken auf sich zogen.

Ihr Blick war leer.

Einen Ausdruck zu deuten, wie er auch aussehen mochte, gestaltete sich schwierig, und wenn ich mir bisweilen anmaßte, einen Menschen zu durchleuchten, war ich diesmal in dieser Begabung eines Besseren belehrt worden, ich las von jedem ihrer Züge, ihren glasigen Augen, die, mit abwehrenden Wimpern bekrönt, mich verscheucht hätten, wären sie auf mich gerichtet gewesen, es war eine Physiognomie des Abschreckens für jeden, der sie sah, während man von ihrer Eignerin nicht recht wusste, ob es jener Blick Gedanken pendelnder Zerstreuung oder plötzlicher, lang anhaltender Geistesstarre war.

Bald hörte man Gely in der seitlichen Abstellkammer kramen, ab und an erklangen halb gepfiffene Töne vermutlich selbst ersonnener Melodien, ein Beleg, dass sie bei guter Laune war, da ergriff ich die Gelegenheit beim Schopf, trat bedächtig neben Adriane, fuhr sanft über ihre flach auf der Theke ruhende Hand und fragte, ob sie sich wohl fühle.

Sie wandte mir den Blick ohne Blinzeln zu, wie eine Mutter, die den Mörder ihres Kindes gefunden hat. Dann klarte das eisige Antlitz auf und sie sagte mit leiser Stimme: »Ja. Mir ist ihr plötzliches Auftauchen nur leicht auf den Magen geschlagen. Glaubst du, sie hat etwas gemerkt?« Ich sah nach der Tür des Abstellraumes, das Wühlgeräusch der Kleinartikel drang stärker heraus. »Nein, bestimmt nicht.« Sie lächelte verlegen, als mein Griff ihre Finger fester umschloss.

Unsere kleine Romanze dauerte nicht lange an, da gellte aus der Kammer jene Frage, die ich erwartet hatte: »Ach ja, ehe ich's vergesse. Gab's heute irgendwas Besonderes?« Ich glitt an Adriane vorbei, sicherte mit raschen Blicken nochmals die Stellen, die uns verraten konnten, dann, als ich die Überzeugung gewonnen hatte, sagte ich: »Der übliche Familienquark.« Kurz darauf kam Gely heraus, im Arm ein Stoß Fotovordrucke.

»Womit du dich zum Glück nicht beschäftigen musst, wie?« Sie zwinkerte. Ihre Handtasche lag umgeworfen auf der Theke, einige ihrer Habseligkeiten flossen heraus, als sie die Packung, die sie dabei hatte hatte, aufschnitt. Sie schien etwas aus dem Lager mitnehmen zu wollen. »Hört zu, ich brauche für nächste Woche zwei Tage frei, meint ihr, ihr kommt ohne mich zurecht?«

»Warum sollten wir nicht«, versetzte ich so selbstbewusst wie natürlich. »Wunderbar. Was würde ich ohne euch tun.« Sie wandte sich dem Fach zu, in dem die zu bearbeitenden Fotos des heutigen Tages lagen. Adriane und ich wechselten sorgenvolle Blicke, während wir mitbekamen, wie Gely den dünnen Stapel durchsah, kaum innehielt, bald schon das Fach zurückschob und das alles mit dem Gemüt der routinierten Verwalterin. »Der gestrige

Kunde, dem wir nachliefern müssen, hat keine Kontaktnummer hinterlassen. Falls er sich melden sollte, Adriane, sag' ihm, die Bilder werden einen Tag später fertig werden, dass es uns leid tut, wir es nicht ändern können, bla, bla.« Sie erkundigte sich einer Freundin gleich, ehe sie fortging, bei Adriane nach ihrer Familie, ob sie ihrem Rat gefolgt war und beim vergangenen Weinkellerfest einen netten jungen Mann kennengelernt hätte, wobei sie den Schwerpunkt darauf legte, dass in ihrem Alter große, edle Liebeswallungen selten das ewige Glück versprechen.

Sie wisse, dass sie ein empfindliches Mädchen sei, dass viel zu viele Männer achtlos mit ihren Gefühlen umgehen würden, sie aber lernen müsse, es sogar heutiger Zeiten überaus verdienstlich für Frauen sei, dem starken Geschlecht seine vermeintlichen Stärken abzuschauen und mit dem Edelmut ihres eigenen zu unüberwindlichem Eifer zu vermengen, ohne dass dabei Reibungen zwischen beiden entstünden.

Es war dies die weibliche Denkart, in die jeder Mann hineinzuschauen sich gerne mal wünschte oder aber so viel Wirrnis darin wähnt, dass er lieber kopfüber in eine felsige Schlucht springen würde. Ich indes kannte *diese* Frau und kannte, trotz ihres manchmal doch etwas überheblich emanzipierten Charakters, ihren guten Willen, den weichen Kern hinter der harten Schale, und dass ihre fürsorglichen Sondierungen aus mannigfaltigen Niederschlägen – mehr als eine Frau vermutlich zu tragen geschaffen ist – erwuchsen.

Sie verabschiedete sich und ging fort.

Adriane und ich standen wie angewurzelt. »Hat sie sie übersehen?«

»Unsinn.« Wie um es mir zu beweisen, sprang sie hinüber zum Fach, zog es zu kleinem Spalt heraus, hielt inne und drehte leicht ihren Hals, dass mir ihre rechte Gesichtspartie zugewandt war, ein wahrlich erquicklicher Anblick, insbesondere, da ihre Lippen zu einem Lächeln hochfuhren.

»Aber weißt du was?« Mit Wucht schob sie das Fach zu, hatte mir nun ihren ganzen Vorderkörper gewidmet, eilte heran und schlang mir die Arme um den Rumpf. »Du hast recht. Vergessen wir es einfach.« Ob ihres hinwendungsvollen Ansturmes natürlich erschrocken, aber auch hoch erfreut, gestatte ich mir, ihre Liebkosung zu erwidern. »Ich habe mich nie getraut, es dir zu sagen, aber ich will meine Passivität niederkämpfen. Ich weiß, dass du mir dabei helfen kannst, du kommst aus einer Gegend, wie auch ich, die rückständig ist, du aber hast es vermocht, dich von solchen Elementen abzuheben und den Mittelweg zu finden.«

»Nein, das stimmt nicht ganz. Auch ich habe bis heute den Spagat nicht geschafft. Erwartest du Hilfe, so bist du beim Falschen. Manchmal, das gebe ich zu, empfinde ich das dringende Bedürfnis nach Mithilfe, denn wer braucht nicht die Zuwendung des fortgeschrittenen Leiderfahrenen, dann wieder, ich kann es nicht unterbinden, gewinnt der Egoist in mir, meine altruistischen Wünsche wabern hilflos in ihrem Geburtsnest, wo sie auch sterben.«

Sie schmiegte sich an meine Brust; ihr künstliches Betragen täuschte nicht über die Wahrheit ihrer Worte hinweg. »Ich mach' dir einen Vorschlag. Wir reden beim Abendessen darüber ... wenn das Bauernmädchen von ihrem Vater die Erlaubnis bekommt.«

Beim letzten Satz schmunzelte ich. Sie sah zu mir hinauf, ähnlich dem vorangehenden Blick, als ich sie aus ihrer versteinerten Haltung zu lösen suchte, diesmal um einiges nüchterner. »Ich weiß, mein Humor ist so trocken, dass jeder Witzoase ein Warnschild vorangeht.«

»Deshalb überlegst du dir auch dein Hilfsangebot zweimal.«

»So wird es wohl sein.«

Wir standen noch eine Zeit lang zärtlich kühl vereinigt.

Die folgenden Tage gerieten zu nicht abreißenden Verwunderungen. Beschäftigend mit der dringenden Frage, ob es sich bei dem Kundenauftrag um einen obszönen Scherz handelte, begann ich, meine Tage schwarz-weiß auszumalen. Nach zermürbenden Überlegungen, und dazu halfen mir die öffentlichen, bisweilen weniger öffentlichen, von einer Aura selektiver Heimlichkeit umfangenen Werbemaßnahmen, bildete sich in meiner Betrachtungsweise ein Gut-Böse-Schema heraus.

Wir sind vom selben Blut, dem des hilflosen, zu erziehenden Geschöpfes. Gleich, ob ich die Dinge nur träume, die ich mittels meiner Sinne erfasst habe, im Reich des Geistes, wo alles möglich ist, kann ich den bösesten Menschen gut machen. Bloß – wie kommt mein Traum zu seiner Feindin, der Wirklichkeit? Da gibt es Stimmen, die behaupten, alles zu wissen, andere indes wissen nichts über sie, über ihre Urteilsfähigkeit. Ihre Blicke erkennen die Oberfläche der Seele, wenn sie tiefer reichte, müssten sie befähigt wie Halbgötter sein. Doch bei allen Gelegenheiten, zu allen Zeiten und in ironischer Reihenfolge, entdecken sie mein Selbst und wundern sich aufs Neue über meine Fremdartigkeit. Sollten sie mich nicht davonjagen? Oder ist es eine Hilfe, mich durch sie zu erkennen, durch ihre Heuchelei? Eine regelrechte Krise hatte mich verschlungen, mein Denken gebar absurde Vorstellungen, die mir sinnvoll und notwendig erschienen. Als ich auf dem Bauernhof aushalf, das Ballungszentrum zivilisierter Verrücktheiten außer Sinn und Sicht, die Pferde striegelte, die Flucht von im Kuhstall kauenden lahmen Schnauzen überschaute, die Hühner fütterte, wunderte ich mich, warum der Mensch die einzige Spezies ist, deren äußerliche Merkmale ihn von übrigen unterscheiden.

Die Vielfalt der Mimikry muss ein Beleg dafür sein, dass wir uns weiterentwickelt haben, Persönlichkeiten sich entfalten, das Ich eine Bestimmung hat. Er ist (denkt er) Herr der Welt, allein seine Taten definieren den Planeten, dabei ist es gleichgültig, ob sie mit den Gesetzen der Natur – was sind sie? – harmonieren, denn so lange kein Widerstand sich regt, muss es so vorgesehen worden sein.

Ich sehe da nur zwei mögliche Ausgänge: Wir durchleben diese Welt lediglich zur Wahrheitserkenntnis, bis wir uns als gottähnliche Wesen behaupten können, oder wir sind unwiderruflich zum Scheitern verurteilt, unbeholfenes, dumpfes Getier … gelten meine lieben Tiere denn als recht- und geistlose Statisten, dem Ausnutzen unserer heillosen Zwecke dienend!

Wie auch immer. Zeitgleich zu der Meat-Theatre-Welle ereigneten sich zwei Priestermorde. Merkwürdigerweise machten die Medien keinen großen Wirbel darum, bekannt wurde die Sache erst, als eines der kleinen Theater den Fall in Windeseile in seine Produktion aufnahm, es mutete freilich beunruhigend an, wenn man unterhalb des Titels ›basiert auf einer wahren Begebenheit‹ las, während die Ermittlungen parallel auf Hochtouren liefen.

Es war dies die unheimliche Wende im sozialen Leben, eine Sache, die im Land der Mysterien und des privaten Exerzierens anzusiedeln wäre, aber diese Schranken durchbrochen hat und nun reale Auseinandersetzung zu werden begann.

Diese Woche nahm ich den Bus in die Stadt. Umweltschonung war ein zweitrangiger Aspekt für mich, aber heute gemahnte es mich daran, wie es doch zum Bewusstsein eines Landeis gehört, die Umwelt zu schonen und lieben. Seltsam, wir legen selbst kurze Strecken mit Fahrzeugen zurück, im selben Schritt schreitet unsere Entfremdung von der Natur voran … wohin begeben wir uns? Durch sprühenden Regen hindurch, zu beiden Seiten die Äcker im kalten Griff des Schauers, verfolgte ich den Übergang vom Land in das graue Betonimperium, sah die vermehrten Kraftfahrzeuge auf der Bundesstraße, während ich überlegte, was täglich zwischen fünf und sieben Uhr in jedem Haushalt zu hören sei. Die kollektive Weckerkakofonien, die ersten Befehlsgewaltigen zur Erinnerung an städtische Pflichten – sie, die hier fuhren, waren ihre Gefreiten, unterwegs auf dämmernden Straßen zu ihrem individuell-kollektiven Appell. Ich trudelte an meiner Station ein, von wo es zwei Minuten bis zum Einkaufszentrum sind.

Ich brauchte eine Bräutigamsausstattung für den Sohn eines meiner wenigen Bekannten mit meiner Konfektionsgröße, einen, bei dem von Freundschaft nur im entfernteren Sinne die Rede sein kann – und ich erkaufte mir diese trotzdem durch ein Geschenk meinerseits. Es war ein Donnerstagmorgen, als einer der ersten Besucher fühlte es sich gut an, wenn man in einem so riesigen Gebäude noch relativ allein war.

Die Rolltreppe überstanden, bei welcher ich als kleiner Junge furchtbare Angst hatte, kam ich in der ersten Etage an, vor mir breitete sich die verschwenderische Auswahl weiblicher Mode aus. Ich hätte gleich merken müssen, dass ich hier falsch war,

trotzdem mischte ich mich zwischen die praktischen Kleider-
ständer, als ich, von geistloser Kaufkraft getrieben, die Unter-
haltung zweier Männer auffing, die nicht weit neben mir durch
die Wühltische schlängelten.

»Wie in einem komplizierten Flechtwerk ist die Wahrheit
über uns verflochten. Eigenschaften, die wir gut und schlecht
nennen, haben ihren Ursprung, wie alles andere, im Universum,
des sogenannten ›Lochs‹. Wer der Erfinder und Zünder dieser
›Ideologie‹ ist, das wissen wir nicht, könnten ihn allerdings ge-
trost als Gott bezeichnen. Jedes mich beschleichende Gefühl,
jede Stimmung und Nuance, in Situationen, zu denen mich
das Leben verurteilt, geht aus ebendiesem Loch hervor, nach
welchem die Kreatur Mensch alle Täuschungen und falsche
Tugenden zeitigte, die unser Gewissen vor die Illusion ›richtig
und falsch‹ stellen.

Wirklich eine interessante Handlung, findest du nicht?«

Sein Begleiter nickte bei jedem Satz eingenommen, ich hatte
die Unterhaltung satt, noch bevor sie richtig begonnen hatte. Der
Erzähler kam jetzt in sein Element, als er fortfuhr:»In Bezug auf
sein ehemaliges Leben, sei es in einer früheren Epoche oder einer
anderen Welt, ist diese gegenwärtig wahrnehmbare das, was wir
Realität nennen und die bis zu unserem Tod dauert. Weil sie aber
unangenehm ist, haben wir Wünsche, Sehnsüchte −«

»Aber ich habe gehört, dass das Stück die Frage aufwirft, ob
sich die Menschheit selbst geschaffen haben könnte.«

Sein Gegenüber schüttelte resolut den Kopf.

»Das ist völlig ausgeschlossen.« Er hielt einen Damenschuh
hoch, als wollte er darin seine Meinung herauslesen.»Was wir als
böse und falsch definieren, sucht uns aufs Neue heim, geschah
immer und wird allzeit geschehen, ein Kreislauf der Dinge eben.«

»Darum sollte Science-Fiction gebührend ein Platz in seriöser
Zukunftsforschung zugesprochen werden, da sie akribisch weiter-
denkt −«

»Und die Existenzphilosophie erwartet, dass wir unseren Ur-
sprung individualistisch, als Glied der Menschheit im Ganzen
erkennen.«

»Also muss alles, unser täglich Brot, das wir zum Leben brauchen, die Kalkulation der Population, um nur zwei der dauernden Probleme zu nennen, dieses alles muss von der Schöpfung geplant worden sein. Wenn uns der Blick in die Zukunft düstere Zeiten prophezeit, stehen wir vor der Entscheidung −«

»Nämlich, dass wir entweder getestet werden, im Sinne einer Bewährungsprobe«, er hielt nun zwei Schuhe hoch und blickte abwechselnd in den einen und den anderen, »wir sind auf ewig verdammt in unserem Dasein, kreisen ziellos im Verhängnis«, er legte eine Pause ein, runzelte die Stirn und blickte tiefer in den Schuh, »oder die Schöpfung ist ein Narrenwerk.«

Sie gingen weiter, die Verkäuferin, ein junges hübsches Ding, lächelte sie an, während die Männer, jeder nach seinem Geschmack wie es schien, sich mit weiblichen Outfits rüsteten; das Trachtenkleid hatte solch imposante Ausmaße, dass man geneigt war zu glauben, der eine wäre bereits in das Kleid geschlüpft; den anderen zog es vielmehr zu den Unterwäschen.

Die Frau hatte wohl wie ich das unsinnig-tiefsinnige Gespräch aufgefangen, es hatte sie überfordert oder verstört und deshalb blieb sie wohlerwogen im Modus der passiven Beraterin.

»Das Loch spuckte einen Komet aus. Dieser landete auf der Erde und schleppte die Menschheit ein. Ich halte alle drei Varianten für denkbar, es ist nachgerade die Hauptfigur, die nach der Antwort sucht, die er nach unzähligen Bemühungen letztlich doch nicht kriegt. Allein die Schöpfung hält die Wahrheit in ihrem Schoß.«

Es war dies der allgemeine Stimmungswechsel, der mir nicht behagte. Der schlichte Bürger begann über ernste, existenzielle Fragen zu disputieren, schuld daran war natürlich der unaufhaltbare Produktionseifer der Theater. Diese Philosophie war, wie nicht anders zu denken, zuvorderst eine Trendwende von materialistischer Karrierelust zu tiefschürfender Anschauung, die den genauen Beobachter jedoch nicht darüber hinwegtäuschen konnte, dass diese Schlingenpflanze im Garten manipulativer Medienlandschaften wucherte.

Was hatte also die Beschäftigung mit solchen Fragen für einen Wert? Oder gab es bereits einen Gegenwind, der die anfänglich zeitbedingte Geisteshaltung in echte Volksbildung ummünzte? Eiligst floh ich die Szene, warf bei aller Hektik zwei Schmuckständer um, was keine Verkäuferin zu kümmern schien.

Ich fand mich in der Sportabteilung wieder, erschrak ob der lebensgroßen Puppen, die sich gespenstisch vor mir aufbauten, als mich die Rolltreppe nach oben brachte. Eingepackt in die neuesten Trends, sollten sie diktieren, wie Mitläufer sich zu kleiden hatten, und wahrlich verschärften ihre emotionslosen Plastikgesichter diese Drohung. Ich atmete tief ein, der Hartgummigeruch beruhigte mich; nachdem ich mich von meinem Schreck erholt hatte, lief ich die Sprintspur entlang, vorbei an überragendem Ski-Equipment, bis ein Basketballkorb das Ende bezeichnete.

Vor diesem blieb ich stehen.

Hinter einem übergroßen Fitnessgerät kam ein Verkäufer hervor, der mein Erscheinen missverstanden hatte, denn obwohl ich den Blick auf elastische Overalls heftete, war ich geistesabwesend genug, um gar nicht zu wissen, warum ich hier war.

»Guten Tag, der Herr. Wenn Sie diese bequem sitzenden, anschmiegsamen Overalls anprobieren, glauben Sie fast, Sie hätten Ihren Lieblingspyjama an und kuschelten friedlich warm im Bettchen …« Eine Zeit lang muss er über die von mir nur halb wahrgenommenen Artikel schwadroniert haben, bevor, und hier wurde ich hellhörig, das Geschwätz eine andere Richtung nahm.

»… denn genau hierin liegt die unterschätzte Hauptproblematik aller Grübelsucht, dass Erkenntnis ihren kritischen Finger auf den zentralen Punkt der Missstände zu legen hat; vermag man's nicht, seiner Taten gewahr zu werden − und zwar konsequent − so ist man irrational, dumm … so schufen sie Staaten, Gesetze etc., damit ich Ihnen diese tollen Sportartikel andrehen kann … ›Nein‹ hat weder mir noch Ihnen jemals jemand in den Mund gelegt, trotzdem hatten sie wenig Ahnung, als sie bei diesen Reichs- und Völkerbauten mitmachten, wer wusste schon mit Sicherheit zu sagen, ob das Vorhaben gelänge … nur ich muss mich jetzt dem Mitleid verschreiben, um ein für alle Mal meine nichtigen Ambitionen und Gefühle von mir zu nehmen, damit lediglich mein Geist fortbesteht und die einzig wahren metaphysischen

Gedanken, die in uns allen schlummern, der Wahrheit näherbringen … und Sie haben sich doch für den wasserdurchlässigen Anzug entschieden?«

Verwirrung ist der schlimmste Feind des Verstandes!

Intuitiv beschloss ich, den Tatort des ersten Priestermordes aufzusuchen. Ich machte mich vom Verkäufer los, neben Regalen voller Wintersportequipment vorbeistürmend, sah ich in den Spiegel, der quer vor mir verlief, davor arbeitete die Rolltreppe, die mich fortschaffen sollte, der Spiegel jedoch, sein Glanz und, so irreal, der Verkäufer, der mich mit breitem zufriedenen Grinsen anschaute, gaben mir das Gefühl, dass ich mein Ziel nicht erreichen würde oder ich zumindest vor einer Prüfung stünde, die ich gewaltig unterschätzt hatte.

Vor dem Ausgang, der in diesem Moment für ein Dutzend Besucher der Eingang war, wurde ich weggespült − verdammt, irgendetwas wollte mich hierbehalten. Als mich die Kälte aufnahm, ich am Schaufenster nur stehen blieb, weil der Fernsehapparat plärrte − sonderlich des Gezeigten wegen! −, lauschte ich einem gewöhnlichen Angebot, welches die Werbefigur meist dann zu unterbreiten unternimmt, wenn der Nutzen aktuell im Alltag demonstriert werden kann. Es muss in der Art eines Haushaltsgerätes gewesen sein, als plötzlich die Rede umschwang in die Frage, was man tun würde, wenn das Nesthäkchen den unterdrückerischen Geschwisterpart mit jenem offerierten Gegenstand der Mutter ›erledigt‹. Dies sei nicht weiter schlimm, beschwichtigte der Werbekauz, denn es bewiese dadurch das Potenzial des Widerstandes, der identisch sei mit der öffentlichen politischen Unzufriedenheit und dieselbe begünstige; zur Verdeutlichung wurde eine repräsentative Umfrage vorgestellt, in der zweiundachtzig Prozent der Befragten, hätten sie die Möglichkeit, eine schmerzlose, globale Nuklearkatastrophe sofort auslösen würden, um die ständige Angst vor ›Kalten Kriegen‹ und ›Friedensbehinderungen‹ zu bannen. Ich sagte mir, solche Extravaganz könne nicht echt sein, höchstens einer klassenspezifischen Dunkelziffer entspringen, die dann und wann das öffentliche Bewusstsein erregt. Aber selbst dann noch würde so ein Spot niemals *öffentlich* gezeigt werden. Gleichwohl dachte ich, es zeige die beklagenswerte Fusion individueller, großspuriger Ansichten mit denen der Medien – die daraus resultierende ›Freiheit des Gedankens‹ wird folglich weder als Bedrohung noch als Verbesserungshilfe gehandelt, sondern von der Medienelite absorbiert und als politisches Mitbestimmungsrecht der Konsumenten (ich könnte auch sagen des ›Volkes‹) ausgegeben. Aber solange sie schreien dürfen, im Glauben ihrer Freiheiten umherirren, ist die Gefahr halb so schlimm. ›Wir helfen Ihrer Familie, mit Abweichverhalten fertigzuwerden‹, versprach der Werbefritz, als meinte er, seine Firma habe noch kein Präventivmonopol für den Missbrauch ihrer Artikel, aber an hingebungsvoller Kundenbetreuung, mit besonderer Rücksicht auf gesellschaftspolitische Umstände, werde es keineswegs mangeln – doch hier floh ich bereits die Szene.

Vor dem Pfarrhaus, dessen Stattlichkeit vielmehr einer freibetretbaren Diözese glich, parkten wenige Autos, die Auffahrt hielt ihr Versprechen einer idyllischen Anlage, das niedrige Mauerwerk flankierte die Serpentine; wer nicht schwindelfrei gewesen, mochte entzückender Benommenheit verfallen, wenn sein Blick zwischen den dürren Bäumen durchdrang und das Panorama der Altstadt sich würdevoll ausdehnte.

Je höher man stieg, desto stärker fühlte man sich in der Zeit zurückversetzt, als die heute umfunktionierte Burg die zu ihm führenden Pfade unerwünschten Besuchern mit dem Tod verwehrte. Dieser Umstand war freilich für mich umso gefährlicher, als ich den Fußpfad genommen, felsige Schluchten zu überwinden, mich über abführende Wege zu ärgern hatte, und die Wipfel mir über ihren Häuptern das Ziel vorlügten, da gereute mich's, dass ich so spät zur Dämmerung meinen Entschluss gefasst hatte.

Als ich ankam, hielt ich lange Zeit meinen Blick auf die Autos gerichtet; wem mochten sie gehören? – Dem Pfarrpersonal sicherlich nicht, war doch dieser Teil des Gebäudes, wo der Mord begangen, für dasselbe gesperrt, die administrativen Geschäfte hatte man in den hinteren Flügel verlegt, solange die Ermittlungen andauerten. Woher ich das wusste? Nun, ich nahm einfach die Beschreibungen der Theateraufarbeitung, die ich bis jetzt freilich noch nicht gesehen hatte, für bare Münze, das Stück war, nahm man es genau, eher ein Geheimtipp, der abends in den Straßen von finsteren Gestalten diskutiert und anhand von Broschüren an wohleingeschätzte Interessierte weitergereicht wurde. Es hatte mich überrascht, dass man mich für einen dieser Auserwählten hielt. Berechtigt, wer darob verwundert ist, dass solch eine Einzelheit in einem Werbeheftchen angegeben war. In der Tat kann man sagen, was darin stand, war das halbe Skript gewesen, allerdings nur im Hinblick auf die Aufzüge, denn diese waren so angegeben, dass entscheidende Lücken bestanden, die das Interesse füllten und die Sehnsucht nach der Handlung verstärkten.

Diese Lücken waren wahrlich raffiniert eingeflochten, als ich jetzt, das Heftchen aus meiner Jackentasche genommen, das Szenario wieder durchlas. Man glaubte, man kenne das Stück, die Charaktere, ihre auf und abwerfenden Schicksalswege, könne sich an Gesprächen souverän beteiligen, doch sobald man den Titel ausgesprochen hatte, stand man auf dem Schlauch – man wusste doch nichts. Klingt es nicht wie ein impressiver Traum, der, kurz nach dem Erwachen, noch schemenhaft seine Gespinste im Kopf auswirft, nur um Minuten danach zu einem formlosen Nichts zu verkümmern?

So war es.

Wem also die Autos gehörten, beschäftigte mich nicht länger, ich näherte mich der Haupteingangstreppe, die von einem Absatz unterbrochen wurde; als ich auf demselben innehielt, starrten mich diabolische Skulpturen an, einer Warnung gleich, ich könne noch umkehren. Lächerlich, nur weil ich ein letztes Mal die Aussicht auf die unten liegende Stadt und ihre fahlen Lichter genießen wollte, musste ich mich nicht von zusammenhanglosen Verknüpfungen irreführen lassen – zu meinem Glück war die Tür offen. Die ehemalige Burg wurde in den vergangenen beiden Jahrhunderten zum Teil abgetragen, irgendwann dachte man, was davon übrig geblieben war, könne man, der Größe entsprechend, einem gebührenden Zweck zuführen, und daraus ist das heutige Pfarrhaus entstanden, physiologisch sehr ungünstig gelegen für hilfesuchende Gläubige, in Sonderheit für die älteren (aber da ich solche Fahrlässigkeit dem Priesterstand nicht zutraute, vermutete ich, dass im Tal ein anderes, primäres Seelsorgezentrum gelegen haben muss).

Durch die imposanten Skulpturen an den Balkonen und dem Gesims, den augenfälligen Nacharbeitungen im Laufe der Jahrhunderte, bis zu den technischen Einrichtungen seit dem zwanzigsten, war man nur schwerlich darauf gekommen, dies sei mal eine Burg gewesen, in der Tat glich es mehr einer Barockvilla.

Wer so handelte wie ich, der muss sich natürlich mit der Frage, wenn auch nur flüchtig, auseinandergesetzt haben, warum er den Tatort eines brutalen Mordes aufsucht. Für mich war es, wie schon angemerkt, die Eingebung im Wirkungskreis der Phänomene, die jüngst so zahlreich gespukt hatten. Hindernisse fand ich keine vor, als ich mich aus dem Vestibül an der Marienstatue vorbei in den rechten Raum bewegte, auch links gegenüber befand sich eine Tür, beide standen offen und neben dem Rahmen flackerte jeweils ein Kerzenpaar auf schmiedeeisernen Ständern.

Insgeheim hoffte ich, auf die Zeichen der Ermittlungen zu stoßen, vielleicht das Blut des Opfers zu riechen, meinen Fuß auf den Kreideumriss zu setzen, einen übersehenen Tatgegenstand zu berühren …

Ich war nicht pervers.

Aber die Bestrebungen des Theaters, falls sie solche waren, hatten Wirkung gezeigt. Ich trottete in den ersten Stock, betrachtete nebenbei die biblischen Gemälde an den Wänden, ließ meine Hand neugierig über das verzierte Geländer streichen, während ich nach unten sah und mir bald klar wurde, dass ich höher gestiegen war, als ich zuerst vorhatte.

Offenkundig war: ich hielt mich hier nicht allein auf; vermutlich hielt ich darum so lange draußen bei den Autos inne – es waren deren zwei –, weil ich einen Anhaltspunkt suchte, mit wem ich es zu tun bekommen würde. Hätte ich einen Polizeiwagen gesehen, wäre ich wahrscheinlich nicht eingetreten, doch um das Gebäude zu streifen, davon hätte mich selbst die Anwesenheit der Gesetzeshüter nicht abgehalten. Doch ich hatte mehr erreicht.

Der Gang, auf dem ich mich nun fortbewegte, wurde dunkler, ich merkte gleich, dass hier der stillere, privatere Teil des Gebäudes begann, quasi der Rückzugsort von den Geschäften des Tages, wohin man diese mitnimmt, um sich mit ihnen in aller Ruhe auseinanderzusetzen.

Eine Tür war angelehnt.

Nachdem ich sie geräuschlos geöffnet hatte, bot sich mir ein Anblick geschmackvoller Einrichtung. Der knisternde Kamin beruhigte die Seele, die angstvolle, die nun, was zugegeben als Erklärung ungenügend ist, aber dennoch dem Augenblick entsprach, ihrer Beunruhigung entledigt, an einem Ort rastete, der den Kontrast zwischen ihm und den Rest des Gebäudes merklich zeichnete. Würde ich hier finden, wonach ich suchte? Nah am Fenster, wohinter die Äste im ankündigenden Sturm gegen die Scheibe tockten, stand ein Schreibtisch, dahinter saß eine betagte Frau; sie schien in einem Ordner Eintragungen vorzunehmen, dabei war sie reichlich flott, denn es dauerte kaum länger als jeweils drei Sekunden, bis sie die Seite zur nächsten umschlug.

»Sie wollen in sein Arbeitszimmer?«, fragte sie kühl, ohne aufzublicken.

Weder verwirrt noch überrascht, befeuchtete ich meine Lippen, damit ich meiner *Gastgeberin* in vorgeblicher Überlegenheit begegnen konnte. »Ich möchte hoffen, dass sie mir diesen Wunsch nicht verwehren.«

Stille.

Bald hatte sie sich von ihrer Schreibarbeit erhoben, recht mühsam, das fiel auf, doch dachte ich nicht daran, ihr behilflich zu werden, sie hätte mich sicher stehen bleiben heißen, eine unausgesprochene Übereinkunft, woran wir uns beide beflissentlich hielten, denn wer hätte es ernstlich gewagt, den anderen mit alltäglichen Fragen, Höflichkeiten und seichten Ablehnungen zu belästigen; davon hatten wir beide genug, wie sich aus folgender Unterredung herausstellte.

»Normalerweise bleibt der Zutritt untersagt, Ausnahmen kommen nur unter einer Bedingung infrage.« – »Die da wäre?« – »Sie haben Ihr Ticket beim Pförtner eingelöst.«

Wovon hatte sie gesprochen? Aus ihrer Manteltasche nahm sie ein rechteckiges Stück Papier, das genau besehen, einem Museumsticket ähnelte. Sie hob es mir auf Augenhöhe, während wir uns auf das nächstliegende Zimmer zubewegten, dessen Türrahmen mit Absperrbändern verhängt war. »Die Besuchszeit ist vorüber, aber da ich heute in außergewöhnlicher Stimmung bin und, wie ich denke, meiner neuen Berufung die notwendige Schuldigkeit zu tun ich bisher unterlassen habe, zeige ich Ihnen mit Vergnügen die womöglich rentabelste Touristenattraktion dieser Stadt.«

Mich hatten ihre Ausdrucksweise und die Mimik interessiert, ob sie zwischen ernsthafter Überzeugung und beißendem Sarkasmus wankten, ob mir durch sie einen Anhaltspunkt zu gewinnen vergönnt gewesen war.

Vor allem ihre Doppelfunktion; die Vogelmutter, die für Nahrung ausfliegt und ihre Sprösslinge mit giftigem Fleisch füttert, da sie nichts anderes finden konnte − welche ist die verderblichere Moral, die Unterlassung der Hilfe, die keine ist, oder die Ausführung derselben als Scheinfunktion, die zwar die Pflicht erfüllt, aber verhängnisvollerweise demselben Ergebnis dient.

Eine Frau, bislang treu und fromm, die ihren Lebensabend schnellem Profit und Raffgier gewidmet hat, wahrlich ein fataler Schritt, den niemand ohne Weiteres tut. Hierfür sprachen ihre Altersfalten, die, genau besehen, langem Kummer angerechnet werden mussten.

Man ist verwundert über meine Vorahnung? Nun, ehe sie sich bewahrheitet und dem Leser sein Rechthaben schmeichelt, bedarf es einer viel bezeichnenderen Vorahnung, die hier ebenfalls einen Platz verdient, denn gerade, als sich jenes Gleichnis über die Vogelmutter in meinem Hirn abzeichnete, folgte, wie durch Auffangen meiner Gedanken, ein entsprechender Kommentar; ich deutete es als solchen, ob es gleich keine Hinweise oder Anspielungen darauf enthielt − und doch war es Einsicht in meine seelischen Eingeweide.

»Eine Sache gibt es, die mich beschäftigt, es ist eine Art Wiedergeburt, die mir meine Vergangenheit schillernd zu Bewusstsein führt«, sagte sie, während sie die Absperrbänder löste, als wären sie nur zur Dekoration angebracht und jederzeit, wenn nötig, abnehmbar,»nämlich die letzte Predigt, die er hielt vor seinem Tod.« Wir traten ein in ein Zimmer, das einer Vorhölle glich.»Er dichtete gerne, und zu seinen Freizeitbeschäftigungen, ob diese gleich niemals seinen eigenen Interessen galten, gehörten gleichnishafte Erzählungen.« Das Beeindruckendste in dem Zimmer war wohl die Beleuchtung, aus der Dunkelheit, die draußen vorherrschte, drangen ultramarinblaue Farben in den Raum, indes die innere Beleuchtungseinrichtung dem gewöhnlichen Erkennen der Gegenstände geschuldet war, ohne dass atmosphärische Effekte angestrebt worden wären.»Es ist die Geschichte vom nestflüchtenden Adlersprössling. Einst schlüpfte ein starkes, kluges Adlerjunges aus dem Ei, es war ohne Geschwister, darum genoss es die liebende Aufmerksamkeit seiner Eltern zur Gänze. Oft hatten sie ihn auf Streifzüge durch die Menschenwelt mitgenommen, ihn vor den Gefahren derselben gewarnt, er vernahm die Lehren darüber wohlweislich und schenkte seinen Beschützern innigstes Vertrauen und Respekt.« Die einfallenden Lichter schnitten Streifen aus ihrem Gesicht, meist waren nur der Mund und die Augen licht, wenn mein Blick sich auf ihr Angesicht verirrte.»Eines Tages wurde ihr Heim von den Menschen bedroht und sie mussten fliehen. Baum um Baum fiel, Tiere aller Art flohen aus dem Wald, und gnadenlos rückten die Vernichtungsmaschinen vor, um das Land ihren Begierden zu unterwerfen. Die Eltern des Adlersprösslings wussten nicht, dass dieser sich unterdessen mit einem Menschenjungen angefreundet hatte, einem, der nichts mit den Machenschaften der vorrückenden Bedroher zu tun hatte, diese sogar verachtete. Der Wald war groß, es dauerte Jahre, bis die Menschen ihn vollständig ausbeuteten, dies war genau die Zeitspanne, die der Adlerknabe zur Selbstständigkeit brauchte, er zu einem scharfsinnigen Raubvogel heranwuchs und seinen eigenen Zielen nachstrebte.

Vieles musste er innerhalb dieser Jahre anhören über die Verwerflichkeit menschlicher Taten, dass man sie meiden müsse, ihr Dasein das größte Übel unter der Schöpfung sei und so weiter. Irgendwann erfuhren die Eltern von der Freundschaft zwischen ihrem Sohn und dem Menschenjungen; sie waren entsetzt. Obgleich letzterer unzählige Male seine Unbescholtenheit beteuerte, sich aufrecht auf die Seite der bedrohten Arten stellte und mit ihnen litt, misstrauten Frau und Herr Adler der friedlichen Gesinnung des artfremden Jungen. Ihr Sohn litt ebenfalls unter dem Starrsinn seiner Eltern. Sie entfremdeten sich immer mehr voneinander. Bald zog er davon, seine Freundschaft mit dem Menschenjungen hielt noch lange Zeit, selbst als seine Heimat hoffnungslos vernichtet worden war, er neue Landstriche erkundete und schließlich ein neues Leben anfangen konnte; wobei er immer tiefer die List der Menschen, aber auch jene seiner eigenen Artgenossen verstehen lernte.

Während einer flächendeckenden Hungersnot gelang es ihm, ein Exemplar seiner Art nach kurzer Jagd zu erlegen. Es war alt, alt und schwach, doch reichte es zum Stillen des brennenden Hungers. Wie er nun die Eingeweide herauswackte, mit seinen Krallen sich ins Fleisch bohrte und der Körper seiner Beute zu den letzten Zuckungen erbebte, hörte er ganz in der Nähe ein ähnliches Schlemmen.

Er ging hinüber und sah sich selbst als kleiner Adler, der sich über einen ausgewachsenen hermachte. Entsetzt fragte er ihn, ob er wisse, wen er da verspeise. Der Kleine antwortete, er wisse nur, dass er hungrig sei, und dass er diese Not um jeden Preis bemeistern müsse. Im Todesatem stöhnte die regungslos daliegende Beute: ›Mein Sohn … warum?‹, und blickte dabei auf den kleinen, vor Hunger taub gewordenen Adler. Der Große seinerseits fuhr herum zu seiner Beute, die ihre letzten Regungen tat. Er sah in die leeren, vom Alter und der Jagd erschöpften Augen und hörte die vertraute Stimme, die er so lange nicht gehört hatte, sagen: ›Mein Sohn … warum?‹

Er brach in bittere Tränen aus.

Da merkte er, wie über ihn jemand seine Kreise zog. Mit Würde, die Schwingen weit ausgebreitet, beschrieb ein Adler, er musste wenig älter sein als er, die Lichtung, in der die beiden ihr Tagesmahl verzehrten. Dann sprach derselbe: ›Sei nicht traurig, mein Freund. Mahnten sie dich nicht von klein auf, du sollst das

ihre heiligen, heiligen, was weder Nutzen noch Wert für dich
hat. Wisse, ich litt dasselbe wie du. Und doch stehen wir beide
als Narren vor diesem Jüngling da, dem das Leid im Elternnest
erspart geblieben ist. Sei erhaben über fade Forderungen, der
Zukunft Früchte wird man aus deinem Betragen, deinen Augen
lesen – noch sind sie leicht verklebt vom langen Fälscherschlaf.
Gewinnen ist dein Schicksal in dieser neuen Welt, wo du frei
atmen kannst – du, der Grenzauflöser …‹

Und der Adler erinnerte sich an die oft wiederholte Klage
Kind beraubter Eltern, die ihm auch die seinen gelegentlich vor-
trugen: Eltern dürften ihre Kinder nicht überleben …!«

»Und die Moral der Geschichte?«

Sie wühlte seitlich in Kisten voller Plunder herum. Dann, als
wollte ich scherzen, die Antwort: »Sie haben mir wohl aus Höf-
lichkeit zugehört, doch ich fürchte, das reicht nicht hin, wenn
es Ihnen damit ernst ist, von hier fortzugehen, ohne jedoch den
Sinn Ihres Besuchs begriffen zu haben.«

»Wie kommen Sie darauf, dass es mir darum ginge?«

»Weil Unterhaltungssucher an diesem Ort unerwünscht sind.«

Über den imposanten Arbeitstisch hinwegblickend, haftete
meine Aufmerksamkeit an dem riesigen Kruzifix an der Wand,
es hing unter einem Graffito in zerflossenen Lettern. Die zweck-
gebundene Beleuchtung erleichterte den Wunsch, es zu lesen.

›Herr, warum bist du dort oben,
wenn du hier gebraucht wirst!?‹

Von dieser Attraktion, die Teil einer Elegie gewesen sein musste,
da darunter weitere Schmierereien unleserlich schillerten, ver-
blüfft, wanderte das Neugiersauge herab zum eigentlichen Schau-
stück – dem Tatort. Vom Fuß des Tisches beginnend, verlief eine
Spur Blutes – denn was sollte es anderes sein – hinauf zu der mit
Papieren und Schreibkram üppig bedeckten Arbeitsfläche.

Als ich mich vorsichtig näherte, die grimmige Frau im Augen-
winkel behaltend, merkte ich, dass der getrocknete Lebenssaft
einen Kreis auf der Tischmitte beschrieb, überdies befleckte er

in unterbrochenen Streifen Dokumente und einige der Gegenstände, so das Bildnis des Heiligen Sebastian.

»Wie in einem Kriminalfilm«, sagte ich halb zu mir selbst.

Die Frau, offenbar aus ihrer zeitweiligen Lethargie gelöst, wandte nun mir ihr Gesicht voll zu, das erste Mal, und das hatte mich dergestalt überwältigt, dass ich mit ihr, ob es schon schwierig genug gewesen war hinsichtlich ihrer grämlichen Nachtwächterart, Blick halten musste.

Ihr Haarreif reichte kaum aus, um das gewölbte, silberne Haar niederzuhalten, von ihren Ohrringen mochte bisweilen ein Klingklang ertönen, leise genug, um es desto eifriger hören zu wünschen, ihre Miene drückte nichts Böswilliges aus, aber ihr ganzes Betragen rührte von eigentümlichen Absichten her, dies schien der helle Blick und der düstere Tonfall zu bezeugen.

»Seine Arbeit war die eines Revolutionärs; während sie für einige inspirierend gewesen ist, hat der Rest versucht, sie im Keim zu ersticken.«

»Damit ist es *einem* nun gelungen, nehm' ich an.«

»Es kommt darauf an, aus welcher Perspektive man es sieht.«

Sie schlenderte hinter den Schreibtisch, wie die Reinigungskraft in den Morgenstunden, da ihr Vorgesetzter noch am Frühstückstisch sitzt, die Nase in die Zeitung gesteckt, im Unwissen darüber, welche Intrigen ihm der anstehende Tag bieten wird, die beste Möglichkeit für die Neugierde, um hinter die Geheimnisse eines jahrelangen *Kollegen* zu kommen.

Sie hantierte an den Schubladen, was mich zu der Überlegung führte, dass sie im Geschäftlichen die engste Vertraute des Ermordeten gewesen sein musste, und, so das Glück auf meiner Seite stand, ich mit dem nötigen Taktgefühl zu den Hintergründen der Tat beziehungsweise *Attraktion* gelangen würde.

»Wenn Sie's mir nachsehen, würde ich Sie gerne drum bitten, mir mehr über seine Arbeitsgewohnheiten zu erzählen.« Ich räusperte mich. »Sollten Sie viele Enttäuschungen erlebt haben, ich denke da an uninteressierte Hauptschüler oder lebensabendfüllende Rentner, so haben Sie an mir einen über den Tourismus hinausschießenden Lehrling gefunden; mir ist alles zuzumuten,

Sie haben mein Wort, dass Sie auf Ihre Erfüllungsfunktionskosten kommen.«

Sie dachte nicht nach, sie schien davon keinen Gebrauch zu machen, ihre Reaktionen waren kalkuliert und wortführend, als sie nun anhob:»Wüsste ich genau, wen ich vor mir habe, täte keinerlei Vorsicht Not. Ich setze viel auf das Wirken unverarbeiteter Erlebnisse, sie sind mächtig genug, den Nüchternsten gefügig zu machen in ihren obskuren Sphären.«

Verwirrung machte sich in mir breit.»Wer in diese Gemäuer einmal eingetreten ist, muss sich meiner Aufgabe stellen, wie der Rätselrater der Sphinx.« Aus ihrer Bewegung erfuhr ich, dass sie einen Aktivierungsmechanismus betätigt hatte, denn auf der Wand hinter ihr erhellten chronologisch-biografische Ausschnitte aus dem Leben des ermordeten Priesters, ich suchte die bewegend inszenierte Diashow mit Neutralität zu verfolgen.

»Sein Metier war auf maßgeblich spirituelle Heilung ausgelegt. Es liegt auf der Hand, dass hier derjenige keine Befriedigung erfahren konnte, der die Grenze zu selbstständigem Denken erreicht hat.«

»Wie?« Meine Dummheit verriet mich; sie aber fuhr gelassen fort:»Sind Sie mit der Darstellung des Varietés vertraut?« Ich überlegte kurz.»Ich gebe zu, ich habe das Stück bislang nicht gesehen.«

»Die Hauptfigur, wenn es überhaupt eine geben kann, fällt der Orientierungslosigkeit anheim, in einer zerfallenden Umgebung sucht der am letzten Nerv geklammerte Protagonist Hilfe, wo er sie auch bekommen mag. Zuerst stößt er auf den Priester, dessen Weltbild streng, aber einfach gegliedert ist. Die Fügung gottesdienlicher Absichten war ihm ein altbekannter Lockruf, er sah sich stets im Zweifel, ob er ihnen je wird folgen können. Später trifft er auf den Psychiater. Er macht Bekanntschaft mit logotherapeutischer Behandlung, lässt seinen hart umkämpften Verstand in der letzten Bastion ausschwärmen, bald glaubt er, die Lösung für seine Probleme gefunden zu haben, nämlich die auf den Einzelnen abgerichtete Sinnsuche. Dies ist ein erheblicher Schritt.«

»Das leuchtet ein. Wo er vormals den Aussagen heiliger Schriften nacheiferte und unbefriedigt heimkehrte, weidet er nun auf rationalem Gebiet, wo nichts vergolten wird, was man in Unschuld tut.«

»Unschuld?«, wiederholte sie vorwurfsvoll. »Glauben Sie wirklich, dass die richtende Gewalt heutigen Tages an die romantisierende Unschuld eines kranken Schwerverbrechers glaubt, wenn das Urteil auf Unterbringung in einer psychiatrischen Anstalt lautet?« Sie lehnte sich im großen Bürostuhl zurück, die Hände ruhten gefaltet auf dem Bauch, die Beine übereinandergeschlagen. »Es ist immer dasselbe mit den Befürwortern der Todesstrafe, sie halten sie für durchaus gerechtfertigt für schwere Vergehen, im selben Zug nennen sie jemanden krank, der nicht Herr seiner Sinne scheint.

Woran erkennt man den Unterschied? – Normal sind beide Typen keineswegs, da sie *abweichen*, doch merken sie nicht, wenn im selben Moment der hitzigen Diskussion gerade *krank* als Pauschalgeißel aus ihrem Mund hinausschlüpft. Wie verfahren sie also? Der eine krank, der andere strafbar. Welch' Widersinn! Keiner von beiden erfüllt die Bedingungen gesunder Handlungsfreiheit, und doch verhängen sie solch wesensverschiedene Urteile. Da hat sich jemand die Arbeit wohl allzu leicht gemacht. Was also bedeutet dies in abgewandelter Form, etwa wenn der gottberufene Betrüger geläutert in den Stand der Buße tritt, kurz vor seinem Hinscheiden?«

»Er kommt in den Himmel, weil er einsichtig geworden ist.«

»Ganz richtig. So weit geht der Durchschnittsglaube; er ignoriert zeitliche Begrenzung, es geht ihm zuvorderst um Gottgefälligkeit. Demutsbezeigung und Reumütigkeit des verlorenen Sohnes vermögen dem Ego des Vaters gar reichlich zu schmeicheln.«

Hatte ich mich etwa vermessen in meiner Abwägung?

»Fragen Sie einen empirischen Richter, ob er an Strafe nach dem Tode glaubt. Es ist nicht seine Zuständigkeit, folglich bekümmert sie ihn nicht, obgleich sein Wort für viele Gewicht hat.«

»Hier kommt dann wohl der gelehrte Geistliche ins Spiel, der dem bibeltreuen Wandel allein Verschriebene. Eine Schablone für jedes einzelne Leben.«

Ihre Stimme wurde gefasster, belehrender, als sie nun sagte: »Und gerade daran verzweifelt die Hauptfigur, an den grundver-

schiedenen Wesenszügen des religiösen Seelsorgers einerseits und des vorurteilsfreien Therapeuten andererseits. Hinter beiden nämlich steckt die Norm, absolut in ihrer Dominanz. Als er dann das erste Blut vergoss, konnte er sich dem Gericht weder des einen noch des anderen entziehen, die Schuld wurde sein Schicksal.«
»Allein das Blut *musste* vergossen werden.« Träumend sah ich mich in der *Vorhölle* um.

Sie fuhr fort: »Für den Gläubigen ist nichts Größeres Sünde als Nichtglauben. Der Wohlgesonnenste wünscht das Ende des Bösen herbei, der Übelgesinnte wiederum das Vergehen des Guten. Solches ist für den Logotherapeuten Grund genug für den Verzicht auf traditionelle Heilverfahren. Viel zu viele hört man über das Gute schwadronieren, währenddessen sie, gebrüstet mit diesem Gespenst, mit Vorliebe ihre eigenen Untaten – ihre Kriege, Gaunereien, Intrigen – als zwischenmenschliche, auf Meinungsverschiedenheit basierende Notwendigkeit zu entschuldigen suchen.«

»Diejenigen, die ihrer Kirche den Rücken gekehrt haben, taten es notwendig, aber ihren geistigen Führern bedeutet es einen Verlust; trotzdem ist ihre Aufklärungsarbeit höchst bescheiden, sie gefallen sich in eingerosteten Glaubenssätzen und lassen die durstigen Mäuler der fortschrittlichen Weltordnung ungestillt.«

Langsam, so empfand ich's, fanden wir zueinander, wenngleich ihrem hellen Blick gerne die Zurechtweisung nachging, ehe sie zum Sprechen anhob. Für mich war es die Chance, mich zu verwirklichen.

»Schlussendlich heißt dies, dass der Zulauf der Gläubigen einen Gewinn für die Kirche bedeutet.« Ihr Ton wurde ernster.

»Friede, Versöhnung, Gnade – für die ganze Welt? Die gern genutzten päpstlichen Floskeln kennen Sie so gut wie ich. Er sinnt auf Verbrüderung, etwa aller Rassen, aller Völker – auch aller Religionen? Was soll das heißen, können Sie sich das vorstellen?«

»Wenn Kirchenaustritte vom Klerus bedauert, wenn nicht als Sünde gescholten werden, dann ist eine weltweite Verbrüder- bzw. Verschwesterung aller Völker nur denkbar, wenn sie sich ausnahmslos der Christenheit verschreiben.«

»Kundschaftsgewinn ist das Schlüsselwort.«

Sie durchbohrte mich.

»Jeder Geschäftsmann, Verkäufer, Unternehmer, kurz – jeder Anbieter wünschte sich, die ganze Welt würde bei ihm die Tür einrennen und an seinem Produkt schmachten, die keusche Betschwester nicht weniger als die nymphomane Leibesfeilbieterin. Wo es aber um idealistische Fragen geht, möchte man das Feindbild nicht missen.«

Sie schwieg.

»Und ja, dasselbe tut jene heilige Institution, der ich so viele Jahre meines Lebens gewidmet habe. Glück ist käuflich, so die Maxime jedes Anbieters. Und Angebote lauern auf uns allerorten. Das Angebot bringt auch die Abnehmer – immer! Was will man also demjenigen vorhalten, der sich an einem *Verbot* gestoßen hat? Schaffte man die Werbung ab, so wüsste jeder, woran er ist.«

»Denken Sie nicht, das bei konsequenter Befolgung Ihres Vorschlages alle Moral untergraben würde?«

Sie lachte.

»Junger Mann, entweder zeigen Sie falschen Respekt vor einer alten Frau, die frontal anzugreifen Sie sich schämen, oder Sie sind von derselben Blauäugigkeit wie die meisten meiner Besucher.«

Sie sprach die Wahrheit, denn beides traf zu, selbst jetzt noch, wo ich die Fülle meiner Überzeugungskraft fühlte, darum hielt ich es für geraten – ach, was rede ich, eigentlich war es latent geschehen –, die Maske des loyalen Lehrlings überzuziehen.

»Woran denken Sie, wenn Sie einen Einkauf im Lebensmittelladen tätigen? Doch an nichts Wesentlicheres als die lebensnotwendige Nahrungsbeschaffung, sicher können Sie bewusst dieses oder jenes Produkt bevorzugen, wenig Kalorien sind gut für Sie, Tiefkühlkost ein Frevel für Ihre Gesundheit, Gemüse mochten Sie schon als Kind nicht, da greifen Sie lieber zu frischem Obst, aber diese Entscheidungsmomente sind allzumal Gewohnheitsakte, die einen vergessen machen, wer oder was hinter dem Selbstverständlichen steht; man müsste ja Nahrung selbst dann kaufen, wenn jede Verpackung, jedes Glas, jede Tüte oder Flasche ohne detailliertes Etikett in den Regalen stünde. Denn nichts –

und das merken Sie sich wohl –, nichts ist selbstverständlich, auch nicht Ihre Nahrung.«

»Langsam beginne ich zu verstehen, in welcher Zwickmühle die Hauptfigur gemartert liegt. Sie erliegt dem Schein beider Ideologien, rächt sich allerdings nur an einer. Sagen Sie, in welcher Beziehung steht sie denn zum Therapeuten?«

»Sie könnte nicht konventioneller sein«, erwiderte sie. »Neben der Ironie seines Vertrauten will er gleichwohl sein menschliches Maß erkannt haben. Hören Sie nun gut zu. Er fand, dass geleistete Hilfe in einer Notlage als Folge sozialpolitischer Dressur aufzufassen sei. Auf welche Weise, zerbricht er sich den Kopf, wird der Einzelne geschätzt, im Vergleich zu düsteren Zeiten freilich humaner, unserer Tage genießt er hier und da Freiheiten, empört sich ungehemmt über Missstände, die wiederum in verflossenen Tagen als Tabu gehandelt wurden, im Taumel all dieser Errungenschaften ahnt unterdessen niemand, wie wenig immanent unsere Empathie aus historischer Sicht ist. Sozialinstinkte sind variabel, unbeständig – künstlich. Es genüge ein kecker politischer Durchgriff und unser Miteinander, gegenwärtig sanft-wiegend und einfühlend, wandelt auf generalverdächtigenden Sohlen – unter uns allen.

Dies seine Erkenntnis, deren Wahrheit auch seinen Arzt nicht schont.«

»Jede Zeit hat ihre Prägung. Aber Zeit ist fließend und deshalb werden die Sicherheiten im zivilen Leben Lügen gestraft, denn Friede und Gefälligkeit sind keine Einfachheiten, höchstens beim Sonntagsplausch mit Nachbarn«, ich sah zum Fenster hinaus, die fahlen Lichter im Tal drangen leicht durch die peitschenden Äste, »der Gewissenhafte ist unfähig, sein Leben zu genießen, da er nächtlich mit der Wahrheit Gefahr einschläft, sein Leben und Sterben obliege unkenntlicher Gewalten.«

»Politik, rechtliche Haarspalterei, willkürliche Gesetzgebung … Die Gründe zum Argwohn sind mannigfaltig, wer ihm auch helfen würde, seine Entfaltungsmöglichkeiten wären stets eingeschränkt, die Richtlinien seiner Lebensgestaltung vorgezeichnet.«

»Und daran verzweifelt er?«

»Nein. Daran wird er wahnsinnig.«

Wir sahen einander schweigend an. Insgeheim hoffte ich, ihres Lobes habhaft zu werden, ehe ich diesen unheimlichen Ort verlassen sollte. »Und doch zerschlägt er nur das eine Gesicht des Janus, wo ihn beide an den Marterpfahl binden? Warum diese Einseitigkeit?«

Die pseudo-antike Uhr auf dem Tisch hatte zur vollen Stunde geläutet, welche sie verkündete, war nicht Teil meines Interesses gewesen.

»Ich muss mich nun entschuldigen«, sie erhob sich von ihrem Stuhl. »Sie hatten das Vergnügen, von mir eine Sondereinführung zu bekommen, unentgeltlich, weil, wie ich früher erwähnte, mein Aufgabenbereich seit dem Tod meines Chefs eine Erweiterung erfahren hat. Sie ist diffizil, kurios, manchmal grauenhaft, aber in jedem Fall ist sie auf meine Vorbildung zugeschnitten.«

»Sagen Sie mir, warum er sterben musste.«

Sie grinste, kein Lachen erscholl wie vormals, stattdessen nahm die hinter ihr liegende Wand sie auf, sie hatte wohl einen Drehmechanismus ausgelöst, die stimmungsvolle Beleuchtung erlosch, ihren Platz nahmen die regulären Lampen ein, die hinlänglich alle Gegenstände im Raum in ihr Licht tauchten. Es war ähnlich dem Effekt im Kino oder Theater, sobald eine Vorstellung endet.

Seitlich, im entferntesten Winkel gegenüber den Fensterscheiben, flammte ein roter Pfeil auf; er war nicht der letzte, dem ich gefolgt war, als ich die Stufen durch eine niedrige Wandöffnung hinabstieg. Des Abschieds vom Pfarrhaus – oder war es nunmehr doch ein Museum? – wurde ich noch teilhaftig, zwar eines unbelebten, aber dennoch bezeichnenden, zum ersten Mal seit meinem Eintritt in des Priesters Arbeitszimmer wurde ich der Skulpturen ganz ansichtig, deren klagende und mahnende Mienen mir galten, von denen ich schwören konnte, dass sie mir bei meinem ersten flüchtigen Rundblick noch ihre bestachelten Rücken zugewandt hatten.

10

Haben sich verschwiegene Themen dogmatisiert,
wird das Auge der Menschennatur,
des Hässlichen gleichwie des Schönen, erblinden.

Gelehrte der Tabus

Lange Zeit blieb mir dieses Gesicht in Erinnerung. Nie vergesse ich diese stoische Strenge, die entschlossenen Züge in ihrer leicht eingefallenen Erscheinung, den gebeugten Rücken, allem voran aber die erneuerte Pflicht und all das vereinigt in dem modischen Rock für eine bejahrte Dame, deren Lebensabend einen Schwung erhalten hat, den nur die Besonnensten zur Schau stellen würden.

So sah ich sie wieder und wieder, ihre rüstigen Füße in den Festtagsschuhen, die in den mit dicken Teppichen ausgelegten Räumlichkeiten jeden Ton erstickten, die schmächtigen mit Transparentstrümpfen überzogenen Beine, die ihre Bewegungsfreiheit geflissentlich einschränkten, mithin sie ihrer neuen Aufgabe nicht mit derselben Energie zu begegnen beabsichtigte, wie sie vermutlich in jüngeren Jahren bereit gewesen wäre, dem Alter somit ihren Tribut zollte.

Diese also die Eigenheiten ihrer Äußerlichkeit, und wie verhielt es sich mit ihrer Stimme? Für einen, der in ihrem Habitus die banalsten Formen einer alten Frau mit stereotypen Gewohnheiten erkennen will, dem ersticht diese platte Meinung der düstere Klang ihrer Stimme, der es an Höhen und Tiefen nie fehlt, wo Freudefunken und nihilistische Weisheit einander selbsterkennend die Hand reichen. Kurz, dieser Abend im ›Pfarrhaus-Museum‹ hinterließ bei mir einen Eindruck sondergleichen. Mein Vorhaben von einst, für den Sohn meines Bekannten Bräutigamklamotten zu kaufen, hatte ich bis heute aufgeschoben, überhaupt muss ich verrückt gewesen sein, dass ich solches wirklich vorhatte, in Wahrheit jedoch wollte ich wieder das ominöse Pfarrhaus aufsuchen, zu welchem ich spät am Abend unterwegs war.

Auf meinem Weg durch die kalten Straßen schaltete ich die beliebt-unbeliebte Radioshow ein, die ich lieber wie nichts anderes hörte.

Und da war sie sofort, die Ähnlichkeit!

Der Moderator der Sendung, klar und melodisch vortragend, würzte seine Kommentare vornehmlich mit seiner melancholisch-hämischen Art, die den ganzen Sender in der Region zum beliebten Streitthema machte, bis sie vollständig ignoriert nur noch exzentrischen Hörern und Kritikern von Interesse war.

Ich gehörte zu ebendiesen.

Nicht minder originell war die Programmgestaltung der Sendeanstalt, sie behandelte heikle Tabus, dass einem reaktionären Hörer, der zufällig zuschaltete, allein vom ersten Satz die Haare zu Berge standen, es fehlte nie die Grenze zum Geschmacklosen, was die Ein-Mann-Sendung allerdings unübertrefflich machte, waren die ausgesuchten Interviews kongenialer Gäste – diese bildeten den Höhepunkt einer Arbeitswoche –, die brillanten Äußerungen, immer prägnant und sachlich, bevor der wohlerwogene, leicht schnippische Humor des Moderators aufflackerte, um einsamen Autofahrern auf dunkler Straße das Geleit zu geben, der ihren Mut und ihre Hoffnungen erheblich besser zu fördern vermochte, als sonst wer von den Kommerzunterhaltern in ihrer verlogenen, eintönigen Leier.

Selbst Verächter der Sendung konnten sich nur schwerlich des Gefühls erwehren, dass, sobald man darüber sprach oder die umstrittene, eindringliche Stimme aus dem Lautsprechergitter vernahm, hier ein Terrain betreten wurde, woran viele sich zu klammern wünschten, doch nur die wenigsten es zugaben.

Und gerade die Letzteren hörten noch heimlich die Sendung, wenn ihre Freunde und Bekannten außer Sicht waren, sie sich ihrer geheimen Neigung nicht zu schämen brauchten – jedenfalls so lange, bis sie in ihren Träumen von derselben verfolgt wurden und die stillgenährte Leidenschaft ihren Tribut forderte.

Diese Ähnlichkeit also mit der Stimme der Frau, wenn ich sie mir männlich imaginierte, dazu das aktuelle Interview zu später Stunde, klärte meine Empfänglichkeit für Analogien, auch wenn sie ohne wirklichen Zusammenhang waren. Worüber Mondini heute seinen Gast befragte, glich in der Tat meiner jüngsten Unterredung, überdies passten sie zum Zeitgespräch, den unmoralischen Phänomenen, die in aller Munde waren, wozu ich insofern meinen bescheidenen Teil beitrug, als ich mit einer völlig fremden Frau in einem umfunktionierten Pfarrhaus über den Mord an einem Priester, dessen Sekretärin sie gewesen sein musste, debattierte, wobei wir uns wie in ihrem Element befindliche Filmproduzenten bei der Besprechung ihres Projekts betrugen; wahrlich ein morbider Vergleich, doch so kam es mir vor.

Die wohlvertraute Stimme mäßigte meine Aufregung, als sie jetzt den Satz, den sie stets variierte, einleitete: ›Sie hören Emil Mondini, besser bekannt als ›Mon „Dämon“‹, live unlebendig auf Radio ›Mond-Dän‹ (das Emblem der Radiostation war die Karikatur eines pompösen Mondes, der geringschätzig auf eine bettelnde Erde herabschaut), der Sender für hartgesottene Frischleichenesser, verschmitzte Schulknaben mit reichlich Stinkgranaten im Gepäck, die sich mit außenseiterischen Kameraden, die sie sonst über die Grenzen bübischen Anstandes schikanierten, verbündet haben, weil sie endlich erkannt haben, dass es einen gemeinsamen Feind zwischen Schulmauern gibt; für traurige, ergraute Allzeitgenießer, die im fortschreitenden Alter der Litanei von Krankheit und Tod zur Beute gefallen sind und an der schalen Begeisterung der verbindlichen Gesellschaft ihres Fernsehers und Arztes satt geworden, schmerzlich darüber seufzen, wie die eigenen Kinder und Enkel ihre Geburtstage vergessen – nehmt euch, meine lieben Zuhörer, das Recht, über die ihren hinwegzuschreiten, gaukelt Demenz vor, um am günstigsten Abend, beim seltenen Familientreffen, ihre entsetzten Fratzen zu sehen, wenn eure fingierte Leiche aufgebahrt wird, euer Freund, ebenfalls in Krankheit und Tod bewandert, die Abschiedsrede zum plötzlichen Unglück herpredigt, und erkennt rachebefriedigt, wie in ihrem Antlitz der Dumme von seiner Einfalt geschmolzen wird, während ihr eures letzten Lachens gewärtig seid. Jener begehrte Augenblick, in dem man des Gefühls habhaft wird, den Lauf der Dinge trotz gezeichneter Schwächen aktiv mitgestalten zu dürfen.

Ich grüße alle dreisten alteingesessenen Eisbrecher, die, die es werden wollen – und werden müssen! –, die Einsamen im Gewühl, die nur in ihrem Kopf Zuflucht finden, Liebhaber der Musik, die gerne Wählerischen, die mit gutem Grunde alles hören, was ihrem Gehör schmeichelt, weil es ihnen gefällt, und nicht, weil jener Musiker gerade *in* und ein hirnloser Chartstümer ist, so hirnlos wie seine folgsamen Fans.

Auch heute zeigen wir keine Scheu davor, Tabus zu brechen, weswegen mein heutiger Gast insofern interessant ist, als er, auf dem Gebiete der Traumforschung aktiv, zahlreiche Fälle beobachten konnte, die für Weicheier und Reaktionäre sicher den letzten Stoß zur Kapitulation geben (ach, ganz nebenbei gesagt – und ich kann mich nicht oft genug wiederholen –: Ich werde meine Sendung nie aufgeben!).

Seine Überzeugung ist die, dass Traumarbeit Tabus in jeder beliebigen Weise vornimmt, ob sie nun im Wachen behandelt oder totgeschwiegen worden sind. Fatal natürlich, wenn man es unterlassen hat, denn je mehr Unbehandeltes man mit sich herumträgt, umso schwerer ist der Schlaf, umso kränker und widersprüchlicher das Verhalten des Individuums im sozialen Leben.‹

So seine rhetorische Begrüßung zur Abendstunde. In meinen Erwartungen nicht enttäuscht, begann das Interview entspannt, bevor es zu einer Ebene abhob, die mich die öffentliche Meinung beinahe teilen ließ, während ich mit aller Nervenkraft versuchte, diesen manipulativen Befall im Dienste des Kommerz der hereingebrochenen Nacht und ihren düsteren Gestalten zuzuschieben, denn auf Dauer wird sich wohl niemand vom Trübsinn betören lassen, auch dann nicht, wenn man bei ihm schon früh in die Lehre gegangen sein mag.

Andernfalls, dies wusste ich, würde ich von diesem Nektar gezehrt, den Pessimismus zur Krönung gebracht haben, daran hinderte mich jene Eigenschaft, die alle Völker der Erde miteinander teilen, und mit diesem Überlebenswillen, trotzdem die Schwere fühlend, ausgestattet, lauschte ich mit großem Vergnügen, verfolgte mehr als neugierig die neuste Konstruktion des Weltbildes dieses Mannes ohne Gesicht.

An seinen Gast gerichtet, fuhr er fort: ›Wenn man also annimmt, dass das Kind die Eltern beim Koitus beobachtet, dieselben jedoch ersterem nicht die geschuldete Aufklärung haben teilhaftig werden lassen, es auch später nie tun, kann man dann von einem Trauma sprechen, das negative Folgen für die ganze spätere Eltern-Kind-Beziehung hat?‹

Der Herr, dessen Stimme, nicht wie man es von einem Wissenschaftler erwarten würde, holprig war, trug seine Sache dennoch fesselnd vor.

›Nicht direkt von einem Trauma, Herr Mondini. Doch um Ihnen und unseren hoch geschätzten Zuhörerinnen und Zuhörern die akademische Trockenheit zu ersparen, der sich ein Forscher doch kaum enthalten kann, will ich dieses Beispiel lebhaft schildern.‹

Eine Pause – dann fragte Mondini vorsichtig: ›Denken Sie da an eine Live-Traum-Audio-Übertragung? Ich fürchte, dazu fehlen uns Mittel und Ausrüstung.‹

›Das vorbereitete Beispiel ist mein eigenes Erlebnis.‹

Wieder herrschte Schweigen.

›Nun, das macht den Fall natürlich umso spektakulärer. Damit wäre doch ein weiteres Mal bewiesen, dass Patienten kein bisschen kränker sind als ihre Psycho-Docs.«

Beide lachten unverhohlen.

›In der Tat muss man auf ein erkenntnistheoretisches Niveau herabsteigen – oder hinauf, je nach Sicht des Betrachters –, um die mitunter quälenden, ich gebrauche das fabulöse Wort *Dämonen*‹, hier mischte sich ein leichtes Schmunzeln Mondinis dazu, ›auszuspähen, die sich breitmachen und die man ein Leben lang mit sich herumträgt.

Ich muss zehn gewesen sein, es war irgendwann im Sommer und die Familie machte gerade Urlaub in einem dieser Camps, die gewöhnlich von Bekannten empfohlen werden. Also musste auch ich hin. Den Abend zuvor durfte ich länger aufbleiben, ich hatte Bekanntschaft mit Gleichaltrigen gemacht, lachte, sprang wild umher – schließlich ging ich selig schlafen. Als ich am Morgen erwachte, sah ich meinen Vater von der Seite, er kniete auf dem Schlafsack, der meiner Mutter gehörte. Im Zweifel darüber, dass es ein konfuser Morgentraum gewesen sein könnte, behielt ich recht, denn ich fühlte, wie sich stufenweise mein Verstand klärte, bis zu dem Punkt, an dem niemand mehr einen narren kann über die Echtheit der Wahrnehmung. Er machte Auf- und Abbewegungen, der Rücken nach vorne gebeugt, splitternackt. Mit undeutlichen Gefühlen beobachtete ich das Geschehen, bis ich mich durch eine ungünstige Wendung verraten haben musste, aus meiner Richtung ertönte ein Geräusch, und jetzt sah ich auch meine Mutter, die, bäuchlings liegend, ihr Gesicht nach mir wandte. Ich schlief weiter.‹

›Würden Sie diese, sagen wir mal, ungewöhnliche Szene als traumatisch bezeichnen?‹

›Ganz gewiss, wenn sie unbehandelt geblieben wäre, wovor ich mich rechtzeitig geschützt habe. Denn, wie ich früher erwähnte, ist das Kind sexuellen Kontakten ausgesetzt, sei es aktiv als Selbstbefriedigung unter Zuhilfenahme von erotischem Material, sei es passiv als Opfer sexueller Belästigung, oder eben wie im angeführten Beispiel als passiver Zeuge des Geschlechtsaktes der leiblichen Eltern, muss ihm die Kenntnis derselben eigen sein, es muss mit ihnen umgehen können, wissen, was es tut, was vor sich geht, die Bedeutung und etwaige Folgen abschätzen können, oder, wie man gemeinhin sagt, Verantwortung übernehmen. Ist dies nicht der Fall, stellt sich eine Fehlentwicklung ein, im günstigsten Fall ist das Kind frühreif und mit scharfen, antizipatorischen Instinkten ausgestattet, im schlimmsten haben wir es tatsächlich mit einem traumatischen Erlebnis zu tun.‹

›Und wieder einmal ist eine Kinderseele den Bach hinuntergeflossen. Was tun, Doktor?‹

›In einer Zeit, in der bei geringstem abweichenden Verhalten unheimlich chemische Zauberformeln als Allheilmittel gepriesen werden, ist es umso wichtiger, analytisch vorzugehen, Gespräche mit den Betroffenen suchen, das Innere nach außen kehren, denn auch ich habe mir lange Zeit schwer getan, den Schritt zur Öffnung meiner tiefsten Pein zu wagen.‹

›Sie sagten, Sie hätten selber durch die Therapie den Stoß erhalten, auf dem Gebiete der Psychologie Fuß zu fassen.‹

›Das ist wahr. Mich hatte damals ein junger Arzt behandelt, der sich bescheiden rühmte, ein Quertreiber zu sein; ohne Ahnung von therapeutischen Maßnahmen gehabt zu haben, landete ich sofort bei diesem ambitionierten Mann, zu welchem ich rasch eine Beziehung aufbauen lernte, in der Folge wurde er mir der wichtigste Mensch in meinem Leben.

Nicht allein die Kraft, mich meinen, ich sage es schon wieder, Dämonen zu stellen, verdanke ich ihm, am aufregendsten schien seine Begabung, seinem Patienten die Kunst des Seelenlebens näherzubringen.

Vorab aller Schuldbegriffe entledigt, führte er mich in ein Reich sinnlicher und fantastischer Freuden, ich begriff mich selbst und meine Mechanismen, doch was wichtiger war, ich lernte sie nach meinem Gebrauche nutzen und gleichviel, wohin ich meine Ersonnenheiten lenkte, sie würden stets das Richtige tun, das mir Zugeschnittene, darüber gewann ich die Überzeugung.

Es war mein innigster Wunsch, diesem Menschen, der meinem Leben einen Sinn gab, zu gleichen. Ich wollte mich in allem, was nur in irgendeiner Weise ihm glich, seiner Art, seinem Aussehen, als ebenbürtig erweisen, kurz, ich wollte ganz *er* werden.‹

›Dann ist also die vormalige Freundschaft in Konkurrenz umgeschlagen?‹

›In eine, die niemand sonst hätte bieten können.‹

Seine Rede wurde feuriger.

›Was macht Ihr Freu…, Verzeihung, Ihr Nebenbuhler heute?‹

Sein Gast hob an mit einem verächtlichen Ach: ›Er muss irgendwo stiller Teilhaber einer Praxis sein, wenn er nicht schon − in Ihrer Sendung darf ich es ja unbekümmert aussprechen − vor Gram und Verzweiflung verschieden ist.‹

Mondini, der bislang versucht hatte, die Stimmung auf heiterem Niveau, trotz der nicht ganz jugendfreien Thematik, zu halten, würde die heutige Sendung zum Familienabend gemacht haben, in dieser Richtung erwartete ich eine Andeutung von ihm, sie wäre allzu typisch gewesen; Unbehagen würde sich breitmachen unter Familienmitgliedern, sobald der mutgeschwellte Sohn die Eltern zur Rede stellt, weshalb sie seine sexuelle Desorientierung schelten, wobei sie selbst dafür verantwortlich sind, verschuldet durch Leichtsinn und Unachtsamkeit.

Die Einäscherung der *heilen Welt* war Mondinis Spezialität, und doch schien dieser Zynismus notwendig, er besaß Tiefe und Esprit, denn war nicht jene *heile Welt* eine schlecht einstudierte Deklamation, die den Bedürfnissen der Menschen heftigst widerspricht, verschließt sie nicht vor ihnen alle Fenster zum freien Atmen?

Statt den heutigen Themenabend hierauf abgerichtet zu haben, ließ man sich zum Schluss über persönliche Differenzen aus, ich dagegen erfreute mich noch an dem Gedanken, dass die subversiven Radiowellen in diesem Moment – oder schon bald – ein überfälliges Familiendrama anzettelten.

Die Straße versank in völlige Dunkelheit, gedankenschwer folgte ich den Fahrstreifen. ›Wisst ihr, es macht mich immer aufs Neue irre, wenn manche *Erwachsene* so tun, als würden Kinder vom lieben Storch gebracht werden. Um die Wahrheit zu sagen: Ich liebe den netten Betrug! Ich weiß noch, wie ich meinem Beichtvater in der vierten Klasse von meinen Verdauungsproblemen erzählte. Nicht an Einzelheiten sparend, erzählte ich ihm die zeitweilige Erlösung von meinem Übel, worauf er zu mir hinübersah, mit einem Blick, als wollte er gleich das Scheidegitter durchbrechen und mir an die Gurgel gehen. Frech, wie es meine Art war, redete ich mit allen darüber, auch mit jenen, die schüchterner waren als ich und für die das Beichtobligat ein Grauen ohnegleichen gewesen sein musste. Doch das Schlimmste betraf immer noch mich, denn ob ich gleich von meinem Alter abgesehen tapfer genug gewesen war, um das Unerwartete anzuhören, verwies mir der Vater meinen regen Wortschwall, schimpfte ihn gotteslästernd. In der Folge getraute ich mich nicht, öffentliche Toiletten aufzusuchen; von einem Genuss des erleichternden Vorganges konnte gar keine Rede sein. Sagen Sie, Doc, haben wir es hier mit demselben Totschweigeverfahren zu tun?‹

›Es gibt zweifelsohne Parallelen‹, erwiderte er sachlich.

›Man ist regelrecht ausgeschlossen aus den Schlafzimmergeheimnissen, bis man ein Alter erreicht hat, das, generell vorgeschrieben, dazu berechtigt, im wahrsten Sinne unter die Bettdecke zu schauen. Bei dem von Ihnen angeführten Beispiel wird ähnlich verfahren, mit dem Unterschied allerdings, dass wohl kein Priester von seinem Beichtenden erwarten würde, dem Ruf der Natur diszipliniert entgegen zu lenken, ich meine glaubenskonform, damit er es *nie wieder* tun müsse. Dagegen pflegt dieselbe Ideologie den Geschlechtsakt gnadenloser abzuhandeln.‹

›Der verdauungsgestörte Junge und sein Freund, der frühe Zeuge elterlichen Geschlechtsverkehrs – Ihr hört nicht die reißerischen Regenbogenfreaks, die von Mord und Totschlag leben! Ihr hört die kontroverse ›Mondämon‹ Radioshow, die auf den kranken Füßen der Gesellschaft aufbaut, mit unterschätzten Heilmitteln, in der Hoffnung, sie mögen den wirren Kopf, gepeinigt von Lügen, Ignoranz und Heucheleien, von seiner Geißel befreien.

Wir sind gerade an einem Punkt angekommen, wo wir an ein regionales Vorkommnis grenzen, das haben Sie, hoch geschätzte Hörer, sicherlich schon gemerkt. Ihnen, Doktor, brauche ich es nicht zu erklären, Ihr analytisches Vermögen erkennt Anspielungen bestimmt, bevor man sie noch selber richtig ausheckt.‹

Die Gaststimme erklärte in kühlem Ton: ›Klinische Beobachtungen haben gezeigt, dass mörderische Tendenzen oft auf vernunftbegründeten Vorwürfen gegen die ausgesuchten beziehungsweise möglichen Opfer beruhen. Es kommt mitunter vor, dass Patienten ihren *eingebildeten* Peinigern das Recht zu leben zusprechen, sie reden über dieselben, als wären sie nahe Verwandte oder Vertraute, ob jene Personen nun wirklich existieren oder ihre Eigenschaften lediglich einem x-beliebigen Menschen angehängt werden, den man töten zu müssen meint. Dieses Phänomen würde ich nicht zwangsläufig pathologisch nennen, da es häufig im sozialen Umgang anzutreffen ist. Denn: Wir sind alle Mörder!‹

Der Wagen machte einen Satz nach oben, für einen Moment verlor ich die Kontrolle. Im Griff der diesigen Abendluft, schlingerte ich abwärts von der Straße, ich drosselte die Geschwindigkeit, trotzdem geriet ich dorthin, wo ich nicht sein wollte. Seit einer halben Stunde unglücklicher Fahrt war mir kein Fahrzeug begegnet, es war unwahrscheinlich, dass jetzt, da ich orientierungslos im Schlamm saß, eins hervorgekommen wäre.

Es mutet seltsam an, doch ich gab mich meinem Notstande hin, die Scheinwerfer waren auf die krumm gewachsenen Birken gerichtet, fluteten teilweise den baumversperrten Wald, in welchen ich, nachdem ich das Radio lauter gestellt hatte, hineinging, ohne die genauen Umstände meiner aktuellen Lage geprüft zu haben.

›Es ist unbestritten, dass es sich um ein und denselben Mörder handelt, ich muss ferner gestehen, dass dieser Kriminalfall – vielleicht aber sind es doch *Fälle* – merkwürdigerweise mit einer nicht unerheblichen Anzahl meiner eigenen in der Klinik zusammenfällt, nämlich dies unorthodoxe Verhalten diverser Kranker, ja selbst bei chronisch Erkrankten, deren Verstand unmöglich eine derart komplexe Hassstimmung zu erzeugen vermöchte, selbst wenn man ihnen regelmäßig gestatten würde, Auskünfte über das Weltgeschehen einzuholen, was, rechtlich unbedenklich, bei manchen Fällen außer Frage steht, um die allgemeine und persönliche Sicherheit des Kranken zu gewährleisten.‹

›Nun, aber irgendwie muss doch etwas hineinsickern, wenn es wirklich so oft zu beobachten ist, wie Sie sagen.‹

›Um meine Schäfchen mache ich mir keine Sorgen. Vielmehr betrübt mich die immer sicher werdende, nochmals fabulös gesprochen, Verhexung, die verhängnisvoll inspirierend auf die Bevölkerung einwirkt; man sieht es an der Begeisterung für obszönes Material, allem voran der Mangel an Sensibilität für Menschen, die darunter leiden, schlimmer noch, die man als Leitfiguren für schamlose Inszenierungen missbraucht. Ich spreche von einer Zukunft ohne künstlerisches Feingefühl, die über offizielle Werbemaßnahmen und Marketingstumpfsinn ihr edles Ziel verfehlt.‹

Das Erdreich war aufgewühlt, halb watend, halb rutschend schritt ich in die Tiefe des Waldes, mein Verstand befand sich in Abwesenheit, der Instinkt lenkte mich Gefahr verlachend, weil ich fühlte, dass, in Begleitung des laufenden Radios, die ereignisreichen Stunden der letzten Tage ihren würdigen Abschluss erhalten würden.

Ich muss weit gewandert sein; wenngleich ich außerhalb des Scheinwerferkegels gelangt war, gab mir ein kleines Licht Orientierung, es glomm verstohlen in der Dunkelheit. Durch verhangene Äste hindurchkämpfend, trat ich schließlich auf die Schneise, an deren Rand sich die Umrisse eines Verschlags abzeichneten; die wirkliche Größe dieser Holzunterkunft war unbestimmbar; was mir wichtiger schien, dass ich das Fenster ausmachen konnte, wohinter die weisenden Lichter ein harmonisches Ganzes ergaben, unweit daneben befand sich auch eine Tür, die ich unverzüglich, aber leise öffnete.

Mein Atem wurde durch Zimtgeruch versüßt, einige Einrichtungsgegenstände ließen einen festen Bewohner des Domizils vermuten, doch bei näherer Betrachtung sah man, dass diese bereits eine dünne Staubschicht bedeckte. Auf einem Tisch, der mehr zur Ablage vorübergehend unbenutzter Dinge zu dienen schien, allein von einem wackeligen Bein gestützt, lag ein altes, gebundenes Buch, das ich aufschlug, sobald ich endgültig zu der Erkenntnis gekommen war, dass niemand außer mir die profane, aber geschmackvolle Hütte mit seiner Anwesenheit beehrte.

Die Einbandvorderseite war unleserlich beschrieben, als ich weiterblätterte, ging mir auf, wie sauber und fehlerfrei man den Rest des Buches geschrieben hatte. Ohne mich an Zusammenhänge gehalten haben zu wollen, stieß ich bald auf ein eingefügtes, separates Heft; es enthielt den Titel ›Schmelzbund der Kunst und Wissenschaft, Gesammelte Schriften‹.

Verwirrung und Entzückung ergriffen mich – ich konnte weder damals noch heute den Grund dafür erklären. Verschiedene Aphorismen, Sätze, Begriffe, von gewohntem Klang über raffinierte Formulierungen, bis hin zu fantasievollem und sinnreichen Novum. Während ich las, und erst jetzt versuchte, mir ein Gesamtbild von dem handgeschriebenen Werk zu machen, von dem ich nicht verstehen konnte, weshalb man es unbeaufsichtigt zurückgelassen hatte – wem sonst, abgesehen vom Bewohner der Hütte, mochte es gehören, und war der Besitzer auch gleichzeitig der Verfasser? –, als ich mir also einen Reim auf all das machen wollte, donnerten die Radiostimmen an mein Ohr. Lange schon waren dieselben verklungen, als ich mich tief hinein in den Wald begab, den hoffnungsspendenden Flämmchen der Petroleumlampen folgend, doch nun, aus unerfindlichem Grunde, hallten sie wider zwischen den toten Bäumen, die den äußerlich schäbigen Verschlag umgaben.

Ich eilte hinaus, suchte dem Geplärre der Stimmen zu folgen, erkannte aber rasch die Schwierigkeit des Unternehmens, da es sich anhörte, als würden sie aus überall im Wald aufgestellten Boxen gellen. Der Kälte trotzend, blieb mir nur ein Trost.

Ich lauschte dem Programm weiter, weniger als Lockruf aus der Finsternis denn als Mutzuwachs, als Willensstärker, damit ich bald, mächtiger als zuvor, aus meinem Gefängnis herausfinden mochte. Es polterte abreißend: ›... meinem Gesicht unzufrieden ... chirurgisch verändert ... auch Mediziner ... Recht auf Schwäche ...‹ Hier riss mein Erinnerungsband.

Das Nächste, das meine Erinnerung einigermaßen auf die rechte Schiene lenkte, war dies schwummrige Erwachen in diesem kahlen Raum, das für mich die neue Welt bedeuten sollte. Als sich allmählich mein Bewusstsein klärte, wurde mein Gehör demselben Genusse – in diesem Fall aber doch Anti-Genuss-Zeuge wie in voriger Nacht; da mein Zeitgefühl seither vollends gestört wurde, kann ich nicht mit Sicherheit sagen, wie viele Tage und Nächte zwischen jener Nacht im Wald und des kränklichen Bewusstwerdens in dem grellen Raum lagen. Wenn man von lückenloser Fortsetzung sprechen kann, dann gilt hierin der Dank dem Kommentator meiner gemischten Empfindungen, denn wie ich mich der Fragmente der letzten erlebten Nacht besann, schwoll schon die Rede Mondinis und seines Gastes weiter – meine erste, zugegeben sonderbare Überlegung war, dass sie ohne Unterbrechung Stunden hindurch diskutiert haben mussten.

›Es ist doch so: Wenn die unbefleckte Empfängnis ohne geschlechtlichen Kontakt vonstattengeht, kann sich der Gläubige vor seinem Beichtvater reinen Gewissens rechtfertigen, sollte er mit seiner Gattin geschützten Verkehr haben, ohne sie zu schwängern. Denn ist dies allemal der natürlichste Weg, warum sollte es da die hohen Väter Wunder nehmen, wenn ein Menschenleben entsteht – oder eben nicht entsteht –, wiewohl es unbeabsichtigt geschah. Hätte Gott hierbei nicht leichteres Spiel, als Samen in eine

Frau zu pflanzen, die nie von einem Mann berührt worden ist, deren *Samenspender* ohnedies unzählige Fragen aufwirft?‹

›Ja, ja, eine weitere verhängnisvolle Bankrottlogik, die man getrost weltumspannend nennen kann, weil sie aus jedem Moorloch hervorlugt. Aber trotz unserer hochinteressanten Gesprächsstunde, die ich gern verlängern würde, sehe ich mich gezwungen, unsere Zeit zu drosseln und auf den Themenschwerpunkt zurückzukehren. Es ist für viele Bürger befremdend, wie es Parallelen zwischen den Priestermordfällen und deren Theateradaption geben kann, da beide fast ohne Zeitunterschied ans Licht der Öffentlichkeit kamen.‹

›Ich müsste lügen, wenn ich sagen würde, es sei einfach, dies zu erklären. Tatsächlich ist es dennoch offenkundig, zählt man die Fakten zusammen, denen ich in meiner Praxis begegne. Und da deren Wurzeln außerhalb weißer Mauern liegen, dürften sie von vielen selbst im Erfahrungsschatz aufbewahrt werden. Man denke dabei an die Szene, in welcher der Kommissar den blutverschmierten Tatort betritt, die Hände tief in den Taschen seines Trenchcoats vergraben, mit sachkundigem Blick sich ein Bild von der Tat und der schwer verstümmelten Leiche macht und schließlich ebenso trocken wie gattungsfremd zu Protokoll gibt: ›Das war ein Profi.‹

Wahrlich keine Inszenierung mit Realitätsgehalt. Dafür für den Humorbedarf des Publikums umso wichtiger. Effekthascherei gegen Verantwortungsbewusstsein – so heißt das Rad, das sich unaufhörlich ohne Sieger dreht. Ebenso die Statistikparodie über die Suizidfälle. Der gähnende Protokollant erscheint bei vielen eigenhändig Umgekommenen, Tag für Tag wohnt er der Bestandsaufnahme bei, währenddessen Polizei- und Sanitäterpräsenz verblassen und in den Hintergrund geraten. Völlig übermüdet, aber routiniert liest er dann seinen Jahresbericht vor, in dem er für die positiven Entwicklungszahlen im Vergleich zum Vorjahr einen Sieg verbucht, was die Angehörigen versammelt vor ihrem Fernseher erleichtert aufnehmen und jedes Anzeichen von Besorgnis, geschweige denn Trauer aus ihren Mienen vertreibt.‹

›Aber Sie müssen doch zugeben, dass diese Art Humor ein kritisches Licht auf reale, sich ständig wiederholende Zustände wirft.‹

›Ich wäre nicht in Ihrer Sendung, wenn ich Ihnen nicht recht geben würde. Dennoch habe ich als Mediziner die Verpflichtung übernommen, das sozialkritische Moment von dem pathologisch günstigen zu trennen. Denn genau das ist die negative Entwicklung, die ich anprangere …‹

Als der statische Dialog in den Hintergrund geriet, musterte ich den Raum eingehender. Nicht weil ich das Interesse verlor, sondern weil ich begriff, dass ich nicht allein war. Obwohl ich nicht gefesselt war, vermochte ich meine Glieder kaum zu bewegen, ich spürte diese Taubheit die ganze Zeit hindurch, sogar jetzt, da sich mir die Gestalt näherte, die vorher mit dem Ordnen von Gegenständen am Tisch beschäftigt schien. Ich blickte in tief liegende Augen, von reichen Brauen bekrönt, zwischen denen ein dauerhaftes Runzeln bestand und den Ausdruck im Gesicht bekräftigte. Bevor in mir überhaupt so etwas wie Sorge oder Furcht aufstieg, suchte ich meine Lage anhand der äußeren Erscheinung des Unbekannten zu beurteilen, es war ein gemischtes Empfinden, als wenn man den Nachbarn, welchen man seit Jahren im Garten und auf der Straße gesehen hat, mit Vorurteilen nicht verschont, man sagt ihm Übles nach, aber es könnte auch der umgekehrte Fall sein, dass sein freundliches Betragen die Fassade des Teufels Küche ist, bis schließlich ein unvermuteter Zufall dich und ihn zusammenführt und man demütig feststellt, dass er wie jeder andere ist, den man kennt.

Wie viel schwieriger hatte ich es da, der dieses Gesicht zum ersten Mal vor sich sah; gerade deshalb wollte ich mir den süßen Betrug, wie es der Traumforscher in der Sendung nannte, bewahren und niemals Mondinis Angesicht erblicken – was würde dabei nicht alles in die Brüche gegangen sein.

»Wo bin ich?« Ich suchte dem fremden Blick auszuweichen, mein tauber Körper schien dafür ein guter Vorwand. »Denken Sie nicht, dies sei ein Krimi«, er beugte sich zu mir herunter, seine Züge verschwammen, »und doch bediene ich mich gerne jener Mittel, aus dem einfachen Grund, da man heutzutage schwerlich jemanden findet, der sich in diesem *Genre* nicht auskennt. Die Frage ist nur, wer ist bereit, den sensationellen ›kriminellen‹ Mitteln im wahren Leben standzuhalten.«

Er drehte den Kopf zur Seite, ich bemerkte den gepflegten Geruch, der von ihm ausging, wenngleich, um der Wahrheit Genüge zu tun, Körpersprays sich täglichen Nutzens erfreuen, wie die tägliche Mahlzeit, handle es sich, um wen es will.

Das Nächste, woran ich meine Erinnerung knüpfen kann, ist, dass mir klar wurde, dass ich meine Gefangenschaft nicht allein fristete, keine zwei Meter neben mir, ein freier Platz zum Bewegen, den unser ›Gastgeber‹ betrat, um zu ihm zu gehen, dieser Abstand verband mich mit meinem Genossen, der nun an der Reihe war, die Nähe des Unbekannten zu riechen, hören – oder zu fühlen. Er sagte etwas zu der Person auf dem Stuhl; es war mir nicht möglich auch nur ein Wort zu verstehen, wie vorhin schon, als er zu mir gesprochen hatte, drang seine Stimme heran, wie aus der Tiefe einer Schlucht, jetzt aber schien der Boden derselben weiter nach unten gesunken zu sein. Eigentlich, wenn man die Situation recht bedenkt, waren es wir zwei Sitzenden, die in der felsigen Schlucht wimmerten, während oben am Plateau dessen Bewohner mit aller verfügbaren Gewalt über uns wachte.

»Es ist mir ein Anliegen, Ihnen beiden etwas über den Wert Ihrer, aber auch meiner Berufung vorzuführen. Sie gehen fehl, wenn Sie glauben, ich würde Sie foltern wollen mit Mitteln, die Sie aus dem Fernsehen oder sonst woher kennen. Weshalb sollte ich das tun? Sie sind doch genau wie ich Opfer desselben Treibens von Zufall, Glück und Unauswählbarkeit.

Darum, weil ich irgendwann genötigt wurde zu handeln und eine Entscheidung zu treffen, muss ich Zeichen setzen für das Erlittene, das mir und der ganzen Menschheit gemein ist. Und Sie sind von mir angehalten, das Ihre aus dem Sumpf der Gemeinschaft herauszufischen.«

Er griff nach einem tönernen Topf, ging damit erst zu mir, dann zu meinem Nachbarn und gebot uns, eine Karte herauszunehmen. Er muss geahnt haben, wann meine Lähmung schrittweise nachlassen würde.

»Sie sehen vor sich eine Grafik.« Ob sie vorher schon da gewesen waren, weiß ich nicht mehr, aber es waren zwei mobile Schreibtafeln herbeigerollt worden. »Ich nenne es das ›moralische

Schema‹. Ihre Aufgabe besteht darin, Ihre herausgezogene Karte dem richtigen Persönlichkeitsbild auf der Tafel zuzuordnen, bis alle Karten dem Topf entnommen sind. Sie sehen, Ihre Chancen stehen fünfzig zu fünfzig, man tut sich einfacher, wenn man bei der althergebrachten Dualität von ›Gut und Böse‹ bleibt, und genau so sollen Sie verfahren. Fangen Sie an.«

Verrückt, aber real. Seinen eigenen Worten gemäß glaubte ich nicht, dass er ein Mörder sei, trotzdem pflegte er diesen Anspruch auf Geltungshoheit, wie es die raffiniert ausgearbeiteten Figuren in den immer beliebter werdenden Thrillern tun. Hatte dieser Kerl einen Überschuss an diesem Konsum oder war er wirklich brillant?

Das Spiel war durchaus eine Folter. Eigenschaften, Handlungen mit Motiven beziehungsweise Absichten, dazu Abbildungen in lebhaften 3D-Farben. Wir überlegten natürlich nicht lange, nacheinander hefteten wir die magnetischen Spielkarten auf die Grafik, so gut es ging mit betäubten Nervenzellen, den tönernen Topf hielt der rätselhafte Schiedsrichter fest umschlungen, einer Skulptur gleich ging keine Regung von ihm aus, während wir wie besinnungslos allmählich den Topf entleerten.

Wir hatten geendigt.

Unser Aufseher wandte sich den Tafeln zu, trat dabei einige Schritte zurück, sodass er hinter uns stand und wir ihn nicht sehen konnten. Ich glaubte hinter mir ein Murren zu vernehmen. Plötzlich schrie mein Nachbar auf, als sei ihm ein Dolch hineingestoßen worden. Von meiner Lähmung noch immer nicht genesen, die während des Spielverlaufs wie eingeschüchtert schien, fasste ich ihn ins Auge und wurde Zeuge einer Art Vernehmung, die ihren Gebärden nach die Fortsetzung einer früheren sein musste.

Aus seinen Ohren hingen Kabel herab, bis zum Boden neben dem Bein der Schreibtafel hinwegschlängelnd und … weiter reichten meine Muskeln und Sehkräfte nicht. Allerdings wurde ich gewahr, dass auch von meinem Körper Kabel hinunterhingen.

»Meine Geduld ist am Ende!«, hörte ich schreien.

Leiser werdend, trotzdem erbost, hörte ich in etwa folgende Belehrung: »Aus Ihrer Feder stammt die Unordnung, aus ihr entstehen Verwerfung und Unmoral. Und jetzt, da Sie am Limit stehen, heucheln Sie Ihre eigenen Spielregeln. Mir wird speiübel von Leuten Ihres Schlages.«

Die Züchtigung ging noch weiter, mein Mitleid für meinen Mitgefangenen wuchs kontinuierlich, ich sah sein Leiden, kleine Rinnsale schimmerten an seiner Wange, und selbst später, als er in Tränen ausbrach, in denen all die Furchtbarkeiten mitflossen, die ihn hergeschafft hatten, taten diese mehr Mut kund, als man ihn für einen weinerlichen Schaumschläger hätte halten mögen.

Woher hätte ich mir die Sicherheit nehmen können, dass mir in den folgenden Minuten nichts Ähnliches widerfahren würde; welche Taten, welche Heucheleien, die für mich natürlich schienen, würden sich bei Extremverhältnissen gegen mich wenden?

Wenn aber dieser Kerl in seiner Arbeit gründlich war und sich selbst nicht Lügen strafte, dann war er nicht Spielaufseher, sondern Spieler wie wir oder streng genommen Prüfling von Zuständen, denen wir allesamt verfallen waren.

Das Winseln meines Nachbarn wurde zunehmend theatralisch, es färbte auf mich ab, und ich fürchtete, den Verstand zu verlieren.

Die Tür fiel zu.

Die anhaltende Stille – sie wäre ein Segen gewesen – wurde mir durch das Gejammer, das nunmehr in Schluchzen überging, gründlich vergällt; beinahe hätte ich auf den Weinerich geflucht – und tat es schließlich.

Langsam ebneten wir zwischen uns die Kommunikationsleitung, da wir einsahen, wie ungewiss unser beider Zukunft lag, und Verständigung ja wohl die schönere Art ist abzutreten als die zänkische, trotz der gegenseitigen Warnung, unser gefährlicher ›Babysitter‹ könne jederzeit zurückkommen oder uns auf externem Wege weiterquälen. Ich aber war mir sicher, er müsse erst seinen Frust über die jüngste Begebenheit abbauen, womit er eine Viertelstunde mindestens zubringen werde; damit gelang es mir, meinen Nachbarn zu beruhigen, und schließlich erzählte er mir seine Geschichte.

»Was man liest, ist Schwindel, sagen viele. Ich muss es wissen, da ich an der Quelle sitze und produziere und produziere, für viel Geld und Spaß, was viele von ihrer Arbeit wiederum nicht sagen. Ich verdiene mein Geld nicht durch Betrug, ob er gleich hin und wieder notwendig ist, es ist eine Methode, die ein mächtiges Werkzeug unserer Zeit darstellt und nur von Eingeweihten dienstbar gemacht werden darf. Überdies habe ich schon Glücksforscher interviewt, aus deren Erklärungen genau hervorging, was die Massen bewegt, wonach sie streben, was ihnen zum netten Leben ausreicht. Dies eine Lehre, von mir sogleich nutzbar gemacht, damit ich sofort auf den Plan treten konnte, um ein Mitspieler dieses großen Machtapparats aus dunkler Information, gelenkter Bildung und seichter Unterhaltung werden zu können.

Der tägliche Zeitungsleser ist ein treuer Lesetypus. Mit wenig Erwartung schlägt er sie auf, sei es neues Steuerrecht, Regierungswechsel, Statistiken, Interviews, Regionales … Er ist an den Stil seiner Zeitung gewöhnt, jedem ist es gestattet, denselben unter zahllosen Blättern auszusuchen –, platt, neutral, überspitzt, peppig, grotesk - und solchergestalt konsumiert er von vornherein seine Artikel nach eigenem Geschmack; aber hiernach ist jedwede Nachricht bestand – um nicht zu sagen wertlos im Fluss der Zeit, weil sie ja erst mittels des Verstandes Leben atmet.

Doch gerade dies leugnet man hartnäckig, und zwar gattungsunabhängig; die Behauptung, es gebe Dinge, die *jeden* angingen, ist der Abstraktion und Absurdität des Denkens Produktionen unterworfen, soll heißen, dass *jede* Beteiligung beziehungsweise Interesse am Öffentlichkeitszirkus mehr Verworrenheit schafft, als sie lösen sollte. – Man stelle sich einmal vor, die subjektive Informationsverarbeitung wäre ein Repräsentant der öffentlichen Meinung; wie kann öffentlich gemeint werden, das auf unterschiedlichste Weise verdaut worden ist?

Diesen Widersinn forderte ich heraus; allgemach wollte ich meine Leser auf das Massenverhängnis meines urbanen Berufes einstimmen. Dazu bediente ich mich des Gewöhnlichen: Zunächst erstellte ich eine Statistik – über Morde und Vergewaltigungen, Opferbefragungen, die Vorgehensweise von Totschlägern und

Serientätern; leicht ironisch, an der Grenze der Pietät wandelnd – es sollte den Eindruck simpelster Korrespondenz erwecken, allein dem Zwecke der Information dienend. Dann stellte ich mir folgende Frage: ›Wie kann das Verhältnis des Lesers zu seinem Autor aufgewühlt werden?‹ Ein Weg zum Verständnis davon, dass ›alles‹ von ›allem‹ abhängig ist und wechselnd wirkt … die höhnische Intention von der liebenswürdigen.

Ganz meiner Erwartung entsprechend hagelte es Drohbriefe auf meinen Rechner, anfangs, als ich noch jeden einzelnen las, fand ich sie teilweise berechtigt, späterhin ließen sich die Hasser in allen mir bekannten Foren aus, schimpften, fluchten, reichten amtliche Klage ein; was mir herzlich gleichgültig war, denn mein Redaktionschef schwamm auf derselben Wellenlänge, sprach zwar selten mit mir, über Privates schon gar nicht, aber jetzt schien er endlich erfüllt zu sehen, worauf er schon lange gewartet hatte.

Eben von ihm ging die Anregung aus, meine teuflischen Schandschriften und Statistiken zu schärfen, insbesondere, was mich zugegeben etwas überraschte, im Hinblick auf größere, landesweite Ereignisse. Ich tat wie mir geheißen.

Nun war ich gehalten, Einbildung von Tatsächlichkeit zu trennen – das war mein Wermutstropfen, der Preis abhängiger Autorschaft. Meine Kollegen getrauten sich nicht an mein spezifisches Handwerk, zuweilen erkannte ich in ihrem Antlitz regelrechten Missmut, sie sahen in mir die verruchten Figuren meiner Fantasie, die ich in ihrer Arbeitssphäre mit all dem an ihnen haftenden Ekel vertrat. Allein ich fühlte mich wohl.

Gerade zu jener Zeit, als ich eine Umfrage zum Genrekonsum erfolgreich beendete, erhielt ich diese formelle Einladung im südlichen Viertel. Unterschrieben war der Brief von einem gewissen Erchson, Vorstandsmitglied – meine Erinnerung hierin ist schemenhaft – der Körperschaft zukunftsweisenden Journalismus'. Darin wurde mir Respekt und Bewunderung für meine Arbeiten gezollt, damals waren sie sicherlich gering an der Zahl, doch umso mehr wurde ihr unvergleichlicher Mut hervorgehoben.

Begeistert – und geehrt – war ich der Einladung ohne Rückfragen gefolgt. Da ich kein laufendes Projekt unterbrechen musste, und mein spannender Termin schon tags darauf stattfand, war ich umso mehr aufgeregt. Als es dann so weit war, fuhr ich am Hauptgebäude jener Körperschaft vor, die schmale Straße verwies mich unweigerlich in einen Hinterhof, wo ich meinen Wagen abstellte.

Ich hatte mir den Namen der Straße und die Hausnummer gemerkt, doch überdies sah ich nichts, das im Entferntesten nach dem Sitz eines Vereins aussah, keine Aushängeschilder noch der Anschein von Büroeinrichtung. Im Internet allerdings war er präsent, so viel hatte ich herausgefunden, wenn ich diese Auskunft auch mit schläfrigen, desinteressierten Sinnen nach einem harten Tag eingeholt hatte.

Am Rückgebäude erklomm ich die wenigen Stufen zum Erdgeschoss, und mir fiel sofort auf, das lediglich im vierten Stock Licht brannte, so wie es für das Nutzen des gesamten Raumes nötig schien; in der Empfangshalle, auf die ich mich zubewegte, sandte nur ein Hinterlicht seine spärlichen Strahlen aus, kaum genug, um zu sehen, wohin man trat. Instinktiv schlenderte ich zum Aufzug, der sich prompt öffnete, drückte Etage vier und ließ mich nach oben schweben. Angekommen, befand ich mich vor der halb geöffneten Tür desjenigen Raumes, den ich von unten gesehen zu haben meinte – da niemand mich empfangen hatte, lud ich mich selber ein und betrat das hell erleuchtete Zimmer.

»Treten Sie ruhig herein.« Auf einem bequemen Drehstuhl saß ein gut gekleideter Mann, den Rücken mir zugewandt; als er mich zum Eintritt aufforderte, sah ich in das von einem Lächeln erhellte Gesicht, wie man es von Fremden kaum erwartet.

»Es ist mir eine große Ehre.« Er stand auf und streckte mir die Hand entgegen. Ich nahm sie.

»Sehen Sie, wir suchen Nachwuchstalente aus dem ganzen Land, veranstalten auch Autorenwettbewerbe aller Art; das mag Sie vielleicht kalt lassen, aber zu dieser Zeit des Jahres ersticken wir fast in einem Haufen nichtswürdiger Anfragen von Bewerbern, die ein Handwerk besitzen, wie ein Sitzenbleiber der ersten Klasse. Deshalb haben wir uns etwas Einfacheres ausgedacht, um unsere Geschäftspolitik zu entlasten. Wir suchen via Internet sowie unserer landesweit tätigen Agenten Autoren und Kolumnisten, sei es hauptberuflich oder nebentätig, deren Arbeiten von unserer Kommission geprüft und für regionale bis überregionale Preisverleihungen freigegeben werden.

Um die Sache auf den Punkt zu bringen: Sie wurden als ›hervorragend‹ eingestuft, damit müssen Sie nicht einmal an einem Wettbewerb teilnehmen. Mit einem Wort: Sie sind zur kommenden Preisverleihung eingeladen.«

Natürlich stimmte da was nicht.

»Werden Preisvergaben nicht anonym behandelt? Das hört sich ja so an, als wäre mir der Preis schon sicher.«

»Das ist er auch.«

Ich war erstaunt. »Um ehrlich zu sein«, seine Stimmgewalt sank auf Vertraulichkeit, »ich bin Mitglied des Prüfungsausschusses, daher habe ich gewisse Sonderbefugnisse. Ich will Ihnen nicht schmeicheln, aber bei Ihrer Glanzleistung empfand ich es, und das sage ich mit allem Fachwissen, als meine Pflicht, hinderliche Bedingungen zu umgehen und Ihnen den Platz aufs Siegertreppchen zu ebnen. Sie sehen, der offiziellen Anerkennung Ihrer Arbeit steht nichts mehr im Wege.«

Wer hätte dem zuwider gehandelt? Ich jedenfalls nicht.

Ich ließ mir persönlich die Einladung zu der Preisverleihung geben, die in einer Woche stattfinden sollte. Überwältigt von Glücksgefühlen, bewahrte ich Stillschweigen über meine baldige Auszeichnung. Was war das für ein unverschämtes Glück; ich schrieb Artikel, die nichts weiter als Auswürfe moralischer Ungerührtheit waren, wurde von scheinbar etablierten Talentsuchern ausfindig gemacht und schließlich für meine schriftlichen Unsitten belohnt.

Das Leben kann nicht schöner sein.

Meinen Verstand hätten bei einer gewöhnlichen Unterredung noch Dutzende Fragen bewegt, hier war jede Neigung zum Lügen hinter die Kulissen verjagt; wen interessierte da noch eine Selbstprüfung! Feiglinge und Moralisten lenken sich und andere auf diese Weise vom Wesentlichen des Lebens ab – sie begreifen nicht, dass zum Mut auch die Verwegenheit gehört.

Nun kam also mein großer Tag. Es fand im ehemaligen Feuerwehrzentrum statt, das für viele Anlässe genutzt wird, und am

Ostende der Stadt lag. Es parkten viele Autos vor der großen Halle, der Eingangsbereich war feierlich ausgeleuchtet, auch an leichter musikalischer Untermalung fehlte es nicht, um die Stimmung bis zur erwartungsvollen Stunde waagerecht zu halten.

Seltsam schien, dass niemand am Eingang postiert war, um meine Einladung zu prüfen. Es machte überdies den Eindruck, als wäre ich der letzte Gast, auf den man wartete, denn niemand war weit und breit zu sehen; ja nicht mal die typischen Raucher, die in der dunklen Ecke mit dem Mittelfinger die Asche vom Glimmstängel schnippen und mit der freien Hand das Telefon ans Ohr halten.

Das leere Foyer hinter mich lassend, trat ich in den Hauptsaal. Der schwere Vorhang hing geöffnet in langen Falten auf beiden Seiten herab, das Rednerpult stand in der Mitte mit der berühmten Leuchte, wartete auf seinen Eröffnungsbenutzer.

Da kam er endlich.

Die unübersehbaren Sitze wiesen viele Lücken auf, Köpfe, die anscheinend ohne Interesse oder Bekanntschaft mit dem Nachbarn einen isolierten Punkt für sich selbst bildeten, stierten nach vorne, als würde es nichts geben, was sie sonst begehrten, als dem Eröffnungsredner zu lauschen.

»Meine Damen und Herren, ich begrüße Sie zu dieser feierlichen Preisverleihung, wie es selten eine in der Geschichte unserer Stadt gegeben hat. Das mag gewagt klingen, ist es aber nicht. Wir sind Zeugen geworden eines spektakulären Phänomens journalistischer Kühnheit, die so bewegend wie revolutionär ist. Es ist mir eine große Ehre, Ihnen zu eröffnen, dass wir hier und heute einen Mann rühmen, dem es meisterhaft gelungen ist, kühle Tatsachen mit Witz, Charme und Entertainment zu verbinden – zum Ruhme seines Berufes und seiner Leserschaft. Ich bitte um einen herzlichen Applaus für …«

Die Augen aller Anwesenden waren auf mich gerichtet, ich empfand den Aufruf als Farce, doch tatsächlich ging es hier um mich – um niemand sonst. Den mäßigen Beifallslärm indifferent über mich ergehen lassend, befand ich mich schließlich auf der Bühne.

Tiefe Rührung vorgaukelnd, gelang es mir, meine Zunge zu lockern und einige banale Worte des Dankes an das Publikum zu richten und … den Eröffnungsredner, der plötzlich verschwunden war. Leicht betreten redete ich weiter, indem ich hoffte, er würde zurückkehren.

Es geschah nicht.

Wie ich weiterschwatzte und inständig an ein Phantom appellierte, das mich nicht hören konnte, wurde mir ein Brummen im Hirn bemerkbar. Was danach geschah – ich weiß es nicht. Das Letzte, das meiner Erinnerung fruchtet, war eine perplexe Sequenz der Publikumsgesichter hinter einer Glasscheibe; wie sie allesamt in diesen verhältnismäßig kleinen Raum passten, ist Rätsels genug. Überdies spürte ich, wie mein Arm gedrückt und an ihm gerüttelt wurde.

Ich kann ehrlich sagen, dass ich damit am Ende angelangt bin. Ich bin verloren, in den Händen eines Irren.«

Hier schwieg er.

Seine Erzählung entbehrte des wichtigen Punktes, wie er seine erste Zeit in diesem Raum zubrachte. Ich fragte ihn hiernach.

Seine Miene verzerrte sich zum Qualausdruck, für den Moment gedachte ich, die Frage zurückzuziehen, doch ich blieb hartnäckig.

»Ich hatte erwähnt, dass ich, als ich die überraschende Einladung erhielt, gerade eine Umfrage zum Genrekonsum fertigstellte. Sie war mein letztes Projekt, bevor ich mich in dieser kranken Atmosphäre wiederfand, umso entsetzter war ich, als der Typ vor mir stand, mir Unterlagen aus meiner Wohnung präsentierend, aus denselben seine persönliche Meinung herauszog, mich dadurch belehrte oder besser zurechtwies, wie abscheulich er Inhalt und Form meiner Erzeugnisse findet; dieser Vorwurf war natürlich auf meine Person überhaupt gemünzt.

Da ist noch ein Punkt –« Die Tür ging auf. Unser Kidnapper trat ein.»Sie sind fair zu sich selbst, unfair zu mir. Wenn nicht die Mordkommission, dann ehrgeizige Zeitungsfritzen, die ungeschnappten Tätern amüsante Spitznamen geben. In meinem Fall haben nicht Sie ihn ersonnen, was Sie nicht davon abhielt, ihn für ihre Pseudo-Recherchen anzuwenden. Der ›Speichelleckertrockner‹ ist so witzig wie prägnant; er beleidigt nicht, er ist ehrlich, er regt zum Nachdenken an, kurzum, er ist wahrhaftig.

Unterhaltsam, um den Preis flacher Information gebracht, die noch Mitgefühl zu erwecken erleichternd dem Leser anheimstellt, schreiben Sie Artikel über Artikel über Schicksalsschläge, als wollten Sie einen Autorenwettbewerb, der das überspannt Dramatische hervorhebt, gewinnen.«

»Das hab ich wohl auch, oder?«, würgte mein Nachbar.

»Was sollte der lächerliche Vorwurf, mit einer Umfrage zu Konsumvorzügen der Leute würde ich das Edle meines Berufes verfehlen? In welchem Jahrhundert lebst du, krankes Schwein?!«

Der Kidnapper trat seelenruhig näher zu ihm.

»Sie sind ein Könner der Wortklauberei, eben ein Unterhalter, Schicksalsaufspürer – kein Erleichterer oder Tröster. Sie sollen erfahren, wie es ist, Ihr Werk zu *leben* …«

Grinsend hielt er den Blick bei dem Papierfetzen an der Betonwand an, von welchem er teilweise zu zitieren schien. »Auf meine kleine Finte sind Sie erfolgreich hereingefallen. Der einzige Wettbewerb, den Sie gewonnen haben, ist der meiner Opferauswahl. Erinnern Sie sich an meine E-Mail, in der ich behauptete, ich sei der ›Speichelleckertrockner‹, Sie haben mir anhand der Profile seiner Entführten umgehend eine Zusammenstellung infrage kommender Nächstopfer zugeschickt, die seinen Vorlieben entsprechen könnten, seien es treulose Ehegatten, doppelbödige Umweltschützer etc.«

»Wie oft schaust du Filme, wie oft gehst du ins Theater mit deiner Alten, wenn du eine hast, du Kotzeimer. Weißt du, warum ich solche Dinge herausfinden will?«

»Sicherlich nicht, um Plattitüden zu erfassen.«

Mein Nachbar wurde selbstbewusster. »Was nie vor mir einer gemacht hat, daran versuche ich mich, und mein Beruf lässt mir dazu freie Hand. Niemand kann mir moralische Vorwürfe dazu machen, wie ich recherchiere, was ich recherchiere, und welche Ziele ich damit verfolge.«

»Gewiss, da haben Sie recht. Während ich meinerseits Lücken ausfülle, die keinen Kläger herbeirufen. Ich trete dort in Erscheinung, wo Unzulänglichkeit in der Rechtsprechung vorhanden ist, wo ich Verkommenheit an formalen Gesetzen erkenne, die nicht harmonierend auf das soziale Leben der Menschen wirken, und umgekehrt. Denn umgekehrt sind Sie und Ihresgleichen ein gesellschaftspolitisch bildender Kanal, die Behauptung, die Meinungsfreiheit gehe einher mit der Pressefreiheit, beruft Medienmogule, *ihre* Form der Korrespondenz an den Mann zu bringen. Sie sind Boulevardjournalist, damit haben Sie sich für den reißerischen Zweig Ihres Handwerks entschieden; Ihre Erzeugnisse haben Einfluss auf Zigtausende, wenn nicht Millionen Leser; ich bin die Intervention, kein Heiliger, auch kein Rechtschaffener – nur der wegbrechend kleine Teil derer, die Prädikate der Freiheit beim vollen Namen aussprechen, zum Lehrstab greifen, jenen, den wir eigens für widersprüchliche Phänomene zusammensetzen; wer uns im Verständnis der Freiheit beirrt, den belehren wir im Schmerz desselben; wir wissen, sie auszuschöpfen, an ihrem Nektar uns zu laben, wer uns in ihrem rechten Gebrauch ermahnt, den stempeln wir Heuchler: Er ist ein Angriffsziel.«

Er holte tief Luft.

»Ich habe mir erlaubt, Ihre Umfrage auszuarbeiten. Sie hat einen«, er lächelte verlegen, »etwas anderen Stil bekommen, doch ich denke, Ihre Leser werden es Ihnen nicht negativ anrechnen.«

»Was hast du getan?«, zischte der Journalist.

Der Kidnapper lehnte sich gegen die Tischkante, ich fühlte mich mehr und mehr ignoriert. »Ausgehend von der Frage, wie oft und weshalb man diese und jene Produktionen konsumiert, wagte ich den Schritt, den Sie nur zaghaft taten. Die Analyse ergab, dass digitale Massenverbreitung mit grenzwertiger Leidenschaft einhergeht – natürlich bediente auch ich mich meiner Einbildungskraft. Wie Sie kürzlich in der Question Time anführten, Leser und Verfasser enger verbinden zu wollen, so schoss ich, wie Sie wahrscheinlich denken, leicht über das Ziel hinaus und erging mich in mehr oder weniger direkten Tiraden gegen die bornierten Leser.«

Mein Kinn hatte sich auf die Brust gesenkt, nur die gelegentlichen Zornausbrüche von nebenan rissen mich aus der Ermüdung.

»Wenn man die Leute darin unterweist, dass bald nichts mehr Tiefe hat und Überraschung erregt, weil alles abgeschmackt, wiederholt aufgetischt wird, wer kann da noch unterscheiden unter der Vielfalt der Angebote, und wie soll man lernen, Gutes zu kaufen, Produkte gleichzusetzen?«

»Es ist der Hang zum Oberflächlichen, der eine konstruktive Diskussion rundheraus ausschließt.« Er las bald, wie ich aus den betäubten Augenwinkeln merkte, nicht mehr von dem Manuskript ab; er schien das Wichtigste aus dem Stegreif zu wissen. »Nicht allein Werbeagenturen und Kritiker, gleichviel welcher Couleur, trachten nach Gewinn, desgleichen verfahren auch die Künstler und Hersteller, es funktioniert nach der Kirchendoktrin im Mittelalter: ›Bezahle mich, und du wirst meiner Kreation teilhaftig.‹ Wem verdanken Ihre Leser ihre Freiwilligkeit zum Schockieren, zum Lachen … zum Weinen? Ist es nicht das Überangebot verschiedenster Tendenzen, begleitet von verschiedensten Anmerkungen, welche ihnen aus der Freiheit zur Kritik zufließen, einer Freiheit, die in den Werkräumen Ihresgleichen redigiert wird?

Sie sind aus dem Geschäft. Ich werde vollenden, was Sie sich in den Kopf gesetzt haben, doch nie willens waren auszuführen, im Wenigsten richtig anzugehen. Ich wühle das Verhältnis zwischen mir und dem Leser auf! Vielleicht wird das ein neues Kapitel in der Geschichte der Meinungs- und Pressefreiheit.«

Zwei Gehilfen traten in den Raum, ich wurde ihrer wegen meiner Erschöpfung nur verschwommen gewahr; sie rollten meinen leidgebrochenen Nachbar auf dem Stuhl hinaus. Mit letzten, verzweifelten Verwünschungen gegen seinen Peiniger, entließ dieser ihn, und ich mag nur schwer annehmen, dass diese seine qualvolle, und doch zweckmäßige Gefangenschaft, ihrem raschen Ende entgegenging.

Nun war die Reihe an mir.

Er zog den nächstbesten Stuhl heran, setzte sich mir gegenüber, suchte sein vormaliges Grinsen, dessen ersterbende Züge auf Wangen und Lippen in ernste Miene überspielten, eben dadurch zu kaschieren und hatte wohl nicht damit gerechnet, dass ich, wiewohl von Furcht angeregt, zum Wort anhob.

»Warum haben Sie mich ausgewählt?« Seine sofortige Bewegung geschah mehr aus gekannter Pflichtschuld, als dass ich ihn jemals mittels innerlich getroffener Fragen und Kompromittierungen hätte manipulieren können. Der Schlagabtausch zwischen falsch interpretiertem Zuvorkommen und uneinnehmbarer Charakterstärke, von der man nicht genau zu sagen wusste, ob sie erkünstelt, verborgen oder erkämpft sei, hielt dennoch das Gleichgewicht in seinem ganzen Verhalten.

»Um die Wahrheit zu sagen, ich kenne Sie gar nicht. Sie sind hier, weil Sie mir helfen werden, jemanden zu überreden, mir auszuhändigen, was mir unrechtmäßig gestohlen wurde.«

Wovon redete er? War das ein möglicher Vorwand, um mich von der Willkür seiner Tötungsfantasie abzulenken? Ich hoffte inbrünstig, dem war nicht so.

Zu meinem Glück klärte sich mein Bewusstsein so weit, dass ich allmählich die Einzelheiten im Raum wahrnehmen konnte; es half mir, gestärkt und rechtzeitig auf das Vokabular des Kidnappers zu reagieren. Aber sann er ohnedies auf meinen Tod, was würde alles Reden geholfen haben?

Dann fuhr es mir durch die Glieder. Der Spitzname, den er jüngst erwähnt hatte, den ich aus meinem delirierenden Zustand nun herausrettete – war es nicht der des lokalen Priestermörders? Sicherlich keine Glanzassoziation, waren doch meines Wissens keine weiteren nennenswerten Morddelikte in der Region bekannt geworden – jedenfalls bis jetzt nicht –, aber das Bemerkenswerte daran schien mir der Umschwung in der Opferauswahl. Hatten die unglücklichen Geistlichen etwa ähnliche Foltermätzchen durchzustehen gehabt wie der Journalist und ich? Oder vielleicht agierten hier doch zwei verschiedene Täter, mit wesensverschiedenen Dispositionen – Ambitionen?

Das Grinsen kehrte in sein Gesicht zurück, dezenter. »Ja, er ist es. Die dunkle Prominenz, der Mischmeister der Popkultur und surrealistischer Verzweiflung. Was ist Tugend, was Laster? Der ruchlose Meuchler, seiner Taten geständig und Diskrepanzen bar; wie ist er an Aufrichtigkeit zu übertreffen, sei er auch nicht mehr vollzubringen fähig. Man stelle ihm den heuchlerischen

Heiligen, Sittenhüter gegenüber – Ersterem würde nie einfallen, sich tugendstark zu nennen, Letzterer gedenkt gerade hierdurch sein Ansehen im Volk zu sichern, die Wange immerdar eng an sein Moralkissen gepresst. Ihm geht die Aufrichtigkeit völlig ab. Dies nämlich sein Defizit: Der Mut zur Reise in die Abgründe der menschlichen Seele – und damit zur Selbstprüfung …«

»Eigenlob stinkt, das wissen Sie doch.«

»Wer spricht denn von mir? Hatte ich nicht erwähnt, dass ich Gemeinschaftsarbeit verrichte?«

»Sie wollen doch nicht sagen, Ihre Schandtaten seien im Sinne sozialer Wohlfahrt! Ihr Verständnis von Selbstjustiz ist ein Ausguss morbider Fantasien.«

»Natürlich, so scheint es den meisten. Weil des Menschen Wissensschatz bei dem Verstehen individueller Notleiden in Anknüpfung an kollektive Akzeptanz (noch) in Kinderschuhen steckt, mögen noch so viele Abhandlungen darüber verfasst worden seien. Doch zu Ihrer eigentlichen Frage. Mit Gemeinschaftsarbeit meine ich eben dies, dass ich kein einsamer Schlächter bin, denn Menschen mit meinen Bestrebungen sind Legion. Vielen geht das Gefühl für ihre innere Wahrheit ab, denen bringe ich sie bei. Andere getrauen sich nicht aus ihren Jammerstuben, diese zerre ich an die Luft. Und die Ungeborenen … – ihr Elend wird das Kapitel wahnwitziger Wiederholungen in der Geschichte stets verlängern, wozu also unsereins Vorhaltungen machen, wenn wir ein Stück daran mitschreiben! Wir tun es für das Wohlergehen aller!«

»Lassen Sie mich gehen. Ich will damit nichts zu tun haben.«

Für eine Weile herrschte Schweigen.

Dann begann eine neue Stimme, in der ein leises Echo mittönte, folgendes zu sagen: »Sie werden aus unserer Obhut entlassen, sobald Sie uns die gestohlenen Fotografien wiederbeschafft haben.«

Ich suchte nach dem Sprechenden, doch es war niemand zu sehen. Der Kidnapper hatte mir die Sicht nach vorne freigemacht, und ich sah diese kleine Luke, die in die Wand eingelassen war, wie der Aufgang zu einem Dachboden, nur viel kleiner. »Wir wissen,

Sie arbeiten in dem kleinen Fotoladen, unweit der traditionellen Schneiderei. Es wurden vor Kurzem Bildaufnahmen in Auftrag gegeben, doch merkwürdigerweise sind diese nicht mehr auffindbar. Wir wissen auch, dass Sie mit einer jungen Frau zusammenarbeiten, dass daselbst eine kollegial bis familiär anmutende Atmosphäre vorwaltet. Da aber unsere Geiselpolitik Frauenkidnapping strikt ablehnt, denn Hysterieanfälle machen bei ihnen sogar den schnellen Tod zur nervlichen Belastung, setzen wir unsere ganze Hoffnung auf Sie, und ich möchte hinzusetzen, dass Ihre Kooperation anerkennend belohnt wird.«

Halsstarrigkeit war hier kein Ausweg.

»Von gestohlenen Fotografien weiß ich nichts, wirklich. Aber sind Sie schon mal auf den Gedanken gekommen, dass sie möglicherweise einem Diebstahl zum Opfer gefallen sind von der Konkurrenz eines dieser Pseudo-Theatraliker? Ich arbeite nur zweimal wöchentlich dort, über Bearbeitungsprozesse kann ich nicht ständig auf dem Laufenden sein.«

Der erste Kidnapper, der mittlerweile die Rolle des Assistenten übernommen hatte, schaute erwartungsvoll in die Luke. »Niemand spricht von Einbruch. Es war ein Mitarbeitervergehen, alles spricht dafür. Genau genommen kommen nur Sie oder Ihre junge Kollegin infrage«, dröhnte es körperlos aus dem Loch.

Ich wurde vor Sorge um Adriane fast wahnsinnig. Die Folter war im vollen Gange ...

»Kommen Sie mit mir und ich werde Ihnen zeigen, dass nichts fehlt.«

»Machen Sie sich nicht zum Narren. Ihre kompetente Vorgesetzte hat den Fingerzeig bereits nach Ihnen gestreckt. Die junge Frau dagegen wehrt sich beharrlich gegen die Verdächtigung. Die Sache wird für Sie beide nicht besser, wenn Sie schweigen oder dementieren. Glauben Sie es: Für jeden Menschentyp gibt es eine passende Sterbezeremonie, die es wert ist, veröffentlicht zu werden.«

Dann ... die folgenden Ereignisse ... sie fressen an mir ohne Unterlass. Die Luke, sie wurde von einer Reihe von Bildaufnahmen ausgefüllt, die eindeutig Adriane unter ausgeübter Ge-

walt zeigten. Ich spürte, wie kalter Zorn durch mich fuhr, bereit
zu wüten, doch gleichsam seiner gefangenen Starre ergeben; so-
gleich mengte sich das Bewusstsein dazu, wie viel mir Adriane
bedeutete, es war ein verzweifeltes Zehren an Erfahrungen, die
sich nie ausgeformt hatten, ich hielt mich an etwas fest, das mir
Lebensglück hätte werden können, und ich vergötterte es wie
die Weissagung eines Propheten. Ich war angekommen, wo man
mich haben wollte.

»Ihre Unnachgiebigkeit ist erstaunlich. Umso erbärmlicher
aber wird sie, je näher Sie die Ablichtungen anschauen.« Sein nun
schweigsamer Assistent, hin und wieder eine höhnische Grimasse
schneidend, schob mich näher an die Luke. Die Bildserie nahm
eine Wendung. Solch eine, die meinen Verstand verdrehte.

»Sie sehen, Ihre liebe Kollegin ist eine Hure. Es liegt offen
zutage, wie Sie ihr gegenübertreten würden. ›Das hätte ich nicht
von dir gedacht‹ oder ›diese Seite kenne ich gar nicht von dir‹.
Sie dürfen Ihre Emotionen gerne zurückhalten, hier ist nicht
der Ort für ihr Interesse; was aber ins Gewicht fällt, sind dies
die Belege entsetzlicher Erkenntnisse für die Inwendigkeit ihrer
Empfänger – Sie haben klasse mitgespielt. Bedenken Sie nur
eines, sobald Sie die Enttäuschenden mit den Ihnen zugefügten
Schocks konfrontieren: dass Sie sich seit ihrer Bekanntschaft stets
enthielten, auf die tieferen Ebenen ihres Wesens, als Freund oder
Gefährte, hinabzusteigen, es als unnötig erachteten.«

»Steht die Forderung noch im Raum?« Ich war nicht gezügelt,
ich war gelähmt.

»Gut, Sie ergeben sich. Bevor Sie entlassen werden, würde
Ihnen aber noch gerne jemand sein Bedauern ausdrücken.«

Mir stockte der Atem, doch, ehrlich, warum sollte es mich
überrascht haben, frage ich geläutert aus heutiger Sicht. Der ab-
solut Dumme lernt nie aus seinen Fehlern, sein Dummsein aber –
es muss doch im Zusammenhang mit andern Dummen gedacht
werden, die ihm den Honig bitter machen. Ich verfluche dich,
Adriane, auch mich, der ich blind wandelte; mit wem hast du
dich verbündet, hä? Die Freundlichen, sie sind es nicht, sind es
dann die Groben, die Machos? Unsinn, es sind die wahrhaft

Kranken, und diese sind von Ansehen umhüllt, bis zum Halse, nur wundert mich, dass sie das Zuschnüren der Kehle überleben. »Hallo. Du weißt ja, jeder geht seinen Weg.«< Sie hätte mich, jetzt da ich sie real – und geistig – sah in ihrer entlarvten Schönheit, leichter dazu bewogen, wozu ich noch kürzlich der Ohnmacht wegen außerstande war – ihr an den Hals zu fallen und sie zu erwürgen, bis ihr die Augen herausquollen. Doch ich erkannte die Nutzlosigkeit dieses Begehrens.

»Heute, wo man jedem den hunderttausendsten Teil seiner Persönlichkeit zugänglich macht, wunderst du dich darüber, wenn ich für ein lukratives Geschäft angeheuert werde?«

Zum Abschiede, wäre da nicht in etwa Folgendes passend gewesen: ›Hast du bedacht, in wessen Hände du dich begibst, ob sie jene sind, die deinem jungen Leben den Kick geben, den du nötig hast; danach allerdings reiht sich die zweite Frage, die wichtigste, nämlich ob sie jene sind, die dir dein Leben nach Gebühr entlohnen?‹ War ich weder begütigender Lehrer noch Philister, so blieb es bei meinem marternden inneren Monolog. Mochten alle, die das Nahe und Zutrauliche, die täuschend wahrhaftigen Kuschelstuben der Sicherheit, verachten, sich den zweifelhaften Rufen ebenso zweifelhafter Angebote übergeben und im Meer ihrer Einfalt ersaufen.

Carla, die bewunderte Hauptfigur und der Renner im aktuellen Unterhaltungsprogramm der Stadt, hatte sie zu ihrem Vorbild erhoben; wie viele würden ihr folgen?

Da gab es, außer meiner, eine weitere Stimme, deren Körper sich der Anschauung enthielt, und die hier, wo mein Bericht an seinem Ende wankt, zum Abschluss ihre Ehrfurcht – was meinem Mittelfinger entspricht – einforderte; er dachte, er könne mein Ende nach wie vor zu einer Parodie – oder was immer – ausbilden, mein Widerstand war ein innerer geworden, zu jenem erbaulichen Kämpfersinn, der mutig und trotzig seinen stillen Sieg feiert, ohne jemals eine Ahnung in den Köpfen des Publikums zu erwecken – wie wollte er diese Szene überzeugend einfangen? Er war wohl eigensinnig genug wie seine neue Ko-Produzentin.

Die Disharmonie
Zweier
Ist der Katalysator
Für einen
Dreier

»So heißt das Motto Ihrer Kollegin. Und sie wird dabei unterstützt werden. Es ist kein Hass, ganz zu schweigen ist von der Befolgung einer überzeugten Richtlinie. Es wurzelt ganz einfach im neuen Trend, und wer seinen Part ernst nimmt, wird die gebührende Würdigung auf der freien Brust seines Werkes prangen sehen, Opfernamen und Mitstreiter gleichberechtigt an seiner Seite. Seien Sie also beruhigt, fügen Sie sich Ihrem Los. Da ist nichts, was man hätte verhindern können ...«

An meinen hochverehrten Kollegen und Mentor Benkitt,

Man ist geneigt anzunehmen, dass unser Programm mehr die Arbeit eines Rezensenten erfordert als die des Arztes. Nach gründlicher Recherche über die Vorfälle im Herbst des Jahres 20xx erschloss sich mir die Überzeugung, hier wäre nichts zu bessern, das analytische Vermögen meines Patienten kokettiert übermütig mit dem aktuellen Trend und verlacht medizinische Bemühungen. Und obgleich wir vorliegendem Bericht entnehmen können, wie die Bewahrung der Anonymität im vordersten Interesse steht, bleibt der Moment der Bekanntschaft erhalten, sobald die Fachwelt anfängt, sich mit dem Gegenstand zu beschäftigen. Wir erleben den Aufschwung skurriler Netzveröffentlichungen, eine unverbindliche Affinität, während das Fatale daran, zu glauben, die Leser würden jede geäußerte Emotion auffassen, wie es sonst nur unser ›Gewerbe‹ tut, den Erkrankten meist nicht erhellt. Das Resultat ist eine Verschlimmerung des Zustandes.
So lange, und hierbei appelliere ich an Ihre Weitsicht, der privatisierte Bruchteil unseres Berufes dem staatlichen antagonistisch gegenübersteht – will heißen, das Verständnis hippokratischer Wohlgesinnung in törichten politischen Spaltungen und Ver-

zerrungen seinen eigentlichen Schwur zu unbedingter Gesundheit verfehlt –, so lange diese bürokratische Verzettelung besteht, wird auch unser Programm auf lange Sicht keine Früchte tragen –, man setze denn seine Hoffnungen auf ein sensibleres Angehen multimedialer Nutzung und damit die Entstehung für das Bewusstsein sozialer Verpflichtungen. Nimmt man nun die Erzählstruktur als Ausgangspunkt, ohne Vorkenntnis der agierenden Personen, entsteht der Eindruck prosaischer Literatur, als lese man einen Roman; tatsächlich aber ist die Behauptung vieler in Behandlung befindlicher Patienten, sie hätten ihre Erlebnisse erinnerungsgemäß niedergeschrieben, dem Defizit geschuldet, fehlende Aufmerksamkeit und Geltung herzustellen, daher auch der Drang, sich mitzuteilen, auch wenn der Wahrheitsgehalt dabei schlecht fährt. Nichtsdestotrotz liegt die Genesung (Bewährung) meines Patienten in seinem eigenen Interesse, so viel dürfte ihm hoffentlich klar sein, und seine bisherigen Aussagen bieten immerhin einen aufschlussreichen Anhaltspunkt für weitere Forschung; daneben halte ich die Unterbindung digitaler Präsentation für dringend notwendig, ich denke aber, das Pflichtbewusstsein meiner Kolleginnen und Kollegen ist in diesem Punkt frei von Vorurteilen, die ihren einstigen Schwur gefährden würden.

Die zunehmende Problematik der Differenzierung zwischen Krankheit und Kunst – ich nenne es das ungleiche ‚KK‘ Zwillingspaar – erschwert dem diskreten Arzt die Wahrnehmung der Grenze, worin ich für die Zukunft unserer Unternehmung erhebliche Belastungen vermute.

Doch nun zum Einzelnen: Der erste Abschnitt – jener aus der Hand meines Patienten – ist kurzgehalten, dennoch wesentlich. Ich musste mich notwendig an den Ausdruck halten, auf welchem die Fußzeile unmissverständlich kundtut, er stamme aus dem Netz; ein Indiz, welches mein Patient bei der Übersendung des Skripts nicht der Erwähnung wert empfand. Was sagt uns das? Erstens ist mir persönlich der kurze Lebensumriss keine Neuigkeit, ich kannte ihn bereits aus Praxisgesprächen. Unsere Aufmerksamkeit gilt vielmehr dem Anhang, der, nach sorgfältiger Prüfung, keinen Zweifel daran lässt, dass er, mit Rücksicht auf Nichtnennung des

Verfassers, nicht mit der Person meines Patienten identisch ist, zumal beträchtliche Unterschiede allein in der Charakterstruktur nachweisbar sind; ist man den Autoren auch nie begegnet, so liest sich aus Gedanken und Empfindung leicht heraus, dass hier keinerlei Identifikation bestehen kann.

Genau hier fangen die Schwierigkeiten an. Wozu dieser Anhang, da er doch nicht von meinem Patienten herrührt? Ich habe den Kollegenkreis gebeten, das Dokument zu studieren, um eventuelle Parallelen bei den von ihnen Behandelten auszumachen, doch leider blieb die Unternehmung ohne Erfolg.

Scheinbar haben wir es mit einer pointierten Ausrichtung zu tun – mein Patient schweigt darüber, er gilt als vermisst. Hier ist die Stelle, wo mir erlaubt sein darf, Spekulationen anzustellen. Seine Vorstrafe ist bekannt. Darf man dem Text Glauben schenken, so steht hinter den Mordfällen eine Gruppe, nicht er allein. Es kann in seiner Absicht gelegen haben, den Verdacht insoweit auszudehnen, als seine Schuld damit zu mildern, was indes meiner längeren Erfahrung im Kontakt mit ihm diametral gegenüberstünde; und begäbe er sich nicht in Gefahr im Falle des Verrats? Bereits in unserer zweiten Sitzung schien er keinerlei Verschlossenheit mehr zu pflegen, seine Freimut nahm Züge fast stolzen Gebarens an, etwa wenn er, statt Reue zu zeigen, seine Taten zu veritablen Aphorismen ausschmückt: ›Wer in diesem Leben des Tötens zu feige, zu müde und eingenommen von anderen *edleren* Tätigkeiten ist, handelt nachlässig – wie will er seine Würde gegen Misshandlung stählen!‹

Die Annahme der Richtigkeit seiner – ich möchte es bei aller medizinischen Sorgfalt dennoch ›Desorientierung‹ nennen –, also unter Berücksichtigung dieses mentalen Aussetzers, gipfelt seine Festigkeit, die mehr der psychischen Stabilität dient, als dass sie verherrlichen würde, in dem irrigen Ausspruch: ›Eine Schande, käme ich minderer Delikte wegen ins Gefängnis. Das Mordtuch ward zu meiner Wärmedecke.‹

Die Rohheit solcher kriminellen Verpuppung mag empören, allein mir haben sich ihre Anfänge aufgetan. Die Lebensgeschichte meines Patienten ist eine Anreihung tragischer Begegnungen mit analogen Ergebnissen und Aufarbeitungen, sofern es bei den jeweiligen Umständen möglich gewesen war, die meist ausnahmslos so geartet waren, dass sie seinen Entwicklungsstand überstrapazierten – nach errungener Gunst meines Schützlings habe ich Einsicht in seine diversen Aufzeichnungen nehmen können, die in Zusammenhang mit seinen verbalen Erzählungen von fast epischer Qualität sind.

Bedauerlicherweise musste sein psychischer Reifeprozess letztendlich die denkbar schlimmste Wendung nehmen – ich bürge für ihre Notwendigkeit!

Nachdem er einen Punkt erreicht hatte, an welchem ihm die Freude am Leben abging, erging er sich in suizidalen Erwägungen, die er auszuführen auch drauf und dran war. Nicht plötzliche Einsicht in den Wert seines Lebens, das er fortan schützen oder gar verschönern wollte, hielt ihn von seinem Vorhaben ab, wie er es mir dartat: Es war einfach Feigheit, mit der kleinen Veränderung, sich nicht länger von der Missgunst seiner Mitmenschen einschüchtern zu lassen – den Willen zu geselliger Interaktion ließ er sich nicht verdrießen. Sein Unglück machte ihm einen Strich durch die Rechnung. Bald, und dies markierte die Schlussphase seiner Passion, sah er nur zwei mögliche Leumunde, die man ihm würde anhängen wollen: Sie heißen Mitleid oder Hass.

Da er am Ersten gescheitert war, entschied er sich für letztere Option.

Wäre er sich selbst zum Opfer gefallen, ohne sich kriminell schuldig gemacht zu haben, so wäre ihm – und das psychiatrische Gutachten bürgt dafür – allgemeines Mitleid gewiss gewesen; aber da er von einem unerbittlichen Rachebedürfnis angetrieben wurde, das ihm die letzte Aussicht auf ein normales Leben verfinsterte, entschloss er, gegen die Gründe seines Leidens vorzugehen – die Folgen dessen kennen wir. Somit sah er sich vor die Wahl gestellt, und die beiden Leumunde gerieten ihm zu zwei alternativen Handlungsweisen, nämlich ›Selbstmord oder Mord‹.

Ich muss gestehen, mir hat die Beschäftigung mit diesem Fall viel zu denken gegeben. Sie wissen, ich arbeitete jahrelang mit schwierigen Kandidaten zusammen, schwierig will heißen, das, was auf einem konventionellen Maßstab als schwierig gilt, aber die Betrauung mit hiesigem Patienten ist eine Bewährungsprobe, die neue Dimensionen annimmt.

Da er nun verschwunden ist, bleibt nichts zu tun übrig, als das letzte Erkennungszeichen (das vorliegende Skript) zu den Akten zu nehmen, während ich mich in der vagen Hoffnung ausruhen darf, dass er wieder erscheine. Bis dahin bitte ich Sie, mein hoch geschätzter Kollege, mich für die kommende Zeit zu beurlauben, denn wie Sie wahrscheinlich erfahren haben, möchte ich mich des neu gewonnenen Glücks erfreuen, Familienvater geworden zu sein.

Selbstverständlich behalten wir uns Stillschweigen vor, wie zu Anfang besprochen.

Beste Grüße
Dr. P. Kofing

Aktenzeichen: MD-2

11

Der Tag, an welchem die Religion
weltweiten Friedens ihre Kirchen weiht,
läutet die Herausforderung der Aufsässigen ein,
ihre neu-alten Hassthesen an ihre Pforten zu nageln.

Aus den Reden Krou Fleus', des Immermüden

»Lass den Penner liegen!«, schrie der erste den zweiten Jungen an. Dieser sah sich nach unerwünschten Zeugen um; als er sicher war, dass keine da waren, rief er dem ersten erneut zu, mitzukommen. »Ich will noch seine Geldbörse.« Während er die verrenkte Gestalt, die sitzend an der sanierbedürftigen Wand lehnte, nach seinem Portemonnaie abtastete, hatte der nächste Zug sich schon brausend angekündigt.

»So. Das war's. Hauen wir ab.« Siegestrunken liefen sie über den Hügel. An den Schienen vorbei blieb der Beuteträger zurück und sah dem zurasenden Zug entgegen. »Los! Komm, Mann!«, rief der andere. Mit einem hämischen Grinsen auf den Lippen winkte sein Komplize. Die bis dahin nächtliche Stille wurde vom warnenden Tuten des Fahrzeugs durchbrochen, das einzige, und doch oftmals geringste Mittel, das der Lokführer anwenden konnte, um auf Abläufe jenseits der Schienen Einfluss zu nehmen.

Es war fast schon zu spät, als der tollkühne Junge plötzlich fortgerissen wurde.

Er dachte, seine Schulter würde ausgerissen, da merkte er, wie der Zug vorbeirauschte, den er gerade noch herausgefordert hatte. Er schlitterte haltlos die Böschung nieder; als er allmählich seine Wahrnehmung so weit ordnen konnte, dass er begriff, was vorgefallen war, sah er, akustisch vom Geklapper des Zuges unterbrochen, vor dem Hintergrund desselben einen menschlichen Umriss, der nicht seinem Komplizen zu gehören schien.

Er verharrte oben, starrte auf ihn hinab.

Der Heruntergeworfene rappelte sich auf, für einen Moment, anders war es nicht möglich, verlor er seinen ungewollten Retter aus den Augen, was schon dafür ausreichte, dass er jetzt, da er wieder hinauf sah, von Entsetzten gepackt wurde.

Der Zug war vorbeigefahren, die Schattengestalt stand vor dem bordeauxfarbenen Nachthimmel und war um einen Gegenstand in der Hand reicher. Sie warf ihn lässig herunter, sodass er um ein Haar dem Abhang zum Opfer gefallen wäre, der hinter dem Jungen sein tödliches Reich ausdehnte, und vor dem ihn selbst ein paar schmächtige Sträucher gerettet hatten.

Das hochragende Firmenlogo der Motorproduktionsstätte, das auf einer Höhe mit dem Kamm des Hügels war, warf genug Licht ab, ungeachtet des seit Längerem ausgebrannten Buchstabens; dabei ergab das Lesen des Namens einen anderen Sinn, und man dachte unwillkürlich an einen Werbeeffekt – oder an einen bübischen Streich der Konkurrenz.

In rotes Licht getaucht, erschrak der Junge, als er an der Sportmarke den abgetrennten Arm seines Freundes erkannte. Es gab keinen Ausweg, der Unbekannte verharrte noch immer auf dem Kamm und rechnete wohl darauf, dass der Junge aus Verzweiflung sich ergeben würde. Dem geschah so, mehr oder weniger. An anderer Stelle kämpfte er sich hinauf, wobei die schwarze Gestalt, deren menschliche Gesichtszüge einfach nicht aufgehen wollten, ihm langsam folgte.

Die Verzweigung der Schienen war an der Durchfahrt unter der Autobahnbrücke von Dingen überstreut. Ein Bein hier, ein Arm dort; dabei schwor er, dass er einen Frontalzusammenstoß seines Freundes hätte mitbekommen müssen, der weniger als zehn Schritte von ihm entfernt gewesen war. Abgesehen davon war der Zug nicht raus aufs Land gefahren, er musste also mehr oder weniger aus freien Stücken unter die Todesmaschine geraten sein. Der Vorwurf des Mordes – war er denn selber frei davon? Während er über die groben Steine jagte, als Ziel die graffitiverschmierte Längsmauer aus Ziegelsteinen erkoren, hörte er, wie sein Renngeknirsche von einem weiteren begleitet wurde, jedes Mal, wenn er sich umdrehte; es war viel leiser als sein eigenes, dass er sogar manchmal anhielt, weil er nicht glaubte, er würde verfolgt. Als er an der zwei Mann hohen Mauer ankam, gab es für ihn nur den einen Ausweg. Doch jetzt hörte er das Knirschen der Steine wieder, diesmal ungleichmäßig. Mit dem Rücken zur Wand suchte er auf Zehenspitzen in den Winkel zu fliehen, wo er die Treppe zur alten Stellwerküberführung wähnte, die nächstgelegene Hoffnung auf bewohntes Gebiet.

Unversehens flog ihm ein großer Stein horizontal in den Bauch, der plötzliche Schmerz, allzumal der Schock riss ihn nieder. Sein Verfolger stand im Segment des fahlen Laternenlichts, das weit über ihm hochschoss und hier in dieser nächtlichen Nebenwelt nur den Ratten zu leuchten schien.

Ihre Körpergröße war nicht sehr verschieden, allein die Masse würde den Jungen zum Unterlegenen machen, dabei hoffte er, es sei nur die Fülle seiner, für diese Gegend gewiss unpassenden Anzugjacke, die den Kerl drahtig erscheinen ließ. Er machte keinen Fluchtversuch, als dieser an ihn heranschritt.

Kurz darauf erhellte im Hintergrund das hohe Möbelhaus, das im Gegensatz zu seinen Nachbarbauten recht spät nachzog.

Nunmehr nicht in völliger Finsternis war auch gleich das grinsende Gesicht des Verfolgers sichtbar geworden; ob er es die ganze Zeit gehalten hatte, fragte sich der Junge? »Gerade zur rechten Zeit«, dröhnte es aus dem grinsenden Mund.

Der Junge tastete aufgeregt seine Taschen ab; er holte eine Spritze hervor, setzte die Nadel an die Vene. »Warum willst du deine Jugend ruinieren?«

»Ich ruiniere sie nicht. Ich schmücke sie aus.«

Sein Daumen hatte die benötigte Ersatzflucht schon zur Hälfte injiziert, als sein Verfolger herbeitrat und sie ihm aus der Hand schlug. »Schau doch. Es wäre ein Leichtes, dich hier sofort aus dem Weg zu räumen. Würde ich auch dafür geschnappt werden, empfände ich dennoch keine Reue.« Beim letzten Satz hielt er den Blick nachdenklich nach oben, jetzt sah er auf sein *mögliches* Opfer hinab. »*Du* weißt, wovon ich rede. Du fühlst genau wie ich.«

Er drückte das Kinn des Jungen nach oben, damit er sehen sollte, was er ihm zeigen wollte. Er ging freiwillig mit dem Rohling die Längsmauer entlang, und je weiter sie durch die Steine schlurften, desto höher wurde dieselbe, arkadenähnlich mit bogenförmigen Nischen, von denen die wenigsten auf die andere Seite führten.

Waren sie nicht bunt ausgemalt, sodann von Plakaten behängt, manche sogar ausgefüllt mit Körpermasse. Sie hielten an, der Junge sollte dieses Plakat sehen. »Der Wettbewerb der kleinen Meuchler«, seufzte sein Mitzerrer im Tonfall des stolztrunkenen Schwärmers. »Wir können diese unsere Vorbilder nicht übertreffen«, seine Umklammerung wich dem des freundschaftlichen Umlegens der Arme um den Jungen, dabei hielt er den Blick starr auf die Nische, die satter Beleuchtung ermangelte. »Wie kann ich mit meiner Hypothek von vier ›Besiegten‹ gegen die Großen ankommen, deren Konto Millionen umfasst. Es kommt ja wohl aufs Aufrechnen an, meinst du nicht?«

»Mach dir nichts daraus. Für die sind wir alle Wiederholungstäter. Aber sollte nicht die Differenzierung gelten, wie, warum, wodurch es geschah?«

»Du hast recht.« Er drückte seinen neu gewonnenen Sinnesverwandten fester an sich. »Trotzdem will ich als Provinzkrimineller die Chance haben, meinen Vorbildern das Wasser zu reichen. Aber wie? Hitler, Franco, Mao … bis heute verehrt oder verachtet, in die Geschichtsbücher bezeichnenderweise eingebrannt.«

»Du musst dich beeilen. Ihr Mordrekord lässt sich nicht so schnell überbieten.«

Sie gingen weiter, freilich in seltsamen Einmütigkeitsschritten.

»Sieh dorthin.« Der Eifersuchtsmörder zeigte über das Tal hinweg, hinter den Fabriken, wo der Sonne zarter Schimmer den neuen Tag ankündigte, lag die Mülldeponie der Stadt, materielle wie seelische Abfälle trafen dort aufeinander, mal im Zwist begriffen, mal sich als Schicksalsgenossen zögernd anerkennend.

»Hier gedeihen neue, hoffnungsvolle Generationen; hier spielen und scherzen sie gemeinsam im Sandkasten – und hecken Pläne aus, wann sie ihre Lehrer niederstechen sollen.«

Seine Bewegtheit war groß.

»Langsam verstehe ich«, sagte der Junge, »Du bist im Zweifel darüber, ob oder welchen Nachruf man dir vor deinem Verscheiden anhängt. Mein Mittel, mich durchzuschlagen, ist nicht die Sorge, darüber denke ich nicht nach. Bevor jemand von mir Rechtfertigung verlangt, habe ich hundert Mal mehr Ansprüche darauf, von ihm Rechtfertigung für sein Ansinnen zu fordern. Deine Zwietracht ist der giftigste Unfriede. Lass deine Dämonen fahren.«

»Wer neigt denn eher zu abscheulichen Taten. Sind es nicht die Perspektivlosen, arme Gesellen wie du« – sich selbst schloss er also aus? – »wo die Schwelle vom einfachen, genügsamen Bürgerleben zum notwendig-resoluten Amoralisten in nebliger Ferne zurückgelassen wurde. Begreifen könnt' ich's nie: wie ließe sich der edle Idealist von blutsüchtiger Vergeltung hinreißen. Etwa aus Langeweile? Aus noblem Hause kommt er, dieser eloquente, geschniegelte Herr, der öffentlich gern Gesehene. Und plötzlich … lässt er sich dazu herab – erklär's mir – ein menschliches Wesen zu töten. Würde einem solchen wahrlich die Vernunft abgehen, wer stellte da noch den Vergleich mit deinesgleichen auf!«

Die Zornesröte fuhr dem Jungen ins Gesicht. »Und du?«, zischte er, »in deinem Sumpf möchte ich nicht untergehen. Während du dein wahres Ich suchst, triumphiere ich mit jedem Atemzug durch meine Taten. Was gehen mich fremd gedeutete Bestimmungen an.«

»Sieh dorthin.« Das halb zerrissene Plakat bildete eine Frau in aufreizender Pose ab. »Schick und geltungssüchtig. Würde diese Schickse etwa wollen, dass die Fantasien ihrer Bewunderer inkarnieren? Sie trägt selber dazu bei, jeder erotisch willige Blick in so vielen Männeraugen – allein sie sieht keinen davon. Erotisch ist das *berufliche* Ich, und das private … den Schwärmer aber hält nichts auf. Möge sie ihr Ich vor Zudringlichkeit bewahren … oder spalten!«

»Du hältst dich für gespalten?«

Er sah den Frager grimmig an. »Wir sind alle gespalten«, erwiderte er, packte den Jungen, der nun endlich zu seiner Geisel geworden war, an den Schultern, hievte ihn hoch und trat mit dem menschlichen Gepäck zu dem abgestellten Geisterwaggon. Die Ladeseite war geborsten, gezackte Splitter reihten sich in unterschiedlichen Größen zu einer Todesfalle. An einem derselben bediente sich der herbe Entführer, drehte den Kopf seiner Geisel, die ihre letzten hilflosen Entwindungsversuche unternahm, am Kinn in Richtung der metallischen Spitze und schob leichthändig, als spiele er auf der Kegelbahn, die Körpermasse von sich. Sein kürzlich noch lebendiges Opfer hing mit geweiteten Armen in der Blessur eines seit Ewigkeiten unbenutzten Waggons, der Zacken, rostig und schwach, würde bald samt Kopf abbrechen, man sah, wie sich beide fast einhellig abseits bewegten.

»Aber ein gespaltenes Hirn muss sich darüber keine Sorgen machen«, lachte der Eifersuchtsmörder.

›Es ist längst ein unabschätzbarer, obszöner Wettbewerb: Ob auf der Horrorunterhaltung dies allein beruhen mag – da sie doch ihre Früchte woher nehmen muss! Man wird abwarten müssen … obwohl heute schon augenfällig ist, wie ungebremst Leckerlis wie Sadismus und Sexualität sich kreativ-neurotisch abzeichnen, wohin man schaut. Vielen wird das, allen voran den Puritanern, schwerlich als Komponente einer weiterentwickelten Kultur aufgehen. Toller Scherz, wie? Gute wie schädliche beziehungsweise schädigende Leidenschaften und Gewohnheiten sind ja nun mal auch dem Wandel der Zeit unterworfen, sei nun der Produzent als Unterhalter gleichwie als Störenfried real-gesellschaftlicher Verhältnisse in der Manier des rigorosen Kundenfängers unterwegs, um ihm sein erregend-bizarres Angebot zu unterbreiten, oder, schlimmer noch, der Kunde keinen Moment ungenutzt lässt, statt selbst den ihm zugeschnittenen Geschmack herauszufinden, sich vollends dem Diktat jenes Zudringlichen hingibt … Ja, kann er denn anders? So lange kein Heilmittel, so lange das Virus seine Herrschaft ausbreitet, sage ich immer …‹

»Schalt die Kiste endlich aus!«, fauchte die Frau auf dem Rücksitz der Nobelkarosse, sichtlich aufgeregt durch die Stimme aus dem Radio.

»Ich kann nichts dafür«, rechtfertigte sich der Fahrer, während er den Wagen über die von hin und her flitzenden Menschen gefüllte Straße manövrierte, in ständiger Angst, von herumgeworfenen Gegenständen getroffen zu werden. »Der Kerl sendet

auf der Frequenz meines Lieblingssenders. Irgendwie hat er es geschafft, zwei regionale Sender aus dem Programm zu nehmen.«
»Solche Volksaufwiegler sollte man einsperren, wo ist die Polizei?« Sie wusste nicht, auf welcher Seite sie geschützter war, links oder rechts, sie rutschte und rutschte, von panischer Angst ergriffen. Und die Stimme tönte weiter …
›Wie ich schon sagte, es ist ein längst unabschätzbarer Wettbewerb. Das Folgende sage ich euch, Hüter der braven Bürgerlichkeit: Ihr glaubt, ihr habt den Unmensch aus dem Verkehr gezogen? Euer rächendes Ungestüm, mag es behaupten, es habe den Schutz und das Wohlergehen der Bevölkerung zum höchsten Prinzip, oder vielleicht ist es einfach vom Mist seines Dünkels eingenebelt – egal, lasst euch sagen von einem, der hier als Vorbote spricht: Er war nicht der Letzte! Das Unvermögen, gegen das er ankämpfte, war nicht allein in seinem Schicksal bemessen; eure Kontrollansätze werden das Messer der Gekränkten – oder Rächer – nie zur Ruhe bringen. Ihresgleichen werden geboren, entwickeln sich zu Rebellen, was auch immer für Einschränkungen ihr ihnen aufzwingen wollt …‹
»Schalt jetzt endlich den Dreck aus!« Eher wäre sie wohl aus dem Wagen gesprungen, als sich mit ihrem Chauffeur anzulegen. Es war offensichtlich, dass er die Sendung hören wollte. Sie waren nicht mehr weit von der Schnellstraße, noch zwei, drei gekonnt geschnittene Kurven und die Bedrohung war zu Ende. »Er ist nicht schuld an diesen Zuständen. Er sagt die Wahrheit, was die Leute seit Langem fühlen und …«
»Er wettert gegen Leute wie uns, du Idiot!«, fuhr sie dazwischen. Ihr modisch hochgestecktes Haar hatte sich längst aus Klammern und Bändern gelöst, schweißüberströmt wand sie sich auf dem Rücksitz und hatte auch ihre Abendkrönung, die Flasche Prosecco, ausgeschüttet. Sogar jetzt noch konnte sie die schwierige Entscheidung nicht treffen, ob ihr Leben oder ihr Reichtum für sie Vorrang hatte, als sie anfing, die Edelsteinsonderanfertigungen und Samuraifigürchen, die sie um die halbe Welt transportieren ließ, einzusammeln, nur um verheult festzustellen, dass nicht mal ein Viertel davon in die Minitasche passte.

»Ich will nach Hause!«, schrie sie wie von Sinnen. Den Chauffeur, gerade die letzte Kurve zur ersehnten Schnellstraße nehmend, überraschte die Barrikade, teils aus echten Bausteinen, teils aus Pappfiguren im militanten Sinne der Randaliertruppen. Er steuerte hindurch, unversehrt so glaubte er, doch dahinter hatte man eine Sprungschanze aufgestellt, welcher er nicht mehr ausweichen konnte. Der Wagen flog durch die Luft, schlug hart krachend auf und – fuhr nicht mehr weiter. Mondämons Stimme höhnte indes weiter aus den Boxen: ›… Interesse an Krimis sonst, hä? Mit der Zeit steigt die Forderung nach Morbiditäten, das Alte, oft Wiederholte sprengt die Grenzen eurer Gewohnheiten, und ihr wollt das ›Neue‹. Zeitgeist ist dreist! Wer es wagt, dem Bösartigen seine Unterhaltungszuneigung zu schenken, wird ihre Grenzen nur zaghaft übertreten … Gebt doch zu: In der Verpackung Fiktion ist der Qualschrei des Kindes noch erträglich … – wie wahr, dass ihr es dabei belassen wollt …‹

Der Mob näherte sich dem ramponierten Wagen. Die Stimme des Moderators wurde mehr und mehr von statischen Geräuschen überlagert, seine letzten Allzweckkommentare schienen jedoch die Straßen erfasst zu haben, denn die um Befreiung kämpfende Frau, als sie angsterfüllt und schwer verwundet aus dem Wrack zu fliehen suchte, die verklemmten Türen dies aber nicht gestatteten, hörte die bedrohliche Truppe im Chor wie im Gebet murren: »Zeitgeist ist dreist!« Das wiederholte sie so lange, bis sie sie aus dem Wagen zerrten, von zwei hinter sonderbaren Masken vermummten Gestalten festgehalten wurde, um das Hinzutreten ihres scheinbaren Anführers abzuwarten.

Als dieser endlich kam, herrschte Schweigen, alle bis auf diesen Rädelsführer hatten ihre Gesichter verhüllt, der freie Ausdruck des seinen schien dafür umso stolzer – und kälter. »Ich werde euch anzeigen, ihr Schweine«, versprach die Frau. Im Hintergrund glaubte sie ihren Chauffeur hinkend davoneilen zu sehen.

»Womit will man jemandem drohen, der seine Angst begraben hat?«, fragte der hagere Mann rhetorisch und grinste. »Du hängst am Leben, meine Liebe«, dabei schloss er die Augen, als wollte er die letzten Fetzen seiner Vision zusammenfügen, »mir ist, als kämpfte dein Mut, der Dackel, gegen den Wolf deiner Angst.« Er grinste wieder. Dann machte er Platz für seinen Handlanger, der mit einer schweren Werkzeugkiste herantrat, deren Instrumente selbst im fahlen Straßenlicht funkelten. »Es wäre doch schade, wenn man diese kleinlaute Gabe ungeprüft ließe, findest du nicht? Warum solche Angst vor urmenschlichen Instinkten?«, verabschiedete er sich, um die beiden sich kennenlernen zu lassen. In dieser Nacht gellten noch weitere Schreie durch die Straßen.

Auffallend war die große Anzahl an Passanten, die ihr Antlitz hinter scheinbar eigenhändig gemachten Masken versteckten; nicht selten trugen sie dazu Shirts mit adäquaten Textzeilen, meist rührten diese vom Schauerlichen her. Es war also vorbei: keine Funshirts mehr. Man verachtete die falsche Fröhlichkeit, besann sich auf die wahren Zustände seines Umfelds und wollte dies entsprechend zum Ausdruck bringen. Also auch nur ein weiterer Trend … Einer, der den Normalbürger zur Gewalttat veranlasste? Vielleicht kommt man bei dieser Frage weiter, wenn man sich mit dem beliebten Stück jener Zeit beschäftigt: ›Gabors Vision‹. Ich selbst habe es mir angesehen, deshalb kann ich über die Zustände von damals genauestens berichten. Ob es wie viele andere Revuen seiner Zeit wahres Gehalt besitzt, kann ich nicht ermessen, was ich allerdings bestätigen kann, ist die schon an Fanatismus grenzende Begeisterung für das Mädchen in dieser Geschichte. Der Namensgeber derselben traf einst das schüchterne Mädchen Lilian, die von Lobhudeleien umwoben wurde, sie sei ein solch anmutiges, schönes, gütiges Wesen. Obgleich offen gelassen wird, was im Inneren des zarten Mädchens vorgeht, muss ihre Tat, die für alle ein Schock ohnegleichen war, Zeugnis von einer schlimmen Desorientierung ablegen.

Um die Komplimenteflut, die sie als erdrückende Last empfindet, zu prüfen und ihr entgegenzuwirken, zerschneidet sie sich das Gesicht. Hierzu ist mir folgendes Zitat von ihr im Gedächtnis geblieben: ›Die Saat eurer Liebe, gleichviel ob mütterlich oder rein freundschaftlich, ist bei mir auf falschen Boden gefallen. Soll der Kuss die Striemen heilen, die derselbe Leib zufügte?‹ Damit meint sie in erster Linie ihre zudringlichen Bewunderer, aber wenn man sich darüber im Klaren ist, dass sie ihre Tat nie bereut hat und erst hierdurch, nachdem sie die andern getestet hatte, und niemand diesem beharrlichen Test standhielt, echtes Selbstbewusstsein errang, geht der Doppelsinn dieser Aussage in seiner ganzen Tiefe auf, nämlich dass sie von niemandem Hilfe oder gar Schmeichelei erwartet, da die Heuchelei aufgedeckt ist, während sie ihre eigene Verstümmelung, die für sie Mittel zum Zweck war, als Teil ihrer Persönlichkeitsentwicklung sieht. Starker Tobak also. Ich führe mir wirklich jede Form der Unterhaltung zu Gemüte, aber hier handelt es sich um eine regelrechte Grenzerfahrung. Dafür legt die Nachahmungswelle beredtes Zeugnis ab, was nicht heißen soll, dass jeder Theaterbesucher sich daheim vor den Spiegel stellte und überlegte, wie er sein Gesicht möglichst schmerzfrei entstellen könnte. Dass der Leidensweg des Mädchens, der keiner ist, aus dem wahren Leben gegriffen ist, lässt jener Wallfahrtsort am Ostgipfel erahnen, zu dem die Anhänger dieser ›Theatersekte‹ regelmäßig pilgern. Inmitten der Grotte befindet sich eine Nische, darin liegt eine angeblich von Gabor für Lilian angefertigte Latexmaske. Die Physiognomie soll ausdrücken, wie das Mädchen mit unheilbaren Wunden, bleibenden Narben hinter einer Frauenimitation ihr Leben bestreitet, die diese ansatzweise mit unverrückbarem Lachen darstellt. Der Höhepunkt der Pilgerreise, der scheinbar zur Glaubenspflicht dieser Sektierer geworden ist, besteht im Berühren des getrockneten Blutes in der Innenseite der Maske.

Meine Recherchen in den einschlägigen Foren ergaben noch mehr solcher Kuriositäten, davon ich dem Interessierten keineswegs die spektakulärsten vorenthalten möchte – das gleiche gilt selbstverständlich für die Fachwelt. Ich habe auf eigene Ergänzungen, wie bisher, verzichtet, lediglich auftretende Lücken, damit sie dem leichteren Verständnis dienen, habe ich sinngemäß komplettiert. Das ist gewiss keine Sünde, wenn ich bedenke, wie sehr die Grenzen zwischen Kunst und Wirklichkeit bei diesen Menschen langsam verwischen. Dies ist der Augenzeugenbericht aus öffentlicher Quelle, der von einem selbst so bezeichneten Aussteiger publiziert wurde.

Die anhaltenden Geschwätzigkeiten länger zu ertragen, das wäre mir nicht möglich gewesen. Wir reden hier von Missbrauch, stumpfe Kopien von wirklichen Problemen, die in wirklichen Menschen existieren, und es kräht kein Hahn danach. Meine einzige prägende Bekanntschaft in der Künstlerkolonie war die des Bildhauers. Er gehörte einer Familientradition an, die lokalen Ruhm genießt und ferner für die imposanten Sandsteinfiguren im Stadtpark verantwortlich zeichnet. Nun habe ich ihn erst später persönlich kennengelernt, nicht aber im Vertrauen, der Anlass war ein eher unerfreulicher, es begann, als sein Besucher, der sich für einen gewissen Benkitt ausgab, durch den Hain am Abhang verschwunden war – zusammen mit meinem Koloniegenossen. Das angefügte Video enthält nur den kleinsten Teil des Gesprächs, dazu ist es unscharf und akustisch miserabel, deshalb gebe ich es in folgendem Bericht wieder, und zwar sinngemäß.

»Könnte ich Sie einen Moment sprechen?« Der gepflegte und aufrecht gehende Mann hatte etwas Würdevolles an sich, er hob sich merklich von den übrigen Anwesenden der Niederlassung ab. »Wer will mich denn sprechen?«, fragte der Bildhauer zurück, der damit beschäftigt war, Staub aus den winzigen Spalten eines Baumreliefs zu bürsten. Der Mann setzte seine Aktentasche ab, nahm aus seiner Brusttasche die Visitenkarte und hielt sie ihm hin. Mit dem uninteressierten Blick über die Schulter wandte sich der Bildhauer gleich wieder seiner Arbeit zu und sagte nur so viel: »Etwa Geschäftsmann? Oder Anwalt? – Vielleicht Ankläger?« Beim letzten Wort sah er wieder über die Schulter, und diesmal sah sein Gesicht noch indifferenter aus, obgleich der Mann im Gegensatz zu mir, der ich schräg ostwärts – schaute man kartografisch auf die Kolonie herab – in einer Erdmulde lauerte und, weiß der Teufel, wie ich auf den Gedanken kam, mein Handy zückte und die ungewöhnliche Szene zu filmen begann, dieser Mann also, der Besucher, von dem ich lediglich seine rechte Gesichtspartie zu sehen begünstigt war, erkannte nicht denselben Ausdruck wie ich.

Von den Aufsehern, obwohl ich sie eigentlich Mitschaffende nennen müsste, achteten alle ausnahmslos diesen Burschen, den Bildhauer. Was die anderen hier Aufgenommenen anbetrifft, so teilen sie sich untereinander eine Mischung aus Furcht und Ablehnung. In mir sollte später beides auf die Probe gestellt werden. »Mein eigentlicher Beruf ist Arzt, und dennoch haben Sie nicht ganz unrecht, denn ich bin hier, um Ihnen ein Angebot zu machen. Es ist unbestritten, dass Ihre Vorfahren sich einen ansehnlichen Ruf erworben haben, während Sie, wenn ich das so sagen darf, ein wenig aus dem Rampenlicht kultureller Wertschätzung gedrängt wurden. Und das«, er blickte hier knapp umher, wie zu eigener Bestätigung, »obwohl Sie Ihr Talent mit ebensolcher Fingerfertigkeit ausschöpfen.« Er trat näher, die Visitenkarte hatte er auf den Hocker mit den Skizzen und Zeichnungen des Bildhauers abgelegt. Dieser glitt hinter den Baum, setzte dort seine Arbeit fort, sodass er seinem Gegenüber nun voll zugewandt war. Da er nichts sagte, sprach der Mann eindringlicher als zuvor weiter: »Es wäre für Sie von großem Vorteil, wenn Sie Ihre Arbeiten veröffentlichten. Ihre Belohnung wäre mehr, als Sie sich vorstellen können. Viel Geld und langer Ruhm, na, wäre das nichts?«

»Nichts wäre für mich von Vorteil, wenn es nicht auch für Sie einer wäre«, erwiderte er grinsend. »Wer Geschäftsmann und Arzt in einer Person ist, sollte froh sein, wenn er sich nicht irgendwann zwischen Habgier und seinem Hippokratischen Eid entscheiden muss. Also, was steckt dahinter?«

»Die Kunstdurchdringung der Bevölkerung.« Er wandte sich dem Stadtpanorama zu, kümmerlich emporragende Bauten ließen mehr an abgestumpfte Bäume als an die Altstadt erinnern.

»Sie lesen oder hören doch sicher Nachrichten?« Er fuhr fort, als er keine Antwort erhielt: »Eine Welle des Überflusses überschwemmt nicht nur Kinosäle und Theaterbühnen, mittlerweile, moderne Technologien machten's möglich, hält jedes Produkt aus den Köpfen hobbymäßiger ›Künstler‹ Einzug in die privaten Wohnzimmer. Obwohl sich einige Stimmen gegen elitäre Handhabung in Sachen Kunst aussprechen, ist sie nach wie vor konkurrenzorientiert, sie wird von einem Komitee begutachtet, bewertet und gegebenenfalls ausgezeichnet, ihr eigener Geschmack steht hierbei im Vordergrund, während andere ebenbürtige und durchaus bedeutsame Werke verdrängt werden.«

»Kommen Sie doch zur Sache«, forderte der Bildhauer.

»Als wenn es so einfach wäre« sagte der Mann, ich muss allerdings gestehen, dass ich diesen Satz nicht hörte, aber auf 1:23 Min. lässt sich aus seiner Gestik leicht entnehmen, welche Gedanken ihn in jenem Moment durchfuhren.

»Die Kunstgeschichte dieser Stadt ist, wie Sie wissen, nach wie vor ihre Auszeichnung, doch seit einiger Zeit sind auch Laien in ihrem Betrieb aufgenommen, und während profilierte Filmemacher und Theaterleute sich protestierend ins Handwerk gepfuscht fühlen, missachtet man die wirklich beachtenswerten Erzeugnisse von Hobbykünstlern. Diese zu fördern ist meine Aufgabe.«

Er wurde vom kuriosen Brüllen eines jungen Mannes unterbrochen, der hinter den Felsen hervorgesprungen war. An Händen und Füßen sowie am Gesicht und in den Haaren war er mit Farben verschmiert, zwischen den Zähnen klemmte ein Pinsel.

Er sah kurz auf den würdevollen Besucher, wechselte zum Bildhauer, der ihm wohlwollend zunickte, was er lächelnd erwiderte und seine unregelmäßige Zahnreihen weiter entblößte. Mit lauterem Brüllen und Geschrei als zuvor, tänzelte er in den angrenzenden Hain und verschwand darin.

»Es ist nicht zu glauben, aber es gibt tatsächlich Menschen, die aus reiner Herzenslust produzieren, ohne sich dafür zu prostituieren«, sagte der Bildhauer, der nach dem Intermezzo kurz innehielt und jetzt seine Arbeit mit nachdenklicher Miene wieder aufnahm. Ich war mir sicher, dass sein Misstrauen zu dem großen, kräftigen Mann in halb eleganter Kleidung angewachsen war und so leicht nicht entkräftet werden wollte.

»Jemand erzählte mir vom selbstlosen Charakter«, fuhr er fort, »zuweilen glaubte ich auch, diesen gespürt zu haben, flüchtig wie eine Brise in starrer Sommerhitze, die sich unwissend zur Kälte schmachtenden Haut verirrt. Warum aber, so überlegte ich, erledigt dieser feine Kerl seine Arbeit nicht *gründlich*. Werbung hatte er gemacht, aber sein Produkt fand weitläufig nur Kundschaft, die sich gern verblenden ließ ... Gute Taten, freundliche Gesichter ... Ich musste die Probe wagen: Findet jemand allein durch mich sein Glück, seinen Lebenszweck, so müsste er schon auf sein täglich Brot verzichten, besser noch Mund und Nase zuhalten, denn meine Hinterfragung und deren Gründe reichen von der Entblößung seiner guten Gesinnung bis zum Tage, da dem Mensch die Grundnahrung fehlen wird. Haben Sie so weit mitgedacht?«

»Darum sind Sie hier?«, fragte der Arzt ruhig.

»Darum bin ich rechtzeitig weggelaufen«, erwiderte der Bildhauer. »Bevor ich blindwütige Rache an meinen Feinden übe, die wahrscheinlich nie begreifen würden, warum sie dieselben sind, wende ich mich lieber ganz von ihnen ab, unter meinesgleichen, die zwar andere Beweggründe haben als ich, aber dennoch mit mir eine Freude teilen, die wir sonst nirgends geboten bekämen.«

»Nun, Stiftungen wie diese werden ja auch selten durch Subventionen ins Leben gerufen. In der Tat ist es so, dass, ist jemand zu einer abweichenden Erkenntnis gelangt, solche negativen Ambitionen belächelt wenn nicht konsequent verfolgt werden. Aber, wie ich bereits sagte, ich unterstütze derartige Ziele.«

»Ich verkaufe weder mich noch meine Werke«, schnappte der Bildhauer. »Das verlange ich gar nicht«, sagte der Arzt begütigend. »Es dürfte Sie dennoch interessieren, dass viele Ihrer ehemaligen Freunde heute in ein Projekt einbezogen sind, das mehr hergibt als geistlosen Konsum. Die ganze Stadt gleicht einem surrealistischen Globe Theatre. Leute, die etwas zu sagen haben und bisher stumm blieben, überfüllen mit ihren originellen Ideen die Straßen, siedeln sich in jedem Laden, in jeder Wohnung ein, infizieren Unbeteiligte, die ihrerseits die erfrischende Influenz weitertragen und ihre eigenen Impulse in dieses neue, fantastische Gesellschaftsleben einbringen.«

»Wie ist Ihnen das gelungen?«

Der Arzt grinste bescheiden. »Nicht nur die Technik, auch die Lebensqualität hat Fortschritte zu machen«, antwortete er. Es war ihm gelungen, des Bildhauers Gedanken nun auf diesen Gegenstand zu lenken, das konnte er wohl sehen. »Ich gehe nie wieder von hier fort«, sagte der Bildhauer bedeutungsvoll. »Sie können mir nicht erzählen, dass die klassische, popcorngerechte Unterhaltung die Schranken des reinen Zeitvertreibs gesprengt und zur Botschaft mit Bewegung geworden ist. Drama hat stets

Botschaft, hat sie aber Profit zum Ziel, ist sie Bewegung ohne Bewegung, gleichviel ob sie inspirierend oder identifizierend wirkt. Desgleichen die Musik, welche ich öffentlich höre; sie offenbart ganz andere Wirkungen, wenn ich sie allein hinter heimischen Wänden genieße.

Es ist eine Verzauberung der Elemente, sie dringt auf mich ein, während alles um mich erfriert. Und außerdem«, er erwachte sichtlich aus seiner Schwärmerei, »Genre bleibt Genre. Bei Action trinke ich Bier, bei Erotik masturbiere ich, bei Horror … bei Drama … Wie wird die Welt zu Ende gehen!?«

Ich erkannte den psychologischen Trick, auf den er offenbar hereingefallen war. Der Arzt brauchte nur noch einen Köder, um seiner habhaft zu werden. »Sie sehen selbst, wie schwierig es ist für einen naturwüchsigen Künstler, die richtige Riege zu finden, denn jede Regung, und sei sie noch so klein und nichtssagend, verdient Beachtung. In diesem Zusammenhang muss ich Ihnen mitteilen, dass mein Besuch nicht allein aus dem Angebot entsprungen war, Sie zur Mitarbeit der anbrechenden Epoche zu überreden, ich kam gleichfalls, um Sie zu warnen.« Der Bildhauer horchte auf. »Man hat kürzlich das Grabmal des St. Panttorni geöffnet und fand darin die Leiche eines jungen Arztes. Er wurde allem Anschein nach dort eingesperrt und verendete innerhalb weniger Tage. Da Ihre Geschichte aktenkundig ist, und sich seit dem Tag, als die mordlustige Witwe die Medien beschäftigte, die Gewalttaten mit therapeutischem Hintergrund verdreifacht haben, ist es nur eine Frage der Zeit, bis man Sie zu diesem Vorfall befragen wird. Ich kann Ihnen vorübergehend ein Domizil auf der anderen Seite der Stadt bieten, bis sich die Lage beruhigt hat und der wahre Täter gefasst ist, denn es steht ja wohl außer Frage, dass Sie damit nichts zu tun haben.«

»Woher wollen Sie das wissen?«

»Ich bin Doktor Benkitt.«

Eine Weile herrschte gespanntes Schweigen. Der Bildhauer, sein Werkzeug fallen lassend, trat hinter seiner Arbeit hervor, musterte den Mann, als hätte er ihm nach seiner lang anhaltenden Indifferenz plötzlich etwas Wichtiges zu sagen. Und so geschah es.

»Doktor Benkitt! Sie haben meinen Bruder vor den Kriminalbehörden geschützt, obwohl Sie genau wussten, dass er nicht zu bessern war.«

»Ich glaubte an seine Besserungsfähigkeit. Er brauchte nur die nötige Zeit, um aus diesem Milieu herauszukommen, um mit neuer Energie von vorn anzufangen. Sie waren damals sehr anhänglich, hielten zusammen wie Pech und Schwefel, was für seine Erfolgschancen auch überaus wichtig war. Nun scheinen aber irgendwie in Ihrer Familie Abgleisungen nach seinem Zuschnitt vererblich zu sein, jedenfalls fürchtete ich das, als er mir von Ihnen und Ihrem Wandel erzählte, woraufhin ich alles daransetzte, mich Ihrem Wohle zu verschreiben, nachdem es mir bei Ihrem Bruder misslungen war.«

»Es war nicht Ihre Schuld«, sagte er traurig. »Letztlich ist er an seiner eigenen Unvorsichtigkeit gescheitert. Ich werde nicht denselben Fehler machen.« Diese abschließenden Worte transportierten feste Entschlossenheit, die damit endigte, dass der Arm des Arztes seine Schultern umfasste und sie mir den Rücken zuwandten, um solchergestalt fortzugehen.

Unsere Kolonie war vielfältig.

Sie umschloss das Hafenareal am äußersten Nebenkanal, an der Stelle, wo im Sommer gerne die Jugend campt und des Abends die Rauchsäule bis zum entferntesten Teil der Stadt sichtbar ist. Niemand indes tolerierte unsere Niederlassung, weder die Stadtverwaltung noch die Bevölkerung; sie waren der Meinung, wir seien militante Punks, die sich an diesem Ort verkrochen, um Pläne für geplante Randaletouren zu schmieden, eine Befürchtung, die ehrlich gesagt seit der eingetretenen Theaterobsession an Farbe gewann, wohingegen wir vorher meist den Schikanen der örtlichen Presse preisgegeben waren. Da die meisten von uns den Besuch in der Stadt absolut mieden und einige, sei es nur, um ihre Verwandten zu besuchen, keine Ruhe vor hinterherfahrenden Streifenwagen hatten, sobald sie erkannt wurden, durfte es dem Ansehen unserer Kommune förderlich sein, wenn in Zeiten des allgemeinen Verrücktspielens die zu Unrecht Gescholtenen brav in ihrem Nest blieben.

Und gerade deshalb fürchtete ich um unseren Freund, den dieser vorgebliche Arzt nun aus unserer Mitte riss. Ich kannte ihn ja kaum, ebenso wenig wie die anderen, hatten wir ja schließlich gefunden, dass das Austoben unserer verklemmten Bedürfnisse die wichtigere Seite unseres neuen Lebensabschnittes war, seltsamerweise kam hierbei die Partnerschaft zu kurz; wir hatten jenes seltene Gefühl unumschränkter Freiheit erlangt, welches kein Gesetzentwurf, kein Therapeut, kein Meditationskurs uns hätte auf Dauer bieten können. Jetzt aber ... jetzt war es doch anders gekommen. Die Vergangenheit eines unserer Mitbrüder hatte ihn eingeholt. Ich war in meinem richtigen Gespür für Gefährdung drauf und dran, den beiden nachzugehen, doch dann fiel mir ein, dass der Mann seine Visitenkarte auf den Hocker gelegt hatte, überhaupt schienen die beiden es sehr eilig zu haben, was in meinem Gefühl für den Stolz unserer autonomen Gemeinschaft sich als grobe Beleidigung abzeichnete, wozu hätten wir denn sonst die schwierige Phase des Vergessens und Loslassens gelernt – nur um bei der ersten Rückmeldung der elenden Vergangenheit wie ein Schoßhund dem Verführer zu folgen? Als sie die Natursteintreppe zum unteren Bergstock hinabstiegen, schlurfte ich zum Hocker, nahm die Karte und prägte mir die Daten ein.

Zum ersten Mal seit Jahren hatte ich wieder Betonsteinpflaster unter den Füßen. Nach einer Woche Wartens war ich aufgebrochen. In der Luft lag der noch übel in Erinnerung gebliebene Geruch, der dazu ausreichte, mir über die ganze Komplexität des Stadtlebens klar zu werden.

Ich erschauderte.

Aber am eigenartigsten fand ich, als ich die Marktstraße entlangflanierte, das sorglose Beisammensein der unterschiedlichsten Alters- und Karrierestufen. War ich doch unter anderem abgetreten, um den Lügen dieser scheinbar nur auf Geldschiebung und Wachstum abgerichteten Konsumwelt zu entkommen, so fand ich mich mitten unter ihren Befürwortern in der heitersten Atmosphäre, da gab es nichts, was auf Unfriede hätte schließen können. Für einen Augenblick dachte ich, aus meiner heimatlichen Kolonie gar nicht herausgekommen zu sein. Sonnenschein machte den Aufenthalt auf den Terrassen der Cafés möglich, aus den Kupferröhrchen der Brunnen spritzte kaltes Wasser, woran sich Jung und Alt erquickten, Paare liefen Hand in Hand, tauschten Küsse aus, Blicke und Körperbewegungen machten aus jedem Passanten einen Bürger des Paradieses.

Was war das Täuschende an dieser Szenerie? Für den Gewohnten gar nichts, für mich alles.

Für eine Weile verhielt ich im Schatten des riesigen Stadtplans, um mir die tummelnden Figuren richtig anzuschauen. Da saßen Geschäftsleute, bar ihrer wetterbedingt zu warmen Sakkos, schlürften ihren Eiskaffee, am nächsten Tisch schon schwatzten junge Kerle in abgerissenen Klamotten, nippten an ihrem Bier, hatten auch keinen Zweifel aufkommen lassen, wenn sie es wollten, im nächsten Moment aufzustehen und die übrigen Gäste von ihren Plätzen zu verjagen.

Wahrscheinlich war ich der Einzige mit solchen Gedankenspielen, weil niemand sie für möglich hielt. Ja, man sah es ganz deutlich … die Vermischung war es, von der ich nicht wusste, ob ich wegen ihr in Rage geraten oder den Kopf schütteln sollte, die Vermischung der sozialen Schichten, die sich fröhlich, obwohl jeder seinem eigenen Ziel nachstrebt, hier zusammen versammelt hatten, dort wo es Erfrischung gab, dort wo, so lange die warmen Sonnenstrahlen ihr Gemüt erheiterten, ihre Ungleichheit keinen interessierte.

Sobald aber diese munteren Gestalten, das wusste ich zu gut, auf ihrem Arbeitsplatz waren – ich spreche hier von den Aufsteigertypen, nicht von kleinen Fischen –, legten sie sämtliche Hebel um, die dafür sorgen, dass diejenigen, mit denen sie kurz zuvor noch die entspannte Umgebung eines Restaurants teilten, bei denen sie sich freundschaftlich bedankten, etwa wenn sie ihr Feuerzeug verlieren und der Gammler es ihnen wiedergibt, dass diese einfachen Typen also durch den betriebswirtschaftlichen Einfluss jener Karrieremonster mal ihr Wohnheim verlieren, akut ihre Ersparnisse dahinfließen sehen, oder durch wichtigtuerische Sanktionen dem Hass auswärtiger Nationalitäten preisgegeben werden … und das, obwohl sie niemals einer Fliege was zuleide zu tun beabsichtigen …

Ich fand mich also in jenem Lügennest wieder, dem ich mit Recht den Rücken gekehrt hatte. Und ich schloss mich der falschen Zusammengehörigkeit an. Schließlich war ich nicht ohne Vorhaben hergekommen, doch als ich die Praxis des vorgeblichen Arztes, die ich sogleich ansteuerte, geschlossen vorfand, blieb mir nichts weiter zu tun übrig, als es mir irgendwo unter dem Schirm eines Cafés bequem zu machen und die paar Stunden abzuwarten, bis ich bei dem Arzt vorsprechen konnte.

Es gab mir überdies genug Zeit, darüber nachzudenken, was ich vorbringen sollte; die Pläne dieser Melange aus Geschäftsmann und Arzt, wie mein abtrünniger Mitbewohner es schon bemerkt hatte, würden sicher nicht leicht zu zerstreuen sein. Nach meinem Vanilleshake, den ich mit den wenigen Münzen, die als Relikt der alten Welt in meinen Hosentaschen verblieben waren, bezahlt hatte, lief ich während der Vordämmerung durch die sterbenden Straßen, als irgendwann der fensterlose Touristenbus in antikem Stil neben mir hielt.

Der Fahrer rief zu mir, ich solle mit auf die Burgfestung an der steilsten Höhe – die übrigens von unserer Kolonie haarscharf zu betrachten ist –, denn heute fänden die mittelalterlichen Festspiele statt und jeder hätte freien Eintritt; ausgenommen waren Vertreter der Stadtverwaltung, denen kein Zutritt gewährt wurde. In meinen Ohren klang das fortschrittlich, und so stieg ich ein und ließ mich den zwanzigminütigen Weg bis zur Festung kutschieren.

Unterwegs überlegte ich mir mein Vorhaben nochmals gründlich, als wir am großen Kino vorbeifuhren und die verkleideten Besucher in der Schlange vor dem Eingang jedem Passant die Aufmerksamkeit stahlen. Zweifellos wieder so eine Vorstellung mit im Voraus überschwappenden Werbemaßnahmen, die jeder Idiot sehen musste, wollte er nicht als Anachronist den Spott seiner Umgebung ernten. Der Triumphzug der die Privatsphäre infiltrierenden Film- und Fernsehkreationen hatte ja schon lange begonnen, sie nahmen allerdings erst dann irrsinnige Gestalt an, wenn man glaubte, sie seien Kulturgut und Ausdrucksform persönlicher oder – schlimmer noch – gesellschaftlicher Identität – und zwar unabhängig vom Inhalt.

Desgleichen verhält es sich mit Sportwettkämpfen, der größte Irrtum modernen Einigkeitsgefühls: Mich grauste die Hysterie vergangener Jahre, wenn unsere ›nationalen‹ Geschwister im Tal in alle Himmelsrichtungen ihr Triumphgeheul ausstießen; was war denn errungen worden? Die Minderheit überbezahlter Sportler vergossen ihren Schweiß, zerfetzten ihre Nerven und wofür ...? Damit jeden Bürger daheim Stolz überkomme, damit an Blutes statt der Schweiß auf dem Feld flösse, weil Menschenleben so kostbar sind, und weil der Sieg meines Landes auch der meine ist, ich also von Öffentlichkeitsmaßnahmen fester an nationalpolitische Dogmen gebunden werde, für welche der Sport günstigen Nährboden liefert.

Und doch fließt von jenem ›Sieg‹ nichts in mein persönliches Wohlergehen hinein.

Zorn und Übelkeit wechselten in mir übergangslos.

Heute schon ist die Euphorie von damals nur noch ein in letzter Not aufgefrischtes Totschlagargument in Kneipen, wobei einer zweier Streitsüchtiger verschiedener Nationalitäten seine ›sportliche‹ Überlegenheit über den Tisch knallt, um sich aufzublähen. Daran dachte ich, während immer mehr bunte Narren sich dem Kino näherten, ehe der Bus die scharfe Biegung nahm, auf der ich nun erwartungsvoll mitverfolgen konnte, wie das riesige mittelalterliche Bauwerk von Minute zu Minute größer wurde. Was würde mich erwarten? Würde das spontan angenommene Angebot halten, was es versprach, besser, welche Bilder würde es in meinen Kopf pflanzen?

Als der Bus in den archaisch beleuchteten Tunnel zum Hofgelände einfuhr, hatte ich schon den Vorgeschmack erhalten ...

Ich fühlte mich wahrhaft in der Zeit zurückversetzt, nicht ein modernes Kleidungsstück war zu sehen, es dudelte irgendwo sanft aber elektrisch verstärkt ein Flötenspiel, Pferde hatten als Transportmittel die sonst hier minütlich ab- und einfahrenden Busse verdrängt, und nur unserer störte die Szenerie der düster anmutenden Festspiele.

Nach dem Begrüßungstrunk versammelten sich die Massen im westlichen Abschnitt des Hofgemäuers, die Ansprache der bald folgenden Bizarrerie hatte meine Gruppe wohl versäumt, denn der Hofbeamte sprach wie in Fortsetzung über den Fall des im Kerker schmachtenden Jungen, der dann auch tatsächlich erschienen war; er rüttelte an den Gitterstäben des ins Unterirdische führenden Ganges am Bauch der vertrackten Festung. Ich rief mir ins Gedächtnis, wie ich als Grundschüler beim Klassenausflug das Hofgelände umrundete und dabei jene für die Öffentlichkeit unzugänglichen, moderfeuchten Tunnel, die kaum ein Meter sechzig hoch waren, abzählte … Bis auf mein Drängen und nicht zuletzt des Ungehorsams wegen Verlassens der Gruppe der Lehrer einen derselben zu meiner Überraschung aufschloss, mich hineinwarf und mit der Klasse verschwand … Doch das ist eine andere Geschichte.

Da ich Appetit bekam, schlenderte ich zu den Platten – nein, auf große Speisen verzichtete ich, meine Sünde waren die kleinen Desserts, die für ein Mittelalterfest reichlich exotisch waren; trotzdem griff ich nach den Kokosbananen mit Sahnehäubchen, ließ meine Zunge über die Ananasscheibe am Rand meines Charles Caribbean gleiten, bevor mich der Apfelschnee mit Schokosplittern in großzügige Bedienung verführte (obwohl unsere Kolonie keinen asketischen Touch besaß, waren wir mehr oder minder dank des neu gewonnenen, unabhängigen Zyklus' wie Klosterbrüder, wir folgten dieser inneren Stimme, die ein schreckliches *Muss* favorisierte, was einige bedauerlich als Anlass verstanden, ihre ungleichen Mitgeschwister zu bevormunden). Und weshalb war ich hierhergekommen? Wohl des gleichen Grundes wegen …

Aber ich fühlte intuitiv, dass es richtig war, ich war einem Arzt auf der Spur, der meines Erachtens durch fadenscheinige Argumente den Willen meines Mitbruders brach, um ihn für irgendwelche unlauteren Pläne zu missbrauchen. Wie ich Rainer richtig kannte, würde er, sofern ich meine Suche nach dem Bildhauer erfolgreich abschlösse, uns den Wiedereintritt in die Kolonie verwehren, und seine Methoden dazu hatten sich, wie ich zugeben muss, schon oft bewährt.

Eine Armspanne von mir unterhielten sich zwei Herren, in lässig aufliegenden Sakkos mit ans Geschmacklose grenzenden, sorglos geknöpften Unterhemden, die so gar nicht in das *gespielte* Jahrhundert passten. Wie ich gleich aus den aufgeschnappten Sätzen heraushörte, waren sie, ohne jemandem oder etwas Schuldigkeit erweisen zu müssen, Besucher auf diesem Ereignis, weil sie davon für ihre Seminare das fehlende Glied erhofften, das für einen sozialrevolutionären Katalysator günstig erscheine, und dass das, was bisher an vereinzelten, gruppendynamischen Aufständen die Öffentlichkeit beunruhigte, schlechtweg der überspitzten Propaganda der Medien anzulasten war. Als sich der scheinbar jüngere von beiden mit eindeutig endgültiger Floskel verabschiedete, überlegte ich, ob das Gespräch mit dem Verbliebenen zu suchen für mich zu meinem Wiedereinfinden in die verlassene Welt von Vorteil sein würde. Zu meiner Erleichterung war er gesellig genug, nachdem ein Hofmusikantenzug an uns vorbeidefilierte, ich mich somit unter seinem Blick verfing, mit der humorvollen Bemerkung aufzuwarten, dass die Spieler, würden sie wirklich spielen können, Anspruch auf ein eigenes Konzert hätten, und nicht durch fahrlässig verhüllte Boxen im Playback ihren Tagelohn verdienen müssten. Ich ging darauf ein und wir kamen ins Gespräch.

Er unterrichtete Musik, wie er mir mitteilte, an der Steinloch-Universität, deren Name mich stutzig machte, besonders der Standort, der mir verdächtig als jener der Grasgrund-Universität vorkam ... Ich läge mit meinem Zweifel richtig, bestätigte er mir, sie sei nämlich mittels pseudo-politischer Verwaltung zum Thema geworden, die niemand verstand, von allen Seiten Kritik empfang, doch letztlich allseitig, wenn auch widerstrebend, akzeptiert wurde. Der damalige Bürgermeister, Karl Größer, befand, mehr als ein Dutzend Straßennamen seien nicht zeitgemäß, sie würden der historischen Bedeutung der Stadt nicht Genüge tun, ferner könne man den Fortschritt im Hinblick auf die anstehende Epoche nicht unterdrücken, womit er eigentlich die sinkenden Touristenzahlen im Blick hatte, die sich durch reißerisch abgewandelte Straßen- und Einrichtungsnamen wieder steigern ließen, indem sie etwa statt des Namens des hier einst ansässigen Dichters Skaleppi denselben mit aus seinem Lebenswandel einschlägigen Worthülsen aufpeppten. So wurde aus dem germanophilen Wanderer ein Dichterarzt, der mit ›Skalpell‹ und Feder Ruhm auf der einen Seite erntete und durch Mordgerüchte um sein Hobbywerkzeug andererseits für Furore sorgte. Man nannte es in der Presse, im Rückgriff auf des Bürgermeisters Namen, ›des ‚Größen' Wahnprojekt‹.

»Aber die Leute fielen darauf rein«, versetzte ich forschend.

»Sie hatten ja keine Wahl«, gab er zurück. »So lange ein Teilbereich unseres Lebens nicht ernsthaft bedroht ist, jeder seinem eigenen Geschick ungehindert nachgehen kann, ist jede Veränderung banal. Wir müssen es akzeptieren: Verrückt sein ist *in*.« Er fuhr fort: »Politiker können Zustände ändern, dieweil die müde gewordene Wählerschaft jeden Unfug über sich ergehen lässt. Was jener ›Größenwahnsinnige'«, er machte mit seinen zwei Fingerpaaren eine entsprechende Geste, dabei grinste er verschmitzt, »plante und zum Teil auch durchsetzte, landete meist auf der Klatschseite der Zeitungen. Nach gründlichen Recherchen bin ich zu der erschreckenden Erkenntnis gekommen, dass selbst tagespolitische Vorgänge entweder ignoriert oder, viel schlimmer, mittels parodierender Note schattiert werden. Das mag rechtens erscheinen, aber wenn Sie sich die gewaltsamen Zerschlagungen der ›Gunstheber‹-Erhebungen anschauen, angesichts ihrer friedlichen, Bürokratie spottenden Demonstrationen, kommt man nicht umhin, die Frage nach den Aufgaben des Verwaltungsapparates und seiner Grenzen zu stellen. Dagegen halte ich die populäre Persiflage unserer Comedians für null und nichtig, aber wenn man aus taktischen Gründen nicht lachen soll, bedeutet das für viele schon weinen müssen.«

Seine Ausführungen schlugen bei mir ein. Unwillkürlich hatte ich sie vor mir, die in Gang und Haltung modischen Straßenläufer im Schatten der Kaufhäuser, dann – die unzähligen Verehrer des Kults eines Etwas, was es auch sei … Superman T-Shirts, Held-Der-Arbeit-Kaffeetassen, Elvisfiguren, die unter der Windschutzscheibe tanzen – als ich den letzten sah, war Hilde bei uns oben von ihrem Ex-Freund besucht worden, was ihr vor nie zu erlangendem Frieden fast die Sinne geraubt hätte … Ein Wust der Besessenen und Frohgesinnten (?) in diesem so schmierig heuchlerischen Psycho-Liberalismus; sie lieben das, was nicht wehtut – verständlich – und gewähren alles, damit die Wehtuer das Wehtun ihnen nicht fühlbar machen – dumm und verachtenswert! Was hatte ich doch für ein Glück, welche seltene Fügung machte meine erste seit Jahren der Zurückgezogenheit gemachte Bekanntschaft zur ›Ahngenossenschaft‹. Meine Freude war grenzenlos.

Spät aber dämmerte mir, während ich ihm lauschte, der Hintergrund des allwärts entstehenden Tumults um, wie er meinte, des großen *Nichts*. Die Vorstellung hatte begonnen, sie erschloss sich allmählich meiner Wahrnehmung.

»Haben Sie von diesem Stück schon etwas gehört?«, fragte er freundlich. Ich verneinte.

»Es heißt ›Nach dem Hunger‹. Ko-Produktion des soziologischen Studentenzirkels mit verschiedener Beteiligung freiwilliger Interessenten, allzumal von solchen, die wenig zu lachen haben.« Im letzten Satz schwang eine unüberhörbare Wichtigkeit mit, die seine Stimme verklingen und gleichzeitig meine Blicke, wie er mir zu verstehen gab, zu dem ausgedienten Kerkereingang wandern ließ.

Dort erschien ein Junge, abgemagert, fahl und die Miene so leidverzerrt, dass augenblicklich betretene Stille in der Menge einkehrte.

Er umschloss mit seinen zitternden Fingern die rostgesprenkelten Gitterstäbe, wischte einige staubgesättigte Spinnweben aus seinem Gesicht, da erklang schon seine Stimme, gesanglich bitter: ›Jerome, Jerome, rief mein Vater. Jerome, Jerome, klagte meine Mutter. Jerome, Jerome, so scherzten meine Freunde. Jerome, Jerome, Jerome, erhob den Himmel über sein Haupt. Jerome … um dich bangt niemand …«, begann seine Eröffnungsrede; vieles, was er danach sprach, habe ich nicht behalten, größtenteils drehte es sich um den sehr bildhaft geschilderten Leidensweg eines Armutsjungen, der vor dem Hofgericht des Königs in Ungnade gefallen war, weil er zu nichts ›tauge‹. Da kam ein Edelmann des Weges, aufrecht und erhaben. Auf seinen Wanderstock gestützt, erkundigte er sich bei dem Jungen, wer er sei und welches schreckliche Schicksal ihn hierher verdammt habe. Da begann der Junge die Einleitung von oben erneut herunterzuleiern, der Edelmann indes, im Publikum forschend, grübelte und grübelte, bis schließlich seine über alle Dinge kühle Miene den Ausdruck innigen Mitleids annahm.

Er versicherte dem jungen Gefangenen, alles Erdenkliche für seine Begnadigung zu tun, er würde bei Beamten, Günstlingen, ja selbst beim König persönlich vorsprechen, wenn es nur dazu diene, den Kummer und die − was er freilich nie so formulieren würde als reicher Bürger − zu Unrecht verurteilte Seele aus ihrem Verlies zu befreien.

So machte er sich ans Werk.

Aus einer angesehenen Schauspielerfamilie stammend, glückte ihm die Zelebration des empfundenen Elends, das er vornehmlich auf der Bühne deklamierte. Von dem Ertrag kaufte er seinem Inspirierer Nahrung, hierzu forderte er uns, das Publikum, auf, mit Almosen nicht zu geizen, worauf die meisten bedenkenlos eingingen, denn, da die Speisen umsonst waren, gab es keinen Grund, über Zudringlichkeit zu jammern; dabei war es interessant zu sehen, wie sich die vorderen Reihen auflösten und nach den Tischplatten schlingerten, um sich für ihre verlorenen Speisen und Getränke zu entschädigen.

Weiter in der Szene. Die Dankbarkeit des Jungen war unermesslich. Die Freundschaft zwischen beiden wuchs Tag auf Tag, sie lernten sich besser kennen, lernten auch viel über- und voneinander; man mochte meinen, hier liefe beste Schnulze nach Hollywood-Manier, die so vorhersehbar wie mitfiebernd war.

Doch dann kam die Wendung.

Der Edelmann, von klein auf betucht − doch abhängig von seinem Oheim, dem allzu duldsamen −, jung, müßig in hohem Maße, trat in eine ihm bis dahin verschlossene Welt ein: Er war nun beliebt, hatte allein Reichtümer erworben, die er freilich mit jenem teilte, der ihn zu seinem karitativen Unternehmen angeregt hatte; in seinen Darbietungen spielte er meist seinen Freund selber, was ihm viel Bewunderung einbrachte, manchmal so viel, dass man glaubte, er sei wirklich aus der Armut entsprossen, und ihn zusätzlich mit *Almosen* überhäufte.

Aber schon bald stieg ihm der Ruhm zu Kopf. Die Freundschaftsbesuche blieben aus, es mangelte an den mundenden Leckereien, die der arme Junge vorher noch nicht einmal zu riechen in Genuss gekommen war, er wartete Tage und Nächte auf die Rückkehr seines Freundes, auf seine spürbare Nähe nicht minder als auf gute, hoffnungsvolle Neuigkeiten sein Los betreffend.

Doch er wartete umsonst.

Das anfangs so brennende Material wich der Inthronisation eines bürgerlichen Senkrechtstarters, obgleich er vor und nach den Aufführungen energisch hervorhob, es ginge um wahre Begebenheiten, welche man nicht einfach als Klassenschicksal abtun könne. Ich muss sagen, das Stück gewann an diesem Punkt einen psychosozialen Charakter, der mich besonders beeindruckte, denn hier wurde der Bezug auf unsere Epoche eindeutig.

Jerome war nicht ungebildet, er hatte in den endlosen Tiefen des Kerkers allerhand Schätze gefunden, so ein Messer, womit er aus Schädeln und Knochen kunstvolle Figürchen schnitzte, weiter eine sandverstopfte Blockflöte, mit welcher er in den häufiger werdenden einsamen Nächten traurige Melodien blies, endlich Papier, Feder und Tinte, die ihn zur Niederschrift eines Tagebuchs veranlassten. Dieses dunkle Heim machte ihn zum Erfinder, zum Hüter seiner geschändeten Würde, die er durch die Schaffung seiner eigenen Welt bereinigen zu können meinte. Hinzu kam die bittere Enttäuschung über seinen Freund, der, schwelgend im Überfluss, nie wieder von sich hören ließ, bis er nach wenigen Jahren, unter hoher Anteilnahme der Bevölkerung, seiner angewohnten Trinksucht erliegend zu Grabe getragen wurde.

Indessen alterte Jerome, er ahnte mehr denn je den Fortlauf der Dinge, machte Gedächtnisübungen, las immer wieder in den Chroniken, die ihm sein verräterischer Freund gebracht hatte, und konstruierte so im Geist die Wesenheit der Menschen, doch weder verfluchte noch hielt er große Stücke auf sie – er lernte das Maß des Urteilens.

Natürlich änderte das wenig an seinem jammervollen Äußeren, der Hunger blieb, die Festungsverwaltung hatte ihn bald ganz vergessen, denn gab es da noch andere, fülligere Kerkertrakte, die den Dienst der Aufseher erforderten, man wollte nie wirklich Zeit und Arbeit auf den lumpigen ›Tunichtgut‹ verwenden.

Als er im hohen Alter von einem Chronisten Besuch bekam, der zufällig an seinem mit Klangspielen behängten Gitter vorbeiging, fragte dieser ihn, wer er sei und was ihn zu diesem Dasein gezwungen hätte. Jerome sah sich um Jahre zurückversetzt, wie sein alter Freund, trotz der geistigen Errungenschaften in Ungnade seiner gedenkend, so zeigte auch diese Zufallsbekanntschaft ihr Mitgefühl, bis sie mit demselben Angebot aufwartete, nämlich seine Leidensgeschichte ›kundzutun‹.

Jerome ließ sich nicht beirren. Er sagte in etwa Folgendes: ›Der Hunger zerfrisst das Kind, der Heuchler tanzt und singt beschwörend mit vollem Magen seines Loses … Doch sagt: Würde er es also tun, vermöchte er auf *echte* Erfahrung zurückzugreifen – oder bleibt er beim bequemen Leidverträumen?‹

Tatsächlich waren es zwei Welten, gespalten in zwei Leiden(schaften). Jerome starb.

Das Bühnenbild wurde geändert, die tragische Abschlussmusik wurde diesmal live gespielt, und schon begann das eingestimmte Publikum mit seinem Applaus, ehe es begriffen hatte, was vor seinen Augen vorgegangen war. Es wurden lange Stecken herbeigeschafft, in zwei Reihen in den erdigen Boden gesenkt, dass sie die Zuschauer teilten, maskierte, stumme Schergen, die ihre Arbeit pflichtgemäß erfüllten. So entstand eine Gasse von der Bühne aus bis hinter zum alten Gefängnisturm, dessen Eingangsbereich von künstlichem Grünzeug überwuchert war. Die Leute kämpften immer noch mit ihrem Zweifel, was sie am oberen Ende der Stecken aufgespießt sahen – mir ging es nicht anders.

Aber der Musiklehrer schien auf seinen Lippen das Grinsen keineswegs zu unterdrücken, ich prägte mir diesen Ausdruck genauestens ein, doch ich unterließ es, nach etwas zu fragen, worüber ich in den nächsten Sekunden, wie auch er, Aufschluss bekommen würde, und insgeheim in meiner Einstellung zu dem ganzen showgeschäftlichen Treiben ohnehin erwartete …

Mein Staunen war groß, als hinter dem Marterinstrumentarium mein gesuchter Koloniebekannter, der Bildhauer (doch nennen wir ihn ab hier ruhig Lester), hervorkroch, um mit einem geschulterten Jutesack auf die Bühne zuzumarschieren, und noch konsternierter stand ich da, wie in Absprache mit den übrigen Gästen, als ich die aus dem Sack purzelnden (menschlichen) Körperteile zu meinen Füßen hin rollen sah; ich suchte Halt − und fand ihn an der Tischkante neben meiner in ihrem Amüsement unbeschnittenen, neu erschlossenen Bekanntschaft.

Wie war Lester hierhergekommen? Und wie hatte er so schnell diese, zweifelsohne tragende, Rolle ergattert? Mit wessen Hilfe, schien kein großes Geheimnis. Zu welchem Zweck, das machte sein Erscheinen interessant.

Nachdem er einige (gespielte) Grausamkeiten an das Publikum richtete, nur zum Schock, nicht um sie zu verletzen, denn ›Entertainment‹ ist wohl für jeden im Showgeschäft Ehrensache, auch wenn lukrative Interessen vordergründig sind, als er also mit all diesem zu Ende gekommen war, echoten einige Zitate Jeromes aus den gut verhüllten Lautsprechern, die in Zusammenhang mit der jetzigen Bühnenpräsenz offenbar den Nekrolog bilden sollten.

Die entsetzten Zuschauer hatten sich schon zerrannt, blutbespritzt und ausgelacht räumten sie den Platz, wo kurz zuvor noch einem so schön eindringlich gespielten Stück über wahre und falsche Werte begeistert applaudiert worden war.

Ich hörte meinen Nebenmann sagen, der unverändert in seiner Haltung an seinem Cherrydrink nippte: »Darum hasse ich Slam-Poetry. Sie setzt ihren ganzen Impetus auf kollektive Begeisterung, sie hat keinen Respekt vor den inneren Prozessen des stillen Für-sich-Genießens, und wenn dieses öffentlich scheitert, steht es auch beim Einzelnen in schlechter Kritik. Wir dürfen hier Zeugen dieser Bewahrheitung werden.«

Hätte ich auf seine seltsame Bemerkung was entgegnen wollen, während ich meine drängenden Emotionen nur mühsam niederhielt, wäre ein horizontaler Ablauf der Vorstellung nötig gewesen, doch der ausgebrochene Aufruhr lenkte meine unruhigen Schritte zu Lester.

»Was machst du hier? Ich dachte, du wärst bei diesem befreundeten Arzt.«

»Das war seine Idee«, erwiderte er.

»Der heutige Tag ist nur ein Vorgeschmack auf noch größere, sensationellere Projekte. Bei allem Verlust an Realität – und Lebensfreude war ich blind für die Dinge, die mir wirklich wichtig schienen. Das hatte ich bisher versäumt, jetzt ist es an der Zeit, die vergeudeten Jahre nachzuholen.«

»Wofür haben wir denn die Kolonie? Haben wir dort nicht all die Freiheiten, die uns sonst niemand würde geben können? Das finde ich doch sehr undankbar.«

»Zum Teufel mit der Kolonie«, zischte er.

»Hat sie jemals auch nur ein Tausendstel ihrer Kräfte darauf verwendet, ihre isolierten Mitglieder zu vereinigen, die verschiedenen Schicksale versöhnend einander anzunähern, damit sie, statt im gesellschaftlichen Exil ihr Dasein zu fristen, zu einer Gemeinschaft mit innerem Zusammenhalt heranwachse? Sie ist erbärmlich, eine von Drogen und Alkohol überschwemmte, als Konvention ausgegebene Jugendveranstaltung besitzt mehr Vitalität als dieses öde Nest.«

Ich schwieg, denn ich wusste, dass er recht hatte. Wenn er nach Alternativen gesucht hatte, glaubte er, sie in der Theaterwelle zu finden, wobei selbst dieser Ausdruck recht hilflos und unzulänglich erscheint, da sie weitaus mehr umfasst als die Macht der Fiktion. Mit dem richtigen Gedanken war ich wieder bei dem Musiklehrer, der noch immer an der Tischplatte verharrte und in unsere Richtung, allerdings von Zeit zu Zeit taktvoll wegschweifend, die Blicke hielt.

Ja, eigentlich – denn immerhin war er, wenn das, was er vorgab, stimmte, ein gebildeter Mann, weshalb ich seinem Rat geneigt war – verdiente es jene Schelte, die auf die ganze Medienlandschaft auszudehnen wäre, nur – was bliebe nach einem siegreichen Kampf gegen sie von der Gesellschaft übrig?

Er erzählte es mir, nachdem Lester auf einen motorisierten Wagen – die Kunstwelt hatte hier ihr Ende gefunden – sprang, der gerade vorgefahren war. Er verabschiedete mich mit den Worten: ›Wir sehen uns beim großen Finale‹. Der Musiklehrer und ich blieben allein zurück, auf dem ganzen weiten Hofplatz war nicht ein Mensch mehr, ich hörte das leise Summen der noch angeschlossenen Lautsprecher im Hintergrund, zuweilen kreisten Krähen um die Turmspitze, flogen ein und aus, ihre dunkle Heimat, die kalten, vermoderten Gemäuer des alten Kerkers, bot ihnen jene Atmosphäre, über die sie im Gegensatz zu uns Menschen nie gramen würden, mochte die Welt im Glanz der Sonne erstrahlen oder grauschwarze Wolkenschiffe den Himmel verdüstern.

Dieser Tag hatte mit Letzterem geendet.

12

Ist mir die Welt ein Rätsel, gebärde ich mich verrätselt gegen sie.
Anonyme Antwort auf die Gewähr des Freiheitszerberus

»Es ist eben so, wie ich es erwartet habe. Die Schockeffekte waren ihr Allheilmittel im Kampf um breite Aufmerksamkeit – tja, die haben sie auch gekriegt. Trotz ihrer Randständigkeit werden sie nun ausgiebiger in der Presse diskutiert werden, neben weiteren Scharen neurotisch überspannter Gernegroße.«

Unverfroren bedienten wir uns an den verbliebenen Köstlichkeiten, was wir nicht an Ort und Stelle essen konnten, packten wir ein für unterwegs oder – für daheim? Ein Blick auf die Uhr sagte mir, die Praxis würde in zwei Stunden schließen, das war genug Zeit, um wieder ins Tal hinabzusteigen, die Westschingmeile hoch bis zur Grizzlydiskothek zu passieren, bis die Brücke über die Gleise Richtung Norden mich aufnähme, um von da aus in weniger als zehn Minuten hinter den vielen schmalen Gassen in der ebenso schmalen Straße vor dem Hoftor der Praxis jenes geheimnisvollen Doktor Benkitt zu stehen; ich hatte mir meinen Anlaufplan vorher schon überlegt, ich war bis zu der alten Schmiede gekommen im nördlichen Teil der Stadt, besorgte mir bei der Postfiliale einen Stadtplan, der das Wiederfinden vereinfachen würde. Was war das für ein verträumtes kleines Viertel, von dort aus schien die über jede Regung und Statik ihren Schatten werfende Festung wie ein oft gesehenes, im Nachbargarten errichtetes Baumhaus, profan und durchschnittlich.

Wie würde mein weiterer Weg aussehen? Im Moment befand ich mich in guter Gesellschaft, wir hatten auch schon das Festungsgelände verlassen, als mein Begleiter an der ersten Biegung, die ins nördliche Tal führte, mir riet, als ich ihm meinen Plan enthüllte, keinesfalls emotional während des Gesprächs zu reagieren; was auch meine Anliegen betreffe, ich solle versuchen Vertrauen zu erwecken, statt Vertraulichkeit auf den Leim zu gehen. Er wisse Bescheid über die Tricks dieser Leute, was meinerseits neuerdings auch mit Erfahrung gesegnet worden war, es war ja der Grund, fürwahr der einzige Grund, weshalb ich meine Nase dem Gestank der Stadt widerwillig aussetzte.

Wir sahen hier und da versprengte Fußgänger in Mittelalterkostümen, in Gestik und Tonfall fahrig kommunizierend, was sie als die entsetzten Flüchtlinge des Festes auswies. Außer ihnen war niemand zu sehen in der anbrechenden Dunkelheit. Der Abstieg auf dieser Seite – denn von westwärts waren wir angefahren – erwies sich als entvölkert, kaum ein Souvenirstand, auf anderen Routen sonst in Überzahl vorhanden, dafür waren die Abhänge mit umso mehr Fichten bestanden, die uns das so schon spärliche Frühabendlicht ganz raubten.

In einem Wald, gerade als wir anfingen, über den schlechten Straßenzustand und die fehlenden Transportmittel zu lamentieren, hörten wir schnellen Hufschlag hinter uns. Zu tief irrten wir im Dunkel, als dass man die ergießenden Scheinwerfer hätte übersehen können; ihre erleuchtende Flut zeigte, dass der Fuhrmann auf uns zusteuerte.

Bald hatte er uns eingeholt.

Ein Zweispanner verlangsamte neben uns, wir warteten auf ihn, und wohl hatte der Alte auf seinem pelzgepolsterten Sitz, den er zusätzlich mit einem hübsch verzierten Kissen erweichte, denselben fragenden Gedanken wie wir. Als wir ihn baten, uns bis zur freien Uferseite des Sees mitzunehmen, enthielt er sich des anstehenden Fragens, wie denn auch alles Unklare aus seinem welterfahrenen Gesicht wich, und sagte: »Der Abend beginnt gut für mich. Steigt auf, Jungs, und seid froh, dass ihr nicht hier wohnt.« So stiegen wir auf, hinter seinem schmalen Rücken Platz nehmend, sahen wir, wie er die Peitsche schwang und über die Pferde zischte.

Und schon setzten sie sich, viel langsamer, als sie gekommen waren, in Trab.

Die ganze Zeit, während wir Wald für Wald durchfuhren, bemerkte ich, dass sein Drang, etwas zu sagen, wieder erstarkte, um meine Gesten und Blicke, die ihm nicht behagten, loszuwerden, hantierte er bisweilen mit der freien Hand an den provisorisch angebrachten Scheinwerfern, die wie zwei Kronleuchter neben ihm in die Höhe schossen.

Seine seichten Floskeln verhehlten schlecht den unterdrückten Wunsch, den er in sich barg und nicht auszudrücken wagte.

Wir hielten an einem Felsvorsprung. Mein Begleiter und ich stiegen ab, als der Fuhrmann sagte, er müsse seine abendliche Proviantkiste aus dem Versteck holen, die er, wie er erklärte, rings um die Festungsanlage verstreut hatte, weil sein Quartier ein Auslaufpunkt sei …

Er sprach nicht weiter. Wie er sich raschelnd in den Büschen verlor, entfernten auch wir uns ein Stück, gerade so weit, dass wir den Wagen nicht aus den Augen verloren. Ich lehnte mich an den kalten Fels und starrte in den tief dämmernden Himmel. Wie ich meinen Halt hinterrücks abtastete, bemerkte ich, dass die Wand eine Unterbrechung aufwies; bevor ich mich dem Fels endgültig zuwandte, tastete ich weiter, denn diese lange, kalte Rundung ließ mich etwas Ungewolltes erahnen … Als ich herumfuhr, wurde mir klar: Ich befand mich vor einem der ungezählten Kerkereingänge.

Mein Begleiter wollte sich in Mutter Naturs Garten erleichtern und war noch nicht zurückgekehrt, unterdessen beschaute ich das Gitter, denn das Innere war ein einziger dunkler Schlund.

Meine Finger glitten über Klangstäbe, Muscheln verschiedener Art, weiter verfingen sie sich an – ich erkannte nicht, wie sie befestigt waren – um die Gitterstäbe gerollte Pergamentblätter, bevor ich sie unwillkürlich umschloss und tief in das schwarze Nichts schaute.

Bald darauf erklang ein Gesang, aufrecht, trotzdem auf unbestimmte Weise traurig. Es durchfuhr mich eiskalt, als ich den Vers und, was viel unheimlicher war, die dazugehörige Stimme erkannte:

„Dicke Bäuche schwatzen gerne.
Auf harten Steinen
erträumt man die schönsten Sterne."

Eigentlich bin ich nicht der Typ, der Zitate eines Stückes oder Films leicht behält, aber hier wirkten so viele Umstände gleichzeitig, dass mein Hinterkopf sein Lager in einem Schwung ausfegte. Die Dunkelheit gebar die Umrisse eines Menschen, der langsamen Schrittes auf mich zukam. Erwartung und furchtsame Spannung umfingen mich, nicht wissend, was nun folgen würde.

Das Zwielicht war mir geneigt genug, das Gesicht der seltsamen Erscheinung so zu erhellen, dass es hinreichte, dem Gedächtnis klar zur Prüfung vorgelegt zu werden, um Kennen von Nichtkennen zu unterscheiden. Ja, ihr denkt richtig: Es war der betagte Jerome. Und obwohl er genauso aufgemacht war wie noch nicht lange zuvor, besaßen seine Züge mehr Falten, mehr ... wie soll ich sagen? ... mehr Wahrheit?! Die wenigen weißen Haare auf seinem Haupt, die seine gewölbte Stirn zur Geltung brachten, der lange, naturbelassene Bart gaben ihm das Äußere des Weisen aus dem Märchen.

»Sind Sie es wirklich?«, entrang ich mir wohl kreidebleich. Ich glaubte auf seinen überwucherten Lippen ein leichtes Lächeln zu sehen, ehe er anhob: »Mein Sohn, du kannst mich fragen, was dir beliebt, vergessen sollst du keineswegs die Lektion, der du oben beiwohntest. Denn sie trug wahre Früchte, Früchte der Zukunft, darum handelte sie so grausig, wie die Zukunft eben grausig ist, wenn sie unterschätzt wird.«

Derlei Rätselphrasen trieben meine kurze − doch im Rückblick kann ich beim besten Willen nicht sagen, wie lange sie dauerte − Unterredung mit ihm voran, denn sie war fürwahr erstaunlich − erstaunlich und auflösend.

Er erzählte mir, im Ton gemessen, in etwa Folgendes: »Es ist viel getan damit, wenn das Publikum die Unmittelbarkeit fühlt. Dieses mein Anliegen habe ich erfüllt, davon sollen noch viele andere profitieren. Es kann nicht unser Bestreben sein, auf dem Fließband Werk an Werk zu reihen, bis sie samt und sonders im ewigen Konkurrenzkampf versanden.

Ich habe den Markstein gesetzt, an ihm wird der Zuschauer zum Teil seines begehrten Objekts.«

Mir ging auf, dass, was ich vorhin unbeholfen als ›Wahrheit‹ zu erkennen glaubte, sein Teint verblüffende Natürlichkeit ausstrahlte, dachte ich an seinen Auftritt auf der Bühne, so war es klar, dass hier derselbe Schauspieler vor mir stand, bar seiner Schminke, wodurch er viel älter schien, aber nachgerade so viel, dass ich manchmal annahm, ich redete mit einem Toten auf zwei Beinen.

Dies schien mir insoweit merkwürdig, als die Rolle des in Einsamkeit gealterten Gefangenen hierdurch glaubwürdiger gewesen wäre, was ich auch beinahe in anderer Form, mit anderer Absicht, erwähnt hätte. Kurzfristig entschied ich anders und nahm den Faden dort auf, wo er ihn abgelegt hatte:

»Haben Sie keine Angst davor, dass überhebliche Fans Ihr Erbe veruntreuen, oder dass Sie auch bloß … Trend sind?«

Er strich seinen Bart, ich hatte mich schon lange auf Sicherheitsabstand vom Gitter entfernt, und bedachte mich mit dem Blick des in seiner Sache ungetrübten Überzeugungstäters.

»Ist erst mal der Grundstock gelegt, wird die Pflanze gedeihen, und der Grund, weshalb man die Ahnen von den tollen Nachahmern wird auseinanderhalten können, liegt darin: Jene sinnen auf nichts weniger als den Bruch mit allem, was falsch ist, diese werden es stets auf schnöde Prestigeinteressen absehen, dazu nehmen sie freilich den Mund voll Dinge, die außerhalb ihres Verstandes angesiedelt sind.

Denkst du denn wirklich, mein Sohn, bei der Bedienung deines den Alltag erleichternden Computers an seine Erfinder, gedenkst du der komplizierten Schaltkreise in Miniaturform mobiler Gerätschaften, wie viele frustrierende Anläufe ein technisch einwandfreier Plan mit sich bringt, wie das Endprodukt dir mit Rat und Tat zur Seite steht, preist du täglich die Genialität menschlichen Erfindungsgeistes, während du sie nutzt? Mitnichten, und gleichwohl wird die Zunft der heutigen Entertainer von den lebensechten Deklamationen veränderungswilliger Menschen ernüchtert werden, der Schock ist meist das wirksamste Mittel, das ihnen bei der Bekämpfung dieses harten Monopols verfügbar ist.«

»So sieht man es allwärts, egal ob in den Nachrichten oder in Videoportalen, die wie Sand am Meer im Netz liegen«, ich sah ihm fest in die Augen, denn mich überfiel erneut das Grauen, »das waren doch nicht echte Babys, die an den Stecken hingen?«

Seine Miene wechselte zwischen Ignoranz und Belehrungswillen, als er anhob: »Versteh doch, Sohn, es ist der Zweck, nicht die Mittel, der den Triumph erzwingt. Ist dein Wille, und der deiner Genossen, stark genug, kann kein Opfer zu groß sein, damit der Zukunft Sonne auf dich herablächelt. Du musst dich geißeln, dein Blut verschwenden, willst du diesen Tag in deiner Brust fühlen, ehe er für deine Kindeskinder anbricht.«

»Und dafür soll ich mein handgreifliches Erdenglück der schwammigen Ferne darbringen!?« Mir fuhr die kaum verdaute Speise bis zur Kehle, meine vormalige Angst wich kaltem Zorn, der jede sonstige, für mich doch typische Regung einfror, nur um jemand leichthändig töten zu können, der trotz – und das denke ich heute noch – seiner Abscheulichkeit eine latente Brillanz kundtat. Ich fühlte auf meiner linken Schulter den festen Griff des Fuhrmanns, den die Dunkelheit freilich überraschend freigab, sodass es mich eiskalt durchfuhr, bevor ich an seiner ruhigen aber dringlichen Stimme erweichte und er mich fortnahm.

Hinter uns brüllte Jerome, wie eine alte Krähe elendig schreien mag, wenn ihr die Kehle, für die letzten hellen, todesnahen Töne Freiraum lassend, zugeschnürt wird. Gewiss bin ich kein Tierquäler, doch an diesem Subjekt hätte ich zu gerne meine animalischen Triebe ausgelebt, denn für mich war er nichts anderes: ein verkommenes, wildes Tier, das erlegt werden musste.

Der Musiklehrer saß schon hinterm Fahrersitz, als wir auf die Straße, falls sie diesen Namen überhaupt verdiente, traten, wir saßen auf und schon preschte der Wagen fort ins ausgebreitete Abenddunkel. Wir waren kaum zweihundert Meter gefahren, als in die Scheinwerferkegel ein untersetzter Körper drang; unser Fuhrmann – wir waren unter allen nur erdenklichen Umständen seiner *Obhut* ausgeliefert, so lange wir nicht das Ufertal erreichten – riss die Zügel, seine Pferde, die er mit Sodom und Gomorra anrief, scharrten ihre Hufe in den kiesdurchsetzten Schlamm, erweicht vom Dauerregen des vergangenen Tages, den die Dichte des Waldes nur schwer trocknen ließ.

Wir stierten vorwärts. Doch wir sahen nicht das Geringste. Da packte mich am Unterarm ein Junge, kaum in der Lage, den

Fuß auf die Stiege des Wagens zu setzen, und sagte, schnell aufeinanderfolgend, in etwa Folgendes: »Die Wahl deiner täglichen Bedarfsmittel interessiert uns nicht. Du kannst Rabattspülmittel kaufen, Designermarkenjacken oder von mir aus deine Essensverpackung im Kaninchenbau loswerden: Denn dieses Verhalten macht euch alle gleich, der eine pflegt es weniger, der andere mehr. Bei den höheren Konsumbedürfnissen jedoch zählen die *Kenner* – bis heute. *Wir* wollen keine eitlen Kenner!«

»Ihr wollt, dass eure Botschaft jeden in jeder erdenklichen Lebenslage erreicht, richtig?«, sagte ich, dabei muss ich geklungen haben wie der um Rat angegangene Vater, obwohl hier durchaus von umgekehrten Rollen gesprochen werden muss.

»Oh, du darfst gerne weiterhin von deiner gehetzten Mutter Brust saugen«, erwiderte er leicht spöttisch.

»Es mag groß gesinnte Weltzerstörer, die zugleich -verbesserer sein wollen, geben, deren Wunsch arbeitsgemäß lautet: Je lauter mein Ruf, desto mehr Hörer mögen mir zufallen. Also fällt ihr Ideal, ihr innigster, sehnlichster Antrieb in eins mit dem notwendigen Lebensverdienst zusammen. Denn gerade dort befinden sie sich, dort wächst und gedeiht ihre schöpferische Blume auf dem Kothaufen der kranken Moral. Was aber bringt ihr kritischer, wachrüttelnder Fingerzeig ein, wenn sie trotz überzeugter Tugenden seufzen, sie müssten in erster Linie ihren Broterwerb in Sicht haben, damit ihr Schaffen fruchten könne! Ein großer Volksmann steckt Kritik leicht weg, je größer seine Beliebtheit, je fester sein Ruhm, ein erfolgloser Geist dagegen … – glaubst du, er tröstet sich damit, sich einzureden, sein Werk sei, hinsichtlich der gesamten Misserfolge, ein verkannter Akt von bedeutungsschwerer Aussage? Wie sehr sehnt auch er sich nach Ruhm und Geld … Beide Typentwicklungen sind für sich genommen schuldfrei, wie will schließlich die aus dem Mist gesprossene Jungblume ihr sattes, abgeklärtes Mannesalter erleben?«

»Das ist ihr Problem. Der Konsument nimmt, was er braucht, ohne auf das Zustandekommen Rücksicht zu nehmen. So gerät wahrer Schöpfungsgeist zum Besten, und so habt auch ihr es getan, ist es nicht so?«

Er war zuletzt erheblich gemäßigter im Tonfall, sein Blick hatte was Kaltes, ich sah, wie Junges mit Altem sich mischen konnte in den Augen eines Jungen, der für seinen Lebensfrühling den herben Winter gekostet haben mochte wie kein anderer. Auf meine kurze Erklärung hin schloss er die Finger enger um mein Handgelenk und versuchte zu mir heraufzukommen.

Da hörte ich die Peitsche fetzen. Der Wagen flitzte davon, den wirren Jungen in der Dunkelheit zurücklassend. Ich brauche nicht ausdrücklich zu erwähnen, was der Leser schon gleich zu Anfang geahnt haben wird, dass es sich bei jener unerwarteten Erscheinung um den jungen Jerome gehandelt hatte.

Kurz bevor wir den See am Fuß des Berges erreichten, wälzte ich meine Gedanken, sie handelten von zweierlei, erstens weshalb der Fuhrmann und der Musiklehrer während der übrigen Fahrt seit dem Auftauchen des Jungen kein Wort sprachen, obschon, wandte ich gelegentlich meine Blicke nach ihnen, ihre Angesichter eine geradezu gleichmütige Glätte zeigten; zweitens versuchte ich mir einzureden, die postszenarischen Begegnungen wären Teil der Show, sozusagen der persönliche Epilog.

Wäre dem so gewesen, warum traf er ausgerechnet uns, oder waren die letzten Ausreißer vor uns ebenso in ihren Bann geraten? Das waren Dinge, um die unser Kutscher wird Bescheid gewusst haben. Prompt fielen mir seine Worte ein, die er bei seinem Antreffen gesagt hatte, wir sollten froh sein, dass wir nicht in der Gegend wohnten.

Als jahrelanges Mitglied der bescheidenen Künstlerkolonie darf ich mich wohl der besonderen Fähigkeit rühmen, exzentrischen Verhaltensmustern leichter auf den Grund zu fühlen, als es Leute von gewöhnlichem Schlag tun. Sicher fehlte es daselbst an entsprechender Gruppendynamik, die es zur Voraussetzung machte, die Ausgestoßenen und freiwilligen Aussiedler auf gemeinsamem Boden zu einen, ihnen zu zeigen, dass es auch anders ging, als in dem Schundloch, dem sie entstammten; aber umso mehr wurde die Kommune, die unter diesen Umständen keine war, ihrem Namen gerecht, indem sie Kräfte weckte, verborgen gehaltene, unter dem Zwang der Unterdrücker geknechtete Talente mit nie geahnten Entfaltungsmöglichkeiten, aus deren Quelle jeder Einzelne schöpfen konnte, war es auch nur für den begrenzten Erfahrungsbereich seiner eigenen Persönlichkeit.

Trotzdem ist viel darauf zu rechnen, wenn Menschen, so verschieden sie auch sein mögen, in zwangfreier Umgebung ihren Alltag gestalten dürfen, dank deren etwaige, aggressive Tendenzen einzelner Mitglieder folglich getilgt, wenigstens in einem Klima, fern dergleichen Anreize, sozialisiert werden können. In der Tat wechselten Wärme und Kälte häufiger im Umgang miteinander, als es dem gewünschten Maß des Gründers frommte. Niemand machte sich Gedanken über die täglichen Mahlzeiten, woher sie kamen, wer die unzureichend beheizten Quartiere errichtete, wer die den jeweiligen Talenten adäquaten Materialien anschaffte, ob die Mitgliedschaft eine Art Glaubensbekenntnis abverlangte, und dergleichen Fraglichkeiten mehr, folgerichtig waren wir einem trägen Bienenstock vergleichbar, individuelles statt gemeinsames Wirtschaften stand auf der Tagesordnung, und als befreite Drohnen fühlten wir uns, während niemand ahnte, dass wir den anonymen Plan unserer nie gesehenen Königin erfüllten.

Klingt vielmehr nach Sektenkram, denkt ihr? Ihr habt recht, tatsächlich wird mich das Zusammenreimen dieser Unklarheiten ohne große Gewissensbisse bewogen haben, der Kolonie den Rücken zu kehren. Und Lester? Seinetwegen war ich gegangen, er seinerseits trug bei Weitem leichter an der Entscheidung, woraus ich schließen darf, dass auch seine Erwartungen sich nicht so ausgestalteten, wie er es sich erhofft hatte.

Ich habe diese Erklärungen für nötig befunden, weil sie später, gegen Ende meines Berichts, dienlich sein werden, die Zusammenhänge zu verstehen, die heute noch für Furore sorgen, und die auf dem Wirken jener trendmäßigen Gruppierungen und ihrer Völker übergreifenden Absichten aufbauen.

Der See eröffnete sich endlich unseren Blicken. Die bisherige Schweigsamkeit des Fuhrmanns lockerte sich insoweit, als die Trennung unmittelbar bevorstand. Wir gelangten an den Steg, wo die kleinen Boote dümpelten, schäbig beleuchtet von den geisterhaften Laternen, die den kurzen Weg dorthin wie eine Ewigkeit empfinden ließen, was dadurch nicht aufheiternd wirkte, dass das Innere der – jetzt waren sie deutlich zu erkennen – Fähren den nahenden Gästen nicht minder leblose Farben bot.

Als wir abstiegen, erklang die heisere Stimme des Fuhrmanns: »Ich will, Jungs, bevor ihr geht, euch eine kleine Ergänzung anbieten. Auch wenn ihr denkt, ich sei verrückt wie alle andern, so gebührt mir wenigstens die Rolle des Schuldlosen.«

Es ist interessant, wie er sich der theatralischen Sprache bediente, unabhängig von dem, was er beteuerte.

»Wie lautet denn das Angebot?«, fragte mein Begleiter kühl.

Der Fuhrmann nahm auf seinem Sitz eine bequeme Haltung ein, die mich, begleitet von einem Seufzer, die Länge seiner Offenbarung erahnen ließ, ferner erkannte ich an seinem unruhigen Blick, wie er die widerstreitenden Anfangsstränge gegeneinander abwog.

Schließlich begann er: »Meine Enkelin wurde vor einiger Zeit in den Bann dieser seltsamen Leute gezogen. Sie lernte einen Mann kennen, aus einer mittelständischen Familie stammend, soweit ich mitbekam. Er war durchaus zuvorkommend, höflich und charmant – aber auf eine gewisse Weise strahlte er etwas Misstrauisches aus, das die treuen Wahrer der Familienehre ins Stocken versetzt, wenn es darum geht, ein neues Mitglied in die Sippe aufzunehmen. Alles schien zwischen den beiden perfekt, sie liebten einander, seine Besuche im Haus meines Sohnes, worin ich damals ein Zimmer bezog, wurden erbeten, sofern sie ausblieben, man wollte ihn sehen, seinen geistvollen Anschauungen lauschen, sich von seinem trockenen Humor anstecken lassen – die Hochzeit und das mit ihr einhergehende Glück schienen sehr nah.

Die Bindung erklärt sich am wahrscheinlichsten aus dem Umstand derselben Neigung; diese bestand im Lesen und in der Abfassung von Dramen für die vielen kleinen randständigen Kulturgemeinschaften, an welchen meine Enkelin lebhaftes Interesse zeigte. Schnell war sie durch ihre eindringlichen Tragödien gefragt in der Szene, sie bekam vermehrt landesweite Aufträge, die sie unmöglich alle wahrnehmen konnte.

Ihr Geliebter wurde mehr als er war. Seine Begeisterung für ihr Talent und ihren Erfolg ließen keine Sekunde so was wie Neid aufkommen, im Gegenteil, er unterstützte sie soweit ihm gelang, organisierte sogar ihre Reisen zu branchemäßigen Meetings. Nur in einem Punkt hatte er sich geirrt: dass Leben und Werk zweierlei waren für seine Verlobte.

Ob es letztlich aus Rache geschah oder Überspanntheit – ich weiß es nicht; er erweiterte seinen Aufgabenbereich um den Posten des ›Globers‹, d.h., er unterfing sich, jenen umstrittenen Produktionszweig anzugehen, der den Stoff des Stückes oder des Films in das wirkliche Leben eintauchen lässt, sodass ihre Grenzen verwischen. Bei der Vielfalt der Angebote, hinzu kommen die zahllosen Abspaltungen in bescheidenere und anspruchsvollere Themenbehandlungen, hatte er übersehen, dass seine Geliebte einem anderen Zweig angehörte als er selbst, was ihn gar nicht, nachdem er es erfuhr, zu stören schien. Wovon er besessen war, die Auflösung der falschen Fiktion und ihrer erheuchelten Botschaft, um ihr den Weg zu bahnen in wirklichkeitsnahe Gefilde, hinweggesetzt über konventionelle Produktionsverfahren, machte ihn zum Fanatiker ersten Ranges in der modernisierten Branche.

Es geschah während ihrer letzten Schaffensphase, als meine Enkelin an der Fortsetzung eines Psychodramas schrieb, die erwartungsvoll begehrt wurde; ihren Verlobten ließ sie in ihrem Eifer, der freilich Begleiterscheinung ihres rapiden Erfolges war, unaufgeklärt über jeden ihrer Schritte, sie begann sich von ihren früheren Identifikationsbestrebungen – als Ventil für den krank empfundenen Karrieretypus – so weit zu entfernen, dass das Objekt ihrer leidenschaftlichsten Kritik sie zur lohneinstreichenden Angestellten machte.

Das hatte ihr Verlobter zweifelsfrei begriffen, er tat, woran sie ehedem gemeinsam gebastelt haben, die ungeschminkte Echtheit in jedem Fall zum Götzen erheben, nur diesmal rückwirkungsartig durch den Plot des Skriptes meiner Enkelin: Er übernahm die reale Rolle des rechtschaffenen Bäckerlehrlings eines schäbigen Dorfes, der, frustriert von seinem Los, da er den Einstellungswettbewerb in der Großkantine der Schlossfamilie verlor, die

ihm einzige verbliebene Freude Tag für Tag auskostet: die Er-
munterung mithilfe stimmungsvertiefender Musik von dem
schwermütigen Dorfquartett. Deren Texte, die Scheitern, Frust
und Grimm unter anderem zum Thema hatten, schnitten in des
Bäckerlehrlings Herz wie die Trostbemühungen eines Gesinnungs-
verwandten, er glaubte gar zu oft, wenn er einsam nach beendeter
Arbeit in seiner Stube saß und den Klängen und leidzerrissenen
Reimen lauschte, aus der allzeit auflegbaren Musik die Meister
seiner Plagen zu vernehmen, gekommen, um ihm zuzurufen, er
sei nicht allein, er gehe, wie auch sie, durch die harte Schule der
Enttäuschung und Verbitterung, und klangen ihre Lieder auch
nicht gerade Trost spendend, vielmehr faktisch deprimierend, so
glaubte er, sein Schutzengel hätte nie davon abgelassen ihm ins
Innerste zu schauen, seit er ihm von der Seite gerissen wurde,
sooft er das düstere Spiel der Töne und Stimmen aus den Boxen
quillen hörte; das gab ihm sehr wohl Mut.

Dann kam die Hinwendung zum Kommerz.

Die publikumsnahen Bandmitglieder mutierten zu ver-
marktungsfähigen Melancholiestars, ein Schritt, der aus Sicht
des Bäckerlehrlings nicht nur unverzeihlich, sondern mehr noch
höchst widersinnig war. Er sann auf Rache. Mit Mitteln und
Wegen, die sie in ihren Texten beschrieben, schmiedete er Pläne,
um ihnen aufzulauern, ihre Angehörigen zu terrorisieren, dabei
ging er so penibel vor, dass ihm niemand seine Taten nachweisen
konnte, nicht einmal als er an die Ausführung der ›Todesenge‹,
nach dem gleichnamigen Lied, heranging.

Eines Abends, als der Frontmann der Band ermüdet nach
erfolgreichem Konzert nach Hause kam, bemerkte er die rote Spur
im Flur. Er folgte ihr unbehaglich, bis er sich vor dem Kleider-
schrank im Schlafzimmer wiederfand. Nachdem er ihn geöffnet
hatte, fand er einen großen Plastikbeutel voll grausig zermatschter
Innereien, daran hing ein Zettel mit der Anmerkung, er würde,
sollte er sich weigern, seinen Stil überdenken zu wollen, auf
mancherlei mehr Funde seiner ›Liebsten‹ stoßen. Da seine Nach-
forschungen ergeben hatten, dass jeder in seinem engeren Ver-
wandten- und Bekanntenkreis gesund war, scherte er sich nicht

weiter um die Drohung, gewissenlos erstattete er Anzeige gegen den offenbar kranken Stalker. Bald stellte sich heraus, dass viele seiner Fans verschwanden, das machte seine Runde in der Presse, natürlich auch in Fanforen, wo man mehr und mehr beunruhigte Diskussionen führte, obwohl die immer dreister zugespielten organischen Funde niemals zweifelsfrei den verschwundenen Fans zugeordnet werden konnten.

Langsam geriet der Frontmann in Panik, doch war er weit davon entfernt, sein altes, gefestigtes Ich in dem bizarren Spiel wiederzuerkennen, er handelte, wie jeder an seiner Stelle gehandelt hätte, und zwar abseitig, er überließ den Fall den Gesetzeshütern, jenem Teil von Gerechtigkeit, den er hunderte Mal zuvor, in seinen frühen Liedern, als misstrauisch und blindes Werkzeug einer fragwürdigen Ethik aus wankenden, widersprüchlichen Satzungen anprangerte.

Die entscheidende Nacht war gekommen.

Mittlerweile hatte sich selbst die Presse dazu durchgerungen, ihn mitverantwortlich in jenen mysteriösen Vermissten- und (Mord?)fällen zu machen. Sein Ruf lag am Boden, Freunde und Verwandte kehrten ihm den Rücken, sogar seine treuen Band-kollegen gingen auf Distanz zu ihm und widmeten sich Solo-projekten. In dieser Nacht fand er in seiner Wohnung, die er x-mal gewechselt hatte, doch in welchen er immer aufs Neue von den blutigen Geschenken überrascht wurde, auf dem Esstisch das Miniaturmodell seines heimischen Industriegebiets. Auffallend war das rot markierte Bahngleis, dessen Schienen an der west-lichen Siedlerseite von seiner Wohnung aus nur zweihundert Meter entfernt auf dem Kamm der Böschung in die freie Tal-strecke vorschossen. In der Mitte klebte eine abgewandelte Gruß-karte, mit dem Hinweis, dies sei seine letzte Chance, aus seiner Verblendung zu erwachen, seinen falschen Ruhm vom Schmutz der Heuchelei zu bereinigen, und endlich erkennen, welchen un-sicheren Zielen er nachging. Überdies war angemerkt worden, sein ‚Schatten‘ würde oben bei den Gleisen auf ihn warten, er könne das Wiedersehen, das aus der Erinnerung des Frontmanns an allen gemein glücklicheren Tagen verblasst war, und deshalb für ihn eher eine bittere erste Konfrontation als der Ausgleich begangener Schulden bedeutete, als Freundschaftsangebot wahrnehmen, damit er seinen Frieden fände.

Ein letztes Mal sah er sich in seinem Heim um, betrachtete die gerahmten Bilder aus glücklichen Episoden seiner Karriere, Auszeichnungen, die ihm Hochmut lehrten, den er sich nicht eingestand, dachte gebrochenen Stolzes an sein sattes Bankkonto, von dessen Hilfe er Erfolg von Scheitern unterschied, dazu zog er keinerlei Grenzlinie zwischen materiellen und zwischenmenschlichen Werten.

Mit der Entschlossenheit, die letzten Reste seiner vergewaltigten Ehre zu verteidigen, begab er sich zum Treffpunkt in später Nacht. Hinter einem alten Trafohaus, vielmehr ein Heim der Ratten als des Stroms, unterredete er mit dem im Schatten stehenden Unbekannten, der ihm in verhüllten Worten die Schwere seiner Falschheiten, die zu seinem Unglück und dem des Sprechers führten, darlegte, er habe hier und jetzt die ultimative Chance mit sich und seinem Werk – und ihren Konsumenten! – aufzuräumen.

Sein moralischer Lehrer ließ allerdings auch keine Provokation, gar Beschimpfung aus, was dem angestauten Zorn des armseligen Frontmanns naturgemäß nur Ausbruch bereiten konnte. Dieser nutzte die Gelegenheit, aus seinem Rückenbund die Neunmillimeterwaffe, der Erwerb eines Reichgewordenen, herauszuziehen.

Er tat es sehr schnell und zögerte keine Sekunde mit dem Abdrücken. Als er mit seiner Lampe in die Dunkelheit leuchtete, stellte er voll Entsetzen fest, dass er seinen Zwillingsbruder erschossen hatte. Hatte es jemals einen Mensch in seinem Leben gegeben, dem er innigst vertraute, dem einen Gefallen gleich welcher Art zu tun er um keine Scheu oder Mühe verlegen war, dann war es sein Zwillingsbruder Henry. Doch war er sein Peiniger gewesen? Nein, aber wie sein *gemachter* Bruder, so war auch er ein sensibler Typ, der dessen Kunst zuhöchst schätzte. Der Bäckerlehrling hatte es eingefädelt, dass er seinem abgeirrten Bruder helfen müsse, der, wie er ihm mitteilte, auf den Schienen den Tod suchen wolle. Als der Initiator des Ganzen den zu Hilfe eilenden Verwandten über seinen eigentlichen Plan aufklärte, weil jener genauso bestrebt um Wahrheit war wie dieser, kamen sie aufgrund ihrer guten Beziehungen darin überein, dem Frontmann seine letzte Buße zu ermöglichen.

Henry war gewissermaßen der reinere Part seines fleischlichen Ebenbildes, jederzeit handelbereit, wenn es darum ging, Klarheiten zu schaffen. Als er mit seinem Komplizen im Schatten des Trafohauses stand, rechnete er mit dem Schlimmsten. Während die Schüsse fielen, hatte sich der Bäcker klammheimlich aus dem Staub gemacht, lediglich das lauter werdende Dudeln der ›Todesenge‹ hallte aufklärend durch die Bahngruft.«

An dieser Stelle sank die Stirn des Fuhrmanns in die empfangsbereite Handfläche. Noch hatte er mit den ihn schmerzenden Ausführungen nicht geendigt. Er fuhr fort: »Tauscht ihr die Rollen des Bäckerlehrlings und des Frontmanns gegen meine Enkelin und ihren Verlobten aus, ergibt sich grob das gleiche obsessive Bild. Sie wurde zerstört, mit ihr die Familie. Den Verräter ihres Glücks sperrte man in die Anstalt an der 208. Ausfahrtstraße, hinter den Quellwasserfelsen.

Seitdem bin ich Zeuge des ständig wachsenden Pseudo-Moralfiebers im ganzen Land. Ich will euch, klingt es auch paradox, den guten Rat geben, lasst gut gemeinte Ratschläge liegen, wendet euch ab von dem, was euch lieb ist, sobald es anfängt, Tausenden zu frommen.

Als standhafter Mann hoffte ich, meinen Lebensabend zu verbringen. Doch mir wurde alles genommen, vom einfachen Glauben bis zur misstrauischen Spielfigur im ewigen Wandelzirkus fällt die Wahl immer schwerer, unter wessen Schirmherrschaft man zu kämpfen sich stellt. Es ist schon sonderbar, wie betagte Menschen, sollten sie doch am Zenit ihrer Weisheit gipfeln, sich den einfachsten Ideen zuwenden, die leider zu oft die dümmsten sind, allzumal hierdurch gerade dem Willen der Drahtzieher entsprochen wird. Wenn dann noch die Unsicherheit über die Wirkungen des kritischen Vermögens hinzukommt – und wir haben ja gesehen, in welchen Maßen sie heutigen Tags agiert –, bleibt dem Ruhm ersehnenden Endspurtler nicht einmal die Gewissheit des friedlichen Hinscheidens.«

Mit diesen Worten trennten wir uns von ihm, die Fähre wartete zu lange auf uns, jetzt waren wir so weit, über die klapprige Gangway an Deck zu gehen. Wir sahen noch aus den schmutzigen Fenstern, wie Sodom und Gomorra stürmisch wendeten und den Steg hinaufdonnerten; unwillkürlich dachte ich bei dem szenischen Anblick an einen fahrerlosen Geisterwagen, verflucht dazu, auf ewig im Sündenpfuhl sein Dasein zu fristen, umsonst auf Erlösung harrend und der in die schauerlichen Schatten seiner Plageheimat zurückkehrte.

Die Fähre, die aussah, als hätte man ein mittelklassiges Passagierschiff in seine Bestandteile zerlegt und sie für den spartanischen Gebrauch einer viertelstündigen Seeüberfahrt zusammengesetzt, zog schleichend dahin auf trübem Wasser, das in der Umgegend einige Fischerquartiere aufwies, doch wie ich mich erinnerte, hatte man die meisten seit Jahren wegen des Fischausbleibens aufgegeben. Die wenigen Flüsse im Umland liefen in diesem See zusammen, die Hauptfangquelle waren Karpfen, gefolgt von Barschen und Hechten – Letztere kamen aus dem Südärmel, den man ›Stiller Buhler‹ nannte hinsichtlich seiner für reichhaltigen Zufluss merkwürdigen Fluktuation, bis man ihn endlich u-förmig um die Hügelgräber im Südosten leitete, damit er, bevor er in den Schoß seiner Quelle zurückfließt, den wasserarmen Siedlern zugutekomme; seitdem geschahen vielerlei geografische Veränderungen – besonders von Seiten der Menschen, was das Ende der Fischerzunft im See besiegelte. Die einzige verbliebene Verdienstquelle war die Überfahrt, aber selbst sie war auf weniger als vier Fahrten täglich begrenzt, wodurch dieser Teil der Stadt für Touristen, einschließlich der gottverlassenen Atmosphäre des Sees, zum Giftstachel wurde, ganz zu schweigen von den hier Ansässigen, welchen, las man es nicht von ihren Gesichtern ab, im Spott der Zeitungen der Ruf der ›Hinterseeler‹ anlastete.

Nein, wollte man die mächtige Festung, das Relikt vergessener Epochen, besuchen, zog man andere Möglichkeiten hinzukommen vor, doch meine Option war wohl ein Glücks- (oder doch lieber Zufall) gewesen.

Ich sah auf meine Uhr.

Gut lag ich in der Zeit, in fünfzig Minuten würden die Praxistore schließen, die jüngsten Begebnisse hatten also trotz ihrer Intensität nicht lange gedauert. Die Überfahrt dauerte fünfzehn, die normale Gangart an der Uferstraße bis zur Einmündung in die Westschingpromenade etwa zwanzig Minuten, und der Rest würde mir im Laufschritt gelingen, so oder so, für meinen Plan genügte die übrige Zeit bei Weitem nicht für eine Sprechstunde, was jedoch die Dringlichkeit meines Anliegens entschuldigte – oder?

Ehrlich gesagt empfand ich es sogar als reizvoll, den Doktor bei der Schließung seines Arbeitsgebäudes zu überraschen, was freilich noch mehr Überzeugungsarbeit abverlangen würde, um mit mir, einem völlig Fremden, in das gemütliche Büro zurückzukehren und sich anzuhören, was mich beschäftigte. War auch nur ein einziger berufstätiger Mensch mit festen Arbeitszeiten dazu bereit? Leben und Werk – da waren wieder die beiden ungleichen Zwillinge! Als ob nicht lebte, was arbeitete, als ob nicht arbeitete, was lebte.

Als wäre das eine die Pflichtschuld an die sinnvolle Welt, das andere dagegen der persönliche Genuss des Unwesentlichen … Und war es nicht so? Noch immer grübelte ich über den perfekten Plan, wie ich mich präsentieren sollte.

Ein Wichtiges habe ich vergessen anzuführen, wie sonderbar mir die Öffnungszeit schien, denn, soviel war mir noch im Gedächtnis von der verlassenen Welt: Welche Arztstube hatte noch bis nach einundzwanzig Uhr seine Pforten geöffnet? Vielleicht vergeht auch die Zeit zu schnell und ich begreife die Fortschritte viel zu langsam.

Ich mag einige von euch langweilen, doch um zu verstehen, wie einer, der jahrelang auf Abstinenz zu seinen zivilisierten Standards lebte, prompt sich in ebendiesen wiederfindet, halte ich es für unabweislich, alle Einzelheiten wiederzugeben, die mir im Kopf herumspuken.

Wie anders hätten mein Begleiter und ich die kurze Überfahrt vertrödeln sollen, als mit reden. Der Brennstoff war freilich heiß. Zu bereden gab es viel, die Meinungen bis auf den winzigsten Winkel im Schädel herauszulocken, dazu reichte die Zeit nicht.

Wir hatten uns bei kühlem Wind über die Reling gelehnt und betrachteten die kleiner werdende Festung, die in ihrem Nachtglanz aufleuchtete. Mein gebildeter Begleiter begann: »Ich weiß nicht, welche von den heutigen Erscheinungen ich besser, welche schlechter bewerten soll. Wenn ich's mir recht überlege, dann muss ich den nachziehenden Ergänzungen Vorzug geben. Durch sie, und nur durch sie, kann die Botschaft auf fruchtbaren Boden fallen.«

Ich nickte; mir lag nicht am Besserwissertum.

Er setzte hinzu: »Vermutlich müssen wir uns auch bald entscheiden, wie wir unser Leben ausbilden, wie wir es ausklingen lassen wollen. Bald, und das geschieht allzu rasch, stehen wir vor der Wahl: Tragödie oder Komödie. Dabei kommt es auf die goldene Mitte an, denn wie man Erstere naturgemäß zu vermeiden trachtet, so birgt Letztere Verblendung im Übermaß, wenn sie unter Ausschluss ihres Pendanten gehandhabt wird.

Schon seit Langem frage ich mich, warum es kein filmrechtliches Verbot gegen moralisch fragwürdige Ausarbeitungen von Fieslingen gibt. Schön und gut, ohne Bösewichte kein Unterhaltungsspaß, viele sympathisieren gerade mit ihnen, aber treibt man es nicht auf die Spitze, wenn die schwärmerische Fantasie des pubertierenden Actionfans den allzu lieb gewonnenen Schurken zum anbetungswürdigen Helden erhebt?

Film und Theater haben das Ziel, die Realität widerzuspiegeln, im Zerrspiegel allerdings, und jeder Mitwirkende wälzt die Schuld von sich, sollte sie in ihr außer Kontrolle geraten, was in irgendeiner Verbindung zum Werk steht.

Auch die kühnste Demokratisierung speist sich aus der Einbildung weniger; ihre Visionen, rechte Verbesserungen etc. triumphieren dieser Tage in rein technischen Vorgängen, darum ist die Mehrheit zum Schweigen verdonnert. Gibt es genug Wähler, fällt die Konkurrenz hin; der Zwerg der Opposition darf in der Brust der Koalition sitzen, denn hat man dem Parasit seinen Blutstachel entfernt, ist von ihm keine Gefahr zu erwarten. So hat es sich wohl auch mit dem Bösen in der Kunst eingebürgert. Am wichtigsten von allem aber scheint mir die Resignation der

Vernunft zu sein, wie es schon der Fahrer beklagte. Wären dem Papst innerhalb weniger Sekunden die Machtinstrumente zur Verfügung gestellt, die ganze Menschheit seiner Vorstellungsrichtlinie zu unterwerfen, glaube ich nicht, dass ihm die Entscheidung sehr schwerfiele.

Die Suche nach der Wahrheit schafft immer blutiges Gebiss.«

»Ganz meine Meinung«, murmelte ich.

»Würden Sie nach allem, was wir heute erlebt haben, dennoch Partei ergreifen – sagen wir für den rachesüchtigen Bäckerlehrling?«

Er hatte die Angewohnheit, nie auf direkten Augenkontakt einzugehen, das hatte sich mir eingebrannt, seit ich ihm begegnete. So auch jetzt, als er energisch sprach: »Es darf nicht übersehen werden, dass er die Fans tötete … nach dem *Geschmack* seines Idols; beiläufig merke ich an: Auseinandersetzungen zwischen Fans und Idolen sind so gewöhnlich wie feuchte Nasen im Winter. Der Fall des Bäckerlehrlings zeichnet sich klar durch übertriebene Rechtschaffenheit aus. Leider kennen wir nicht die Einzelheiten der *wahren Begebenheit*, den Charakter des Verlobten von der Enkelin unseres Freundes.

Er sagte, er wisse nicht, was ihn bewogen hat, den Schwarz-Weiß-Stoff seiner Geliebten mit lebenden Farben auszumalen, es dürfte aber klar sein, darauf hat er selbst verwiesen, dass Enttäuschung den Grund für seine Entgleisung gepflanzt hat. Es ist sogar denkbar, dass er, des Stoffes *und* seiner Geliebten wegen, diesen insoweit perfektionieren wollte, als ihre früheren, gemeinsamen Bestrebungen seit dem Erfolg seiner Verlobten stockten und er ihr Lebenswerk zum Glanz bringen wollte – zum Ruhme beider, versteht sich.«

Und weiter: »Nüchtern betrachtet gibt es in beiden Versionen, wie nun mal auch im echten Leben«, hier grinste er, »Verlierer und Gewinner – besser noch Täter und Opfer. Für mich ist der Umkehrschluss aus Sicht des Opfers entscheidend: wenn es sein eigenes Werk im Terror wahrnimmt, der ja eigentlich im Guten gemeint ist, und den ich deshalb technisch kühl ›Kunstüberladung‹ nennen möchte, dann muss diese künstlerische Entartung eine positive Reflexion in ihm auslösen. Ist er dazu nicht gewillt oder fähig, so heißt das nichts weniger als dass er getan, wovon er nur blasse Ahnung hat, gelebt, was nicht aus seinem Herzen spricht.«

»Ich denke gern an Filme und Geschichten meiner Kindheit zurück, an die Einfachheit, mit der ich sie genoss; sie waren mir ein wichtiges Etablierungswerkzeug in der verändernden Welt. Man verschwendete noch keinen Gedanken an Müßigkeiten wie Produktionskosten, kommerziellen Erfolg, Kritiken und den ganzen Käse. Der Preis des Erwachsenwerdens heißt leider, seinen Erlebnishorizont erheblich verkürzen, meistens freiwillig.«

»Haben Sie es getan?«

»Jein«, antwortete ich nach kurzer Pause. »Dass ich Angst vor Horrorfilmen bekam, beweist doch, dass ich das, was ich auf dem Schirm sah, für wahr hielt. Der kindliche Verstand ist zwar empfindlich, aber eben hierin liegt die Pointe des Produkts: das Gesehene auf sich einwirken lassen, ohne Verstellung, ohne Hintergedanken, ohne Ablenkung. Wenn das Geschaffene lediglich eine Station in der langen Laufbahn des Produktionsteams ist, stirbt das Wesen des Werks, das wahrscheinlich nur durch zeitliche Begleitumstände angeregt wurde und mit den Jahren schließlich ausbleicht. All dies kann ich nicht bestreiten, darum zog ich mich auf die Kolonie zurück, wo freies Kreieren mit den richtigen Gefühlen auf einer Wellenlänge ist.«

Der Wind blies stärker.

Der Bogen, den das Schiff beschrieb, eröffnete den Blick auf die lange Laternenreihe an der Uferstraße. Bald würde ich wörtlich mit der Zeit laufen. »Literatur, auf der ja die *bewegten Bilder* aufbauen, ist überhaupt trivial. Wie können bitteschön in Schrift gebannte, fantastische Geistesschöpfungen bestehen neben all den praktischen Erfindungen, deren Aufgabe die Erleichterung sowohl als auch Bemeisterung irdischer Erschwernisse zum Ziel hat?«

Schon seltsam, so etwas aus dem Mund eines Musikers zu hören. Eigentlich müsste das Gescholtene seinem Handwerk am nächsten stehen, dachte ich. Jedenfalls waren die Musiker in der Kolonie anders, feinfühliger, wie man diesen Typus ja gerne benennt, obwohl viele doch härtere Stilrichtungen, natürlich auch moderne, bevorzugten; seltsam ist noch die Tatsache, dies nur am Rande, dass ich nie erfuhr, welches Instrument der Herr Lehrer spielte.

Ein leidenschaftlicher Spekulant, hatte er der neuen Kunstobsession nicht viel abgewinnen können, gab sich mit Gedankenspielen zufrieden, während er mit seinem – ja, welchem? – Instrument die traurigen Klänge zu der neuen Dekadenz beisteuerte. »Dann müsste jeder Unsinn, solange er nachvollziehbare Nischen enthält für die Begeisterungsfähigen, Einzug halten in ernstliche wissenschaftliche Abhandlungen.«

»Vieles gibt es da draußen, dass noch seiner Entdeckung harrt, da bin ich sicher«, sagte ich, im Klaren darüber, wie er reagieren würde. »Ich finde es schon richtig, dass Tragi-Konkurrenz abgeschafft werden sollte, das gegenseitige Überbieten der Leidgeprägten, die sie vermutlich gar nicht sind, ödet an, es büßt das Inhaltliche, das Werkimmanente ein. Die Wahrhaftigen täten gut daran, ihre prägenden Kümmernisse nicht geschäftlichen Reizen zuliebe vergewaltigen zu lassen.«

Ich staunte, denn mein Gesprächspartner lachte.

Er deutete westwärts auf eine riesige Reklametafel; ich folgte seiner Weisung. Darauf erkannte ich einen Mann, dessen Alter ich nicht eindeutig bestimmen konnte, er presste beide Hände gegen die Schläfen, den Mund qualverzerrt, befand er sich inmitten einer Landschaft wüstenartiger Farben; eine Stadtstraße, soviel war zu erkennen, allerdings in einem seltsamen Gemisch überwiegend schwarzer und glutroter Töne.

»Der neueste Geniestreich aus dem Hause Xenoleptikus«, kommentierte mein Gesprächspartner.

»Der Hauptakteur … sein Name ist mir glatt entfallen; soviel weiß ich noch, er klingt gewöhnlich. Egal, es geht darum, wie ein seit frühester Kindheit Gequälter schrittweise zum wahnsinnigen Wunschdenker heranreift. In steter Besorgnis um seinen Schulfreund, der ihn bei einem Schlittenausflug im Wald zurücklässt, von einem Fremden aufgepäppelt und fortan mit tief geprägter Seele die Jahre zubringend, hadert er mit den Absichten seines Therapeuten, den er, wie den ganzen Psychiatrieapparat, als Agenten des Systems schilt. Irgendwann sah er sich vor die

Wahl gestellt: entweder in einer reinen Fantasiewelt zu leben, bar der Logik, oder in einer mit Sci-Fi-Anleihen versetzten Ersatzrealität. Während Ersteres oft schmählich abgeurteilt zu werden pflegt, wird Zweiteres der Realität immer ein Stück ähnlich sein, denn sie ist gewissenhafte Auseinandersetzung mit ihr, jene dagegen Flucht und Ignoranz … oder vielleicht die ›Wahrheit‹ – nach dem Tod –, aber diesen Aspekt überlassen wir lieber Religionsmenschen.«

»Wofür entscheidet er sich?«

»Nein«, er hob den Zeigefinger, »Sie müssen fragen, was ist sein Schicksal. Spricht man von Entscheidung, so leidet er an keiner Geistesstörung, da er Handlungsfreiheit besitzt, damit wäre er schuldfähig. Diese Geschichte brüstet sich, wie viele andere, mit dem Etikett ›wahre Begebenheit‹. Man hatte schnell begriffen, dass der Stoff für konventionelle Vorstellungen unzureichend war, also wurde er *realisiert*. Aber zurück zu dem, was Sie wissen wollten.

Da die Nachforschungen des wahren Stoffes keine zufriedenstellenden Ergebnisse hervorbrachten, entschied man, aus dem wahrhaft Gekränkten den verschmitzten Trickser heraus zu formen, der seinen Arzt auf die Probe stellt, indem er einerseits durch haarscharfe Einblicke in seine Gefühlswelt den Zweifel an seiner Krankheit aufkommen lässt, andererseits in seinem Wandel und Gebaren eindeutig psychotische Züge aufweist. Das trendige Gewissen der Produzenten versuchte die Nische um die Ungewissheit der Vorlage dadurch zu füllen, dass man an das Publikum appellierte, mittels Einfühlung und Übernahme der Eigenschaften der Hauptfigur die Wahrheit selbst herauszufinden. Einmal heißt es, die stereotype Frage extraterrestrischer Besucher nach dem Anführer der Erdlinge schlösse von vornherein die Aussicht auf universelle Harmonie aus, da ihr despotische Tendenzen innewohnen, somit würde sie niemals wirklich gestellt werden können, es sei denn sogenannte *höhere* Intelligenzen, wie sie auch aussehen mögen, seien direkte Ebenbilder der Menschen, wenn auch auf einer höheren, aber trotzdem hierarchisch-dominanten Evolutionsstufe.«

Wir legten an.

Die schwarzen, stummen Gestalten gingen an Land, und mir fiel erst jetzt auf, wie wenige sie waren; nun wusste ich, warum wir uns während der Fahrt so allein fühlten.

Der schwere Abschied, er stand bevor. In einer Zeit sekundenschnellen Informationsaustausches und des Herumspukens intimster Daten jedes Individuums im Internet blieb ich meinem Unbehagen – vielleicht auch Abscheu – treu; ich fragte nicht nach dergleichen ›Aufspürmitteln‹, er, was an seinem Alter gelegen haben mochte, erbat sie ebenso wenig von mir. Vielleicht war ich einer unter vielen für ihn, ich meinesteils hatte heute viel lernen können in meiner aufgegebenen Heimat. Nur eines fragte ich ihn noch: Was er damit gemeint habe, als er sagte, verrückt sein wäre *in*. Freundlich fasste er mich bei der Schulter und riet mir nur, ich solle mein Urteilsvermögen ungetrübt halten.

Er stieg in eines der Taxen, die seitwärts parkten, und fuhr ab zu den hellen Lichtern des menschenreicheren Stadtteils.

Tief in Gedanken, schlenderte ich über die Uferstraße. Obwohl in anderer Richtung gelegen, schlug mir wieder dieselbe Tafel entgegen. Sie war groß genug, um alle Einzelheiten auch beim Laufen erkennen zu können. Wahrlich, eine düstere Illustration, sie war geradezu albtraumhaft.

Mir fiel besonders der Name bei den Mitwirkenden in der Randspalte auf, der meinen Blick senkte, um in Erinnerungen nach Anhaltspunkten zu stöbern. Ich las abermals: ›In den Hauptrollen: Alexander Fellwer …«. Fellwer, Fellwer …

Ich hatte es nicht mehr weit bis zur Einmündung in die Westschingpromenade, da regten sich meine grauen Zellen und ich wusste, was ich mit dem Namen verband. Bevor ich mich der Kolonie anschloss, sorgte eine Welle absonderlicher Kolumnen im Tagesblatt für Aufsehen.

Alexander Fellwer, so umstritten wie beliebt, war ihr Verfasser; was diese kleinen Artikel so außergewöhnlich machte, war der Perspektivwechsel vom Korrespondent zu den jeweiligen Beteiligten eines Schauplatzes, das reichte von Interviews mit Verwaltungsbeamten über neue Kulturangebote bis hin zu Diebstahls- und schwereren Delikten.

Es ist schwer vorstellbar, doch die pfiffige Art, in der diese Berichte verfasst wurden – ob sie Tatsachen zum Grunde hatten, weiß ich nicht – ließen sich bald in einem eigenständigen Blatt bewundern. Obwohl das Subjektive in diesen Meine-persönliche-Erfahrung-Berichten entsprechend tragend gewesen ist, spotteten sie des etablierten Journalismus.

Das wirkte erheiternd und sprach aus der Seele erzürnter Jugendlicher, die diesem Produktionszweig die Zusammenarbeit mit der Polizei, der Politik und anderen Organen vorwarfen, am Raub ihrer Chancen, besonders jedoch an der Verschwörertätigkeit beim Aufsprießen der ›Jungen Wut‹, der irrtümlich auch meine Kolonie zugerechnet wurde, systematisch zu feilen.

Die Auflagen blieben nicht lange oben, aber so lange sie Interessenten fanden, durfte natürlich jeder, der was zu erzählen hatte, an dem Blatt mitwirken, vornehmlich im sozialkritischen Stil, da man wusste, Politik und Wirtschaft in ihren reinen Formen seien für sie eine verschlossene Welt; darum war das Blatt mehr ein Spiegel der Auswirkungen jenes Dualismus denn kalte, faktische Berichterstattung.

So weit reicht meine Erinnerung an diesen Fellwer.

Einer Kolumne entsinne ich mich noch recht gut; gewitzt und doch eiskalt-ernüchternd berichtete ein zu Tode gekommenes Gewaltopfer von seinem nächtlichen Überfall. Als ›Jenseitsreport‹ erhielt sie sogar ihre eigene Serie, meist stand im Mittelpunkt der hilflose Nachtspaziergänger – nicht als gelenk- und geistesstarrer Ruheständler, der vom Heiler der Gerechtigkeit nur die Symptombekämpfung heischt – aus robustem Holz geschnitzt, der nicht die direkten Täter anklagt, sondern das perspektivlose Schicksal in den grauen Straßen.

Fast schon gleichmütig lässt er den Raubmord über sich ergehen, schimpft jenseitig verklärt über den Widersinn des Militärs, für Kämpfe in fremden Ländern Bürger auszubilden, während man nicht einmal imstande ist im eigenen Lager den Frieden zu sichern.

Er nutzt den Jenseitstalk, um vor der Tendenz zu warnen, den Verstorbenen, ist ihre Zeit gekommen, allein faktisch nachzusagen, was sie zu Lebzeiten waren, und sie als festbedruckte

Träger dieser oder jener Eigenschaften endgültig im untersten Fach der Geschichte verschwinden zu lassen.

Ein letztes Mal warf ich den Blick zurück auf die Bars der Anlegestelle, wo die Bewohner dieses wesentlich schöneren Teils der Stadt sich über den verhassten Anblick der anderen Seeseite mit kräftigen Schnapszügen hinwegtrösteten.

Gerade nahm ich die Biegung zum längeren Abschnitt der Westsching, wo die Laternen fahler leuchten. Interessanterweise erinnere ich mich an jeden Gedankengang, der mich bei dieser und jener Wegstrecke anfiel, es mag euch langweilig vorkommen und der ein oder andere räsoniert vielleicht, dass ich nie zur Sache kommen werde. Denen sei gesagt, dass meine neu erfrischten Empfindungen seit langer Abstinenz wesentlich sind für meinen Beitrag zur Epoche.

Als ich also auf die Fahrbahn wechseln musste, weil der Gehsteig derart mit dem dort parkenden Fahrzeug zusammenlief, dass ein Passieren unmöglich war, eilte eine Gestalt aus dem Buschwerk herbei, denn rechts und links war die Westsching von Ablegern des Parks umgeben. Sie schien zu weinen, es war eine junge Frau, ihr wallendes Haar lief in wirren Strähnen über ihr Gesicht, sie besaßen kein Ende im Schmelz der Dunkelheit.

Da sonst niemand anwesend war, brachte ich es über mich, sie nach dem Grund ihrer Trauer zu befragen – sehr untypisch für mich. Inmitten der Fahrbahn warfen die viel zu hohen Laternen keine Erkennungshilfe hinab, so fühlte ich mich nicht gerade wohl in meiner Haut, die Fremde vor mir zu haben, ohne urteilsfähige Einzelheiten ihres Äußeren.

»Mein Leben hat keinen Sinn«, jammerte sie, in meine Arme fallend. »Ich dachte immer, meine Systemanklage sei richtig, doch ich irrte mich. Weil ihre Eingliederungsversuche ins Wirtschaftsgefüge scheiterten, gaben sie mich auf, und ich habe erkannt, wie recht sie mit mir hatten, wenn sie mir entgegenhielten, meine Kritik sei überspannt, wenn ich anfing, die wachstumsbesessene Industrie zu schelten für ihre akribisch fixen Regeln, denen zu beugen ich mich weigerte. Wie solle man denn die wachsende Bevölkerung hinreichend ernähren, wenn jeder denken würde wie ich, wie Millionen Bürgern ein Heim verschaffen, wenn jeder meine negative Einstellung zum Bauwesen teilte; könne man ferner den Menschen das Recht auf ihre freie Meinung zugestehen, wenn jemand so überhitzt – wie ich – das Parteigezanke im Parlament heruntermacht, wie vergessend, dass schlimmere Zeiten über unseren Köpfen wehten … schon gab ich mich geschlagen.« Sie trieb keine Komödie.

Die nachfließenden Rinnsale auf meinem Arm hatten das bewiesen. Und doch war der Widersinn ihrer Worte fatal; wie konnte man – um den Satzbau ihrer *Helfer*, die ich nicht kannte, zu gebrauchen –, wer war dreist genug, den gesunden kritischen Verstand eines so jungen Wesens zu manipulieren! Die Antwort gab ich mir darauf: nur damit die modische ›Linie‹ fortgesetzt werde, möglichst ohne Störenfriede.

Die Verzweiflung des Einzelnen gehört wohl zu jenen Langlebigkeiten, die niemals, gleichviel welche Gesellschaftsform sich etabliert, aus dem Moloch der Zivilisation verschwindet.

Aus ihrer Zudringlichkeit mich lösend, redete ich gut auf sie ein. »Sei nicht närrisch. Wer immer den Verrat an deiner Seele entfachte, gehört aufgehängt. Wo kommen wir denn hin?«

»Möglich, dass wir längst sind, wo du fürchtest zu sein.«, sie wischte ihre Tränen fort. Sie hatte unvermerkt den Plastikbeutel aus meiner Jacke genommen; sie schnupperte daran und sagte: »Woher sollen wir unser täglich Brot nehmen, wenn jeder so denkt wie du!? Undankbarer Mistkerl!«

Sie warf mir mein *geschenktes* Essen gegen die Brust, zum Glück reagierte ich schnell genug und es landete in meinen bereitliegenden Händen. Dann rannte sie neben mir vorüber in die Schwärze, aus der ich gekommen war.

Ich sah auf die Uhr; meine Zeit wurde immer knapper, doch auch die folgenden Begegnungen, an Seltsamkeit noch überragender, dauerten keineswegs so lange, wie sie vermuten lassen.

Ein Mann mit Leuchtstreifen auf dem Rücken ließ mich zuerst an einen Unfallort denken, so verhielt er sich auch, je näher ich herantrat. Nah genug dann, stellte ich fest, dass die Tätigkeit, der er auf dem Boden nachging, darin bestand, den Leichnam eines Fuchses auszuweiden. Die geborgenen Eingeweide legte er in eine Box, die neben ihm bereitstand.

Als er mich entdeckte, sagte er grinsend: »Hören Sie besser auf die junge Dame. Wer weiß, wie lange wir noch genug zu essen haben.« Er haspelte noch etwas, doch da hatte ich meine Schritte wieder beschleunigt. Wenig später kam ich an einem Stand vorbei, wo kleine Heftchen auslagen, jedoch ohne Verkäufer weit und breit. Das präsentable Pult und die übrige auffällige Aufmachung machten den Eindruck, als habe man den Vertrieb Hals über Kopf aufgeben müssen, besonders Klappstühle, auf Tischen verstreute Schreibwaren, die offene Tür des dahinterstehenden Wohnmobils, wenngleich darin keine Seele zu wohnen schien, ließen den Anblick mit Unbehagen erfüllen.

Ich nahm mir eines der Heftchen, ohne längere Beschäftigung mit dem Schauplatz. Unter dem nächsten Lichtkreis blieb ich stehen, um aus dem Heftchen, scheinbar aus Tagebuchnotizen zusammengesetzt, zu lesen. Wahllos schlug ich es auf. Der Zufall spielte mir übel mit, als ich las:

›17. Mai: Eines Puppenmachers entsann ich mich, als der Doktor mich aus der Behandlung entließ – denn ich kam an einem Schaufenster vorbei, das jenem aus meinen Jugendtagen nicht unähnlich war, überdies schloss ich es nicht aus, dass derselbe Puppenmacher, der sich damals schon durch hohes handwerkliches und auch künstlerisches Geschick hervortat, heutigen Tags ein anderes Geschäft bezog, wobei ich mir freilich nicht sicher gewesen bin, ob ich mich in derselben Straße befand wie zu ferner Jugendzeit.‹

Den Namen der Westschingpromenade hatte ich nur behalten, weil ich mich an den Puppenmacher erinnerte, der die hübschen kleinen Soldatenfiguren herstellte, die mir zu kaufen ich meine Eltern regelmäßig anbettelte. Ich weiß auch noch, dass es ein Doppelhaus gewesen ist, das seine Werkstatt und die Wohnung eines berühmten Professors in zwei Einheiten aufteilte.

Nachdem ich jenen merkwürdigen Eintrag gelesen hatte, lenkte ich meine Schritte auf die andere Gehsteigseite, denn diese war wegen Bauarbeiten gesperrt worden, davon hatten mich die das Dunkel durchbrechenden Warnlichter überzeugt.

Vor einer Kreuzung befand ich mich, die mich kurz in Verwirrung stieß, da sie überraschend kam – sie war nicht in meinem Plan enthalten und selbst meine detailreiche Karte, die ich nun zurate zog, zeigte nichts dergleichen. Da begriff ich, dass dies keine Kreuzung, sondern der Vorhof zu jenem im Hinterkopf wohlgehüteten Haus war, und so nahm ich mir ein paar Sekunden nostalgischer Berieselung.

Im Erdgeschoss, hinter weißen, in lange Falten geworfenen Gardinen sah ich, durch einen freien Spalt, Feuer im Kamin flackern. Als ich mich näher heranschlich, denn der zuerst als Kreuzung missdeutete Vorhof umschloss den blumenreichen Garten in der Mitte, trat ich über einige Pflanzen hinweg, da der Hohlraum meine Schritte laut widerhallen ließ; ich begriff auch, wie offenbar *zufällig* man sich hier verlaufen konnte, wenn die bevorzugte Strecke aufgerissen wurde oder sonst was.

Meinen Voyeurismus entschuldige ich mit Rücksicht auf die emotionale Hingezogenheit, die dieser Ort in mir wachrief. Soviel erkannte ich, dass vor dem flackernden *Trugfeuer* in bequemem Sitz jemand in ein Buch vertieft war, doch mehr sah ich nicht, denn mein Arm wurde fest ergriffen.

Ich sah nur einen menschlichen Umriss, der einen Kopf größer war als ich, auch entsprechend kräftiger, das spürte ich am Griff, dessen Exekutive mir zuraunte, ich könne hier nicht lange bleiben, ohne Ärger zu bekommen; so riss er mich fort, gewaltlos, denn Weigern hielt ich für falsch. Als wir wieder unter dem trüben Laternenschein standen – zumindest ich, denn weiß der Teufel, woher das andere Wesen gekommen war – prüfte ich den Kerl eingehend: Er trug eine aus Papier gebastelte Spielzeugmütze, von der irgendein farbiger Plüschknäuel herabhing, die Hose, sein Sweatshirt, sie waren nicht weniger kindisch.

Ihr Träger, vom Gesichtsausdruck her gescheit, ließ mir anfangs gute Chancen, ihm günstig zu sein, trotz seiner albernen Kleidung, wie er nämlich behauptete, er sei gezwungen worden zu dem, was ich an ihm schelten würde, und die gewählte Art, seine Entschuldigung kundzutun, weckte mein Mitleid für ihn. Dann kam die Wendung.

»Unverhofft hörte ich die Leute nur über sorgenvolle Dinge reden, als sei die Welt in einen tiefen Schatten der Trostlosigkeit gefallen. Mein Lauschvermögen war ausgeprägt, und ich hatte es satt, dass alle die großen Probleme ignorierten, die uns bedrohen. Bald entdeckte ich, nachdem ich ihre einzelnen Gesprächsfetzen zusammengefasst hatte, dass sie zu einer Prophezeiung führten – als aber die Leute sich umstellten oder umgestellt wurden, muss ich in einen tranceähnlichen Zustand gefallen sein, was beweist, dass die dunklen Gespräche über dieses ›Bevorstehen‹ mit mir zu tun gehabt haben mussten.«

Wie schon bei der charakterschwachen Frau, jetzt allerdings durch meine Initiative, drückte ich begütigend seine feisten Oberarme, doch hatte ich beim Zuspruch natürlich meine Hintergedanken, da der Junge offenbar nicht alle Tassen im Schrank hatte. Dennoch versuchte ich aus ihm irgendwas Nützliches herauszulocken, und als ich sein Vertrauen gewann, erschienen mir seine Worte plötzlich in ganz anderem Licht. »Du glaubst, du bist in wohlvertrauter Umgebung, aber das ist falsch. Sieh genau hin.«

Er zeigte mir die Stelle, von der ich geglaubt hatte, es seien Baumaßnahmen im Gange, doch bei genauerem Hinsehen stockte mir der Atem. Das Gebäude, die Autos ringsherum sowie die kleine Gasse, die von der Westsching weglief, waren geschwärzt, verkohlt, als wäre dort eine Bombe eingeschlagen. Wer noch schärfer schaute, wurde den Verdacht nicht los, dass hier etwas Hässliches, etwas Brutales gewütet hatte, Mensch gegen Mensch, gnadenlos und unerbittlich – Spuren fand man zuhauf, sie reichten bis an die Hausdächer hinauf, ja sogar den Weg, den ich blindlings hergelaufen war ... was würde sich mir weiter erschließen?

»Bruder, du hast ein Exemplar genommen?« Er starrte entsetzt auf das Heftchen, das ich noch in der Hand hielt. »Sein Verfasser wird hier wie ein Gott verehrt, ich aber bleibe bei meinem Stil«

»Ich habe es mir noch gar nicht richtig angeschaut.«

Ich sah ihm fest in die Augen, hielt das Heftchen dabei hoch.

»Sag mir, was hat das hier zu bedeuten. Wer sind diese Leute, ihr eigenartiges Benehmen und ...«, nochmals musterte ich ihn von oben bis unten, »... wer bist *du*?«

Er zog die Lippen ein, wie zu einem aufdampfenden Geständnis bereit. Dann zuckte er mit seinem Fingerpaar, ihm in die Parallelstraße des Parkgeländes zu folgen. Während ich ihm unbehaglich nachtrottete, zersprengten Polizeisirenen fast mein Trommelfell, sie erschollen nicht, wie meisthin, langsam anwachsend, eher brachen sie aus dem Nichts hervor, und so schnell, wie sie ertönten, verstummten sie wieder. »Das haben wir öfters«, sagte mein Führer.

»Tröstlich daran ist allerdings, dass ihre vermehrten Einsätze sie zur Gewissensprüfung zwingen.«

»Darum lockt man sie auch aus ihren Revieren, wie?«, bemerkte ich spöttisch. Es kam keine Antwort.

Wir waren von Grünzeug umfangen; würde er mich jetzt allein gelassen haben, wäre ich verloren gewesen. Aus der Ferne hörte ich Gejauchze, durchsetzt mit eigenartigen maschinellen Geräuschen. Vor einem angelegten Markstein, in welchen eine Bronzetafel eingefasst war, blieben wir stehen. Die Dunkelheit machte das Erkennen von Einzelheiten unmöglich. Da hob der albern Gekleidete plötzlich zu reden an, in gehobenem Tonfall, als würde er jemand zitieren: ›Weh' dem nachtzerreißenden Lärm des Volksfestes. Kalte Maschinengeräusche durchschnitten die Abendluft, während ich mir Ruhe erbat. Das Volk und seine exzessive Heimat pulsierten. Ich schritt im schlammigen Park daher, solitär fühlend und fantasierend, im kalten Griff der diesigen Nacht. Wie leicht könnte man jemanden hier zur Strecke bringen! Ach, während Lust und Exzess die Gemüter aussaugen, entspringt dieselbe Frage wiederkehrend im Kopf des Ausgeschlossenen: Wie kann es solch eine erschreckend expandierende Bevölkerungsdichte geben bei gleichzeitiger Anziehungskraft – in entsprechender Stimmung – solch einsamer Orte – ihre Besucher … solche wie ich.‹

»Es ist stockdunkel. Wie kannst du von der Tafel ablesen?«, fragte ich erstaunt, fürwahr in zweierlei Hinsicht. »Ich zitiere aus dem Gedächtnis«, gab er knapp zurück, wobei ich den leichten Unterton von Beleidigtsein wahrnahm.

»Schlag' Seite neunzehn auf«, befahl er mir.

Er zauberte ein ‚böses‘ Quietschentchen hervor, das erleuchtete, wenn man es drückte. Mit dessen Hilfe tat ich, was er mir auftrug, ich las die gedruckten Zeilen:

»Gedankenverloren schaute ich auf den Bach hinab. Der Damm und das Gitter – es fügte sich widerstrebend, dann allmählich wohlgefällig das Szenario des Leichenfundes zusammen. Heißt es nicht, es solle jeder für jeden da sein? Ohne Mitgefühls durstig, begreife ich, wie leicht es ist – gar für mich –, die Folgen sozialen Missbrauchs Einzelner auf andere abzuwälzen. Mord um Mord – warum nicht? Hat denn ewige Zeitflut die toten Körper angeschwemmt?«

Die Verwirrung in meinem Blick ablesend, nahm er mich beiseite zu dem kleinen Bach, der unweit des Marksteins dahinwisperte. Als ich hinunterschaute, erblickte ich den vergitterten Damm mit dem dünnen Kanal, der das Wasser seitwärts ableitete. Dort, wo die Strömung anschwoll, unter dem verwitterten Gitter, glaubte ich menschliche Gliedmaße herausragen zu sehen, manchmal auch – kopfschüttelnd – die vom geschäftigen Wasser in ewige Bewegung versetzten Strähnen vom Haupthaar.«

Um mich zu ernüchtern, riss der Alberne mir die Ente aus der Hand und warf sie hinab in den Bach. Widerstrebend hielt ich den Blick wieder nach unten, ich empfand es als Pflicht, so sehr mich auch der Ekel anfiel.

»Begreifst du jetzt?«, fragte er überzeugt in seinem Wissen«, welches mir noch nicht aufgehen wollte. Wie würde man sonst reagieren, wenn einem plötzlich und unerwartet die Leichname der eigenen Spezies unterkommen, wenn alle Lebenden sich wie von einer Seuche ergriffen wie Gestörte verhalten und, was das Schlimmste daran ist, niemand da ist, der einem Aufschluss über die Abnormitäten geben kann!

Die Verschwiegenheit dieses albernen Kerls machte mich nur neugieriger. Er schien zu spüren, wie ich wörtlich im Dunkeln tappte, verzweifelt das Licht erflehend. Doch dann, als spürte er den Erfolg seiner spärlichen Aufklärung, wurde er mit einem Mal konkret.

»Wir befinden uns in dauerndem Krieg, Bruder. Die Stadt ist seit Langem aufgespalten in vielfältige, rivalisierende Lager. Für mich kann es keinen Zweifel geben: ich stehe zu *ihm*«, er wandte den Blick demütig nach dem Markstein, »er hat uns gezeigt, dass man sein kann, was man will, solange dieser Krieg andauert, der den Frieden vorlügt.«

»Wie meinst du das?«

»Schau, wenn dein Frieden darin besteht, nach den Schätzen der Natur zu suchen, du aber von ihr entgegengesetzten Kräften gestört wirst, dann entsteht, was die Menschen gegeneinander aufreibt. Die Frau, auf die du vorhin stießest, erlag dem falschen Frieden, der nicht ihrer war. Er zwang sie, ihr bisheriges Leben infrage zu stellen, ihren tückischen Gegenspielern Recht zu geben; nur traurigerweise blieb ein Funken ihres alten, natürlichen Ichs zurück, der sie fortwährend quält, weil diese Stimme, was sie leugnet, die wahre ist.«

Langsam begriff ich.

»Deine Welt kann um dich herum zusammenbrechen, Bruder. Aber den Frieden, *deinen* Frieden, bewahrst du alle Zeiten hindurch, so lange du ihn gegen üble Einflüsterungen verteidigst. Der Mythos des Dritten Weltkriegs ist auch ohne faktische Daten Wahrheit, er tobt in uns, hetzt uns gegeneinander auf, zerreißt die Menschheit in unversöhnliche Stücke. So, gleichwie mein Mentor, nehme ich Beispiel an der Dreifaltigkeit der Verführung … und bemühe mich, sie zu verbrüdern: den Ersten Krieg, jenen des hitzigen Jugendstolzes, dann den Zweiten, aus Erhaltung der Selbstgerechten strömend, und schließlich den Dritten, letzten, der die Reife der menschlichen Blume bewahrheiten wird … oder zur Illusion stempeln.«

»Und dieser letzte Krieg –«

»Ist da, wo immer der Mensch mit dem Mensch verkehrt«, fuhr er dazwischen. Er wäre ein glaubwürdiger Theoretiker gewesen, hätte nur nicht der religiöse Fanatismus hinter seinen Worten hervorgelugt. »Mein Idol hat seinem Frieden ein Denkmal gesetzt … Oh, nein, das meine ich nicht«, sagte er, als er sah, wie sich mein Blick zum Stein hinter ihm verirrte, »seine Bestrebungen schufen dieser Stadt ihren eigenen Freizeitpark.«

»Was?«

»Ganz recht. Der Sammelpunkt menschlicher Wonne und Brüderlichkeit. Seit das letzte Mal die SvE-Agentur ihre mobilen Spaßhütten aufbaute, beschäftigte den Stadtrat die eindringliche Haltung eines unnachgiebigen Bürgers, die sich den Grundstückskauf der als Festplatz genutzten Arenaödnis zum Ziel setzte. Der Zeitpunkt des Anwerbens hätte kaum günstiger ausfallen können, da während des letzten Volksfestes ein Junge und ein Mädchen spurlos verschwanden. Obwohl die Ermittlungen bis heute andauern und die Erinnerungen an den mysteriösen Vorfall immer wieder durch große Artikel im Stadtmagazin aufgefrischt werden, lag es im Interesse des Bürgermeisters, dass die wichtige Einnahmequelle weitersprudelte; die Kreditwürdigkeit und der unermüdliche Fleiß jenes eifrigen Bürgers, von seiner Sache felsenfest überzeugt, machten aus dem zunächst als Wahnwitz belächelten Vorhaben praktisch über Nacht das größte Geschäft, das die Stadt je abschloss. Mit einem eigenen Aufgebot an Schaustellern, Fahrgeschäften und Gaumenschmausen quer durch globale Kulturen, sah man auch die Gefahr gebannt, die durch den ständigen Wechsel der Schausteller Misstrauen in der Bevölkerung würde geweckt haben können; Ähnliches, wie jener beklagenswerte Vorfall, ereignete sich nämlich schon anderswo, wobei die Agentur die Verantwortung aufs Heftigste abstritt. So nun gerieten die SvE-Spaßpioniere in den üblen Ruf von Verschwörern, denen der glanzlose Abgang bevorstand.«

»Wer war dieser Retter in der Not?«

An Antwortstatt hieß er mich erneut dem Gejauchze lauschen, das der Abendwind von der Arenaödnis – ein Name übrigens, den ich in meinem Gedächtniskeller anders zurückbehielt –, fünf Straßenläufe weiter, her wehte. Es wurde untermischt von Polizeisirenen, glücklicherweise heulten sie diesmal gemäßigter, will heißen, ihr Einsatzort war weit weg.

Auf einmal schlugen Schreie an mein Ohr, aus der Westsching? – fragte ich mich besorgt, wohin ich freilich, auf mich gestellt, nicht mehr zurückgefunden hätte. Sie klangen fürchterlich, wie man sich die grellen Schreie bedrohter Frauen vorstellt, wenn sie um ihr Leben, zumindest um desselben Wohlergehen bangen.

Ja, so und noch grausiger, weil es kein einzelner Schrei war, denn es gesellten sich nachgeahmte, männliche Hohnschreie dazu, dreist und übelwollend. Ich schäme mich nicht für meine Unfähigkeit zur Zivilcourage, darum berichte ich auch, wie ich, nachdem mich jene akustische Panik durchfröstelte, den albernen Kerl nachdrücklich anging, mich bis zur Grizzlydiskothek zu geleiten. Er wies in die schmale Schwärze zu seiner Linken, die ich als Fußpfad erkannte, und sagte, er habe keine Zeit mehr, mich zu begleiten. Kurz darauf fuhr er herum und verschwand in den Büschen. Ich verlor keine Zeit, sondern schoss ab in die Dunkelheit, die Wangen kratzenden Äste spürte ich gar nicht, obwohl sie mir sicher das Gesicht blutig zogen. Wieder auf dem Asphalt, unter ersehnter Nachtbeleuchtung, schaute ich umher ... und war baff.

Ich befand mich abermals am Vorhof des alten Puppenmachers, der mich jüngst als Straßenkreuzung genarrt hatte.

»Dieser Mistkerl«, fluchte ich. Er muss seine Gründe gehabt haben, weshalb er mich hierhin zurückschickte. Der Blick auf die Uhr hatte mich endgültig ernüchtert: Ich würde die Praxis nicht rechtzeitig vor der Schließung erreichen!

Die Szenerie hatte sich verändert.

Zwischen dem fahlen Laternenschein beider Straßenseiten, der bei diesem Anblick in eins zusammenfloss, wie Beweisstücke im Untersuchungsraum unter grellem Licht, als würde es nichts außer ihnen geben, sah ich mitten auf der Fahrbahn reglose Körper hingestreckt.

Anstatt mich ihnen zu nähern, was ja durchaus als gesunde Vorsicht gerechnet werden darf, bog ich in den mir gut vertrauten, wenngleich aus heutiger Sicht geheimnisumwitterten Hof ein. Ich knüpfte an, wo mich der albern gekleidete Kerl unterbrochen hatte, und sah durch dasselbe Fenster im Erdgeschoss, auf denselben Kamin, dessen Feuer nach wie vor still vor sich hin flackerte, und ... einen betagten Herrn, der seelenruhig auf dem Sofa saß, ganz seinem aufgeschlagenen Buch gewidmet.

Just im selben Moment drangen Stimmen an mein Ohr. Das Gesehene hatte beruhigend auf mich gewirkt, es gab mir Kraft, so machte ich kehrt und schritt wieder vorsichtig auf die Straße.

Da sah ich mich einer Gruppe wild gebärdender Jugendlicher gegenüber, dran, die Daliegenden mit ihren Videogeräten aufzuzeichnen. Einer von ihnen sagte laut: »Bin ich froh, dass die's freiwillig auf sich nahmen. Wie kann man nur freiwillig sterben wollen. Also ich könnt's nicht ...«

Sie erblickten mich.

Seltsamerweise setzten sie alle, wie abgesprochen, ein breites Grinsen auf, hielten ihre Geräte auf mich, während einer aus der vorderen Reihe in etwa Folgendes, als würde er einen auswendig gelernten Text wiedergeben, sagte: »... Aber es gibt noch solche, die den Zeitgeist verschlafen haben, sie halten den Ausbruch der frischen Selbstdarstellung für übertrieben und kriminell – ihr Leben ist armselig ... ihre Zeit ist lange vorbei.«

Schon vorher gewahrte ich aus dem Wohnhaus zu meiner Linken seltsame Laute, doch jetzt wurden sie schärfer, klarer. Ich sah durch das Fenster im Erdgeschoss – ich weise nachdrücklich darauf hin, dass es derart inszeniert schien, dass ich es bis heute nur mühsam für wahr anerkenne – zwei nackte Gestalten, Mann und Frau, in geschlechtlicher Vereinigung.

Der Grund meiner Aufmerksamkeit waren die panischen Laute Letzterer, ihr mit Wunden aller Art übersäter Körper – und, was den Schrecken vervollständigte, die verwahrlosten Wände des Zimmers, das jeder Einrichtung entbehrte, sie waren nämlich Teil des Ganzen, die Ruine ehemaligen Wohllebens, dessen Spuren ich überall fand. Dicht neben meinem Ohr sagte eine Stimme erklärend: »Sieh es dir ruhig an. Du musst lernen Spiel und Ernst miteinander zu verschmelzen. Die zwei, die du dort siehst, sind Neulinge, demgemäß tun sie sich schwer mit dem unbekannten Stoff.« Jetzt spürte ich den Hauch des Mundes, als er mir abschließend bemerklich machte: »Auch du wirst dich der erfrischenden Welle beugen müssen, willst du nicht unser Feind sein. Lass es dir durch den Kopf gehen.« Er schloss sich den anderen an, dicht zusammengedrängt zogen sie die Straße hinauf, und ich, verdammt dazu, die *freiwilligen* toten Körper zu übertreten, hatte den Winkel genutzt, um in den kürzlich verlassenen Hof hinein zu lugen.

Im Bruchteil weniger Sekunden sah ich jenen betagten Herrn, das Buch in der Hand, mit einem gereizten Blick, der mich zu treffen schien, zügig den Rollo herunterkrachen, meinen Blicken für immer abgeschnitten.

Als ich das Ende der Straße resigniert erreichte, im Taumel so vieler verstörender Gefühle, gab mir der Name der Straße, in der sich so viel Unglaubliches zugetragen hatte, den Rest aller Verwirrung: ›Läuterungsstraße‹.

13

Schäme dich nicht für Vergangenes.
Wirft man denn dem Historiker vor,
er sei allzu sehr von ihm behaftet?

Die Zeitzersetzer

Da stand ich endlich, vor den Pforten meines Ziels, verschlungen in den vielen kleinen Gassen in antikem Flair. Schon weit über der Zeit, war ich umso überraschter, als ich den offenen Spalt zwischen den Flügeln sah. Ich trat in den Torweg, der von einer von Insekten überwältigten Lampe, an Leuchtkraft erschöpft, an der Decke beschienen wurde. In der Mitte des Innenhofes ragte etwas Heroisches in die Höhe, sicherlich diese Statue griechischer Herkunft, die den schüchternen Besucher vom Vorgeschmack des Mutes kosten lassen wollte. Und vom griechischen Helden-mythos, dessen geschmacksverschiedene Fülle wahrlich keiner einfachen Auswahl frommt, ging ich ungerührt weiter zu der einzigen vorhandenen Tür in der rechten Hofecke.

Das Treppenhauslicht blitzte automatisch auf, das ließ mich kurz zögern, nach einem kräftigen Atemzug aber nahm ich stramm die Stufen bis zum fünften Stock, wo, wie ich hoffte – in Wahrheit aber, nach all den Seltsamkeiten schon gern vermieden hätte –, ich jenem Arzt gegenüberträte, dessentwegen ich so viele Strapazen auf mich genommen hatte. Was als normaler Ausflug gedacht war, wandelte sich zum Albtraum, und nun würde sich zeigen, ob meine eingerissenen Nerven entlohnt nach Hause gehen würden.

Das Empfangszimmer ließ ich ohne Notiz hinter mir, ohne die geringste Erregung von Aufmerksamkeit, darauf folgte das erste Vorzimmer, demnächst schritt ich durch das in den Flur strömende Licht der Praxistoilette, was mich nicht weiter auf-gehalten hätte, wenn der knappe Seitenblick auf die Fliesen-wand nicht diese seltsamen Fugen offenbart haben würde, die wie die Tür hinter der Tür ihren eigenen rötlichen Schimmer auf den Flur warfen.

Dann sagten mir die Bewegungen hinter der Zerrglaswand, welche man bei Bedarf mit zierreichen, hochgebundenen Gardinen verdecken konnte, dass mein Instinkt mich richtig geführt hatte, und ... klopfte dreimal hörbar laut, aber respektvoll gegen die Bürotür mit dem Namensschild: Prof. Dr. Ruben Benkitt.

Seltsamerweise ließen sich alle vorigen Türen von allein öffnen; hier aber, nachdem ich zum wiederholten Male keine Aufforderung zum Eintritt vernommen hatte, wandte ich mich schon zum Gehen, als plötzlich durch einen Automatismus die Tür so langsam aufglitt, dass es mir bei meiner Ängstlichkeit vorkam wie das Öffnen eines Sarges, aus dem sich nächstens der tot geglaubte Inhalt erhöbe.

Ähnlich gespalten war die Begrüßung, die mir, als ich auf der Schwelle stehen blieb, entgegenschlug:»Kommen Sie herein. Ich habe Sie nicht so früh erwartet.«

Jetzt sah ich den Mann hinter dem Schreibtisch, von seiner Lampe beschreibungsgünstig beleuchtet.

In die Frühfünfziger wohl einzureihen, reiches, welliges Haar, hier und da grau gefleckt, auf der Nase saß eine Brille, die er für meine Erkennung anscheinend nicht nötig hatte, da er über die Gläser hinwegstarrte.

Auffallend, um bei den Gesichtsmerkmalen zu bleiben, war seine aristokratisch geformte Nase, die von seitwärts anzuschauen, da er den Kopf zu seiner Linken zur Tischuhr wandte, welche leise in der Stille tickte, besonders eindrucksvoll war. Bei meiner Beurteilung in der Person des vor mir Sitzenden, der sich zwar schon erhoben hatte, doch sich nicht die Mühe machte, hinter dem mächtigen Schreibtisch hervorzukommen, verweise ich auf die Einzelheiten der folgenden Unterredung, die sich neben den vorhergehenden als belehrend-bizarrer Höhepunkt in meinen Verstand eingebrannt haben.

Folgendermaßen verlief die ersehnte Begegnung: Nach der bereits erwähnten, eigenartigen Begrüßung sagte er:»Ihr Freund hat mir mitgeteilt, dass Sie womöglich von Ihrem Besuch nicht ablassen können. Aus diesem Grunde bin ich trotz der späten Stunde noch für Sie da.« Seine Stimme hatte etwas Beruhigendes,

Duldsames, was sich allerdings mit seinem Gesichtsausdruck wenig vertrug; er schien von anderen Arbeiten eingenommen, und das, obwohl seine Züge schier keine Stressfalten offenlegten, eher kleinere Fettpölsterchen. Dabei war er nicht übergewichtig, den unaufdringlichen Wohlstandsbauch mochte man noch hinter der roten Kunstfaserjacke erkennen, doch seine Proportionen schienen so ungleichmäßig, dass Rückschlüsse auf seine Karriereleiter nur zaghaft möglich waren.

Eindeutig dagegen war die hochgewachsene, überlegene Statur, die insbesondere bei Ärzten Eindruck hinterlässt. Dazu kam die ausgeglichene Gangart; sie durfte ich bewundern, als er in die linke Ecke des Zimmers wanderte und aus dem die ganze Rückwand des Schreibtisches, bis auf das nötigste Segment der Heizung, einnehmenden Fenster schaute. Mit dem Rücken mir zugewandt sagte er:

»Wenn Sie über den Verbleib Ihres Kameraden Kunde haben wollen, kann ich Ihnen versichern, dass er keiner verräterischen Tätigkeit nachgeht, die Ihnen oder irgendjemand Ihrer Freunde dort oben ungünstig wäre.«

Er schwieg eine Weile.

»Aber ich glaube, was Sie mittlerweile wirklich bewegt, ist eine ganz andere Frage.«

»Da haben Sie verdammt recht«, sagte ich, meiner Verwirrung den rechten Ton gebend.

»Sie dürfen ganz beruhigt sein«, versetzte er, ganz der Bedeutung des Satzes entsprechend. Dann, nachdem er einen hörbaren Seufzer loswurde, wusste ich nicht, ob diesen Enttäuschung, Stolz oder Unkunde des Künftigen hervorrief, in der Weise jedoch, in der er fortfuhr, besonders des Inhalts seiner Worte wegen, zerstreuten sich mir bald alle Zweifel.

»Als Erbe des Hippokrates findet man sich in einer Umgebung wieder, die ständigem Wandel unterworfen ist. Der Einsatz für das Leben des Mitmenschen allerdings – ist urgesetzlich. Ist man erst zu dieser Erkenntnis gelangt, verschwimmen sehr leicht die Grenzen von den Zeitlichkeiten wechselnder Rahmenbedingungen.

Das Ziel, die Ehre des Arztes, welcher Richtung er sich auch verschrieben hat, ist das Wohl des ihm Anvertrauten. Die meine«, hier zeigte er seine rechte Gesichtspartie – und die edle Nase, »ist das Einfühlen in seine Gefühlswelt. Wollte ich dieses Vertrauen missbrauchen, etwa allein durch statistische Orientierung oder persönlichen Vorteil des Krankheitsbildes, was nach Bekanntwerden oft genug zu therapeutischer Abstinenz geführt hat, dann würde ich im Spiegel nicht denselben Mensch vor mir haben, der zu sein ich vorgebe.« Ich hörte ihn tief einatmen.

»Was Sie auf Ihrem Weg hierher erlebt haben, war die Freisetzung urmenschlicher Instinkte, verkappte, von der Zwanggesellschaft verunstaltete, durchaus gesunde Triebe, die allmählich außer Kontrolle gerieten.«

»Außer Kontrolle gerieten?«, fragte ich betreten.

»Gewiss. Warum haben Sie wohl Ihr Leben der Kolonie gewidmet? Ganz klar, Sie hatten die Nase voll von der Gesellschaft«, es war, als lese er meine Gedanken, denn ich starrte fortwährend auf seine Nase, »Sie setzten Ihre Hoffnungen auf den Sprössling Ihrer Ideale, das ist nichts Verwerfliches. Aber Sie wussten auch, dass das vollständige Fliehen vor dieser Gesellschaft unmöglich war, sie verfolgt Sie überallhin, sie bleibt Ihren Lebtag Ihr Schatten, was Sie auch täten, die Nachwirkungen der verlassenen Welt würden unbewusst in Ihrem Inneren die Finger rühren. Deshalb fiel es Ihnen so leicht, zurückzukehren, deshalb sind Sie auf Kommunikationen leicht angesprungen.«

»Das geschah nur, weil mich der plötzliche Wandel der Menschen überrascht hat. Sie waren wie ausgewechselt, nicht die, die sie waren, als ich sie verließ.«

»Und Johann?«

»Welcher Johann?«

»Der Junge im Entenkostüm. Seine Vorliebe für extravagante Kleidung und seine manchmal diffusen Redewendungen machen ihn weniger verschieden von Leuten, die in seiner Umgebung sind. Und doch befand er sich bis vor Kurzem in der Klinik.«

»Das wundert mich nicht«, sagte ich leicht geringschätzend.

»Das sollte es aber. Immerhin … zum Teil haben Sie recht.«

»Wie meinen Sie das?«

Er winkte mich zum Fenster. Ich merkte auf dem Weg dorthin, dass ich zum anderen Ende gehen musste, denn er schien auf seiner Seite unnahbar. »Schauen Sie zur Schnellstraße hinüber unterhalb der Markthalle.« Dort sah ich einen langen Konvoi von Kraftfahrzeugen, bunt ausstaffiert, in Huporgien entlangschießen, Flaggen an allen Seiten und auf den Dächern. Hier muss ich Korrektur leisten, denn jene Linie, die zwischen den Dächern der Fachwerkhäuser dahinzog, hatte von der Uferstraße aus, die ich bei meiner Ankunft auf dem Festland entlangmarschiert war, mir bereits damals euphorisch motorisierte Fahrzeuge hörbar gemacht, teilweise bekam ich sie auch zu Gesicht, da die Straße unversehens in eine freiliegende Ausfahrt schnitt.

Wieder so ein Spiel. Und *unsere* Jungs haben gewonnen. Benkitt konnte nicht meinen, was ich dachte, das wäre wahrlich ›verrückt‹ gewesen. »Es wird nicht lange dauern, dann werden sie bei uns eintreffen. Manche von ihnen wohnen sogar in diesem Viertel. Mit denselben Menschen.« Die letzten Worte hatten etwas Unbestimmtes, ich weiß nicht … Prophetisches? Ironisch sagte ich zu ihm: »Zu solch plattem Heilmotto wie ›Träume nicht dein Leben, lebe deinen Traum‹ greifen Sie bestimmt nicht, wie?«

»Das wäre auch zu gefährlich.«

»Ist *das* etwa nicht gefährlich!«, stieß ich hervor und zeigte raus in das von verträumten Lichtern erfüllte Altstadtpanorama. Doch er, in unvergleichlicher Gemütsruhe verharrend, sprach gelassen weiter: »Sie scheinen nicht zu verstehen, dass ›Irresein‹ unserer Tage zum einen relativ, zum anderen fast notwendige Erscheinung einer über alle Maße hinaus erdrückenden Gesellschaft geworden ist. Die Burschen, die dort feiern, sind insofern irre, als sie kollektiver Begeisterung Genüge tun. Niemand zwingt sie dazu. Aber eben weil sie kollektiv feiern, also in entscheidender Überzahl, trägt ihr Verhalten nicht das Wort ›irre‹, sondern ist das Ergebnis industrieller Trendsettings, die für ihre Konsumenten eine breite Basis schaffen. Sie können nur vermarkten, was sie besitzen, und haben sie einmal, was sie wollen, kann man es ihnen nicht mehr wegnehmen; das schließt die Gefahr mit ein, die die Grenze zwischen kollektiv maßgebend und individuell kurios scharf nach Ungebühr trennt.«

»Heißt das, Sie wollen Ihre Patienten auf die Menschen da draußen loslassen, damit sie gemeinsam um die Wahrheit des Geistes konkurrieren?«

»Ich würde das anders formulieren. Lassen Sie mich Ihnen das an einem Beispiel demonstrieren: Ein Klassenlehrer hat verschiedene Charaktertypen zu betreuen, da wären faule/fleißige, trotzige/gehorsame, gute/schlechte Schüler, und allesamt sind sie seiner Weisung anheimgestellt. Ist er Lehrer von Haus aus, d.h. seinem Wesen nach vorbildlich, möglichst widerspruchsfrei, wichtiger noch in seinen Absichten den Zöglingen gegenüber wohlwollend rein, wird er trotz seiner Einzelbeurteilungen jeden Abgänger, wenn die Zeit der unmittelbaren Trennung naht, zu seinem Besten beglückwünschen. Zunächst wäre da die berufliche Fußfassung, späterhin die Gründung der eigenen Familie – das wohl für das Höchste gehaltene Glücksgut unserer Gesellschaft. Was aber, wenn – um die ungenügende Klassifikation beizubehalten – der schlechte Schüler, hier wie damals, kraft seiner schulischen Leistungen und Persönlichkeitszüge das Bild des Versagens zeichnet, oder gar den Unterbau krimineller Entgleisung gräbt? Ebenso könnte auch der bislang ›gute‹ Schüler im späteren Leben einen Fall von moralischem Niedergang abgeben, dessen Gründe vielfach sein können.

Ist es nun eine Seltenheit, wenn der Lehrer, ob offenkundig oder im Geheimen, ›Lieblinge‹ hat und den Werdegang dieser Bevorzugten anhand ihrer schulischen Leistungen in vielversprechenden Farben malt? Nun, das Abstreifen verbrauchter, in die Jahre gekommener Häute ist leicht nachvollziehbar, gerade hierin aber liegt das Seltsame im Beglückwünschen: ob wohlwollend oder nicht – kann der Lehrer durch sein Verhalten, von schulischen Bewährungen ganz abgesehen, den Grundstock für spätere (Fehl)entwicklung legen? Begleiten wir ruhig die Schüler in ihren fortgeschrittenen Lebensjahren und betrachten zwei scheinbare Gegensätze: Das Werk eines menschenscheuen, von Kritik überspannten und von Selbstvorwürfen geplagten Autors findet Einzug in die Weltliteratur, ein Erfolg, den er nie wirklich erstrebt hatte. Er wird posthum zur maßgebenden Institution. Sein Gegenpart ist der eifrige Schreiber ähnlicher Werke, emsig, diszipliniert und ehrgeizig dem der Erfolg zu Lebzeiten und auch sonst versagt bleibt. Man kann es natürlich als schicksalhafte Wendung sehen, wie sich beide Typen, von durchaus verwandten Ausgangslagen aus in ihrer Themenwahl, gegensätzlich entwickeln – dennoch ist der eigentliche Widersinn fatal: Das Werk des deprimierten, anklägerischen Autors wird in den Kanon aufgenommen, wird zur Pflicht, großtuerisch nagelt man es an die Wände der Wissenschaft – wohlgemerkt, das Produkt eines schwächelnden Geistes, dessen seelische Gebrechen nur in seinen Schriften Glanz hervorbringen, aber eben nur ein Abglanz seiner selbst ist.«

Ich folgte seinen Worten zwar, doch es war wohl die Ähnlichkeit mit der Geschichte des Fuhrmanns, die mich müde und gelangweilt auf das Fensterbrett sinken ließ.

Benkitt fuhr energisch fort, sodass meine Geistesgegenwart in seinen Bann geriet:»Ihm gegenüber ist der unermüdliche Schreiber, der aller Wahrscheinlichkeit nach noch dazu einen vorbildlich makellosen Lebensstil pflegt, er ist der eigentlich Verdienstvolle, denn er ist das Musterbild der leistungsdominanten Gesellschaft, unabhängig von seiner anschwärzenden Thematik.

An diesem Punkt treffen die persönlichen Zukunftswünsche des Lehrers mit den paradoxen Gesellschaftsprozessen zusammen, die scheinbar nach dem abstrusen Dogmatismus funktionieren, alles, was der Wissenschaft – hierher gehört auch die Öffentlichkeit! – verwertbar scheint, also wenn sie Befürworter hat, die diesen Wert nutzbringend anzuwenden verstehen, in den Stand der Unerreichbarkeit zu erheben, der nur wenigen, selbstverständlich nach Bestehen selbstgerechter Prüfungen, vorbehalten ist. Und dass gute Schüler zu schlechten Menschen werden, schlechte Schüler in erfolgreich glücklichen Bahnen ihres Lebens ziehen, ist kein Paradox, es ist die Verblendung vorzeitiger – und voreiliger – wirtschaftspolitischer Einordnung, deren Wurzeln, liegend bei den Lehrern, wir somit als ›Zu(recht)weisung‹ entlarvt haben.

Denken Sie daran: Ein literarischer Mord ist unbedenklich. Ein wirklicher Mord, deckt er sich mit jenem, wird keine Verehrer, nur Verachtung finden. Die Gesellschaft/Wissenschaft scheint die Deckungsgleichheit konsequent leugnen zu wollen.«
»Und Sie arbeiten an dieser Richtigstellung? Gratuliere. Damit haben Sie die Psychiatrie revolutioniert.«

Er griff nach einem Dossier, schlug fast blind die Stelle auf, aus welcher er mir vorlas, nachdem er begleitend anfügte: »Zum besseren Verständnis lese ich Ihnen Auszüge aus dem Essay eines ehemaligen Patienten vor, worin dem gewissenhaft behandelnden Arzt die Schwierigkeit entgegentritt, die korrekte Klassifizierung der Krankheit zu bestimmen. Und warum? Weil sie thematisch fast identisch ist mit heute zu Dutzenden angewandten soziologischen und politischen Theorien; nur die Übersteigerung lässt noch auf Gesundheitsbedenken schließen. Aber hören Sie selbst: ›Zur Demokratie: Zur Veranschaulichung sei angeführt, dass eine Gemeinschaft psychotischer Menschen, leben sie isoliert, ihre eigenen Sozialstrukturen entwickeln kann, die jedem Außenstehenden gemeingefährlich anmuten, er sie zu unterbinden sucht. Nun kann es im Verständnis eines ›Irren‹ involviert sein, er tue das Richtige, das garantiert ihm die Majorität seiner Gleichgesinnten.

Wer oder was garantiert aber dem Wähler einer Staatsregierung, er wähle moderat, auf verfassungsmäßiger Vernunft beruhend? Freie Wahlen triumphieren mittels Majorität, gleichwie obiges Beispiel, was die Zunge der Mehrheit schlägt, soll Heimat bekommen, wer bürgt hier für Vernunft oder Unvernunft, denn als Wettbewerbsmaschinerie predigen und versprechen die einen jenes, andere dieses – hoch geschätztes Recht! –, und sollte beispielsweise eine bisher pazifistische Nation ihre Regierung satt haben, ihr jahrelang treu begleitendes Steckenpferd, so wählen sie eben die militaristische Alternative, natürlich alles auf Grundlage des freien Wahlrechts, durch Mehrheit.

Was ist nun das Entscheidende in unserer Demokratie, Qualität oder Quantität? Minderheiten werden gnadenlos abgewürgt, wären ihre politischen Ideen auch zuträglich für das Land. Der ewige Konkurrenzkampf macht Politik entfremdend, menschenfern, unverständlich – was jenem falsch anzupacken vorgehalten wird, glaubt dieser besser hinzubekommen; darum soll man nicht so blöd sein – und soll nur *ihn* wählen gehen! Neigt sich dann bei ›Fehlwahl‹ das Land dem Untergang zu, ist das schwarze Schaf leicht auszumachen: der unvernünftige Wähler.

Während Parlamentsabgeordnete ihrem eigenen Automatismus folgen, wird dem Wähler die Sache so einfach als möglich gemacht, er müsse nur seine Stimme für die regelmäßig gevotete Koalition abgeben. Wahnsinnig einfach! In den folgenden Jahren, bis zur nächsten Narrenwahl, wird der aktive Wähler sich an den Geschicken *seiner* Partei zerbeißen – Wahlkampagnen haben ihm den letzten Stoß zu seiner Entscheidung gegeben, er stimmte für Kandidaten, Parteien und Ideale, die man ihm mit einschlägigem Mandatsernst vorgesetzt hatte … – indessen wird der Nichtwähler – bedacht oder unbedacht – von allen Seiten gescholten, er untergrabe ein hart erkämpftes Recht, obgleich er der einzige ist, der keine Mitschuld für politische ›Missgriffe‹ trägt, da er hat alles Revue passieren lassen …‹, er räusperte sich und ich zeichnete das Stadtpanorama im Geiste mit den düstersten Farben. ›Niemand kann es sich aussuchen, Bürger zu sein, die Geburt leitet dies Prädikat in die Wege. Ist dieses nicht genug? Man ist's, ob man sein Wahlrecht wahrnimmt oder den Trubel gleichgültig an sich vorbeiziehen lässt.

Sie sahen Genugtuung darin, dass Konkurrenzkämpfe frei wurden, im Gehalt belanglos, ergötzte man sich an der Schrankenlosigkeit hellwacher Kritik, nur dass bei diesen Kämpfen die Zuschauertribüne leer bleibt, da Ausbuhen und Anfeuern weder wahre Sieger noch wahre Verlierer hervorbringen; Unsinn geht mit feiner Logik Hand in Hand, jeder tötet und lässt liegen, nimmt, was er nie haben wird. (…)

Hier noch die Naturwissenschaftliche Seite: Wenn wir wissen, dass Autoritäten durch den Sieg über schwache Artgenossen Herrschaft über diese erlangt haben und sich dieses Prinzip bis in unsere Tage unentwegt fortgesetzt hat, freilich mit partiellen Lockerungen, muss somit nicht der moderne Delegierte nach wie vor Despot genannt werden wie seine Urväter, hat er doch seine Privilegien,

Immunitäten und Raffinessen zum Machterhalt oder -gewinn. Dies ist kein unveränderliches Naturgesetz. Mag der Starke die besseren Chancen in Händen halten, der Schwache nutzt eben das seine Recht, um einen guten Kampf zu liefern, mag seine Stimme verhallen im Gebrüll der überheblichen Massen, mag er auf lange Sicht kein Licht am Ende des Tunnels erblicken, er spielt seine Karten, eben wie es die großmäuligen Sieger seit Urzeiten zu tun keine Scheu zeigten. Die Waagschalen der Verantwortlichkeiten sind gleich schwer beladen. Störenfriede des Gleichwichts; sie waren allezeit da (…). Zweites Beispiel, damit du endlich ernüchtert wirst: Stell dir vor, sie würden Irrenhäuser reformieren, und zwar mit *starker* Hand. Du hast sie gewählt, deine Schwester vegetiert dort drinnen, die neue Regierung setzt diese Maßstäbe; Ordnung ist Willkür ihrer Wahnvorstellung – sie heißt Politik. Kann ein Tabuthema (Beispiel Irrenhausreform) zum Fokus des anbrechenden Zeitalters werden?

Oh, warum erwartet man *meine* kraftlose Beteiligung an den Geschicken der Nation. Ich soll mein nonkonformes Betragen rechtfertigen, nun, vor mir selbst habe ich dies nicht nötig; das war meine härteste Prüfung. Wie steht es mit euch? Rechtfertigt ihr euer Gehabe vor mir – was Wunder, wenn ihr's mit stillem Hohngelächter unterlasst –, das ewig neurosefördernde Gaukelspiel um Macht, Wachstum und heuchlerische Bündnisse. Mein Leben für eures, eures für mich – die Schale fällt ins Ungleichgewicht … denn jetzt bin ich am Zug …‹

Mein Kopf glühte.

Zum ersten Mal sah ich im Zimmer umher, suchte nach Auffälligkeiten, Indizien darauf, wie solche Leute ihren Arbeitsplatz einrichteten. Mein Blick blieb hängen an dem, wie es dem Schimmer nach zu urteilen schien, Acrylfarbengemälde mit dem goldenen Rahmen; es zeigte eine aristokratische Frau – sofort dachte ich an eine mögliche Verwandtschaft mit Benkitt, wobei die Lichtverhältnisse des Zimmers eine genauere Prüfung des Gesichts verwehrten –, sie war in ihrer Schönheit schlicht – ja, eine schlichte Schönheit, nach heutigen Schönheitsidealen wäre sie bei Castingshows krakelig als kleinste Notiz auf die Ausscheideliste gesetzt worden, gesättigt und unverführerisch dreinschauend, so was interessiert keinen. Aber so ist der Lauf der Dinge – Business ist das Schlagwort der modernen Zivilisation, sogar aus den unbedeutendsten Naturerscheinungen wird Geld gemolken, umnebelt, vorgegaukelt mit hohem Interessewert ... Solch nichtige Verkommenheit schreit förmlich nach einem Krieg, der Mensch hat die Not und die Entbehrung verlernt, so unmäßig, dass er sich dort noch frei wähnt, wo er angeschmiedet bespuckt und ausgeharnischt wird von als Gönner verkleideten Peinigern. Ja, verflucht, was ist aus dem gesunden Misstrauen, der Bereitschaft zum Notleiden geworden; zu früheren Zeiten im Übermaß vorhanden, werden gesellschaftliche Notstände heute offenbar als überholt, ausgemerzt in die Köpfe der unterhaltenen Massen gehämmert, schlimme Erfahrungen hätten widerstreitende Kräfte miteinander verschwistert, allerdings solchermaßen, dass die jüngsten Generationen in ihrer verwöhnten ›Zufriedenheit‹ einen äußeren Krieg und dessen Härte nicht einmal von dem anderen auflauernden, im sozialen Alltag eingeflochtenen, in seinem Inneren die verräterischen Samen säend, auseinanderzuhalten imstande wären.

Auch das wusste ich bei meiner Entscheidung, als ich diese Welt floh. Und dieser Arzt? Hatte er wohl ähnliche Gedanken gehabt, als er dieses Bild aufhängte; vermutlich war es bloß ein gleichgültig freizeitlicher Flohmarkterwerb, und ich, in meiner Übersteigerung, maß einer Kleinigkeit so Ungeheures bei!

»Sehen Sie hinter den Feldern die Kaserne?«, unterbrach er mich in meinem Geistesflug. Gleichzeitig, im Begreifen seiner Frage, kehrte ich mich wieder dem Fenster zu, fand auch gleich, was er gemeint hat (noch so eine widerstrebend aufgefrischte Erinnerung). »Die Truppen sind losgezogen. Es ist letzthin doch geschehen, was so vehement in der Bevölkerung angefeindet wurde. Wieder entbrennt der Kampf des Unverstandes, merkwürdigerweise fand die rhetorische Zuspitzung des über Jahre hinschleichenden Konfliktes mit den Nachbarn viele Befürworter. Dessen Ergebnis dürfen wir nun beiwohnen. Zwangsläufig.«

»Und daran konnte kein Seelenklempner nah und fern was ändern.«

»Nie und nimmer«, sagte er grinsend. Meiner Ironie schien er konsequent gewachsen.

»Wie denken Sie darüber?«, fragte er. »Ich fühle, dass Sie von Fragen bewegt werden, ich möchte Ihnen dabei helfen, denselben zur Geburt zu verhelfen. Denn ich weiß nur zu gut, wie Sie sich für manche schämen.«

Ich funkelte ihn an. Was denken sich diese Psychologen, für wen halten sie sich! Mir war klar, sie können aus dem Mienenspiel Zustände herauslesen, bevor sie einem selber bewusst werden, sie wissen, wann du lügst, erkennen glasklar den Zeitpunkt, wenn sie zuschlagen müssen, haben sie dich dort, wo sie dich haben wollen ... Dennoch, dies alles sind Grundtechniken – er lebt doch von Fragen; wer seine Irrungen und Wirrungen ausschweigt, der fertigt ihnen keinen Schlüssel an, den sie zum Öffnen deines Ich jederzeit benutzen würden.

Wer weiß ... vielleicht wusste dieser Benkitt von mir schon mehr, als mir lieb war. Ich antwortete ihm: »Manche erleben alle Tage ihres Lebens zusammengenommen nicht so viel Verrücktes, was mir innerhalb weniger Stunden widerfahren ist. Ich weiß, dass Sie damit zu tun haben. Sie kommen mir mit Vergleichen, lesen mir aus Patientenurkunden vor – und das alles haben Sie geduldig vorbereitet für jemanden, den ... Sie nicht kennen?«

Er schien von Minute zu Minute ruhiger in seiner Haltung. Mir fehlten jene Techniken, sein Inneres zu durchleuchten, doch stückweise nährte sich mein Wissen von den Ereignissen des Tages, jenen, die ich aus diesem halb geglückten Panoramafenster erschaute, und den spärlichen Erklärungen des Doktors (die er wohl absichtlich so einfädelte).

Er hob an: »Es wäre nur die halbe Wahrheit, wenn ich Ihnen in aller Sachlichkeit den Gegenstand Ihrer Fragen auseinanderlegte. Manchmal ist dem umnebelten Verstand das Gleichnis die beste und gesündeste Medizin. Genau das ist der Punkt: Die Menschen dort draußen lernten das zum Teil so gründlich, dass dem Betrachter bange wird, wie Sie selbst bezeugen können. Es war darum zu tun, ihre Leidenschaften in Zusammenhang mit den Präferenzen und Hobbys gewöhnlicher Interessen ohne pathogenen Hintergrund zu bringen. Wir reden hier nämlich nicht von Kranken, die frei herumlaufen, vielmehr wurde der – um nach Ihrem Mund zu sprechen – revolutionäre Schritt übereinstimmender Momente zwischen normal/anormal gewagt. Werfen Sie den Blick aus dem Fenster, spazieren Sie in den Straßen munter darauf los. Sie werden erfahren, wie jeder, vom kleinen Dieb über den Verkehrsrowdy bis hin zum Gewaltverbrecher, jeder vernünftigen Klassifizierung spottet, so lange diese Typen *nur* als solche bezeichnet werden.«

»Ich stehe am Bahnhof.« Wieder wollte ich ihn meinen Verdruss spüren lassen, zum Teil stimmte die Antwort auch.

»Erinnern Sie sich an den vorgelesenen Text«, fing er an, »darin werden Zustände angeprangert, womit viele Analytiker sich ihre Brötchen verdienen. Es kommt auf die Form an. Kritisiere ich einen Missstand überspannt, zerreiße ich mir die Nerven durch ihn, lasse ich meinem Frust sogar eine Tat des Verbots folgen, bin ich in diesem speziellen Falle ein Verbrecher, ich werde jedem verständlich machen, was mich zur Tat verleitet hat. Aber wird man mich deshalb begnadigen? Mitnichten, da ich durch meine Erläuterungen Vernunft bewiesen habe, ist die Tat unverzeihlich, auch wenn ich lediglich kausal handelte, also selber Opfer gewisser Umstände war. Sie ahnen, was ich Ihnen sagen will. Der Wahnsinn lauert überall, wer ihm trotzend antwortet, ist entweder sein Sachverständiger oder sein verstandesbelassenes Opfer. Für die Letzteren richtet man Strafanstalten ein (als wären sie die Urheber ihrer Gründe). Siegt der Wahnsinn durch Assimilation, wandert man in die Psychiatrie. Diesen Widerspruch allein durch theoretische Sozialkritik aufheben zu wollen ist beileibe töricht, denn läuft sie nicht mit geltenden Normen konform, ist sie tabu, und erleidet das Notfallprädikat des ›Irrsinns‹.«

»*Wer* hat dieses Projekt realisiert?«, fragte ich scharf.

»Das ist der Punkt. Niemand.« Wir schauten gemeinsam bis weit hinter zu den Feldern, wo der graue Kasten unter den wenigen

Laternen am Horizont aufleuchtete, vielleicht lag es auch an dem pompösen Militärmarsch, der noch von Glanz verschönernden Helikoptergeschwadern aufgeputzt wurde; von all dem verfestigte sich in mir eine Ahnung, die lang gehegte Befürchtung während meiner kolonialen Isoliertheit bestätigte sich.

Hinzu kamen die ihre Kreise ziehenden Fans in ihrem stundenlangen Partyrausch. Nachtruhe erbittende Leute, die am folgenden Tag frisch ihre Arbeit antreten müssen. Wer bleibt noch übrig? Ich prüfte wieder seine Werkstube.

Nun nahm mich der Bücherschrank gefangen. Genau genommen waren es zwei, auf meiner Seite in der schwach beleuchteten Zimmerecke harrten sie wie die Hüter aller Antworten des dürstenden Verstandes, nach denen menschliche Wissbegier trachtet. Da waren klassische Werke, man erkannte sie am Ledereinband, dicke und dünne, neuzeitliche, die in der Überzahl zwar, mir jedoch von den, ich sage mal *ehrwürdigen* gesondert entgegenschillerten.

In meinem Kopf formte sich mir eine zuerst fremd scheinende Erkenntnis; sie war so durchdringend, dass es mir vorkam, als hätte ich binnen Sekunden all jene Werke dort gelesen – und verstanden. Je älter die Menschheit, desto dicker die Geschichtsbücher … wer kann sie alle lesen … und verstehen? Worin liegt der wahre Nutzen dieser die brillantesten Erfindungen reflektierenden Spiegel, so lange sie bleiben, was sie sind; jederzeit aufschlagbare Schriftsammlungen, die erst im Geiste des mit ihnen Beschäftigenden ihren Wert kundtun, freilich mit der begleitenden, oftmals schädlichen Nebenwirkung, nicht im Sinne des Verfassers ausgelegt zu werden. Ich hatte also das Gefühl, alle Kenntnisse, Errungenschaften, Theorien, Weltverbesserungspläne, Erfindungen, nützliche und verhängnisvolle, kurz, das gesamte Ausmaß menschlicher Anstrengungen im Guten wie im Schlechten in mir aufgenommen zu haben. Und wusste am Ende nichts.

Auf die finstere Gegenwart bezogen, die wohl eine ähnliche, vermutlich schlimmere Zukunft gebären wird, schienen mir Überlieferungen, gleich welcher Art, nichtig. »Was glauben Sie, woran wird man Halt finden in solch unsicheren Zeiten?

Oder, wenn ich Ihrem scharfen Blick gemäß folgern darf: Welche Bücher werden die Jahrhunderte überdauern?«

»Bibel, Tora, Koran … Hab ich was vergessen?« Es strömte aus mir heraus.

»Vielleicht sogar … die Menschheit selber …?«

Benkitt setzte sich hinter seinen Schreibtisch. Er schien etwas hervorholen zu wollen, unwillkürlich entfernte ich mich aus seinem ›Machtbereich‹; wäre ich geblieben, wo ich war, hätte er mich schon bald zum taktvollen Rückzug angehalten, wäre es nur das Streifen seiner undurchdringlichen Miene oder die vielsagende Geste gewesen, deren er sich nunmehr bediente, um den nächsten, vermutlich den ultimativen Beweis seiner Streiche mir, dem erwarteten Gast, unter die Nase zu halten. Ich stieß mit dem Rücken an die Bürotür, hielt die kalte Klinke zum Aufreißen umschlossen; der Moment des Fliehens hätte kaum günstiger ausfallen können:

Die ursprüngliche Absicht, dem Verführer meines Mitbewohners Rechenschaft abzufordern, wie verunsichert und unvorbereitet ich darin auch auszog, hatte sich schließlich als Reinfall erwiesen, Benkitts gleich eingangs ausgesprochene Anmerkung, meine Sorge um Lesters Verbleib hätte anderen, bewegenderen Fragen Platz geschaffen, traf ins Schwarze.

Plan B lautete: Raus aus dieser verdammten Stadt!

Als mein linker Fuß die Schwelle betrat, flog mir aus Benkitts Richtung etwas Eckiges entgegen, das ich reflexartig auffing. Wie es aussah, hatte er hierbei nicht einmal den Blick gehoben.

»Das wird Ihnen bei Ihrer gesunden Rückreise behilflich sein«, machte er mir verständlich. Danach herrschte Schweigen.

Die eintretende lange Stille, die fast geräuschlosen Betätigungen an seinem Schreibtisch und die mit keiner weiteren Kenntnisnahme meiner Person geneigte Kopfhaltung schienen nicht nur geeignet, nein, sie waren das Zeichen schlechthin für meinen Abtritt.

Ich atmete wieder freie Nachtluft.

Sie war noch jung, der Himmel trug eine tiefblaue Färbung, mal brach der schwache Schein eines Sterns hervor, doch schwächer als sie, kraftberaubter, schlenderten die einsamen Passanten in den Straßen. Zwar kann ich den Grund hierfür nicht klar benennen, man muss den Tag wie ich erlebt haben, um es nachempfinden zu können, aber obwohl ich meinen neuen (Ersatz)plan fasste, der mir mehr Bestätigung alter Meinungen als herbe Enttäuschung war, mischte ich mich blindlings in das ausgestorbene Stadtleben – warum sie es war, lest ihr im Folgenden.

Wohl begleitete mich dabei das nicht unwesentliche Gefühl einer letzten Kraftprobe, mitunter fühlte ich mich gestärkt, nachdem mich jener rätselhafte Benkitt freigelassen hatte – denn frei, höchstens frech, fühlte ich mich in seinen Wänden wahrlich nicht –, da wirkte dieses Unbehagliche mit, wie die Gewissheit eines Geheimnisses, dessen Existenz von jedem, bis auf den, der sie kennt, aber noch nicht beweisen kann, geleugnet wird.

Daran zurückdenkend, machte mir das Haus, dessen Nähe ich schnellst möglichst floh, zum Albtraum, und alles, was ich aus dieser Episode behielt, war die kindlich paradoxe Angstvorstellung, der Arzt sei ein freundlicher Mann im Dienste meiner Gesundheit, nur dass er den Schmerz als liebstes Mittel dazu erheben muss.

Ich schleppte mich Straße für Straße hinauf, zu jenem von bewohnten Hügeln umschlossenen Aussichtsplateau, früher Standort des alten Glockenturms, wohin mich abermals verstaubte Erinnerungen lenkten. An dem Hangar ähnlichen Gebäude, dessen Fensterzeilen ab einer Höhe von etwa fünfzehn Metern begannen, stand eine sich ständig reduzierende und wieder verlängernde Reihe betrübt und heiter dreinblickender Gestalten, die sowohl in ihren eigenen Schatten als auch in dem jenes weit gestreckten Klotzes das seltsamste Gemisch der krassesten Gegensätze menschlicher Gemütszustände abgaben, das mir je untergekommen ist.

Aus dem Inneren des Baus ertönte regelmäßig ein eigenartig leises Gequieke, zuweilen gesellte sich ein Schrei dazu, doch beide waren in ihrer Frequentierung so gemäßigt, dass die Vermutung von Gewalttaten mir gar nicht in den Sinn kommen wollte. Durch die dunklen Fensterquader sah ich ab und an etwas Helles aufblitzen, dann schweifte mein Blick ab zu dem massigen Seitentrakt; es war fast so groß wie das Hauptgebäude selber, und darauf las ich in überbreiten, schön verzierten Lettern die Worte ›Erster Ruheort‹. Da wurde ich von einer scheinbaren Wache entdeckt.

Sie trat ruhig auf mich zu und erkundigte sich höflich: »Haben Sie sich verlaufen oder werden Sie von ernsten Vorsätzen angetrieben?« Von mir danach gefragt, was er damit meine, antwortete er einfach, fast glücklich: »Gut, gut. Einem Fremden mag diese Sozialreform buchstäblich befremdlich erscheinen, aber da sich viele Städte durch peinliche Beinamen, so fürs Touristengeschäft, in Dinge vernarren, die sie nicht einmal zur Hälfte verstehen, machen wir, jedenfalls so lange die Millionen Bürger aller Nationen sich wie Phantome zueinander verhalten, Ernst mit der Nächstenliebe: Wir geben sie, und wer sie nicht braucht oder haben will, und dem auch sonst alles, Liebe wie Hass, gleich ist, der kann in dieser Einrichtung finden, was bisher von allen humanistischen Systemen geheuchelt wurde.«

»Und das wäre?«

»Die Selbstbestimmung des Lebens«, sagte er, mit verklärtem Antlitz nach dem Gebäude schauend.

»Wer ein Gesetz zur absoluten Verfügungsgewalt, frei von Fremdeinflüsterungen, des Individuums über sich selbst verabschiedet, muss auch dessen Kehrseite wollen. Ein Thema, worüber man ungern spricht, nicht wahr? Nun, wir machen Schluss mit halben Wahrheiten … wir machen aus Politik Leben, aus Leben Politik – so schafft sich wahrer Friede seine Bahnen.«

»Diese Menschen … Was ist … –«

»Sie wollen wissen, was sie so zahlreich herzieht?«, fuhr er dazwischen. »Ganz einfach. Mal sehen, was gibt es da zu benennen«, seine Augen rollten nachdenklich in die Schräge (der Hohn war mir keine Beleidigung), »da wären Lügen über das Selbstbestimmungsrecht; gekappte und zerschlagene Hoffnungen der Jugend durch autoritäre, kollektive Erziehungsmodelle; die kriegssimulierenden Vorbereitungen in das nächste politische

Zeitalter; Massenarmut, repressive Reformen, die dem Erfinder, nicht dem, der es auf seinen Schultern zu schleppen hat, sinnvoll erscheinen … ja, gut, ich gebe es zu; neben all diesen gefräßigen Horrorvisionen hat das Leben viel Schönes zu bieten. Zum Beispiel Urlaub mit der Familie auf den Malediven, während anderswo hungrige Kinder mit den vertickten Waffen deiner Regierung abgeschlachtet werden. Oder einem korrekten Job nachgehen, der dich ernährt, damit du als Steuerzahler diesen Wahnsinn mitfinanzieren kannst, und nicht als Bettler und Aussätziger im sozialen Sumpf, wo du, ohne Deodorant, um den Verlierergestank zu neutralisieren, mit unrasierter Fresse, um zu zeigen, dass du deinem einigermaßen sauberen Job brav nachgehst, selbst von Freunden gehasst, die dich für klüger hielten, mundtot untergehst; denn sind die Dinge noch so verkehrt, auf den Beinen stehen, im Strom mitschwimmen muss jeder, oder?

Ach ja, und falls Sie religiös angehaucht sein sollten, gibt es die endliche Hoffnung auf ein besseres Leben, dessen man durch die Gnade des himmlischen Herrn teilhaftig wird.

Vor seiner unendlichen Weisheit hat unsere kleine ›Zwischenlösung‹ keinerlei Chance auf Gnade, sagt man. Was tut's schon, wir nehmen das Risiko in Kauf, machen dem irdischen Wahnwitz ein Ende, indem ungebundene, zukunftsberaubte Irrläufer, manche ihrer heiter selbst in der Düsterkeit, diesen Gipfel der Selbstbefreiung aufsuchen, die verkrampfte, irrige Welt hinter sich lassend.«

Er bemerkte das eckige Schutztäschchen unter meinem Arm. Scheinbar zusammenhanglos sagte er:»Sie sind dem klaren Durchblick näher als Sie ahnen.« Dann schritt er davon, die Hände hinter den Rücken gelegt und den Blick in leichten, ja wie von jeglicher Sorge gereinigten Erhebungen, die er oft wiederholte, nach dem Gebäude wendend. War dies eine erneute Belehrung gewesen? Kaum auf der Spitze der Erinnerungen, verließ ich sie gleich wieder (mich beißt eine diffuse Szene aus Kindertagen, die ich hier zubrachte; im Sommer geruhte ich auf einer Bank, wartete auf mein Eis, das zu holen meine Betreuerin Helen – für mich ein Inbegriff von Liebe – in den Kiosk geeilt war.

Wie mich meine Kameraden ringsum anstarrten, im Ganzen, was als schöner Tag begann, fühlte ich Missgunst sich in solchem Maße regen, dass ich nur noch das Skelett, als solches noch widerlich genug, einer prägenden Episode in mir trage, und ich weiß nur noch hinzuzufügen, wie das gesunde, jeder Last spottende Kinderherz in den Strudel unerklärlicher Hassgefühle hineingesogen wurde, das ich heute noch, so spärlich meine Denkkraft dort hinaufreicht, mit dem scheinbar friedlichen Dasitzen auf der Rastbank vor dem Kiosk in Verbindung bringe).

Gerade als der Zweig an der Ausfahrt meine Stirn streifte, blieb mein Blick an dem Straßenschild, genagelt an den widerstandslosen Ahorn, hängen. Darauf las ich den Namen ›Freitodhöhe‹, den ich bestimmt nicht aus meinen verschütteten Erinnerungen hervorgegraben hätte.

Ich nähere mich dem Ende meines Berichts, und obwohl manche denken mögen, was sie hier gelesen haben, wäre sonderbar oder gar verrückt, dem sei wärmstens empfohlen, sich selbst ein Bild zu machen über die Ereignisse unserer Tage. Freilich sind diejenigen, welche mit dieser Stadt nichts zu schaffen haben, auf Berichte wie den vorliegenden angewiesen (schon allein aus Vorsichtsgründen ist diese Alternative vorzuziehen), umso näher liegt mir deshalb die Wahrheitstreue, glaubt mir, wer immer dies liest: Die Begebnisse von jenem Tag waren kein Überfall hochmütiger Tagediebe, es war auch keine Werbekampagne irgendeiner stimmehaschenden Sprösslingspartei, und auch nicht, was, wie ich zugeben muss, am verwirrendsten ist, das reformatorische Werk eines Psychologenbundes, dem ich zwar anfangs erheblichen Anteil an meinem Tagesabenteuer beimaß, sich jedoch, den Stimmen der Vernunft sei's geklagt, in viel weitreichenderen Strängen entfaltete.

Mein weiterer Weg führte mich in eine Unterführung, sie schien wie ein ausgedientes Parkhausgelände, teilweise eingestürzt, von Schutt überhäufte Einkaufswagen lagen umher, Autowrackteile, aus denen plötzlich Ratten und anderes Geschmeiß hervorschoss, wenn man nicht den schmalen, schadfreien Betonpfad in den Tunnel nahm, wo vergangene, allem Anschein nach *erschütternde*

Zeiten weniger Geräusche unter den vorwärtsschreitenden Füßen verursachten.

Bald traf ich auf ein Obdachlosenpaar. Sie brieten etwas – ich glaube, es war Fisch – über dem Feuer, das aus angesammelten Abfällen geschlagen wurde. Als hätte ich sie nicht bemerkt, ging ich an ihnen vorüber, doch der eine rief mir zu: »Wenn du weitergehst, Bruder, nimm diese Lampe. Denn je tiefer du eindringst, umso dunkler der Gettomythos.«

Trotz der delphischen Nuance – das ist bei mir zur Gewohnheit nach dieser erlebnisreichen Reise herangewachsen –, drang ich in ihn, damit er sich verständlicher mache. Dies geschah, wohl deshalb, weil er in mir, wie schon der Wächter auf der Freitodhöhe, einen Fremden erkannte, und seine Sprache entsprechend prosaisierte. Er sagte: »Zeiten fortwährender Expansionen, und zwar nicht allein im Hinblick auf die Bevölkerung, bescheren den Ruheliebenden arge Bedrängnis. Sie richten sich deshalb kleinere Quartiere ein, wie dieses hier, wo Schmutz und Verfall die Massen *noch* abschreckt, wo aber selbst denen, die darin ihr Heim finden, der rasante Ausdehnungswahn der Gigatomanen das Rätsel aufgibt, warum sie noch nicht zu uns vorgedrungen sind, um uns unsere letzte Zuflucht zu nehmen.

Wir schützen unseren Mythos, der hoffentlich eines Tages als Beispiel gegen die Überziehung der Erde mit hartem Grau, Autos und unflätigen Magnaten dienen wird. Ansonsten landen wir als Randnotiz in der Geschichte, nehmen resigniert den Trostpreis entgegen, in einer Zeit, wo Einzelschicksale vom Fett der Massen platt gewälzt sind, wo erhabene Tugenden wie Besonnenheit, Gleichmut oder Selbstbeherrschung eben nur noch als ›Mythos‹ gehandelt werden.«

»Aber fürchtet ihr nicht, man würde, ginge euer Wunsch in Erfüllung, euren Mythos sinnentstellt an die Generationen weitergeben?«, fragte ich ihn.

Der Zweite murmelte darauf, aus seiner kauernden Sitzhaltung: »Diese Gefahr begleitet jede Idee. Das ist auch nicht unsere Sorge, so lange wenigstens *einer* den roten Faden verfolgt und dabei auf arme Hunde stößt, die man nicht gleich, nur weil sie ›anders‹

waren, als kranke, verrufene Bestien brandmarkt, falls sie wahr-
zunehmen man sich überhaupt herablässt.«

Diese Sprache! In Wirklichkeit sprachen sie viel schöner, doch
die Zierde ihrer Ausdrucksform vermag ich unmöglich wiederzu-
geben; ich war immer dem Wahn erlegen, Dichtkunst wäre den
gebildeten, gehobenen Ständen vorbehalten. Diese kurze Über-
legung ließ auch mich für den Bruchteil einer Sekunde in die
Zukunft schauen, wo ein starres, wirtschaftliches Klassensystem
den Mensch nach dem beurteilt, was er für die ›große Maschine‹
leistet, nicht nach der Zusammensetzung seiner emotionalen,
seelischen Daten, also, seines wahren Ich. Für die Letzteren ist
ja die Familie da, aber wer keine hat, keine haben will, bei wem
dieselbe, dank systemimmanenter Unzulänglichkeiten, versagt
hat – ja, was ist mit denen! Jemand wie ich – der ist so ein Fall.
Wenn die Menschheit sich fortpflanzen soll, was man von allen
Schichten erwartet, muss ein Mechanismus greifen, der mich,
den Heranzuzüchtenden, jeden Tag meines Lebens mit meiner
Umwelt identifiziert.

Unwillkürlich kam mir Benkitts Zusammenfassung in den
Sinn, wonach Entfremdungszustände, Kritik und auch Emotionales
wie Hass in der Handhabung von Gelehrten durchaus Achtung
finden, ohne Weiteres ein Unbedenklichkeitszeugnis erhalten
können, bei armen, unbekannten Schluckern dagegen auf Ab-
lehnung, wenn nicht Verfolgung und Wegsperrung stoßen.

Und diese Gesellschaft nennt sich frei, gleichberechtigt!

In den matten, eingefallenen Gesichtern der beiden sah ich
den Glanz der Aufrichtigkeit und Liebe mir entgegenstrahlen;
kein himmlisches Engelswesen hätte in mir dieses wunderschöne
Gefühl wecken können, sie mussten alle verlogen sein. Denn was
von Pfaffen über jenseitige Gefilde schwadroniert wird, ist die
Verlegung *ihrer* Regeln ins Überirdische; Kontrolle über Leib und
Seele – ist der einzelne Kämpfer der Einzige, der auch die Fesseln
des neuen Jahrtausends erkennt, die sich ständig erneuernden,
polierten, mit Rostentferner bearbeiteten!

»Vergiss nicht, deinen Mythos zu verteidigen, Bruder«, sagte
mir der Erste wieder, als er mir die Taschenlampe übergab. »Ab

dieser Grenze setzt seinen Weg nur fort, wer sich zur Pflicht erkoren hat, seinem Mythos fortwährend Opfer darzubringen. Dort in der Tiefe, erzählt man, ist einer vor langer Zeit verschwunden, der also tut. Solchem Zustand sind wir allzu fern, wir kennen seine Gefahren nicht, aber wir wissen, dass es sie gibt; sei darum auf der Hut.«

So begab ich mich in den Schlund des tief gelegenen Tunnels, und tatsächlich nahm ich mir ihren Rat zu Herzen und versuchte herauszufinden, was *mein* Mythos wohl sein mochte. In den großen Büchern würde meinesgleichen kaum Erwähnung zuteilwerden, weder heute noch einst, vielleicht deshalb, weil man uns bislang umgangen hatte, man bändigte den wilden Narren, warf ihn in den Kerker der Geschichte, woher er immerfort, alle Zeiten hindurch, sein Wehgeschrei hinaufsendet, das reine, welches nie verstummt.

Noch ein letzter, kurioser Gedanke befiel meine Nerven, als mir die von der Decke herabhängenden Ketten den Weitergang erschwerten. Gesetzt, des Einsamen Wohnstätten, so leer und schmerzreich wie seine Gefühle, würden zu seinem Grab; könnte er, für die Chance, es besser zu machen, auf die Gnade bauen, dieselbe Ödnis – die ihn unausgesetzt quälende – mit Hoffnung füllen, sie womöglich um einige Menschen seiner Liebe bereichern? Vielleicht würde er so erstens die schwere Lektion lernen, dass Einsamkeit ein Giftstachel in zivilisierter Umwelt ist, aber zweitens, dass er sich für sie nicht zu schämen braucht; dafür bräuchte er freilich eine zweite Chance, die derart wohl nur in jenseitigen Vorstellungen denkbar ist.

Und ihm gegenüber der hektische, oberflächlich Fröhliche, der ohne seine Brut nicht leben kann, die erdrückende Menge … nun, wo ich jetzt umherirrte, das war nicht ihre Welt. Aber vielleicht würde es die ihre eines fernen Tages werden …

Mein Bericht ist hiermit zu Ende. Der weltweite Datenspeicher wird ihn auf unbestimmte Zeit in seinem Netz halten, ein feuerfestes Buch, das kein ideologisches Vorurteil so schnell auf seinem Scheiterhaufen vernichten wird.«

Guter Doktor Benkitt,

Diese drei voneinander unabhängigen Erlebnisberichte gedachte ich Ihnen zuzusenden, wobei ich die Tatsache, dass Sie darin als handelnde Person auftreten, hiermit, nach nochmaliger Überlegung, ignoriert habe. Ob der Zweck meines Beitrags damit Schiffbruch erleidet, wage ich nicht auszudenken. Dennoch: Ich entschied mich für vorliegende digitale Auszüge, da sie durch einen Link meine Aufmerksamkeit erregten, zunächst unter Insidern ausgetauscht, damals inhaltlich noch stark vergröbert, später, als ich auf die Seite zurückgreifen wollte, las ich einen komplett erneuerten Bericht, in welchem Sie quasi eine der Hauptrollen spielen.

Doch Schritt für Schritt.

Der erste, dessen ich mich bediene, darf angesichts der zuweilen überspitzten Darstellung der städtischen Gewaltszenen nicht über die Tatsache hinwegtäuschen, dass sie in anderer Form, oftmals um ein Erhebliches sachlicher, bezeugt wurde, tendenzsteigend, darf ich hinzufügen.

Das Phänomen dieser alltagsvereinnahmenden ›Kunst‹ ist wahrlich kein Verdienst unsererseits, schon gar nicht dann, wenn sie zu Gewaltdelikten animiert, was gut und gerne mit dem Hinweis auf gesellschaftliche Missstände kaschiert bzw. verharmlost wird. Denke ich allerdings an das Projekt, so bin ich in der Tat ratlos, kann in diesem Fall somit den Rückzug des Kollegen B. nachvollziehen, denn – ohne Ihre Mitschuld beilegen zu wollen –: Ihm ist die Sache zu Kopf gestiegen, oder?

Aber zum Thema zurück. Was also den dritten von ersten beiden unterscheidet, ist seine Ausführlichkeit, er ist diesbezüglich eine wahre Perle und insofern von absoluter Wichtigkeit für die fortlaufende Forschungsarbeit. Zum zweiten darf mit voller Berechtigung davon ausgegangen werden, dass der Verfasser keine pathogene Hintergrundgeschichte hat, was zugegeben dem Zweifel unterworfen sein kann, allein wenn man sich die eingestreuten persönlichen Reflexionen anschaut (die unerschütterliche Wahrheit über diesen Punkt, lieber Kollege, werden Sie beim Lesen dieses Berichts höchst wahrscheinlich besser wissen als ich in meiner Hilflosigkeit).

Aber ich wiederhole verschärft: Der neue Trend (verzeihen Sie die holprige Wortwahl) zeichnet deutliche Konturen im gesellschaftlichen Miteinander, und wie sehr auch die fachliche Hinzunahme von ‚definitiv krank‘ und ‚definitiv normal‘ in diesen Fällen versagt, so sehr steigt die notwendige Ziehung der Grenzlinie; mit dieser Aufgabe haben Sie mich betraut, und ich habe sie nach bestem Wissen zu erfüllen gesucht.

Bevor wir in weiterer erfolgreicher Zusammenarbeit fortfahren, muss ich dementsprechend zwei Punkte ansprechen, den einen freilich, der meine Sachkenntnis über das angesammelte Material erzwingt, und den anderen, der ein persönliches Anliegen darstellt; ich setze dabei meine ganze Hoffnung auf Ihre Wohltätigkeit.

Hier meine Zusammenfassung des (Krankheits)Bildes: Im Vergleich zweier Medien – der verbalen Aussprache der Individuen mit ihren schriftlichen Hinterlassenschaften – ergaben sich folgende Merkmale:

Die als von sozialer Armut umhüllt empfundene, oft genug vertrauliche Umgebung wird angefeindet, ihre Bewohner zeigen radikale Zuwiderhandlungen, die gesteigerte Gewaltbereitschaft wird als Antwort auf generelle Unzuverlässigkeit des Systems angesehen und angewandt (das Thema ist von unglaublich übergreifendem Wesen, dass schon gewöhnliche juristische wie politische Maßnahmen hier nicht nur zu versagen, schlimmer noch teilweise vereinnahmt scheinen). – Trotz meiner Unkenntnis über genauere Daten der Verfasser der vorliegenden Berichte, kraft der Freiheit, die Sie mir gestatteten, um meine Untersuchungen durchzuführen, möchte ich doch den eben hier anrührenden Punkt beklagen. Die Beschäftigung eines mir festzugeteilten Patienten hätte mir die Arbeit wesentlich erleichtert, meine bisherigen Befunde wären griffiger ausgefallen, so lag nur fragmentarisches, höchst spekulatives Material vor mir, das zwar brauchbar, aber nicht zweifelsfrei einzugliedern ist.

Nun komme ich zu dem, was mir am schwersten fällt.

Sie ahnen es? Es zu schreiben ist einfacher, als es von Angesicht zu Angesicht vorzubringen, was allerdings unvermeidlich sein wird. In meiner jungen Karrierelaufbahn der Seelenkunde warten größere Herausforderungen auf mich, das weiß ich, größere, weniger konfusere, als ich es damals bei der Auftragsannahme in Ihrem Büro hätte voraussehen können. Doch man lernt dazu; ich kündige meine Stellung bei Ihnen, formgerecht, wie Sie der Anlage entnehmen werden. Mein ungewollt in die Länge gezogener Bericht liefert die Begründung, denn immerhin bin ich Ihnen dankbar für die zahllosen Ratschläge, die über alle Grenzen der Pflicht hinausgehende Hilfsbereitschaft und Unterstützung während der letzten Studienjahre, und ganz besonders ergießt sich mein Dank und mein Respekt in dem Wissen um Ihre Standhaftigkeit, der ich so ein zweites Mal irgendwo, irgendwann zu begegnen für unwahrscheinlich halte. Stände da nur nicht die Inkompatibilität zwischen uns, die eine wohlige Atmosphäre, klarsichtigere Zusammenarbeit verhindert.

In diesem Sinne bedanke ich mich herzlich für Ihre gut gemeinten Bemühungen und bitte Sie mit Anstand, mir zu verzeihen, wenn sie in ihrer ganzen Ausdehnung zu würdigen ich blind gewesen bin. So gilt der letzte Gruß in ehrlicher Erinnerung

Meinem hoch geschätzten
Kollegen, Gönner und Arbeitgeber
Prof. Dr. Ruben Benkitt

Aktenzeichen G2-7

14

Es ist eine schöne Erfahrung,
sein Gewissen niedergekämpft zu sehen.

Bekenntnis eines Urgetäuschten

Geprüft worden bin ich oft in den letzten Wochen/Monaten.
Ob es in mir eine Läuterung bewirkt hat, ich mich meinen Mitmenschen gegenüber gelockerter verhalte, liegt nach wie vor
nicht in meinem Ermessen. Als ich den AB-Nachrichten Pierres und Nathans lauschte,
sonderlich jener des viel zu freundlich klingenden Einladers,
dessen wahre Funktion mir suspekt war, hatte sich in mir etwas
geregt, es war wie der insgesamt vage Ruf einer zweiten Chance –
ach! wer mochte ihr Anbieter sein! –, der mich aus vielerlei, vernünftigen Gründen hätte abschrecken müssen, dem ich jedoch
gefolgt war, indem ich meine verstandesmäßigen Erwägungen,
so kraftlos sie auch heute noch sind, gegen das Ungestüm meiner
emotionalen Unberechenbarkeit blindlings eintauschte.

Aber da mindestens zwei dieser versprechenden Rufer, dem Elend
nicht um ein Geringeres ferner standen als ich – das wusste oder ahnte
ich zumindest, und das erfüllte mich mit Mut –, folgte ich ihnen ergeben, und hier beginnt der zweite Teil meiner Lebenschronik, den
ich nicht mehr leichtfertig zugänglich zu machen gedenke.

An jenem schicksalsträchtigen Morgen erwarteten mich zwei
Termine.

Sie waren erbeten worden von meinen Therapiegefährten,
wie in ahnungsvollem Zufall; ich sah mich in die Not versetzt,
einem abzusagen, da es mir die zeitliche Dichte versagte, beide
wahrzunehmen, zumal die Treffpunkte auf entgegengesetzten
Seiten der Stadt lagen.

Da sie keine Kontaktmöglichkeiten zur Überwindung dieses
oder anderer Hindernisse hinterließen, brach ich, freilich nicht
ohne Gewissensbisse, auf zu den alten ›Lebkuchenlagerhallen‹,
wie der Volksmund sie hieß.

Es war kalt und düster an jenem Morgen.

Die Werktätigkeit an diesem abgelegenen Ort war nicht vollständig aufgegeben worden, aber sie führte ein Schattendasein, weil es an Geldmitteln zur verbesserten Lagerhaltung der Saisonsüßwaren mangelte, als die überregionale Konkurrenz in die Domäne des städtischen Spezialisten eindrang und ein Geschäft übernahm, dass sie durch Erweiterung des Sortiments mit ›frischen, neuen Ideen‹ modernisierte, und gleichzeitig am bewährten Modell des beliebten Versorgers kratzte; dass dabei eine jahrhundertalte Tradition in die Brüche ging, störte sie wenig, doch dieses Unternehmensdesaster war vieler Orten spürbar und es folgte Umwälzung auf Umwälzung auf geschäftlicher Ebene, die bald auch, niemand weiß warum – ich am wenigsten, auf andere Lebensbereiche übergriff. Die vielen Veränderungen, denen schnell niemand folgen konnte, brachten dieser Ortschaft, im nicht ganz unwahren Gespür für das Märchenhafte, Verwunschene, den Namen Lebkuchenhäuser ein.

Zwischen Palettenstapeln, halb geordnet, halb zusammengestürzt, blickte ich in die leere Gasse, während neben mir, irgendwo hinter verwitterten Gabelstaplern und anderen Geräten, der Kühlgenerator brummte. Das Gelände war frei betretbar bis in diese Zone, wo mancher Tage, wie ich genau wusste, in dem großen blauen Container Kisten voller Köstlichkeiten, von einfachem Joghurt bis zu den ansehnlichsten Torten, auf jemanden warteten, der sie vor der sinnlosen Vernichtung retten würde.

Langsam hörte und fühlte ich, wie ein leichter Regen herabtröpfelte, das schuf in das Herz des ohnedies schon verlassenen Betriebsgeländes das Gefühl erwartungsvoller Furcht, der ich allerdings in anderem Zusammenhang leichter zum Opfer gefallen wäre.

Erst zaghaft, dann entschlossen, gewahrte ich hinter dem dritten Stapel vor mir die Bewegung eines Schattens, der seine Furcht zu überwinden schien und jetzt in den sich durch Löcher und Hohlräume gekämpften Kreis der nahebefindlichen Lichttasse trat.

Freilich waren die Erkennungshilfen an solch einem totgeweihten Ort dürftig, dass ich mithilfe ihrer jedoch das heimliche Gesicht meines Sitzungskollegen Nathan erblickte, war jemandem, der an diesem finsteren Morgen seinen Tag anders zu planen beabsichtigte erfreulich genug. Das zeigte ich ihm auch. Ich hielt ihm meine Hand zum Gruß hin; er erwiderte ihn schnell und gleichgültig. Sein nervöser Blick schuf gegenüber der ruhigen, ja wie aus Stein gemeißelten Körperhaltung einen wahrlich merkwürdigen Kontrast. Unter dem rechten Arm hielt er etwas Klobiges umklammert.

»Schön, dass du gekommen bist. Es beweist mir, dass du mich nicht für durchgeknallt hältst.«

»Ebenso wenig wie du mich, oder?«

»Sicher, sicher«, erwiderte er hastig.

»Warum ich dich treffen wollte – es geht um die Docs.« Er sah sich um, rückwärts, vorwärts; er ließ die Blicke kreisen wie ein Verfolgter. Und dabei bewahrte er diese ausgezeichnet in Ruhe geborgene Körperhaltung.

»Ich habe hier«, er nahm den Gegenstand unter seinem Arm hervor, »über uns angelegte Akten. Frage mich nicht, wie sie in meinen Besitz kommen, das ist wirklich irrrelevant. Was wichtiger ist, sie stehen in Zusammenhang mit einer geheimen Forschungsarbeit, die sich allerdings nicht exakt aus ihnen herauslesen lässt.« Wieder sah er sich um. Dann, als ihn die sorgsame Umsicht anscheinend befriedigte, sagte er: »Komm. Wir gehen an einen helleren Ort.«

Ich folgte ihm durch stillgelegte, verfallene Anlagen, der Fuhrpark des Lagers ging unmittelbar in ein Baubereich über, Geröll und aufgewühlte Erdmassen erschwerten uns das Vorwärtskommen, dafür fanden wir einen Platz, der zwar am verlassensten auf dem ganzen Gelände schien, aber umso mehr Beleuchtung schenkte. Nathan setzte den Aktenordner mit einem dumpfen Knall auf einem kniehohen Stein ab. Begierig beugte ich mich darüber, während er mich zurückhielt. »Ich werde dir jene Stellen zeigen, die nach meinem Studium am meisten Aufschluss über die Geheimniskrämerei unserer Ärzte gibt. Obwohl ich dir von allen am ehesten traue, bin ich nicht hier, um dir etwas auszuhändigen, was uns beiden leidtun könnte. Es soll uns, dir nicht weniger als mir, helfen, das als Therapie Getarnte abzubrechen. Doch dazu müssen wir wissen, mit wem oder was wir es zu tun haben.«

»Wieviel weißt du denn über mich?«, fragte ich misstrauisch.

Zum ersten Mal nahmen seine Züge etwas Freundliches, Vertrauenerweckendes an, was ihm in seiner Position wohl sehr notwendig schien. »Glaub mir«, begann er, »ich beurteile jemanden nach dem, was er wirklich ist – nicht was über ihn gemutmaßt wird.«

Mit diesen Worten schlug er den Aktenordner auf. Ich, der von ihm trotz des angefachten Misstrauens mehr hielt als von irgendeinem Schmeichler, der dir zuerst deine tiefsten Geheimnisse entlockt, ehe er *helfen* will, stand dicht hinter ihm und verfolgte seine Finger, deren jede Bewegung kontrolliert war.

»Hör dir das an«, hielt er inne, als er die ausgesuchte Stelle gefunden hatte, »‚Der Patient klagte über Trübsinn … später frönte er seiner Heimsuchung …‘ – Das ist einer von Dutzenden Belegen über angeblich Kranke, die nachweislich nie Anzeichen einer Geistesstörung aufwiesen – und trotzdem tauchen ihre Namen und ihr Profil in Behandlungsberichten auf. Oder das hier«, er blätterte weiter; kannte er das Buch in und auswendig? »‚Können Sie mich verstehen?‘ fragte ich ihn. – ‚Wer außer mir könnte es sonst?‘ antwortete mir der Doktor, wohl nicht ohne Stolzgefühle … will meinen Psychiater mit ehrlicher Existenzanalyse konfrontieren … er soll es nicht leicht haben …« Er wollte mir noch weitere Beispiele vorlesen, doch ich warf ein: »Nathan, haben wir nicht alle hinter der Vertrauensseligkeit unserer Ärzte kollektivistische Ziele geargwöhnt? Maharesk hielt mich wahrlich zum Narren, als er mir begreiflich machen wollte, man hätte Straßennamen meiner Genesung zuliebe geändert.«

Als ich das sagte, lief eine unheimliche Veränderung über Nathans Gesicht. Wie soll ich's ausdrücken, es war die Mischung eigenen Wissens, des nach Bestätigung suchenden, mit der gemutmaßten, dunklen Ahnung, deren Ausformung man hinter der Brust des anderen zu finden hofft – oder befürchtet. Wie auch meine persönliche Hoffnung ihrem Wesen nach festen Halt suchte, die ich aber nie sonderlich hoch anschlug, die Hoffnung etwa über einen netten Abend mit freundlichen Leuten, den, wenn er als gelungen von allen empfunden wird, man zu wiederholen vorschlägt, worin jeder feierlich übereinstimmt – und der so, sei es aus Gründen emotionaler Einmaligkeit oder des abgestorbenen Interesses der Teilnehmer wegen, niemals wieder zustande kommt –, ja, so lebte und wirkte in mir das des Namens Freude und Seelenverwandtschaft würdige Gefühl – seine Kehrseite sprach aus Nathans Augen, die mir umso eigener war.

»Aus deiner Feder stammt nicht der ‚Schmerz-Spiegel‘?«, fragte er heiser. »Ebenso wenig wie die anderen Kapitel dieser seltsamen Phantombriefe«, antwortete ich. »Wobei ich gestehen muss: Ich kann nicht darauf schwören, dass sie nicht von mir oder zumindest von jemandem beeinflusst worden sind, mit dem ich einst in engerer Beziehung stand. Mein Gedächtnis rächt sich heute dafür, wenn ich ihn früher durch ausgiebige Leidmomente genährt habe, verstehst du?«

»Damit werden unsere Hoffnungen auf die Lösung des Rätsels geringer«, seufzte er.

»In den Behandlungsberichten findet nämlich häufiger ein Korpus Erwähnung, er wird mit einem Codewort abgekürzt, den ich bereits entschlüsselt habe. Es besteht kein Zweifel für mich, dass die von mir gefundene Kopie des ›Spiegels‹ in der Praxis meines Arztes nur ein Bruchteil dieser Sammlung ist. Allerdings, wenn du nicht ihr Urheber bist«, er senkte den Blick, »… dann sehe ich schwarz für unsere Mission. Es wird mit solcher (Ehr)Furcht von diesen Briefen gesprochen, in den Diagnosen wird immer wieder auf sie verwiesen, als seien sie ein psychologisches Standardlehrbuch – du hättest bewiesen, dass ich nicht auf Abwegen irre, dass mein trauriger Zustand so normal ist wie lange vor meines Abfangs, dazu kommt die klare Erläuterung meines gewissenhaften Lebenswandels, gedeckt von den Theorien der Briefe. Ich meine, hast du je darüber nachgedacht, worauf Psychotherapien wirklich abzielen?«

Ich zuckte die Achseln. Natürlich hätte ich ihm höflicher antworten können. Er sagte mir:»Sie sprechen dich zwar von deiner Schuld frei, doch gleichzeitig wollen sie dich unter diejenigen zurückschicken, in deren Greifarmen du dich seit eh und je gequält hast, wo Schuld in grenzenlosen Maßen tobt und du vor ihr deine Augen verschließen sollst. Aus einem der Briefe ist es klar ersichtlich – die ›Gelehrten der Tabus‹‹, er wandte sich dem Aktenordner zu; doch ein lautes Knallen aus der Richtung des Ladeschotts ließ uns zusammenzucken. Wir suchten Deckung hinter den mit Planen überzogenen Riesen, aus denen der schale Geruch von Schokolade drang. Aus der kleinen Tür neben dem Schott kam jemand herausgeeilt und rief sichtlich begeistert in den kalten Morgen hinaus: »Je tragischer, entwürdigender das Scheiden, umso ertragreicher das Jenseits. Danke, Herr, für diese Erkenntnis … Lasst uns die Höllen auf Erden sanieren – nach unserem Geschmack.« Als er den letzten Satz gesprochen hatte, wobei er den Kopf gewendet hielt, torkelten zwei Gestalten aus der Tür, aus welcher er gekommen war, und sackten bald zusammen, stürzten die Stiege hinab in den zerwühlten Dreck. Da Nathan zu meiner Verblüffung furchtlos auf ihn zuging, tat ich es ihm nach, da er im Wissen – das wurde allmählich klar – um jene zu dieser Zeit drängenden Fragen gelehrter war als ich; mein Vertrauen hatte er somit erworben. »Ich weiß, warum ihr hergekommen seid«, sagte der Mann in dem abgerissenen Anzug. »Ihr seid Nachzügler einer Epoche, die schleichend begonnen hat, die aber, weil alles in veränderter Form einstmals wiederkehrt, in ihren Erscheinungen ohne Ende ist.«

Ich durfte anhand Nathans Blick Zeuge werden, wie sein Wissen sich seine Bahnen schuf. Er sagte erstaunt: »Jetzt erkenne ich Sie. Sie sind Damian Vancousie, der Biograf des Grafen von Erzschlucht. Ihre Thesen über seine heimlichen Raubzüge fand ich sehr aufschlussreich, ich habe Ihren Vortrag vor einigen Jahren bei den Festspielen auf der Festung gehört.«

»Danke für die Blumen«, sagte dieser Vancousie lächelnd. Außer mir schien es niemanden weiter zu interessieren, was an der kleinen Tür vorgefallen war. »Es entsprach nicht meinen Vorstellungen, nach Steinen längst vergessener Perioden zu stöbern, sie aufeinanderzuschichten und stolz auszurufen: ›So war es!‹, währenddessen die Zeit unausbleiblich weiterflutet und ich zu spät erkenne: ›Wer wird einst meine Steine zusammenlegen? Was wird *er* rufen?‹ Meinesgleichen setzen Dinge nur für eine erbärmlich kurze Frist in Bewegung, schnell werden wir übertrumpft, unsere besten Freunde sind Tote, wie die des Leichenschauers, man verfällt leicht auf den Gedanken, wir fänden keinen Halt im Hier und Jetzt. Die allzu lange Beschäftigung mit dem Vergangenen machte mir zum einen klar, wie die bleichen Züge eines Grafen von Erzschlucht die nie enden wollende Wiederkehr in sich bargen, wie sie sich stets verjüngen im Antlitz moderner Grafen, die wir heute anders nennen; zum Zweiten weiß ich heute, dass ich bislang Trümmer einer alten Welt zu rekonstruieren mich zerrissen habe – zu spät erkannte ich, dass eine Welt, aus Trümmern errichtet, doch wieder eine Trümmerwelt ergibt.«

»Sie führen die Geschichte also in Eigenregie weiter«, folgerte Nathan. Vancousie nickte.

Nun gewannen die zwei schrecklich Niedergestürzten auch Nathans Aufmerksamkeit, flüchtig streifend aber nur, als erwarte er Vancousies Ergänzung, an dem er mit feurigen Blicken der Begeisterung, nein, Bewunderung hing.

»Oh bitte, ihr müsst das richtig verstehen. Als ich vorhin sagte, ihr hättet den Anschluss verpasst, meinte ich nicht, dass eure Chancen auf ein glücklicheres Erdenfristen verbaut wären; würde ich das gemeint haben, hätte ich mir den Atem sparen können, denn der Mensch ist ständig Statist höherer Entscheidungen, die er nicht beeinflussen kann – und darf. Dieses Dürfen aber – darauf kommt es an, das hat den neuen … – nennen wir es vorläufig: Trend – das also hat den Trend eingeläutet und … die da hinter mir haben für sich entschieden, während ich ihrer Zeremonie beiwohnte. Sie waren Kollegen, die die Hölle auf Erden sanierten, und zwar nach ihrer wohlerwogenen Entscheidung, niemand hat das Recht, ihnen dreinzuschwatzen.«

»Aber was ist mit ihren Angehörigen? Das unendliche Leid, das sie über sie bringen?« Nathan war entsetzt. Ich verhielt mich gleichgültig, denn solche Themen waren meine lebenslangen Begleiter und so wurde ich heute zum ersten Mal eines merklichen

Unterschieds zwischen mir und Nathan bewusst; dem, was uns der Biograf weiter erzählte, lauschte ich mit Genugtuung. »Diese Lagerhalle ist eine Keimzelle neu gefundener Lebensenergie. Wie ihr wisst, bereitet man unsere Truppen auf ein Himmelfahrtskommando vor.« Er schüttelte den Kopf, und ich glaubte darin die Entrüstung über weiteres sinnloses Material seiner Zunft, das sich damit ankündigte, zu erkennen. Er fuhr fort: »Ihr müsst euch die Frage stellen: Leben wir im Paradies? Wohl nicht. Leben wir in der Hölle? Wohl eher, denkt ihr, aber das humanistisch hochsummierte Wir-leben-brav-Seite-an-Seite, auch wenn wir uns nicht leiden, ist das Vorlügen eines paradiesischen Zustands, denn: Die Regierung, der Für-uns-Denker, fordert, wir sollen einander respektieren; solche Forderungen sollen ohne Gehirnanstrengung übernommen werden, man traktiert uns ja schon im zarten Alter damit, unsere Mitschüler zu achten, ohne Streit Konflikte zu lösen, und halten wir uns nicht daran, so bestraft man uns. Man will also friedfertige Bürger für eine gewalttätige Welt erziehen – das klingt ja prima, wäre da nur nicht der sich androhende Krieg, zu dem dasselbe System seine Flotten mobilisiert. Da fragt man sich, wozu bildet man den Verstand, der schlichtend wirken soll, wenn er den Gewaltszenarien doch nicht entsagen kann. Die Fusion des Himmels mit der Hölle, oder falls es euren Ohren empirisch wohler tut, der Versuch, die Utopie analog zur Dystopie aufzuziehen, ist bei näherer Betrachtung ein solcher Kinderwahnwitz, dass es den Eindruck erweckt, die Rollen von Erzieher und zu Erziehenden würden ein Leben lang fließend getauscht.«

Inzwischen tröpfelte der bleierne Himmel nicht mehr, er öffnete am Horizont sein strenges Wolkenmaul, dass der zarte rötliche Schimmer das Erwachen des Tages ankündige; und mit ihm regte sich allgemach das Stadtleben, dessen Fortlauf ich mir gar nicht ausdenken wollte.

Obwohl Vancousie die Wir-Form gebrauchte, kam ich mir überflüssig vor, die zwei Männer, wie Meister und Schüler, hätten sich ohne meiner in ihrem Zwiegespräch sicher besser gefühlt. Und doch glaubte ich aus Vancousies Erzählungen etwas ernten

zu können, wozu ich mit meinen Fähigkeiten im Vorteil war –
wer den ersten Teil meiner Memoiren lesen durfte, der weiß,
dass sie aus verderblichen Keimen entsprossen.

Der Schüler, Nathan, in seinem glühenden Eifer, meldete sich
zu Wort, sichtlich unbefriedigt von seines Lehrers letzter Klar-
stellung. Ich schildere ab hier nur noch das Nötigste, was zum
späteren Verständnis unverzichtbar ist. »Bilden Sie etwa Guerilla-
kommandos da drinnen aus, sozusagen als Gegenpol zur jetzigen
Befehlsgewalt?«

Der Biograf erwiderte mit angehobenen Mundwinkeln: »Hier
wird in der Tat eine Art Gegnerschaft zur Entfaltung gebracht.
Würde sie allein im Philistertum ihre Befriedigung finden, wäre
ich sicher nicht hier, ich hätte mich einer x-beliebigen ›Bewegung‹
angeschlossen, mir diese oder jene Religion zum Heilsverkünder
erhoben, meinen Beruf in derselben Eintönigkeit ausgeübt, dabei
die tägliche Zeitung gelesen wie jeder andere, meine Steuern ge-
zahlt wie jeder andere.

Was hilft es, die Fehler der Regierung mit Vorschlägen zu er-
widern, man katapultiert sich damit doch wieder nur in die Wett-
bewerbsmaschinerie, die dieselben Mängel in tausend anderen
Formen wieder ausspuckt. Am Ende beißen wir ausnahmslos ins
Gras, dabei erhoffen die Mittellosen das Mindeste zum Leben,
zufrieden wohl in ihrer Einfalt, während die ›Großen‹ in ihrem
überschäumenden Besitz, verarmt in der Wertschätzung des Ein-
fachen, nach Unsterblichkeit gieren. Die Jungs«, er wandte den
Blick hinterwärts, »haben es nicht so weit kommen lassen. Sie ließen
ein Leben voll Schuldkomplexe hinter sich, verursacht von jenem
System, das den fortwährenden Menschenzuwachs für seinen Be-
trieb heiligt; bedauerlicherweise traf die beiden Unglücklichen
das Los, von ungeschickten Technikern gewartet worden zu sein.«

»Den Eltern.« Nathans Einwurf dürstete nach Bestätigung …

»Und die Zuchtinquisitoren der Schulen.« … Er erhielt sie.

»Im Sterben kann der mit sich Einige finden, was er vom Leben
nie erwarten könne. Der Irrtum der Psychiatrie, es erwachse aus
depressiver Verwirrung, ist nur einer der Feinde, gegen die wir
antreten …«

Aus dem Inneren des Gebäudes drangen wieder Geräusche, menschliche Stimmen. Nach Antwort suchend, tasteten wir den geläuterten Biografen mit Blicken ab. Er sagte: »Die ihr da hört, sind anders geprägt. Sie trotzen ihren Peinigern, manchmal in Gleichmut, manchmal im Chaos ihrer unkontrollierten Emotionen. Aber ... sind das nicht ebenso die Irrungen der Regierung?« Er drehte sich ganz um, gleich als erwarte er, die Tür werde bald aufgestoßen. Nicht lange danach geschah dem so, und zwei nackte Wesen, Mann und Frau, jagten die Treppe hinab zum Abhang, wo das morgendliche Stadtpanorama weithin heraufdämmerte.

Sie nahmen sich bei der Hand, schmiegten ihre Kälte spottenden Leiber aneinander und liebkosten sich vor dem Hintergrund der erwachenden glutroten Sonne Schein, die noch ängstlich ihre Scheibe dem Schutz der Türme unterschiedlichster Epochen anvertraute.

»Es gibt schon vielversprechende Ansätze neuen gesellschaftlichen Bewusstseins.« Nathan und ich unterzogen ihn verwundert unseren Blicken. Er, von seinem Vorgebrachten ungetrübt überzeugt, lenkte die Schritte zu den beiden Splitternackten, und ich war erleichtert zu sehen, wie Nathan aus seiner Verzückung erwachte, endlich demselben Zweifel wie ich erlag, der mir zum Gutteil angezüchtet worden war, denn ich hasste nichts so sehr wie blinden Gehorsam.

»Ich hörte von einer Kolonie der Aussteiger, sie soll regen Zulauf haben«, sagte er über die Schulter, die Hände in den Jackettaschen vergraben. »Wer auf Nichtauffallen bedacht ist, kleidet sich zeitgemäß. Vielleicht habt ihr von dem umstrittenen Stück ›Endzeitmode‹ gehört? Es rechnet mit jener Branche ab, indem es erhaben über die unterschiedlichen Konkurrenzquerelen der Designer hinwegschreitet und sie als Umkehralternative durch das erste, gemeinsame Gebot auf die Schippe nimmt, der Mensch dürfe sich vor fremden Augen nicht entblößt zeigen, eben weil er es nicht will und ihn abstößt; und diese gebieterische Oberherrschaft der modischen Kardinalregel wird neben zuweilen höhnischer Überspitzung glaubhaft in postzivilisatorischem Ambiente dargestellt, wenn die dem angesagten Geschmack Widerstrebenden den wesentlichen Ausspruch tun: ›Bin ich schmuddelig, bist du's noch mehr – was tut's schon. Sehen wir zu, wie wir die Hürden des Überlebens nehmen.‹ Sehr zu empfehlen.«

»Eine Sanierung irdischer Höllen also?«, sagte Nathan mit einem an Respekt eingebüßten Tonfall.

»Wohl eher ihre Vorausschau«, erwiderte Vancousie, »denn der Himmel ist als falsch erwiesen kraft seiner zwingenden Moral. Während sie, von ihrer Autorität überzeugt, die Länder der Welt gegeneinander aufreibt, im Glauben an die gute Sache selbst ihre ergebensten Bürger verstört, geht eine Handvoll Alternativler auf die Barrikaden, indem sie schamlos falschen Himmel mit falscher Hölle vermählen. Man darf gespannt sein, welche Bahnen sie zieht …« Wie zur Bestätigung einer Vorsehung, knatterte ein Militärhubschrauber über unsere Köpfe hinweg, die Vorhut eines Furchtzustands, der sich in allerlei Erscheinungen bereits anbahnte.

Vancousie war noch lange nicht am Ende.

Wie der Beschützer seiner Sprösslinge, verharrte er neben den zwei Nackten, die, vereint in ihren Armen, auf die Stadt niederblickten. Gerne hätte ich den verklärten Ausdruck auf ihren Gesichtern gesehen. Vancousie kam diesem meinen Wunsch entgegen, anders jedoch, als gedacht: »Schaut euch die zwei Glücklichen an. Die Blaupausen für die Erschaffung der Frau hätte gerne der Mann, die Blaupausen für die Erschaffung des Mannes hätte gerne die Frau – Chemie, die stimmt und nicht stimmt … Ich sah neulich ein Stück, ich glaube, es hieß ›Clara, die Dirne‹ – es behandelt in symbolträchtiger Weise die Ausdrucksformen der Liebe, dabei greift es auf die, vielleicht allzu einfache, Dualität zurück: Der Geschlechtsakt ist des Teufels, der Gefühlsaustausch Gottes Metier. An ein Zitat erinnere ich mich sehr gut. Es lautete etwa so: ›Kannst du dein ungeborenes Kind dem Himmel zudenken, ohne dem Teufel deine Seele dabei auszuhändigen?‹ Klar, oder? Wo das eine waltet, kann das andere nicht weit sein. Ebenfalls sehr zu empfehlen.«

Meine Gedanken verdüsterten sich, ich befand mich im alten Zwist, dem Willen der Menschen zur Einsicht in sozialen Widersinn und Selbstmord, und ich kauerte zitternd daneben, verstört darüber, diese tiefe Einsicht schon immer gehabt zu haben, während ich mich meiner Schuldgefühle – wer meinen alten Bericht kennt, ahnt, woher sie rühren – verkrampft zu entledigen suchte.

Seltsam nur, dass Fehler, selbst nach ihrer Erkennung, so lange ihrer Berichtigung harren müssen, vom mechanischen, gefühllosen Alltag hatte ich das ohnedies erwartet, aber … ausgerechnet die Kunst! – sie war in ein Stück Realität vorgedrungen, Vancousie hatte es uns bewiesen, in der sie sich ihrer wirkungsvollen Macht schämte wie eh und je, sie überschritt, zaghaft durch und durch, die Grenzen zu handlungsfähiger, tief greifender Deutungsstärke, täuschte vor, etwas zu behandeln, das sie besser wisse als die restlichen Abteilungen der kranken Kultur, dabei blieb sie stets in der Nähe dieser Grenzen, die Witterung ihrer ungewissen Zukunft erregte die Angst vor derselben, also behielt sie die Grenzen der alten Heimat im Blick und vertraut weiterhin auf sie, losreißend und rückkehrwillig zugleich.

»In unserem humanistischen System spielen jenseitige Erträge keine Rolle, Herr Vancousie.« Zum ersten Mal in diesem Dialog löste sich mir die Zunge.

Der Angeredete wandte leicht den Kopf und ich erkannte an seiner linken Gesichtshälfte den Erfolg meines Anstoßes, der ihn zu folgender Erwiderung anregte: »Wer garantiert Ihnen denn den Sieg des einen oder des anderen? Wichtiger noch: Wer garantiert Ihnen die dauerhafte Koexistenz wesensverschiedener Systeme? Aber wie ich bereits sagte: Die Vermischung hat zu neuer Gestalt gefunden; lassen wir sie wirken und sehen, wohin sie wandert …«

Wenn Dauerndes nicht zur Perfektion taugt, dann wenigstens Endliches, denn gerade so fühlte ich. Es gibt Momente, die wert sind, beendigt zu werden, endgültig, wo alles – mit einem leichten Zug des Romantischen – vollkommen in seinem Negativ erscheint, sodass ein Weitermachen, mit Rücksicht auf Vergangenes und Kommendes, eitel, mühsam, ertraglos, Beleidigung und Verpönen dieses selig machenden Augenblicks wäre, somit Verschwendung eines Zustands, den zu überwinden man pseudoglücklicher Verlockungen halber fortschiebt. Solche Momente sind selten wie eine Sonnenfinsternis, wohl einmalig, selten oft zu erleben; warum sollte man sein Dasein nicht mit Todesverträglichkeit zieren, denn wenn er ohne Ausnahme jeden von uns in seinen schwarzen Schlund reißt, dürfte derjenige sich des Vorteils rühmen, der mit seinen finsteren Gesetzen in Eintracht, unter seiner Allmacht gleichmütig wandelt.

Wie ich die drei vor dem Stadtpanorama betrachtete, wünschte ich mir nichts sehnlicher; das Schlechte hatte, so schien es mir, dem Guten, das ein hinkendes Gutes ist, die Hand zur Versöhnung gereicht, und ich wusste nur zu gut, wie kurzlebig dieser Zustand, sonderlich in meinem Fühlen, seine beruhigende Wirkung tut.

›Der Doktor, der nie krank gewesen ist‹ war das letzte von Vancousie empfohlene Stück. Seinen Aussagen zufolge stellte es den regen Konflikt zwischen definitiv gesund und definitiv krank vor, aber als er sagte, es sei komödiantisch durchdrungen, verlor ich sofort den Glauben an die erhoffte Wirkung vonseiten des Publikums, falls überhaupt daran zu denken war.

Mir blieb Nathans Blick im Gedächtnis, als Vancousie das Stück von der Dirne ansprach, er zeigte einerseits die Rückkehr zum braven Schüler, andererseits schlummerte etwas gewusst Nachdenkliches darin, als ich sah, wie er sich senkte.

Im Folgenden übergehe ich die Ereignisse seit meinem ersten Treffen mit Nathan und die späteren, vereinzelt aufgenommenen Kontakte, die seinen, die auch meine Fragen waren, keine griffigeren Antworten zu liefern vermochten, seit wir uns das erste Mal bei den verlassenen Lagerhäusern getroffen hatten. Ehe ich die schriftliche Reise weiterführe, die, wie ich oben erwähnte, vornehmlich meiner eigenen Erleichterung dienen soll, weise ich noch auf meine Verabredung mit Pierre hin. Als ich mich von Nathan, Vancousie und den zwei stummen Nackten trennte, war ich etwas mehr als eine Stunde überfällig.

Zu meiner Überraschung stellte ich fest, dass auf dem ausgedienten Gleis sieben der ruhenden Bahnstation der junge Mann, der mich vorigen Tages zu dem Treffen aufrief, auf mich gewartet hatte. Der Morgen hatte sein helles Licht bereits strömend vergossen. Der Bahnverkehr beziehungsweise sein Ausbau war in dieser Stadt ein einziges Durcheinander von Terminverschiebungen und Stockungen. Man dachte oft genug, dass der Anschluss an Mutter Außenwelt einerseits als auch andererseits deren Wille und Bereitschaft, mit der missratenen Tochter die Bindung zu pflegen und zu wahren, dem eitlen Traum entsprungen war, eine Zusammengehörigkeit zu wähnen, wo sie nie bestanden hat.

Ebensolche Elemente lagen in der Luft, gerade an jenen Orten, wo sie am deutlichsten ihre Spuren hinterlassen hatten, und wenn es nicht an Geldmitteln gescheitert war, dann umso mehr am Versagen des Ausbaus einer menschenwürdigen Zukunft, in der jeder Einzelne sich als Teil seines sozialen Umfelds sieht und diese seine ehrbare Rolle akzeptiert. Hätte nicht einer der beiden Vertreter der Symbiose – welcher es ist, ersehe man am leichtesten aus den geballten Gettos, ihren Gewaltstatistiken etc. –, seine Absichten überschätzt, würde ich dem Zug der Begeisterten wahrscheinlich gefolgt sein, heute aber schaue ich auf ihre kümmerlichen Restkräfte, wage ich keinen Schritt mit ihnen, deren halbe Kraftanstrengungen eben nur halbe Harmonien zeitigen.

Ich traf also Pierre, den jungen Kerl, der hinter seiner Brust wahrscheinlich ein Dutzend mehr Geheimnisse, Unzufriedenheit und Leidlasten barg als ich. Leicht hätte ich sagen können, er sei mein jüngeres Abbild, die nächste Generation herangezüchteter junger Leute, die das frühe Lied der Herzstürme schneller und gewissenhafter in- und auswendig lernen, als je ein Erforscher derselben hierzu fähig wäre.

Er schien weder unruhig noch entschlossen, wodurch ich mich aufgrund der Ähnlichkeiten, gleich eines Seelenspiegels, zu Sympathien hinreißen ließ, ehe sich mir die schwere Ahnung aufzwang, dass sein Geheimnis tiefer und dunkler sein musste als die meinen.

Ich traf ihn nach jener Verabredung ein weiteres Mal, wobei er um einiges redseliger war, trotzdem er nicht von seiner aphoristischen Sprechweise ablassen konnte. Was für eine Brüderlichkeit! Wenn das die Geburt der neuen Gesellschaftsordnung war, dann war der Aphorismus als Wissenschaft ab nun akzeptiert worden, und jede noch so flüchtige Begegnung der Menschen auf der Straße oder sonst wo barg die Züge parabolischer Botschaften, die zum Massenphänomen avancierten. Was für ein Blödsinn!

Wieder übergehe ich ein Stück meiner Lebenswanderung, bis dahin, als sich die Dinge fühlbar, zum letzten Mal, wie zum Fällen eines ultimativen Urteils, vereinigt hatten, als würde man entsprechend aller Emotionen und äußeren Scheinbarkeiten zur Bilanz seiner Wanderungen gestählt, noch ungewiss über künftige Verschleierungen, deren Bahnen vermutlich längst angelegt wurden.

Irgendwann atmete ich Lust und spaßige Heiterkeit, ich befand mich mitten im städtischen Volksfest mit seinen bunten Fahrgeschäften, seinen multikulturellen Spezialitäten, ich gewahrte Jung und Alt, getrennt oder in lieblicher bis geizig intoleranter Familienbande, mir kamen Paare unter, die auf jedes kostenpflichtige Wonneangebot unzertrennlich eingingen, ich sah die Wartenden vor den mobilen Bauten, in deren Bäuchen die Kleinen sich vergnügten oder gruselten, und in mir kribbelte der wohlvertraute Hinweis verschleierten Ursprungs, ich gehöre nicht hierher.

Dennoch trieb mich gerade dieses Bewusstsein dorthin. Öffentliche Vergnügungen – sie waren mir mehr denn je zum Prüfstein meiner Sozialtauglichkeit geworden. Die stille Sehnsucht nach längst vergessenen oder erwünschten Gesichtern mag ebenfalls gewaltet haben, als ich ruhigen Schrittes die Blicke von links nach rechts schweifte.

Ein besonders bemerkenswerter Schausteller war der ›Liebesweissager‹. Am Rande des Hauptbetriebes, wo die weniger besuchten Spielstände gewohnheitsmäßig ihrem Vergessen entgegensahen, erhoben sich seine orientalisch verzierten Flanken in überwiegend rot gehaltenen Farben. Als ich mich ihm näherte, bemerkte ich das Fehlen von Personal, erst als ich mich an die Theke lehnte, um die Hintergrundbemalung eingehender zu betrachten, hörte ich Geräusche aus der Seitentür. Sie hatte sich bald geöffnet, doch es vergingen einige Augenblicke, bis jemand herauskam.

Währenddessen starrte ich auf das filigrane Hintergrundbild; ich erkannte in demselben als Hauptmerkmal einen mit Blumen überladenen Felsblock, dessen schöne, frische Zierde wie eigenlebendig in alle Richtungen ausströmte. Der Block selber war von zwei Kindern, Junge und Mädchen, in ihre Mitte genommen, jeder auf der eigenen Seite vor einer von charakteristischen Motiven geprägten Landschaft, die ich nicht länger betrachten konnte, da mein Besuch endlich bemerkt worden war.

Eine dunkelhäutige junge Frau, überaus attraktiv, mit glänzend schwarzem Haupthaar, voll und leicht lockig, womit das weibliche Geschlecht des Nahen Ostens reich gesegnet ist, begrüßte mich mit einem stummen Lächeln. Da sie meine Unwissenheit erkannte, sagte sie, nachdem ich auf ihre Frage nach meinem Wunsche kaum Antwort zu geben in der Lage war, ich müsse die schmale Treppe hinauf in die Bude ersteigen, sofern ich bereit sei, mir die Zukunft deuten zu lassen.

Bevor sie es mir gesagt hatte, waren mir die kleinen Stufen gar nicht aufgefallen, und als ich ihrer Aufforderung nachkam, bemerkte ich, wie sie den Hals leicht hinaus auf die Straße streckte und sich umsah, ehe sie durch einen raschen Zugriff am Stützstecken des Fensterladens den Rauminhalt blitzartig in Dunkelheit hüllte. Sofort glomm ein stimmungsvolles, rotes Lichtlein auf, und die junge Frau, an welcher ich mit Blicken der Gleichgültigkeit hing, während mein innigster Wunsch nach fleischlichen Begierden wegen dieses grazilen Wesens trachtete und diese Zwiespältigkeit gleichzeitig seit jeher mein Scheitern in Beziehungsangelegenheiten vorzeichnete, da ich die bittere Lehre schlucken musste, es fände sich nie jene Frau, die auf meinen Kummer einginge und meine Verschlossenheit und den leeren Ausdruck im Antlitz nicht als Inkarnation eines kalten, lebensverachtenden Herzens missdeute, worin sich lediglich Schein und Vorsicht befänden –, diese Frau also hieß mich freundlich auf einen bereitgestellten Stuhl setzen, als ich den Mann vor mir, der in einer zellenartigen Nische saß gewahrte. »Willkommen, mein Freund« sagte er. Sein Gesicht war von dichtem schwarzen Bartwuchs, das ins Graue überspielte, bedeckt, sein Haupthaar schien um die letzten Einheiten zu kämpfen. Er ruhte auf seinem Platz wie ein Allwissender, seine Hände waren auf dem Knauf seines Stocks übereinandergelegt, dessen anderes Ende in den Teppichboden stach. Noch einmal ließ ich den Blick wandern, bis er auf ihn zurückfiel, da wurde mir klar, dass niemand so sehr in Selbstsicherheit und Wissen, sei es allgemeines oder das dunkelste, geheimste, verharren konnte, wie jener, der dort saß; und das aus einer Sitzhaltung, wegen welcher sich mir die verrückte Mutmaßung einschlich, er habe dieselbe seinen Lebtag nie geändert. »Sie wünschen das Glück Ihrer Zukunft zu sehen?«

»Sei's drum«, entgegnete ich schwerfällig. Sein Stirnrunzeln verriet mir seine fehlende Kenntnis dieser Ausdrucksform. Nichtsdestotrotz büßte er nichts von seiner überlegenen Stellung ein, ebensowenig seine sonst vom Akzent getragene Beredtsamkeit »Mein Name ist Rahmid. Das ist meine Tochter Melek. Unsere Dienste kosten Sie nichts, mein Freund – nichts außer das Anvertrauen eines persönlichen Geheimnisses.«

Ich überlegte. Dann sagte ich, gefasster als zuvor: »Damit Sie mich richtig verstehen: Ich glaube nicht felsenfest an Weissagungen. Deshalb finde ich den geforderten Preis unverhältnismäßig.« Ich sprach selten so offen; schon gar nicht in Gegenwart einer fremden Frau, deren Gunst mir trotz aller vergangenen Belehrungen als erstrebenswertes Ziel schien. »Sie müssen, falls Sie unseren Diensten misstrauen, kein Geheimnis preisgeben, wozu ja jeder Mensch sein Recht hat. Schließlich wollen wir auch nicht, dass Sie zur Lüge greifen.«

»Aber wenn ich schweige, wissen Sie, dass ich Ihnen etwas verheimliche, dass ich in meiner Brust mindestens ein Geheimnis berge, welches Sie durch Ihren Weitblick umso leichter erahnen, oder?« Mir war bewusst, worauf ich mich einließ. »Haben Sie weder Furcht vor uns, noch vor der lauernden Zukunft«, erwiderte er in beruhigendem Ton. »Es wird kein Ende der Welt geben, ein Ende, das Ihr persönliches Glück unangetastet lassen würde, sofern Sie die richtige Einstellung zu ihm haben. Aber trotzdem, zerstoben sind die makabren Erwartungen gebildeter und halb gebildeter Propheten, sie wollen ›das Ende‹ als Richtblock, auf welchem aller Menschen Häupter geschnallt liegen; Zweifel, ob nach der genommenen, schmerzreichen Hürde das Leben fortbesteht, hegen sie keine. Neben ihnen wirken die Leichtverständigen, die im Umherblicken genug der Spuren auffinden, die als Ende der Fahnenstange ihnen günstig erscheint. Unterstützt werden sie dabei vom Sensationsjournal, gemeinsam arbeiten sie auf das Ziel hin, ruch- und nutzlos, und haben sie genug der Käufer umworben, antworten sie mit Achselzucken auf den Betrug vergangener Reden, sind sie ja durch ihn *vermögend* geworden. So denken sie in ihrem gehärteten Gewissen.«

»Ist das bereits Teil Ihrer Weissagung?«, fragte ich, als er innehielt. »Möglicherweise«, sagte er grinsend. Er fuhr fort:»Sehen Sie, diese Leute setzen ihre Hoffnung auf Werbung. Wir tun das nicht. Die beiden Endzeitstreber kehren wieder und wieder zu ihr zurück, sobald sie das Schwinden ihrer Käufer bemerken. Betritt man aber die Diskursplattform, wird die Verantwortlichkeit, für den scheinbar Vernünftigen wie für den Schwärmer, hoch aufgeworfen, da Krisen, welcher Art sie auch seien, jeden angingen.«

»Mir genügt meine persönliche Apokalypse«, sagte ich kühl.

Er war wohl darauf vorbereitet, als er anhob: »Das werden Sie an der Willkür öffentlichen Bewusstseins gelernt haben. Wo sie poltert, zeigt sie Wirkung – selbstvernichtende. Sie haben den reinen Glauben schon lange verworfen, zu irrläufig scheint er Ihnen, so sammelten Sie Ihre Sinne und alles, was an denselben hängt, Ihr Vergangenes, Ihren Willen.«

»Sicher. Mit allem, was mich ausmacht, betrete ich die soziale Vorgruft, beschaue und prüfe mich und kleide mich der entscheidenden Stunde geziemend –«

»In die Gewänder Ihrer Rechenschaft«, fuhr er dazwischen, »Für Sie, mein Freund, sollen sie nicht mehr als ein reinlich schimmernder Spiegel sein. Nach den Richtungsangaben – ich gebrauche das Wort ›Richtung‹ hier im zwiefachen Sinne – des sozialen Rahmens sind Sie geformt: Medien-, Spaß-, Konsum-, Informations-, Industrie-, Leistungsgesellschaft … wie viele Gesichter mag dieses Ungetüm noch bergen?«

»Wissen Sie es?« Wieder grinste er, doch ob sein Weitblick wirklich so weit hinter die Nebel des Künftigen schauen mochte … War es für die Bürger jener Gesellschaftsvariationen so schwer, aus ihren Wohnungswechseln die Konsequenzen zu ziehen? »Die Aufklärung hat Gott nicht abgeschafft. Hätte sie's ernstlich tun wollen, was besäßen wir heute anstelle von ›Meinungsfreiheit‹? Allein der ›Widerstand‹ belegt, dass ein System niemals allen Menschentypen gerecht wird, er ist jener historische Altar, dem man Opfer darbringen muss, damit künftige Generationen mit Stolz seine Errungenschaften nutzen sollen. Also, er schafft eine ›neue Weltordnung‹, in der *jeder* Kopf denken darf, was er *will* – unter regelnder Oberaufsicht des ›neuen Ordnungsherrn‹? Damit Widerstände gebrochen, besser noch frühzeitig erkannt und unterbunden werden können? Jene Widerstände, auf die unsere Kinder mit Stolz zurückblicken (sollen)?

Weiß die Wissenschaft mit Gott nichts anzufangen, so genießt er als Moralinstanz in der Pädagogik nach wie vor hohes Ansehen – in der Kunst ohnedies, denn würde Gott aus der Fantasie verbannt, was gäbe es infolge dessen für ein nettes, sauberes Gegengewicht neben all den schmutzigen, anrüchigen –, verdorbenen Fernsehprogrammen!? Dann träten wir aus der vielfältigen Unterhaltungsgesellschaft in … ja – in welche neue Gesellschaftsform?

Sie sind das Kind derselben. Nur – wird man das auch an Ihrem Namen ablesen können, sollte er einst Ihren Urenkeln unter die Augen kommen?«

»Nicht einmal an meinem Grab, falls es zu jener Zeit noch Verwahrungsorte menschlicher Gebeine gibt«, entgegnete ich weniger entschlossen, vielmehr war es das kurze Herauftasten meiner verborgen gehaltenen Offenheit, die bei uninteressanten Themen wie ein abgestorbenes Seelenglied in mir verfaulte.

»Ich meine, solange ich lebe, bin ich entweder integral oder immerhin irgendwie verwertbar.«

»Allerdings nur für genannte Gemeinschaftsgefängnisse.« Seine Stimme hatte etwas Vernichtendes angenommen; es war schauerlich.

Ich wandte mich irgendwann wieder nach der jungen Frau um, doch sie war verschwunden. Als ich ihn wieder ansah, fragte ich: »Wollen Sie jetzt ein Geheimnis wissen?« Er hatte sich im Stuhl zurechtgerückt, er saß nun viel bequemer als vorher, gleichgültiger. »Ich wüsste nicht, was es noch zu offenbaren gäbe.« Ich stürzte aus der Bude.

Was hatte er mit mir gemacht? Oder … was hatte ich mit mir machen lassen? Dass ich mich habe zu Dingen verleiten lassen, die mir nicht behagten, geschah stets aufgrund oberflächlicher Ängste wie beruflicher Sicherheit, mich, den stählernen Abseitigen konnte eine Kugel spielend leicht dort treffen, wo ich noch an etwas glaubte, wofür mein Verbindungselement von tückischen Eindringlingen aufpoliert wurde und wovon ich längst wusste, dass es in mir ein Schattendasein fristete.

Nach meiner überstürzten Flucht vom (Liebes?)weissager schloss ich mich einer Versammlung auf dem Freiplatz vor dem Festzelt an, anfangs aus Neugierde über die anscheinend in Vorbereitung befindliche Arbeiten, späterhin, als die Menge anschwoll, merkte ich, dass ein Entkommen aus ihr sich als äußerst schwierig gestaltete. Bevor das scheinbar von jedem anwesenden Festbesucher erwartete Ereignis anlief, gelang es mir, mich bis zum äußeren Rand der vorwärtsstierenden Menge hinaus zu zwängen, deren Augen auf dem riesigen Bildschirm hafteten, als würden sie darin die Ankunft ihres Messias ersehnen.

Natürlich ist das ein zu weit gedehnter Vergleich, es wäre ungerecht zu behaupten, dass alle öffentlichen Veranstaltungen nur paralysierte Motten anzögen, deren Begriff von ihrem Ich erst einsetzt, wenn sie zu spät bemerken, dass ihr Besuch und ihre anhängliche Begeisterung Prozessen dient, in die sie nie vollständig eingeweiht werden; unter diesem Aspekt ist mein Vergleich gerechtfertigt, so denke ich bis heute über Massenveranstaltungen und diesmal, ich fühlte ihr Kommen, würde ich ihre neuste Lektion lernen – die eine der letzten sein musste, auch diese Ahnung drang durch meine Glieder und Nerven. Bald erschien auf dem überdimensionalen Schirm ein nett aussehender Büroangestellter, um seinen Kopf war ein Mikrofonset geschlungen, stechend blaue, ehrgeizige Augen schauten aus der ungerahmten Brille in das Publikum und ließen es durch die Intelligenz vermutende Begrüßungsrede gespannt aufhorchen. Bald teilte eine senkrechte Linie den Schirm, sein Erscheinungsbild wich, um einiges verkleinert, doch für die Erkennung seines Mienenspiels groß genug, auf die linke Seite aus, und auf der rechten tanzte eine gerenderte Menschenfigur, die schon bald anfing, in Echtzeit auf zunächst seichte und neutrale, später immer privatere Fragen des Büroangestellten zu antworten.

Der Sinn schien mir erst absurd, doch je länger ich zusah und zuhörte, umso klarer wurde mir zum einen der Ernst des Unternehmens, zum anderen die Bedenkenlosigkeit der Anwesenden. Auf jener Seite der gerenderten Figur wurde eine Spalte eingeblendet, in welcher ein Text, zuweilen hereingezoomt, aufwärts lief und der sich größtenteils mit den blechernen Aussagen des Befragten deckte. Das Fragespektrum wurde erweitert; von dem, was das Persönlichkeitsbild eines Menschen verletzen könnte, nach meinem Gefühl, schritt es in fast fließenden Übergängen zu Nachforschungen über, die mir aus Therapiestunden vertraut waren.

Was ging hier vor? Ich muss hinzufügen, dass, so tief gehend die Befragung war, umso hilfloser schien mir der Versuch, sie auf lustigem Niveau zu halten; wie auch immer: Es hatte Erfolg und die Menge jubelte.

Aber es war noch nicht zu Ende. Zwei weitere dieser zweckfernen Pseudo-Therapien wurden gemacht, bei der dritten jedoch geriet etwas außer Kontrolle. Der Befragte vermochte den obszönen Fragen nicht standzuhalten, sein Frager, der bei jeder Folge ausgewechselt und nun von einer Frau in den Endzwanzigern übernommen wurde, hatte seine Nervosität zuerst nicht registriert, doch kurz darauf, als er in panische Konvulsionen ausbrach, merkte man beiden an, wie wenig sie jeweils dem Gaukelspiel gewachsen waren, das betretene Gemurmel in der Menge, als Bestätigung meiner Vermutung, zauberte mir indes ein höhnisches Grinsen auf meine Lippen. Zum ersten Mal war auch ich gespannt, während die Menge zwischen der Spekulation von technischen und schlimmeren Störungen, welche letzteren auszudenken sie am liebsten anderen überlassen hätte, schwankte.

Die sich abzeichnende Katastrophe endete schließlich damit, dass der Verzweifelte auf die ihn gerichteten Aufzeichnungsgeräte, also auf uns, losstürmte, plötzlich ein Teppichmesser umklammert hielt und, indes die erbebende Übertragung den Schnitt erahnen ließ, dasselbe in seine Kehle rammte. Sein Split war kurz darauf erloschen, die Frau beherrschte nun allein den öffentlichen Schirm, den sie mit ihrem tränenüberströmten und hilferufenden Gesicht ausfüllte – und ich lachte in mich hinein.

Unweit von mir hörte ich jemand rufen: »Versucht euer Glück das nächste Mal mit Emotionen, die weder beim Publikum noch bei euren unfähigen Mitarbeitern vorhanden sind!« Konnte es sein? Diese Stimme kannte ich …

Ich zwängte mich durch die gelichtete Menge, die nach wie vor schwierig zu durchqueren war, was am entsetzten Publikum lag, das nicht so recht wusste, ob es den Platz räumen oder sich dazu durchringen soll, das Vorgefallene als Teil des Programms zu sehen. Ich spürte, wie mir jemand an die Schulter griff. Drei Köpfe tiefer blickte ich in die heiteren Augen einer alten Dame, sie entblößte schiefe, unschöne Zähne, die dem sympathischen Gesamtbild keinen Abbruch taten, da ich nie so viel Frische, gepaart mit reiner Glückseligkeit, in so bejahrten Zügen sah. »Junger Mann, ich habe Sie beobachtet. Warum empfanden Sie Freude über das Gezeigte?«

»Nun, ich«, begann ich stammelnd, »es bewies mir einfach«, schon entschlossener, »die Stumpfheit der Konsumenten. Ich habe diese Art von Realityshow noch nie gesehen. Aber sie zeigt, was geschieht, wenn der Versuch gemacht wird, zwei kontrahierende emotionale Phänomene einander anzunähern.«

»Meinen Sie nicht, sie zu versöhnen?«

»Wie kann man nur daran denken, die Einzigartigkeit, die nie zu ergründenden Tiefen des Individuums als kollektives Unterhaltungsmedium in Szene zu setzen. ›Ich gebe dir, du gibst mir‹ ist auf diesem Feld ein zu hochgestecktes, weil unbegriffenes Ziel; wir sehen, wohin die Reise geht.«

»Haben Sie vorher schon mal einer dieser PA's beigewohnt?«

»PA?«

»Public Analytics. Die Firma, der man als erste den Fund dieser Goldgrube zugutehalten muss, hatte solchen Erfolg mit dem innovativen Konzept, dass sie, freilich mithilfe ausschöpfender PR-Arbeit, reihenweise Gäste an Land zog, die sich bereit erklärten, an einer Soap teilzunehmen, die sich den Spagat zwischen seichter Nachmittagsunterhaltung und persönlichkeitsrechtlicher Schutzbarrieren zutraute.«

»Was ist denn daran neu?«, fragte ich etwas überheblich.

Sie wurde dringlicher: »Die Annahme, man könne seine eigenen Geheimnisse öffentlich ausstülpen, statt Geld für den Doktor auszugeben, Geld gewinnen und damit den armen Leidensgenossen, die zu Hause vor dem Fernseher sitzen, nicht nur am Schmerz teilhaben, sondern sie gleichsam ansatzweise therapieren zu lassen, fand viele Freunde, darunter befindet sich leider auch mein Sohn.«

Sie senkte den Blick. Ich sah aber, dass derselbe sich keineswegs trübte, sie also über etwas, wie auch ich, hinweggekommen war, das nachträglich ihr Gemüt narrte. »Oh, er hat sich nicht ausquetschen lassen. Er spielte den falschen Doktor. Er kündigte seine Stelle, als er dahinterkam, welche unvorhersehbaren Reaktionen man nicht nur bei den Gästen, beim Publikum – nein, auch bei sich selbst damit auslösen konnte.

Glauben Sie mir, was gerade eben passierte, ist anderswo mit viel weniger Empörung aufgenommen worden. Ich bin Zeugin der Geschmacklosigkeit geworden, wie während der ›Betreuung‹ eines Waisenkindes Wetten abgeschlossen wurden, was aus ihm werden würde, sobald der Anstellungsvertrag erlösche und das Kind wieder in sein gewohntes Gewaltmilieu zurückkehrte. Der weltweite Informationsaustausch – Gott sei Dank, dass ich in diesen Zeitzug nicht eingestiegen bin – erleichterte den Entertainerfritzen die *legale* Verbreitung intimer Daten. Der nächste Schritt war, die Popularität des Konzepts weiter auszuloten, geschäftliche Interessen hielten dabei die Front; die Folge war, dass der anfangs so ehrwürdige Wille, persönliche Quälereien im Arm der Öffentlichkeit auszubaden, zu Industriezwecken verkümmerte ...

Und ich, ich hegte die blinde Hoffnung, in diesem Medium wäre die Ankunft eines neuzeitlichen Messias zu entdecken; die Einbringung ins öffentliche Leben bei gleichzeitiger Diskretion schien mir die Bewahrheitung des Evangeliums zu sein … Sein Reich komme …« Sie seufzte wie unter dem Vernebelungsgift eines vagen Traumes. Mit einem Ohr hing ich der in ihrem vorwurfsvollen Brüllen nicht nachlassenden weiblichen Stimme aus der wabernden Menge nach.

»Haben Sie denn je geglaubt, Public Analytics wären mit Public ‚Opinion‘ vereinbar? Psychiatrische Gutachten besitzen so viel Wahrheit, als ein Groschenroman Aussicht hat, den Literaturnobelpreis zu gewinnen.« Diesmal gab ich meiner Stimme einen freundlicheren Ton, gleichzeitig ging mir auf, wie das Alter trotz der vielfältigen Erfahrung letztendlich nur gefügig macht, den Glauben an dieses oder jenes System erweckt, zur Erstarkung bringt.

»Apropos Groschenroman. Sie können wohl hellsehen, junger Mann … denn eine Lehre ist wohl noch daraus zu ziehen«, versetzte sie mit wiedergewonnener Überzeugung. »Heute arbeitet mein Sohn als Pulpautor für digitale Heftromane. Er kennt seine Leserschaft; sie suchen im wirklichen Leben verzweifelt das Happy End, das ist der Grund, warum sie es in Fiktion umso eher begehren. Dann stellte er sich folgende Frage: Was kann der Verächter dieser literarischen Unterstufe, der hochsinnige Leser, von der leicht verdaulichen Lektüre lernen, und umgekehrt, wann, wie und woran erkennt der Schundliebhaber in seinem Heile-Welt-Szenario die Überschneidung zum Esprit? Beide trögen hinter ihrer Stirn die Elemente wahrer Begebnisse, mag es das kurze Aufflackern platter Schemata im Bildungsroman sein, oder der fortschrittlich denkende Leser, der am Ende einer linearen Erzählung seinen Wissensdurst ungestillt vorfindet und banale Geistesstränge in komplexe Verwicklungen mit Störfaktor ausarbeitet.

Er, der Schundautor, sein Leben und seine Gesinnung, trägt Verantwortung für seine Figuren, das Rollenregister erlischt niemals, jedes im Geist geschaffene Leben stößt über kurz oder lang auf den Arm unabhängiger Verwaltung.«

»Also keine Läuterung, selbst nach dem Branchewechsel?«
Es war zu spät. In mir hatte sich eine Wandlung vollzogen, die
mein Verhalten prägte. Noch vor einiger Zeit hätte jeder in mir
einen braven, zuvorkommenden Gesprächspartner gefunden …
Die Dame führte, erhaben über meine Forschheit hinweg-
schreitend, ihre Geschichte aus: »Als einer seiner Krimis für das
Fernsehen adaptiert wurde, fuhr er vor Überschwang aus der
Haut. Was er nicht wusste: Der Ernst, den er seiner Arbeit bei-
maß, wurde von seinen Darstellern zu Herzen genommen – und
zwar allzu sehr.

Sie folgten der von ihm unterschätzten, absurden Theatertheorie:
Die übernommene Rolle löscht das eigene Ich, die Sympathie zu
einer fiktiven oder gar historischen Rolle wird zur Notwendig-
keit. Ist das geschehen, fällt jede Entschuldigung weg, die Ver-
körperung ist ein Denkmal, ein jedes dient als Wallfahrtsort seinen
Anhängern, als Schandfleck seinen Antagonisten.«

»Sein Verhängnis?«

»Er wollte seinen früheren Beruf als medizinischer Berater
wieder ergreifen. Naja, falls die Schwankungen in seiner Lauf-
bahn ihm diesen Posten je zur hehren Lebensaufgabe machen
konnten; trotzdem, er sagte mir, er wolle, was er bei den Public
Analytics versündigt hätte, als echter Zuhörer ohne die Augen
der Öffentlichkeit wiedergutmachen. Doch leider … wird er seit
fast einem dreiviertel Jahr vermisst.«

Ich fasste sie zärtlich beim Arm, das jammervolle Frauen-
zimmer auf dem Bildschirm war inzwischen verschwunden, statt
ihrer lief der zuvor in kleine Spalten gebannte Text gut lesbar
aufwärts, von einem Rand bis zum anderen gestreckt.

»Sie sehen, meine Gute, wer zerrüttete Seelen zu heilen ge-
denkt, muss sich zu allererst fragen: ›Was habe *ich* getan, dass
es so weit kommen musste?‹« Unbeholfen sagte ich ihr etwas
Tröstendes zum Abschied, denn jetzt war es an der Zeit, zu der
aufgebrachten Ruferin zu eilen, ehe ihre Zorntiraden erstarben.

»Für Zynismus bin ich zuständig, Schwesterherz.«

Da war sie, Leonie, mein zweiter Schwesternteil, die kaum
Gesehene, um die Welt reisende Sucherin, ach, wie ich mich

stets nach ihr sehnte, von den kümmerlichen Erzählungen mir ein Konstrukt der Liebe von ihr geschaffen, beneidete ich sie wiederum für ihre Erhabenheit, hasste sie für den Spott, der sie über die Familie erhob, und sie zu jemanden machte, nach dessen Werten ich glühend strebte. »Oh Alex, wie schön dich zu sehen. Ich bin nur kurz zu Besuch hier. Wie geht es …«

Die Knappheit, mit der sie sprach, war die Bestätigung dessen, wie ich mir den Mensch, den ich mir als Kind aus dünnen Berichten zusammenschusterte, heute als Herangereifter vorstellte; karrierebewusst, an ihrem kontrafamiliären Weg festhaltend. Ich sprach sie auf das Fotoalbum unter ihrem Arm an, das Eis musste schließlich gebrochen werden. Es offenbarte die interessantesten, schönsten und – emanzipiertesten Beweise eines von heimischen Zwängen befreiten Lebens; sie sprach mit solcher Inbrunst von afrikanischen Kindern, mit denen sie kurzzeitig lebte, errötete vor Wehmut, während sie die Tage der Geborgenheit bei einer chinesischen Bauernfamilie beschrieb, weidete sich an der Gastfreundschaft der Indios im Schneeland Nordamerikas. Als die letzten Seiten drankamen, tat sich mir der Schrecken rostender Erinnerungen auf, wenige Schüsse längst vergangener Tage zwischen heimischen Wänden. »Ich sehe Vater und Mutter … Petra, mich, aber … wo bist du?«

Sie schüttelte wie abwehrend den Kopf und schnappte: »Ich war doch fast nie zu Hause, weißt du nicht? Also wirklich, hast du den Geschichten denn nie zugehört?«

»Schwester«, hob ich an mit wachsender Erkenntnis, »dies ist die Stunde deiner Geburt, unsere Eltern schwelgen in Verzückung hier auf dem Spielplatz, die Großmutter wiegt hingebungsvoll in ihren Armen … die engsten, auch ferneren Familienmitglieder herzen ein Wesen … wo bist *du* auf all diesen Bildern.«

»Ach, Bruder«, sagte sie ohne eine Spur von Kümmernis, »ein Narr, wer Frühreife an schulischen Leistungen bemessen haben will. Wurde ich geboren, dann galt dies als Zufall, als wer zu werden ich gewünscht wurde und notwendig werden musste – dies ist die Torheit planender Eltern, wenn der Nachwuchs wird, was sie nicht billigen, sei es auch im stillen Wünschen. Mich der Familienbande zu entreißen bedeutete, im Wettbewerb des Lebens mitzuwirken, ohne mich von Sieg und Niederlage verblenden zu lassen. Als Spermien haben wir unsere nie geborenen Geschwister abgehängt, das war der Kampf des Werdens. Welcher Kampf aber folgt dem des Werdens? Zwischen Veranlagung und erzieherischer Aufbürdung stand ich, einsam, unverstanden – ich brach aus dem Käfig heraus, fasste Fuß im Toben gegensätzlicher Faktoren, die überall auf mich einstürzten. Ach ja, als wir neulich telefonierten, sagtest du, du hättest Mutters Hausschlüssel. Wann wollen wir sie besuchen?«

»Irrtum, sie ist eigensinnig geworden, sie wünscht keine Besucher mehr« Ich log – und wie ich log! Weder meine abschwörende Schwester, noch ich dachten ernsthaft an einen Besuch. Ich äußere hier einen verwerflichen, vielleicht sogar kriminellen Gedanken, den ich bei erstmaliger Veranlassung meiner lebensgeschichtlichen Niederschrift vermutlich mit Anleihen zum Selbstmitleid getan hätte. Heute tue ich es aus reiner Pflicht zur Sachlichkeit, und in diesem Gefühlsansatz verbarg sich wohl die Ähnlichkeit zur großen Schwester, die mit vielen Namen zu benennen wäre – nur nicht mit Seelenverwandtschaft.

Seit ungefähr einer Minute stimulierte meinen Oberschenkel dieses Vibrieren. Erst spät ging mir auf, dass jemand vergeblich versuchte, mich anzurufen. Eine Kurzmitteilung war beigefügt. Richard, so hatte ich meinen Freund (?), Arzt (?) gespeichert, der mich in aufgeregten Worten bat, ja zwang, ihn in seiner Praxis aufzusuchen.

Der nächste stillschweigende Abschiedsübergang betrifft meine Schwester, der, sofern man einen Abschied, sonderlich in Familienkreisen, stets gefühlsbetont abzuhalten pflegt, dem entgegenging, und den ich deshalb, meine Schwester nicht minder als ich, ohne Nennenswertes einleitete, beziehungsweise vollbrachte.

So machte ich mich auf den Weg zur wohlvertrauten Praxis, die nie den Sinn barg, den man sich gewöhnlich darunter vorstellt. Nur ein Erwähnenswertes möchte ich anfügen, ehe ich in jene Straße einbog, die mich Schritt für Schritt meinem therapeutischen Erfolg näherbrachte.

Eines dürfte klar sein: Je dichter die Pendler auf den Straßen, umso phantomhafter ihr Verhalten zueinander, kein Fühlen, kein Sehen – kein nachbarschaftlicher Wille; wenn zum Fachgebiet von Demografen und Ökonomisten gehört, sie in Register zu stecken und statistisch aufzuwiegen, dann gehört es zu meinem Fachgebiet, den Schwund ihrer Wärme zu erfassen.

Ich stieß an eine Menschentraube, die sich überwiegend aus Schaulustigen zusammensetzte, Presseleute und Sicherheitsbeamte gebärdeten sich, als es mich dorthin zog, fast wie Clowns in der Manege. Letztere waren über einen Klapptisch mit Videomaterial gebeugt, ich erkannte auch drei Herren in Anzügen, die sich, nach Art ihrer Reden, als Anwälte kundtaten.

Um mich nicht länger in meiner Unwissenheit gefallen zu lassen, fragte ich meinen Nachbar, worum es bei dieser hitzigen Diskussion, aus der ich nicht mehr als Paragrafenwürfe und rechtliche Drohgebärden heraushörte, eigentlich ginge.

Er erklärte mir weidlich belustigt, dass sich in der U-Bahn vor zwei Tagen ein tödlicher Überfall auf ein Pärchen ereignet hätte, dass die Überwachungsanlagen ihn haarscharf dokumentiert hätten und auch die Täter einwandfrei zu identifizieren seien. Dass dieses Beweismittel letztlich aber keinen Pfifferling wert sei, da das neue umstrittene Personenschutzgesetz keine aus öffentlichen Quellen gewonnenen Informationen für strafrechtliche Verfolgung zuließe. Ich lachte in mich hinein, wie mein Nachbar, den ich befragte. Als ich mich zum Gehen umwandte, fügte er hastig hinzu, dies sei dem Einfluss der Therapiemogule zu verdanken.

Vor mir lag sie. Wie lange es her war, wie lange mein neues Ich brauchte, um die alte, nutzlose Haut abzuwerfen – ich weiß es nicht. Eines nur wusste ich: Der da drinnen auf mich wartete, tat fühlbar wenig dafür!

Der Laternenmast neben der Eingangspforte lenkte meine Aufmerksamkeit auf sich, von den gewöhnlichen, themenvariierten Stickeranbringungen hob sich eine merklich ab. Es sah aus wie eine Comiczeichnung, der Sinn war sofort erkennbar; Patient und Therapeut sitzen entspannt im Behandlungszimmer, beiden ist absolute innere Ruhe anzusehen, während der Blick aus dem

Fenster im Hintergrund eine öde, knochenübersäte Straßenszene zeigt, am Himmel schwirren Bombenflugzeuge, Jung und Alt, Menschen aller Stände in heller Verzweiflung bangen um ihr Leben, Blut quillt aus den Kanaldeckeln.

In der Sprechblase des Doktors stand Folgendes: ›Denken Sie daran: Sie allein bestimmen, was Sie aus Ihrem Leben machen. Ihnen steht alles offen. Schmieden Sie Ihr Glück, rufen Sie allen selbstbewusst zu: ›Auch ich habe eine Stimme!‹, wenn Sie in die weite Welt hinausgehen.‹

Oh hätte mir Schöneres widerfahren können! Das Lachen, mir stets so uneigen, kitzelte nicht allein mein Zwerchfell, es durchlief mich vom Scheitel bis zur Sohle, es schaltete etwas in mir um, dessen Wesen sich nur schwer beschreiben ließ.

Ich war bereit, meinem Freund (?), Arzt (?) entgegenzutreten.

Es war ein Leichtes, in sein abgezehrtes Gesicht zu schauen, wie er hinterm Arbeitstisch saß, zusammengesunken und schwach, der Aktenschrank in der linken Ecke ausgeplündert, sein Inhalt über den indischen Teppichboden verteilt; dabei hatte sich seine Hand an der linken Tischkante festgeklammert, es hatte den Anschein, als wäre er bei dem Versuch gescheitert, die gesuchte Akte herauszugreifen und wohlerhalten zum Tisch zurückzukehren.

»Hallo, Doktor.« Meine Stimme klang kalt, soweit ich das beurteilen kann.

Langsam hob er den Kopf, kleine, gebrochene Augen nahmen mich befriedigt wahr, ein Mund, zum Sprechen geöffnet, rang um das höfliche Lächeln aus vergangenen Tagen, heute war es nur ein krankes, unwirkliches Abbild desselben.

»Willkommen zurück, Alex.« Er hatte in die Wirklichkeit zurückgefunden.

»Der entscheidende Augenblick ist gekommen. Ich habe meine Prüfung absolviert, das Ergebnis steht fest … ich erwarte ihre Rückmeldung. Zwischen uns gab es viele Missverständnisse, nicht wahr, Alex? Ich gefiel mir nie in meiner Rolle des Besserwissers, so wenig wie Sie sich in der Rolle des armen Hilfesuchenden.«

»Das Leben geht weiter.«

»Für Sie? Oder für mich?« Es war nicht sein Erscheinungsbild, es war die dünne, gleichgültige Stimme, die wie in den Körper dieses Menschen eingezogen wirkte und diesen nicht veränderte, sondern etwas hervorkehrte, das lange in ihm geschlummert hatte; wenngleich mich sein entsetzlich bleicher Blick nicht ängstigen konnte, so erkannte ich immerhin die Lüge, die er seit dem Tag unserer Bekanntschaft schlecht zu verhehlen vermochte – oder ihm egal war. Wir hatten uns beide auf ein und dasselbe Niveau erhoben, zum ersten Mal nach all den erschöpfenden Sitzungen standen wir auf Augenhöhe … doch er schien mir noch eine Kleinigkeit vorauszuhaben.

»Haben Sie nun den exquisiten Bissen meiner Welt gekostet, Maharesk?«, fragte ich ihn herausfordernd. »Auf dem Weg zu Ihnen haben mir viele Dinge die endgültige Bewusstseinsklärung erteilt. Wenn Sie mir nach wie vor erzählen wollen, dass Ihr im kleinen Maßstab begonnenes Projekt klein und bescheiden geblieben ist, sind Sie armseliger, als ich dachte.«

»Aber so ist es.« Er versuchte ernst zu wirken. »Wenn ein Psychologe«, hob ich kämpferisch an, »es tatsächlich schafft, den Überwachungsstaat zu verlegener Selbstkritik zu bewegen, dann ist das Paradies zur Erde niedergestiegen. Wenn es ihm gelingt, Schuld zu gleichen Teilen bei Individuum und Gesellschaft zu suchen, sodass diese in jenem ihren hoffnungsvollen Sprössling haben und jener in dieser auf den unterstützenden Liebesinstinkt der Mutter bauen darf, dann hätten wir einen Zustand erreicht, der dem Wunschtraum diverser Propheten gliche.«

»Die Abweichenden und ihr unlöschbares Erbgut werden auch aus dem Utopia der Propheten verbannt. Würden Sie denn nach ihren Regeln spielen wollen? Was wäre neu im Vergleich zu Ihrem jetzigen Erdenfristen?« Er keuchte; sein Elend war meine Weide.

»Richard, was ist der Preis meines Vertrauens, das ich Ihnen so lange entgegenbrachte? Warum verschweigen Sie mir Ihre wahre Funktion?«

Unterdessen hatte er sich zurückgelehnt, noch immer schimmerten ungesunde Farben auf seinem Gesicht, und ich löste mich aus meiner Versteinerung, lediglich um näher an ihn heranzutreten.

»Auch ich«, begann er heiser, »hatte eine Kindheit, Alex. Es wäre nicht richtig gewesen, Sie in die Obhut eines überstudierten Therapeuten zu übergeben. Was hätte er ausgraben können? Seine Qualifikationen wären in akademischer Beschränktheit verfestigt geblieben, Symptome neutralisieren, statt zur Wurzel vorzudringen ... dieses Dilemma, glauben Sie mir, sucht jeden Analytiker heim – sofern er sich zur letzten Prüfung seines Handwerks überwindet.«

Mehrere Male blähten sich seine Wangen, täuschten Husten vor, ehe er fortfuhr: »Wenn Erkenntnis der erste Schritt zur Genesung ist, habe ich richtig gehandelt.«

»Was heißt das?«

»Mitleidige Regungen gestatten, wenn sie in meiner Psyche Furchen gezogen haben. Das schärft die Authentizität.«

»Können Sie heute Mitgefühl für mich zeigen ... wie einst ... so herzhaft ...?«

Er grinste, als wolle er mich verhöhnen ... ehrlich gesagt, ersehnte ich diese Vorantwort, denn ich sah die erfolgreiche Entwicklung, auf seiner wie auf meiner Seite. »Weder mich noch Sie ... auch nicht den Rest der Welt lasse ich an dem teilhaben, was nur im Entferntesten mit Liebe gleichzusetzen wäre. Mein beruflicher Zweck – war Teil eines persönlichen Lebenswerks. Und das Ihre? Sie waren immer ein umsichtiger Bursche, Alex, doch es ist Ihr Verhängnis als ›Systemkranker‹, dass Ihre Reflexionen als Wahnsinn in den verstaubten Akten der Geschichte verschwinden.« Er ergriff blindlings einige Blätter Papiers, erhob sie zur Schau. »Ich glaube, Sie nannten es einst Mehrheitswahn. Im Schmerz-Spiegel? Oder war's der Rechtsspalter? Die Tabugelehrten? HA! Aber Sie haben recht. Wahnsinn kann Politik machen, er braucht dazu nur den sicheren Unterbau der Majorität. Da Sie – Ihre armen Freunde, sonderlich dieser rätselhafte Hamohn eingeschlossen – mit Ihrem Wahnsinn allein dastehen, wird Ihr Fall bestenfalls für epochale Vergleichsbeispiele herangezogen werden. Aber der kleine Wahnsinnige muss sich ja unbedingt über die großen zum Erlöser aufspielen.«

»Wer sind Ihre Hintermänner?« Ich wurde drängender.

Er sank vornüber auf den Tisch, wie ich ihn schon beim Eintritt vorgefunden hatte. Ein flüchtiger Gedanke an Rechenschaft löste meine schließgeneigten Lippen, um den offensichtlichen Irrtum zu beheben, dessen Beantwortung mir nie sonderlich wichtig erschienen war – der aber aus Späterem sich wie das fehlende Puzzlestück in das Gefüge von Leid und Hilfe ins Verlies des Unterbewusstseins hinabtastet.

»Denken Sie tatsächlich, ich sei der Urheber jener Briefe?«

Die Antwort blieb aus.

»Wenn ich je einen Freund hatte, war es ein Gespenst, die Findung eines zerfressenen Außenseiters, sei es nur seine Hinterlassenschaft, ist mein einziger Trost. Durch Sie lernte ich das Hoffen; als wir uns das erste Mal in der Hip-Fruits begegneten, erblühte mir von Neuem mein Glaube an des Menschen Einfühlsamkeit und ihrer Verantwortung.

Aber wissen Sie was? Auf dem Weg hierher grauste mich die Jammererscheinung eines Junkies, wenig später fiel mich die wohl aufschlussreichste Eingebung an, die je meinen Verstand erhellte. Die Gesellschaft ist ebendieser Junkie, seine verderbliche Nadel bringt ihm unbewusst den Selbstmord auf Raten. Und mich, mich zwingt dieser Kranke zu seiner Symbiose, als therapiertes Teilstück soll ich wissentlich an seinem Organismus dahinsiechen.«

Maharesk röchelte furchtbar, es zwang mich, ihn an der Schulter zu berühren, aus dem Anliegen, ihm die Antwort abzuheischen, nicht aus Mitleid. Mit erheblich leiserer und fieberschwacher Stimme sagte er, den Kopf schwerfällig zur Seite gedreht: »Ich habe meinen Part gespielt. Und wann … wann gewinnen Sie?«

Er verstummte. Nach einiger Zeit fühlte ich seinen Puls, mir wurde klar, er würde nie wieder mit mir sprechen, dass ich mit dem erkaltenden Gelenk das tragikomödiantische Ende einer oberflächlich tief dringenden Beziehung umschlossen hielt.

Mein Blick kreiste in jenem Zimmer, das den entscheidensten Teil meines Leben bildete; es lag in der Luft, die Einrichtungsgegenstände gaben genug Aufschluss über Maharesks letzten Atemzüge, denn nicht allein sein Aktenschrank war chaotisiert, wie ich mich jetzt, da der Tote meine Aufmerksamkeit eingebüßt hatte, eingehender mit dem Raum befasste, sondern scheinbar alles, was nicht niet- und nagelfest war, lag mir verstreut zu Füßen; freilich hätte ich mich ihm wieder nähern, unter dem Druck seiner faulenden Stirn jene Papierfragmente zusammensuchen können, ehe sie vom Speichel- und Blutgemisch unleserlich würden. Stattdessen stolperte ich in das Waschzimmer. Die Kenner meines früheren Berichts werden wissen, wie sehr mich dasselbe beunruhigt hatte. Sie werden nie erfahren, warum, auf ewig soll es ihnen in Zusammenhang mit den epochalen Umschwüngen Rätsel bleiben, da ich die vorliegende Niederschrift noch vor meinem Tode vernichten werde, sie dient mir allein zur Bewältigung meiner seelischen Geschwüre.

Jene Umrisse, die den Erkenner an eine vermauerte Tür gemahnten – waren weg. Ein Durchgang lag nun frei, wie es ihn wohl früher schon gegeben haben mag, und ich, unter regen Abschlägen von Neugierde und Furcht, beschritt vorsichtig die ›andere Seite‹ der Praxis.

Ich kam mir wie im Traume vor, als ich das wie im Echo verklingende Knarren unter meinen Schritten vernahm, als meine Augen von dunklen bis höllisch glühenden Farbtönen genarrt wurden, als ich bereits tief in den verschlungenen Gängen eines Labyrinths irrte, ohne meine Flucht geplant zu haben, und mich endlich in einem mit schweren Ketten verhangenen Raum wiederfand.

Wiewohl mein Eindringen, so beruhigte ich mich, ein Fortkommen, den erfolgreichen zweiten Anlauf bezeichnete, den mir mein ›Gastgeber‹, würde es einen gegeben haben, sicherlich anerkennend vergolten hätte, sei es noch so widerwillig.

Der wache und der schlaftrunkene Geist. Wie oft gibt es ein Gelingen bei dem Versuch, die Geheimnisse des Wachzustands, des seichten, und die der Trance, der neckend wissenden, zu einen? So war ich mit Ahnungen beladen, wie im Traume, während die rohen Kulissen des Wachens dem Reisenden den Schlüssel zu den Hintergründen zu entwenden sich bemühen, wo ihr ernüchternder Ruf, ›das ist nur ein Traum‹, seinen Sinn für Ursprünge in Finsternis hüllen.

Als ich die Silhouette der schwarzen Figur erspähte, war ich in diesem Bewusstsein gestärkt, den ich erbaulichen Fatalismus heiße. »Ist da wer gekommen, um sich richten zu lassen?«

Das Wesen saß mit untergeschlagenen Beinen auf den Metallplanken, umringt von Papierfetzen und ähnlichen Quadern, ich hatte Mühe, ihm entgegenzutreten, während ich die langen Ketten aus der Sicht strich.

»Ich flüchte die Vielsamkeit. Drum findest du mich in den letzten wonnigen Zufluchtsstätten. Tust du nicht auch so, alter Freund?«

Ich brachte zunächst kein Wort hervor, zu übermächtig war die Überraschung, mit ihr die stumme Freude, Konstantin in diesem gruftigen Versteck anzutreffen.

»Ach Konstie, wird unsere Freundschaft hier auf eine weitere Probe gestellt? Ist es das, was mich hier erwartet, wonach du gestrebt hast, seit du mich einst in der Schneewüste zurückließest?«

Langsam erhob er sich, hintergründig klirrten bisweilen die schwankenden Ketten, wie von einem Todeswind umweht, indes er, der Großgewordene, seinem Freund aus Kindheitstagen die Lehre zu erteilen schien, welche den schlummernden Hass in dessen Brust in Liebe umwandeln wollte. Vermochte ich tatsächlich nicht, eine Jungendummheit aus dunklen Tagen des Lebensfrühlings zu vergeben?

»Alter Freund«, hob er sinnend an, »wie könnte man ein Charakterprofil, geschweige denn die Qualität seiner Intelligenz, auf Dauer gewertet wissen! Hat die Prominenz ihr Verdienst durch geistiges Schaffen einer Periode erworben, so bleibt ihr Ansehen in der Bevölkerung, würde sie auch in die Nervenklinik eingeliefert. Was sie an Prestige zeitigt, wiegt doppelt, einmal was sie geleistet hat, zum anderen, was sie *ist*. Dass sie nach dem Schicksalsschlag ihre Talente nie wieder, wie zu Glanzzeiten, umgarnt vorfinden und gebrauchen können wird, tut der Meinung der Bewunderer keinen Abbruch. – Weit abseits sodann …

Da liegen wir, der verworfene Rest, schmerzgekrümmt, winselnd, manchen liegt der Neid, andern der Hass mehr; doch gleich geschaffen sind wir, weniger an Persönlichkeit, weit mehr am Wertmaßstab unserer kranken Herren. – So sind wir Leidgeschaffene.«

»Du irrst, alter Knabe. Oft fragte ich nach dem Warum, dass der aktive Werktätige unter dem Schmetterregen der Kritik dieselbe zu ertragen hat, weil sie gesundheitsrechtlich gerechtfertigt ist; aber ist derselbe Mensch in der Heilanstalt und werkelt dort an seinen künstlerischen Einfällen, so unterstützt man ihn, die Mühsal seines *irrigen* Schaffens wird ihm wohlwollend angerechnet. Dies mag heißen: Die Nerven müssen erst in der sogenannten Freiheit scheitern, will der Betrag des Verarbeitungswunsches landläufig auf Akzeptanz stoßen. Aber *dein* Werk, alter Knabe, besteht aus denselben Knochen wie das meine – du bist die niederdrückende Körpermasse, die mein Fuß zu tragen hat.«

»Zwar waren wir«, seine kalten Augen blitzten, »im selben Kreis der Leidenden, doch hast du kein Recht, meine Buße dieser Orten zu besudeln. Sie geschieht immerhin DEINETWEGEN.«

»In deiner *wonnigen* Zufluchtsstätte?« Tat er denn seine Schuldigkeit aus Verbrechen … oder Krankheit?

»Schau«, verwies er, »rings um dir schweben die Mittler meiner Suizidversuche. Und du wagst an meiner Verantwortlichkeit zu zweifeln!«

»Nun, also sind wir beide nachtragend – und tragen jeweils unseren Teil der Bewältigung.«

»Da ist noch mehr.« Er sammelte die Papierfetzen vom Boden auf, warf sie mir wahllos hin. Es waren zum Teil umrahmte Fotografien aus Richards Büro, an die ich mich erinnerte, darunter auch Familienbilder aus Konstantins Kindheit, ich erkannte auf ihnen seine Eltern. Aber etwas fehlte … das Wesentliche … er selbst. Auf jenen aus Richards Leben glaubte ich unter anderem seine Kollegen aus den Gruppensitzungen wiederzuerkennen. Feierlich verharrten sie aufgereiht irgendwo am Treppenfuß vor der Fassade einer Universität … ohne *ihn*.

»Du siehst, auch dein Arzt wollte zum Mythos werden. Der Patient ist dem Doktor die Quelle der Weisheit … Denke ja nicht, meine Seele wäre frei von Schädigungen, meine Schuld an dir ist nur das Sandkörnchen aus dem Sack, den ich seitdem auf den

Schultern daher schleppe. Nachdem ich dich einst in der Kälte-
hölle zurückließ, wandelte sich das Verhalten meiner Nächsten; mit
Ironie behandelte man mich daheim wie den die Tiefe seiner Tat
nicht begreifenden Verräter und Mörder, Moralisieren erhielt eine
perverse häusliche Definition, ich hatte wirklich angenommen,
du seist umgekommen. Bald zernagte mich der Schuldwahn,
noch Jahre danach las die Mutter mir am Frühstückstisch aus dem
Morgenblatt die Ermittlungschronik vor, dass man auf blutbe-
sudelte Kleidungsstücke gestoßen sei, bald einen verwesten Arm
im Unterholz gefunden, hernach der Fluss im Sommer den da-
rin spielenden Jungen vermoderte Knochen an die Leiber gespült
habe. Wie mein Körper wuchs, so schrumpfte mein Inneres zu-
sammen.« Er schlang sich eine seiner Agonieketten um den Hals
und sagte hohnlachend: »Deine Zeit ist noch nicht gekommen,
dass sie hier endete. Aber dies eine vertraue ich dir an, damit
du nicht glaubst, ich sei der Einzige, der am Mord deiner Seele
Buße tut. Die neuste Mode ist ein Schalgewinde, es ähnelt dem
Galgenstrick. Schau genau hin, wenn du wieder die Straße be-
trittst. Ihre Träger tragen ihre Schuld an dir ab.«

»Du bist ein verrückter Hund!«, schrie ich. Unwillkürlich kam
mir der Gedanke an Vancousies Varietéempfehlung, die ›End-
zeitmode‹; dennoch weigerte ich mich beharrlich, einen Zu-
sammenhang zu sehen. »Wie leichtfertig unterzeichnet jeder sein
Todesurteil«, lachte er weiter, »man muss es ihnen nicht einmal
vorhalten – sie reißen es dir förmlich aus der Hand.«

»Das gilt auch dir«, gestand ich ihm, »eine Zeit lang warst du
Teil jenes Gesindels, welches ich zum Teufel wünschte, weil es
mich auf dem Schulhof schikanierte, auch mal Prügel austeilte.
Was euresgleichen scheinbar nie ergründen wird, ist, wenn der
Gemobbte einst seine Kräfte zum Gegenschlag sammelt, ihr in
eurer Verblendung, er sei hierzu seiner Opferrolle wegen nicht
berechtigt, mit einem gewaltigen Plus an Wut und Rache über
ihn umso härter herfallt. Aber ist seine Kraft wirklich gesammelt,
kann er eurem grausamen Tun wahrlich ein Ende setzen. Ich hätte
stets morden können, wofür ihr zu feige wart, die Welt in Ver-
dammnis ertränken – dies ist mein Stein der Weisheit.«

»Als ich einst«, versetzte er ruhig, wobei ich eine zerknirschte Wandlung auf seinem knochigen Gesicht wahrzunehmen glaubte, »mit der Mutter nach der Schule in den Straßen lustwandelte, kamen wir auf den Kirchhof, da spähte ich furchtsam zu den Reliefs am Tor des Seitenschiffs, das in die äußerste Gassenecke vorstieß, wo der Verkehr ruhiger fließt. Der Schrecken ob der Totenköpfe ließ mich an die Mutter die Frage richten, weshalb an einem geweihten Ort solch dämonische Gestalten sind. Ihre Antwort gab mir seitdem zu denken, sie meinte, dieselben hätten den Zweck, das Böse von dem Ort fernzuhalten. Erwarte von meinen Taten also keine durchgehende Rechenschaft, denn sind die höchsten Vertreter des Guten nicht imstande, ihre Widersprüche zu lösen, weshalb sollte ich es dann vermögen. Mag sein, ich habe das Reine an dir, der du stets friedliebend warst, geschädigt, mit Boshaftigkeit, heute jedoch, statt Gleiches mit Gleichem zu vergelten, ist es unser beider Pflicht, das Kind im Manne in seiner notwendigen Blüte zu betrachten, jeder auf seine Weise.«

Hinter mir hörte ich Stimmen und heftige Schritte. Als ich herumfuhr, sah ich eine kleine Gruppe von Männern in weißen Kitteln am anderen Ende des Raumes stehen. »Alexander Fellwer. Kommen Sie mit.« Ihre Gangart und der Befehlston gaben mir einen Ruck; ich stürmte durch den Kettenwald, wodurch ich mir am Kopf viele Schmerzen zuzog – der Adrenalinschub befreite mich davon schon bald.

Ab hier begann eine Hetzjagd durch finstere Korridore, die in ein verschachteltes, unterirdisches System angelegt zu sein schienen. Meine Häscher waren zwar leichthin abzuschütteln, meine Sorge galt daher vielmehr der Verirrung, denn kam ich um eine Ecke geflitzt, tat sich mir ein Gang auf, dessen Ende selbst bei hinreichendem Kellerlampenlicht, stumm verwoben an der Längswand, unabsehbar war.

Irgendwann stieg ich in den Zweipersonenfahrstuhl.

Er hob mich in ein Hochhaus empor, wie ich spürte, worin ich in einen Büroraum blickte – der Fensteraussicht nach muss es etwa das achte Stockwerk gewesen sein –, der dergestalt verwüstet vor mir lag, dass das ironische Graffito an der Fensterscheibe gerade zur Bestätigung gereichte. Es sagte in etwa: ›Die jenseitige Verdammnis beginnt als Stück der irdischen Dystopie‹.

Ehe sich die Fahrstuhltür schloss, sah ich regungslose Körper unter den zerworfenen Gegenständen hingestreckt. Der Fahrstuhl schien einen Automatismus zu besitzen, ich aber ließ mich für eine Weile seiner Macht unterordnen. Der nächste Stock, als die Tür langsam aufglitt, damit das spärliche Licht in den Raum einfallen konnte, war sorgfältig eingerichtet; von den Rechnern über die Schreibtische bis hin zu den Abfallbehältern und den Aktenschränken in der Ecke schien es der verlassene Musterarbeitsplatz zu sein, der tags darauf von Neuem von seinen fleißigen Drohnen verwaltet würde.

Erneut kommentierte ein zerflossenes Graffito: ›Irdische Tugend ist keine Garantie für jenseitige Verdienste‹.

Wieder schwebte ich höher.

Ich erblickte zwei Männer am Fenster, die sich mir langsam zuwandten. Der linke war überdurchschnittlich groß, mit dunklem, welligem Haar, über die Schultern war eine rote Kunstfaserjacke gezogen, sein Blick war kühl, als er auf mir ruhte.

Der zweite … Oh Erinnerungen, so grausam und doch so schicksalhaft. In den eingefallenen Zügen, in deren Mitte diese stechend scharfen Augen mich wie glühende Kohlen erfassten, erkannte ich Hamohn, den selbst ernannten ›Irrläufer‹, meinen Erretter aus Konstantins Schandtat. »Es ist erwiesen, Alex«, rief er sichtlich berückt. »Ich bin nicht der Verfasser der Phantombriefe.«

Der Mann neben ihm nickte. Dann sagte derselbe trocken: »Bevor die Anstalt an der 208. Ausfahrtstraße saniert wurde, fanden daselbst archäologische Ausgrabungen statt. Es wurden viele Schriften geborgen, die meisten datierte man auf das 19. Jahrhundert, ehe die Arbeiten, teilweise auch ihre akademischen Nachforschungen, per Dekret durch das Kulturzentrum eingestellt werden mussten.

Als die Sicherheitsdefizite der Anstalt öffentlich bekannt wurden, war ihr Freund hier bereits flüchtig, wurde vonseiten der Anstaltsverwaltung aber nie als vermisst gemeldet. In Wahrheit bildeten die Stationsärzte nebst den untergebrachten Patienten eine verschworene Einheit, die von der Außenwelt weitestgehend abgeschirmt ihre eigenen, zunächst internen, von Autoritäts-gebaren völlig befreiten Sozialstrukturen in gleichberechtigter Interkommunikation entfaltete. Als wir das Projekt starteten, wusste mein Team nichts von den internen Geschehnissen dort oben, erst als wir Ihren ›Fall‹ studierten, taten sich allmählich Hinweise auf, die sich auf jenes seltsame Korpus stützten, dessen Anleitungen mittlerweile das Verhalten ganzer Gesellschafts-schichten durchwirken.«

Ich hielt indessen zum zweiten Mal die zugleitende Tür auf, ehe ich beim dritten entschlossen war, sie ihren Willen geschehen zu lassen; Hamohns Herschreiten missfiel mir, es kündete von Besessenheit, abgesehen davon musste ich davon ausgehen, dass die beiden mit meinen Häschern unter einer Decke steckten. Ich las, ehe ich mich in Sicherheit wiegen durfte, von der Glasscheibe diese Worte ab: ›Schreckt dich weder Himmel noch Hölle, saniere wenigstens den irdischen Anteil derselben zu deinen Gunsten.‹ Es ging wieder abwärts – ich bekam Angst, dort herauszukommen, wo ich eingestiegen war, doch ich trat in einen Büroraum, der mich ohne Alternativausgang tiefer in das unterirdische Netz aus finsteren, lang gestreckten Tunneln hineinsog.

Bevor ich erleichtert die Straßenluft in meine Lunge füllte, stieß ich auf einen Türrahmen, dessen andere Seite einen Wasch-raum offenlegte, also dass ich annahm, ich befände mich wieder in Maharesks Praxis. Bald schon wurde mir klar, dass dem nicht so war, soviel stimmte, dass es eine Praxis war, doch auf dem Türfenster des Behandlungszimmers las ich diesen mir bekannt vorkommenden Namen: Prof. Dr. Ruben Benkitt.

Ich schlüpfte aus der scheinbar menschenleeren Niederlassung in das Gängesystem zurück. Der Zugang zur Straße befand sich im ungenutzten Parkhaus des Glücksfangwarenhauses, in einer Nebenabteilung, die durch erhebliche Verbrauchsspuren Zeugnis ablegte vom Vergessen der Menschen, sodass ich mich kopfschüttelnd, dann belustigt fragte, ob sie sich gegenseitig ebenso ausschlachten wie ihre errichteten Gebäude, jetzt und in Zukunft.

Auf der Siegerpromenade – so hatte ich sie im Gedächtnis, doch der zufällige Blick auf das Namensschild wies sie als ›Kämpferallee‹ aus – traf ich auf eine versammelte Gruppe von Passanten, die ihre Hälse nach dem großen Monitor hinter den befächelten Birken emporreckten; diese bewachten unterhalb der Brücke zur Autobahnausfahrt den von Fußgängern wie vergessenen Gehsteig – dies war Kraftfahrzeugrevier – einsam inmitten einer tödlichen Asphaltwelt, also dass mich die Anbringung eines Public-Viewing-Vermittlers (und Exekutiven) hier weidlich befremdete. Doch man schien zu wissen, was man tat.

Neugierig stieß ich meinen zufälligen Nachbar an, wie schon früher, und er sagte mir, es handle sich um die Tiefenanalyse des Mädchens Martha aus der Erfolgsserie mit dem anheimelnden Titel ›Du bist wichtig‹. Ach diese Soaps! Da ich mir nicht zusammenreimen konnte, welches Material von psychiatrischer Relevanz, sollte es das Abbild ihres Milieus widerspiegeln, man aus der Seele eines jungen Mädchens schöpfen will, das im Frühling seines Lebens weilt, drang ich auf weitere Einzelheiten, da kam mir mein Erzähler zuvor und ergänzte, die Serie halte momentan eine Retrospektive ab; heute sei Martha neunundzwanzig.

Dann gab ich mir auf meine dumme Frage selber die einzig mögliche Antwort, nämlich dass das eine mit dem anderen nichts zu tun haben kann. Und dennoch: Das neue Bewusstsein der Mediengilde war insofern bemerkenswert, als sie auf ein Gebiet vorstieß, das aufgrund des zivilisatorischen Kardinalhobbys, des Fernsehens, ein ebenso heikles wie unausschöpfbares Thema auf ihre Agenda setzte und durch ihn – ist man optimistisch genug – auf absehbare Zeit ein Paradigmenwechsel erwartet werden durfte. Ich gehöre nicht zu jenen Glücklichen, aber trotzdem ein nettes Gedankenspiel, nicht?

Wenn ich mein anerzogenes, verantwortungsvolles Bürgergedächtnis bemühte, während ich sah, wie das zarte Kind im bunten Bette der guten Nachtgeschichte der Mutter lauschte … aber stopp! es enthielt keinerlei Stereotypen, nichts notwendig Moralisierendes, sie erzählte von wahren Begebnissen, unmittelbar das Kind betreffende Metaphern.

War dies ein Fortschritt? Heißt man solches *böse* Nacht-geschichte? Sollte der Sinn nicht der sein, das Kind keineswegs zum Narren zu halten, damit es früh genug lerne, woraus sich dieser nette Planet zusammensetzt?

Ob sich frühreife Kinder als solche heranbilden lassen, das schien mir die Frage, und man denke dabei bloß nicht an unter-forderte Einsenschreiber in der Schule, nicht an Klassenüber-springer, und schon gar nicht an deren späteren beruflichen Erfolg, der ihnen wahrscheinlich einen solchen einbringt, der das komplexe Machtgefüge noch fester strafft, aus dem ihren versagenden Schulkameraden das Verderben ihres ökonomischen Käfigs erwächst. Ob den biederen Abfallentsorger mit seinem ehe-maligen Schulkameraden, dem durchtriebenen Finanzmanager, dieselbe Freundschaft verbindet, wie einst, als beide so heiter in kindlicher Sorgenfreiheit ihre jungen Tage hindurchbrachten, hängt wohl vom Wert des Pflichtgefühls für die Bedeutung – und Spielarten – ihres Standes ab.

Dummheit, sozialer Misserfolg erfüllen in Wahrheit die Funktion von Ausgrenzungsmitteln, dumm bedeutet im Grunde einen Mangel an Konformität. (Du weißt nicht, wer oder was er oder das ist? Gott, bist du ungebildet …) Das in sich ruhende Wissen ist verpönt, ihm wird die Urteilsfähigkeit abgesprochen, weil es nur dann als wertvoll angesehen wird, wenn es sich mitteilt, wenn ihm die ›angemessene‹ Qualifikation bescheinigt wurde.

Demnach lässt sich vergleichen, wenn ich von klein auf vom wachsamen Auge der Gesellschaft begleitet werde, indem es bei Momenten möglicher Entwicklungsstörung vorbeugend eingreift, so wäre das Ergebnis, in diesem Fall die neunundzwanzigjährige Martha, der Prototyp einer über sich ständig hinauswachsenden Gesellschaftsordnung, sie würde in lückenloser Zusammenarbeit mit ihren Bildungsträgern, der Familie und den Schulen, die Saat vollendeter Identifikation ihrer Einzelträger, den Bürgern, in alle Lebensbereiche pflanzen.

Wozu dann das gierige Publikum? Exhibitionismus und Voyeurismus sind die neuen Kulturgüter, psychische Durch-leuchtung ist *in*, warum ich diese oder jene Ware kaufe, darauf reagierte einst die Servicegesellschaft, das stellte interessante Profitgebilde in Aussicht, und heute dominiert die Populärwissenschaft der Tiefenpsychologie über die unschuldige Seele als Jahrhundertgeschäft in den Medien – Überwachung, totale Kontrolle als Garanten, Vorreiter einer selbstkritischen Sozialordnung? Darf dies als die Pionierzeit der neuen Verpflichtung angesehen werden, wo deren Hüter und Bewahrer statt der Krankheitssymptome die Ursachen tilgen – mir kam der Gedanke an Maharesk, als er auf seine Kindheit zu sprechen kam, die ihm ähnliche Überlegungen aufgegeben haben mochte. Was auch unternommen wird, es trägt das falsche Bewusstsein. Noch lange wird der schnelle Konsum den Thron für sich beanspruchen. Die Bürger erwarten politische Transparenz, im Gegenzug will der Staat bürgerliche Transparenz. Klingt fair, nicht? Dies äußert sich in den neuesten Filmerscheinungen, der überdimensionalen Palette an Angeboten, deren nie ermüdender Umlauf, in der Sportbegeisterung, während unliebsame, verstörende Gesetze durchgepaukt werden – der Restaurantbesitzer erhält gewohnheitsmäßig Kontrollbesuche vom Gesundheitsamt, es prüft pedantisch seinen Broterwerb, Bürokratenverfahrensweisen aller Ämter hingegen geschehen hinter geschlossenen Türen, der Wähler, ihr Arbeitgeber, hat ihrer Rechtmäßigkeit zu vertrauen, denn dort herrscht Dummheit, hier herrscht Klugheit –, NEIN! Wie lange soll ich bei diesem heuchlerischen Treiben noch mitspielen!

Ich schaute in die Runde, bemerkte insbesondere bei den Jugendlichen die eigentümlich geschlungenen Schale; unweigerlich dachte ich an Konstantins Worte, verscheuchte aber sogleich die fadenscheinige Hypothese aus dem Verstand eines schuldbewussten Asketen, der sich meinetwegen in ein unterirdisches Labyrinth eingeschlossen hatte, und ich nicht dahinterkam, weshalb er mit seinen Selbstmordversuchen sooft gescheitert war; die Einladung massiger Ketten war seine Notdurft der Buße. Hatte er sie Jahr für Jahr angeschafft, so lange er hoffen durfte, mir ein letztes Mal gegenüberzutreten, mir seine Schuld zu gestehen?

Möglich, dass er jetzt schon tot war. Es brachte mich dennoch nicht aus der Ruhe, ich löste mich aus dem Zuschauertum eines

hochmütigen Fernsehprogramms, das die Ernte vor der Saat ein-
bringen wollte und nun damit fortfuhr, aus dem Stück ›Clara, die
Dirne‹, das schon Vancousie mir und Nathan empfohlen hatte, der
größer gewordenen Martha das Verhängnis übereilter Familien-
gründung darzutun, es umriss die Einfalt wolllüstiger Paare, auf
der einen Seite ihre Träume und Pläne, auf der anderen, die un-
durchdringlich wie das Weltall ist, wartete der metaphorische
Sexteufel, den Zuschlagsmoment seiner Zunft witternd. Über-
dies wurden Szenen überforderter Eltern eingeblendet, sie ge-
bärdeten sich wie Furien, schrien, drohten, schlugen nicht selten
auf die Wehrlosen ein; einen tröstenden Anblick darf ich diesen
wohl nennen, war ich doch mit von der Partie, ein durchaus zu-
fälliges Produkt von ungünstigen Zeitumständen, unreife Eltern
zur Linken, die kollektivistische, auf individuelle Bedürfnisse
spuckende Mitzerrgesellschaft zur Rechten. Die unerfahrene
Martha lauschte dem Vortrag der (echten?) Mutter und erlernte
somit früh die Erwägung, was das Leben zu vereinfachen sich
am schicklichsten eignet, der freiseitige Alleingang oder die ab-
soluten Kontrollen spottende Pflanzung von Nachwuchs.

All dies barg den feinen Unterton groß angelegter Rechenschaft,
man wollte glauben, die Eltern würden das Kind um Verzeihung
angehen, dass sie es gezeugt haben. Wohin würde die Reise gehen?
Die meine jedenfalls führte mich fort von den gaffenden Idioten,
vorbei an der riesigen Tafel, die einen Exklusivkurs für Fahrdienste
aller Couleur anbot; es ging unter anderem um die neue, außer-
ordentlich wichtige Lehrgangsfrage: ‚Soll ich der Beerdigung eines
durch mein Verschulden zu Tode Gekommenen beiwohnen?‘ Als
ich es las, brach das Lachen los; wahrlich, ich kann mich nicht ent-
sinnen, ob es die früheren Male genauso ungezügelt gewesen ist …
ich denke: Nein! Es war herrlich, den Krüppel der anbrechenden Ära
auf ungeahntem Territorium wanken zu sehen, wie er dahinkroch
auf allen Vieren, sobald ihn der Schatten hinterm Spiegel ansprang,
sein eigenes Stück Ohnmacht, ihm törichte Fragen abzwingend,
die Gesetz werden, und Antworten gebend, an welchen schon die
nächste törichte Frage haftet, bis endlich die Spirale vervollkommnet
in Hirn und Tat zur Bürgerpflicht erhoben wird.

Nebenan, denn es war eine Zwillingstafel, strahlten mich zwei menschliche Figuren mit sonneheiteren Gesichtern an, die blitzblanken Funkelzähne hätten nicht gewöhnlicher ausfallen können, da überraschte auch die Textzeile nicht weiter, in der es hieß: ›Ich bin Serienmörder geworden, weil ich gerne mit Menschen zusammenarbeite.‹ – während sein *freiwilliges* Opfer, gerade seines Herzes entledigt, seinerseits kommentierte: ›Ich bin froh, meinen Mitmenschen bei ihrer Entfaltung helfen zu können.‹

Meine Heiterkeit schien an ihrem Gipfel angelangt … Da fiel mir die nächste Reklame entgegen …

›Das können Sie selbst tun, wenn Sie einen offenen Sarg haben wollen: …‹ Ich sah offenbar ein und denselben Leichnam in verschiedenen Fäulnisstufen abgebildet, die Umgebung ließ darauf schließen, er sei an einem abgelegenen Ort ›zu Tode gekommen‹ – die Textzeile belehrte darob: ›Laut forensischer Studie zu den ‚beliebtesten Suizidarten‘, sind die ‚Ruheliebenden‘ ihren Hinterbliebenen der größte Dorn im Auge – wir geben Tipps!‹ … Weiter unten, klein gedruckt über dem Impressum:

›Sehen Sie am Montag die ‚unsinnigsten Ranglisten der Welt‘, eine Gegenstrominitiative des Vereins Waghalsiger Substreamisten …‹ – und das alles unter dem prophetischen Slogan: ›Kindergarten – Schule – Arbeit – Exitus? – Das ist kein Muss! Sagen Sie uns Ihre Träume.‹

Mit einem Mal durchschüttelte mich, abgesehen von meinem Amüsement, eine wichtige Frage, die ich neben den jüngsten Publikationen durchaus (noch) mein eigen nennen durfte, war sie doch viel zu beispiellos im Getümmel rascher Entwicklungen und Veränderungen, deren Aura nichts von mir und meinen Bahnen ahnen konnte.

Es ist die Frage nach dem Beruf des Menschen.

Wie viele Berufe sind bereits ausgestorben, wie viele neue, zeitgemäße sitzen in ihren Startlöchern und warten darauf, in eine Welt vorzustoßen, die Einkommensnot mit Berufung verschmilzt, die die lange Tradition der Dorfkneipe in den Schlitten wandlungstätiger Gepflogenheiten setzt, wenn der Urenkel des verklärten Katholiken auf gottlosen Maschinen herumhackt und die Ahnenlinie zwischen Vor- und Nachfahr wie eine verwitterte Schranke im Schlamm der Zeit liegt, wartend auf die verächtlichen Tritte der nächsten Generation von Ignoranten.

Wie, wann entsteht der Berufswunsch? Der meine *Berufung* sein soll! Muss mir nicht erst etwas *zustoßen*, sei es gut oder schlecht, ehe ich mich entscheiden kann, worin ich meine Befriedigung, meinen Geldverdienst und meine Stellung unter Menschensatzungen dauerhaft einniste?

Wenn nun aber dieser Zustoß nicht geschieht? Was, wenn sich ein Durchblick Bahnen schafft, der niemals zu dem findet, was diese Dreifaltigkeit harmonisch fusioniert, sie unterwandert …?

Am Bordstein hielt ein Bus; auf sein plötzliches Erscheinen hin, sprang ich auf den Gehsteig zurück, andernfalls hätte er mir das Bein weggerissen. Automatisch stieg ich ein, wollte beim Fahrer eine Karte kaufen, worauf er erwiderte: »Da wo wir hinfahren, sind Zahlungsmittel verpönt.«

Das klang merkwürdig, aber gut, nicht allein, weil es die Geldbörse schonte, sondern der Ungewohntheit wegen; kann man das Ende dieser Fahnenstange nicht absehen, ist es im Mindesten ein Stück Revolution in eine … andere Zukunft.

Was das Volk an Wandlungsprozessen durchleidet, daran bin ich tausend Mal vor ihm zerbrochen und wieder aufgesprungen. Gewiss, gewiss, jeder Mensch soll einzigartig sein, im selben Maße wie die von ihm verwunschene herrschende Moral, die mit dem kalten Empfinden.

Am Fenster nahm ich Platz im karg besetzten Bus, der mir während der spannenden Fahrt noch einmal in lebensechter Diashow der Menschen Wohn- und Arbeitsstätten vorführte, die grauen Klötze, wo sie zusammengepfercht gleich den Hühnern im Stall verelenden, den Autoservice, mit den ansprechend komischen Maskottchen, damit die Kleinsten den Vater zum Anhalten bewegen, sei es nur, um Süßes für die Weiterreise zu erbetteln; ich sah ausgehöhlten Verstandes die Gaststätten und Imbissbuden an mir vorbeiziehen, wo sich hungrige Magen treffen, Fleischverzichter, Fleischergebene, dann solche, die dem Wirt die Anzeige

androhen, sollte er dem Gast Zusatzstoffe und Geschmacksver-
stärker untermischen – der Liebesweissager des Stadtfestes hat viele
zutreffende Namen für das Resümee zivilisierten Zusammen-
lebens gefunden, ich klebe ihm das Etikett des Servicewahns an,
Service noch da, wo das Nötigste in Übermaß vorhanden, in
ständiger Gefahr sich den neusten Vermarktungskniffen zu beugen
hat, also dass mein liebstes Käsesandwich mit schlichter Soße ab
heute nur noch mit spezieller Würzsoße, um ein Vielfaches mit
Chemikalien versetzt am Zenith der Lebensmittelindustrie gipfelt,
somit alle anderen Sandwichbeigaben vom Markt drängt. All
dies für den einzigartigen, zahlenden Kunden. Das Servicecredo
schöpft alle Schmeicheltricks aus, um sich notwendig zu machen –
fällt aber dein letzter Penny in seine Tasche, sodass dir zum Aller-
nötigsten die Mittel fehlen: Dann versagen prompt seine Honig-
maulschmierereien und er sucht nach *lukrativeren* Streichelkühen.

Ich genoss die Fahrt durch die bewaldete Reichenzone am
Ausläufer des großen Sees, manch eines der Anwesen hielt es im
klassischen Stil, an diesen hing ich besonders mit schmachtenden
Augen; es war nicht der Neid um etwas, das ich nie haben würde,
sondern der Kontrast zum hochfrequentierten Stadtleben, deren Ein-
wohner bei der Nennung von Ruhe und Stille sich wie nach einem
Gespenst sehnen, das ihnen stückweise von sich abwirft, wenn es
gerade wähnt, sie hätten genug der Mühsal an ihn abgeleistet, um
für einen Moment ihre geplagten Glieder auszustrecken.

Die Fahrt endete am höchsten Plateau, hinter den Fichten-
spitzen, die in einer langen Kette vom Haupt der Festung wie
ausgebreitete Falkenflügel abfließend die Stadt ringförmig um-
schließen.

Von diesem Aussichtspunkt aus fand das nach Zerstreuung
suchende Auge alles, was der unter ihm sich ausdehnende Moloch
bot; mir bot er lediglich die Hinwendung zum kaum besuchten
Gefilde, das aufblitzende Panorama unter der bleiernen Abend-
dämmerung hatte mich lange genug verdrossen, nun war mir
die Flucht gelungen.

Ich wusste von den gescheiterten Plänen, an diesem Ort ein
Touristenzentrum zu errichten, von weiteren Versuchen, der vor-

herrschenden Abgeschiedenheit durch ein Jugendfreizeitlager abzuhelfen; doch beides misslang der Tatsache wegen, dass neben dem überwältigenden Ausblick keinerlei touristische Faszination die Bergregion anhauchte, sie strahlte eine flugs im Gemüt heimatfindende Aura der Trostlosigkeit aus; somit schien für alle Zukunft das Schicksal der gähnenden Triften besiegelt.

Als sich der Bus entleert, die Gäste verlaufen hatten – warum waren sie überhaupt mitgefahren? –, überblickte ich ein Feld voll ausgehobener Löcher. Schnell betrübte mich die Ödnis, obwohl ich in Dingen des Todes, der Kälte und Trauer, die ich gegenwärtig nur ahnen konnte, ein Meister von Kindesbeinen an gewesen bin (zugegeben ohne Brief und Siegel).

Unweit des Feldes erstreckte sich ein zweites, vom ersten fadenscheinig abgegrenzt. Verglichen mit dem ersten, klafften im Erdreich hier keine Schlitze und Gruben, dennoch mangelte es den rechtwinkligen und gebogenen, von Moos überwucherten Steinen an Pflege; die Entscheidung, welches der beiden Felder mir mehr behagte, wurde auf eine harte Probe gestellt.

Denn bald ließ sich die Parzelle meines grünenden Ausgangspunktes nicht von den ringsum ausdehnenden Feldern und ihren mal kleineren, mal größeren, älteren und weniger älteren Steinen unterscheiden.

Auf manchen derselben ruhten Krähen obenauf, starr wie Holzfiguren, und hätte ich tiefer hinter die Hügel spähen können, wo seitwärts der Ginster wuchs, so wäre vermutlich eine ganze Horde zum Vorschein gekommen, zwischen eingesunkenen Steinen der Ewigkeit.

Wahrlich ein schöner Ort zum Sterben.

Als ich auf das Eingangstor eines der Felder zuschritt – denn das sollte es wohl sein, oder war es einmal gewesen, irgendwann als die nächstgelegene Anwohnerschaft noch Sorge um den Erhalt hegte –, da hörte ich jemand meinen Namen rufen. Ich wandte mich um, sah zuerst niemand.

Als der Rufer abermals erscholl, diesmal warnender, merkte ich, dass mich das Echo genarrt haben musste, denn mein Kenner erschien auf dem Feld, das ich im Begriff war zu betreten.

»Tut mir leid. Aber jedem ziemt sein eigener Totenacker.«
Auch ich kannte den grinsenden Mann auf dem Hügel.
Frederik, der freigängige Mörder. Hatte er wohl hier seine Opfer verscharrt?

Eine halbe Kopfdrehung von ihm weg erstieg noch jemand den aufgebäumten Grasboden. Elise, die Frau jener kurzen lustvollen Episode, deren Anblick mir, ähnlich wie bei Sonja, nachdem ich diese wiederholt fleischlich gekostet hatte, den Fehlgriff meiner Bereitwilligkeit zum Ehebund aufhellte und mir damit die Augen öffnete für die freie Jagd des ewigen Junggesellen.

Sie sah mich nicht direkt an, ich glaubte, sie erwarte durch ihren geneigten Kopf die nächste in der Runde.

Und so war es.

Sonja, das engelhaft teuflische Zwitterwesen, war mir näher als die übrigen drei, daher durfte ich mich an ihrem Lächeln erfreuen, dass bei ihr gewinnende Zuneigung vor dem Mord bedeuten konnte.

Jemand fasste mich an der Schulter. Ich fuhr herum und erschrak über die plastisch kalten Züge einer Ganzkopfmaske.

Warum waren sie alle hergekommen? Während mich das groteske Grinsen auf Gabors horizontal geteiltem, zweiten Doppelgesicht einige Schritte zurückwarf, schwebte ich vor Verwirrung; für die Bewillkommnung ihres ehemaligen Leidensgefährten war ihr merkwürdiges Auftauchen nicht nachvollziehbar, allein bei der Wahl ihrer Kulissen landeten sie den Glückstreffer. Glück für sie … oder für mich?

Klar war, dass ihr Maß an Absonderlichkeit meinem nicht zuwiderlief. Also stellte ich mich, als gehörte ich zu ihnen, dabei verfolgte ich, wie sie den Kreis um mich enger schlossen, und wie die so glorreiche Gruppe – glorreich im Leiden – durch Nathan komplettiert wurde, bis …

Frederik sagte, als er an dem, was ich für ein Eingangstor gehalten hatte, stehen blieb: »Als wir damals zusammenkamen, suchten wir da nicht alle nach der authentisch sentimentalen Ausdrucksform in dem uns fremden Menschseins? Hier haben wir sie gleich mehrfach: Der Friedhof, das zweischneidige Schwert

486

menschlicher Bemeisterung, einmal des Todes als Pilgerstätte der Trauer, und der Erinnerung an gewesene Mitstreiter als Spiegelbild – eigener Ohnmacht und Vorbereitung.«

»Und Vergessens.« In Gabors gedämpfter Stimme schwang die Bewusstwerdung mit, die er mit mir teilen wollte, als er offenbar sinnend umherblickte.

»Jeder Schlag erhält seine letzte Ruhestätte«, räumte Nathan ein.

»Ihre Aussage wird stets fortbestehen«, vermeldete Elise.

»So lange keine Hölle ihre Bewohner in ihren Schlund reißt.« Auf Sonjas abschließenden Beitrag folgte Stille.

Endlich brachte ich heraus: »Schade, dass wir nicht als Gruppe scheiden.« Ich redete belustigt. Gabor, dem es wohl besonders auffiel, flüsterte mir zu, dabei deutete er auf seine stimmungsgemäße Maske: »Zumindest wir zwei beschließen unsere lebenslange Tragödie als Komödie. Nicht die klassische Formel: ,Je höher mein Stand, mein Ansehen, umso tiefer mein Fall' spricht heute das Wort der Rührseligkeit, sondern ihre Anwendung auf die Genügsamkeit modernen Lebensstils: ,Je fragloser mein stumpfsinniges Glücksempfinden, umso herber die Enttäuschung'.«

Was in seinen Worten lag, was sein hinteres, echtes Gesicht verdeckte, das verzerrte Grinsen, kündete von nichts weniger als Triumph.

Elise zürnte mir: »Fragst du denn nicht, was mit den Ungewillten passiert? Den Lustberaubten? Verratenen? Ihnen sind die einfachsten Freuden vernebelt. Und die Ehrgeizigen gefallen sich im höhnischen Zug existenzieller Auslese.«

»Ist ein Menschenleben sinnlos«, schloss Sonja sich an, »warum hat es dieses dann überhaupt gegeben? Wir saßen Woche für Woche zusammen, weil wir Verleumdete waren, verfinstert im Lichtgehäuse der Seele; waren wir imstande zu lieben, zu leben – das Urgesetz des Auf-die-Welt-Kommens –, so zerbrach man uns diesen Tiefenwert.«

»Allein darin liegt unsere Gemeinsamkeit«, führte Frederik an; er schien einer Art Sprecherrolle gerecht zu werden, dies wurde verstärkt durch die erhöhte Bodenwölbung, von der er herabpredigte.

»Hinter mir ruhen die Gefallenen. Man setzt dem Kampf und der Zerstörung ein Denkmal. Verdienen auch die Eigenmächtigen das ihre, nachdem sie ihre von Trübsal umwölkten Bahnen zogen, indem sie sie nach ihrer Vorstellung manifestieren?«

Wir waren alle ein Stück über die unebene Landschaft gelaufen, ich begriff zunächst ihre einzelnen Lehrfunktionen nicht und warum sie glaubten, mir etwas verständlich zu machen, was ich womöglich längst wusste.

Aber darin lag auch der Trost verborgen – die Komplizenschaft – denn mit sentimentalen Nuancen konnte ich dieses Phänomen nicht umschreiben.

An einer der löchrigen Stellen sah ich jemanden knien. Wie auf ein Geheimzeichen hin erhob er sich und schritt auf uns zu; mühsam zog er ein weißes, erdverschmutztes Laken hinter sich her.

Die gealterten Züge hatte ich, als sie jünger waren, gekannt. Den altklugen und exzentrischen Jungen namens Ben hatte man nach seiner Lehrphase bei uns im Institut schließlich eingestellt. Wie ich ihn jetzt, nach all den Jahren, musterte, wurde klar, dass er sich, was das Äußere anging, nicht gewandelt hatte.

Mitten auf seiner Brust schimmerte der grinsende Tod, seine Ohrringe waren massiger geworden, unter den hochgekrempelten Ärmeln hatten formlose Malereien sich verewigt und die restlichen bleichen Stellen erobert.

Wie das fleischliche Abbild seines Shirts, dehnten sich seine Mundwinkel, als er kicherte: »Bei überschießender Population fragt man sich, ob die mit Leichen vollgepfropfte Erde einem noch Platz bietet, wenn die Zeit gekommen ist.«

»Ein Albtraum, der es verdient, geträumt zu werden.« Vielleicht waren Leute von seinem Schlag die erfrischende Hoffnung künftiger Auseinandersetzungen zwischen den Lebenden und Toten; möglich, dass allein die Melange aus Tragik und Humor über die Härten der Lebensspanne friedlich hinüberleitet. Meinen Segen hatte er.

»Willst du sehen, wer mein erster Kunde ist?« Er ließ den schlaffen Laken mit einem hässlichen Krachen fallen; der Überschlag glitt ab und entblößte das bleiche, aufgedunsene Haupt eines Mannes.

»Erkennst du ihn wieder?«

Natürlich erkannte ich ihn wieder. Eduard, der Gruppenleiter, dessen eigentliche Funktion nicht weniger Fragen aufgeworfen hatte als die unserer Ärzte. »Er steht Pate für den Acker der Heuchler. Solange ihr Außenseiter euren Nachruf sichert, so lange sorge ich für die wahrheitsgemäße Andacht eurer Antagonisten.«

»Hast du ihn ermordet?«, fragte ich kühl.

»Sag nicht Mord«, er machte sich dran, seine unbelebte Last auf das Feld zurückzuziehen; neue Furchen entstanden im Boden, der vom Tauwetter durchnässt war. »Sag lieber ›Unfall mit Todesfolge‹. Daran muss sich jeder gewöhnen, der anderen und sich die Dinge erschwert.«

Ich wandte mich nach Frederik um, von dem ich hierzu einen Beitrag erwartete. Schließlich gehörte es zu seinem Handwerk. Er war verschwunden.

»Du weißt doch, was sich hier in unmittelbarer Nähe befindet?«, versetzte Elise ernst, aber gütig. Dabei fasste sie mich so zärtlich am Arm, dass ich für einen Moment die Anwesenheit der anderen vergaß. Das Unwiderstehliche ihrer glänzend blauen Augen spukte in meinem Hirn immerfort.

»Du siehst dort unterhalb des Gefälles die langen, stummen Erker der Reinhort-Strafanstalt. Weiter im Süden, verborgen hinter den Felsquellen im Wald, befindet sich die Heilanstalt. Die Mauern beider Gebäude schweigen von der Wahrheit.«

»Ja, und wir wären von ihr auch fast eingeschläfert worden«, sagte die gedämpfte Stimme hinter mir.

»Das eine steht für Schuld«, fuhr Elise erpicht fort, »es ignoriert die Fremdeinwirkung, so wie man auch an unsere Fälle mit vorgefasster Meinung heranging. Dort sitzt gesellschaftlicher Abschaum ein, er ist vernünftig, vertraut mit dem Gesetz, doch weil er sich nicht daran halten wollte, sperrte man ihn ein. Für vergleichbare Taten schloss man arme Teufel ein, von denen es heißt, sie trügen keinerlei Schuld für ihr Abweichverhalten.«

»Dieser Hinweis ist Gold wert«, bedankte ich mich bei ihr. »In der nächsten Ausgabe des ›Straßenreports‹ werde ich das Thema aufgreifen. Und zwar als entflohenes Zwillingspaar, einer ist Insasse bei den Psychopathen, sein Bruder Häftling im Knast. Als sie die Stadt erreichen, töten sie jeweils einen Menschen; sie werden geschnappt und ohne eine ausgiebige Untersuchung einzuleiten, werden sie in verkehrter Weise wieder eingeliefert, der Irre kommt ins Gefängnis, der vernünftige Kriminelle in die Heilanstalt, da niemand ihre unterscheidenden Merkmale erkennen kann.«

»Vor dieser Verwechslung muss wohl auch dein Arzt Angst gehabt haben.« Ich wusste sofort, was Nathan meinte. Maharesks Zwillingsbruder, den ich nur ein einziges Mal gesehen hatte, weckte einst meinen Argwohn, während Maharesk recht unbeholfen nach einer befriedigenden Erklärung suchte.

Vielleicht war vorhin in der Praxis der falsche Maharesk gestorben? Wusste der andere über mich genauso viel wie er? Aber diese Fragen wurden von einer überragt – woher Nathan darüber Bescheid wusste. Er reagierte auf meinen herausfordernden Blick.

»Hey, hey, es ist wie beim Drama. Du bist froh, wenn dir die Affekte der Hauptrolle erspart bleiben. Denn bei ihm wie bei den übrigen Docs vollzog sich ein tödlicher Rollenwechsel, der sie nicht erst bei ihrem Hinscheiden ins Unglück stürzte; zum ersten Mal wussten sie, wie es ist, so wie wir zu sein. Zu spät hatten sie es begriffen, das Fenster zu ihrer Erleuchtung haben sie sich eigenhändig verbrettert. Wir aber sind die Gewinner der absoluten Freiheit der Entscheidung.«

Ich wagte nicht, danach zu fragen, ob sein Arzt das Zeitliche gesegnet hatte … oder von irgendwem sonst. Stattdessen fragte ich: »Welche Entscheidung hat sich *dir* offenbart?«

»Ich bin stolz auf meine Hauptrolle in diesem Drama. Würde meinem Ende etwas im Wege stehen, fiele der Reiz ab, wen würde die Leidenschronik dann unterhalten? Wir wurden alle aufgefordert, eine fiktive Parabel über unser Leben zu schreiben – und deine, Alex, gefiel mir am meisten.

Du zeigtest auf, wie empirisch gesetzliche Gewissensappelle mit spirituellen Luftschlössern übereinstimmen; ob es Kabinettbeschlüsse sind oder esoterische Trends, die dem Menschen etwas vermitteln wollen, das über ihren eintönigen Alltag hinausgeht: *Du* bekommst nie den Segen nach deinem Zuschnitt; du müsstest dich einer Gehirnwäsche unterziehen, wenn du nach deinem Leidensweg glaubtest, für dich gebe es einen anerkennenden Platz in der Gesellschaft. Mir hat besonders die finale Prüfung gefallen. Gottes Spitzel haben drei Einblicke in unser Treiben: erstens mittels populärer Kunst, die dazu neigt, unser wahres Wesen zu kaschieren (somit würden sie getäuscht); zweitens mittels Nachrichten, wo das Elend schon klarer hervortritt (dann wären sie auf der Hut); und endlich mittels des subtilen Aspekts: die Welt mit den Augen des Sonderlings zu erleben.«

»Mein Anliegen war, auf den scheinbaren Widerspruch zweier Wahrnehmungstypen hinzuweisen. Einmal die Kunst, die gerne idealisiert, und daneben die weltweite Nachrichtenübertragung, als Lieferant von kleinen und großen Wahrheiten. Ich hoffe, du hast das Richtige daraus entnommen?«

»Dass ich sterben muss«, aus ihm sprach Entschlossenheit, wie ich sie noch nie vernommen hatte, »wie dein Held sterben musste. So will es die rechtschaffene Kunst. Und wer sie zu erzwingen, ihr Forderungen in den Mund zu legen oder sonst wie dem Beschenkten die freie Einsicht unterdrücken sucht, hat ihren Boden verlassen und ist in die Riege der Gewalttäter eingetreten.«

Er hatte es nicht verstanden. Zudem erkannte ich die Zwickmühle, die ich selbst gelegt hatte. Der therapeutische Hintergrund jener Manuskripte sah vor, jedem als eigener Seelenspiegel Dienste zu tun und gleichzeitig eine geistige Abrechnung mit den Feindbildern zu sein.

Wir hatten sie untereinander vorgelesen, auch eine Zeit hindurch getauscht; doch dass der andere blind kopiert würde – durch neue Besessenheit wäre nichts erreicht gewesen …

»Die langen Jahre«, hob Nathan wieder an, »die ich im Theater arbeitete, haben mich etwas gelehrt. Ein unerfahrener Schauspieler ist der Gradwärter des Wahren und Falschen. Sein Gewissen ist ein Embryo; ist es ausgereift, so stirbt das Assoziationsvermögen: Spielt er eine Szene, die ein traumatisches Erlebnis berührt, ist er immun, er trägt keinen Wert des Stücks für sich fort. Der Anstrebende soll leiden, leidend soll er spielen – das Spielen möge ihm ein Seelenspiegel sein.«

»Es bedeutet ihm sehr viel«, warf Sonja ein, »du hast ihn mit deinem Scharfsinn inspiriert, hast uns gezeigt, wie selbst die ehrlichste Auseinandersetzung mit den Fragen unserer Zeit – einschließlich der ewigen – in müder Tagespolitik abgedroschen wird.«

»Glaubst du denn, ein Land würde stolz auf seine Umstürzer sein?«, fragte ich scharf.

»Vielleicht nicht heute. Aber vielleicht in hundert Jahren.«

»Ihr versteht es nicht« Und ich hatte recht … »Es bedeutete das Ende der Zivilisation, wenn die Aussagen der Phantombriefe populär werden würden. Wenn du, Nathan, und ihr anderen hier und heute eure Pflicht tun zu müssen glaubt, dann tut es … *eurem* Heil zuliebe.«

»Wer Bleibendes schafft, muss auch die Konsequenzen tragen.« Die gedämpfte Stimme ertönte wieder hinter mir; und diesmal klang sie bedrohlich.

»Ein Handwerker schafft auch Bleibendes«, erwiderte ich, ohne mich umzuwenden. »Doch leider verbreiten die Kleinsten auch das kleinste Echo.«

»Wir alle haben Bleibendes geschaffen«, berichtigte Sonja.

»Die Briefe haben uns angeleitet, kreativ zu wirken und zu leben. Warum sollten wir nicht voneinander lernen?«

Ich antwortete, mit einem Impuls zur Handgreiflichkeit: »Weil unser Schicksal die Isolation ist! Du kannst einen Wahnsinn, der Politik macht, Religion nennen, du kannst jeden Trend also nennen – aber du kannst das Innenleben eines Außenseiters niemals eins zu eins auf die Volkstümlichkeit übertragen! Sieh es ein, Sonja!«

»Mein Name ist VERRÄTERIN!«, protestierte sie

»Und meiner GLAUBENSWANDLER.« Nathan führte den Kreis fort.

»Der meine ist STURMBÄNDIGER.« Passend zum gedämpften Stimmklang.

»Und ich … die Glücksucherin« Elise klang minder überschwänglich.

Dies die Namen der im Schmerz-Spiegel auftauchenden Klassifikationen, deren sich wohl die Ärmsten der Perspektivlosen bedienen, wie bei den populären Wahnvorstellungen Christi Wüstenurlaub als Anlass zur Hungerkur genommen wird, oder der Erste Mai parteiübergreifende Feiertagskonzession genießt, als Trostpreis den Arbeitern, deren Urplan sich von ähnlichem Gnadenbrot unabhängig machen wollte. – Nur dies eine stimmte, dass ich mich von den Phantombriefen insoweit inspirieren ließ, als ich in meinen Texten ein Szenario entwarf, das faktisch so lange keine Erben zulässt, bis die Welt am Abgrund steht.

Das war meine Lehre. Und ich nutzte sie nach meinem Gutdünken.

»Nicht zu vergessen die STAHLGEFIEDERTE FRIEDENSTAUBE!«

Wir sahen alle hinauf zur Höhe, wo Frederik heruntergeschlittert kam, in Begleitung eines geknickten Tölpels.

»Welch ein Spaß für Außenseiter, wenn digitale Nachrichten über weite räumliche Distanzen sowohl kollektive Trauer als auch lächelnde Gesichter auf den Lippen Tausender auslösen. Aber der nach Gemeinschaft dürstende Mitläufer begehrt sie, die VIPs, oder liebevoll ›Promi‹ genannt.

Ja, gerne lässt er sich als Spielzeug ihrer pompösen Anbetungswürdigkeit benutzen, und in sträflich akuter Furcht verfällt er der Trauer, als die Nachricht um die Welt geht, sein Liebling habe ins Gras gebissen.

Was aber, wenn dieser niedliche Promi lediglich seine Ruhe für einen geringen, auf der Einfalt anderer berechneten Preis erkauft hat? Wenn er für reichlich Indizien sorgt, die von verschwiegenen Fachleuten sorgfältig geprüft und verwaltet werden und er praktisch … nicht länger real existiert?

Und was, wenn dieser chirurgisch flüchtende ›Außenseiter‹ hier neben mir steht?«

Ich unterzog den neben ihm Stehenden einer genauen Prüfung. Nichts, was meine Erinnerungen angeregt hätte, kam heraus.

»Ein einfacher Irrer wie wir, oder nicht?« schloss ich platt.

Frederik packte ihn heftig unterm Arm; er leistete keinen Widerstand. Dann sagte er, als spreche er im Hohn über ihn: »Einst ein landläufig bekanntes Strahlegesicht, jetzt ein gebrochener Blick … denselben, den wir haben.«

»Damit noch nicht genug«, warf Gabor ein, »im selben Maß wie die Reichen untertauchen, lassen sich die Fans die abgeworfene Gesichtshaut ihrer Idole annähen. Wer aber ...«, er schien zu überlegen, niemand fiel dazwischen, »wer interessiert sich, wer nimmt teil am ›Fall‹ der Reichen und Erfolgreichen – und vergisst darüber die Armen? Obwohl gesetzlich gleichberechtigt, ist ein moderner ›Fall‹ wirklich graduell differenziert, der ›Stand‹ scheint unerheblich für Effekte ... Affekte ... was keineswegs heißt, dass kein Dünkel die Antriebskraft der Tragödie ist. Trotzdem diese Anhänglichkeit ...«

»Der Superlativ der Ehrerbietung. Ich möchte hoffen, davon seid ihr weit entfernt. Sonderlich du, Nathan.« Alles freundliche Reden schien an ihm abzuprallen.

Frederik hatte seinen knechtisch gekrümmten Begleiter angestoßen, Ben war wieder in der Szene erschienen, hinter sich ein frisches, blütenweißes Laken herziehend, und hatte ihn aufgefangen, ehe er in den Schlamm stürzen konnte. Und ich? – Langsam erschloss sich mir die ganze Bandbreite von dem, was meine ehemaligen Weggefährten hier zu tun sich verpflichtet fühlten; und dabei hatten sie selbst gewisse Außenstehende nicht ausgeschlossen.

»Und was ist der Superlativ der Reichen und Schönen?« Frederik erwartete meine Antwort; die anderen kreisten mich ein, wie Sektierer bei Aufnahme eines zu prüfenden Neulings. Ich befeuchtete selbstsicher meine Lippen und sagte: »Unsterblichkeit ... unsterblicher Ruhm.«

Frederiks Kehle entwich ein zynisch, seliges Lachen, ähnlich muss das meine geklungen haben, als mir in den Straßen die Mechanismen moderner Volkskrankheiten (oder -Gesundheiten?) entgegenfielen und bisher in den fortschrittlichen Reklametafeln ihren Höhepunkt erreichten.

»Uns gebührt ebenso Ruhm. Unsterblicher Ruhm. Ist die Welt am Abgrund ... am Neubeginn ... am Scheidepunkt ... am Verlöschen ...? Vielleicht nicht heute. Aber bis es so weit ist, mahnen unsere ›Schmerz-Spiegel‹ die unseren, die da kommen – und die Welt –, sollten ihr einstmals die Ohren für unsere Zungen wachsen.«

Aus dem Tal ertönte ein aufdringliches Tröten. Als wir uns alle wie auf Kommando in Bewegung setzten, verwandelte sich der Schauplatz, Hügel schichtete sich auf Hügel, den Blicken eröffnete sich im Rücken das weitläufige Feld, das viele in sich innehatte, auf dem unwirtlichen Boden mit seinen stumpfen Denkmälern; und vorneweg, in ewig narzisstischer Pracht, der widerwärtige Mutterleib, sich dehnend, streckend, rekelnd bis in alle Zeiten; und dem in kauernder Versklavung gehaltenen Nachwuchs fließt die Energie ewig bindender Nahrung zu.

»Ihre törichte Feier geht in eine neue Runde.« Sonja, mit ihrem verzottelten Haupthaar, das in maskierenden Strähnen über ihre zarten Gesichtszüge fiel, nahm die jüngste pulsierende Lebensader des Mutterleibs zum Anlass, ihre ureigenste Verlorenheit kundzutun. »Er musiziert, der Patriotismus, heischt Vaterlandsliebe. Sagt mir, wie sollen meine Sympathien an ihm der wahren Liebe zu Menschen gleichkommen, ist er doch ein wandelbares Diktat abstrakter Entscheidungen; zeitgenössische Repräsentanten der Macht sind *deine* Liebesgebieter, überdies kannst du dein Land nie ganz lieben, wenn du nicht auch seine Geschichte, seine Höhen gleichwie seine Tiefen, in deinem Herzen andächtig bewahrst. Oder ist es einfacher, sie zu ignorieren? Nichtsdestoweniger teilst du dies stolze Liebesgut mit Millionen anderen, jeder von euch muss ausgeglichen lieben, so geziemt es den Söhnen und Töchtern, wie denn auch leibliche Eltern ihren Kindern die Liebe in gleichen Teilen zukommen lassen – seist du auch ein sündhaft Schwarzes Schaf? – was aber ist mein Gram, meine Tränen – all meine Hoffnungen! – wert, wenn ich als unscheinbare Angehörige in jenem schwärmerischen Brutkasten dem Wort einer amorphen Königin folgen soll! – Gegenliebe ohne Kenntnis meiner, ach, gibt es eine größere gefahrenträchtige Liebe …?«

»Einen tröstenden Gedanken hat es dennoch«, lenkte Nathan ein, »während sie ihr Antlitz mit bunten Flaggenfarben beschmieren, fährt das Elend in ihren Gefilden fort, arme Hunde ächzen unter der eisernen Polizeigewalt, die Waffenschiebungen des angehimmelten Vaterlandes kennen keine Rast, die Gettos als vom Staat abgeschriebene Problemkinder gehen sich in bewährten Blutorgien an den Hals ...«

»... und neben den unterhaltsamen Statistiken, wie zum Beispiel dem jährlichen Verzehr von Schnitzeln, keimt die repräsentative Umfrage über das Verhalten hypothetischer Mütter, was sie täten, würden sie ein ungewolltes Kind erwarten.«

Es trat Stille ein; nur das regelmäßige Tuten aus dem Tal tönte hinauf. Dann sah ich auf den Lippen meiner Weggefährten, sonderlich auf Nathans, langsam ein anerkennendes Lächeln emporsteigen; nur Elise stand mit gesenktem Haupt abseits; wären wir allein gewesen, hätte ich sie bestimmt in die Arme geschlossen, mit Küssen überhäuft, womöglich sogar alle Spielarten einer begehrlichen Leidenschaft angewendet – wofür schämte ich mich eigentlich noch? Diese ungezügelte, meist auch verwerflich genannte Liebe war aber eine etablierte, und sie ging dort unten um, gleichwie all die anderen Typen zwischenmenschlicher Verhaltensmuster, die Nathan schon benannte.

Er sagte entzückt: »Ach ja, deine amüsante Pseudo-Umfrage, was die werdende Mutter tun würde, ihr Kind erbarmungslos aussetzen, dem Waisenhaus anvertrauen, oder doch das harte Los der Pflege und erzwungener Mutterliebe auf sich nehmen.«

»Ihr werdet staunen, welche Option außerdem gewählt wurde.«

Sie richteten ihre neugierigen Blicke auf mich. So unwissend konnten sie nicht sein, aber es war wohl der Realitätsschock, den der tabugewohnte Mensch nur zaghaft akzeptiert.

»Im Schutze der Anonymität scheinen viele Weiber sich der Allgewalt unmoralischer Freizügigkeit hinzugeben, indem sie ihr hypothetisches Kind einfach ›entsorgen‹ würden.«

»Die Schattenseiten der Gedankenfreiheit«, lachte Frederik.

»Du bist mit deinen Umfragen auf dem richtigen Weg. Denn wer sich dafür interessiert, wie viele Kinder jährlich das Zwielicht der Welt erblicken, dessen Aufmerksamkeit gebührt ebenso den Umständen ihres Werdens und was damit zusammenhängt.«

»Ist das der Nährboden einer neuen Kontroll- und Zwangsdiktatur?«

Das angsterfüllte Stimmchen gehörte Elise. Sie war also bei der Sache. Und wie sie bei der Sache war. »Nun, eine Wohlfahrtsgesellschaft steht den Menschen damit sicherlich nicht bevor.« Lügen konnte ich doch nicht, gerade unter Schicksalsverwandten. »Womit sollen wir unseren Enkeln gegenüber prahlen?« Sie schritt fort, in ihren Gedanken schien sie alle gewesenen und künftigen Fragen der Menschheit zu bündeln und sie, nach Erleichterung sehnend, fortzutragen.

»Den Früchten des Krieges?«, mutmaßte sie.

»Neu erschlossene Freiheiten zum Preis der alten?« Ihre Konturen verschwammen im Dämmerlicht, zwischen den Phantomformen archaischer und ihres Abschlusses harrender Andachtsgegenstände. Die Luft wurde von wachsendem Lärm erfüllt. Ein Rauschen ließ uns aufhorchen – wir alle kannten dieses Geräusch. In Dreieckformation brausten die Kampfjets über uns hinweg, die Vorboten eines anbrechenden Konflikts; man glaubte, Gott würde zornerfüllt auf die Erde herabschnauben, so zerschnitten sie das Firmament. Kein Magnetismus. Die natürlich notwendige Abfolge behandelter Themen im Geiste, wenn ihre Strukturen die fassliche Welt durchwirken – sie allein waltete hier vor.

Schmerzlich gedachte ich der mich negativ angehauchten Vollkommenheit, als ich bei den Lagerhallen auf die Stadt niederblickte.

Sollte mein letztes Empfinden eine Lüge, irreal sein? Obwohl die Witterung eines ›Endes‹ in der Luft lag, und ich dieses unbeschreiblich glückseligen Gefühls von einst nicht wieder teilhaftig wurde, erinnerte ich mich an meine neue Lebenslust; wahrlich, sie sickerte durch die Dekadenz der rings um mir ausschlagenden Flügel, deren Gegenwind meine verborgenen Kräfte weckte.

Auf das – für die meisten – Schlimmste vorbereitet sein – und zwar jede Stunde deines Lebens; das schien mir das Höchste.

Etwas stimulierte meinen Oberschenkel. Ich befühlte gedankenlos meine Hosentasche, ehe sich meine Finger um mein Handy schlossen. Leonie hatte mir eine sentimentale Mitteilung geschickt, sie betraf meine jüngere Schwester Petra. Offenbar hatte sie sie besucht im Rahmen ihres Heimataufenthalts, denn sie schrieb mir, Petra trüge noch den Ring, den ich ihr in Kindertagen geschenkt hatte, nur, weil ihr Finger seither gewachsen war, als Halsschmuck umgebunden.

Ich schrieb in etwa Folgendes zurück, ebenso ledig an schwer lastenden Gedanken, wie ich sie bei Erhalt der Nachricht hegte: »Liebe Schwester, der Brunnen meiner Tränen ist abgeschöpft.« Aus dem Frühabendschleier vernahm ich einen missbilligenden Ruf: »Du warst schon immer ein verkappter Romantiker, Alex.« Um einen halb eingesunkenen Steinbogen wandelten die Schemen von … Elise? Ich war ein Stück abgeglitten, hin zu ihr, und fand mich umringt von der von Menschenhand errichteten Anlage, der ein Geisterdasein beschieden war, der sich in gleicher Weise die Natur angeschlossen hatte, während die Zitterpappeln zum Schein ihr Geäst ausbreiteten, und ich ihre missratenen Astkinder, deren sie sich längst entledigte, sinnlos zertrat.

An Zufälle mochte ich noch glauben. Aber Elise traf viel tiefer in meine innere Bewegtheit. Sie verwies auf die Inschrift des kaum des Namens Grabstein würdigen Objektes. Ich las ungerührt für mich: ›Im Leben wie im Tode allein‹.

»Nicht zu wissen, wofür man lebte, dafür zu wissen, wofür man stirbt – ist mir die größte Lehre.«

Inzwischen hatte das Dämmerlicht die anderen vier verschluckt, um die Buckel des karg bewachsenen Bodens schlängelte sich der zarte Frühabendschleier. In dieser Umgebung, wie durch ihre Gemütsstimmung angeregt, hätte ich Elise beinahe in ihrer Beleidigung verbessert, denn nach Beurteilung der meisten hätte mir ›Psychoromantiker‹ eher angestanden.

Doch unsere kurzlebige Zweisamkeit wurde abrupt gestört, durch einen jungen Kerl, der sich anmaß, mich an der Schulter herumzureißen, und ich musste ihm in seine hasserfüllten, grauen Augen sehen.

»Ihr seid alle verrückt! Ihr habt nicht das Geringste gelernt! Ich bin nur hergekommen, um euch zu sagen, wie sehr ich euch hasse – und obwohl ich bisweilen glaube, man sollte verdorbenen Kreaturen wie euch Mitleid schenken, weiß ich zu gut, dass eure fixen Ideen dermaßen desorientierend wirken, dass sie nicht als Verbrechen zu beachten ein hundertfach größeres Verbrechen wäre.«

Der da so heißblütig wetterte, war niemand Geringeres als Pierre. Als Letzter in der Gruppe, brachte er, ganz dem Dienste des gen uns gerichteten Gegenabschieds verschrieben, den Staub und Schmutz der Bestie mit, unserer lebenslangen Agonie.

»Was wissen wir schon über dich!« Für Offenheit hätte es auf der ganzen Welt keinen günstigeren Ort, keine günstigere Zeit geben können – also machte ich von der seltenen Gabe Gebrauch.

»Du bist jung, arm an Erfahrungen … aber gewiss bist du ehrgeizig. Darum kannst du nicht verstehen, wie wir fühlen und denken; denn du glaubst an die Werte, die dir überall entgegenwinken, und nimmst sie, für was sie sich ausgeben. Auch wir tragen die Leuchte der Zuversicht im finsteren Gerippe unserer Brust – mit dem Unterschied, dass wir sie nach allen Ecken und Enden hin gewendet, begutachtet, endlich zerbrochen und nach unserem Gutdünken zusammengeflickt haben.«

Der Junge funkelte; hätte der Zorn sich als Person kundtun wollen, ihm wäre kein junger Mensch auf dem ganzen Erdenrund williger in die Arme gestürzt als Pierre. »Ich bin Vater geworden. Es ist meine Elternpflicht, meine Tochter vor verderblichen Einflüssen zu schützen. Welche Sorte Verführer könnte denn schädlicher sein als ein Haufen selbstzerstörerischer Schmarotzer, die egalitäres Streben nicht zu schätzen lernen, während sie sich großzügig an dessen Busen ernähren und sich, bar aller Dankbarkeit, hinter ihrer jammervollen Opposition verbarrikadieren!«

Er sparte kein Wort der Verachtung aus. So ging er fort, für sich das Richtige erschauend, und uns, seine ehemaligen Schicksalsgefährten, mit Schimpf und Schande verabschiedend.

Nathan, Frederik, Sonja, Gabor und zuletzt ich wanderten in loser Einheit zwischen einer Anzahl ungeordneter und verwachsener Steinbogenreihen hindurch, der Abendwind strich über das kranke Gras und über unsere geläuterten Gesichter, ließ das Espenlaub erzittern; und hinter den dicken schwarzen Ästen, wo der schwach glühende Rücken der Sonne seinen Teil des Abschieds beschrieb, stapfte ein bis in die Haarspitzen zorndurchdrungener Junge auf einem Pfad, der ihm einen neuen Morgen versprach; mit all seinen Irrtümern und Verblendungen.

»Los, Alex, erzähl uns von deinen übrigen journalistischen Tätigkeiten.« Nathan löste sich nur schwer von seinem Anhängertum. Ich machte mir keine weiteren Gedanken über die Konsequenzen und erzählte ihnen von meinem jüngsten Beitrag zum Medienzeitalter.

»Nun, allzumal bei der Ausarbeitung eines Quiz' für die Jüngsten im Morgenblatt habe ich Tage und Nächte über ein zeitgemäßes, pädagogisches Konzept nachgedacht. Wenn alles gut läuft, erscheint es in zwei Tagen. Den Mittelpunkt bildet die Zivilcourage-Frage während des Zeltens mit Freunden: ›Warum muss ich einem bewegungslos im Wald darniederliegenden Mann Hilfe leisten? – Weil ich … A) die absolute Pflicht zu erfüllen habe, Menschen in offensichtlicher Not zu helfen; B) auf diese Weise einen freundlichen Mann kennenlerne, der mir zum Dank viele Süßigkeiten schenkt; C) an seiner Stelle selber wünschte, dass mir jemand hilft; oder D) sonst mein Gewissen dadurch belaste, einen Menschen im Stich gelassen zu haben, der wahrscheinlich eine große uneigennützige Aufgabe erfüllen könnte.‹ Es ist immer nur eine Antwort möglich.«

Meine Zuhörer applaudierten lachend. Bis auf Sonja.

»Ach ja«, seufzte Frederik. »Die Autorität von Multiple Choice. Halt mich auf dem Laufenden; ich brenne darauf, den Ausfall der Antworten zu erfahren – oder die Protestwelle, sollten sie hinter die Absicht des Fragestellers kommen.«

»Das andere«, fuhr ich fort, »behandelt die vermeintlich unüberbrückbare Kluft zwischen dem Guru und seinem Schüler. Jener predigt, er befände sich in einer Sphäre weit über ihm, genösse vier Dutzend Rechte mehr als dieser. Als schließlich die *Abrechnung* heranrückt, stellen sich die verleugneten Gemeinsamkeiten heraus: der häufige Verzehr derselben Nahrung, dieselbe geatmete Luft, die Verwandtschaft unterdrückter, im Schlaf sich offenbarenden Sexfantasien. Ich überlege, es teilweise auch als Kinder- und Jugendquiz zu modellieren, im Hinblick auf diverse Popidole.« Um Nathans Anhänglichkeit loszuwerden, war dies das denkbar schlechteste Beispiel. Doch meine übrigen Projekte hatte ich nicht im Kopf behalten. »Das Letzte, wovon jetzt und auch künftig die wenigste Polemik zu erwarten ist: der ethisch einwandfreie Vortrag der Tagesthemen.

Entgegen des üblichen Verhaltensmusters, die grausamsten Neuigkeiten zu Beginn, die gähnend langweiligen Lappalien zum Schluss vorzutragen, bedient man sich der Umkehrpräsentation, indem das oft für unmöglich und scheußlich Gehaltene – was rein beiläufig erwähnt das Dominantere der beiden Nachrichtenkategorien ist –, mit Nachdruck verkündet wird; immerhin darf davon ausgegangen werden, dass das Gros der News-Zuschauer Erwachsene sind –, warum sollten sie die Schreckscheusale des Alltags gegen den gedanklichen Betrug eines Happy Ends eintauschen wollen!? Wie bei den vorangegangenen Reformentwürfen, so steht und fällt der Erfolg auch hier mit der subtilen Bewusstseinsänderung des Konsumenten. Aber es dürfte kaum eine Erschwernis sein, dass das die gewohnten Nichtigkeitsberieselungen begleitende Grinsen durch eine sachgemäß bedrückt wirkende Gramvisage, und umgekehrt die kühle Ungerührtheit über des Todes und Teufels Vernichtungszüge durch die ebenso gewohnten, amüsierten Strahleaugen ersetzt zu sehen.«

Sonja war etwas abseits geraten, während die Kerle erheitert meinen ehrgeizigen Sozialimpulsen lauschten, nur spottendes Interesse an eigennützigen Marktanteilsvorstellungen hegend.

»Warum muss der Liebe letzter Akt auf endlicher Trennung vom Geliebten fußen?« Sie rang mit den Tränen. Weitab von belehrenden oder tröstenden Floskeln ließen wir ihre Gemütsbewegung auf sie wirken – wie es jedem von uns anstand. »Als Pierre von seiner Vaterschaft erzählte, fand ich mich an seiner Stelle wieder. Denn neben meinen einsamen Stunden, den verzehrenden Beziehungsproblemen … und dem unerklärlichen Menschenhass … scheint bisweilen ein Strählchen der Liebe hindurch und lässt mich meinen blutsverwandten Feindbildern vergeben. Sehr wohl kenne ich den Groll, der mich bald darauf überflügeln würde, sollte ich dieser vollkommenen Liebesoffenbarung nicht meine Schuldigkeit tun.«

»Und worin liegt diese deine Schuldigkeit?«, fragte Frederik.

Sie schluchzte, barg ihr schönes Antlitz hinter den im Wind segelnden Strähnen, welche ihren Wunsch nach einem Versteck vor zudringlichen Blicken gehört haben mussten.

Stockend erzählte sie, vom Schmerz der Erinnerungen gedrückt, als sie wie angelockt vor einer Grube stehen blieb: »Schon einmal habe ich als Ersatzmutter versagt, als ich die Kinder meiner besten Freundin verloren habe. Man hatte mir verziehen. Ich verzieh mir nie. Als ich die Menschen wieder lieben lernte, den Glauben an ihre Barmherzigkeit wieder gewann, schämte ich mich nicht länger meiner Geheimnisse. Doch statt die lange, beschwerliche Reise von Beichte und Reue zu wählen, um blindlings die Gnade des anvertrauten Herrn zu erhoffen, entschied ich, über mich und meine Fehler selbst zu richten. Der zerbrechliche Friede, das windschnelle Mitgefühl, das nun zu gleichen Teilen bei mir und meinen Nächsten liegt, vermag ich nicht auf Dauer zu wahren. Ich muss ihm, um ihn in seiner Herrlichkeit zu ehren, ein Ende setzen – mir und meinen Lieben zulieb'.«

Frederik flüsterte mir heimlich zu: »Selbst unter uns Verrückten lassen sich die unterscheidenden Merkmale von Mann und Frau erkennen. Sie rechnet auf ihre Weise ab.«

»Mich beschäftigt dies: Welchen Jahrhunderten wird das Zartfühlende entgegensehen? Wenn Mutterliebe unabschätzbare Wandlungen durchläuft, sich immerfort vom reinen Mittelpunkt wegstiehlt – welche Söhne und Töchter sind hiernach die Anwärter der Zukunftsliebe, deren Aufgabe es ist – und war –, dass das Menschengeschlecht nicht aussterbe.«

»Enthalten wir uns der Vorsorge zuliebe, solange wir atmen, weiblichen Verführungskünsten«, entschied Frederik.

»Warum wären wir sonst hier?« Schicksalsverwandt sein, erkannte ich nun, hieß nicht gleich, in ein Gemeinschaftsgrab hinabzusteigen. Nathan lenkte meine Aufmerksamkeit auf die breite Silhouette, die sich gegen das verdunkelnde Himmelszelt abzeichnete. Neugierde trieb mich dorthin, später, als das Kunstwerk meine Blicke von sich löste, schien hier der höchste Kamm der ganzen Trift zu sein, niederwärts der elende Mutterschoß, ringsum das Feld, das viele innehatte.

Nathan entzündete mit seinem Feuerzeug eine Kerzenfamilie unterhalb des *gechillt* dreinblickenden Jesuskindes, dann, wie ein Verkünder der frohen Botschaft, tastete sich das Licht bis zu der schelmisch lächelnden Muttergottes hinauf.

Nicht eine Spur von Verklärung, kein Abverlangen *rechter* Liebe, das dem Beschauer in seine Zweifel streute, noch die Ahnung der auf dem späteren Opfertod des behüteten Wesens fußenden Traurigkeit, worum diese spezielle Liebe immerdar kreist und die Zeiten überdauert, war von den Zügen abzulesen.

»Ein befreundeter Bildhauer hat sie geschaffen«, erklärte Nathan. »Sie kann weder weinen noch ist sie Anziehungspunkt für wallfahrende Scharen verzückter Gläubiger. Stattdessen ist sie jedem Liebesbedürftigen Glut und Beispiel ›persönlicher‹ Glückssuche. Im Grunde ist sie damit *das* Idol schlechthin für die Spaßgesellschaft. Irgendwo sollte ihr Pendant stehen, um ein Vielfaches schauriger: Die Nabelschnur wie zum Strangulieren um das ahnungslose Kind geschlungen, sie selbst mit entsetzt-verzweifeltem Antlitz ...«

Als er den Namen derjenigen sagte, für die sie vorgesehen war, wandte ich mich nach Elise um; hatten wir sie vergessen?

Die Steinplatte, die sie jüngst so rastlos umwanderte, lag hoch aufragend beiseitegeschoben, sodass die freigelegte Grube jedes dorthin verirrte Auge mit den Ahnungen ihres pechschwarzen Schlundes fütterte. »Dazu fällt mir ein Arztwitz ein.« Nathan zog an jenem Strang weiter, der von mir gespannt zu werden verlangt wurde. »Sagt der Doktor zum depressiven Patient: ›Machen Sie sich bitte frei.‹ Darauf der Patient: ›Sie meinen, ich soll mir ’ne Kugel durch den Kopf jagen?‹« Das erschollene Dreigelächter teilte ich nur innerlich, denn ich weilte in Gedanken bei Elise. Falls sie starb und unversöhnt mit ihren dunklen Lebensgeistern verblieben war, wenn überdies ein Himmel oder eine Hölle sie erwartete, so hatte sie, so lange sie auf Erden weilte, deren Gerüste nach eigenen Blaupausen entworfen, oder – wie Vancousie, der Biograf, es genannt hätte – die irdische Utopie mit irdischer Dystopie als unzertrennliche Einheit verschmolzen. Kein rechtschaffener Richter eines Jüngsten Gerichts würde es wagen, ihr diese Tat sträflich anzurechnen.

Und Sonja? Das Kleid des Abends und ihr angeschwollener Schleier entrissen sie jeder Suche – auch sie wird das Richtige getan haben, davon war ich überzeugt. Gabor stieß mich mit dem Ellbogen an, er fragte neckisch, ob ich ihren ausgeprägten Rundbauch bemerkt hätte, worauf ich nicht weiter einging.

Und wir anderen?

Mein Lachen schuf sich gestärkt seine Bahnen, suchte nach Nahrung, die ich aus eigener Kraft nicht mehr gewinnen konnte und eine Zeit lang schweiften wir zwischen halb eingesunkenen Steinen aller Formen, aufgeworfenen Erdhaufen auf der sonst buckeligen Landschaft umher, die ihre Felder, die viele und doch eins waren, scheinbar voneinander trennte.

NACHWORT

Die verschiedenen Erlebnisberichte der vorliegenden Kritischen Ausgabe, die, wie es manchmal scheint, lose zusammenhängen, verflechten sich erst dann zu einer Einheit, wenn man neben ihrer Lektüre den Blick auf die Straßen vertieft, Nachrichten schaut ... über die Zukunft nachsinnt – also das tut, was die Menschen des einundzwanzigsten Jahrhunderts eben gewohnheitsmäßig tun, tun sollten.

Das Letztgenannte aber ist eben das, was die Protagonisten des vorliegenden Buches zuinnerst anzutreiben scheint, während sie in einer Welt voll Intrigen und Zweifel um ihr Recht kämpfen.

Um die einzelnen zeitgenössischen Fetzen unterschiedlicher Charaktertypen zu erfassen und zu verstehen, ist es wichtig, das psychosoziale Moment in die richtige Konstellation mit dem individuellen zu rücken, denn schließlich handelt das ganze Buch von dieser Schwierigkeit.

Bei meiner Recherche bin ich auf die ins Netz gestellten psychiatrischen Gutachten gestoßen, die freilich, sobald dies geschehen ist, ihren anonymen Schutzwert einbüßen. Gewissensbisse habe ich nicht, denn ich veröffentliche diesen psychosozialen Beitrag zum einundzwanzigsten Jahrhundert ebenfalls anonym, abgesehen davon sind hier zusammengetragene Erzählungen aus dutzend anderen Quellen beziehbar. Mein persönliches Anliegen im Unterschied dazu war, die eingestreuten ärztlichen Gutachten ergänzend anzufügen, soweit es der betreffenden Passage dienlich schien. – Schuld und Gewissen scheinen mir trotzdem eine allzumal innewohnende Problematik der agierenden Personen zu sein; ich verweise auf den psychotherapeutischen Kodex: Nichts geschieht ohne Grund. Wo bliebe sonst die Hilfe? Er besagt außerdem, freilich mit einem Zug der Überheblichkeit: ›Jede Psyche lässt sich knacken.‹ Wie auch der geschickte Schlosser jedes Schloss zu knacken weiß. Nur ist das Ich einmalig, es muss die Anleitung für die Arbeit an ihm selber erlassen. Schon der kleinste Fehler kann fatale Folgen zeitigen.

Ich hatte die endgültige Zusammenstellung bereits abgeschlossen, als mir eine Tagebuchnotiz Alexander Fellwers in die Hände fiel. Diese möchte ich keineswegs vorenthalten, fasst sie doch ein letztes Mal in scharfer Innenschau das Wesen einer von vielen Hauptfiguren gespielten unendlichen Geschichte des Leidens zusammen. Sie lautet: ›In meinen Taten und Werken befinden sich negative Emotionen im ständigen Zwist mit möglicher oder (und) abgeschlossener Bewältigung. Die erhabenste Askese, der entschiedenste Wille vermag sich zum höchsten Gipfel aufzuschwingen; er behält dennoch den Konflikt, die nie enden wollende Auseinandersetzung mit seinen Problemstationen, sie bilden seinen Bezugspunkt, von dorther strahlen die Blitze seines Gewissens, des Pflichtgefühls in die Zukunft, es ist die Rückkehr zu den Orten alter Eroberungen, die ihm still zurufen: ›Du hast noch etwas zu erledigen!‹ Es ist der Weise, den es ekelt, abgeklärt zu sterben. Nichts kann vollendet werden! Alte Emotionen aufwühlen, Freundschaften herausfordern, Wunden vertiefen, fremde und eigene – schließlich wird man mir ein Krankheitszeugnis ausstellen. Bei mir lauert das Psychodramatische in jeder Ecke.‹

Die Autorschaft jener geheimnisvollen Phantombriefe konnte bis heute nicht geklärt werden. Sieht man aber auf die Resonanz, die ihre schrittmäßige Erforschung hervorruft, möchte man es fast dem Autor gleichtun, der, als wollte er vor dem Einfluss seiner Entdeckung warnen, ausruft: ›Wehe, die Welt würde kleiner, die Menschen mehr und mehr ...‹

Der Herausgeber

*Am Ende eines Buches
kommt nicht die verkannte Weglegung,
sondern die reellen Träger des verkannten Stoffes.*

Der Autor

Kre Arthur, geb. 1989 in Eberbach
am Neckar, entwickelte schon im
frühen Alter eine Leidenschaft fürs
Schreiben. Fantastische Geschichten
und theologisch philosophische
Bücher zählten zu seinen Vorlieben,
durch deren Einfluss er seine ersten
Gedichte niederschrieb.

Der Verlag

Wer aufhört besser zu werden, hat aufgehört gut zu sein!

Basierend auf diesem Motto ist es dem novum Verlag ein Anliegen neue Manuskripte aufzuspüren, zu veröffentlichen und deren Autoren langfristig zu fördern. Mittlerweile gilt der 1997 gegründete und mehrfach prämierte Verlag als Spezialist für Neuautoren in Deutschland, Österreich und der Schweiz.

Für jedes neue Manuskript wird innerhalb weniger Wochen eine kostenfreie, unverbindliche Lektorats-Prüfung erstellt.

Weitere Informationen zum Verlag und seinen Büchern finden Sie im Internet unter:

www.novumverlag.com

novum VERLAG FÜR NEUAUTOREN

Arthur Neuberg

Zomvus

ISBN 978-3-99010-112-4
260 Seiten

Wir haben immer gehofft, es gäbe irgendwo eine bessere Welt. Falls ihre Existenz ein göttliches Versprechen ist, dürfen wir beruhigt sein. Oder etwa nicht? Was schlecht war, werde gut, doch was vollkommen sein soll … – bleibt eine kosmische Illusion.